Politiken der Medien

IIquIIII

Herausgegeben von
Claus Pias und Joseph Vogl

Politiken der Medien

Herausgegeben von
Daniel Gethmann und Markus Stauff

diaphanes

1. Auflage
ISBN 3-935300-55-7
© diaphanes, Zürich-Berlin 2005
www.diaphanes.net

Alle Rechte vorbehalten
Layout: und Druckvorstufe: 2edit, Zürich / www.2edit.ch
Umschlaggestaltung: Thomas Bechinger und Christoph Unger
Druck: Stückle, Ettenheim

Inhalt

7 Vorwort

1. POLITIKEN / MEDIEN: BEGRIFFSBILDUNGEN

19 **Oliver Marchart**
Der Apparat und die Öffentlichkeit
Zur medialen Differenz von ›Politik‹ und ›dem Politischen‹

39 **Bernhard Siegert**
Der Nomos des Meeres
Zur Imagination des Politischen und ihren Grenzen

57 **Alessandro Barberi**
Mediale Politiken: Über das Programm der kommenden medienwissenschaftlichen Demokratietheorie

77 **Wolfgang Ernst**
Die Medien der Polis
Kein Höhlengleichnis

89 **Markus Stauff**
Zur Gouvernementalität der Medien
Fernsehen als ›Problem‹ und ›Instrument‹

111 **Ute Holl**
Die Unschuld der Medien
Zu Riefenstahls DAS BLAUE LICHT

2. STEUERUNG UND KONTROLLE

131 **Claus Pias**
Der Auftrag
Kybernetik und Revolution in Chile

155 **Christoph Engemann**
Electronic Government und die Free Software Bewegung
Der Hacker als Avantgarde Citoyen

173 **Dominik Schrage**
›Anonymus Publikum‹
Massenkonstruktion und die Politiken des Radios

195 **Kate Lacey**
Öffentliches Zuhören
Eine alternative Geschichte des Radiohörens

3. KRIEGSTECHNOLOGIEN

211 Daniel Gethmann
Für eine Handvoll Dollar
Pancho Villa, der Filmkrieg und die mexikanische Revolution

231 Michaela Ott
Kriegsmaschine Hollywood

245 Stefan Kaufmann
Network Centric Warfare
Den Krieg netzwerktechnisch denken

4. SOUNDTECHNOLOGIEN

267 Dominik Schrage
›Singt alle mit uns gemeinsam in dieser Minute‹
Sound als Politik in der Weihnachtsringsendung 1942

287 Wolfgang Hagen
›Blackface Voices‹ – ›First Person Singular‹
Stimmpolitiken im amerikanischen Radio

305 Daniel Gethmann
Technologie der Vereinzelung
Das Sprechen am Mikrophon im frühen Rundfunk

319 Ralf Gerhard Ehlert
Public-Address-Strategien von 1919 bis 1949

341 Cornelia Epping-Jäger
Stimmräume
Die phono-zentrische Organisation der Macht im NS

359 Die Autoren

Vorwort

Medien machen Politik – diese These, die häufig im Sinne eines Verdachts oder einer Kritik geäußert wird, soll im vorliegenden Band historisch und theoretisch differenziert werden: Welcher Art sind die Politiken (um gleich davon auszugehen, dass es nicht *eine* Politik ist), die von Medien in Gang gesetzt, ermöglicht oder definiert werden? Wie – durch welche Verfahren oder Mechanismen – werden Medien zu Instanzen des Politischen?

In unserer Gegenwart scheinen die Politiken der Medien evident: Wenn im Fernsehen oder im Radio – also in ›den Medien‹ – von Rentenversicherungen oder von Militäreinsätzen – also von ›der Politik‹ – die Rede ist, werden ›die Medien‹ häufig selbst zum Gegenstand der Berichterstattung. Die Bilder von Bundestagsdebatten zeigen in der Regel auch (wenn nicht: vor allem) wartende Journalisten und Kameras; die Frage einer adäquaten Darstellung ›der Politik‹ für ›die Medien‹ und durch ›die Medien‹ ist darüber hinaus ein wichtiges Thema in Interviews und Talkrunden: Das Schlagwort vom ›Medienkanzler‹ ist hier ebenso einschlägig wie die Debatte um ›Vermittlungsprobleme‹ bei der aktuellen Umgestaltung des Sozialstaats. Dass Reporterinnen und Reporter in Kriegssituationen darüber hinaus vornehmlich von den Schwierigkeiten berichten, journalistisch zu arbeiten, spitzt den Zusammenhang zwischen politischen Themen und medialer Selbstreflexion nur noch weiter zu.

Diese alltägliche und geläufige Verquickung von Politik und Medien wird allerdings durchgängig vor dem Hintergrund diskutiert, dass ›die Politik‹ und ›die Medien‹ zwei an sich getrennte Bereiche sind, die in Wechselwirkung treten. Medien *berichten* demnach von Politik (in Frage steht dann ob richtig oder falsch, ob komplex oder oberflächlich), während Politik ›die Medien‹ braucht, benutzt und möglicherweise instrumentalisiert. Diese Perspektive bleibt in der Regel auch in wissenschaftlichen Untersuchungen bestehen, die eine Veränderung der politischen Institutionen und Praktiken im Zuge ihrer zunehmenden Mediatisierung – etwa unter dem Schlagwort der ›symbolischen Politik‹ – konzedieren, dabei aber immer schon im Voraus festlegen, was sie unter ›der Politik‹ verstehen und was ihre Wirkungen, ihre Orte und ihre Verfahren sind. Was ›die Medien‹ sind, ist dabei nicht weniger fest umrissen: es sind die Institutionen der Massenmedien mit ihren journalistischen Routinen und ihren ökonomischen Interessen. Durch diesen unproblematischen Bezug auf Politik und Medien wird die eigentlich mediale Produktivität auf dem Feld des Politischen und somit die mögliche Neubestimmung des Politischen ausgeblendet.

Einer solchen Perspektive wird im Folgenden unter dem Titel ›Politiken der Medien‹ sowohl eine andere Fragestellung als auch eine andere Gegenstandsbestimmung gegenüber gestellt. Den Ausgangspunkt der Beiträge bildet die These, dass Medien und Politiken in einer wechselseitigen Verschränkung konstituiert und (immer wieder) neu definiert werden. Der Zusammenhang zwischen Politik und Medien wird folglich als ein immanenter betrachtet. Die Mediatisierung von

Politik ist keineswegs ein Phänomen allein des 20. Jahrhunderts; Parameter des Politischen – seien es der (öffentliche) Raum, Kommunikation und Auseinandersetzung, Souveränität und Herrschaft – sind generell an Medien gebunden und weisen selbst mediale Charakteristika (wie etwa ›Vermittlung‹) auf. Aus dieser Perspektive liegt es nahe, dass sich Politik mit der historischen Entwicklung von Medien verändert. Zum einen können deshalb politische Funktionen und Effekte von Medien auf ihre Ursachen in Medien selbst untersucht werden: Was an ›den Medien‹ ist politisch (schon vor jeder Vermittlung von oder Instrumentalisierung durch ›die Politik‹)? Inwiefern ist Politik immer schon (wenn auch immer wieder anders) medial strukturiert? Zum anderen ergibt sich daraus die Notwendigkeit, die Identität dessen, was als ›die Medien‹ oder als ›die Politik‹ firmiert, nicht schlicht vorauszusetzen, sondern in dieser immanenten Beziehung begrifflich neu zu umkreisen.

Deshalb spricht der Titel dieses Bandes von Politiken wie von Medien im Plural, was bereits aussagt, dass es nicht um die Funktion ›der Medien‹ für ›die Politik‹ geht. Statt nach dem Stellenwert der Medien für unser politisches System, ihren Beitrag zu Wahlen, zur demokratischen Meinungsbildung oder der symbolischen Politik zu fragen, steht hier die spezifisch medienwissenschaftliche Überlegung am Ausgangspunkt, dass die Medien Eigenständiges und Spezifisches verursachen, das nicht auf außerhalb der Medien Existierendes zurückzuführen ist. In einem ersten Schritt geht es darum, eine Eigenwirksamkeit des Medialen aufzuspüren, die man eine Eigenfeldtheorie der Medien durchaus im physikalischen Sinne nennen könnte. Die Verflechtung von Techniken, Praktiken und Institutionen führt zu je spezifischen Kraftlinien und Feldstärken, die die Koordinaten des Handelns und der Wahrnehmung konstituieren und verändern. Das mediale Feld umschließt und verschaltet die Aktionen von Sendern, Medienakteuren, Empfängern oder Rezipienten, die ihren Stellenwert erst in diesem Geflecht erhalten. Hierin gründet eine Eigendynamik medialer Konstellationen, die in verschiedenster Hinsicht als politisch produktiv verstanden werden kann, die zugleich aber auch Auswirkungen darauf hat, wie Politik (oder ›das Politische‹) sich realisiert und begrifflich zu fassen ist. So stellt sich die Frage, ob in und mit Medien verbindliche Entscheidungen getroffen werden – Entscheidungen, die sich nicht politischen Akteuren verdanken, die von Außen auf die Medien zugreifen, sondern dem medialen Operieren selbst? Etablieren Medien ihre eigene Form der Souveränität? Zeigt sich die politische Produktivität von Medien eher in Form von Vereinheitlichungen und Anmaßungen oder eher in Form von Auseinandersetzungen und Konflikten?

Der analytische Blick auf Medien kann deshalb einen Beitrag zur Reflexion und Neudefinition des Politischen leisten, die in den letzten Jahren etwa durch Philosophen wie Giorgio Agamben oder Jacques Rancière angestoßen wurde. Bei diesen spielen Medien eine untergeordnete und eher negative Rolle; so wenn Giorgio Agamben etwas pauschalisierend von der Medien-Spektakel-Macht spricht, die heute überall den politischen Raum verwandele. Dennoch finden sich hier Anknüpfungspunkte, insofern die notwendige Neuvermessung des politischen Raums mit der Frage verbunden wird, ob es überhaupt noch angemessen oder auch nur möglich ist, politische Strategien, Subjekttechnologien und Medientechniken auseinander zu halten. Wenn es also angebracht ist, die Vorstellung von Politik, an die wir uns gewöhnt haben, zu überdenken, so steht damit unvermeidlich auch das Feld der Medien zur Diskussion: Als Anlass der Reflexion über das Politische, aber auch als Gegenstand einer Reflexion, die das Mediale und die Medien aus der Sicht politischer Mechanismen und Effekte neu konfiguriert.

Während in einem ersten umfassenderen Teil des Bandes solche begrifflichen und konzeptionellen Fragen eines wechselseitig konstitutiven Zusammenhangs von Politiken und Medien diskutiert werden, sollen die Fragestellungen in drei weiteren Unterkapiteln an Einzelbeispielen erörtert werden. Diese Unterkapitel sind dabei nicht als systematische Auffächerung des Komplexes zu verstehen, sondern als exemplarische Perspektivierungen, die sich letztlich auch mit der Frage auseinandersetzen, wie und auf welchen Gebieten ein Feld der Beobachtung geschaffen werden kann, das uns Befunde über die ›Politiken der Medien‹ ermöglicht. Zunächst wird unter der Überschrift »Steuerung und Kontrolle« ein besonders virulenter Schnittpunkt zwischen medialen und politischen Funktionsweisen diskutiert. Dort, wo Medien Gegenstände kontrollierbar machen, funktionieren sie politisch; dort, wo Politiken auf Steuerung und Kontrolle zielen, sind sie auf medientechnische Unterstützung angewiesen, die die Zugriffe auf Gegenstandsbereiche erst ermöglicht. Das folgende Unterkapitel, »Kriegstechnologien«, fokussiert einen spezifischen Grenzbereich des Politischen – den Krieg –, der den Politiken der Medien schon deshalb eine besondere Zuspitzung verleiht, weil medientechnische Wahrnehmungsformen die militärische Führung und die öffentliche Darstellung von Kriegen prägen und in ein Wechselverhältnis setzen. Kriege erfordern und produzieren folglich eine je spezifische Verschränkung (aber eben auch Neudefinition) von Politiken und Medien. Im letzten Unterkapitel wird schließlich mit den »Soundtechnologien« ein spezifischer Bereich medientechnischer Operationen – Ton, Klang und Stimme – auf seine politische Produktivität hin untersucht, um so im historischen und systematischen Vergleich diskutieren zu können, wie das Vernehmen durch mediale Speicherung, Übertragung und Verarbeitung in ganz unterschiedliche Strategien eingebunden wird.

Die Beiträge zur Begriffsbildung verdeutlichen, dass zwar kaum über das Politische gesprochen werden kann, ohne zugleich über Medien zu reden, dass aber das Verhältnis nicht nur der Phänomenbereiche zueinander, sondern auch der beiden Begriffe – Politik / Medien – ambivalent und vielgestaltig ist. Sie definieren und verändern sich wechselseitig. Eine eindeutige Grenze lässt sich nicht ziehen und jede Veränderung der einen Seite bringt immer auch eine – keineswegs kalkulierbare – Veränderung der Gegenseite mit sich. Entsprechend gehen die hier versammelten Beiträge davon aus, dass für eine Bestimmung der Beziehungen zwischen Medien und Politik keinesfalls von zwei unabhängigen Bereichen – politischen Institutionen oder Verfahren einerseits, medialen Institutionen und Mechanismen andererseits – auszugehen ist, die aufeinander ›Einfluss‹ nehmen. Sehr viel grundlegender geht es darum, wie sich im Blick auf medientechnische Konstellationen und deren historische Veränderungen die Politiken und das Politische je neu gestalten. Zugleich geht es aber auch darum, mit der Frage nach den ›Politiken der Medien‹ neu zu reflektieren, was die Medien ausmacht, worin ihre Politiken gründen und wie sie letztlich – im Blick auf ihre Politiken – abgegrenzt und neu definiert werden können. Der Begriff der Medien (oder des Mediums) wird im Zuge seiner Politisierung selbst verunsichert und neu konfiguriert.

Der Beitrag von *Oliver Marchart* plädiert deshalb unter Bezug auf Hegemonie- und Ideologietheorie nicht nur für eine Differenzierung zwischen verschiedenen Aspekten des Medialen – den Signifikationspraktiken, den Apparaten, den Öffentlichkeiten etc. –, sondern auch für eine Unterscheidung zwischen ›der Politik‹ und ›dem Politischen‹. Während ›die Medien‹, indem sie das Soziale naturalisieren und die Kontingenzen des Politischen verdecken, gerade keine Öffentlichkeit möglich machen, ist jede tatsächlich politische Öffentlichkeit an mediale Aspekte gebunden: Sie konstituiert sich durch den Zwischenraum, der antagonistische Positionen aufeinander bezieht. Auch *Alessandro Barberi* verortet die politische Produktivität von Medien auf der Ebene von Auseinandersetzungen. Er spitzt die mediale Fundierung der Politik historisch zu, indem er zeigt, dass angesichts des Wechsels vom Paradigma der Produktion zu dem der Information die Medien zu Subjekten der Politik werden und auch menschliche Handlungen medialen Status erhalten. Die Auseinandersetzungen, die das Politische konstituieren, sind mithin keineswegs nur Auseinandersetzungen zwischen konkurrierenden Interessen und Intentionen, sondern auch Konflikte zwischen unterschiedlichen medialen Konstellationen und Operationsweisen.

Als eine solche mediale Konstellation und zugleich als Reflexionsort des Politischen nimmt *Bernhard Siegert* die Schifffahrt in den Blick. Seit der Antike stellt das Schiff gleichermaßen ein zentrales Symbol des Politischen wie auch eine operationale politisch-militärische Technologie dar und erlaubt dementsprechend entlang seiner historischen Transformationen auch eine Rekonstruktion der medientechnischen Definitionen von staatlicher Politik. Das Verhältnis des Schiffs, als Ort souveräner Entscheidungen, zum umgebenden und nicht zu kontrollierenden Meer bildet dabei die zentrale Spannung, die erst mit dem 20. Jahrhundert und den kaum mehr sichtbaren Torpedo- und U-Booten ihre strukturierende Kraft verliert. *Wolfgang Ernst* stellt in seinem Beitrag ebenfalls im Rückgang auf die Antike die Frage, ob vom Raum des medialen Operierens selbst als einem gesprochen werden kann, auf dem Kultur- und insbesondere Kodierungstechniken immer schon ihre Vorgaben eingeschrieben haben, der also seit der Entstehung von Schriftkultur untrennbar von Medientechniken vorgegeben wird. Ausgehend von der Erkenntnis, dass der Zusammenhang von Medien und Politik nicht notwendigerweise ein massenmedialer ist, führt Ernst aus, inwiefern das Schriftprinzip die medienarchäologische Grundlage aller politischen Theorie ist.

Noch in der Gegenwart, so eine These von *Markus Stauff*, wird das Medium Schrift politisiert, indem es genutzt wird, um familiäre Strukturen zu plausibilisieren und zu regulieren. Unter Rückgriff auf Foucaults Modell der Gouvernementalität verortet er die Politiken der Medien im Phänomen ihrer allgegenwärtigen Problematisierung, die dazu führt, dass alle medialen Praktiken zugleich zu Praktiken werden, mit denen Verhalten – das eigene oder das von anderen – geführt und optimiert werden soll.

Eine gegenläufige Strategie verdeutlicht *Ute Holl* an einem Film von Leni Riefenstahl. Dort entfaltet die Medientechnik ihre Funktionen, indem sie selbst unsichtbar gemacht wird. Dabei werden die medialen Funktionen allerdings auf transzendente Mächte oder auf die Geschlechterverhältnisse und die Figur eines Mädchens projiziert. Holl verbindet die visuellen Inszenierungen mit den Medienpolitiken des Nationalsozialismus, dessen Ästhetisierung von Politik ebenfalls nicht auf die Medien selbst zurückgeführt werden kann, sondern auf eine Bündelung von Strategien und medialen Funktionen.

Insofern ›Politik‹ mit Planen, Organisierungen und Durchsetzen (von Wahlen, von Öffentlichkeit, von Zustimmung, von Entscheidungen etc.) zu tun hat, bedarf sie der Instrumente, die sowohl Wissen über die zu entscheidenden Sachverhalte produzieren als auch einen regulierenden Zugriff auf bestimmte Gegenstandsbereiche erlauben. Hier treten Medien eben nicht nur als Instrumente, sondern ganz entscheidend als konstitutive Voraussetzungen für die Definition von Problemen und Lösungen auf. Umgekehrt lassen sich zumindest alle technischen Medien auch als Techniken verstehen, die über ihre apparative Ordnung Sachverhalte – und seien es Lautstärke oder Senderwahl – systematisch und d.h. nach technisch vorgegebenen Parametern steuern lassen können.

Einen vermeintlichen Extremfall mediatisierter Gesellschaftssteuerung rekonstruiert der Beitrag von *Claus Pias*, der zugleich die Verbindung zwischen Kybernetik als antiker Steuerungskunst und moderner mediengestützter Regierungspolitik herstellt. Am Beispiel des gescheiterten Versuchs einer voll-computerisierten Wirtschaftslenkung während der Präsidentschaft Salvador Allendes in Chile Anfang der 70er Jahre zeigt sich die erkenntnistheoretische aber eben auch politische Dimension eines Umsturzes, der nicht nur Handlungs- und Regulierungsbedarf, Leitung und Lenkung, sondern auch noch gesellschaftliche Partizipation in medientechnische Verfahren überführt. Ohne über die technischen Möglichkeiten zu verfügen, wurde neben den politischen Umwälzungen auch eine radikale Änderung auf der medientechnischen Ebene der kommunikativen und Daten speichernden Infrastruktur konzipiert, die zu einer radikalen Entgrenzung des Politischen führte. Auch wenn der kybernetische Aspekt in den gegenwärtigen Gesellschaften zurückgetreten ist, bleibt – wie *Christoph Engemann* am Beispiel der elektronischen Signatur und der damit verbundenen amtlich anerkannten Authentifizierung eines Individuums zeigt – die Verbindung von Informatik und staatlicher Verwaltung virulent. Überraschend ist dabei vor allem der Befund, dass gerade die Hackerkultur mit ihrer Konzeption einer freien Software eine der wichtigsten Grundlagen moderner Regierungskunst erarbeitet hat, die eine souveräne staatliche Kontrolle der Zu- und Vorgänge auf dem expandierenden Feld des electronic government ermöglicht.

Die Beiträge von Kate Lacey und Dominik Schrage zeigen allerdings sehr deutlich, dass die Medien keineswegs nur Instrumente der Kontrolle, sondern gleichermaßen Objekte von Kontrollstrategien sind, die wiederum spezifische politische Effekte mit sich bringen. Wenn auch mit ganz unterschiedlicher Akzentsetzung setzen sich beide Texte mit der Frage auseinander, wie die massenhaften Nutzer von Medien – hier die Radiohörer – kontrolliert und gesteuert werden können. *Dominik Schrage* untersucht dies aus der Perspektive der Radioinstitution selbst, die zur Optimierung ihres eigenen Funktionierens einen Zugriff auf das anonyme und zerstreute Publikum sucht. In diesem Zusammenhang realisiert sich eine neue Konzeption von Masse, die nicht mehr durch Präsenz, sondern durch bloße Simultaneität des Hörens gekennzeichnet ist. Neben ästhetischen Experimenten ist deshalb die statistisch und apparativ objektivierte Hörerforschung die letzte Konsequenz aus den Bemühungen um Kontrolle über die Hörer. *Kate Lacey* untersucht diese Fragestellung aus der Perspektive radioexterner politischer Aktanten, die während der Weimarer Republik versuchen, das Radiohören kollektiv zu organisieren, um so die medialen Botschaften in eine soziale Auseinandersetzung hinein zu verlängern. Hier deutet sich von der Seite der Rezeption zugleich eine politisch motivierte Umorganisation des Mediums an, das weniger anonym und massenhaft als im Sinne einer Gegenöffentlichkeit genutzt wird.

Bei Kriegs- und Militärtechnologien bedarf die Strukturierung des (politischen) Handelns durch mediale Daten, Bilder und Töne aus medienwissenschaftlicher Sicht keiner eigentlichen Begründung mehr. Aufgrund der medialen Kriegserfahrungen der jüngsten Geschichte hat sich ein solcher Forschungsschwerpunkt innerhalb der kulturwissenschaftlichen Medienforschung längst etabliert. Der Zusammenhang besteht einerseits in der rasanten Übergabe der Feststellung von Geschehen und Ort, Handlungsalternativen und Handlungskonsequenzen an eine spezifische und rasch expandierende Medientechnologie des Krieges, die damit weite Bereiche des Kriegerischen neu fasst. Andererseits generieren vor allem die visuellen Medien darüber hinaus einen Bereich der gesellschaftlichen Wahrnehmung des Krieges, wobei die gesellschaftliche Legitimität dieses medialen Erkenntnisraums durch die gleiche Bedingung erzielt wird, die auch die militärische Nutzung hervorbringt: eine präzise Wiedergabe der Realität des Krieges zu erzeugen.

In einer historischen Fallstudie schildert *Daniel Gethmann*, wie erstmals in größerem Stil während der mexikanischen Revolution kurz vor dem Ersten Weltkrieg Wahrheit und Authentizität des Krieges im Film konstruiert wurden und inwiefern diese Konstruktionsverfahren dann wiederum neue filmische Machttechnologien generierten. In einer Analyse der Kriegsfilmproduktionen Hollywoods um die Jahrtausendwende bezieht *Michaela Ott* die in den Kriegen des 20. Jahrhunderts entstandene Notwendigkeit des visuellen Überblicks über das Schlachtfeld auf die filmischen Inszenierungsformen. Unter Bezug auf Deleuze und Guattari zeigt sie, wie die visuellen und technischen Überbietungsstrategien sowie die vielfältigen Taktiken der (Un-)Sichtbarmachung in den Filmen Varianten von Kriegsmaschinen realisieren und so zur Definition der gesellschaftlichen Gegenwart beitragen.

Ermöglicht der Film die Distribution eines Bildes vom Soldaten, das die weitere Kriegsführung legitimieren und die Machtbasis der auftretenden Protagonisten in den Gebieten der Filmdistribution erweitern sollte, so dehnt sich dieser Raum durch die modernen digitalen Informationstechnologien in die Reichweite ihrer jeweiligen Netze aus. Die Dialektik dieser Entwicklung benennt *Stefan Kaufmann* in seinem Beitrag als globale Ausdehnung der Kriegsführung mittels Simulationstechniken, die ausschließlich über Netzwerkverbindungen in der Lage sein werden, überall auf der Welt einen militärischen Einsatz durchzuführen. Der Kriegsführung, die ihre Wahrnehmung an technische Beobachtungsmedien delegiert hat und in Netzwerkstrukturen agiert, steht eine ebenfalls in Netzwerken organisierte Kriegsführung gegenüber, die sich an globalen Verbreitungsmedien orientiert. Kaufmann zeigt in seinem Text, wie sich eine ökonomisch erfolgreiche Netzwerkbildung als politisch–organisationelle Rationalität in der Kriegsführung der Gegenwart etabliert und dort eine neue Form organisatorischer Rationalität schafft.

Auf dem Feld der Soundtechnologien schließlich lassen sich Politiken der Medien auch an Einzelmedien und den mit ihnen verbundenen Anpassungen der Sinne, technischen Konzepten und rhetorischen Strategien analysieren. Der Raum der Politischen ist substantiell ein klanglicher. Politik wird nicht nur durch Handlungen und Rhetorik, sondern auch durch Stimmen, Sounds und ihre Aufnahme und Verstärkung geprägt. Zudem spielt Sound in öffentlichen wie privaten Strategien der Identitätsbildung eine so große wie häufig marginalisierte Rolle. Diese Marginalisierung wird noch verwunderlicher, wenn man bedenkt, dass die geschichtliche Entwicklung von politischem Denken zunächst an das Vernehmen und die gesprochene Rede gebunden ist. Die Stimme konstituiert durch sich selbst einen sozialen Raum, in dem dann Vereinbarungen getroffen werden können, auf dem also das Politische statthat. Indem der Klang der Stimme in diesem Sinne also bereits ein politisches Feld hervorbringt, leisten insbesondere die Technologien der Soundaufzeichnung und Übertragung einen Beitrag zur Ausweitung und grundsätzlichen Neufassung des Politischen. Auch eine Geschichte politischer Willensbildung verläuft entlang der Stimme, doch sind Stimmen nie bloßes Transportmittel einer politischen Aussage, sondern mit ihrem Klang immer auch selbst ein bedeutsamer Bestandteil einer Rede und ihrer Botschaften. Man hört ihren Sound, bevor man dem zuhört, was gesprochen wird. Insofern richtet sich ein Teil der notwendigen Analysen auf die akustische Konstruktion von politischen Räumen, auf ihre medientechnischen Bedingungen und klanglichen Strategien, womit nicht eine Rhetorik oder Semantik der Macht gemeint ist, sondern die je spezifischen Bedingungen akustischer Medientechniken für die Etablierung fließender Räume des Politischen.

Der Rundfunk als Medium der Erzeugung und Verbreitung von akustischen Ereignissen bildet einen Schwerpunkt des Sounds als Politik, wie er im Beitrag von *Dominik Schrage* zur NS-Weihnachtsringsendung 1942 analysiert wird. Schrage benennt als Besonderheiten dieser berühmten Sendung, in der eine akustische Kopplung der Fronten des Zweiten Weltkriegs mit den Radiohörern zu Hause inszeniert wurde, die Herstellung akustischer Authentizitätseffekte und die Rauminszenierung, in der sich ›Front‹ und ›Heimat‹ virtuell zusammenfinden. Mittels des Rundfunks wird so ein akustischer Raum der eroberten Gebiete in der Vorstellung der Hörer entworfen. Entgegen den zeitgenössischen Propagandatheorien nutzt die Sendung weniger die ›inhaltliche‹ Indoktrination als die technischen Möglichkeiten des Radios und tritt mit dem Anspruch auf, eine neuartige Wirklichkeit des Krieges selbst zu entwerfen.

Wolfgang Hagens Beitrag verweist gegenläufig auf die diversifizierende Funktion der Stimme im US-amerikanischen Radio. Am Beispiel der ›Serials‹, der Radioserien der 30er und 40er Jahre, analysiert Hagen die Fähigkeit des Radios, die Sprachenvielfalt eines Einwanderungslandes zu vermitteln und so eine amerikanische Identität qua Differenz zu formen. Die offene Identität der Radiostimme steht in Analogie mit der Situation eines Immigranten, von dem verlangt wird, mit einer anderen Stimme in einer neuen Sprache zu sprechen.

Die Politiken der Stimme untersucht ebenfalls *Daniel Gethmann* in seinem Beitrag zum Sprechen am Mikrophon im frühen Weimarer Rundfunk der 20er Jahre. Einer hierbei konstatierten dreifachen Vereinzelung des Sprechenden, des Hörenden und des Sprechens am Mikrophon selbst steht die massenbildende Charakteristik der Rundfunk-Technologie und ihre die frühe Rundfunkforschung leitende Notwendigkeit einer genaueren Kenntnis dieser Publikumskonstitution gegenüber. Aus ihren Strukturen einer Technologie der Separierung entstehen grundsätzlich neue Formen der virtuellen Gemeinschaftsbildung, deren erste wissenschaftliche Erforschung von Gethmann auf stimmphysiognomische Versuche zurückgeführt wird.

Die Soundtechnologien zur Stimmverstärkung an öffentlichen Orten und Plätzen analysiert *Ralf Gerhard Ehlert* für die erste Hälfte des 20. Jahrhunderts, um deren technische Entwicklung von ersten Massenbeschallungsanlagen vorgegebener Räume in eine eigene Raumkonstruktion nur mehr mittels der verstärkten Stimme nachzuzeichnen. Diese Public-Adress-Strategien kulminierten nach einer zunächst nur elektrisch verstärkten und zentralen Beschallung, die örtlich auf einen Redner ausgerichtet war und seine Stimme als vox magna inszenierte, in einer Omnipräsenz der Stimme, die durch eine spezielle Lautsprecherentwicklung während des Nationalsozialismus eine Omnipräsenz der Stimme und dadurch eine virtuelle Raumkonstruktion erzielte. Durch eine derartige dezentrale Beschallung wurde es möglich, keinen naturalistischen Großraum der verstärkten Stimme zu inszenieren, sondern die Stimme über ihre dezentrale Allgegenwart in beliebige Räume auszudehnen. Die Stimmräume geraten im Beitrag von *Cornelia Epping-Jäger* in ihrer spezifischen Konstruiertheit in den Blick, die sie für die Erlangung und Erhaltung der Macht der Nationalsozialisten besaßen. Abhängig von der apparativen Kopplung von Mikrophon, Verstärker und Lautsprecher analysiert Epping-Jäger eine phonozentrierte Hörgemeinschaft, als die sich der Nationalsozialismus entwarf, die auf den Transporttechnologien Flugzeug und Lastwagen aufgebaut war. Mittels dieser gelang eine spezifische, an Soundtechnologien ausgerichtete Raumkonstruktion, die dazu beitrug, die NS-Propaganda als akustisches Medienereignis einer verstärkten oder im Rundfunk übertragenen Rednerstimme zu inszenieren.

Der vorliegende Band ist das Resultat von zwei Tagungen, die im Juli 2003 und im Juli 2004 gemeinsam mit der DGB-Bildungsstätte in Hattingen geplant und durchgeführt wurden. Ohne die umfassende organisatorische Unterstützung und die produktive Diskussionsatmosphäre, die durch die Bildungsstätte, insbesondere Herrn Gerd Hurrle, gewährleistet wurden, wären weder die Tagungen noch der vorliegende Band zustande gekommen. Wir wollen uns hiermit für diese Kooperation bedanken. Ein Dank für die finanzielle Unterstützung der Tagungen geht darüber hinaus an das Institut für Medienwissenschaft der Ruhr-Universität Bochum. Die Drucklegung wurde durch eine großzügige Unterstützung der Bochumer Juniorprofessur Medientechnik und Medienphilosophie möglich; dafür geht ein herzlicher Dank an Claus Pias.

I. POLITIKEN / MEDIEN: BEGRIFFSBILDUNGEN

Oliver Marchart

Der Apparat und die Öffentlichkeit
Zur medialen Differenz von ›Politik‹ und ›dem Politischen‹

Was ist die Politik, bzw. was sind die Politiken der Medien? Die Antwort auf diese scheinbar simple Frage wird offensichtlich davon abhängen, was man genau unter Politik und unter Medien versteht und wie man beides definiert. Einige Arbeit am Begriff wird sich also nicht vermeiden lassen. Mein Vorschlag, der nur einer ersten Annäherung an diese Problematik dienen kann, wird sein, eine innere Spezifizierung des Begriffs der Politik einzuführen, die uns in der Beobachtung der Medien größere Trennschärfe gestattet. Ich schlage also vor, eine analytische Unterscheidung zu treffen zwischen »*Polizei*«, *Politik* und *dem Politischen*, oder im Englischen: *policy, politics* und *the political*. Diese kategoriale Unterscheidung ist alles andere als originell, wenn sie auch selten austheoretisiert wird, und findet sich in der einen oder anderen Variante – vor allem im Französischen als Unterscheidung zwischen »*la* politique« und »*le* politique« – in den verschiedensten poststrukturalistischen Ansätzen von Nancy/Lacoue-Labarthe über Claude Lefort bis Chantal Mouffe.[1] Ohne jetzt schon ins Detail zu gehen, sei auf die darin verborgenen unterschiedlichen Politikvorstellungen hingewiesen, vor allem von Politik als Debatte, d.h. als Form der *antagonistischen* Austragung *des Politischen*, von Politik als Teilsystem der Gesellschaft und schließlich von Politik als regulatorischem Verwaltungshandeln, also im Sinne von Politikfeldadministration (*policy*).

Die Frage stellt sich nun, wo Medien in Bezug auf diese drei Ebenen von Politik zu verorten wären. Mit anderen Worten: Wenn wir von den *Politiken der Medien* sprechen, sprechen wir dann von »Politiken« im Sinne von *Politik des politischen Systems*, im Sinne von *Politikfeldadministration* oder im Sinne *des Politischen*? Zur Beantwortung dieser Frage werde ich, gleichsam als persönlicher Beitrag zum 70er-Revival, für eine kritische Wiederbesinnung auf Althussers Apparatustheorie plädieren, da sie zum Verständnis der eigentlichen *Materialität* medialer Apparate beiträgt. Unter Materialität wird hier weniger das technische Material (etwa der Hardware) verstanden als die Materialität von in Apparaten *institutionell sedimentierten Praxen*. Daran anschließend werde ich die Apparatustheorie mit den ihr gegenüber kritischen Cultural Studies konfrontieren, die unter Medien

---

1. An anderer Stelle (Marchart 2003a) habe ich umfänglich versucht, die Differenz zwischen *la politique* und *le politique* »genealogisch« (bzw. begriffshistorisch) wie auch systematisch zu erfassen. Aus philosophischer Sicht scheint mir dabei relevant, dass sich die Notwendigkeit überhaupt ergibt, eine solche Differenz zu machen, weshalb ich vorschlage, die Differenz selbst in einer Weise zu beobachten, die jener der Heideggerschen Beobachtung der »ontologischen Differenz« entspricht, nämlich *als Differenz* (bekanntlich besteht die wesentliche Heideggersche Perspektivenverschiebung gegenüber dem metaphysischen Gebrauch der ontologischen Differenz in Heideggers Befragung der Differenz *als Differenz*).

politische *Signifikationsapparate* verstehen, sowie mit der aus der Apparatustheorie hervorgegangenen Regulationstheorie und den Governmentality Studies. Dem *Polizei*-Modell medialer Politik, das sich in diesen Ansätzen spiegelt, wird schließlich ein Begriff des Medialen entgegengesetzt, der aus dem radikalen Konzept des *Politischen* – verstanden als Instanz des Antagonismus – und nicht aus jenem der Polizei oder Politik gewonnen ist. Wenn, wie meine zentrale These lauten wird, Medialität im strengen Sinn in das Register des Politischen fällt, so zieht das notwendigerweise den Umbau aller wesentlichen medientheoretischen Konzepte nach sich, was ich abschließend am Beispiel des Begriffs der Öffentlichkeit demonstrieren möchte.

1. Der Apparat: Materialität der Praxen

In den siebziger Jahren entwickelte sich am Birminghamer *Centre for Contemporary Cultural Studies* (CCCS) der Versuch, in Abgrenzung von behavioristischen Modellen einerseits und in der Auseinandersetzung mit psychoanalytischen Modellen andererseits, Medien, Kommunikation *und* kulturellen Gebrauch auf nicht-deterministische oder nicht-reduktionistische Weise zusammenzudenken. Die kommunikationstheoretische Arbeit am CCCS brach dabei mit der behavioristischen *stimulus/response* oder Ursache/Effekt-Forschung früherer Audience-Research-Ansätze (etwa dem sogenannten *uses and gratifications*-Ansatz) und somit auch mit der Vorstellung des passiven Empfängers, in den sich die Botschaft wie ein Stempel einprägt. Die Wende zum aktiven Rezipienten, der die Bedeutung der Botschaft selbst mitprägt, wurde eingeläutet.

Dabei formulierte sich die Kritik am Behaviorismus und das aus diesen Forschungen entstandene *Active Audience*-Modell auch durch eine Kritik der lacanianisch-althusserianischen Kinotheorie, der »Screen Theorie«, wie sie damals mit dem britischen filmtheoretischen »Screen«-Journal assoziiert wurde. Beide Schulen hatten sich dem *Subjekt* zugewandt und von der Vorstellung der Semiologie der sechziger Jahre getrennt, die Bedeutung eines Textes (auch der Grad seiner »Naturalisierung«, i.e. Hegemonisierung) ließe sich ausschließlich durch eine textimmanente Analyse erfassen. Doch sah diese Wende zum Subjekt in den beiden Schulen jeweils anders aus. Während die Cultural Studies sich einer eher soziologisch oder ethnographisch zu erfassenden aktiven *media audience* zuwandten, wandten sich die Screen-Theoretiker dem *cinema spectator* als einem Subjekt zu, das durch die Anrufung des cinematischen Apparats erst als Subjekt konstruiert wurde. Als Meistertheorie hierfür diente die Psychoanalyse – gelesen vor allem durch Lacan und durch Louis Althussers berühmten Aufsatz *Ideologie und Ideologische Staatsapparate*. Filmtheoretiker wie Jean-Louis Baudry oder Christian Metz, deren Arbeiten für das Screen-Magazin übersetzt wurden, verstanden unter dem cinematischen Apparat das Ensemble des Kinos, im weitesten Sinn beinhaltend die Filmtechnologie, die Situation der Filmprojektion (die Positionierung in einem verdunkelten Kino) und schließlich den Film oder Film-»Text« selbst. Auf diesem Terrain überschneidet sich, aus Sicht der Screen-

Theoretiker, das Technologische mit dem Psychischen und im cinematischen Apparat wird ein cinematisches Subjekt konstituiert oder »angerufen«.

Louis Althussers Aufsatz zu den »Ideologischen Staatsapparaten« hat sich bis heute für Kino-, Medien- wie Kommunikationstheorien – einschließlich jene der Cultural Studies – als relevant erwiesen. Medientheoretische Anklänge an Althussers Konzept des Apparats – das natürlich auf Freuds Konzept des »psychischen Apparats« zurückgeht – finden sich heute noch in Gregory Ulmers Begriff des »elektronischen Apparats« oder in Jacques Derridas Begriff des »tele-technologischen Apparats«. Althussers berühmtem Aufsatz zufolge wird ein Subjekt konstituiert, d.h. »angerufen«, durch die Ideologischen Staatsapparate, also durch jene Institutionen der Zivilgesellschaft, der *società civile*, um mit Gramsci zu sprechen, die den »repressiven Staatsapparaten« vorgelagert sind: Zu letzteren zählt Althusser Regierung, Verwaltung, Armee, Polizei, Gerichte und Gefängnisse. Zu ersteren zählt er den religiösen Ideologischen Staatsapparat (ISA) der Kirchen, den schulischen der öffentlichen und privaten Bildungseinrichtungen, den familiären, den juristischen, den gewerkschaftlichen und den politischen ISA sowie den »ISA der Information (Presse, Radio, Fernsehen usw.)« und den »kulturelle[n] ISA (Literatur, Kunst, Sport usw.)« (Althusser 1977: 120).

Aus medientheoretischer Sicht ist nun dieser selten beachtete »ISA der Information«, den Althussers berühmter Aufsatz einführt, ein interessanter Fall, könnte man doch kritisieren, dass Althusser hier zurückfällt in den Modus gewöhnlicher Ideologiekritik und sich dem *transmission view of communication* (James Carey) in seiner behavioristischen Form anschließt, indem er die Medien auf Informationsapparate reduziert, d.h. auf die Funktion der Informationsübermittlung. Der Informationsapparat trägt Althusser zufolge zur Reproduktion der Produktionsverhältnisse bei, »indem er alle ›Bürger‹ durch Presse, Rundfunk und Fernsehen mit einer täglichen Ration Nationalismus, Chauvinismus, Liberalismus, Moralismus usw. vollstopft« (a.a.O. 120). Information wird in diesem Modell grundsätzlich als *Falsch*-Information vorgestellt, Ideologie daher als ein Verkennen der Verhältnisse der Individuen zu einer Realität, die von den Medien offenbar nur in nationalistischen, chauvinistischen, liberalistischen, moralistischen, kurz: ideologischen Begriffen vorgeführt wird. Bezeichnend ist auch Althussers Wortwahl, kommt doch der Begriff des »Vollstopfens« der Bürger dem behavioristischen Szenario des »Einprägens« der Botschaft in den Empfänger nahe. Nebenbei muss festgehalten werden, dass *Kultur* – genauso wie die Medien – für Althusser gleichfalls nur eine Region unter vielen vorstellt, und das einzige Beispiel, das ihm zur Effektivität des kulturellen Ideologischen Staatsapparats einfällt, ist die Rolle, die der Sport im Chauvinismus spielt.

Zur selben Zeit widerspricht dieses Modell – letztlich das Transmissionsmodell von Kommunikation – einer entscheidenden Erweiterung des klassischen Ideologiebegriffs, die in Althussers Aufsatz ebenso anzutreffen ist und die Apparatus-Theorie potentiell anschlussfähig macht an Cultural Studies, d.h. an den *ritual view of communication*. Denn Ideologie ist für Althusser *materiell*. Das Individuum wird nicht im luftleeren Raum der Ideen zum Subjekt angerufen, sondern durch seine Disziplinierung, d.h. seine freiwillige Unterwerfung unter materielle, institutionelle Praxen. So kann Althusser sagen, dass die Existenz der Ideen des Glaubens eines Subjekts materiell sei, »*insofern seine Ideen seine materiellen Handlungen sind, die in materielle Praxen eingegliedert sind, die ihrerseits durch den materiellen ideologischen Apparat definiert werden, dem die Ideen dieses Subjekts entstammen*« (a.a.O.: 139). Althussers Ideologietheorie ersetzt also den Begriff der Ideen durch jenen der Praxen, Rituale und ideologischen Apparate, zu denen er die klassischen ideologiekritischen Konzepte wie Bewusstsein oder Glaube umgebildet hat. Ein Subjekt konstituiert sich durch Handlungen, die in Praxen eingegliedert sind, welche »*innerhalb der materiellen Existenz eines ideologischen Apparats* geregelt werden« (a.a.O.: 138). Daraus folgt, dass subjektkonstitutive *audience*- oder *user*-Praktiken im Bereich der Medien nun *nicht außerhalb* des Apparats stehen, sondern Teil desselben sind, ja ihn mit-konstituieren.

Der zweite große Vorteil des Althusserschen Subjektkonzepts ist (ganz gegenläufig zu seinem Medienkonzept) dort zu finden, wo das Anrufungsmodell als solches einen direkten Angriff auf das Transmissionsmodell von Kommunikation darstellt. Denn im behavioristischen Transmissionsmodell werden Sender wie Empfänger als bereits konstituierte Entitäten vorausgesetzt. Der Sender ist die aktive und autonome, i.e. intentionale Quelle der Botschaft. Er besitzt Subjektform in genau jenem Sinne, wie ihn Althusser als den ideologischen Effekt der Anrufung beschreibt: Das Subjekt des sich selbst bewussten *cogito* glaubt, es sei Herr im eigenen Haus. Die ideologische Selbsttäuschung der Transmissionstheoretiker besteht also darin, dass sie den Sender zum Subjekt machen (und den Empfänger zum bloßen Objekt abstempeln). Die Identität des Senders ist so dem Prozess der Kommunikation logisch vorgeordnet. In Althussers Kommunikationsmodell dagegen ist das Subjekt genau ein *Effekt* der Anrufung. Hier ist der Kommunikationsprozess (die Anrufung, also institutionell gesprochen: der Apparat) der Subjektform vorgängig. Im Transmissionsmodell ist Identität die *Quelle* der Kommunikation. Im Apparatusmodell ist Identität als Selbst-Identität aber der *Effekt* der Kommunikation.

2. Die Politik: Kommunikation als Signifikationspolitik

Die Unternehmung der Screen-Theorie oder cinematischen Apparatustheorie kann als Versuch der Erweiterung des Kanons der Althusserschen ISA's um den *cinematischen ISA* verstanden werden. Dabei stieß man sehr bald auf ein Problem, das sich aus der etwas unklaren Beziehung zwischen den einzelnen, konkreten oder partikularen Ideologischen Staatsapparaten und der universalen Form des Subjekts ergibt. Wann immer ein Individuum einen Apparat durchläuft, wird es durch die Gesamtheit der ideologischen Praxen, die ihm dieser Apparat auferlegt, zum Subjekt angerufen. Aber zu welchem Subjekt? Die ideologische Form des Subjekts ist für Althusser immer dieselbe – letztlich die Form des sich selbst bewussten *cogito* –, doch die ideologischen Apparate, durch die das Subjekt konstituiert wird, sind immer andere, d.h. sie sind jeweils spezifisch strukturiert, und Althusser selbst unterteilt sie in den schulischen, den politischen, den juristischen, etc. Wie kommt es, dass die Spezifik der konkreten oder »inhaltlichen« Ebene der verschiedenen Anrufungspraxen nicht auf die Form des Subjekts durchschlägt? Warum sind die Anrufungen, die Diskurse, die Praxen, etc. immer verschiedene, das Subjekt aber ist immer dasselbe? Kann es tatsächlich eine bloße Form des Subjekts, ein (»leeres«) Subjekt des Selbstbewusstseins geben, das nicht durch bestimmte Identitätskennzeichen wie z.B. »Rasse«, Klasse oder Geschlecht immer schon überdeterminiert wäre?

Hier setzte in den späten 70er Jahren die Kritik der Cultural Studies an der Apparatustheorie (wie auch an Althusser selbst) ein. Letztere berücksichtige nicht ausreichend, dass das Subjekt immer schon in einer Vielzahl von Diskursen und sozialen, kulturellen und institutionellen Verhältnissen verwurzelt sei. Für die Screen-Theoretiker entsteht das Subjekt – plötzlich – an einem einzigen Punkt der Identifikation mit einem einzigen (cinematischen) Apparat aus dem Nichts. Die Formation des Subjekts aus dem vor-subjektiven Individuum qua Anrufung durch den Ideologischen Staatsapparat oder den cinematischen Apparat stelle – so die Kritik der Cultural Studies – nicht in Rechnung, dass das Subjekt ein Interdiskurs sei: »das Produkt der Effekte diskursiver Praktiken, die das Subjekt durch seine ganze Geschichte hindurch überschneiden« (Morley 1980: 164). Als solches sei es auch nie nur Effekt eines einzigen cinematischen Texts.[2] So sei sowohl die Monodimensionalität dieses Subjekts zu kritisieren (in Wahrheit sei ein Subjekt eben immer schon von vielen Texten und Apparaten konstituiert) als auch dessen passive Rolle im Spiel der Anrufung.

In Abgrenzung zu Althusser brachten Stuart Hall und besonders David Morley bei ihrer Wende zur *audience* einen eher soziologischen und ethnographischen Ansatz ins Spiel: Die *audience* wurde nun nicht als passiv angerufenes (cinematisches oder sonstiges) Subjekt, sondern als aktiv in den Prozess der Bedeutungskonstitution involviertes verstanden. Diese Bewegung wurde später zwar von bestimmten Versionen der »CultStuds« zu einem »Cultural Populism«, wie dies des öfteren genannt wird, überdehnt: Der Leser oder *viewer* wurde kulturpopulistisch zu einem voluntaristischen Dissidenzsubjekt überhöht, das sich gewissermaßen die Bedeutung von Texten beliebig zurechtkonstruieren könne, und zwar meist in subversiver Absicht. Allerdings wird dieser »Cultural Populism« in seiner radikalen Version heute kaum noch vertreten, selbst wenn bei manchen deutschsprachigen Adepten der Cultural Studies ein gewisser Hang zu ihm nach wie vor feststellbar ist. Die Bedeutung der (Wieder-)Entdeckung einer aktiven

---

2. In diesem Zusammenhang fasste Stuart Hall den subjektproduzierenden Textualismus der Screen-Theoretiker folgendermaßen zusammen: »This theory gives texts a central place. Texts do not express a meaning (which resides elsewhere) or ›reflect reality‹: they produce a representation of ›the real‹ which the viewer is positioned to take as a mirror reflection of the real world: this is the ›productivity of the text‹, discussed more fully below. However, this ›productivity‹ no longer depends in any way on the ideological effectivity of the representations produced, nor on the ideological problematics within which the discourse is operating, not on the social, political or historical practices with which it is articulated. Its ›productivity‹ is defined exclusively in terms of the capacity of the text to set the viewer ›in place‹ in a position of unproblematic identification/knowledge. And that, in turn, is founded on the process of formation of the subject.« (Hall 1980: 159).

audience lag tatsächlich anderswo (sehen wir mal vom Voluntarismus ab, der hinter dieser Kategorie lauert), nämlich in der Kritik behavioristischer Telekommunikationsmodelle, von denen selbst Althusser, wie gezeigt, nicht vollständig frei war. So brachen die Birminghamer Vertreter der Cultural Studies zuallererst mit der Vorstellung, die Botschaft (= der Text) sei ein transparenter Träger von Bedeutung. Der Grund dafür liegt auf der Hand: Wenn die Bedeutung der Botschaft von einer aktiven *audience* zumindest *mit*-konstruiert wird, kann sie nicht schon vollständig in der Botschaft selbst vorgegeben sein. Der Blick verschiebt sich auf die Diskurse mithilfe derer Bedeutung konstruiert wird (genau das geschieht etwa in Stuart Halls encoding/decoding-Modell). Mit dieser »Wiederentdeckung der Ideologie in den Medienstudien« wurde ein Begriff von Ideologie und von Macht eingeführt, der die eigentlich politische Dimension medialer Apparate in deren »Signifikationspolitik« sieht, d.h. in der Sicherung der Zirkulation hegemonialer Bedeutungen in den und durch die Medien.

Der Untergang der marxistisch-leninistischen Doktrinen des Klassismus und ökonomischen Determinismus, Hand in Hand mit der Wiederentdeckung Gramscis, eröffnete somit für die Cultural Studies in den siebziger Jahren die Möglichkeit, den Prozess hegemonialer Artikulation, also der politischen Konstruktion von Bedeutung, auf *allen* Ebenen sozialer Praxis anzusiedeln. Es waren nicht mehr nur die Vorgänge in der ökonomischen Basis, die den Überbau determinierten bzw. sich im Text »spiegelten«. Stattdessen wurde der sogenannte Überbau selbst (die Kultur, die Medien) über das Konzept der Hegemonie zum entscheidenden Austragungsort von sozialen Kämpfen. Seine Hegemonie sichert nicht, wer einfach nur die Produktionsmittel sozialisiert, sondern wer über »moralische und intellektuelle Führerschaft« (Gramsci) Konsens bezüglich des Status quo herstellt und die Grenzen des *freiwillig* Sagbaren und Denkbaren in seinem Sinne absteckt. Dieser gramscianische Ansatz findet sich bereits in Althussers ISA-Aufsatz, etwa wenn Althusser betont, dass Vorbedingung der dauerhaften Inbesitznahme der Staatsmacht die »*Hegemonie über und in den Ideologischen Staatsapparaten*« (= Gramscis »Zivilgesellschaft«) sei (Althusser 1977: 122). Auf dieser Basis steht auch die Medientheorie der Birminghamer Media Studies.

Wie Hall in seinem Aufsatz *The Rediscovery of Ideology: Return of the Repressed in Media Studies* (1982) beschreibt, kommt den Medien eine zentrale Bedeutung im »Kampf um Bedeutung« bzw. im »Kampf im Diskurs« zu. Hall nennt das »politics of signification«. *Signifikationspolitik* bedeutet, dass die Macht, ein bestimmtes Ereignis zu signifizieren, also mit Bedeutung auszustatten, Resultat komplizierter und mobiler Kräfteverhältnisse ist, für die Gramsci den Vergleich des Stellungskriegs gefunden hatte: Eine politisch-soziale Bewegung übernimmt nicht mit wehenden Fahnen die Staatsmacht (im Sinne eines Bewegungskrieges), sondern verschiebt mühsam bewegliche Fronten zwischen bestimmten Klassenkoalitionen. Die zentrale Rolle, die Medien aus seiner Sicht für jede Analyse von Signifikationspolitiken spielen, erlaubt es Hall, Medien überhaupt als »die dominanten Mittel sozialer Signifikation in modernen Gesellschaften« (Hall 1982: 83) zu bezeichnen. Mit dieser Akzentverschiebung unterscheidet sich Hall von Althusser, der die dominante Rolle dem schulischen und familiären ISA zugeschrieben [3] und den medialen Apparat traditionell ideologiekritisch auf die Verbreitung von »falschem Bewusstsein« reduziert hatte. Für Hall aber ist es im 20. Jahrhundert den Medien – aufgrund ihrer ökonomischen, technischen, sozialen und kulturellen Ressourcen – gelungen, eine »entscheidende und fundamentale Führerschaft in der kulturellen Sphäre« (Hall 1977: 340) zu errichten; die Medien hätten Schritt für Schritt die kulturelle und ideologische Sphäre »kolonisiert«.

Als »signifying institutions« (Hall 1982: 86) stellen sie zum einen die Mittel zur Verfügung, die es sozialen Gruppen erlauben, sich eine Vorstellung zu machen von den Werten, Meinungen und Praktiken sowohl von sich selbst als auch von anderen Gruppen und Klassen:

»This is the first of the great cultural functions of the modern media: the provision and selective construction of social knowledge, of social imaginary, through which we perceive the ›worlds‹, the ›lived realities‹ of others, and imaginarily reconstruct their lives and ours into some intelligible ›world-of-the-whole‹, some ›lived totality‹.« (Hall 1977: 340–41)

Zum anderen ordnen und inventarisieren sie das Repertoire an Bildern und Ideen, das es erlaubt, die fragmentierten Teile und »Gliedmaßen« der Gesellschaft in ein Ganzes, in die Totalität des »Sozialkörpers« zu imaginieren. Sie erstellen normative und evaluative Klassifikationen und Hierarchien. Ihre Aufgabe ist die des *mappings* eines pluralisierten und fragmentierten Sozialen, d.h. sie kartographieren. Die Medien als *signifying institutions* konstruieren dadurch ein soziales Imaginäres. Sie entwerfen ein ganzes Inventarium an Bildern, Lebensstilen und Klassifikationen, das es erlaubt, die soziale Realität zu kartographieren, zu regeln und in eine bestimmte konsensuelle Ordnung und imaginäre Kohärenz zu bringen. In den Medien werden die verschiedenen Meinungen in die »mystische Einheit des ›Konsenses‹« (a.a.O.: 339) reorganisiert. Das schließt ein, dass die Medien nun nicht mehr als Institutionen verstanden werden können, die diesen hegemonialen Konsens bloß reflektieren, sondern sie produzieren ihn aktiv, sie sind Konsensmanufakturen. Produkt dieser Apparate ist eine *konsensuale Imagination* und *common sense*.

Ein Aspekt daran ist besonders bedeutsam und wird uns noch beschäftigen. Hall macht deutlich, dass die Manufaktur von Konsens nur durch *Konflikt* und durch *Ausschluss* möglich ist. In diesem Sinne ist die Arbeit der Medien an Hegemonie in den folgenden Funktionen zu sehen:

»establishing the ›rules‹ of each domain, actively ruling in and ruling out certain realities, offering the maps and codes which mark out territories and assign problematic events and relations to explanatory contexts, helping us not simply to know more about ›the world‹ but to make sense of it. Here the line, amidst all its contradictions, in conditions of struggle and contradiction, between preferred and excluded explanations and rationales, between permitted and deviant behaviours, between the ›meaningless‹ and the ›meaningful‹, between the incorporated practices, meanings and values and the oppositional ones, is

---

3. Nach Althusser ist die Kirche in ihrer Rolle als dominierender Ideologischer Staatsapparat inzwischen durch die Schule (resp. das Gespann Kirche/Familie durch das Gespann Schule/Familie) ersetzt worden.

ceaselessly drawn and redrawn, defended and negotiated: indeed, the ›site and stake‹ of struggle.« (a.a.O.: 341)

Die Politik der Medien als »Signifikationsinstitutionen« besteht also aus Sicht der Cultural Studies, kurz gesagt, in der hegemonialen Fixierung und Kartographierung von Bedeutung. Darin sind sie Einsatz im politischen Kampf und dessen Austragungsort zugleich. Wie im nächsten Abschnitt zu sehen sein wird, lässt diese diskursanalytische Wendung auch die Kategorie des Subjekts (bzw. der *audience*) nicht unberührt. Sie liegt, richtig verstanden, gleichsam quer zur Unterscheidung von Passivität und Aktivität.

3. Die Polizei: Regulation und Gouvernementalität

Offensichtlich greifen sowohl die Althussersche Apparatetheorie als auch die Cultural Studies Birminghamer Provenienz auf das Theorieangebot Gramscis zurück. Die Unterscheidung zwischen den Ideologischen und den Repressiven Staatsapparaten ähnelt der gramscianischen Unterscheidung zwischen dem Terrain der Zivilgesellschaft und dem des Staates im engeren Sinn – wobei beide Instanzen bei Gramsci sich zum *integralen Staat* zusammenschließen. Die Birminghamer Cultural Studies greifen explizit auf Gramscis Hegemoniekonzept zurück und nähern sich über dessen diskursanalytische Wendung, wie wir noch sehen werden, der makropolitischen Hegemonietheorie Ernesto Laclaus und der »Essex School« der Diskursanalyse. Wenn nun die Cultural Studies mit ihrem Konzept der Signifikationspolitik die *politische* Dimension medialer Apparate zu fassen versuchen, dann nimmt die aus Althussers Ansatz hervorgegangene ökonomische *Regulationstheorie* eine Dimension der Medienapparate in den Blick, die mit dem weitgefassten Begriff der *Polizei* besser getroffen wäre als mit dem der Politik – was wiederum die Regulationstheorie mit den Foucaultschen Gouvernementalitätsstudien verbindet.

Die Regulationstheorie ging in Fortführung des althusserianischen Apparatemodells an die Gramscianisierung des marxistischen Ökonomismus.[4] Regulation bedeutet, in den Worten Joachim Hirschs,

»dass die gegensätzlichen Interessen sozialer Klassen und Gruppen so geformt, kanalisiert und miteinander verbunden werden, dass sowohl der Zusammenhalt der Gesellschaft als auch die Vereinbarkeit der sozialen Handlungen mit den Bedingungen der Kapitalverwertung innerhalb des gegebenen Akkumulationsregimes gewährleistet bleiben« (Hirsch 2002: 56).

Die Durchsetzung relativ stabiler Akkumulations- und Regulationszusammenhänge ist nun an die »Herausbildung einer politisch-ideologischen Hegemonie gebunden« (a.a.O.: 59). Das spezifisch Gramscianische an diesem Ansatz ist die Betonung der Rolle der Hegemonie und der Zivilgesellschaft im Zusammenspiel

---

4. Die Regulationstheorie wird hier aus Platzgründen nur schematisch angerissen, ohne weiter diskutiert werden zu können. Für eine Kritik der Regulationstheorie aus Laclauscher Sicht siehe Scherrer (1995: 457–482).

mit den Staatsapparaten im engeren Sinn. Staat und Zivilgesellschaft bilden den Gesamtkomplex des institutionellen Regulationssystems. Insofern aber Hegemonie – die Produktion von Konsens und Zustimmung – notwendige Voraussetzung für die Funktion und Akzeptanz staatlicher Regulationsbemühungen ist, liegt eine besondere Betonung auf jenen Institutionen der Regulation, die Althusser die Ideologischen Staatsapparate nannte:

»*Zum institutionellen System der Regulation gehören die Unternehmen und ihre Verbände, Gewerkschaften, Wissenschafts- und Bildungseinrichtungen, Medien, die gesamte Apparatur des politisch-administrativen Systems und nicht zuletzt die Familie als Ort der Reproduktion der Arbeitskräfte. Es umfasst ein komplexes Netzwerk sozialer und kultureller Milieus, in denen sich die bestimmenden gesellschaftlichen Ordnungs- und Entwicklungsvorstellungen herausbilden.*« (a.a.O.: 56)

Die medialen Apparate sind hier also einem umfassenden Regulationszusammenhang eingeschrieben, sind Teil eines komplexen Netzwerks, das unter heutigen Bedingungen das Akkumulationsregime des Postfordismus stützt.[5] Auch wenn man skeptisch gegenüber gewissen Restökonomismen, die manche Regulationstheoretiker noch mit sich schleppen, sein mag, deckt die Regulationstheorie – mit ökonomischem Fokus – eine Dimension apparativer Praxen ab, die ansonsten unberücksichtigt bliebe. Und geht man von den durchaus ähnlichen Grundannahmen und Theorieaffiliationen aus, so verwundert es nicht, dass die Regulationstheorie inzwischen auch von den Cultural Studies rezipiert wurde. Nach dem an der Open University entwickelten heuristischen Kulturmodell ist Regulation eine von fünf Dimensionen des »cultural circuit« (neben Produktion, Konsum, Repräsentation und Identität), die insgesamt den Kulturbegriff der Cultural Studies ausmachen (vgl. Thompson 1997).

Zugleich wird die Regulationstheorie in gegenwärtigen Studien dort, wo es um die vom Postfordismus erzeugten Subjektivierungsformen (etwa der »Ich-AG«) geht, oft mit den Foucaultschen Gouvernementalitätsstudien in Beziehung gebracht, die stärker die Frage der Subjektbildungsprozesse berücksichtigen. Auch für die Gouvernementalitätsstudien ist nicht »der Staat« der Hauptakteur, von dem bestimmte Selbstregierungstechniken promoted werden, sondern der Staat selbst ist »gouvernementalisiert«. Er ist damit nicht mehr die apparative Bastion der »politischen Gesellschaft« im klassischen Sinn, sondern besteht aus einem Netz an gouvernementalen Techniken, also Techniken der Regierungskunst, die quer zur klassischen Unterscheidung von Staat und Zivilgesellschaft laufen.

---

5. Akkumulationsregime und Regulationsweise stehen dabei in einem *Artikulationsverhältnis*, d.h. keines kann aus dem anderen abgeleitet werden oder besitzt logische Priorität: »Entscheidend ist, dass Akkumulationsregime und Regulationsweisen in keinem einfachen Verursachungsverhältnis stehen, also nicht voneinander ›ableitbar‹ sind. Weder bringt ein Akkumulationsregime mit Notwendigkeit die ihm entsprechende Regulationsweise hervor, noch umgekehrt. Ein stabiles Akkumulationsregime kann sich allerdings nur herausbilden, wenn sich *zugleich* ein entsprechender Regulationszusammenhang durchsetzt. *Beides* muss als Ergebnis sozialer Auseinandersetzungen und Kämpfe auf verschiedenen gesellschaftlichen Ebenen betrachtet werden, deren Ausgang nicht objektiv vorbestimmt ist, sondern von der Stärke, den Strategien und Erfolgen der beteiligten Akteure abhängt.« (Hirsch 2002: 57).

So sei laut Foucault im 18. Jahrhundert ein Übergang erfolgt von »einem von Strukturen der Souveränität dominierten Regime zu einem von den Techniken des Regierens dominierten Regime.« (Foucault 2000: 62) Gouvernementalität wird dabei von Foucault folgendermaßen definiert:

»*Unter Gouvernementalität verstehe ich die Gesamtheit, gebildet aus den Institutionen, den Verfahren, Analysen und Reflexionen, den Berechnungen und den Taktiken, die es gestatten, diese recht spezifische und doch komplexe Form der Macht auszuüben, die als Hauptzielscheibe die Bevölkerung, als Hauptwesensform die politische Ökonomie und als wesentliches technisches Instrument die Sicherheitsdispositive hat. Zweitens verstehe ich unter ›Gouvernementalität‹ die Tendenz oder die Kraftlinie, die im gesamten Abendland unablässig und seit sehr langer Zeit zur Vorrangstellung des Machttypus, den man als ›Regierung‹ bezeichnen kann, gegenüber allen anderen – Souveränität, Disziplin – geführt und die Entwicklung einer ganzen Reihe spezifischer Regierungsapparate einerseits und einer ganzen Reihe von Wissensformen andererseits zur Folge gehabt hat. Schließlich glaube ich, dass man unter Gouvernementalität den Vorgang oder eher das Ergebnis des Vorgangs verstehen sollte, durch den der Gerechtigkeitsstaat des Mittelalters, der im 15. und 16. Jahrhundert zum Verwaltungsstaat geworden ist, sich Schritt für Schritt ›gouvernementalisiert‹ hat.*« (a.a.O.: 64f.)

In unserer Zeit, die Foucault das Zeitalter der Gouvernementalität nennt, seien Probleme dieser Art »zum einzigen politischen Einsatz und zum einzigen realen Raum des politischen Kampfes und der politischen Gefechte geworden«.(a.a.O.: 66) Innerhalb dieses allgemeinen Gouvernementalitätshorizonts der Epoche ist bezüglich der Frage nach der Materialität von Apparaten vor allem die von Foucault erwähnte erste Dimension von Gouvernementalität interessant: Gouvernementalität als auf »die Bevölkerung« orientierte Machtform, die sich aus den entsprechenden Institutionen, Verfahren, Analysen, Reflexionen, Berechnungen und Taktiken zusammensetzt. Die Gouvernementalisierung des Staates mündete in den Gesamtkomplex ebendieser apparativen Praxen – wobei wir annehmen, dass mediale unter den allgemein regulatorischen und gouvernementalen Praxen eine nicht unwesentliche Rolle spielen – und wurde historisch durchgesetzt unter anderem mithilfe der Instrumente der Regierungskunst, »die man im alten Sinne des Ausdrucks, nämlich dem des 17. und 18. Jahrhunderts, Policey nennt« (a.a.O.: 67). Insofern der historische Begriff der Policey sich genealogisch hinter den heutigen gouvernementalen Praxen verbirgt, ist es durchaus möglich, letztere als Polizeipraxen im weitesten Sinn zu bezeichnen. Doch wenn, nach Foucault, das Souveränitätsmodell der Politik inzwischen vom »Policey«-Modell der Politik abgelöst wurde, dann stellt sich die Frage, was mit Politik *in Abgrenzung* von Polizei überhaupt noch gemeint sein kann – eine Frage, die Foucault weitgehend unbeantwortet lässt. Bevor wir im nächsten Abschnitt dazu kommen, ein entsprechendes Abgrenzungskriterium zu formulieren, das es uns erlauben wird, die Differenz zwischen Polizei und Politik in den Blick zu bekommen, sei kurz rekapituliert, worin die Gemeinsamkeiten der bisher vorgestellten Ansätze bestehen.[6]

Bisher wurden im Modus des »Überblicks« die Ansätze der Apparatustheorie, der Cultural Studies, der Regulationstheorie und der Gouvernementalitätsstudien vorgestellt. Nachdem wir davon ausgegangen waren, dass es sich bei Medien um Apparate handelt, deren Materialität nicht in ihrer »Hardware« zu suchen ist, sondern in den sie konstituierenden Praxen, hat uns das in eine Position gebracht, die es erlaubt, den politischen Ort bzw. die politische Funktion der Medien vor diesem Hintergrund nochmals genauer zu bestimmen. Halten wir fest, dass sich die einzelnen Theorien, wenn auch in unterschiedlichem Ausmaß, in Bezug auf die Artikulation der Instanzen der Zivilgesellschaft und der politischen Gesellschaft im erweiterten Begriff eines »integralen Staats« im Fahrwasser von Gramscis Hegemonietheorie befinden. Regulationstheorie und Birminghamer Cultural Studies sind offen neo-gramscianisch, Althusser ist krypto-gramscianisch und Foucault könnte man an dieser Stelle als quasi-gramscianisch bezeichnen. Aus dieser Perspektive tragen Medien (als Ideologische Staatsapparate, als Signifikationsinstitutionen, als Regulationsinstanzen und als Subkomplex gouvernementaler Regierungstechniken) zur Hegemonieproduktion auf dem Terrain der *società civile* bei und sind dennoch Teil eines viel breiter verstandenen »integralen Staats«, der die bürgerliche wie die politische Gesellschaft umfasst.

Allerdings zeigt sich auch eine Differenz zwischen Apparatustheorie einerseits und Cultural und Governmentality Studies andererseits, und zwar an der Kategorie des Subjekts. Die Subjekt-Anrufung ist bei Althusser unter anderem deshalb »materiell«, weil die Frage des »Inhalts« der Anrufung – im Unterschied zur traditionellen Ideologiekritik, von der auch bei Althusser noch Spuren aufzuweisen sind – bewusst ausgeklammert wird: es ist die bloße Tatsache der Anrufung, unabhängig von ihrem »Inhalt«, die das Subjekt in seiner *Form* produziert. Genau an diesem Punkt wird die – ebenfalls post-ideologiekritische – Kritik der Cultural Studies ansetzen, denn die Apparatustheorie kann nicht erklären, wie konkrete Subjektpositionen – etwa entlang der Achsen von »race«, *class, gender, age, sexual orientation* etc. – abseits der reinen Subjektform überhaupt zustande kommen. Die »aktive« Komplizität der Individuen (der *audience* im Fall der Medien) an der Bedeutungsproduktion und damit an ihrer eigenen Positionierung als Subjekte wird von der Apparatustheorie übersehen, deren Materialismus sich hier als Formalismus zu erkennen gibt. Auf ähnliche Weise wie die Cultural Studies, wenn auch um einiges sophistizierter, hat Judith Butler gezeigt, wie mithilfe Foucaults und Derridas die Antinomie zwischen »Form« und »Inhalt« der Subjektbildung (oder zwischen dem Subjekt als cogito und den verschiedenen Subjektpositionen von Individuen) aufgelöst oder zumindest, gleichsam Wittgensteinisch, als »falsch gestellte Frage« umgangen werden kann (Butler 1997). Denn in der Praxis der Subjektivierung sind (passive) Subjektivierung-

---

6. In diesem Zusammenhang lasse ich die stärker philosophisch gefärbten Appropriationen des Foucaultschen Polizeibegriffs durch etwa Rancière oder Agamben beiseite, um mich auf die sozial- oder politikwissenschaftlichen Appropriationen des Begriffs zu beschränken. Es sei aber darauf verwiesen, dass in Distinktion von einem stärker philosophisch gedachten Begriff des Politischen, wie er im nächsten Abschnitt entwickelt wird, auch diese »philosophische« Variante des Polizeibegriffs zu ihrem Recht kommen müsste, selbst wenn hier kein Platz bleibt, um deren Verhältnis genauer darzustellen.

qua-Unterwerfung und (aktive) Subjektivierung-qua-Selbstformung Teil ein und desselben Prozesses. Wenn Subjektbildung durch iterative Praxen zustande kommt, die das Moment ihrer eigenen Verschiebung, Dislokation und Subversion aufgrund ihrer prinzipiellen Iterabilität schon in sich tragen, dann arbeiten Subjekte an ihrer eigenen Subjektivierung immer schon mit, ohne ihr darin gänzlich unterworfen zu sein, ohne aber auch voluntaristisch aus ihr herausspringen zu können. Somit hätte man das Dilemma von aktivem und passivem Subjekt (vertreten durch das Subjekt der Anrufung einerseits und die *active audience* andererseits) umgangen, wie auch das Dilemma von Formalismus und »Inhaltismus«. Die richtig verstandene Kategorie der *Materialität* von Apparaten, bzw. apparativen Praxen wäre damit jenseits der Unterscheidung von Form und Inhalt angesiedelt.[7]

4. Das Politische: Medialität und Konflikt

Daran schließt die Frage nach den mit den Medien verknüpften Politikbegriffen der jeweiligen Ansätze an: Während in den Cultural Studies die Medien selbst zum Ort und Einsatz der Signifikationspolitik werden und sie in Governmentality Studies und Regulationstheorie »Policey«-Funktion übernehmen, besteht in der Apparatustheorie die Politik der Medien in der institutionellen Anrufung von Individuen, die, indem sie durch Komplexe apparativer Praxen geschleust werden, sich zu Subjekten formen. Nicht zufällig spricht Althusser allerdings dabei gar nicht von »Politik«, sondern von Ideologie. Das Moment der Kontingenz und Veränderbarkeit, das Politik im strikten Sinn notwendig beinhaltet, findet keinen Platz im formalistischen und in gewisser Weise deterministischen, zumindest aber passivistischen Subjektivierungsmodell Althussers. Doch auch jene Regierungstechnologien, denen das Subjekt der Gouvernementalität zwar nicht gänzlich unterworfen, aber doch selbst in seinem performativen *enacting* dieser Technologien immer noch in gehörigem Maße ausgesetzt ist, sind in Bezug auf Politik im strengen Sinne unterbestimmt. Damit soll gesagt sein, dass es sich bei der scheinbaren »Politik« der Gouvernementalität oder der Regulation tatsächlich eben um Polizei und nicht um *Politik* handelt, bzw. Politik genau dort beginnt, wo die Regierungstechnologie endet. Politik in diesem emphatischen Sinne muss gerade dort gesucht werden, wo Politik im »technisch«-apparativen Sinn auf- oder gar zusammenbricht, wo also Polizei ihre still akzeptierte Regulationsfunktion verliert und als kontingente Figur der Macht sichtbar wird.

Ein solch emphatischer Begriff von Politik ist bei Althusser gar nicht, bei Foucault und der Regulationstheorie nur implizit oder verdeckt und in den Cultural Studies in ungenügend theoretisierter Weise vorhanden. Die Theoretisierung von Politik würde eine Kategorie erfordern, die Ernesto Laclau und Chantal

---

7. Hier sei darauf hingewiesen, dass dieser Materialitäts- und Praxisbegriff exakt dem Diskursbegriff von Laclau und Mouffe entspricht.

Mouffe mit ihrem Konzept des Antagonismus entwickelt haben (Laclau/Mouffe 1991). Darunter verstehen sie jene radikale Instanz, die als Grenze des Sozialen Gesellschaft einerseits ermöglicht, insofern diese sich gegenüber dem konstitutiven Außen des Antagonismus überhaupt erst herstellt, andererseits sie aber *als Totalität* verunmöglicht, insofern Gesellschaft immer auf diese ihr heterogene und sie negierende Instanz bezogen bleiben wird. Eine Gesellschaft ohne Antagonismus, d.h. eine soziale Totalität, die nicht auf die radikale Instanz des Konflikts verwiesen wäre, ist für Laclau und Mouffe undenkbar. Natürlich wird Konflikt auch von Foucault, den Cultural Studies und der Regulationstheorie gedacht. Erinnern wir uns daran, dass Foucault von Gouvernementalität als dem »einzigen realen Raum des politischen Kampfes und der politischen Gefechte« spricht und dass für den Gramscianer Hall, der Medien als »site and stake of struggle« definiert, die Herstellung von Konsens nur durch Konflikt und Ausschluss möglich ist. Auf ähnliche Weise ist Regulation selbst keineswegs konfliktfrei, sie ist vielmehr der Versuch, mit Konflikten und Antagonismen umzugehen und sie »polizeilich« zu entschärfen. So Hirsch:

»Gleichwohl bilden ›Staat‹ und ›zivile Gesellschaft‹, also der Gesamtkomplex des institutionellen Regulationssystems, keinen einheitlichen und geschlossenen, sondern einen höchst komplexen und konfliktreichen Zusammenhang, geprägt durch unterschiedliche Zugangs- und Aktionsmöglichkeiten, Interessengegensätze und institutionelle Konfliktebenen. Gerade diese Offenheit und die damit bewirkte Institutionalisierung gegenläufiger und sich überlagernder Interessen macht Regulation, den vorübergehenden Ausgleich antagonistischer Interessen und die Anpassung konfliktorischen Handelns an die Bedingungen der Kapitalakkumulation möglich.« (Hirsch 2002, 61)

Dieses Zitat macht allerdings auch die Grenzen des regulationstheoretischen Ansatzes klar. Es handelt sich um bereits institutionalisierte Konflikte: Um von Interessengegensätzen überhaupt sprechen zu können, muss man von einem den Konflikten vorgelagerten Interesse ausgehen, das etwas mit bereits institutionalisierten Subjektpositionen zu tun hat und zumeist im Bereich der Ökonomie (früher sprach man von »objektiven Interessen« oder »Klasseninteresse«) verortet ist. Dieser Verdacht bestätigt sich, wenn man liest, dass konfliktorisches Handeln, bzw. dessen Regulation, an die Bedürfnisse der Kapitalakkumulation gebunden sei, was Konflikt eindeutig der Instanz des Ökonomischen unterordnet. Auch bei Foucault findet sich im Polizeimodell Konflikt nur als gleichsam unsichtbare Voraussetzung der »Verwaltung« der Bevölkerung. Um diesen Konfliktbegriff zu radikalisieren und explizit zu machen, müsste man auf das »Kriegsmodell« von Gesellschaft zurückgreifen, mit dem Foucault zeitweilig liebäugelt, und es im Sinne einer Antagonismustheorie erweitern (s. Marchart 1998a). Die Cultural Studies schließlich beschreiben mit ihrem Begriff der Signifikationspolitik durchaus das, was man die *Politiken* der Medien (im Plural) nennen könnte, aber gelingt es ihnen, *das Politische* der Medien zu greifen?

Was die Hegemonietheorie Laclaus und Mouffes von den eben besprochenen Theorien unterscheidet, ist nicht, dass bei Laclau und Mouffe die Existenz sozialer Konflikte berücksichtigt wäre. Konfliktualität wird von vielen Theorien berücksichtigt. Die Gretchenfrage ist, auf welcher *Ebene* die Kategorie des Konflikts angesiedelt ist. Bei Laclau und Mouffe ist Konflikt auf einer nicht weiter hintergehbaren, allen anderen sozialen Fakten *vorgeordneten* Ebene verortet, weshalb sie eben nicht einfach von Konflikten sprechen, sondern von Antagonismus. Dieser bewussten kategorialen Entscheidung korrespondiert eine terminologische Differenz, die Laclau immer wieder verwendet: die ontisch-ontologische Differenz, die sich auch ausdrückt in der Differenz zwischen der Kategorie des Politischen, die die Instanz des Antagonismus bezeichnet, und der Kategorie der Politik. Letztere ist für Laclau und Mouffe auf der ontischen Ebene, das Politische dagegen auf der ontologischen Ebene der Gesellschaft angesiedelt. Damit soll einerseits gesagt sein, dass Politik im traditionellen Sinne – d.h. als politisches System oder als eingespielte Handlungsweise politischer Eliten – nicht mit dem Politischen im radikalen Sinn zu verwechseln ist. Und insofern das Politische die Instanz des Antagonismus anzeigt, wird damit gesagt, dass es eine Gesellschaft ohne Antagonismus nicht geben kann, ja dass die Instanz des Antagonismus jeder Gesellschaft – und jeder Politik – (onto-)logisch vorgängig ist. Deshalb ist das *Politische* an Politik – die Instanz des Antagonismus – die spezifische Differenz, die Politik von Polizei trennt. Polizei ist *an*-antagonistische Politik, also die institutionalisierte Verwaltung oder totalitäre Verleugnung des Antagonismus. Andererseits ist klar, dass Politik *immer* zu einem gewissen Ausmaß an institutionalisierte Praxen gebunden ist und nicht im institutionsleeren Raum stattfindet. Antagonismus tritt immer »ontisch« vermittelt und nie in seiner radikalen, »ontologischen« Form auf – denn sonst handelte es sich nicht um Politik, sondern um Bürgerkrieg. Das wiederum impliziert, dass es nie nur *eine* Politik geben kann. Zu einer institutionell, d.h. »ontisch« vermittelten Auseinandersetzung braucht es zumindest *zwei* widerstrebende Politiken, doch auch das ist eine modellhafte Reduktion von Wirklichkeit. In Wahrheit ist das Terrain des Sozialen von asymmetrischen Kräfteverhältnissen verformt und von einer Vielzahl von Konfliktlinien durchzogen. Das ist nicht zuletzt der Grund, warum Gramsci zur Beschreibung der hegemonialen Kämpfe auf dem Terrain der Zivilgesellschaft auf den Begriff des »Stellungskriegs« zurückgreift.[8]

Wenn wir also von Politik statt von Politik*en* sprechen, dann nur der sprachökonomischen Einsparung des Plurals wegen. Und doch könnten wir noch nicht einmal davon sprechen, würden wir nicht das Politische als quasi-transzendentale Ermöglichungsbedingung von Politik dabei mitdenken. Tatsächlich ist die Laclausche Hegemonietheorie die einzige post- oder neo-gramscianische Theorie, welche die Dimension des Politischen im strengen Sinn gedacht und kategorial ausgeschildert hat. Doch wie steht es nun um die Medien? Zum ersten ist festzustellen, dass auch *die Medien* – nach wie vor verstanden als Komplexe apparativer Praxen – sinnvoller Weise nur im Plural stehen können. *Das* Medium gibt es aus ontischer Perspektive genauso wenig wie *die* Politik. Doch wie müsste man sich den Medien dann aus *ontologischer* Perspektive nähern? Hier schlage ich vor, in medienphilosophischer Erweiterung der Hegemonietheorie die Instanz

---

8. Der historische Eindruck, der diesem Denkmodell Gramscis zugrunde liegt, sind natürlich die Grabensysteme der Schlachtfelder des ersten Weltkriegs.

des Medialen von der Instanz der Medien zu unterscheiden. Das Mediale im strengen Sinn wäre dann analog der Instanz des Politischen zu bestimmen nicht als *Verbindung,* sondern als antagonistische Trennung. Damit möchte ich nicht sagen, dass das Mediale selbst schon das Politische sei (oder umgekehrt), denn dann hätten wir eine bloße Verdopplung von Kategorien. Worauf ich vielmehr hinauswill, ist die These, dass das Mediale einen spezifischen Aspekt darstellt, unter dem wir das Politische betrachten können, wenn wir es mit dem Phänomen der Kommunikation und den apparativen Praxen der Medien und Medienapparate zu tun haben. Erst wenn wir die Instanz des Politischen berücksichtigen, verlassen wir das von Gouvernementalitätsstudien und Regulationstheorie beschriebene Revier der *Polizei der Medien* und nähern uns dem, was man im strengen Sinn die *Politiken der Medien* nennen könnte.

In Analogie zum Verhältnis von Antagonismus und Gesellschaft definieren wir somit das Mediale politisch als jene Instanz, die im Prozess der Kommunikation Gemeinschaft (Kommunität) ermöglicht und darin zugleich verunmöglicht. So kann die *Medialität* der Medien, in den Worten Georg Christoph Tholens, als »sich selbst entzogene Dazwischenkunft medialer Chocks und Einschnitte« bestimmt werden, als »Intervention eines Unsichtbaren, das nicht bloß das Nicht-Sichtbare innerhalb des Registers des Sehens ist, sondern vielmehr dieses allererst eröffnet, indem es sich als unsichtbarer Rand des je Phänomenalen zurückgezogen haben muß« (Tholen 1998: 64f.), wobei ich aus Sicht des eingeführten polit-theoretischen Paradigmas vorschlage, den selbst nicht sichtbaren Rand des Sichtbaren, das konstitutive Außen, das dieses Sichtbare *eröffnet,* eben als Antagonismus zu begreifen. Diese Ausdehnung des Antagonismuskonzepts auf die Kategorie der Medialität geht über eine scholastische Fingerübung etwa im Sinne von Variationen auf ein dekonstruktives Motiv, das nun auch in der Medientheorie durchgespielt wird, hinaus. Sie geht deshalb darüber hinaus, weil die Einführung des Aspekts der ontologischen Differenz und der Instanz des Antagonismus durchaus radikale Konsequenzen birgt für alle gängigen Kategorien der Medientheorie. Die Entscheidung für diese Perspektive erfordert den Umbau der Medientheorie auf offener See. Nehmen wir den Begriff der Öffentlichkeit.

5. Die Öffentlichkeit: Antagonismus und Sichtbarkeit

Es herrscht ein nur schwer auszuräumendes Vorurteil, Medien würden per se Öffentlichkeit generieren. Mark Poster hat zum Beispiel in einem inzwischen klassischen Text argumentiert, *online-communities* würden analog zur Habermas'schen Kategorie der Öffentlichkeit funktionieren, wobei Poster sich zustimmend auf John Hartleys Behauptung stützt: »the media *are* the public sphere« (Poster 1997: 217). Lässt man die Frage des Internet einmal beiseite und betrachtet das Problem in seiner Allgemeinheit, dann muss die Behauptung, die Medien selbst *seien* schon *die Öffentlichkeit* auf Basis der bisher entwickelten Konzeption eindeutig zurückgewiesen werden. Die Medien sind erst einmal Konglomerate apparativer Praxen. Ob diese Öffentlichkeitseffekte haben, ist – wie auch im Fall anderer (Ideologischer Staats-)Apparate – nicht präjudizierbar, da nicht allein aus dieser Tatsache ableitbar. Wenn wir zum Beispiel à la Habermas als Maßstab (bürgerlicher) Öffentlichkeit die Kriterien der Publizität und Zugänglichkeit einführen, werden wir in kürzester Zeit feststellen, dass vor allem die Massenmedien in keiner Weise diesen Kriterien genügen. Weder kann die »interessierte Öffentlichkeit« die internen Entscheidungsprozesse verfolgen (geschweige denn an ihnen mitwirken), noch hat sie in irgendeiner Weise Zugang zum Medium oder gar zur Programmgestaltung. Was Massenmedien generieren, ist vielleicht ein Unterhaltungs- oder im besten Fall ein Informationsraum, mit Sicherheit aber kein öffentlicher Raum. Ähnliches muss über den »öffentlichen Raum« im engeren, physischen Sinn, also etwa über den öffentlichen Stadtraum gesagt werden, der zunehmend privatisiert wird, was Zugänglichkeit – etwa für unliebsame »Randgruppen« – potentiell einschränkt. Die bloße Tatsache, dass irgendwo aus irgendwelchen Gründen Leute zusammenkommen, ist kein hinreichendes Kriterium für Öffentlichkeit. Der scheinbar öffentliche Raum einer Shopping-Mall ist, nach Maßgabe der dort statthabenden Praxen, kein öffentlicher Raum, sondern ein *Shopping*-Raum – und er gibt auch nichts anderes vor, da jeder Besucher weiß, dass politische Agitation sofort vom zuständigen privaten Sicherheitsdienst unterbunden werden könnte, und in den meisten Fällen wohl auch würde.[9]

Auf Basis der oben entwickelten Konzeption muss daher der Öffentlichkeitsbegriff umgebaut werden. Gehen wir von Hannah Arendt aus, die sich wie keine andere an dieser Frage abgemüht hat. Für Arendt ist Öffentlichkeit ein »Erscheinungsraum«. Wer in die Öffentlichkeit tritt, zeigt sich und erscheint vor anderen. Es geht ihr um ein reziprokes Sich-den-Blicken-anderer-Aussetzen. Mit diesem Sich-Aussetzen, dem Überschreiten der Schwelle des eigenen Hauses und dem Hinaustreten in das »Licht der Öffentlichkeit«, wie Arendt regelmäßig schreibt, ist ein Risiko verbunden, weshalb für Arendt dazu auch Mut gehört. Unter anderem deshalb, weil dort ein *agonaler* Geist weht. Man tritt in ein Spiel ein, in dem es Sieger und Verlierer gibt (wenn auch – aufgrund der Unabgeschlossenheit politischen Handelns – nie endgültige) und man jederzeit auf Seiten der Verlierer landen kann. Der »agonale Geist« des Politischen, von dem Arendt im Rückgriff auf die griechische polis spricht, das »Sich-an-Anderen-Messen« (Arendt 1981: 187), der *Agonismus*, setzt allerdings eine ursprünglichere Kategorie voraus, von der Arendt nicht spricht und die erst auf Basis der oben entwickelten Konzeption wieder in den Blick gerät: *Antagonismus*. Aus dessen Sicht betrachtet ist Agonismus ein abgeleitetes Phänomen. Zwar betont Arendt zurecht, dass Menschen sich zusammentun, um politisch zu handeln. Doch trotz ihrer Bejahung des Agonismus unterschätzt sie das Ausmaß, in dem sie sich *gegen andere Menschen* zusammentun. Das ist die unausweichliche Kondition von Politik, die Laclau und Mouffe Antagonismus nennen. Aus ihr folgt, dass es keine herrschaftsfreie Politik, keine Politik ohne irgendeine Form des Ausschlusses

---

9. Diese Thesen zu öffentlichem Raum, Konfliktualität und Medien finden sich von mir an verschiedener Stelle weiter ausgeführt (vgl. Marchart 1998b, 1999, 2000a, 2000b, 2003b).

oder der Gegnerschaft gibt. (Wieder begegnen wir einer Art ontologischen Differenz: der Differenz zwischen Agonismus auf der Ebene der Politik und Antagonismus auf der des Politischen.)

Das *Mediale* daran ist in der Tatsache zu suchen, dass Konflikt – das »Band des Konflikts« – etwas Verbindendes hat, insofern Identität und Gemeinschaft sich, wie beschrieben, erst qua Antagonismus herstellen. Zugleich wirkt Antagonismus aber disruptiv in Bezug auf bestehende Identität und Gemeinschaft, d.h. in Bezug auf real existierende Praxen. Nur durch die antagonistische *Öffnung* von Lücken und Spalten innerhalb des Konglomerats sedimentierter, institutionalisierter apparativer Praxen, erst durch die »Dazwischenkunft medialer Chocks und Einschnitte« entsteht Öffentlichkeit. Mit anderen Worten: Öffentlichkeit ist das, was die Logik des Apparats (die Institution der Medien etwa) *durchbricht*. Die Kategorie des Antagonismus bezeichnet dabei gleichsam den Schlagbohrer zur *Eröffnung* eines öffentlichen Raumes. So gibt es nicht »die Öffentlichkeit«, in der es zum Konflikt kommen kann oder nicht, die also unberührt davon wäre, was in ihr vorgeht, sondern Öffentlichkeit ist dort und nur dort, wo Antagonismus ist – und umgekehrt produziert Antagonismus notwendigerweise Öffentlichkeit. Antagonismus ist jenes konstitutive Außen des Sichtbaren, des »Erscheinungsraums« der Öffentlichkeit, das selbst nicht Teil des Sichtbaren ist, ohne das es aber keine Öffentlichkeit und keinen »Erscheinungsraum« geben kann. Medien, so muss man schließen, generieren somit nur dort Öffentlichkeit, wo sie vom Medialen selbst – der Medialität des Antagonismus – unterbrochen werden. Ansonsten verhindern, verharmlosen oder verkleistern sie Öffentlichkeit.

Aber was ist es, das im Erscheinungsraum »erscheint«? Was bedeutet in all dem das Adjektiv »sichtbar«? Wir sollten diese Frage nicht den Optikern überlassen. Es kann sich nicht nur um *visuelle* Sichtbarkeit handeln. Doch was wird dann sichtbar? Mit Laclau wäre diese Frage folgendermaßen zu beantworten: sichtbar wird die *Kontingenz* des Sozialen. Laclau nennt das, im Rückgriff auf Husserl, den Moment der *Reaktivierung* sedimentierter sozialer Praxen (Laclau 1990). In diesem Moment wird deren kontingenter Ursprung wieder sichtbar, die Tatsache also, dass das Soziale auch anders strukturiert sein könnte und in Wahrheit durch eine kontingente (aber nicht arbiträre) *politische* Entscheidung instituiert wurde, welche im Moment ihrer antagonistischen Reaktivierung die sozialen Sedimente erneut verhandelbar macht. Das »Sichtbare« am Öffentlichen besteht in der Reaktivierung des Kontingenzcharakters sedimentierter Praxen, in der plötzlich aufscheinenden Erkenntnis, dass die Welt des Sozialen auch anders sedimentiert/institutionalisiert sein könnte. Antagonismus hat, wie Laclau betont, *revelatorischen* Charakter.

Da man um das Kriterium des Antagonismus nicht herum kommt, sind Öffentlichkeitsmodelle, die auf rationalen Konsens oder herrschaftsfreie Kommunikation setzen, eindeutig defizitär. Dennoch kann auf »ontischer« Ebene Antagonismus nie rein auftreten, es sei denn in der nur hypothetisch zu veranschlagenden Form eines Kriegs aller gegen alle. Wenn ein Konflikt durch die endgültige Ausschaltung des Gegners (seine politische oder physische Elimination) gewaltsam beendet würde, würde damit nicht nur der Gegner, sondern

Öffentlichkeit als solche – in ihrem medialen Aspekt eines »Bandes« des Konflikts – verschwinden. Aus dem Willen zur symbolischen Institutionalisierung und damit Hegung des Antagonismus *als Agonismus* erwächst »Demokratie« als jenes politische Projekt, das einen kollektiven Willen formiert, um die notwendige Spannung des Agonismus zu bejahen und aufrechtzuerhalten.[10] Im Anschluss an die Begrifflichkeit Claude Leforts lässt sich sagen: Demokratie ist das einzige »symbolische Dispositiv«, das Konflikt – gleichsam im Sinne einer negativen Gründung – als unabdingbaren Bestandteil von Politik anerkennt. Und Öffentlichkeit ist im demokratischen Dispositiv jener Ort, der entsteht, wo immer Konflikt ontisch vermittelt ausgetragen wird. Natürlich gibt es genügend Tendenzen, die öffentliches Konflikthandeln überhaupt aus der Gesellschaft verbannen und z.B. durch eine Expertokratie oder korporatistische Interessenvertretung ersetzen wollen. Es gibt sogar nach wie vor politische Kräfte, die ihre Feinde als solche am liebsten ausschalten wollten, was das für eine Demokratie notwendige Band des Konflikts zerschneiden würde. Schließlich gibt es die liberaldemokratische Tendenz, das Parlament als einzigen legitimen Ort ritualisierter Konfliktualität vorzustellen, wobei es doch im demokratischen Dispositiv nur der symbolisch sichtbarste ist. Denn Öffentlichkeit entsteht nicht allein in der Austragung des Konflikts zwischen Regierung und Opposition – eine solche Reduktion demokratischer Konfliktualität auf den alleinigen Code Regierung/Opposition entspräche der Luhmannschen Verkürzung von Demokratie auf die parlamentarische Öffentlichkeit –, sondern sie entsteht überall dort, wo die allgemeinen Angelegenheiten konfliktuell verhandelt werden. Und das kann überall sein. Mit anderen Worten: das Licht des Antagonismus kann in die kleinste Hütte scheinen. In diesem Moment wird die Hütte zum *Forum*. Und so etwas kann selbst Massenmedien zustoßen.

---

10. Da Demokratie selbst ein hegemoniales Projekt ist, muss auch sie Grenzen ziehen. Auch sie kann nicht ohne Ausschluss operieren. Die Grenze zieht sie dort, wo der Konflikt *als solcher* ein für allemal stillgestellt werden soll, d.h. wo die antagonistische Grundverfassung der Gesellschaft als solche verleugnet und Personengruppen das Recht, Rechte zu haben, als solches abgesprochen wird.

Literatur

Althusser, Louis (1977) *Ideologie und Ideologische Staatsapparate*. Hamburg und Berlin: VSA.
Arendt, Hannah (1981) *Vita Activa oder Vom tätigen Leben*. München und Zürich: Piper.
Butler, Judith (1997) *The Psychic Life of Power. Theories in Subjection*. Stanford: Stanford University Press.
Foucault, Michel (2000) »Die ›Gouvernementalität‹«. In: Ulrich Bröckling, Susanne Krasmann und Thomas Lemke (Hg.) *Gouvernementalität der Gegenwart. Studien zur Ökonomisierung des Sozialen*. Frankfurt a.M.: Suhrkamp, S. 41–67.
Hall, Stuart (1977) »Culture, the Media and the ›Ideological Effect‹«. In: James Curran, Michael Gurevitch und Janet Wollacott (Hg.) *Mass Communication and Society*. London: Open Univ./Edward Arnold, S. 315–348.
Hall, Stuart (1980) »Recent Developments in Theories of Language and Ideology: A Critical Note«. In: ders. (Hg.): *Culture, Media, Language*. London: Hutchinson, S. 157–162.
Hall, Stuart (1982) »The Rediscovery of ›Ideology‹: Return of the Repressed in Media Studies«. In: Michael Gurevitch, Tony Bennett, James Curran und Janet Wollacott (Hg.) *Culture, Society and Media*. London: Methuen, S. 56–90.
Hirsch, Joachim (2002) *Herrschaft, Hegemonie und politische Alternativen*, Hamburg: VSA.
Laclau, Ernesto (1990) *New Reflections on the Revolution of Our Times*. London und New York: Verso.
Laclau, Ernesto / Mouffe, Chantal (1991) *Hegemonie und radikale Demokratie*. Wien: Passagen.
Marchart, Oliver (1998a) »Gibt es eine Politik des Politischen. Démocratie à venir betrachtet von Clausewitz aus dem Kopfstand«. In: ders. (Hg.) *Das Undarstellbare der Politik. Zur Hegemonietheorie Ernesto Laclaus*. Wien: Turia+Kant.
Marchart, Oliver (1998b) »New Genre Public Net Art. Einige Anmerkungen zum öffentlichen Raum Internet und seiner zukünftigen Kunstgeschichte«. In: Hedwig Saxenhuber und Georg Schöllhammer (Hg.) *Ortsbezug. Konstruktion oder Prozeß*. Wien: Edition Selene, S.41–60.
Marchart, Oliver (1999) »Kunst, Raum und Öffentlichkeit(en). Einige grundsätzliche Anmerkungen zum schwierigen Verhältnis von Public Art, Urbanismus und politischer Theorie«. In: Andreas Lechner und Petra Maier (Hg.) *Stadtmotiv*. Wien: Edition Selene, S.96–158.
Marchart, Oliver (2000a) »Das Licht des Antagonismus. Populärkultur zwischen Mikropolitik und Makropolitik«. In: Urs Stäheli und Gregor Schwering (Hg.) *Big Brother, Reality Soaps und das Neue TV*. Bielefeld: Transcript Verlag, S. 245–260.
Marchart, Oliver (2000b) »Zwischen Forum und Basar. Zum Paradoxon institutionalisierter Öffentlichkeit«. In: Forum Stadtpark (Hg.) *Zwischen Forum und Basar. Beschreibungen und Befragungen zur (Re-)Strukturierung des Kunstbetriebes*. Wien: Edition Selene, 2000, S. 9–18.
Marchart, Oliver (2003a) *Politics and the Political. An Inquiry Into Post-Foundational Political Thought*. PhD-Dissertation, University of Essex.
Marchart, Oliver (2003b) »Media Darkness. Reflections on Public Space, Light, and Conflict«. In: Tatiana Goryucheva, Eric Kluitenberg (Hg.) *Media / Art / Public Domain*. Amsterdam: De Balie, S.83–97.
Morley, David (1980) »Texts, Readers, Subjects«. In: Stuart Hall (Hg.) *Culture, Media, Language*. London: Hutchinson, S.163–173.
Poster, Mark (1997) »Cyberdemocracy: The Internet and the Public Sphere«. In: David Holmes (Hg.): *Virtual Politics. Identity & Community in Cyberspace*, London: Sage, S. 212–229.
Scherrer, Christoph (1995) »Eine diskursanalytische Kritik der Regulationstheorie«. In: *Prokla*, 25,3, S. 457–482.
Tholen, Georg Christoph (1998) »Die Zäsur der Medien«. In: Winfried Nöth und Karin Wenz (Hg.) *Medientheorie und die digitalen Medien*, Intervalle 2. Schriften zur Kulturforschung. Kassel: Kassel University Press, S. 61–88.
Thompson, Kenneth (1997) »Regulation, De-Regulation and Re-Regulation«. In: ders. (Hg.): *Media and Cultural Regulation*. London, Thousand Oaks, New Delhi: Sage, S. 9–68.

Bernhard Siegert

Der Nomos des Meeres
Zur Imagination des Politischen und ihren Grenzen

I.

Einer von Joseph Conrads *Last Essays* trägt den Titel »Ocean Travel«. Wie die meisten seiner späten Texte spricht auch dieser vom Ende einer bereits in nostalgische Verklärung übergehenden Ära, der Ära der Segelschiffreisen, und vom Beginn einer neuen Ära, der Ära des Ozeandampfers, deren Heraufkunft Conrad mit Verbitterung und Ekel betrachtet. Die mit dem Ozeandampfer unternommene Passage ist das in verschiedene Aspekte entfaltete Emblem einer Epochenschwelle. Da ist zum einen der technisch-physikalische Aspekt des Reisens: die »Maschinerie der Segel« und die Bewegung variabler Luftströmungen weichen der Schraubenbewegung des Propellers im Wasser. Da ist zum anderen der »psychologische« Aspekt, der im Grund jedoch ein politisch-geographischer Aspekt ist: »Früher«, schreibt Conrad, hätte »ein Mann« (von Frauen ist nicht die Rede), der sich auf eine Seereise begab, mit den Lebensbedingungen an Land gebrochen und auf dem Schiff eine neue Art Zuhause gefunden. Heute bringt ein Mann die Bedingungen des Lebens an Land mit an Bord und findet anstatt eines Schiffes bloß eine »unpleasant unsteady imitation of a Ritz Hotel« (Conrad 1926: 55). Die Grenze zwischen Land und Meer ist eine für die kulturellen Institutionen des Abendlandes fundamentale Grenze. Ihre technisch-industrielle Abschaffung bringt weit reichende Folgen für die politische Definition des Menschen und der menschlichen Existenz mit sich.

Bemerkenswert an Conrads Essay ist, dass seine nostalgisch-pessimistischen Reflexionen über das Ende der Segelschiffära an verschiedenen Stellen Imaginationen des Politischen aufrufen. So heißt es vom »old-time traveller« der Segelschiffära: »He would before long begin to feel himself a citizen of a small community in special conditions and with special interests which gradually ceased to be secret to him, and in the end secured his sympathies. The machinery of his propulsion, the picturesque activities of the men of the sea, lay open to his sight and appealed to his sympathies.« (ebd.) Der Reisende auf dem Segelschiff wird zum »Bürger« einer Gemeinschaft, deren Zusammenhalt durch Sympathie hergestellt wird, die wiederum durch eine Ästhetik der Durch- und Überschaubarkeit abgesichert wird. Die Aktivitäten der Seeleute sind »picturesque«, das heißt dem Bildhaften zugeneigt; ihre Bestimmung liegt a priori in ihrer Repräsentation.

Der Ozeandampfer ist dagegen eine »Menschenfassung«[1] ganz anderer Art. Was dem Leben an Bord der hotelartigen Atlantikfähren »mit ihren territorialen Namen« (die Schiffe der Cunard Line z. B. trugen Namen wie *Southhampton* u.ä.) Sinn gibt, ist allein die Einhaltung des Fahrplans. Das Leben an Bord des »falschen Landes« ist von der Regelmäßigkeit, der Wiederholbarkeit, des Anschlusses, der Vernetzung mit anderen Transportmittel instituiertes Leben. Insofern der einzige Lebensinhalt an Bord das Verstreichen der Zeit ist, muss jedes Schiff für jeden Passagier »ein mehr oder weniger luxuriöses Gefängnis sein«, in dem der Passagier seiner Entlassung harrt »much as any prisoner« (Conrad 1926: 54).

Eine letzte Konsequenz dieser Theorie des Politischen deutet Conrad bloß an – und bedient sich dazu einer merkwürdigen autobiographischen Erinnerung.[2] Er sei einige Jahre als Offizier auf einem Passagierschiff, einem Segelschiff natürlich, gefahren. An Bord wäre auch einiges gefiedertes und vierfüßiges Getier gewesen, darunter als wichtigstes eine »milch-cow« [!] zur Versorgung der Kinder. An schönen Morgenden hätten die Kinder ihrer Kuh einen Besuch abgestattet, »which looked with mild big eyes at the small citizens of our sea communitiy with the air of knowing all there was to know about them.« (Conrad 1926: 57) Der moderne Passagier, schreibt Conrad, mag wohl mehrere Meilen pro Tag auf dem Schiff auf und ab laufen, doch sei dies das einzige, was ihn von den »bales of goods carried in the hold« (ebd.) unterscheidet. Die bizarre Vorstellung der Kuh als Alma mater der an Bord lebenden Gemeinschaft, Ursprung von Leben und Weisheit, evoziert also noch ein andres Bild, ein Bild, auf das Conrads Text unaufhaltsam hin zustrebt, auch wenn es sich nicht einstellt: Es ist der Vergleich zwischen Passagier und Vieh, ein Vergleich, dessen Zynismus nur etwa zehn Jahre später Realität geworden sein wird mit dem Abtransport hunderttausender jüdischer Menschen in Viehwaggons aus ihren Wohnorten in die KZs der Nazis. Was man sich hier abzeichnen sieht in Conrads Totenklage des Schiffs, ist der Übergang vom politisch verfassten Leben, das sich in der Form des Schiffs als sichtbare Gemeinschaft organisiert und inszeniert, zum biopolitisch gefassten Leben, das in gefängnisartigen Maschinen fahrplanmäßig verwaltet wird, ein Leben ohne Szene, ohne Repräsentation – kein politisches Leben, sondern nacktes Leben, um Giorgio Agamben (2000) zu zitieren, kein *bios,* sondern *zoë.*

2.

Das Politische ist schon seit es im Abendland überhaupt einen politischen Diskurs gibt mit dem Bild des Schiffs verknüpft. Der erste Beleg für den allegorischen Gebrauch des Schiffbildes für die Krisensituation einer politischen Gemeinschaft datiert vom Ende des 7. vorchristlichen Jahrhunderts und findet sich in den Fragmenten des frühgriechischen Lyrikers Alkaios, der als Führer einer Adelspartei auf Lesbos mit diesem Bild dazu aufrief, den Tyrannen Myrsilos

---

1. Zu diesem Begriff siehe Seitter (1985).
2. Zur autobiographischen Fiktion Conrads vgl. Gogwilt (1995).

zu stürzen (Quaritsch 1979: 256). Das *tertium comparationis* von politischer Gemeinschaft und Schiff besteht darin, dass »ein Verband von Menschen zum Zweck der Aufrechterhaltung ihrer Gemeinschaftsform und der Bewahrung ihrer Existenz auf koordiniertes und sachgemäßes Handeln angewiesen ist.« (Schäfer 1972)[3] Der abgegrenzte Schiffsraum gibt dem Politischen eine Fassung; er setzt es ins Bild. Zu diesem Bild liefert die Schiffsbesatzung mit dem Schiffsherr, dem Steuermann, der Mannschaft und den Passagieren das Material, um Herrschaftsstrukturen zu repräsentieren; dieses Bild gewinnt indes seine Dramatik und zeitliche Dimension erst durch das, was das Bild »rahmt«, das Formlose, die Bedrohung von außen, das Meer, das mit Sturm, Piraten und Untergang droht und das durch das Bild des Hafens für das politische Ziel oder das Telos der Geschichte als zeitlich zu überwindende Gefahrenzone vorstellbar wird. Im Mittelalter wird – wie z. B. bei Thomasin von Zerclaere (1215) – das Bild des Staatsschiffs entsprechend der Form des Personenverbandstaates zur Imagination einer Herrschaft verwendet, die nach dem Muster der Caput-Repräsentation eine persönliche Spitze hat, wo also das Wohl und Wehe aller vom persönlichen Können des Steuermanns abhängt (vgl. Wenzel 2003: 38). Auch die gouvernementalistische Literatur des 17. Jahrhundert formuliert den Begriff des »Regierens« am Bild des Schiffes aus. Ein Schiff regieren, sagt die Regierungskunst, heißt »die Verantwortung für die Matrosen übernehmen, aber auch die Verantwortung für das Schiff selbst und die Ladung; ein Schiff regieren, das heißt auch die Winde, die Klippen, die Stürme und andere Wetterunbilden in Erwägung zu ziehen; und diese Herstellung einer Beziehung zwischen den Matrosen, deren Leben es zu erhalten gilt, zum Schiff, das sicher in den Hafen gelenkt werden muß […], zeichnet die Regierung eines Schiffes aus.« (Foucault 2003: 644)

Conrads Essay zielt hingegen auf die Wendung des Schiffs als Technologie gegen das Schiff als Topos des Politischen. Bei Conrad geht es nicht um irgendeine besondere politische Situation, die kritisiert oder gelobt wird, es geht vielmehr um den Topos als solchen – um die technischen Voraussetzungen, die das Funktionieren des Schiffs als Topos des Politischen garantieren. Es ist, als ob mit dem Ende der Segelschiffära das Politische sein Bild verlöre oder an einem sich verklärenden Bild von einer vergangenen Technologie haften bliebe.

Aber diese geschichtsphilosophisch aufs Ende einer Repräsentierbarkeit des Lebens durch die Medien der Gemeinschaft gewendete Conradsche Theorie des Schiffs verdeckt, dass die Kraft des Staatsschiffbildes sich aus dem Ausnahmezustand speist, der mit dem Element des Meeres gegeben ist und der die »Ortheit« des Ortes selbst permanent in Frage stellt. Das Schiff ist ein »Ort ohne Ort« und, wie Foucault schrieb, »die Heterotopie schlechthin« (Foucault 1990: 15). Wenn der Nomos Einheit von Ordnung und Ortung ist, dann liegt dem Schiff als Ver-

---

3. So charakterisiert z. B. Polybios im 2. Jh. v. Chr. das Volk der Athener folgendermaßen: »Denn das Volk der Athener gleicht von jeher einem Schiff ohne Kapitän. Auch dort, wenn die Besatzung aus Furcht vor dem hohen Seegang oder in der Gefahr des Sturmes sich entschließt zusammenzustehen und dem Steuermann zu gehorchen, erfüllt jeder auch das beste, was ihm zu tun obliegt. Wenn sie sich aber wieder sicher fühlen… So ist es auch den Athenern wiederholt ergangen.« (Zit. n. Quaritsch 1979: 252).

körperung dieses Nomos immer schon die Nichtidentität, die Nicht-Einheit von Ordnung und Ortung zugrunde. Denn als geschlossene Raum-Ordnung im glatten Raum, im Raum des Ortlosen, muss das Schiff die Einheit von Ordnung und Ortung immer erst mithilfe von Medien (Karten und Instrumenten) im Symbolischen künstlich herstellen.

Nicht nur für die Daseinsmetapher des Schiffbruchs, der Blumenberg sich gewidmet hat, sondern auch für die Schiffsheterotopie als Abgrund einer Imagination des Politischen »ist der vorausgesetzte uralte Verdacht zu betrachten, daß in aller menschlichen Seefahrt ein frivoles, wenn nicht blasphemisches Moment steckt…« (Blumenberg 1997: 13). So findet man etwa in Lukrez' *De rerum natura* Verse über ein Goldenes Zeitalter, das noch keine Schifffahrt kannte:

Aber es stürzte noch nicht ein Tag viel Tausend Männer,
Welche den Fahnen gefolgt, in den Tod, noch warfen des Meeres
Stürmische Wogen die Schiffe mitsamt der Besatzung auf Klippen.
So war die Wut umsonst, mit welcher die stürmische Meerflut
Anschwoll; leicht auch legte sich ihre vergebliche Drohung.
Lockte doch damals noch keinen die trügende Stille des Meeres,
Niemanden zog ins Verderben das gleißende Lächeln der Wellen.
Schamloser Reedergewinn verführte noch niemand zur Seefahrt.
(Lukrez: *Die Natur der Dinge*, V, 1000-1008)

Das Meer ist – als gestillter Sturm, als gestillte Wut – die Versammlung allen Trugs. Das »gleißende Lächeln« der Wellen rückt es in ein Imaginäres ein, das Verführung und Falle einer ebenso erotischen wie ökonomischen Maßlosigkeit ist. Die Grenzenlosigkeit und Unbegrenzbarkeit des Meeres erzeugt sowohl fatale sexuelle als auch fatale ökonomische Süchte. Der Vergleich der Polis mit dem Schiff steht also auf schwankendem Grund: Im Kontext der Schiffskritik bewahrt er dunkel die Erinnerung daran, dass die Polis als Menschenfassung nicht der Natur des Menschen entsprungen ist, sondern der Geschichte der Kulturtechniken. Wenn des Menschen Menschsein in der Differenz des Politischen liegt, wie Aristoteles' klassische Definition besagt, dann hat sich der Mensch in seinem Menschsein immer schon über die ihm von der Natur oder den Göttern gesetzten Grenzen hinweggesetzt. Was der Staatsschifftopos verdrängt, um eine Imagination des Politischen zu begründen, ist die fundamentale Ambivalenz des Politischen, die mit der Beziehung auf das Schiff und das Meer ins Spiel gebracht wird. Das Politische setzt kulturelle Techniken voraus und es ist gerade die Kontingenz dieser Techniken, die der Bezug von Polis und Schiff chiffriert. Das Meer ist ein »Ort« zusammenbrechender Unterscheidungen, der Ort der Entortung.

3.

1573 beschreibt Eugenio de Salazar, ehemaliger Chronist Karls V. und neuberufener Oidor von Santo Domingo in einem langen und hochgradig stilisierten Brief seine Schiffspassage von Teneriffa nach Española (dem heutigen Haiti). Das an Bord Gehen, das Verlassen des festen Grundes, das Überschreiten der Grenze von Land und Meer gerät ihm zur Passage vom Reich der Lebenden ins Reich der Toten.

»Es kam der Tag, an dem wir ablegen sollten [...] Doña Catalina und ich begaben uns mit unserer Familie an die Mündung des Styx, wo Charon mit seiner Barke erschien und uns übersetzte an Bord des Schiffes, das uns aufnehmen sollte. Dort ließ er uns zurück.

Und dort steckten sie uns freundlicherweise in eine Schlafecke, welche drei Handbreiten hoch und fünf Handbreiten tief war, wo sich die Kraft des Meeres mit einer Gewalt auf unsere Mägen und Köpfe auswirkte, dass Väter und Söhne, Alt und Jung leichenblaß wurden und begannen, die Seele aufzugeben, das ist in See zu stechen [...].« (Salazar 1983: 282)

Mittels eines Wortspiels setzt Salazar das In-See-Stechen mit dem Aufgeben der Seele gleich («dar el alma que eso es almadiar«). An Bord gehen heißt, die Grenze zwischen der Welt der Lebenden und der Welt der Toten überschreiten. Salazar zitiert den Erebos-Aspekt des Meeres, der im alten Griechenland durch die Vorstellungen des »großen Schlundes« *(mega laitma)*, der »unsäglichen Tiefe« *(bytos aspetos)*, der »Unermesslichkeit« *(apeiron)* und der »hadesgleichen Finsternis« *(erebos)* bezeichnet wurde. Erebos ist die Finsternis der Unterwelt und die Unterwelt selbst (vgl. Wachsmuth 1967: 206f.).[4] An diese Vorstellung des In-See-Gehens als Passage von der Welt der Lebenden zum Reich der Toten knüpft Salazar den Vergleich des Schiffs mit der Stadt als ein von Gesetzen instituiertes Gemeinwesen.

»Ich,« schreibt Salazar, *»nannte es [das Schiff] Dorf oder Stadt, meinte dabei aber nicht die Gottesstadt, die der berühmte Augustinus beschrieb. Ich sah in ihr nämlich weder einen heiligen Tempel noch ein Haus des Rechts. Den Bewohnern las man weder die Messe noch lebten sie unter dem Gesetz der Vernunft.«* (Salazar 1983: 283)

Salazar verbindet in seiner Beschreibung also gleich drei Schiffs-Topoi. Es sind der (bis aufs alte Ägypten zurückgehende) Topos der Unterweltreise, der Topos vom Narrenschiff[5] und drittens der Topos der vernunftlosen oder verfluchten Gemeinschaft, der *civitas terrena* des Augustinus. Sie konstituieren ein Spiel zusammenbrechender Differenzen, aus dem sich eine Textur des Politischen herauslesen lässt.

---

4. Die Nachtfahrt der Argonauten »über den großen kretischen Schlund« (méga laitma) ist eine Fahrt im »schwarzen Chaos« (mélan chaos), bei der sie nicht wissen, ob sie »im Hades oder auf dem Wasser umherfahren« (Apollonios von Rhodos 1996: 170 f. [= 4. Buch, Verse 1698-1700]).

5. Der Irre »ist der Passagier par excellence, das heißt der Gefangene der Überfahrt, und, wie man nicht weiß, wo er landen wird, so weiß man auch nicht, wenn er landet, aus welcher Welt er kommt. Er hat seine Wahrheit und seine Heimat nur in dieser unfruchtbaren Weite zwischen zwei Welten, die ihm nicht gehören können… Eines ist jedenfalls sicher: Wasser und Wahnsinn sind im Traum des abendländischen Menschen für lange Zeit verbunden.« (Foucault 1978: 29) – Das Meer ist das Element des *Alogon* schlechthin: der Unvernunft und des Unaussprechlichen. So heißt es in dem Traktat des Mönches Fray Antonio de Guevara, *De muchos trabajos que se pasan en las galeras* (1539) (Über die vielerlei Arten von Drangsalen, die auf den Galeeren vorkommen): »La mar es naturalmente loca.« (Das Meer ist von Natur aus verrückt) (zit. n. Martínez 1983: 229).

4.

Der Name der von Gott und vom Logos abgefallenen irdischen Polis ist bei Augustinus bekanntlich Babylon. »In Assyrien hatte also die Herrschaft des gottlosen Staates einen Höhepunkt erreicht, und seine Hauptstadt war Babylon, das ist Verwirrung, der denkbar passendste Name einer erdgeborenen Stadt.« (Augustinus 1997, 16. Buch, Kap. 17, S. 312). Babylon ist ein zentraler Signifikant für eine Medientheorie des Politischen wie auch des Schiffs und des Meeres, weil Babylon die Chiffre ist für die Beziehungen, die zum einen zwischen der Gründung und dem Erhalt einer Gemeinschaft und dem Gesetz als dem Gesetz der Sprache und zum anderen zwischen dem Gesetz und der Gemeinschaft und dem Elementarraum des Meeres bestehen. Am deutlichsten wird die Verbindung zwischen Babylon und dem Meer bei Johannes von Patmos thematisiert, dem Verfasser jener *Offenbarung*, die es geschafft hat, Teil des Kanons der heiligen Texte des Christentums zu werden. Die Apokalypse des Johannes ist ein Text voller Hass auf das Meer und alles, was mit dem Meer kommt: Fernhandel, Warenökonomie und Reichtum. Babylon, »die große Hure, die an vielen Wassern sitzt«, ist der Nomos des Meeres. Babylon ist das Schreckbild einer Stadt, die ihre Existenz auf das nasse Element, auf das Meer hin, ausgerichtet hat.

»Und er sprach zu mir: Die Wasser, die du gesehen hast, an denen die Hure sitzt, sind Völker und Scharen und Nationen und Sprachen.« (Offenbarung, 17, 15)

Die Wasser: irreduzible Vielheit, Pluraletantum. So wie beim Turmbau von Babel die Eine Sprache aufgehört hat zu existieren, so sind Völker, Scharen, Nationen und Sprachen irreduzible Vielheiten. Das Meer ist nicht das Element oder die Sphäre des phallogozentrischen EIN. Die Wasser sind das Mittelmeer, das als maritime Kontaktzone die Völker und Sprachen des Mittelmeerraumes verbindet. Es ist der Raum des Meeres als Verkehrs- oder Transaktionsraum, der hier der Verdammnis anheim fällt. Daher sind es vor allem die Schiffsherren, die Steuerleute, die vom Untergang der Großen Hure Babylon betroffen sind:

»Und alle Schiffsherren und alle Steuerleute und die Seefahrer und die auf dem Meer arbeiten, standen fernab und schrien, als sie den Rauch von ihrem Brand sahen: Wer ist der großen Stadt gleich?

Und sie warfen Staub auf ihre Häupter und schrien, weinten und klagten: Weh, weh, du große Stadt von deren Überfluß reich geworden sind alle, die Schiffe auf dem Meer hatten, denn in einer Stunde ist sie verwüstet!« (Offenbarung, 18, 17-19)

Das ist die Sprache einer fundamentalistischen Medienkritik. Sie beschwört die Vision einer Polis ohne Tausch, ohne Relation, ohne Parasiten (im Serresschen Sinne), kurzum ohne Medien. Es ist die Rede vom Neuen Jerusalem und die Rede vom Neuen Jerusalem ist die Rede vom Ende des Meeres. »Und ich sah einen neuen Himmel und eine neue Erde; denn der erste Himmel und die erste Erde sind vergangen, und das Meer ist nicht mehr.« (*he thalassa ouk estin eti; Offenbarung*, 21, 1)

Die Vision vom Untergang Babylons und dem Verschwinden des Meeres – dieses von Gott niemals erschaffenen Restes des uranfänglichen Chaos – prophezeit nicht nur das Ende der Seefahrt und des Fernhandels. Sie ist auch der Traum vom Ende einer auf den Seehandel gestützten Warenwelt, in der die Konvertierbarkeit von allem in alles mit Hilfe des Geldes eine unendliche Maskenhaftigkeit der Dinge erzeugt. Indem er das Meer verdammt und zugleich den Herrensignifikanten »Neues Jerusalem« errichtet, möchte Johannes den Dingen die Maske herunterreißen.

5.

Die griechische Meeresfeindschaft, die aus der Johannes-Apokalypse spricht, geht zurück bis auf Platon. Platons Meeresfeindschaft kommt im 4. Buch der *Nomoi* zur Sprache, dort, wo die äußeren Gegebenheiten einer kolonialen Städtegründung diskutiert werden.

Der Athener: Also denn: Was wird das überhaupt für ein Staat sein, den wir uns denken sollen? [...] ein Küstenstaat oder ein Binnenstaat [...].

Kleinias: Vom Meere, Fremder, ist die Stadt, der unsere jetzige Erörterung gilt, etwa achtzig Stadien [ca. 15 km] entfernt.

Der Athener: Und weiter: Gibt es Häfen auf dieser Seite der Stadt, oder ist sie ganz hafenlos?

Kleinias: Sie hat auf dieser Seite sogar die denkbar besten Häfen, Fremder.

Der Athener: O weh, was du da sagst!

[...]

Der Athener: [...] Denn die Nähe des Meeres ist für ein Land zwar angenehm für das tägliche Leben, in Wahrheit aber ist dies eine recht salzige und bittere Nachbarschaft; indem das Meer nämlich die Stadt mit Großhandel und mit Geldgeschäften infolge des Kleinhandels überschwemmt und dadurch verschlagene und unzuverlässige Gesinnungen in den Seelen erzeugt, macht es die Stadt mißtrauisch und unfreundlich gegen sich selbst und ebenso gegen die andern Menschen. (Platon, *Nomoi*, 704 a-705 a)

Platons Text wird durchzogen von einem tiefen Misstrauen gegenüber dem Wasser und dem Meer überhaupt. Dieses Misstrauen ist wesentlich mit dem Misstrauen gegenüber der Schrift verbunden. Das Wasser ist das Element einer vaterlosen, vom Logos abgefallenen Schrift. Sokrates Worten zufolge heißt, die Erkenntnis vom Gerechten, Schönen und Guten »mit Tinte durch das Rohr« auszusäen, »ins Wasser schreiben *(en hydati graphein)*« (Platon, *Phaidros*, 276 c). Schreiben heißt, sich ins Nomoslose begeben. Die lebendige Rede hingegen senkt sich in die Erde; der Logos, Vater des legitimen Bruders des Schrift, ist auf alle Fälle ein Landmann (vgl. ebd., 276 b).

Platons politische Meeresfeindschaft gründet in seiner Ablehnung des Seekrieges. Der Athener (Sokrates) fragt, ob die Gegend, in der die kretische Stadt liegt, mit Holz für den Schiffsbau ausgestattet sei, und findet es »nicht schlecht«, dass man dort nur wenig Kiefern und Platanen findet, sowie keine Tannen und Pinien und nicht viele Zypressen. Gefragt, warum, gibt er die rätselhafte Antwort: »Daß ein Staat seine Feinde durch verkehrte Nachahmung nicht leicht nachzuahmen vermag, das ist gut.« (Platon, *Nomoi*, 705 d) Die Erläuterung dieser Auskunft folgt nach ein paar Umwegen:

»Die schlechte Nachahmung der Feinde aber findet dann statt, meine ich, wenn jemand am Meer wohnt und von Feinden belästigt wird, wie zum Beispiel – ... Minos nämlich nötigte einst die Bewohner Attikas zu einer harten Tributzahlung, da er eine große Macht zur See besaß, während jene noch keine Kriegsschiffe wie jetzt hatten und auch kein Land voller Schiffsbauholz, um sich ohne Schwierigkeit eine Seemacht zu schaffen. Darum waren sie nicht imstande, durch Nachahmung des Schiffswesens sogleich selber Seeleute zu werden und dadurch die Feinde abzuwehren. Denn in der Tat wäre es für sie besser gewesen, noch öfter sieben Knaben zu verlieren, als aus standfesten schwerbewaffneten Landsoldaten zu Seesoldaten zu werden.« (ebd., 706 a-c).

Hintergrund dieser radikalen Haltung, die die demütigenden Tributzahlungen – also politische Unfreiheit – der Wandlung zur Seemacht vorzieht, ist der Zusammenbruch Athens im Peloponnesischen Krieg. Die Flotte ist der Grund der Wandlung Athens von einer Polis zu einem Imperium; die Flotte verführte Athen schließlich dazu, eine hegemoniale Macht zu werden. Der delisch-attische Seebund, 478 v. Chr. als Bündnis gegen Persien gegründet, wurde 449 v. Chr. in ein athenisches Reich umgebildet. Seit dieser Zeit führte Athen bei seinen Gegnern den Namen »tyrannische Polis«. Der Peloponnesische Krieg, der von den Gegnern Athens gegen seine beherrschende Rolle geführt wurde, kulminierte schließlich im Sizilischen Abenteuer, in das die athenische Volksversammlung vor allem von Alkibiades hineingeredet wurde, dessen Blick dabei schon über Sizilien hinaus auf Karthago ging (vgl. Canfora 1990: 9f. und 13-15). Durch die Katastrophe – die Flotte der Athener wurde bei Syrakus vollständig zerstört – wurde Athen so geschwächt, dass es schließlich im Krieg unterlag. Platons Verurteilung des Seekrieges geht schließlich soweit, dass er »den Athener« absurderweise behaupten lässt, es sei der griechische Sieg bei Marathon gewesen, welcher Hellas gerettet habe, und nicht die Seeschlacht bei Salamis. Bei Marathon kam der Perserkönig Dareios ja nur mit einer kleinen Armee und hatte auch nicht die Absicht »Griechenland zu versklaven«. Xerxes dagegen bot eine riesige Armee auf, sein Kriegszug stellte »zu Land und zu Wasser die größte Invasion [dar], die Europa bis zur Armada der Alliierten im Juni 1944 erleben sollte.« (Victor Davis Hanson, zit. n. Pircher o.J., 9)

Ein wesentlicher Grund dafür, dass Platon den Landkrieg und das heißt die Hoplitenphalanx bevorzugt, ist, dass die Phalanx die Integration der Kriegsmaschine in die Staatsmaschine garantiert, und zwar dadurch, dass sich der Reichtum der Polis unmittelbar in der militärischen Hierarchie widerspiegelt. Reichtum ist nicht bloß eine Privatangelegenheit, sondern er hat auch dem Gemeinwesen zu dienen, insbesondere in Kriegszeiten. Über den Rang ihres Vermögens waren die Bürger nicht nur zu bestimmten Zahlungen verpflichtet, sie dienten auch nach jeweiliger Steuerklasse in einer bestimmten Waffengattung (vgl. Garlan 1975: 87). Von den reichsten Bürgern wurde erwartet, dass sie bei Bedarf eine Triere ausrüsteten, den Sold der Ruderer zahlten und allenfalls sogar das Schiff in die Schlacht führten.[6] Die zweite Steuerklasse diente bei der Kaval-

---

6. So wird dem reichen Kritobulos bei Xenophon vom Staat aufgetragen, bei Kriegsausbruch eine Triere auszurüsten (vgl. Xenophon 1956: 243).

lerie und hatte dementsprechend für die Pferde aufzukommen. Die dritte Steuerklasse stellte die Infanterie. Sie setzte sich vorzüglich aus den bäuerlichen Schichten zusammen und einem städtischen Kleinbürgertum, das imstande war, die schwere Rüstung des Hopliten (Schild, Lanze, Beinschienen, Helm, Brustharnisch) zu zahlen. Den Angehörigen der niedersten Steuerklasse schließlich, den Theten, wurden die Ruderdienste auf den Trieren bezahlt oder sie stellten die Truppen der leichten Infanterie (vgl. Pircher o.J.: 3). Der politische Rang eines Bürgers bestimmte zugleich seinen militärischen Rang. Der Bürger nahm im Kontext der Polis denselben Platz in der sozialen Hierarchie ein wie im Kontext des Militärs. Die Aufgaben wurden entsprechend dem Rang in der Gemeinschaft und nicht nach anderen Kriterien – beispielsweise entsprechend den praktischen Fähigkeiten oder dem technischen Wissen – bestimmt.

Die höchste Kommandogewalt als Kapitän auf der Triere übte der Trierarch aus, also jener Bürger, der sein Privatvermögen für die Ausrüstung einer Triere verwendete. Hier nun aber tut sich ein entscheidender Unterschied zwischen Land- und Seekrieg auf: Eine Hoplitenphalanx in die Schlacht zu führen ist eine recht einfache Sache. Aber die Triere ist die Hochtechnologiewaffe der Antike zwischen dem 7. und dem 4. Jahrhundert v. Chr. Ihre Führung setzt ein bestimmtes Wissen voraus, das die Griechen *techné* nannten. Der es hat, ist nicht der reiche, aber dumme Stadtmensch. Der es hat, ist der Steuermann, der *kybernetes*. Er hat sein technisches Geschick durch Übung und Erfahrung erworben. Er musste die äußeren Bedingungen, denen das Schiff ausgesetzt war (Jahreszeit, Wind, Wetter, Himmel, Sterne, etc.) kennen, um das Schiff zu beherrschen, und er musste in der Schlacht die Kraft der Ruderer in Bezug auf die Qualität des Schiffes und die Entfernung vom Ziel so kalkulieren und steuern, dass der Rammstoß die Breitseite des feindlichen Schiffes nicht nur überhaupt, sondern auch zum richtigen Zeitpunkt, das heißt im Moment der maximalen Geschwindigkeit taf – das alles umfasste die *kybernetiké techné* (vgl. ebd.: 17). Während die Landmacht von Ordnung, moralischer Disziplin und Gehorsam bestimmt ist, so sagen jedenfalls Isokrates und Xenophon, beruht Seemacht auf verschiedenen *technai*. Der Seekrieg treibt einen Keil zwischen die *techné* und das Politische; er zerstört die mimetische Beziehung zwischen der Kriegsordnung und der politischen Ordnung. Mit anderen Worten: Das Schiff als Technologie spaltet die Kriegsmaschine vom Staatsapparat ab; das Meer deterritorialisiert den Krieg im buchstäblichen Sinne. Und deswegen verurteilt Platon die Siege zur See.

6.

Das Meer *ist* – sein Verschwinden ist vorläufig nicht in Sicht. Die Masken zirkulieren. Der phallische Signifikant, der alle anderen Signifikanten an ihrem Platz festhält, realisiert sich nur im Phantasma. Herman Melvilles später Roman *The Confidence Man, His Masquerades* kann gelesen werden als Schilderung einer ins Gegenteil verkehrten *Offenbarung* des Johannes. Nicht das Meer ist nicht mehr, sondern das Land ist nicht mehr. Denn der Schauplatz der gesamten Handlung des Romans, die in nichts anderem als dem haltlosen Flottieren von Zeichen und Identitäten im Dienste einer parasitären Ökonomie besteht, ist eine Gegend auf dieser Erde, in der der Umschlag der johanneischen Prophezeiung ins Gegenteil immer schon wahr geworden ist: ein Dampfer auf dem Mississippi. Der Mississippi sieht nur so aus wie ein Fluss, er ist aber eigentlich flüssige Erde, flottierendes Land, Sediment in Bewegung, Fluss ohne Ufer, Überrest des Tohu waBohu. »Der Grundzug der Mississippi-Landschaften«, heißt es in Ernst Kapps *Vergleichender Allgemeiner Erdkunde* von 1845,

»*ist eine wüstchaotische Formlosigkeit. Man glaubt sich in einer Schöpfung, die noch im Werden begriffen ist, in welcher sich die Materie zu keiner Endgestaltung gerungen hat. Der Mississippi ist ein ungebändigt wüthendes Raubtier, das noch nicht gefesselt ist an die Fanggrube eines festen Bettes, er ist wie eine vorsündflutliche Riesenbestie, die wild durch die Wälder bricht und Bäume abweidet. Wo heute Wald ist, ist über's Jahr Mississippi und wo heute Mississippi ist, ist über's Jahr ein hölzerner Thurm aus Treibholz auf angeschwemmter Lehmbank. Der Anblick ist für zaghafte Seelen ein schreckenbringender, für furchtlose ein unbehaglicher.*« (Kapp 1868: 647f.)

Ausgerechnet in dieser Gegend, in der der erste Schöpfungstag immer noch andauert, soll die Prophezeiung der Johannes-Apokalypse schon wahr geworden sein. Ein Student, der den »Confidence Man« (in der Maske eines angeblichen Kohleaktienagenten) nach »guten Anlagemöglichkeiten« befragt, erhält das überraschende Angebot, in die vom Himmel herabgestiegene civitas dei zu investieren: »Vielleicht haben Sie Lust«, wird er vom Aktienagenten gefragt, »bei Neu-Jerusalem einzusteigen?« (Melville 1999: 111) Neu-Jerusalem, so heißt eine angeblich neue blühende Stadt im Norden von Minnesota. »Sie wurde ursprünglich von mormonischen Flüchtlingen gegründet. Daher der Name. Sie liegt direkt am Mississippi.« Eine Information, die Zweifel an der Wirklichkeit oder zumindest Dauerhaftigkeit der offenbarten Stadt weckt. Ist doch die Rede von Ufern im Fall des Mississippi eine Rede, die nicht selten ins Leere zielt. Schließlich ist der Mississippi ein Noch-Nicht-Fluss und das Mississippi-Becken ist Noch-Nicht-Land. Was Vertrauen in die Referenz des Signifikanten »Neu-Jerusalem« an den vagen Ufern des Mississippi schaffen soll, sind wie immer in diesem Roman Zeichen, deren Referenz durch nichts garantiert ist – in diesem Fall ein Plan. »›Hier, hier ist der Plan‹ – er zog eine Rolle hervor. ›Da … und dort sind, wie Sie sehen, die öffentlichen Bauten … hier die Anlegestelle … dort der Park …‹« usw. Der Student soll Geld in Aktien von etwas investieren, dessen Existenz nur durch Zeichen garantiert ist. Die Referenz der Zeichen lässt sich nicht anders versichern als durch die Referenz von Zeichen auf andere Zeichen, durch die Selbstreferenz der Signifikanten, durch nichts Haltbares, einen außersprachlichen Beweis etwa. »Und stehen alle diese Bauten schon?« – »Die stehen samt und sonders – so wahr ich hier stehe.« – »Diese Flächen hier an der Seite, ist das überfluteter Baugrund?« – »Überfluteter Baugrund? In Neu-Jerusalem? Durchweg fest und firm, der Boden, terra firma …« (ebd.: 111). Das kommende Reich Gottes, ist, man wird den Verdacht nicht los, bloß ein maskiertes Babylon. Die Zeichen in babylonischen Gemeinschaften gründen wie das »Neue Jerusalem« im Bodenlosen.[7]

7.

Städtegründung auf dem Meer, im Bodenlosen: dafür steht in Europa vor allem der Name der Seerepublik Venedig. 1909 publiziert Gabriele d'Annunzio unter dem Titel *La nave* ein Chorwerk, das die politische Zukunft Italiens als *renovatio* der venezianischen Herrschaft über die Adria visioniert. *La nave*: das ist der Staatsschiffstopos in seiner finalen Gestalt. Noch einmal wird die *Offenbarung* des Johannes in ihr Gegenteil verkehrt, nun aber in eindeutig affirmativem Sinn und mit dem Ziel, die Konsequenzen für das Politische, die sich aus der Deterritorialisierung des Politischen durch das Schiff ergeben und die den Hintergrund für Platons Meeresfeindschaft abgaben, nicht nur auszuhalten, sondern auch zu wollen.

Es ist das Jahr 552. Die von Attilas Hunnen bedrängten Einwohner Veneziens fliehen von der *terra ferma* auf die Inseln in der Lagune. Am Anfang steht Deterritorialisierung. Die Geographie des Ortes ist der des Mississippi nicht unähnlich, eine »wüstchaotische Formlosigkeit«:

»*die Piave und Livenza deckt die Felder. / Die Pferdeherden haben keine Weiden. / Des Bischofs Schafe sind hinweggeschwemmt / mitsamt den Ställen. / Umgekommen sind der Monegarier Ochsen bei San Zenon. / Verschwunden ist Volpegos Strand, und östlich / von Port Ermèlo ragt ein anderer Lido, ein neues Eiland vor dem Tagliamento. Mit sieben Flüssen, sieben großen Flüssen und zwanzig andern, minder großen, haben / zu schaffen wir. Ein ewiger Wandel alles. Bald so, bald so. Bald See, bald Sand, bald Schlamm. Wo wird uns endlich unser Vaterland?*«

Eine Frage, auf die prompt eine Stimme aus den Höhen der Basilika antwortet: »Auf den Schiffen!« (D'Annunzio 1910: 18) Von den symbolischen Prozessen der Kastration, die durchlaufen werden müssen, um das Land zum Schiff und das Schiff zum Land zu machen, handelt die d'annunzianische »Tragödie«. Zwei Parteien befehden sich in der im Bau befindlichen Stadt: die byzantinische Partei des ehemaligen Tribuns der Stadt, des Orso Faledro, der sich mit Narses, dem kaiserlichen General verbündete, zum Tyrannen verkam und zur Strafe von den Venetern geblendet wurde und die Partei der Graticer, mit der Diakonessa Ema an der Spitze und ihrem Sohn Marco Gratico, dem »Tribun der Meere«, dem das Volk der Veneter aufträgt, ein Schiff zu bauen, das den Namen *Totus mundus* tragen soll und mit dem Gratico die Gebeine des Evangelisten Marcus, dem Schutzheiligen der Stadt, aus Alexandria zurückerobern soll.

Der Weg zur Reterritorialisierung der Veneter und ihrer Schiffe führt indes über die absolute Deterritorialisierung und das heißt über eine Frau, die heidnische Göttin, Dämonin, vor allem aber Bedrohung des (männlichen) Gesetzes ist: Basiliòla, die Tochter des Orso Faledro, von der es heißt, dass ihr Bruder sie als

---

7. Vgl. auch ebd. S. 229, wo das Thema des Schwemmlandes erneut erscheint, und zwar in der Rede des misstrauischen Missourianers im Gespräch mit dem Kräuterdoktor: »Ich soll der Natur vertrauen? ... Der Natur hab ich's zu verdanken, daß ich einmal zehntausend Dollar verloren hab. Sie hat mir den Betrag veruntreut, die Natur, hat sich davon gemacht mit meinem Eigentum im Werte von zehntausend Dollar; eine Pflanzung hier am Strom, rein weggefegt ist sie mir worden durch eine dieser plötzlichen Uferverschiebungen bei Hochwasser; Schwemmland, zehntausend Dollar wert, einfach ins Wasser gerissen.«

Köder für Narses verwendet habe, der sie indes (als Kastrat) zur Hure des griechischen Heeres gemacht habe. Zu Beginn des 1. Aufzuges ist Marco Gratico, anstatt zum realen Rest des symbolischen Vaters, San Marco, aufgebrochen zu sein, der Basiliòla verfallen: »Vernichtet und verkauft, in Weiberhänden / und ohne Sinne findest du dich wieder. / Gebrochen ist der Pakt mit deinem Volk, / und Hymnen sind in einer Metze Lieder verkehrt.« (Ebd.: 99) Welchem Gott Basiliòla in Wahrheit dient, spricht der Mönch Traba, Emissär der verbannten Diakonessa Ema, aus: »Sicherlich, du dienst einem Gott; doch dem verfluchten, / den adlige Geschlechter aufgestellt / in ihren Hainen, jenem Ungeheuer / von Gott aus Làmpsacus.« (Ebd.: 95f.) Làmpsacus ist eine für ihren Weinanbau berühmte alte griechische Kolonie auf dem Hellespont in Mysia, Kleinasien, die vor der Kolonisierung durch ionische Griechen als Pityusa oder Pityussa bekannt war. Lampsacus war der Hauptsitz des Priapus-Kultes. Priapus ist ein Fruchtbarkeitsgott, Sohn des Dionysos und der Aphrodite, eng verbunden mit der Weinbaukultur und sein hervorstechendstes Attribut ist bekanntlich der Phallus. Die Römer adoptierten Priapus als Gott der Gärten und bevölkerten, worauf Traba anspielt, ihre Haine mit kleinen Priapus-Statuen, die mit übermäßigen erigierten Phalli ausgestattet waren. Vergil, das war D'Annunzio sicherlich nicht unbekannt, nennt ihn den Gott der Seeleute. Basiliòlas Assoziation mit Priapus macht sie zur Frau, die den Phallus hat, was, wie die Psychoanalyse lehrt, genau die Vorstellung ist, die dem Fetischismus zugrundeliegt, insofern das männliche Subjekt im Fetisch einen Ersatz für den mütterlichen Phallus findet, dessen Fehlen es leugnet. Den Phallus haben heißt, der Logik des symbolischen Tausches folgend, in der der Phallus ja bekanntlich seinen Platz hat, immer auch, mit seinem Fehlen zu drohen. Der Phallus »zirkuliert und hinterläßt an der Stelle, von der [er] herkommt, das Zeichen seiner Abwesenheit.« (Lacan 2003: 179) Den »Phallus symbolisch nicht zu haben, heißt unter dem Titel der Abwesenheit daran teilzuhaben, ihn also in gewisser Weise zu haben« (ebd.) und den Phallus zu haben, heißt demnach unter dem Titel der Zirkulation, der Ablösung, auf sein Fehlen hinzuweisen. Das übernimmt in D'Annunzios Chorwerk der »gegensätzliche Lobgesang der Frauen der Basiliòla«, ein Gesang, der per Bühnenanweisung als Störung eingeführt wird, insofern er sich »vom Winde hergetragen [...] mitten in die heiligen Chöre schleicht«, und der Basiliòla bei ihrem wahren Namen nennt: Diona.

Domine, es potens, es almus,
sed compta diva mire est,
Omnes trahit Diona.

Domuit Diona fortes
fregit Diona vires
Omnes trahit Diona.[8]

---

8. (D'Annunzio 1910: 88). Zu deutsch: »Herr, du bist mächtig, du bist nährend / aber vollkommen wunderbar ist die Göttin / Alle zieht Diona mit sich. // Diona bändigt die Starken / Diona schwächt die Kräfte / Alle zieht Diona mit sich.«

Wobei »trahere« ja nicht nur ›mit sich ziehen‹, sondern auch ›zerrütten‹, ›ausplündern‹, ›wegnehmen‹, ›einsaugen‹ und ›verlocken‹ heißen kann. Diona ist die Tochter des Okeanos und der Meeresnymphe Thetys, womit Basiliòla als Tochter des Meeres hinreichend deutlich bezeichnet ist.[9] Noch einmal mischt sich der Gegengesang im 1. Aufzug in den Gesang für den Herrn und für die Mutter. Während der »männliche Chor« die höchste Potenz besingt («rex regum«) und der jungfräuliche Chor DIE Frau («virgo singularis«), die Frau in der Einzahl (die es ja Lacan zufolge bekanntlich nicht gibt), singt der »Gegengesang« ziemlich deutlich von Kastration:

Spoliis viri decoris
cingi potentis optat.
Onmes trahit Diona.[10]

Traba, der Mönch, beschreibt Basiliòla daher konsequenterweise als Personifizierung der Gesetzesübertretung schlechthin: nämlich als Korporation des Inzests. Sie *ist* Biblis, die ihrem Bruder lüstern nachgelaufen, sie war Mirza, »welche trächtig stieg aus ihres Vaters Bett«, sie ist Pasipha, die Ehebrecherin aus Sparta, sie war Delila und Jezabel und Hogla, alles in einer Person. »Sie kannte jeglichen Inzestes Schande« (D'Annunzio 1910: 103): Basiliòla verkörpert folglich die Kastration des Gesetzes selbst. Der Inzest ist nach Deleuze und Guattari eben jene Institution, die die territoriale Formation deterritorialisiert, die die codierten Ströme der primitiven Maschine (das territoriale Venezien) decodiert und an jene Öffnung leitet, wo die imperiale Maschine (die Seeherrschaft Venedigs) sie übercodiert (vgl. Deleuze/Guattari 1979: 256). Die Übercodierung bewirkt »die Absetzung der Erde« zugunsten des deterritorialisierten, imperialen Systems. Die Frage des Inzests »betrifft das System der Repräsentation insgesamt, wenn diese aufhört, territorial zu sein, und imperial wird.« (Ebd.: 258.) Genau darum geht es in D'Annunzios Chorwerk. Entsprechend ist die Strategie des Begehrens Basiliòlas auf das imperiale Zentrum gerichtet, Byzanz, das »andere Rom«, zu dessen Eroberung (die ja bekanntlich während des 4. Kreuzzuges im Jahre 1203 unter dem Dogen Enrico Dandolo in die Tat umgesetzt wurde) durch die venezianische Flotte Basiliòla Marco Gratico versucht zu verführen:

»Am Port der heißen Meere, fern dort unten, / wo noch die Sonne ist ein Gott, der lacht, / erglänzt auf andern sieben stolzen Hügeln / ein andres Rom [...] / und alle Völker dieser Erde treiben / mit ihm Verkehr und Handel, alle Lotsen / vertrauend treiben ihre Kiele zu / nach seinen Molen [...].« (D'Annunzio 1910: 115f.)

Es scheint nicht allzu abwegig, dieses von Basiliòla imaginierte »andere Rom« mit dem Babel der Johannes-Apokalypse zu identifizieren. Nicht nur die Vielzahl der Völker, der Schiffe und der Seehandel verweisen auf den Text, der das Ende des Meeres prophezeite und folglich das Ende der Herrschaft Dionas. D'Annunzios Text stellt diesen Bezug selbst ganz explizit her, wenn der Lektor Constanz

---

9. Diona ist zudem Göttin der Eiche, dem Nistplatz der lüsternen Taube (Attribut der Aphrodite). Zeus behauptete, Vater der Aphrodite zu sein, nachdem er das Orakel der Diona zu Dodona in Besitz genommen hatte; daher wurde Diona ihre Mutter.
10. (D'Annunzio 1910: 111). Zu deutsch: »Den Raub der Zierde der Männer, / die Gürtel der Macht begehrt sie. / Alle zieht Diona mit sich.«

im Hinblick auf Basilióals sexuell-politisch-militärisches Begehren an die Offenbarung des Johannes erinnert: »Seid gerecht! In der Vision Johannis ist zu finden / die Hure über Wassertiefen schwebend.« (Ebd.: 160)

8.

Höchst präzise sind also in *La nave* die mythologischen, literarischen und kulturgeschichtlichen Referenzen auf die Konstruktion Babel–Zweites Rom als politische Textur des Schiffs und der Seeherrschaft errichtet. Umso wichtiger ist es, hervorzukehren, was diese Referenzen verdecken: nämlich die reale navale Technologie der maritimen Deterritorialisierung und imperialen Übercodierung im historischen Kontext von 1909. D'Annunzio selbst, »il Comandante«, wie er sich später in Fiume betiteln ließ, setzte während des Ersten Weltkriegs nicht auf ein Schiffbauprogramm, wie es *La nave* vorführt, also den Bau von Riesenschiffen von der Art der *Totus mundus*, sondern auf einen Schiffstyp, der als Folge der ersten kybernetischen Waffe im späten 19. Jahrhundert in einigen Marinekreisen geradezu zu einem »Rausch« führte: das Torpedoboot. Nicht umsonst war D'Annunzio in Paris in navalistischen Zirkeln verkehrt, wo man die Strategie und die Taktik des zukünftigen Krieges zur See diskutierte. Unter anderem war der Dichter im Ersten Weltkrieg Kommandant eines Torpedobootgeschwaders, deren spektakulärste (wenn auch wenig effektive) Aktion die sogenannte »Beffa di Buccari« im Februar 1918 war, in deren Verlauf D'Annunzio sich mit einer »Rotte« von MAS *(motoscafo antisommergibile)* in die Bucht von Buccari schlich, um sechs Torpedos gegen die dort ankernden österreichischen Schiffe abzuschießen (von denen allerdings keiner traf) (vgl. Budisavljević 1996: 253-255).

Das erste Torpedoboot wurde schon 1873 konstruiert. Die systematische Planung von Schiffen, die nur zu dem einen Zweck existieren, einen Torpedo abzuschießen, begann mit einer Gruppe englischer Schiffskonstrukteure: J. Samuel White, Alfred Yarrow und John Thornycroft (vgl. Gray 1975: 137). Der nach unten gebogenen Bug der frühen Torpedoboote, der die Form von U-Booten vorwegnimmt, deutet es an: das Torpedoboot ist ein Schiff, das sich nicht entscheiden kann, ob es über oder unter der Wasseroberfläche fahren soll. Diese neuen Schiffe sprachen nach Meinung vieler Experten das Todesurteil über die Panzerschiffe.

Insbesondere in Frankreich war nach den schlechten Erfahrungen im Krieg gegen Preußen 1870/71 und angesichts des Vorsprungs der englischen Marine, der die Schwäche der französischen Marine deutlich werden ließ, in den Schriften der Marinetheoretiker eine Tradition wieder aufgelebt, die bis ins 18. Jahrhundert zurückgeht: die Tradition des Kaperkrieges. Die Einzelbeiträge dieser Marinetheoretiker fügten sich mosaikartig zu einem neuen Konzept, das der Geschwaderkommandant Hyacinthe Laurent Théophile Aube, der 1886 französischer Marineminister wurde, systematisch zusammenfasste. So entstand um Aube, der von dem Jounalisten G. Charmes sekundiert wurde, die »Jeune

École«. Die Marinetheoretiker, die ihr zugerechnet wurden, vertraten den Gedanken, dass das Schlachtschiff keine Zukunft mehr habe, ebenso wenig wie die Strategie der Seeschlacht und der Blockade. Der zukünftige Seekrieg schien sich als Kaper- und Küstenkrieg abzuspielen.

Küstengestützte wie »autonome« hochseegängige Torpedoboote sollten im Meer verteilt werden, »um den immer noch flächenbeherrschenden« Schiffen »in der Tiefe des Raumes zerstreut den Garaus zu machen.« (Budisavljevič 1996: 237) Der taktische Vorteil des Torpedoboots ergibt sich zunächst aus einer Asymmetrie der Sichtbarkeit: Groß und hoch waren die Schlachtschiffe für die niedrigen Torpedoboote schon zu sehen, bevor diese selbst sich am Schlachtschiffhorizont abzeichneten.

Der Kaperkrieg beschränkte sich jedoch nicht darauf, nur den feindlichen Handel auf dem Meer zu treffen, er zielte vor allem darauf ab, den Feind in seinem Land zu treffen, seine Küsten und Häfen in Überraschungsangriffen zu überfallen, seine Verkehrs- und Verbindungslinien zu unterbrechen. Der Kaperkrieg wird aufgrund seiner inneren Logik zum Handels- und Wirtschaftskrieg (*guerre industrielle*) als Vorstufe zum totalen Krieg mit seinen Begleiterscheinungen: Unterbindung der Rohstoffzufuhr, Vernichtung der feindlichen Industrie, entnervende Bombardierung der Zivilbevölkerung an den Küsten und ihre psychische Zermürbung.

Die Flotte, die dieser Theorie entsprach, setzte sich, dem Prinzip der Arbeitsteilung entsprechend, aus vielen kleinen, schnellen Spezialeinheiten zusammen, die in sich je eines der im Schlachtschiff konzentrierten offensiven Elemente, Torpedo, Sporn, Artillerie, mit der Kleinheit ihrer Dimension und der Geschwindigkeit verbanden. Grundsätzlich bemerkt Aube in *De la guerre navale*:

Les instruments de cette guerre sont: en nombre maximum, les torpilleurs et les canonnières de défense, unités de combat, et avec eux les croiseurs, tous ayant une vitesse maximum, tous réduits aux dimensions minimum qui en assurent l'autonomie et la puissance effective. Le nombre, la vitesse, l'invisibilité, sont les facteurs de la supériorité de ces instruments de guerre. (Aube, zit. n. Bueb 1971: 20)

Die zukünftige Flotte umfasst Angriffstorpedoboote, Verteidigungstorpedoboote, Kanonenboote, Proviantschiffe, Kreuzer und Hilfskreuzer. Mit diesen Einheiten wird der Krieg nach den Gesetzen der »nombre et vitesse« und der »faiblesse des dimensions« (Kleinheit der Dimensionen) geführt. Die Vielzahl gibt den Einheiten die Überlegenheit des »Hornissenschwarms« (Aube, zit. n. Bueb: 21), der sich auf sein Opfer stürzt, die »vitesse« garantiert ihnen die strategisch vorteilhafte Allgegenwart (»ubiquité«), die »faiblesse des dimensions« gewährt ihnen den besten Schutz, zu früh entdeckt oder versenkt zu werden.

Die »Unsichtbarkeit« des Torpedoboots bringt das Meer als Bühne für Imaginationen des Politischen zum Verschwinden. Repräsentation – auch und gerade politische – ist gebunden an Sichtbarkeit. Schon bei Aristoteles wurde die Einheit von Ort und Ordnung als Inbegriff des Politischen ästhetisch fundiert, als es um die Frage ging, was das EIN, die Identität einer Polis eigentlich ausmacht.

»Ebenso kann man aber fragen, wann ein Staat, dessen Angehörige denselben Ort bewohnen, für einen und denselben zu halten ist [...] Auf die Mauern kommt es hier offenbar

nicht an. Könnte man doch auch den Peloponnes mit einer Mauer umgeben. Ziemlich solcher Art ist ja Babylon und jeder andere Ort, der mehr den Umfang einer Nation als einer Stadt besitzt. Denn Babylon war, so erzählt man, schon drei Tage in den Händen der Feinde, als ein Teil der Stadt es noch nicht wußte.« (Aristoteles, *Politik*, 1276 a, 20–30)

Schon in der politischen Theorie des Aristoteles war also der Name für das Nicht-Identische und Nicht-Repräsentierbare Babylon. Die Identität der Polis als Einheit von Ort und Ordnung begründet Aristoteles ästhetisch: »Die günstigste Bevölkerungszahl einer Stadt ist also jene, die für alle Zwecke des Lebens ausreicht und auf einen Blick erfasst werden kann.« (Ebd., 1326 b, 10–20) »Auf einen Blick«, schreibt Mumford dazu, » – da haben wir zugleich einen ästhetischen und einen politischen Blick der städtischen Einheit. Dieser synoptische Blick, der es dem Bürger gestattete, von der Höhe der Akropolis seine ganze Stadt ebenso leicht zu übersehen, wie er Gestalt und Wesen eines einzelnen Menschen wahrnahm, war das typisch Griechische.« (Mumford 1979: 219)

Trug der Raum des Piraten bereits die Züge dieser Raum- und Sinnwüste, die mit Torpedos, Torpedobooten heraufkam? Torpedo, Torpedoboot, die Ästhetik des Verschwindens, der deterritorialisierte ungehegte Krieg und das Phantasma einer imperialen Übercodierung der deterritorialisierten Ströme hängen zusammen. Der Leviathan hat ausgespielt, an seine Stelle tritt der Hornissenschwarm.

Literatur

Aristoteles (2001): *Politik. Schriften zur Staatstheorie*, übers. u. hrsg. v. Franz F. Schwarz, Stuttgart.
Agamben, Giorgio (2000): *Homo sacer. Souveräne Macht und bloßes Leben*. Frankfurt/M.
Apollonios von Rhodos (1996): *Das Argonautenepos*. Hg., übers. und erläutert v. Reinhold Glei und Stephanie Natzel-Glei. Darmstadt.
Augustinus, Aurelius (1997): *Vom Gottesstaat (De civitate dei)*. Übers. v. Wilhelm Timme. München 4. Aufl.
Blumenberg, Hans (1997): *Schiffbruch mit Zuschauer. Paradigma einer Daseinsmetapher*. Frankfurt/M.
Budisavljević, Bojan (1996): »D'Annunzios Torpedowesen. Instrumente der Vorsehung und Geschicke des Meeres im Seekrieg um Fiume herum«. In: *Der Dichter als Kommandant. D'Annunzio erobert Fiume*, hg. v. H. U. Gumbrecht, F. Kittler, B. Siegert. München.
Bueb, Volkmar (1971): *Die ›Junge Schule‹ der französischen Marine. Strategie und Politik 1875–1900*. Boppard.
Canfora, Luciano (1990): *Die verlorene Geschichte des Thukydides*. Übers. v. Hugo Beyer. Berlin.
Conrad, Joseph (1926): »Ocean Travel«. In: Ders., *Last Essays*. London/Toronto, S. 53-58.
D'Annunzio, Gabriele (1910): *Das Schiff*. Leipzig.
Deleuze, Gilles / Guattari, Félix (1979): *Anti-Ödipus. Kapitalismus und Schizophrenie I*. Frankfurt/M. (2. Aufl.).
Foucault, Michel (1978): *Wahnsinn und Gesellschaft. Eine Geschichte des Wahns im Zeitalter der Vernunft*. Frankfurt/M. 3. Aufl.
Foucault, Michel (1990): Andere Räume. In: *zeitmitschrift*, Nr. 1, S. 4-15.
Foucault, Michel (2003): La ›gouvernementalité‹. In: Ders.: *Dits et écrits*, Bd. III, S. 644.
Garlan, Yvon (1975): *War in the Ancient World. A Social History*. London.
Gogwilt, Christopher (1995): *The Invention of the West: Joseph Conrad and the Double-Mapping of Europe and the Empire*. Stanford.
Gray, Edwyn (1975): *Die teuflische Waffe. Geschichte und Entwicklung der Torpedos*. Oldenburg/Hamburg.
Guevara, Fray Antonio de (1983): »De muchos trabajos que se pasan en las galeras« (1539). In: José Luis Martínez, *Pasajeros de Indias. Viajes transatlánticos en el siglo XVI*. Madrid (Appéndice 1).
Hanson, Victor Davis (2000): »Kein Ruhmesblatt für die Griechen. Die Perser gewinnen bei Salamis, 480 v. Chr.«, in: Robert Cowley (Hg.): *Was wäre gewesen, wenn?* Übers. v. Ilse Utz. München, S. 38. (Zit. nach: Wolfgang Pircher, Der Krieg und das Ganze. Bürgerliche Kriegsgeschäfte und das Theater des Krieges. Typoskript, S. 9).
Kapp, Ernst (1868): *Vergleichende Allgemeine Erdkunde in wissenschaftlicher Darstellung*. Braunschweig (2. Aufl.).
Lacan, Jacques (2003): *Das Seminar Buch IV: Die Objektbeziehung*. Übers. v. Hans-Dieter Gondek. Wien.
Lukrez (1923): *Die Natur der Dinge / De rerum natura (Zweisprachige Ausgabe)*. Berlin.
Melville, Herman (1999): *Maskeraden oder Vertrauen gegen Vertrauen*. Übers. v. Christa Schuenke. Hamburg-Bremen.
Mumford, Lewis (1979): *Die Stadt. Geschichte und Ausblick*. Übers. v. Helmut Lindemann. München.
Pircher, Wolfgang (o.J.): Der Krieg und das Ganze. Bürgerliche Kriegsgeschäfte und das Theater des Krieges. Typoskript.
Platon (1994): *Nomoi* (Werke, übersetzt und kommentiert von Ernst Heitsch, Band: 9,2). Göttingen.
Platon (1993): *Phaidros* (Werke, übersetzt und kommentiert von Ernst Heitsch, Band: 3,4). Göttingen.
Quaritsch, Helmut (1979): Das Schiff als Gleichnis. In: *Recht über See. Festschrift für Rolf Stödter*. Hamburg, S. 251-286.

Salazar, Eugenio de (1983): »Carta escrita al Licenciado Miranda de Ron ... en que pinta un navio, y la vida y ejercicios de los oficiales y marineros del, y como lo pasan los que hacen viajes por el mar« (1573). In: José Luis Martínez, *Pasajeros de Indias. Viajes transatlánticos en el siglo XVI*. Madrid (Apendice 3), S. 279–296.

Schäfer, Eckart (1972): »Das Staatsschiff. Zur Präzision eines Topos«. In: *Toposforschung: eine Dokumentation*, hg. v. Peter Jehn. Frankfurt/M., S. 259-292.

Seitter, Walter (1985) *Menschenfassungen. Studien zur Erkenntnispolitikwissenschaft*. München.

Wachsmuth, Dietrich (1967): ΠΟΜΠΙΜΟΣ 'Ο ΔΑΙΜΩΝ. *Untersuchungen zu den antiken Sakralhandlungen bei Seereisen*. Diss. masch. Berlin, S. 206 f.

Wenzel, Horst (2003): »Sekretäre - *heimlíchaere*. Der Schauraum öffentlicher Repräsentation und die Verwaltung des Geheimen«. In: Bernhard Siegert/Joseph Vogl (Hg.) *Europa – Kultur der Sekretäre*. Zürich-Berlin, S. 29-44.

Xenophon (1956): Oikonomikos. In: Ders., *Die sokratischen Schriften*. Übers. u. hg. v. Ernst Bux. Stuttgart.

Alessandro Barberi

Mediale Politiken
Über das Programm der kommenden medienwissenschaftlichen Demokratietheorie[1]

I. Einleitung

Dass die Politik und damit ein allgemein gefasster menschlicher Handlungs- und Kommunikationsspielraum sich der Medien nur bediene, um ein bestimmtes ökonomisches Interesse vor den Augen des Volkes in Szene zu setzen, gehörte zu den historisch überkommenen Grundannahmen einer kommunikativen Handlungstheorie der Öffentlichkeit (Habermas 1962), nach deren ideologiekritischer Perspektive die Medien das sozioökonomische Sein hinter dem kulturindustriellen Schein verdunkeln (Horkheimer/Adorno 1971: 108-150; zur diskursanalytischen Kritik: Kittler 1995b). Radio, Film, Fernsehen oder auch Internet werden so zu Mitteln und Instrumenten in den Händen der Herrschenden, welche die Entfremdungen im Gesellschaftskörper verdecken und also vertiefen. Im aufklärungs- und aufdeckungsjournalistischen Ton der Schuldzuschreibung werden Medien dabei nach wie vor zur Verantwortung gezogen, wenn sie die für Demokratie angeblich konstitutive Transparenz der Kommunikation zwischen repräsentativ Gewählten und partizipativ Wählenden stören,[2] und so die ersehnte Homogenität einer wie auch immer gearteten Gemeinschaft (vgl. Vogl 1994) ver- oder behindern. Diese konsensuale Voraussetzung wird der Tendenz nach in einer großen Anzahl politologischer, publizistischer und mediensoziologischer Studien reproduziert (vgl. bspw. Jäckel/Winterhoff-Spurk 1994; Jarren/Schatz/Weßler 1996), die sich aus humanwissenschaftlicher Perspektive mit dem Verhältnis von Medien und Politik auseinandersetzen und dabei nur selten zur Tatsache vorstoßen, dass mediale Infrastrukturen überhaupt erst die Voraussetzung des Politischen abgeben.[3]

Nun haben aber gerade die gegenwärtigen Diskussionen der Politischen Philosophie und der Medienwissenschaft – die entlang der negativen Effekte wissenschaftlicher Arbeitsteilung nur selten aufeinander verweisen – eben diese

---

1. Vgl. Benjamin 1965.
2. Vgl. im Gegensatz dazu: Serres 1987; zur Weiterführung und Intensivierung des Konzepts: Siegert 2001.
3. So grenzen systemtheoretische Studien Medien und Politik nachdrücklich von jeder Handlungstheorie ab und handeln daher auch ihrerseits nicht mehr von kommunizierenden Menschen, sondern von kommunizierenden Kommunikationen, wodurch sich ihre Nähe bzw. Kompatibilität mit jenen medienwissenschaftlichen Ansätzen erklärt, die darüber hinaus auch das Soziale samt seiner Wissenschaft der Tendenz nach als strukturalen Medieneffekt begreifen. Vgl. Delhaes 2002.

Annahmen aus zwei unterschiedlichen Richtungen in Frage gestellt. Denn *erstens* sind die Bedingungen der Herstellung von Konsens durch Demokratietheorien unter die Lupe genommen worden, die den Dissenscharakter, das Missverständnis oder die besagte Störung als theoretische und praktische Notwendigkeit der Demokratie aufweisen (Laclau 2002) und dabei die Frage nach Funktion und Bedingung der Politischen Philosophie selbst anvisieren: »La philosophie politique existe-t-elle?« (Rancière 1995: 9).

Zweitens haben die Analysen und Argumentationen der Medienwissenschaft den Bereich des Medialen als ein Terrain abgesteckt, das als unabdingbare Voraussetzung des Anthropologischen und damit auch des Politischen insofern gelten kann, als letzteres sich nur in, mit und durch Medien in Szene setzt, um dabei Anatomien von Menschenbildern und -projektionen ins (mediale) Spiel zu bringen (Keck/Pethes 2001).[4] Beiden Problematisierungslinien ist dabei eine Distanznahme gemeinsam, die sie von einer allumfassenden ontologischen Begründungsfunktion der Politik tendenziell wegführt, um in der Frage nach den Voraussetzungen von Öffentlichkeit, Gemeinschaft, Gesellschaft oder Kultur einen Raum auszumachen, in dem es um die Möglichkeitsbedingungen und nicht um das Wesen des Politischen (Pircher 1999), um die allgemeinen (medialen) Regelungen *der* und nicht die sofortige Involvierung *in die* Politik geht (Pias/Vogl 1999).

Diese aktuelle Konstellation oder Problematisierungszone soll im Folgenden anhand von zwei bereits angedeuteten Punkten bzw. Problemkreisen unter Augenschein genommen werden, um eine medienwissenschaftliche Demokratietheorie als systematische Grundlage der Deskription des Politischen zur Diskussion und in Aussicht zu stellen. Denn *erstens* wirkt sich die Tatsache, dass das Politische in einem medialen Bedingungsgefüge sichtbar wird, auf den ökonomischen Diskurs, seine Grundkonzepte und -begriffe aus, indem beispielsweise Arbeitsprozesse mehr und mehr als Informationsprozesse begriffen werden kön-

---

4. Um hier auch konkrete mediale Spektakel mit demokratietheoretischer ›Relevanz‹ zu Wort kommen zu lassen, sei auf die Repräsentations- und Partizipationsinszenierungen diverser und weltweit erfolgreicher *Casting-Shows* verwiesen, die nach statistischen Datensätzen Menschenformen auf Bildschirme projizieren und deren (informatisches wie fernsehtechnisches) Programm die Berücksichtigung der Konsumentengunst per gebührenpflichtigem *Telefon-Voting* inkludiert, wobei der genaue Algorithmus der repräsentativen und ausschlaggebenden Daten entlang der Strategien einer manifesten Arkanpolitik – etwa bei RTL – geheim gehalten wird, obwohl er gar nicht geheim gehalten werden muss. Die *arcana imperii* setzen sich so noch in diesem medial codierten Medienwerden fort, um in der Sichtbarkeitsrahmung des Fernsehbildschirms das Unsichtbare als vom Zuseher respektive Aufdeckungsanalytiker hermeneutisch zu Erschließende in Szene zu setzen. Vgl. den am 16.07.2004 erstmalig ausgestrahlten Themenabend des Kultursenders ARTE: *Vom Nobody zum Superstar* (http://www.arte-tv.com/). Ähnlich funktionieren im Übrigen auch die Einbindungsstrategien, welche mit DVD's von Hollywoodfilmen mittransportiert werden: Im Sichten des *Making Of* partizipiert der *demos* an einer medial in Szene gesetzten Produktion und wird erneut dazu gebracht, nach dem *Making Of* des *Making Of* zu fragen.

nen und in der sog. Wissens- und Informationsgesellschaft[5] wohl auch begriffen werden müssen (Marx 1974: 594; Lyotard 1979). Und so lässt sich behaupten, dass der Mensch weniger ein arbeitendes Lebewesen (Foucault 1994: 307f.) denn ein informiertes, ein anthropomorph *in Formation* gebrachtes Medium ist. Ökonomische Ordnungen der Produktion, Distribution und Konsumtion transformieren sich mithin systematisch und historisch zu Informationsordnungen der Verarbeitung, Speicherung und Übertragung (Kittler 1995a: 520), wodurch – neben den traditionsreichen Disziplinen der Geisteswissenschaft – auch die Demokratietheorie nicht umhin kommt oder kommen wird, in diese medienspezifische Transformation selbstreflexiv einzutauchen, bevor sie ihrerseits von ihr umspült wird.

Zweitens ist der Raum des Politischen spätestens seit der Französischen Revolution mit Spaltungen und Segregationen verbunden, deren Dissenscharakter dennoch konsensual zusammengehalten werden muss, um Staaten und Bürokratien als Demokratien überhaupt im und am (medientechnischen) Funktionieren zu halten.[6] Gerade angesichts der immer wiederkehrenden Infragestellung des repräsentativen Charakters der Demokratie muss geklärt werden, wie konkrete Differenzen der staatsbürgerlichen Subjekte trotz und gerade angesichts der für Medien konstitutiven Störungen ausgemittelt und d.h. demokratisch verwaltet werden können. Begriffe wie Elektronische Demokratie (Hagen 1997) oder Electronic Gouvernement (Engemann 2004 [in diesem Band]) stehen damit in direktem Zusammenhang und markieren Diskurszonen, in denen die Verbindung von Medien und Politik politisch verhandelt wird. Zu reflektieren bleibt mithin, was Repräsentationsordnung – hier auch im philosophischen Sinne – und Partizipationsordnung medientechnisch und -wissenschaftlich verbindet und daher immer auch störend trennt bzw. trennen muss. Dies insbesondere,

---

5. Sofern die syntaktische Folge von Wissen, Information *und dann* Gesellschaft beständig mitreflektiert wird, ist diesem gegenwärtig auch auf bürokratisch-verwaltungstechnischer Ebene oft verwendeten Begriff nichts entgegenzusetzen. Auch einer Medien-Soziologie wird man nur dann etwas entgegenhalten können, wenn sie das soziale Band als Voraussetzung der Medien und nicht vielmehr umgekehrt als Teil von Medienparts definiert. Soziale, kulturelle oder ökonomische *Beziehungen* und *Verhältnisse* bzw. *Verbindungen* und *Kontakte* verweisen bereits diskursiv-terminologisch auf die Mathematisierungen und medientechnischen Codierungen des Sozialen samt seiner verträumten Gefühlswelten, die – wie etwa James Camerons *Extended Version* von TERMINATOR II sichtbar macht – selbst das menschliche Lächeln programmierbar werden lassen. Vgl. *James Cameron, Terminator 2 – Judgment Day – The Ultimate Edition DVD (1991)*, Artisan Entertainment 2001.
6. Ein Zusammenhang, der auch in den Schriften von Karl Marx les- und sichtbar wird. Knapp bevor der Schriftkanal buchstäblich abbricht, finden sich im letzten Kapitel des *Kapitals* noch einige die Klassen differenzierende Hauptsätze. Nachdem die Sozialarten der Ärzte und Beamten sich nicht in eine Klasse fügen wollen, segregiert sich die sog. bürgerliche Gesellschaft weiter: »Dasselbe gälte für die unendliche Zersplitterung der Interessen und Stellungen, worin die Teilung der gesellschaftlichen Arbeit die Arbeiter wie die Kapitalisten und Grundeigentümer – letzte z.B. in Weinbergsbesitzer, Äckerbesitzer, Waldbesitzer, Bergwerksbesitzer, Fischereibesitzer – spaltet. [Hier bricht das Ms. ab]« (vgl. Marx 1976: 893). Die verwaltungstechnische Notwendigkeit von abstrakten ›symbolischen Klassen‹ sei hier also nur angedeutet (vgl. dazu die Studien von Claude Lefort in: Rödel 1990).

wenn berücksichtigt wird, dass Kollektiv- wie Individualsubjekte als in Formation befindliche *personale Medien*[7] je schon in ein Bedingungsgefüge eingespannt sind, das seinerseits aus mannigfaltigen Medien besteht. Doch bevor diese Problematisierungszonen andeutungsweise erläutert werden, mag einleitend darauf verwiesen sein, in welcher Art und Weise Medienbegriffe und Medienwissenschaft im Rahmen dieses Artikels ihrerseits vorausgesetzt wurden.

II. Medien und Medienwissenschaft

Was ist ein Medium? Diese Frage umspielt die Debatten der gegenwärtigen Medienwissenschaft mit jener Unruhe und Verwirrung, die auch in den Sozial- und Kulturwissenschaften periodisch wiederkehrte, wenn die epistemologischen Voraussetzungen von Gesellschaft und Kultur nicht ins Empirische verschoben, sondern klar als problematisch erkannt wurden.[8] Es empfiehlt sich daher, gerade angesichts einer äußerst jungen Wissenschaft, die Ergebnisse verschiedener epis-

---

7. Der Begriff »Personale Medien« wird hier als Substitut für ältere, vornehmlich in der Soziologie verwendete Konzepte vorgeschlagen, nach denen Individuen und Gruppen als primäre Handlungs-*Träger* erfasst wurden, ohne deren *Praxis* die Soziologie als Handlungstheorie und -wissenschaft schlicht unmöglich wäre. Vornehmlich die langjährige Auseinandersetzung mit der soziologischen Kategorienbildung Pierre Bourdieus und dabei vornehmlich mit den Termini *Akteur* und *Habitus* lässt diese terminologische Substitution aus medienwissenschaftlicher Perspektive als notwendig erscheinen (vgl. sozialwissenschaftlichen Grund legend: Bourdieu 1979). Im Sinne der lateinischen *persona* (Maske, Schauspieler, Mensch) geht dieses Konzept des personalen Mediums respektive der personalen Medien von einer großen Variabilität der möglichen Charaktermasken (Marx) oder Sprecherpositionen (Foucault) aus, die ein Individual- oder Kollektivsubjekt als individuelle Person oder kollektives Personal einnehmen kann. In Distanz zu einer prinzipiellen Inkorporation oder Einverleibung ›äußerer‹ Strukturen, die dann einen relativ konstanten *Habitus* bilden, der Medien (Instrumente, Diskurse, Apparaturen, Institutionen etc.) nur *in praxi* behandelt oder verwendet, ist ein ›personales Medium‹ systematisch und historisch, synchron wie diachron mit anderen auch empirisch bestimmbaren Medien verschaltet und verbunden. Diese Medien sind aber nun *nicht nur* jene ehedem als ›menschlich‹ wahrgenommenen Individuen oder Kollektive, sondern bilden buchstäblich einen *Medienverbund*, in dem neben personalen Medien auch Schriften, Diskurse, Apparaturen, Archive, Institutionen oder Wissensformen als Strukturen bzw. Systeme auftauchen. Damit werden auch Gesten, Reden, Haltungen, Moden oder Manieren des sog. Alltags in einer Gesellschaft oder Kultur medienwissenschaftlich beschreibbar, wodurch die vermeintlich fundamentalontologischen Funktionen von Alltag, Gesellschaft und Kultur ihrerseits auf (Medien-)Bedingungen bezogen werden können. Eine intensivere Auseinandersetzung und Konzeptualisierung des personalen Mediums kann hier nur in Aussicht gestellt werden. Angedeutet sei indes, dass dieser Begriff auch die Möglichkeit bietet, das Forschersubjekt selbst epistemologisch als Differenzierungs- respektive Synthetisierungsmedium zu konzipieren, dass unter Medienbedingungen derart codiert ist, dass es Subjekt wie Objekt der Analyse unterscheidet bzw. konstruiert.
8. So ist es mehr als bezeichnend, dass in der Wissenschaftsgeschichte des 19. und 20. Jahrhunderts keine empirische Disziplin ohne ihr eigenes *Apriori* auskam. Findet sich bei Helmholtz ein physiologisches, bei Nietzsche ein organisches, bei Comte und später bei Konrad Lorenz ein biologisches Apriori, so verlängert sich diese Linie mit Georg Simmels soziologischem Apriori und dem z.B. bei Cassirer und Foucault lesbaren historischen Apriori (vgl. z.B. Lorenz 1941: 94–125; Foucault 1990: 183f.):

temologischer Debatten nicht nur zu berücksichtigen, sondern vielmehr von ihnen auszugehen. Das heißt verkürzt, dass der Begriff des Mediums weder empiristisch noch rationalistisch fixiert wird, sondern in der Art eines Kompasses als ›offenes‹ Richt- und Richtungsmaß figuriert, das epistemologische, historische und systematische Fragen respektive Studien bündelt, ohne über einen fundamentalen Richtspruch für den Idealismus oder den Materialismus den erkenntniskritischen Zugriff erneut zu negieren. Vielmehr überschreitet *(transscendere)* Medienwissenschaft mit der Frage nach den Bedingungen ihrer eigenen Wissenschaftlichkeit derartige Gegensätze. Erinnert sei hier nur *en passant* daran, dass nach Kant nicht nur das transzendentale Objekt, sondern auch das transzendentale Subjekt der Erfahrung ein der Repräsentation nicht zugängliches X repräsentiert.[9] Medienwissenschaft kreist mithin systematisch und historisch, synchron und diachron um die Frage nach den Möglichkeitsbedingungen jeder (medialen) Erfahrung, wodurch zumindest geklärt ist, weshalb vorerst niemand weiß, was ein Medium sei, und sich deshalb Medienwissenschafter um dieses Fragezeichen kümmern. Gerade deshalb lassen sich die bisherigen Debatten im Sinne einer Vorläufigkeit auch systematisieren, und so hat etwa Sybille Krämer literarische, technische und Massenmedien unterschieden (Krämer 1998: 11). Eine Differenzierung und Systematisierung, die sich folgendermaßen erweitern lässt:

Sprachmedien: Diskurse, Begriffe, Denksysteme, Wissensordnungen, Konversationsformen, literarische Sprachen, Rhetoriken, […]
Schriftmedien: Akten, Dokumente, Texte, Bücher, Briefe, Inschriften, […]
Bildmedien: Gemälde, Graphiken, Zeichnungen, Ikonen, Porträts, Photographien, Filme, […]
Technische Medien: Navigationsinstrumente, Telegraph, Kinematograph, Schreibmaschine, Photoapparat, Computer, […]
Massenmedien: Fernsehen, Radio, Zeitung, Internet, Verlage, […]
Institutionelle Medien: Archive, Sammlungen, Museen, Bibliotheken, Kinos, Theater, […]
Personale Medien: Individuen, Kollektive, Akteure, Öffentlichkeiten, Korporationen, Familien, Geschlechter, Betriebe, […][10]

---

9. Das personale Medium Kant erweist sich mithin erneut als vernunftkritischer denn so manche – nicht nur – medienwissenschaftliche Kritiker, die meinen, das X des transzendentalen Subjekts mir nichts, dir nichts umschiffen zu können (vgl. Kant 2002). Das Potential des erkenntniskritischen Vorstoßes wird auch in Publikationen unterschätzt, die sich vom Titel weg explizit mit Vernunftkritik auseinandersetzen, um dabei Aufklärung, Auflösung und Öffnung der Vernunft zu diskutieren, ohne die Kritik der reinen Vernunft als epistemologische und historische Möglichkeitsbedingung dieser Unterscheidung anzuschreiben (vgl. Jamme 1997). Zu erwähnen ist hier auch, dass aus Frankreich stammende Kritiken am sog. transzendentalen Subjekt sich eher auf Husserls Phänomenologie, denn auf den spezifischen Bereich der Erkenntniskritik bezogen (Derrida 2003).
10. Vgl. die – hier um personale und einige Einzelmedien erweiterte – Erstpublikation dieses epistemologischen Rasters in: Barberi/Pircher 2003: 6.

Im Sinne der genannten Offenheit des Begriffs *Medium* – die einen allgemeinen heuristischen Anspruch nicht ausschließt und dem Begriff selbst inhärent ist – kann mithin unabhängig von einem repräsentationslogischen Enzyklopädismus ›alles‹ zu einem epistemologisch zu konstruierenden Objekt der medienwissenschaftlichen (d.h. systematischen und/oder geschichtlichen) Analyse werden, wenngleich der medienwissenschaftliche Beobachter sich damit nicht automatisch über die kritischen Grenzen seiner respektive der analytischen und synthetischen Vermögen erhebt. Ohne eine zu abstrakte und globalisierende Makroperspektive einnehmen zu müssen, könnte so auch eine zu konkrete und lokale Mikroperspektive vermieden werden, um Medienwissenschaft von Beginn an in der(en) Mitte zu halten. Angesichts der soeben skizzierten Streuung möglicher Gegenstände lässt sich im Anschluss an die gegenwärtigen medienwissenschaftlichen Diskussionen nun in einem weiteren Schritt ein methodischer Rahmen abstecken, der den Versuch unternimmt, den Begriff des Mediums von vier Seiten her zu begrenzen. Einzelne Medien – so der Vorschlag – könnten dann jeweils als Diskurse bzw. Wissensformen, als Operationen bzw. Technologien, als Instrumente bzw. Apparaturen oder als Archive bzw. Institutionen analysiert und in Relation zu anderen Medien gesetzt werden (Barberi/Pircher 2003: 10-11). In dieser Art ließe sich beispielsweise eine medienwissenschaftliche Wendung der Politologie einleiten, welche sich bis dato vornehmlich an die Wissensbestände der Sozial- und Wirtschaftswissenschaften hielt und sich darüber hinaus auch oft als Beraterwissenschaft für Politiker und Staatsbeamte verstand.[11] Ihre Leistungen wären hinsichtlich der Analyse *Medialer Politiken* aufzunehmen und ihrerseits medientheoretisch durchzuarbeiten. Gerade die angedeutete Beraterfunktion könnte dabei z.B. als Sprecher- und Machtposition des Politologen medienwissenschaftlich umkränzt werden und wäre im Sinne einer systematischen Erfassung der sog. Wissens- und Informationsgesellschaft als strukturelle Abhängigkeit des Betriebs der Wissenschaft von der Politik zu erfassen und auf Dauer zu distanzieren.[12] Wie einleitend angekündigt, soll nun anhand von zwei Problembezirken das Verhältnis von Medienwissenschaft und Demokratietheorie skizzenhaft angedeutet werden.

---

11. Vgl. beispielsweise das sehr respektable Standardwerk der österreichischen Politologie: Dachs/Gerlich 1997. Äußerst lesenswert ist dahingehend immer noch oder gerade jetzt: Talos/Neugebauer 1984. Dabei wäre etwa medienwissenschaftlich zu erforschen, welche konkreten Auswirkungen die Tatsache hatte, dass diese akademische Disziplin – ähnlich wie die Publizistik – nur unter bestimmten ›politischen‹ Voraussetzungen überhaupt möglich wurde, von deren medialen Voraussetzungen kaum jemand etwas zu berichten weiß. Bei den genannten und zitierten Politologen dürfte man dahingehend auf offene Ohren stoßen.
12. Die Standortbezogenheit des Forschungssubjekts hat Michel de Certeau eingehend anhand der Sozialart des Historikers expliziert. Einer Übertragung auf andere Forschersubjekte, i.e. personale Medien, steht dahingehend nichts im Wege. Vgl. Certeau 1991.

III. Produktion & Information

Einer äußerst mächtigen diskursgeschichtlichen Traditionslinie zufolge ist der Produktionsbegriff materialistisch mit jenem der Bedingung verbunden worden (Lenin 1989). Dabei sind es nicht nur Marxisten – denen Marx bekanntlich nie angehören wollte –, die auf diese Art und Weise das Wissen, das Bewusstsein und mithin auch Informationen als Warenwerte beschrieben, die beispielsweise von Kopfarbeitern und d.h. vermeintlich unproduktiven Intellektuellen oder Journalisten *in* den Medien hergestellt und von anderen Akteuren oder Agenten im sozialen Raum *mit* Medien übermittelt oder verarbeitet wurden (Brecht 1999). Derartige Konzeptionen einer zwischen Sendern und Empfängern pendelnden Kommunikation waren nicht zuletzt auf menschliche Handlungstheorien respektive Philosophien der Praxis (Gramsci 1995) verwiesen, deren Aporie nicht zuletzt darin besteht, die epistemologischen Möglichkeitsbedingungen von sozioökonomischen Diskurs- und Wissensschichtungen im Zuge einer spiegelartigen Verdopplung erneut als *soziale* Möglichkeitsbedingungen auf die Leinwand von Geschichte und Gesellschaft zu projizieren,[13] um damit auch ein Bedingungsgefüge aus Mimesis und Verdacht zu reproduzieren, das als Wahrheitsspiel aufgefasst werden kann (Vogl 1991). Entlang der partiellen Begriffshomonymie von Soziologie und Sozialismus wurden dabei nicht zuletzt im Anschluss an die Debatten um die Ereignisse im Jahr 1968 spezifisch epistemologische Fragestellungen in den Bereich des sog. Überbaus verwiesen (Schmidt 1971), wodurch beispielsweise die Wissensbestände der historischen Epistemologie und der Diskursanalyse, aber auch der Kybernetik oder der Informationstheorie auf lange Zeit hinaus unbearbeitet blieben, um erst Jahrzehnte später mit der sich nunmehr konstituierenden Medienwissenschaft breiter rezipiert zu werden.[14] Entlang politisch-ideologischer Zuschreibungen, nach denen Technik eher rechts, menschliches Handeln eher links zu verorten sei, bildeten humanwissenschaftliche Modellbildungen in mehreren Disziplinen den subjektiven und objektiven Handlungsrahmen auch der forschenden und zu erforschenden Subjekte und Objekte selbst, ohne dieses (Um-)Feld auf seine Medialität hin zu befragen.[15] Diskurse, Instrumente, Technologien oder Archive wurden so nicht in ihrer eigenen symbolisch-materialen Struktur analysiert, sondern z.B. über Sprechakte, handelndes Handwerken, unbegriffliche Praktiken, ein implizites Wissen oder ein intendiertes Hinterlegen von Handlungsspuren abgeleitet, um in soziologischen, psychologischen, ökonomischen und – allgemeiner noch – anthropologischen Feldern, Räumen und Zeiten versenkt zu werden. Der Grund- und Begründungsbegriff der *Arbeit* wurde dabei – um diese Umstände zusammenzufassen – nicht durch den differentiellen Begriff der *Information*

---

13. So ist etwa in Bourdieus Praxeologie die epistemologische Kritik immer ein sekundäres Verfahren, dass nach und neben der soziologischen Kritik eingesetzt wird, die heuristisch nicht zu einer (historischen) Epistemologie der Soziologie führt, sondern zur Sozialgeschichte der Soziologie (vgl. Bourdieu 1985: 50).
14. Vgl. zu einer medienwissenschaftlichen Verbindung dieser diskursgeschichtlichen Stränge im und durch das Computerspiel: Pias 2003.

ersetzt, wodurch etwa der sozialdisziplinierende Effekt soziologischer Redeweisen, die medienbedingte Herstellung seelischer Dispositionen, die arbeitswissenschaftliche Konstitution von Kollektivsubjekten oder der rein hypothetische Charakter einer allgemeinen oder konstanten Menschlichkeit – die Geschichte, Gesellschaft und Kultur fundieren sollte – aus dem Blick gerieten.[16]

Für das Bedingungsgefüge der Politik war somit ein humaner Kommunikations- und Handlungsspielraum abgesteckt, in dem individuelle Aktionen, Kollektivsubjekte wie Gesellschaft und Kultur, Volk oder Nation (vgl. Rauchenschwandtner 1999), ideologische Kategoriensysteme, institutionelle Determinanten, unbewusste Habitusformen und mithin sozioökonomische Bedingungen in einander griffen, um Sinn- oder Bedeutungsübertragung ›oberhalb‹ einer fundamentalontologisch konzipierten Funktion der Arbeit zu leisten. Dieses Archivsystem des Wissens um Arbeit und Produktion konstituierte seit dem 19. Jahrhundert auch unterschiedliche Sozialarten wie die sog. ›bürgerlichen‹ Unternehmer, Beamten oder Diplomaten, oder Menschenfiguren wie den Politiker, den politisch Interessierten oder den Unpolitischen.[17] Dieses System war fest mit der Voraussetzung verbunden, dass die Gesellschaften vor allem über den Anwendungsbereich der Wirtschaft[18] erklär- und verstehbar seien, weshalb auch

---

15. So lässt sich etwa anhand der Wissenschaftsgeschichte der Geschichtswissenschaft zeigen, dass mit dem Aufkommen der *Oral History* in den 1980er Jahren die Technologie der Aufnahmegeräte thematisiert wurde und mithin die schriftliche Transkription des oralen Mediums der menschlichen Stimme zum Gegenstand der Analyse wurde. Dennoch bewegten sich derartige Interviews mit Zeit-Zeugen im Rahmen einer Kommunikationsvorstellung, die den Sinn – und nicht die strukturalen Bedingungen von (Un-)Sinn – der sprechenden Subjekte objektiv und hermeneutisch zu erfassen hatte. Der disziplinimmanente epistemische Bruch der *Oral History* bestand dabei – um dies nicht unerwähnt zu lassen – in der Tatsache, dass erst mit ihr die Sozialart des Historikers damit begann, ihre Quellen selbst herzustellen, was eine ganze Reihe von Transformationen des nach wie vor wirksamen Historismus mit sich brachte. Vgl. zur Verbindung von Leben, Erfahrung, Kollektivgedächtnis und Oral History: Niethammer 1980.
16. Demgegenüber lässt sich annehmen, dass Soziales, Seelisches, Kollektives und überhaupt Anthropologisches von einem Geflecht aus Wissens-, Aufschreibe-, Experimental- und Zeichensystemen umsetzt ist. Vgl. Kittler 1985; Rheinberger 1992; Siegert 2003 und Vogl 2002.
17. Und so teilt etwa Lester Milbrath noch 1965 die amerikanische Bevölkerung in Gladiators, Spectators und Apathetics ein (vgl. Hagen 1997: 21). Eine Unterscheidung, die sich etwa mit Ridley Scotts GLADIATOR verbinden lässt, wenn Russell Crowe in antikem Gewand und unter gegenwärtigen Medienbedingungen das Geschäft der (römischen) Republik und d.h. (in Amerika) des Senats gegen die machtgeilen Ansprüche eines usurpatorischen Vatermörders brachial durchsetzt, um kurz vor seinem eigenen Tod eben diese Macht abzugeben und damit auch an den amerikanischen *demos* zu übertragen (vgl. Ridley Scott, *Gladiator – Collectors Edition*, Universal Pictures 2000). Rom wird – wie dereinst von den französischen Revolutionären – im Mediengefüge Hollywood sowohl demokratisch als auch republikanisch zitiert, »so wie die Mode eine vergangene Tracht zitiert« (Benjamin 1991: 701).
18. Vgl. dazu den diskursanalytischen *Source-Code* deutscher Sozialgeschichte: Weber 1980. Hinsichtlich der Wissensgeschichte deutscher Sozialgeschichte ist dabei auch die epistemologisch fragwürdige Kombination dieses kantianischen Programms mit hermeneutischen Verfahren bemerkenswert (vgl. Gadamer 1972). Diese historisch und epistemologisch unreine Kombination, die hinsichtlich der Ideengeschichte wissenschaftlicher Theoriebildung einer ungewollten intellektuellen Kapitulation gleichkommt, lässt sich noch in der (jüngsten) Gegenwart nachbuchstabieren: Wehler 1998, passim.

der Ökonomie als Wissenschaft eine primordiale Funktion zugeordnet wurde.[19] Unter den Bedingungen von Wissen und Information verschiebt sich nunmehr dieses an menschlichen Handlungen orientierte Gefüge und geht gleichsam in die Medien ein, von denen nunmehr spiegelverkehrt angenommen werden kann, dass sie je schon – um im Schema des Gegensatzes von materieller Basis und ideellem Überbau zu bleiben – ›unterhalb‹ von Wirtschaft, Gesellschaft und Kultur wirksam gewesen seien, und also auch – wie etwa die Eisenbahn, Straßennetze oder Flugverbindungen – an der (de)territorialen (Deleuze/Guattari 1992) Konstitution und Konstruktion der Demokratie und ihrer Vertagungen (Derrida 1992) beteiligt waren.[20]

Indem Arbeitsprozesse sich zu Informationsprozessen transformieren, lässt sich mithin zeigen, dass die in sozioökonomischen Diskursen signifikant entworfenen Menschenfigurationen und -formationen ihrerseits auf informierenden Programmen[21] beruhen, deren Regeln diskursiv-begrifflich, mathematisch-informatisch und parteilich-bürokratisch wirken, und mithin auch eine medienspezifische Demokratietheorie benötigen. Dabei müsste eine systematische medienwissenschaftliche Ideologiebegrifflichkeit ausgearbeitet werden, die nach Struktur und Herkunft von Liberalismus, Konservativismus, Sozialismus, Kommunismus, Anarchismus etc. (vornehmlich) seit dem 19. Jahrhundert zu fragen hätte (Althusser 1965; Foucault 1990: 262). Dabei dürften diese Strukturen – streng strukturalistisch – nicht in der ›Tiefe‹ der Geschichte verankert werden, um sie anthropologisch und d.h. ahistorisch konstant zu halten (White 1994, zur Kritik an dieser keineswegs strukturalen Ontologisierung von Ideologien: Barberi 2000: 73-95). Das Erkenntnisinteresse der kommenden medienwissenschaftlichen Demokratietheorie besteht also darin, eine systematische und epistemologisch kohärente Deskription der ›Ideologie‹ sowie die für jede Wissenschaft notwendige politische Unabhängigkeit allererst aufzubauen. Dabei muss präzisiert werden, worin – jenseits einer Unterstellung von noch nicht genau bestimmten aber dennoch ideologisierten Erkenntnisinteressen (Habermas 1973)[22] – die genauen medialen Abhängigkeiten, Verhältnisse und also Relationen zwischen Diskursen, Wissensformen, Instrumenten, Apparaturen, Opera-

---

19. Vgl. zum System der Wirtschaft: Luhmann 1996.
20. Medien und Geschichte verschränken und überkreuzen sich so in gegenläufigen Determinationen respektive Kausalzusammenhängen. Werfen z.B. technische Instrumente angesichts des begrifflichen Charakters ihrer Konstruktions- oder Betriebsanleitungen die diskursgeschichtliche Frage nach ihrem Medienwerden auf, so sehen Geschichten und Historiographien sich umgekehrt damit konfrontiert, ausgehend von einem ontologisch gefassten Mediensein als bewirkte Form analysiert zu werden (vgl. Engell/Vogl 2001). Auch hier verspricht eine spezifisch erkenntniskritische Perspektive Aufschluss über die genaue Struktur dieser epistemischen und historischen Konstellation, die Subjekte und Objekte platziert.
21. Zur Ersetzung der Weberschen Idealtypen durch explizite Programme vgl. Foucault 1980: 27.
22. Mit diesem Verweis wird keineswegs behauptet, dass spezifisch wissenschaftliche Erkenntnisinteressen sich nicht mit politischen Interessen überlappen können, doch führt es zu gravierenden epistemologischen Polizeieffekten, den Begriff des Erkenntnisinteresses *per se* auf parteipolitische Ideologeme zurückzuführen, deren Systematisierung eben noch nicht gelang.

tionen, Technologien, Institutionen und Archiven bestehen. Abhängigkeiten, die das mediale Bedingungsgefüge des Politischen allererst sicht- und hörbar machen und mithin jenen Zeitraum abstecken, in dem die Regeln von Theorien und Praktiken (d.i. die Episteme) des Sozialen in unterschiedlichen Medien als Getrennte sichtbar wurden und nach wie vor werden.[23]

IV. Konsens & Differenz

Im Gegensatz zur Verbindung von Kommunikation und Handlungstheorie, die den Konsens oft normativ voraussetzt, gilt es medienwissenschaftlich daran festzuhalten, dass es sich bei diesem Konsensus in den Unterhandlungen und (Un-)Verträglichkeiten des Politischen gleichsam um eine zeitlich erzwungene Beruhigung bzw. »Stabilisierung von Macht« (Mouffe 1992: 32) handelt, die angesichts der Regierungsform der Demokratie zur Vermittlung von Differenzen und Unterschieden zumindest für die Dauer einer Legislaturperiode notwendig ist. Diese können durch Medien insofern gestützt werden, als sie ihrerseits auf einem sinnlosen Rauschen (Foucault 1999) beruhen, in dem Bedeutung erst in (demokratische) Szene gesetzt und damit stabilisiert wird. Bedeutungen, Sinne, Inhalte oder Bilder sind eben ihrerseits nichts anderes als Effekte medialer, d.h. relationaler und differentieller, kurz: *struktutaler* Ordnungen, die nicht ohne ein bestimmtes und demokratisch zu bestimmendes Maß an Repression, neutraler formuliert: nicht ohne (medientechnische) Regeln oder Schaltungen aufrechterhalten werden können und unter den Bedingungen einer demokratischen Staatsordnung – der das republikanische Programm der Verfassung vorausgesetzt ist – auch aufrechterhalten werden müssen. Wider die – links wie rechts gern vertretene – repressionshypothetische Annahme, der Staat würde sich nur allzu gern der freien Meinungsäußerung herrisch oder totalitär entgegenstellen und so seine Bürger unterwerfen, ist im Gegenzug davon auszugehen, dass die Staatsbürger/innen als personale Medien in der Art von verschachtelten *Black Boxes*[24] diesen Staat konstituieren, um so in geregelte Bahnen zu lenken, wie in selbige gelenkt zu werden. Der Staat – als Vereinheitlichung von Differenzen *und* Differenzierung von Vereinheitlichungen – wäre also die Gesamtheit seiner Bürger/innen, denen er gehört und also auch gehorchen kann, sofern z.B. Tele-, Mega- oder Mikrophone als mediale Infrastrukturen zur Verfügung stehen, um Ohren mit Mündern störend zu verbinden und zu verschalten. Unter den medialen Bedingungen der Trennung von absoluter, totalitärer bzw. totaler Macht (Arendt 2001) in Legislative, Judikative und Exekutive kann so ein Bereich kon-

---

23. Dahingehend wären auch ›der Theoretiker‹ und ›der Praktiker‹ als medial inszenierte Sozialarten zu untersuchen.
24. Gerade weil aus medienwissenschaftlicher Perspektive (noch) nicht geklärt werden kann, wie das Moment der Entscheidung in einem gegebenen personalen Medium genau funktioniert, ließe sich mit der Blackboxmethode gleichsam eine demokratische und d.h. mathematisch variable Leerstelle konzipieren, nach der unbekannte Wahl-, Entscheidungs- oder Interpretationssysteme eben erst *nach* einer demokratischen Wahl bekannt werden können und dürfen.

stitutiver Störung jeder absoluten oder absolutistischen Identifikation von Repräsentation und Partizipation demokratisch legitimiert, gesetzt und eingeräumt werden. Ein ›Freiraum‹, der sich jeder transparenten Kommunikation gerade dadurch widersetzen würde, dass er als demokratische Spiel- und Grundregel der Mediendemokratie konzipiert, berechnet und programmiert wird, ohne die den personalen Medien juristisch zugestandenen und garantierten Unabhängigkeiten gänzlich verwaltbar (i.e. polizierbar) zu machen.[25]

Nun findet sich in den unterschiedlichsten Diskursen die Annahme, demokratischer Friede sei – wider die griechische Fassung der *Polis* – ohne jeden unharmonischen *Agon* seiner freien Bürger möglich.[26] Eine an Metternich gemahnende Forderung nach innerer Ruhe (Rauchenschwandtner 2000) von Subjekten und Staaten besetzt so in den von Jacques Rancière als Post-Demokratien gefassten Republiken die unterschiedlichsten Stellen der Betriebe und Systeme und d.h. auch die Betriebssysteme Windows, MacOs oder Linux, in denen User als *Wetware* berechnet werden und so ihren Platz respektive ihre Stelle erhalten.[27] So werden sie zum Personal in Mediensystemen, die sich dadurch auszeichnen, dass jedes einzelne personale Medium mit dem ihm zugewiesenen Amt im Medienverbund identifiziert werden kann, um der Tendenz nach mit ihm deckungsgleich zu werden. Post-Demokratie ist mithin kanalgesäuberte Demokratie einer Post, die (absolutistisch und nicht demokratisch) Sinn erzwingt. Hinsichtlich des gleichberechtigten Medienverbunds der europäischen Institution Universität diskurrieren in der Gegenwart etwa Professor/inn/en wie Professoren, Assistent/inn/en wie Assistenten, Student/innen wie Studenten und Sekretär/innen wie Sekretäre (Siegert/Vogl, 2003), ohne dass dadurch Gleichberechtigung umgesetzt wäre. Sie laufen dem entsprechend als personale Medien auch *in praxi* geregelt hin- und her. Dabei dürfte das reflexive Wissen um Medienbedingungen sich oft im reziproken Verhältnis zu den traditionellen Anerkennungsritualen der *Schola* und den derzeitigen Machtverhältnissen vertei-

25. Mit einer überaus einfachen rhetorischen Frage verweist auch Paul Feyerabend auf den keineswegs autoritären Charakter von Regeln oder Regelungen: »Sind Verkehrsregeln Unterdrückung?« (Feyerabend 1992: 61). Inwiefern Feyerabends Forderung nach *Bürgerinitiativen statt Epistemologie* ihrerseits den Regeln einer Mediendemokratie entsprechen muss, sei vorerst nicht geregelt. Lustig ist sie allemal, vgl. ebd., 124. Ernster wird die Sache wieder, wenn ein akademisiertes Subjekt seine Funktion als personales Medium zu bestimmen weiß. Auf die Frage, ob er (es) Philosoph sei, kommt die Antwort: »Nein, das bin ich nicht! Ich bin Professor der Philosophie, das heißt ein Beamter« (ebd., 15).
26. Vgl. zur Erwähnung des agonalen Charakters der Polis: Deleuze/Guattari 2000: 8. Hinsichtlich der für das Philosophieren konstitutiven Bildung, Erfindung und Herstellung von Begriffen findet sich danach auf Seite 11: »Die Idee eines abendländischen demokratischen Gesprächs zwischen Freunden hat niemals den geringsten Begriff erzeugt; sie stammt vielleicht von den Griechen, diese aber mißtrauten ihr so sehr und behandelten sie so grob, daß der Begriff eher wie der ironische Vogel im Selbstgespräch war, der das Schlachtfeld der vernichteten rivalisierenden Meinungen (die trunkenen Gäste des Gastmahls) überflog.«
27. Vgl. eine historische Entsprechung dieser Struktur um 1900: Siegert 1990.

len.²⁸ Nicht selten geschieht dies im Auftragsmodus von partikularen (Eigentums- oder Gehalts-) Interessen, deren ›Ich bin Ich‹ dem logischen Operator eines A=A entspricht und die mithin einer Tautologie gleichkommen. Eine Tautologie, die insofern dezidiert undemokratisch ist, als sie einer Extremform von Konsensualität und Horizontverschmelzung der Subjekte bzw. des Subjekts entspricht, mit der eine in Demokratien *legitime* Differenzsetzung zur gemeinschaftlichen Ordnung (eines Volkes, eines Staates, eines [Universitäts-]Betriebs, eines Büros) als *illegitime* Unruhe oder *störendes* Einklagen von vermessenen Individualansprüchen bestimmt wird. Gesetzlich garantierte und d.h. legitime Widersprüche werden so als herausgenommene und d.h. illegitime Freiheiten abgemahnt.²⁹

Das Exponieren partikularer und differentieller Positionen – auch hinsichtlich der Minderheitenpolitik – wird so als demokratiefeindlich gesehen, so als ob jemand am Gesetz von Vater Staat rütteln würde, um sich pubertäre Freiheiten zu erlauben. Umgekehrt besteht aber die Extremform der Differentialität darin, die Form der Demokratie permanent über eine Kritik an ihren Konsensproduktionen und Repräsentativsystemen zu denunzieren, wenngleich gerade unter Medienbedingungen nicht von einer transparenten Übertragung von Kommunikation ausgegangen werden kann, da dies der Telepathie gleichkäme (Lacan 1988). Die Stimmen- und Haltungsvielfalt der Parteien und Parlamente, die für manche Feinde der Demokratie immer noch »Quatschbuden« darstellen, sind dem entgegen ein differentielles Element republikanischer Ordnung, das bezeichnenderweise als Manko denunziert wird.³⁰ Doch gerade dieser Mangel, diese Unvollständigkeit in der Kommunikation und Repräsentation gehörten seit den (medial codierten) Erfahrungen der und mit der Französischen Revolution zur Programmatik moderner Verfassungen.

---

28. Auch hier steht eine eingehende medienwissenschaftliche und d.h. informationstheoretische Auseinandersetzung mit den reflexiven *Leistungen* der Humanwissenschaften noch aus. Vgl. Bourdieu 1988. Anleitung dazu bietet: Kittler 1988. So ließe sich der individuelle und kollektive Habitus von Professor/inn/en, Assistent/inn/en, Student/inn/en und Sekretär/inn/en als personales Medium des Betriebssystems Wissenschaft konzipieren. Studien zur Struktur von Gutachten als akademische Selektionsoperationen im Medium der Schriftlichkeit wären hier genauso wünschenswert, wie die Bestimmung der genauen Funktion von Adressen, Telefonnummern, Kontakten, Netzwerken, Büros und anderen büro-kratischen Schaltwerken des Wissens. Auch die Dienstprüfungen (Promotion, Habilitation) oder der *Numerus Clausus* wären hinsichtlich der Konstitution von Akademikerseelen (die germanische Seele des Germanisten, die historische des Historikers, die mathematische des Mathematikers, die ingeniöse des Ingenieurs) medienwissenschaftlich genauer zu untersuchen, ohne dabei in einen ressentimentgeladenen Antiakademismus zu verfallen.
29. Zur Trennung zwischen hermeneutischer Horizontverschmelzung von Bedeutungen und *strukturaler* Differentialität von Sinn vgl.: Derrida/Gadamer 2004. Ein Dialog, der durch den Tod von Gadamer schlussendlich doch unterbrochen wurde, wie es bei oraler Kommunikation eben immer der Fall ist, wohingegen Schriften, so wie diese, nicht die Neigung zeigen, ins Leben zu treten.
30. Vgl. zu diesem Phänomen in der Weimarer Republik: Faye 1977. Zur Strukturalität und Skripturalität der (auch wahltechnischen) Stimme: Derrida 2003.

Dahingehend ist bemerkenswert, dass auch Ernesto Laclau mit seiner Differenztheorie des Politischen den demokratischen (Verfassungs-)Bogen überspannt, wenn er mit der notwendigen Betonung des konflikthaften, unharmonischen und agonalen Charakters der Demokratie jeglichen Universalismus mit einem transzendentalen Subjektivismus in eins setzt, um – direkt oder indirekt – einem Anti-Kantianismus das Wort zu reden (Laclau 2002: 45-64). In der Überbetonung von Partikularismus und Partizipation wird so das Regulativ der allgemein und demokratisch zu setzenden Repräsentation als theologischer Rest des 18. Jahrhunderts gefasst, um subversiv und differenztheoretisch unterwandert zu werden. Allgemeine Repräsentation wird so *per se* unter Verdacht gestellt, und spiegelt sich so im partizipativen Anspruch *der* Politischen Philosophie. Sicher, nur durch die Akzentuierung des Unterschieds entgeht man den autoritären Überzogenheiten einer dogmatischen Norm- und Konsensbildung im Namen der Gleichheit und der Menschenrechte, die auch oder gerade in unseren Tagen zur exzessiven Häufung von Völkerrechtsbrüchen führt (Handke 1996). Doch besteht auch in düsteren Zeiten nur eine einzige demokratische Möglichkeit, um gegen derartige Gesetzesbrüche vorzugehen oder sie zu verurteilen: Im Namen des (demokratisch verdoppelten) Volkes. Und d.h. auch im Namen der Geschichte (Rancière 1994, Handke 1997). Eine ›Geschichte‹ und ein ›Volk‹, deren Kommunikationen keineswegs ungestört erfolgen dürfen, da die »Fiktion der Repräsentation« (Kelsen 1981, 30) einer realen Fülle der Volksgeschichte entgegensteht. Und so könnte das medienwissenschaftliche Wissen um die gegenläufigen Stör- und Stabilisierungsfunktionen von Repräsentations- und Partizipationsfiktion als Ausgangspunkt einer kommenden Medienwissenschaft und -demokratie firmieren, in der jede pyramidale Zuspitzung der Partizipation durch einen Trichter der Repräsentation davor *bewahrt* wird, mit sich selbst *Eins* zu werden, so wie umgekehrt das »vierhundertköpfige(n) Parlament« (ebd., 84) vor der Usurpation durch *einen Kopf* oder wenige Köpfe zu schützen bleibt. Dies notfalls auch unter Aktivierung von ›Gewalt‹, sofern die Exekutive dazu demokratisch legitimiert wird und also gleichsam in Notwehr handelt.

Zu fragen bleibt mithin, weshalb Partizipation empirischer, ›volksnäher‹, demokratischer und deshalb weniger theologisch wäre als Repräsentation, sind doch beide im Prinzip der Volkssouveränität gleichberechtigt und also im (ehemals monarchischen) Herrschen des (ehemals untertänigen) Volkes zirkulär enthalten und verschaltet (Lyotard 1990). Affirmativ zu betonen bleibt mithin, dass der Demokratie Paradoxien (Gumbrecht/Pfeiffer 1991; Scott 1996) eingeschrieben sind, die *per legem* nicht aufgelöst werden dürfen. In einer Demokratie muss sowohl dem repräsentativen X von ›Unten‹ als auch dem partizipativen Y von ›Oben‹ etwas entgegenstehen. Und damit besteht die Möglichkeit, dass dem Erwarteten (z.B. bei einem Regierungswechsel am Ende einer Legislaturperiode) etwas zuwiderläuft, i.e. diskurriert. Es muss in einer Demokratie Widersinniges und vor allem Widerspruch und Negation geben. Ein genau zu bestimmendes Etwas vernimmt sich in ihr nicht und darf sich in ihr nicht vernehmbar machen: Repräsentation = Partizipation und d.h.: Der Führer *ist* das Volk. Ein sehr genau bestimmtes Anderes muss auch in der Mediendemokratie vernehmbar bleiben und medial vernehmbar gemacht werden: Repräsentation ≠ Partizipation und d.h.: Der Führer ist *nicht* das Volk. (Rauchenschwandtner/ Katzmair 1999).

Um Kant mithin auch durch terminologische Akzentuierungen für die kommende Medienwissenschaft verbindlich zu machen, sei daran erinnert, dass Perzeption und Apperzeption sich erkenntniskritisch *unvermittelt* gegenüberstehen, andernfalls die Kritik der reinen Vernunft nicht nötig wäre. Die durch den Empfang der Sinne ermöglichte Symbolisierung der sinnlichen Daten wird erst durch die Funktionsweise des Kategorienapparats in deren Mannigfaltigkeit zusammengesetzt und d.h. symbolisch strukturiert. Zwischen Perzeption und Apperzeption, deren erkenntnistheoretische Vermittlung bis dato eben noch nicht geleistet wurde, steht mithin nach wie vor eine Störung, die Senderkategorien und Empfängerdaten unvermittelt entzweit.[31] Ob die systematische Schließung dieser Entzweiung demokratietheoretisch überhaupt wünschenswert ist, sei vorerst dahingestellt. Dass aber *Mediale Politiken* eine Explizierung ihrer epistemologischen Voraussetzungen gerade aus medienwissenschaftlicher Perspektive notwendig werden lassen, dürfte als Algorithmus in das Programm der kommenden Demokratietheorie implementierbar sein.

V. Zusammenfassung – Schluss

1. Unter dem Vorzeichen humanwissenschaftlicher Begrifflichkeiten, in denen der Mensch gleichzeitig als Subjekt und Objekt der Analyse figurierte (so in großen Teilen der Soziologie, Psychologie und Anthropologie, aber auch der Ökonomie und der Geschichtswissenschaft) wurden Medien im 19. und 20. Jahrhundert vornehmlich als (Über-)Träger menschlicher Bedeutungen verstanden und mithin als sekundäres Zeug erfasst, das Handelnden zweckgebunden einfach nur zuhanden ist. Die Transformation von Produktionsordnungen zu Informationsordnungen fällt dabei mit einer *Negation* dieser epistemischen Menschenfigur insofern zusammen, als die Praxis des soeben erst auf komplexen Wegen konstruierten und entstandenen – *Homo Oeconomicus* (Vogl 2002) auch das allgemeine Kriterium der Wert-Schöpfungen abgab. Unter Bedingungen der Information wird dabei ersichtlich, dass diese Schöpfungen eher der Effekt von Wert-, Zeichen- und d.h. Informationssystemen sind, die als Medien zu begreifen eine jüngere Medienwissenschaft unter den Bedingungen der Wissens- und Informationsgesellschaft angetreten ist. Eine kommende Mediendemokratie wird deshalb mit der Tatsache rechnen müssen, dass beispielsweise mathematische Operationen und Technologien als *Formen* in jedem ›menschlichen‹ Akt des Zählens und Wählens schon am Werk sind. Dass mediale Infrastrukturen selbst Wirtschaft und Gesellschaft, Ökonomie und Soziologie in andere Verhältnismäßigkeiten rücken, wird einer kommenden Medienwissenschaft als regulative

---

31. Zur ›Entzweiung‹ der deutschen Philosophie um 1800 und dem Versuch, diese Differenz buchstäblich zu vermitteln vgl.: Hegel 1982.

Hypothese vor Augen stehen müssen, wenngleich sie sich davor hüten muss, diese Strukturen zu ontologisieren, um sie zwischen ›latenter Tiefe‹ und ›manifester Oberfläche‹ der Geschichte pendeln zu lassen. So wäre z.B. die Geschichte der Medien als geregelte Transformation (d.i. historische Abfolge oder Diachronie) von medialen *Strukturen* (d.i. systemischer Aufbau oder Synchronie) zu entwerfen und zu schreiben, die *per definitionem* keinem Sein und also auch keiner Seinsgeschichte entsprechen. Denn (mediale) *Strukturen* werden mit, durch und in *Zeichen* konstruiert, die sich – das 20. Jahrhundert kennt massive Aussagearchive und Erkenntnissysteme, die diese Annahme stützen – keineswegs dazu schicken, sich mit dem Sein zu verfügen oder in einem Nicht-Sein zu versinken, in dem sie (etwa im geschichtsphilosophischen Rückgang auf Griechenland) gelichtet werden müssten.

2. Am Beginn des 21. Jahrhunderts lässt sich die allgemeine Annahme vertreten, dass der mit der Französischen Revolution verbundene Bruch mit der monarchischen Souveränität als Schritt zur Volks-Souveränität danach aus zwei Richtungen gefährdet wurde, die gerade unter Medienbedingungen zu distanzieren sind. Denn durch die Klage und Kritik am vermeintlich totalitären Charakter der Repräsentation, die hinsichtlich der Regierungsform der Monarchie nicht aber hinsichtlich der Demokratie gerechtfertigt ist, etablierten sich im 20. Jahrhundert totalitäre Regime, deren Machttechnologien und Stratageme keineswegs nur historisch sind, wie das Grassieren verschiedenster Populismen auch gegenwärtig sichtbar macht. Umgekehrt hat sich aber auch in unterschiedlichsten Diskurs- und Machtzonen (und keineswegs nur im sog. ›Bürgertum‹) eine Art von antirevolutionärem Monarchismus, Aristokratismus und Konservativismus gehalten, der sich mit ähnlicher Härte den legitimen Ansprüchen der Staatsbürger im Namen einer einheitlichen Sinn- und Wertedefinition entgegenstellt(e). Insofern lässt sich auch behaupten, dass eine demokratische *Mediatisierung* von Repräsentation und Partizipation als gegenläufige Störung durch Widerspruch zwar dort und da *de jure* garantiert, nicht aber *de facto* umgesetzt wurde und deshalb je und je *gefährdet* ist. Die im Rechtssystem gültigen Konventionen der Republik und Demokratie führten keineswegs zu einer demokratischen Konventionalisierung von paternal-monarchisch codierten Institutionen (z.B. Familie, Schule, Universität, Betriebe etc.). Dies gerade weil das Recht (und mit ihm die Demokratie) nur als Ausdruck bestimmter Interessen und also nur empirisch gesetzt wurde. Gerade in der Distanz zur Politik lässt sich mithin eine kommende Medienwissenschaft konzipieren, die in ihrer Unabhängigkeit derartige Zusammenhänge zu erforschen hätte, um Daten zur Verfügung zu stellen, die in einem zweiten (und nicht notwendigerweise von Medienwissenschaftlern zu leistenden) Schritt allererst zur breiteren Demokratisierung durch, in und mit Medien dienen könnten.

3. Trotz eines partizipationstheoretischen Überhangs der gegenwärtigen Politiken und Debatten (z.B. ›Poststrukturalismus‹ als ›Kritik der Repräsentation‹, der in Frankreich nach 1968 durchaus nachvollziehbar war) wird also darauf zu

bestehen sein, dass Medien als Strukturen, die noch nie ein – dekonstruktiv behauptetes – *Zentrum* besaßen, konstruiert werden können, und d.h., dass sie als reziproke Werte aufzufassen sind, die in Opposition zu einander stehen und also negative und relative Größen darstellen. Systematisch wie historisch bringen sie bestimmte (Medien-)Lagen hervor (Saussure 2003: 84). Die erkenntniskritische Konstellation der Medienwissenschaft verweist mithin auf eine Episteme, die im 20. Jahrhundert bereits als jene des *Zeichens* respektive der Sprache (Strukturalismus) ausformuliert und modelliert wurde (Wahl 1973). Eine erkenntniskritisch-strukturale Wissenschaft der Medienzeichen (im Genitivus obiectivus *und* subiectivus) umfasst mithin in der Frage nach ihrer eigenen Wissenschaftlichkeit jene drei Wissensgebiete, die auch die Forschungen Saussures begleiteten, wie die französischen Herausgeber seiner Nachlasstexte betonen. Drei Gesichtspunkte des Wissens, die in den letzten hundert Jahren nichts an Stringenz verloren oder eingebüßt haben: *Erstens* bleibt eine Epistemologie dieser Medienzeichen (d.i. der Kommunikation und der Sprache) aufzubauen, die mit der Frage nach den Bedingungen der Möglichkeit von Wissenschaft zusammenfällt. Medienwissenschaft wäre mithin *per se* darauf verwiesen, die Konstruktion ihrer Wissenschaftlichkeit als unendliche Aufgabe zu definieren. *Zweitens* ginge es um eine analytische Reflexion über diese Medienzeichen, welche in der empirischen Erfassung und Sondierung der unterschiedlichen Medien, Medienfunktionen und Medieneffekte in ihrer Mannigfaltigkeit als sinnliche Daten bestünde. Ein Sammeln, ein Archivieren, das sich in dem Maße zusammenziehen könnte, als es sich ausdehnt. Und *drittens* schließlich wären prospektive Überlegungen zur Konstitution einer kommenden Medienwissenschaft (als einer Wissenschaft von Medienzeichen) anzustellen, die auf jenen Diskussionen aufbauen könnten, die im 20. Jahrhundert bereits den Strukturalismus ausgemacht haben. Denn: »Es handelt sich hier insofern um eine ›programmatische Epistemologie‹, als ihr Gegenstand nicht die Bedingungen der Möglichkeit einer bestehenden Wissenschaft, sondern die Herausforderungen einer zukünftigen Wissenschaft sind.« (Bouquet/Engler 2003: 64) Stellt eine systematische und historische Epistemologie der Medien mithin das *Alpha* und das *Omega* der kommenden Medienwissenschaft dar, so insistieren auch in den Mannigfaltigkeiten der sinnlichen Daten serienweise Buchstäblichkeiten, die empirisch eingelesen werden wollen.

Literatur

Althusser, Louis (1965): *Für Marx*, Frankfurt/M.
Arendt, Hannah (2001): *Elemente und Ursprünge totaler Herrschaft. Antisemitismus, Imperialismus, Totalitarismus,* München
Barberi, Alessandro (2000): *Hayden White, Carlo Ginzburg und das Sprachproblem in der Geschichte,* Wien.
Barberi, Alessandro/Pircher, Wolfgang (Hg.) (2003): »Historische Medienwissenschaft«, *Österreichische Zeitschrift für Geschichtswissenschaften,* ÖZG 14/2003/3
Benjamin, Walter (1965): »Über das Programm der kommenden Philosophie«, in: ders., *Zur Kritik der Gewalt und andere Aufsätze. Mit einem Nachwort von Herbert Marcuse,* Frankfurt/M.
Benjamin, Walter (1991): »Über den Begriff der Geschichte«, in: ders., *Gesammelte Schriften. Band I.2.,* hg. von Rolf Tiedemann und Hermann Schweppenhäuser, Frankfurt/M., S.691-704.
Bourdieu, Pierre (1979): *Entwurf einer Theorie der Praxis,* Frankfurt/M.
Bourdieu, Pierre (1985): *Sozialer Raum und Klassen. Leçon sur la leçon,* Frankfurt/M.
Bourdieu, Pierre (1988): *Homo Academicus,* Frankfurt/M.
Brecht, Bertolt (1999): *Der Rundfunk als Kommunikationsapparat,* in: Pias, Vogl 1999: 259-263.
Bouquet, Simon/Engler Rudolf (2003): *Vorwort der französischen Herausgeber,* in: Saussure, 2003.
Certeau, Michel de (1991): *Das Schreiben der Geschichte,* Frankfurt/M. u. New York
Dachs, Herbert/Gerlich, Peter et. al. (Hg.) (1997): *Handbuch des politischen Systems Österreichs. Die Zweite Republik,* Wien
Deleuze, Gilles/Guattari, Félix (1992) : *Tausend Plateaus,* Berlin
Deleuze, Gilles/Guattari Félix (2000): *Was ist Philosophie?,* Frankfurt/M.
Delhaes, Daniel (2002): *Politik und Medien. Zur Interaktionsdynamik zweier sozialer Systeme,* Wiesbaden
Derrida, Jacques (1992): *Das andere Kap. Die vertagte Demokratie. Zwei Essays zu Europa,* Stuttgart
Derrida, Jacques (2003): *Die Stimme und das Phänomen,* Frankfurt/M.
Derrida, Jacques/Gadamer, Hans-Georg (2004): *Der ununterbrochene Dialog,* Frankfurt/M.
Engell, Lorenz/ Vogl, Joseph (Hg.) (2001): *Mediale Historiographien,* Archiv für Mediengeschichte, Weimar
Faye, Jean-Pierre (1977): *Totalitäre Sprachen. Kritik der narrativen Vernunft. Kritik der narrativen Ökonomie,* Zwei Bände, Frankfurt/M. – Berlin – Wien
Feyerabend, Paul (1992): *Über Erkenntnis. Zwei Dialoge,* Frankfurt/M. u. New York
Foucault, Michel (1980): »Table ronde du 20. mai 1978«, in: ders., *Dits et Ecrits IV 1980-1988,* Paris, S.20-34.
Foucault, Michel (1990): *Archäologie des Wissens,* Frankfurt/M.
Foucault, Michel (1994): *Die Ordnung der Dinge,* Frankfurt/M.
Foucault, Michel (1999): »Botschaft oder Rauschen«, in: Jan Engelmann (Hg.), *Botschaften der Macht. Der Foucault-Reader Diskurs und Medien,* Stuttgart, S.140-144.
Gadamer, Hans-Georg (1972): *Wahrheit und Methode. Grundzüge einer philosophischen Hermeneutik,* Tübingen
Gramsci, Antonio (1995): *Philosophie der Praxis. Gefängnishefte 10 und 11,* hg. von Wolfgang Fritz Haug, Hamburg
Gumbrecht, Ulrich/Pfeiffer, K. Ludwig (Hg.) (1991): *Paradoxien, Dissonanzen, Zusammenbrüche. Situationen offener Epistemologie,* Frankfurt/M.
Habermas, Jürgen (1962): *Strukturwandel der Öffentlichkeit,* Frankfurt/M.
Habermas, Jürgen (1973): *Erkenntnis und Interesse. Mit einem neuen Nachwort,* Frankfurt/M.
Hagen, Martin (1997): *Elektronische Demokratie. Computernetzwerke und politische Theorie in den USA,* Hamburg
Handke, Peter (1996): *Eine winterliche Reise zu den Flüssen Donau, Save, Morawa und Drina oder Gerechtigkeit für Serbien,* Frankfurt/M.
Handke, Peter (1997): *Noch einmal für Thukydides,* Salzburg/Wien

Hegel, G.W.F. (1982): *Differenz des Fichteschen und Schellingschen Systems der Philosophie*, Stuttgart
Horkheimer, Max/Adorno, Theodor W. (1971): *Dialektik der Aufklärung*, Frankfurt/M.
Jäckel, Michael/Winterhoff-Spurk, Peter (Hg.) (1994): *Politik und Medien. Analysen zur Entwicklung der politischen Kommunikation*, Berlin
Jamme, Christoph (Hg.) (1997): *Grundlinien der Vernunftkritik*, Frankfurt/M.
Jarren, Otfried/Schatz, Heribert/Weßler, Hartmut (Hg.) (1996): *Medien und politischer Prozeß. Politische Öffentlichkeit und massenmediale Politikvermittlung im Wandel*, Opladen
Kant, Immanuel (2002): Kritik der reinen Vernunft, *Werkausgabe, Bd. 3-4*, hg. von Wilhelm Weischedel, Frankfurt/M.
Keck, Annette/Pethes, Nicolas (Hg.) (2001): *Mediale Anatomien. Menschenbilder als Medienprojektionen*, Bielefeld
Kelsen, Hans (1981): *Vom Wesen und Wert der Demokratie*, Tübingen
Kittler, Friedrich (1988): »Das Subjekt als Beamter«, in: Manfred Frank/Gérard Raulet/Willem van Reijen (Hg.), *Die Frage nach dem Subjekt*, Frankfurt/M., S. 401-420.
Kittler, Friedrich (1995a): *Aufschreibesysteme 1800.1900*, Berlin
Kittler, Friedrich (1995b): »Copyright 1944 by Social Studies Association. Inc.«, in: Sigrid Weigel (Hg.), *Flaschenpost und Postkarte. Korrespondenzen zwischen Kritischer Theorie und Poststrukturalismus*, Weimar/Wien, S. 185-193.
Krämer, Sybille (1998): »Was haben die Medien, der Computer und die Realität miteinander zu tun?«, in dies. (Hg.), *Medien – Computer – Realität*, Frankfurt/M., S. 9-26.
Lacan, Jacques, (1988): *Radiophonie-Television*, Weinheim u. Berlin
Laclau, Ernesto (2002): *Emanzipation und Differenz*, Wien
Laclau, Ernesto/Mouffe, Chantal (1985): *Hegemony & Socialist Strategy. Towards a Radical Democratic Politics*, London
Lenin, Wladimir Iljitsch (1989): *Materialismus und Empiriokritizismus*, Berlin
Lorenz, Konrad (1941): »Kants Lehre vom Apriorischen im Lichte gegenwaertiger Biologie«, in: *Blaetter fuer Deutsche Philosophie*, Vol. 15, S.94-125.
Luhmann, Niklas, (1996): *Die Wirtschaft der Gesellschaft*, Frankfurt/M.
Lyotard, Jean François (1979) : *La condition postmoderne. Rapport sur le savoir*, Paris
Lyotard, Jean-Francois (1990): »Memorandum über die Legitimität«, in: Peter Engelmann (Hg.), *Postmoderne und Dekonstruktion. Texte französischer Philosophen der Gegenwart*, Stuttgart, S.54-75.
Marx, Karl (1974): *Grundrisse der politischen Ökonomie*, Berlin
Marx, Karl (1976): *Das Kapital. Kritik der politischen Ökonomie. Dritter Band*, Berlin
Mouffe, Chantal (1992): »Dekonstruktion, Pragmatismus und die Politik der Demokratie«, in: dies., (Hg.) *Dekonstruktion und Pragmatismus. Demokratie, Wahrheit und Vernunft*, Wien, S.11-25.
Niethammer, Lutz (1980): *Lebenserfahrung und kollektives Gedächtnis. Die Praxis der »oral history«*, Frankfurt
Pias, Claus (2003): *Computer – Spiel – Welten*, München
Pias, Claus/ Vogl, Joseph et. al. (Hg.) (1999): *Kursbuch Medienkultur. Die maßgeblichen Theorien von Brecht bis Baudrillard*, Stuttgart
Pircher, Wolfgang (Hg.) (1999): *Gegen den Ausnahmezustand: Zur Kritik an Carl Schmitt*. Wien/New York
Rancière, Jacques (1994): *Die Namen der Geschichte. Versuch einer Poetik des Wissens*, Frankfurt/M.
Rancière, Jacques (1995): *La Mésentente*, Paris (dt. ders. (2002): *Das Unvernehmen. Politik und Philosophie*, Frankfurt/M.).
Rauchenschwandtner, Hermann (1999): *Politische Subjekte der Ökonomie. Nomos – Volk – Nation*, Dissertation, Wien
Rauchenschwandtner, Hermann (2000): »Zur Konstitution politischer Subjekte im 19. Jahrhundert«, in: Alessandro Barberi (Hg.), Historische Epistemologie und Diskursanalyse, ÖZG 4/2000, S.77-106.

Rauchenschwandtner, Hermann/Katzmair, Harald (1999): *Das Dispositiv des Volkes. Zur Konstitution des politischen Subjekts bei Carl Schmitt*, in: Pircher 1999.
Rheinberger, Hans-Jörg (1992): *Experiment. Differenz. Schrift. Zur Geschichte epistemischer Dinge*, Marburg an der Lahn
Rödel, Ulrich (Hg.) (1990): *Autonome Gesellschaft und libertäre Demokratie*, Frankfurt/M.
Schmidt, Alfred (Hg.) (1971): *Beiträge zur marxistischen Erkenntnistheorie*, Frankfurt/M.
Saussure, Ferdinand de (2003): *Wissenschaft der Sprache. Neue Texte aus dem Nachlaß*, Frankfurt/M.
Scott, J. W. (1996): *Only paradoxes to offer. French feminists and the rights of man*, Cambridge
Serres, Michel (1987): *Der Parasit*, Frankfurt/M.
Siegert, Bernhard (1990): »Das Amt des Gehorchens. Hysterie der Telephonistinnen oder Wiederkehr des Ohres 1874-1913«, in: Jochen Hörisch, Michael Wetzel (Hg.) *Armaturen der Sinne. Literarische und technische Medien 1870-1920*, München, S.83-106
Siegert, Bernhard (2001): »Kakographie oder Kommunikation? Verhältnisse zwischen Kulturtechnik und Parasitentum«, in: *Mediale Historiographien*, Archiv für Mediengeschichte, Weimar, S.87-101
Siegert, Bernhard (2003): *Passage des Digitalen. Zeichenpraktiken der neuzeitlichen Wissenschaft 1500-1900*, Berlin
Siegert, Bernhard/Vogl, Joseph (Hg.) (2003): *Europa. Kultur der Sekretäre*, Berlin
Talos, Emmerich/Neugebauer, Wolfgang (Hg.) (1984): *Austrofaschismus. Beiträge über Politik, Ökonomie und Kultur 1934-1938*, Wien
Vogl, Joseph (1991): »Mimesis und Verdacht. Skizze einer Poetologie des Wissens nach Foucault«, in: Ewald, François/Waldenfels, Bernhard (Hg.), *Spiele der Wahrheit. Michel Foucaults Denken*, Frankfurt/M., S.193-204
Vogl, Joseph (Hg.) (1994): *Gemeinschaften. Positionen zu einer Philosophie des Politischen*, Frankfurt/M.
Vogl, Joseph (2002): *Kalkül und Leidenschaft. Poetik des ökonomischen Menschen*, München
Wahl, François (1973): »Die Philosophie diesseits und jenseits des Strukturalismus«, in: ders., *Einführung in den Strukturalismus*, Frankfurt/M., S.327-480.
Weber, Max (1980): *Wirtschaft und Gesellschaft*, Tübingen
Wehler, Hans-Ulrich (1998): *Die Herausforderung der Kulturgeschichte*, München
White, Hayden (1994): *Meta-History. Die historische Einbildungskraft im 19. Jahrhundert in Europa*, Frankfurt/M.

Wolfgang Ernst

Die Medien der Polis
Kein Höhlengleichnis

Aufgegeben ist die Frage, inwiefern auf der Ebene medialer Operationen und Prozesse genuine und spezifische Effekte zu verorten sind, die traditionell dem Feld des »Politischen« zugeschlagen werden. Sind hier nicht vielmehr Kulturtechniken gemeint, etwa Platons politische Argumentation mit Modellen der Geometrie? Wann ist sinnvollerweise von »Medien« im engeren Sinne die Rede? Tatsächlich eröffnet sich unter dieser Perspektive ein Raum, der nicht extern von politischen Akteuren bestimmt wird, sondern vom medialen Operieren selbst, durch Techniken oder Codierungen. Anbei der Versuch, der losen Kopplung überlieferter Texte zum griechischen Stadt-, also Staatsbegriff ein entsprechendes Argument abzuringen, verbunden mit einem Plädoyer für die medienarchäologische Wiederentdeckung von Aristoteles als Denker eines kulturtechnischen Politikbegriffs, einer Mikrophysik von Medien der Politik, um den altgriechischen Staatsbegriff aus der Übermacht der Platon-Rezeption zu befreien.

Versuchen wir uns anhand der Schriften *Der Staat* und *Politik* von Platon und Aristoteles nicht traditionell an der problematischen Erfassung des Begriffs von »Politik/en« durch Beschreibung von Medieneffekten, sondern umgekehrt. Zunächst gilt es daher ein Missverständnis auszuräumen: dass der Zusammenhang von Medien und Politik ein massenmedialer sei, so wie Sokrates den medialen Ort der Sophisten kritisiert: »wenn sie beisammen sitzen in großer Zahl in der Volks- oder Gerichtsversammlung, im Theater, im Feldlager« (Platon, *Der Staat*, Buch VII, 492b). Bei Platon beginnt alles mit den *Dialogen*, also mit der Medialität des Gesprächs. *Dialégesthai* meint hier zunächst nur die Unterredung; dann aber wird es zu einer erkenntnispolitischen Technik selbst nobilitiert, der »Dialektik«. Demgegenüber wäre – mit Aristoteles und gegen Platon als erstem Medienkritiker (der Schrift) – »Politik« auch auf der Mikro-Ebene medialer Hardware und Operationen zu suchen, etwa den Buchstaben und ihrer Schauplätze. Bekanntlich sah Karl Marx den Staat in den materiellen Lebensverhältnissen der Gesellschaft wurzeln (1964: 799f.); diese umfassen auch die Materialität der Kommunikation. Es geht also für einen Moment um eine Entkopplung der vordergründigen Kopplung von Massenmedien und Politik, um in einem nicht-kommunikationswissenschaftlichen und nicht-publizistischen Sinne die Wahrnehmung mikromedialer Politiken zu schärfen. Moses Finley betont in seiner Studie über die attische Demokratie: »Diese Welt verfügte nicht nur nicht über Massenmedien, sondern besaß überhaupt keine Medien (in unserem Sinne)«; den städtischen Ausrufer öffentlicher Nachrichten (Herold) weist er ausdrücklich einem anderen semiotischen Register zu: »Die griechische Welt stand in erster Linie im Zeichen des gesprochenen, nicht des geschriebenen Wortes« (Finley 1987: 22). Diesem rousseauistischen Logozentrismus zum Trotz aber nennt derselbe Finley die Griechen »die ersten, die systematisch über Politik nachgedacht, sie beobachtet, beschrieben, kommentiert und schließlich in politische Theorien auf allgemeinere Sätze gebracht haben« (ebd., 18) – ein theoretischer Akt, wie er nur in Form von Schrift reflektierbar war.

Das »Politische«

Das Politische kann aus der römischen Perspektive (als pragmatische Vermessung), aber auch griechisch gedacht werden. Zunächst von Priestern ausgeführt, um Tempelbezirke festzulegen, geht die Arbeit der römischen Agrimensoren dann auf das Militär, ebenso wie auf die technische Infrastruktur (Wasserleitungen, Straßen, Architektur) über: zu dem umfassenden Zweck, »die Welt zu erschliessen und zu beherrschen« (Minow 2003: 19). Gewiss, Kriegskunst bedarf auch in Athen der Geometrie: »für das Aufschlagen des Lagers, die Besetzung von Plätzen, das Sammeln und Entfalten des Heeres und für alle andern Bewegungen des Heeres in Kampf und Marsch« (526d). Politische Wissenschaft ist auch bei Platon »nicht ohne Nutzen für Kriegsleute« (Buch VII, 521e), doch eröffnet sie ihr Feld eher im Spiel von Musik, Zahl und Harmonie. Musik, als Gegenstück zur körperlichen Gymnastik, erzieht die Klasse der »Wächter«, indem sie durch den Wohlklang (nicht als Wissenschaft) Ausgewogenheit erzielt, und durch den Rhythmus ein Gleichmaß: Taktung. »Doch am Rhythmus erfreuen wir uns wegen des Bekannten und weil er über eine festgesetzte Zahl verfügt, somit uns in festgesetzter Weise bewegt« (Aristoteles 2001: 545, Anm. 175) – algo/rithmisch.

Architektur ist nicht erst Ende des 18. Jahrhunderts politisch geworden. Immer schon gehört sie zu einer Politik des Wissens, wie man eine Bevölkerung reguliert. Kann von *polis* erst die Rede sein, wenn sie ummauert ist und damit eine Differenz setzt? Gewiss lässt sich das Politische von Begriffen der Souveränität und der Freund / Feind-Unterscheidung her denken.[1] Tatsächlich setzt die Institution der »Wächter« in Platons *Politeia* den ständigen Ausnahmezustand voraus (Blumenberg 1989: 122); »politisch ist es (sc. das Wahrheitsprivileg der Archonten) auf die Arkandisziplin einer Schule angelegt« (ebd., 130). »Politik ist Umgang mit Macht« (Jaspers 1958: 57) – das ist von Machiavelli her gedacht (s. Münkler 1982). Griechisch wird das Politische von der Agora (agorá) aus verstanden – zunächst ein Ort der realen Gegenwart. Die Agora sichert die Kommunikation unter Anwesenden. Wird diese Grenze überschritten, bedarf es der Schrift, um das politische Wort über den räumlich und zeitlich begrenzten Kreis der Anwesenden hinauszutragen. Daran gebunden ist die Herausbildung von symbolisch generalisierten Kommunikationsmedien; für die griechische Polis sind dies Code-Worte wie *nómos*, *alétheia* (Luhmann 1981: 25–34; hier unter Bezug auf Havelock 1963). *Ex negativo* erschließt Platons Schriftkritik die Vorteile des Mediums Schrift, nämlich Kommunikation unter nicht-Anwesenden zu

---

1. Unvermeidlich Carl Schmitt (1963) *Der Begriff des Politischen*, Berlin, 2. Aufl.

ermöglichen. Auch Jean-Jacques Rousseau muss in seiner Antwort auf eine Preisfrage von 1750 konzedieren: »Die Schrift, die scheinbar die Sprache festhalten soll, ist genau das, was sie verändert; [...] sie ersetzt den Ausdruck durch Exaktheit« (Rousseau 1974: 108) – die Bedingung der rationalen Moderne, von Wissenschaft.

Das Internet als die neue Agora existiert demgegenüber als Raum der reinen Übertragung. Hier haben die Medien längst schon den Raum des Politischen übernommen und den Begriff des Gesellschaftlichen ersetzt, falls nicht – wie bei Niklas Luhmann – Gesellschaft und Kommunikation zusammenfallen. »Unter Politik als Lebensbereich der Gesellschaft verstehen wir die auf Herrschaft beruhende, allgemeinverbindliche Regelung und Gestaltung des Gesellschaftslebens.«[2] Die Regelung heißt Kopplung, wenn sie technisch wird – ein systemtheoretischer Politikbegriff (schon in der *lingua tertii imperii*).

Was jeder in den Anfangsgründen erlernen muss (ob Politiker, ob Militär, ob Wissenschaftler, ob Künstler) ist nach Platon »das ganz Einfache: Eins, Zwei, Drei zu unterscheiden!« (522c). Diese diskrete Ästhetik analytischen Denkens war denkbar erst vor dem kulturtechnischen Hintergrund des Vokalalphabets, das auch als *Zahl- und Rechenkunst* eingesetzt wurde. Astronomische Kenntnis der Monats- und Jahreszeiten bringt dem Ackerbau und der Schifffahrt Vorteile (527d) – was auch die politische *gouvernementalité* an mediale kulturtechnische Operationen bindet. Platons *Politeia* (489c) vergleicht Politiker mit Schiffern; *kybernetiké* = Staatslenkkunst. Lassen wir uns die politischen Spielregeln von der Kybernetik nennen, denn nicht um das Wesen der Dinge geht es hier, sondern ihre Relationen, *Ver*schaltungen, um die *Modularität* von Diskursanalyse als *Mikrophysik der Macht*. »Wenn ich die Rationalität von Herrschaft untersuche, versuche ich Schaltungen darzustellen.« (Foucault 1983: 40) Die kybernetische Staatsmetapher in Platons *Politeia* nennt den wissenden im Unterschied zum nur oberflächlichen Steuermann eines Schiffes: »daß er sich um das Jahr und seine Zeiten, um Himmel und Sterne, um Winde [...] kümmern muß, wenn er in Wahrheit ein Führer des Schiffes sein will« (Platon 2001: 294; Buch VI, 488d). Steuerkunst ist also keine arbiträre Metapher, sondern an Kulturtechniken gebunden wie etwa Astrologie, Geometrie und Mathematik. Wetterbedingungen erweisen diese Künste als zeitkritische Fähigkeiten (wie die Entwicklung der Norbert Wiener'schen Kybernetik aus Feuerleitsystemen im II. Weltkrieg). Platon betont die Lehrbarkeit dieses Staatswissens als *politiké téchne* (Gorg. 464b).

In der griechischen Antike werden dem phönizischen Alphabet die Vokale zugefügt. Dagegen steht eine rein syllabische Schrift vor dem Dilemma, entweder die vielen hundert Silben, die gesprochen werden, mit ebenso vielen Zeichen wiederzugeben, oder das System durch das Weglassen der Vokale zu reduzieren, was zu Mehrdeutigkeiten führt. Deshalb müssen sich Aufzeichnungen in dieser Schrift mit bereits gewohnten, eindeutigen Inhalten begnügen, oder sie bedürfen des Interpreten (Schlaffer 1991: 17). Der politische Diskurs ist damit in den Raum zwischen Vorschrift (Gesetz, buchstäblich) und Debatte

---

2. M. Hättich, *Grundbegriffe der Politikwissenschaft*, Darmstadt 1969, 73.

(Interpretation) verbracht. Entmachtet die grammo-phone Vokalschrift die Kommentatoren als privilegierte Ausleger der Schrift (etwa des Talmud)? Platon stellt (*leg.* 656/657) den Griechen Ägypten als Modell eines verantwortungsvollen Umgangs mit der Tradition gegenüber, an der als dem Gefäß einer einmal erkannten Wahrheit »nichts hinzugefügt und nichts verändert werden darf«, während es in Griechenland [...] den Künstlern freigestellt sei, nach Belieben neues zu erfinden (Jan Assmann 1992: 272). Genau hier wird Kombinatorik ordnungspolitisch *elementar* – im Medium einer Schrift, welche die gesprochene Sprache »unterhalb der Artikulations-Einheiten« (ebd., 260) aufschreibt, also menschliche Wahrnehmungsschwellen unterläuft.

Medien der *polis* (Aristoteles)

Aus der Perspektive der Kritischen Theorie stehen Massenmedien immer schon für die Manipulation des politischen Diskurses. Aristoteles aber macht diesen negativen Medienbegriff politisch aktiv: Das reine Aussagen (*kategorein*) ist zwar sachbezogen, aber rhetorisch (und damit im öffentlichen Raum) zwecklos. Demgegenüber plädiert er für ein *politeuesthai*: Staatsmedialität. Denn der politische Diskurs ist bei Aristoteles nicht aus der buchstabenfreien Rede, sondern von der Institution her gedacht: »die Rhetorik ist die Theorie dessen, was auf dem Markt geschieht, die Topik ist zusammen mit der Analytik die Wissenschaftstheorie für den Gebrauch in der Schule, die Poetik ist die Theorie dessen, was im Theater geschieht.« (Bien 1976: 441) Ein kulturtechnischer Begriff von Erziehung zur Politik: »Es gibt nun ungefähr vier Fächer, in denen man zu erziehen gewohnt ist«, und darunter zuallererst: »Lesen und Schreiben« (ebd., 371 = 1337b). Staatssprache meint hier Schriftsprache; stimmliche Verlautbarungen werden aufgeschrieben. Medienbegriffe zum Einen: Das Lautsymbol als Mittleres (*méson*) steht zwischen subjektiver Erfahrung und objektiv verbindlicher Realität. Gegenüber der gesprochenen Rede ist ihre Verschriftlichung »rule-governed embodiment in another medium« (Kretzmann 1944: 16). Eric Havelock siedelt die Verschriftlichung von Sokrates' Dialogen durch Platon im Umbruch zur Entwicklung des Politik-Begriffs selbst an, verschränkt also beide Prozesse (1963: 303). Aristoteles schreibt nicht nur im Medium, sondern auch schon vor dem diskursiven Hintergrund der Schrift. Von daher seine These: Wer die *grámmata* analysiert, kommt der *parole* auf die Spur. Tiere und Menschen artikulieren Laute, doch nur Menschen artikulieren *grámmata*.

Der Akt des Sprechens ist autoritär; als Schrift kann die Rede von mehreren Seiten gleich gelesen werden. Die Rede wird erst als Schrift(korpus) politisch im Sinne des Staatskörpers, da sie erst dort aus dem Bereich individueller *dóxa* in Gemeinbesitz übergeht (*open source*). Im Anerkennen einer politischen Materialität (die *graphémena*) schreibt Aristoteles – im Unterschied zu Platons Schriftkritik – an einer konstruktiven Medientheorie des Politischen. Hier kommt die »gute Übertragung« der politischen Rede (nicht nur in Massenmedien heute) ins Spiel: Aristoteles' Begriff des *eu metapherein*, der (technische) Kern von Medialität überhaupt, insofern diese von Übertragungskanälen her gedacht ist (*De poetica* 1459a7f; dazu auch: Plum 1985: 130). Luft gilt in Aristoteles' physikalischer Medientheorie als das Medium (*metaxú*) der Schall-Übertragung – reiner Kanal (ganz im Sinne Claude Shannons). Platon denkt das Politische von der Idee her, vom Kopf; Aristoteles dagegen denkt sie vom Kehlkopf her, dem Schall, dem Übertragungskanal und dem Werkzeuge der Kodierung (sprachapparative Artikulation). Solche Bewegungen sind »handlungswirksam« (Aristoteles 2001: 543; Anm. 153). Politik, mit Ernst Bloch im Anschluß an Aristoteles, meint »realistisches Handeln im Zeitbezug« (Schwarz 2001: 7, unter Bezug auf Bloch 1985: 409–418). In dieser zeitkritischen Komponente liegt die Medialität von Politik.

Hat Aristoteles den medienarchäologischen Blick? »So ist eine [...] sprachliche Kargheit auffällig, eine Kühle, in der Abstand und Nachdenklichkeit fern von Emotionen transportiert werden« (Schwarz 2001: 13) – ein Bibliotheksphänomen. Erst das Schrift-Bild der *stoicheia* macht Sprache als phonetisch diskrete, also mediale Operation sichtbar. Die eigentliche Bewegung findet beim Anschlagen an einen Klangkörper und in der Datensenke, dem Ohr, statt (Arist. *De anima* 419b4-420b5). Medienbegriffe zum Anderen: Medienwissenschaft als Metaphorologie von Medien befasst sich mit allen Formen der Beförderung von Waren und Nachrichten, »sowohl als Metapher wie auch als Austausch« (McLuhan 1968: 99). Topographisches Erkennungszeichen des demokratischen Staates ist für Aristoteles die freie Fläche (*Politica* 1330b19), also das Dazwischen, der Kanal: als Einschreibefläche von Rede und von Schrift. Platon aber möchte Geometrie und Mathematik von der reinen Idee her sehen und daher von konkreten Einschreibeflächen, der Widerständigkeit der Materie als Grundlage solcher medialer Operationen, absehen.

Thomas von Aquin beschreibt das Medienparadigma in seinem Aristoteles-Kommentar, wenn er das Argument aufgreift, dass es des Gebrauchs der Schrift bedarf, um Begriffe zu übermitteln.[3] Die Überwindung zeitlicher und räumlicher Entfernung meint das *tele-* der Medien. Erst schriftgebundene Öffentlichkeit befreit den politischen Diskurs von subjektiver Kontingenz. Für Aristoteles gilt Schrift als politische Kulturtechnik: Unterricht in den *grámmata* ist nützlich für Geschäftsverkehr, Hauswirtschaft, Ausbildung »und zu vielen politischen Aufgaben« (*pròs politikàs práxeis pollás* = *Politica* 1338a15-17); dem steht die platonische Schriftkritik entgegen. Bei Platon ist *logos* allein »die lebende und beseelte Rede des wahrhaft Wissenden, von der man die geschriebene mit Recht wie ein Schattenbild ansehen könnte« (*Phaidros* 276a). An dieser Stelle deutet sich an, dass Platons notorisches Höhlengleichnis, das nicht von ungefähr im Kontext der *Politeia* steht, von der Schrift und einem Begriff der Medien als Surrogat kognitiver Potenzen her gedacht ist; Platons Höhle stellt einen politisch-medialen Raum dar.

3. »Es bedurfte des Schriftgebrauchs, damit der Mensch seine Begriffe auch denjenigen vermitteln kann, die ferne sind oder erst in künftigen Zeiten leben« (»Unde ut homo conceptiones suas etiam his qui distant secundum locum et his qui venturi sunt in futuro tempore manifestet, necessarius fuit usus scripturae«: S. Thomae Aquinatis in Aristotelis libros Peri hermeneias et Posteriorum analyticorum expositio, hg. v. Raimundo M. Spiazzi, 2. Aufl. Rom (Marietti) 1964, n. 12.

Das Schriftprinzip ist – zugespitzt formuliert – die medienarchäologische Grundlage aller politischen Theorie. Der *bíos theoretikós* ist eine Sonderform des Zusammenlebens innerhalb einer republikanisch verfassten Staatsgemeinschaft; ihr Schauplatz sind Theater, Agora, Schule. Diese drei Instanzen überliefern sich prompt in entsprechenden Textsorten. Die *politeia* ist die einzige Staatsform, in der es ein öffentliches Leben gibt. Literalität (Alphabetisierung) und Demokratie stehen hier im Wechselverhältnis. Aristoteles faßt die politische Wissenschaft (*epistéme politiké*) als Theorie auf. *Theorein* aber ist selbst medial verfasst und verweist auf das *theatron* in der antiken Polis als politisch selbstreflexiven Ort-im-Ort. *Theoría*? »Die lesen gelernt haben und schreiben, verdoppeln ihr Sehvermögen.« (zit. n. Aristoteles 2001: 536; Anm. 75)

Geld und Schrift

Aristoteles definiert Geld als Medium i. S. des *méson*, des »Mittleren«. Geld hat mediale Qualität, weil es vereindeutigt: Es wirkt – wie ansatzweise zuvor schon die alphabetische Schrift – standardisierend, bildet ein allgemeines Äquivalent und schafft so Gleichheit als Bedingung des Politischen (*Eth. ad Nicom.* 1133b 16-18). Buch VIII von Aristoteles' *Politik* ist höchst medienpolitisch, denn Standardisierung wird hier auf gesellschaftlicher Ebene angesiedelt: »Von dem, was gemeinsam ist, muß es auch eine gemeinsame Einübung geben« (Aristoteles 2001: 369 = 1337a). Geldverkehr stiftet in diesem Sinne Gemeinschaft (*koinonía*). Politisch wird Geld dadurch, dass es seinen Wert nur durch die gemeinschaftliche Anerkennung hat – die Differenz von »Nennwert« und Metallwert als buchstäblicher Hardware. Von daher auch Aristoteles' metaphorische Gleichsetzung von Münze und Wort (Semantik); beide sind *symbola*. »So ist es nicht das Metall eines Geldstückes, das seinen Wert bestimmt.« (Saussure 1967: 141) Doch wie Software ist seine symbolische Funktion auf eine materielle Spur der Speicherung und Übertragung verwiesen – die Spur des *metaphorein*. Stellt heute die Technik der Elektrizität den Geldbegriff selbst in Frage? Im elektronischen Raum ist das digitale Geld mit dem Bit identisch, doch nicht mit dem Begriff der Information bei McLuhan. Was zählt, ist der Austausch, nicht die physikalische Übertragung des Geldes (s. Vief 1991: 133). Der Binärcode beruht auf reiner Differenz in Abwesenheit jeden Wertmaßstabs. »Vom Standpunkt der Sprache aus ist das Zeichen gleichsam ein Geldstück« (Roland Barthes, zit. ebd., 140), doch auf kybernetischer Ebene geht es um Signale.

Die Agora ist der Ort, wo Worte, Waren und Geld gewechselt werden (vgl. Platon, *Gorgias* 461e). Ein Materialist im besten Sinne, Wolfgang Heise, hat dieses Äquivalent in seiner Vorlesung über Pythagoras (unter Berufung auf Cantor) aus einem realen Dispositiv abgeleitet. Pythagoras leistete im Messen eine grundsätzliche Abstraktion, die »von den Bedürfnissen des Handels ausging«[4]. Konkret

---

4. Heise-Archiv, Humboldt-Universität zu Berlin, Typoskript Invent. Nr. 3.2.2.1.1.2.4. Pythagoras, P5.

gemeint ist die Einführung gemünzten, also regelmäßig quantifizierten Geldes als allgemeines Äquivalent, an dem alle anderen Waren gemessen wurden – was mithin das Kriterium eines *Mediums* erfüllt. Diese allgemeine praktisch-ökonomische Voraussetzung hat dann die Entwicklung der Mathematik weiter getrieben. Heise definiert die medialen, also Übertragungs- und Speichereigenschaften des Metallgelds in Griechenland: »die qualitative Teilbarkeit, Anhäufungsfähigkeit [...], während die Größe es als allgemeines Zirkulationsmittel empfahl« (Variante zu P7) – was fast schon *Medium* heißt.

Die wissenschaftsgeschichtliche Voraussetzung des Pythagoreismus aber ist nicht Kommerz, sondern die Kulturtechnik des Vokalalphabets als Schreiben, Denken und Kalkulieren in diskreten Elementen. Aristoteles nennt die kleinsten lautlichen Einheiten *stoicheia*. Durch sie wird auch der stimmlich erzeugte *logos* meßbar, denn er besteht aus diskreten Teilen (Silben) wie die Zahlen (Arist. *Categoriae* 4b20-37). Der doppelte Sinn von *logos* als Sprache und als Zählung wird dann in Rom, in Titus Livius' Erzählung von der Sezession der Plebejer politisch operativ, denn es geht um die Zuteilung des politischen Raums durch die Logik als Artikulation (dazu: Rancière 2002: 34ff). Die alphabetische Diskretisierung verbindet unsere digitale Epoche also politisch wie technologisch mit den Griechen und gibt einem Satz Arnaldo Momiglianos über seinen Althistorikerkollegen Moses Finley medienarchäologische Tiefe: »Die Griechen sind für ihn [...] die nächsten Nachbarn. Dies jedoch nicht, weil sie unser transzendentes Ur- und Vorbild wären [...], sondern weil sie bei unseren Versuchen, eine rationale Ordnung des Lebens zu erreichen, unsere unmittelbaren Vorgänger sind.« (Momigliano 1987: 124)

Musik, Politik, *paideia*

Für Platon standen Wertbegriffe höher als die exakten und analytischen Wissenschaften.[5] Buch VII von Platons *Politeia* definiert die Rolle der Musik weniger mathematisch denn erzieherisch. Auch Aristoteles bevorzugt die »ethischen« Tonarten – die dorische (1342a); am Ende empfiehlt er die lydische Tonart, »weil sie zugleich über Ordnung verfügt und über Erziehung« (1342b). Platons *Politeia* gemäß ist schon jeder Eingriff in die sonische Struktur ein Eingriff in die öffentliche Ordnung.[6] Die Kongruenz zwischen sozialem Gefüge und musikalischer Ordnung wurde von Damon in pythagoreischer Tradition nahegelegt; er warnt in einem Sendschreiben an den Athener Areopag vor den indirekten Folgen für den politischen Rhythmus (also Disziplin) durch Neuerungen in der Musik.

Die akustische Kodierung von politischer Gewalt wurde im frühen 20. Jahrhundert sowohl in den amerikanischen Bell Labs als auch bei Telefunken erprobt; Adolf Hitler brachte die Funktion von Beschallungstechnik auf den

---

5. Vgl. die Anmerkung in der Ausgabe Platon (2001) zu Buch VI, 571.
6. Dazu demnächst eine Dissertation von Florian Schreiner im Rahmen des Graduiertenkollegs *Kodierung von Gewalt im medialen Wandel* an der Humboldt-Universität zu Berlin

Punkt: »Ohne Kraftwagen, ohne Flugzeug und ohne Lautsprecher hätten wir Deutschland nie erobert.«[7] Auch in Platons Höhlengleichnis kommt der akustische Kanal zum Zug:

Die Gefesselten sehen nicht nur die Abbilder zweiten Grades von Ideen (*phantasmata* der Statuetten, *eidola*), sondern Platon (aus dem Munde des Sokrates) setzt die vorbeiziehenden Schatten (*pariousan skian*) den Tönen gleich: »Was aber wenn in dem Gefängnis von dem Gegenüber ein Echo ist, glaubst du, wenn einer von den Anwesenden einen Laut von sich gibt, daß sie den Klang für etwas anderes halten würden als den vorüberziehenden Schatten ... In allen Dingen halten derartige Menschen nichts anderes für das Wahre als die Schatten der Geräte« (515 B) (Perls 1973: 172). Die künstliche Lichtquelle, in der Licht als Voraussetzung von Sichtbarmachung der Schatten zum Einsatz kommt, ist als Äquivalent zum Ton im Verhältnis zum Hall gedacht.

Platons Schriftkritik

Von Platon bis heute hat es lange keine nennenswerte Theorie des durch technologischen Wandel verursachten politischen Wandels gegeben. Platon selbst nämlich hat dafür gesorgt, dass technologische Fragen aus diskursiver Reflexion ausgeklammert wurden. Tatsächlich kommt der Eintrag »Technik« auch nicht im Namens- und Sachverzeichnis der Reclam-Ausgabe von Platons *Staat* vor. Womit Platon mitverantwortlich ist für die Ausblendung von Technik aus Seinsfragen. Zum Wesen der technischen Medien gehört, dass sie ihre technische Bedingung dissimulieren müssen, damit der referentielle Effekt zustande kommen kann – die mediale Dialektik von *blindness and insight*. Auch Platons Höhlengleichnis operiert mit dem Gegensatz von sichtbarer Welt im Gegensatz zur nur erkennbaren (Platon 2001: 575, Anm. 1) – das *theoretische* Problem der Medien selbst. Die Kraft der Vision ist schon im griechischen Theater stark genug, um das Publikum gegen den Eindruck der Realität, also der tatsächlichen *polis* ringsherum stumpf und unempfindlich zu machen. Von daher erklärt sich das – *avant la lettre* – mediale Bild in Abschnitt 9 von Nietzsches *Geburt der Tragödie* als implizite Referenz auf Platons *Höhlengleichnis*:

»*Sehen wir aber einmal von dem auf die Oberfläche kommenden und sichtbar werdenden Charakter des Helden ab – der im Grunde nichts mehr ist als das auf eine dunkle Wand geworfene Lichtbild d. h. Erscheinung durch und durch – dringen wir vielmehr in den Mythus ein, der in diesen hellen Spiegelungen sich projicirt, so erleben wir plötzlich ein Phänomen, das ein umgekehrtes Verhältnis zu einem bekannten optischen hat. Wenn wir bei einem kräftigen Versuch, die Sonne in's Auge zu fassen, uns geblendet abwenden, so haben wir dunkle farbige Flecken gleichsam als Heilmittel vor den Augen: umgekehrt sind jene Lichtbilderscheinungen des sophokleischen Helden, kurz das Apollinische der Maske, nothwendige Erzeugungen eines Blicks in's Innere und Schreckliche der Natur, gleichsam*

---

7. Zitiert als Motto in: Hans-Joachim Weinbrenner, *Handbuch des Deutschen Rundfunks 1938*, Heidelberg / Berlin (Vowinckel) 1938

leuchtende Flecken zur Heilung des von grausiger Nacht versehrten Blickes.« (Nietzsche 1923: 65)

Nietzsche beschreibt hier den Gegensatz zwischen Apollinischem und Dionysischem als physiologisch getrennte Welten des *Traumes* und des *Rausches*; mithin ist die Welt des Imaginären, der politische Raum, das »kollektive Imaginäre« (Castoriadis) beständig vom akustischen Rumoren des Realen bedroht. Jacques Attali (1977) analysiert dementsprechend die politische Ökonomie des Sozialen unter dem Titel *Bruits*, und das als medienarchäologische Abfolge rhythmischer Maschinen.

Solche Sensibilität für den medialen Faktor politischer Kommunikation zeigt auch Marshall McLuhan. Nachdem er Harold Innis' *Empire and Communication* gelesen hat, schreibt er dem Autor und stellt darin die »very technological *form*« aller Kommunikation zur Debatte. Speziell über die moderne Presse: »Ihre ausgesprochen technologische Form bestimmt die *Wirksamkeit*, die *Effects* weit mehr als irgendeine informative Absicht« (McLuhan 1987: 221 u. 223; dazu auch Barck 1997). Genau diese Einsicht wird dann später von den Cultural Studies vom Kopf auf die Füße gestellt, wenn Raymond Williams etwa, immerhin im Sinne des historisch-dialektischen Materialismus, von *Television as Cultural Form* schreibt (1974).

Dass Menschen im Vertrauen auf die Schrift sich nur äußerlich vermittels arbiträrer Zeichen, nicht aber innerlich und unmittelbar zu erinnern vermögen, sagt Sokrates, der selbst nie ein schriftliches Wort, dafür aber ein Aufschreibesystem namens Platon hinterließ. Womit diese Form von Medienkritik an der Schrift selbst schon ein Medieneffekt ist, denn Platon vertraute sich der Schrift an, um diese Kritik zu kommunizieren und übertragbar im Sinne der Tradition zu machen. Das Paradox gilt nicht nur für Platons *Dialoge*, deren Rhetorik sich als mündlicher Kommunikationsmodus gibt, dabei aber dissimuliert, in dieser Form nur schriftlich möglich zu sein; auch die griechische Tragödie wurde zwar nur einmalig aufgeführt, aber als Text auf Schriftrollen kam sie zustande und überlebte so als Literatur. Quer zum Ideal der Öffentlichkeit im Kern der griechischen Polis steht die stumme (von Jesper Svenbro diagnostizierte) Kommunikation zwischen abwesendem Autor und einsamem Leser entgegen – das Schweigen von Schrift in Bibliothek und Archiv.

Schrift, so Sokrates in *Phaidros*, sei ganz entschieden der Malerei ähnlich; auch deren Schöpfungen stehen *wie lebende Wesen* da. Wenn man Bilder und Buchstaben aber nach etwas fragt, so schweigen sie. Sokrates beschreibt also das *read only memory* der Buchstaben, die für den Leser, anstatt dialogisch zu antworten, immer nur dastehen – sowohl denjenigen gegenüber, für die sie berechnet und an die sie adressiert sind, als auch für die, die nichts verstehen (Platon, *Phaidros*, 275d; dazu auch Wetzel 1991: 11ff.). Diese *one-to-many*-Kommunikation teilt die Schrift mit den elektronischen *broadcast*-Medien. In Buch X der *Politeia* aber lässt Platon Sokrates als weisen Zeichner die ideale Polis entwerfen (*politeíon zógraphos*). Diese Idealität erstreckt sich auch auf die Hardware der Bildträger, die zunächst vollständig gereinigt werden müssen. Philosophen nun sollen »einiges auslöschen, einiges wieder einzeichnen« (501c) – eine medientechnische Operation (dazu Därmann 1995: 29).

Platon am Rande der Schrift: das *Höhlengleichnis*

Die Mauer, von der in Platons Höhlengleichnis die Rede ist, entspricht Platons Liniengleichnis (509b), wo die Welt in einen sichtbaren und einen erkennbaren Teil gespalten ist. Somit ist das Höhlengleichnis die Metapher eines Diagramms; auch mathematische Gebilde sind ihm »Schatten«. Hier wird das Medienarchäologische auf die *arché* verwiesen. Platon lässt im *Kratylus* dazu sagen (436d), dass bei einer mathematischen Zeichnung vor allem »am Anfang jeder Arbeit viel Vernunft« im Spiel sein muss (Perls 1973: 27ff.). Nun überführt Platon diese Denkbewegung erneut in eine geometrische Operation, ist mithin von ihr angeleitet, wie die Feldmesskunst als Kulturtechnik. Die Differenz der zwei Reiche des Sichtbaren und des Erkennbaren sollen als Linie vorgestellt werden, die in zwei ungleiche Teile teilt (509d,e+510a) – ein schriftmedientechnisches, diagrammatisches Dispositiv.

»Also ist die Geometrie brauchbar, wenn sie zur Schau des Seins zwingt« (*Politeia*, Buch VII, 526d; Reclam 2001: 344) – *theoría*, »geradezu im Gegensatz der Ausdrucksweise der Geometriker« (527a). Platon kritisiert hier empirische Wissenschaft, die ihm zu sehr am sichtbaren Objekt oder Modell hängt oder gar meint, die jeweilig konstruierte Figur entstehe erst im Laufe der Konstruktion, während für ihn das Konstruieren im Sichtbaren nur ein Nachziehen der schon vorher in der Idee existierenden und als Ganzes vom Geist geschauten Gestalt ist (Anm. d. Übers. zu Platon 2001: 583, Anm. 35). Damit steht die Ideen-Lehre im Gegensatz zum prozessualen, algorithmischen Verständnis von Geometrie-als-Rechnen und als Ingenieurskunst (Archytas).

Hätte Platon seine Höhle als *camera obscura* konzipiert, sähe die Erklärung weniger im Sinne der Ideenlehre, dafür aber technischer aus. Aber weil weder hier noch dort von einer Speicherung der bewegten Schatten die Rede oder Praxis sein konnte, reduziert sich Platons ganzes Argument gegen die Höhlenbewohner (Leute ohne philosophisches Wissen) darauf, dass ohne technische Speicherung Wiedererinnerung auf Philosophie verwiesen ist – was zu beweisen war.[8] Derselbe Platon aber lokalisierte die Natur der Seele oder Erkenntnis in der Wachstafel seines eigenen philosophischen Schriftspeichermediums. Buchstaben (*stoicheia*) kommen hier ins Spiel (der Politik):

»Als in Athen die alphabetische Schrift, dieses neue Medium der attischen Demokratie von Staats wegen standardisiert wurde, entstand bekanntlich auch die Philosophie als sokratisches Gespräch, das der Schüler Platon dann verschriftete. Damit war die Frage auf dem Tisch, was das war, das die Tätigkeit Philosophieren überhaupt ausüben konnte. Die Antwort hieß aber nicht: das neue

---

8. Vgl. Kittler (2002: 50f.). In diesem Sinne auch die *Apparatus*-Theorie in der Version von Jean-Louis Baudry.

ionische Vokalalphabet, wie ein Medienhistoriker von meinem Schlag hätte antworten müssen, die Antwort hieß vielmehr: Es ist der Mensch mit seiner Seele, der da philosophiert. Blieb also zwischen Sokrates und seinen begeisterten, weil geschmeichelten Gesprächspartnern nur noch zu klären, was diese Seele selber war. Und siehe da: zur Definition der Seele bot sich alsgleich die Wachstafel an, jene tabula rasa, in die die Griechen mit einem Schreibgriffel ihre Notizen und Briefe einritzten. So kam als Fluchtpunkt der neuerfundenen Seele schließlich denn doch – in der Verkleidung einer Metapher, die eben keine bloße Metapher war – die neue Medientechnik zur Sprache, die diese Seele hervorgerufen hatte.« (Kittler 2002: 29)

An dieser Stelle schließt sich der Kreis, zurück zum Ausgangspunkt: Aristoteles' mikro-politische Begründung der Staatlichkeit im Medium der Buchstaben.

Literatur

Attali, Jacques (1977) *Bruits. Essai sur l'économie politique de la musique.* Paris.
Barck, Karlheinz (1997) »Harold Adams Innis – Archäologe der Medienwissenschaft«. In: Harold A. Innis, *Kreuzwege der Kommunikation. Ausgewählte Texte,* hg. v. Karlheinz Barck. Wien / New York (Springer) 1997, 3–13.
Bien, Guenter (1976) »Dramentheorie – Handlungstheorie« (Bochumer Diskussion). In: *Poetica* 8 (1976), 321–450.
Bloch, Ernst (1985) »Über Politik als Kunst des Möglichen«. In: ders.: *Politische Messungen, Pestzeit, Vormärz.* Frankfurt/M.
Blumenberg, Hans (1989) *Höhlenausgänge.* Frankfurt/M.
Därmann, Iris (1995): *Tod und Bild. Eine phänomenologische Mediengeschichte.* München
Finley, Moses I. (1987) *Antike und moderne Demokratie.* Stuttgart.
Foucault, Michel / Gerard Raulet (1983) »Um welchen Preis sagt die Vernunft die Wahrheit? Ein Gespräch / Zweiter Teil«. In: *Spuren. Zeitschrift für Kunst und Gesellschaft,* 2/1983, 38–40.
Havelock, Eric A. (1963) *Preface to Plato.* Cambridge, Mass. / London.
Jaspers, Karl (1958) *Die Atombombe und die Zukunft des Menschen,* Frankfurt a.M.
Kittler, Friedrich (2002) *Optische Medien. Berliner Vorlesung 1999.* Berlin.
Luhmann, Niklas (1981) »Die Unwahrscheinlichkeit von Kommunikation«. In: *Soziologische Systeme 3: Soziales System, Gesellschaft, Organisation.* Opladen.
Marx, Karl (1964) *Das Kapital.* Dritter Band. In: ders. / Friedrich Engels: Werke, Bd. 25. Berlin (Ost).
McLuhan, Marshall (1968) *Die magischen Kanäle.* Düsseldorf / Wien.
McLuhan, Marshall (1987) *Letters of Marshall McLuhan,* selected and edited by Matie Molinaro / Corinne McLuhan / William Toye. Toronto / Oxford / New York
Minow, Helmut (2003) »Vermessungsprobleme in den Schriften der römischen Agrimensoren«. In: *Mensuration, Photogrammétrie, Génie rural* 1/2003, S.14–19.
Momigliano, Arnaldo (1987) »Die Griechen und wir. Zum historischen Werk von Moses I. Finley«. (= Anhang zu: Moses I. Finley (1987) *Antike und moderne Demokratie.* Stuttgart, S. 118-140).
Münkler, Herfried (1982) *Machiavelli. Die Begründung des politischen Denkens der Neuzeit aus der Krise der Republik Florenz.* Frankfurt/M.
Nietzsche, Friedrich (1923) *Die Geburt der Tragödie.* In: Nietzsches Werke Bd. 1, Leipzig.
Perls, Hugo (1973) *Lexikon der Platonischen Begriffe,* Bern / München.
Platon, *Phaidros,* 275 d, in: Sämtl. Werke, Übers. F. Schleiermacher, Bd. 4, Hamburg 1958, 56.
Plum, Thomas (1985) *Wahrheit und Wirksamkeit des Logos. Aristoteles über Sprache, Sprechen und das Schreiben überzeugender und wirkungsvoller Texte für den Gebrauch in der Schule, im Theater und auf dem Marktplatz,* Diss. Rheinische Friedrich-Wilhelms-Universität Bonn, Philosophische Fakultät, Bonn.
Rancière, Jacques (2002) *Das Unvernehmen. Politik und Philosophie.* Frankfurt a.M.
Rousseau, Jean-Jacques (1974) *Essai sur l'origine des langues.* Edition Paris.
Saussure, Ferdinand de (1967) *Grundfragen der allgemeinen Sprachwissenschaft,* hg. v. Charles Bally / Albert Sechehaye, 2. Aufl. Berlin.
Schlaffer, Heinz (1991) »Einleitung«. In: Jack Goody / Ian Watt / Kathleen Gough: *Entstehung und Folgen der Schriftkultur,* übers. v. Friedhelm Herborth, Frankfurt a. M., S. 7-24.
Schmitt, Carl (1963) *Der Begriff des Politischen.* Berlin, 2. Aufl.
Schwarz, Franz F. (2001) »Einleitung«. In: Aristoteles: *Politik. Schriften zur Staatstheorie,* übers. u. hrsg. v. Franz F. Schwarz, Stuttgart.
Spiazzi, Raimundo M. (Hg.) (1964) *S. Thomae Aquinatis in Aristotelis libros Peri hermeneias et Posteriorum analyticorum expositio,* 2. Aufl. Rom.
Wetzel, Michael (1991) *Die Enden des Buches oder die Wiederkehr der Schrift. Von den literarischen zu den technischen Medien,* Weinheim.

Markus Stauff

Zur Gouvernementalität der Medien
Fernsehen als ›Problem‹ und ›Instrument‹

Lesen lernen

Im Winter 2003/2004 finden sich in deutschen Städten großformatige Plakate, auf denen Elke Heidenreich – eine Autorin, die im öffentlich-rechtlichen Fernsehen eine Sendung mit dem imperativen Titel LESEN moderiert – bekennt, dass ihr als Kind *Dr. Doolittle* vorgelesen wurde; dies sei (deshalb) noch heute eines ihrer Lieblingsbücher. Die Plakataktion ist Teil der Initiative »Wir lesen vor – überall & jederzeit«, die im Dezember 2003 von der Wochenzeitung *Die Zeit* und der »Stiftung Lesen« ins Leben gerufen wurde. Elke Heidenreich ist offizielle »Vorlese-Botschafterin« dieser Kampagne, deren Motivationen und Zielsetzungen wiederum im Internet *zu lesen* sind:

»*Wer liest, lernt zu denken. Er lernt, sich in andere Menschen hineinzuversetzen, mitzufühlen, Fremdes zu verstehen. Natürlich ist Lesen auch eine Möglichkeit zum vorübergehenden Ausstieg aus der Wirklichkeit, und zwar im besten Sinne: Wer liest, hat die Chance, Luft zu holen und Distanz zu gewinnen – zu sich selbst und zur Welt.*«[1]

Auf der Homepage wird zusätzlich eine »›Wir lesen vor‹-Broschüre« angeboten, die »Erwachsenen zahlreiche praktische Tipps zum Vorlesen« verspricht.

Die medienpolitische Stoßrichtung dieser Initiative ist kaum zu übersehen: Sie möchte die Lesekompetenz der Bevölkerung fördern, um so gleichermaßen den sozialen Zusammenhalt (»mitzufühlen, Fremdes zu verstehen«) wie auch die individuellen Kapazitäten (»denken lernen« / »Distanz gewinnen«) zu stärken. Angesichts der PISA-Studie, die in diesem Kontext selbstverständlich zitiert wird, darf wohl vermutet werden, dass die Sorge darüber hinaus dem Wirtschafts- und Bildungs-›Standort‹ Deutschland gilt. Hier werden aber nicht nur Medien (Plakate / Internet) genutzt, um Einfluss auf die ›öffentliche Meinung‹ zu nehmen; es wird nicht nur ein Medium gefördert, weil ihm Bedeutung für die Entwicklung des Gemeinwohls zugesprochen wird; vielmehr – und dies scheint mir von besonderem Interesse für die Frage nach den ›Politiken der Medien‹ – formuliert das Projekt Vorschläge, wie die Medien zu benutzen sind, damit sie in gewünschter Weise wirksam werden: Die Medien Schrift / Buch sollen durch ein bestimmtes Verhalten (das Vorlesen) zum Einsatz gebracht werden, um damit den künftigen Umgang mit den Medien (das Lesen) so zu gestalten, dass daraus wiederum ein bestimmtes Verhalten – oder allgemeiner: ein bestimmtes Welt- und Selbstverhältnis – resultiert.[2]

---

1. http://www.wir-lesen-vor.de/files/index.html; Zugriff: 1.4.2004.
2. Dies ist kein neues Phänomen: Unter der Kapitelüberschrift »Lesenlernen um 1800« analy-

*»Wer jemals einem vier- oder sechsjährigen Kind ein Märchen vorgelesen hat, wer sich selbst an die Zeit erinnert, da er Geschichten zuhörte, kennt das Gefühl: geborgen oder gefangen zu sein in einer neuen Welt, die wie ein Wunder im Gehörten entsteht. Die Lust am Lesen entsteht beim Zuhören. Kinder brauchen Märchen und Geschichten – sie brauchen aber auch Eltern, Geschwister oder Freunde, die ihnen Märchen erzählen. Das Schwarze sind die Buchstaben, und die Buchstaben sind die ganze Welt.«*³

Bezeichnenderweise bleibt in diesen Ausführungen unklar, ob die familiäre Situation, die dem Buch seine Wirkung garantiert, als existent vorausgesetzt werden kann oder ob sie nicht vielmehr selbst erst mit der Propagierung des Vorlesens geschaffen werden soll und muss. Dies macht einen weiteren Aspekt der ›Politiken der Medien‹ deutlich: Während auf der einen Seite das familiäre Vorlesen dem Buch eine spezifische Wirksamkeit verleihen soll, so erhält umgekehrt die familiäre Situation durch die Einbindung von Medien Plausibilität und Sinn. Die Affirmation von Buch und Schrift ist untrennbar an die Frage adäquaten Verhaltens und wünschenswerter Beziehungen gebunden. Das Verhältnis der Eltern zu den Kindern, das Verhältnis der Kinder zur Literatur und zur Welt wird anhand von Buch und Schrift gleichermaßen problematisiert wie bearbeitet – als Problem zur Diskussion gestellt und mit unterschiedlichen Strategien und Optionen versehen. Die Zielsetzung wird dabei nicht durch eindeutige Vorschriften, Gesetze oder Sanktionsdrohungen realisiert; vielmehr werden den Eltern bestimmte Fragen (bezüglich der Medienkompetenz ihrer Kinder) gestellt und Mittel (Techniken / Medien) an die Hand gegeben, ihren Kindern Lust auf Bücher zu machen. Gerade indem die Eltern sich selbst um ihr eigenes Verhalten und um das ihrer Kinder *sorgen*, entfalten sich die regulativen Potenziale der Medien und die der sozialen Situation.

Jenseits einer *Medienpolitik* (im Sinne einer staatlichen Gestaltung von Medien) und jenseits der *Propagierung* oder *Vermittlung von Politik* in den Medien (i.S. von ›Manipulation‹ oder ›Öffentlichkeit‹) lassen sich, so der Vorschlag, der aus diesem Beispiel entwickelt werden soll, ›Politiken der Medien‹ auch dort verorten, wo Medien dazu beitragen, die Gestaltung und Strukturierung von sozialen Beziehungen und Verhaltensweisen als notwendig und zugleich als machbar erscheinen zu lassen. Mit Michel Foucault können Buch und Schrift – wie andere Medien auch – demnach als ›Regierungstechnologien‹ verstanden und ihre Politiken im Modell der ›Gouvernementalität‹ verortet werden.

siert Friedrich Kittler, wie Buch und Schrift schon um 1800 durch ihre Verschränkung mit Geschlechterverhältnissen, Familienstrukturen und Pädagogiken zu »Kulturisationstechniken« wurden. Die Vermittlung von Sprache / Literatur durch den sprechenden / lesenden Muttermund zielte auf eine Oralisierung und Naturalisierung von Schrift. Ein unmittelbares Verstehen sollte an die Stelle des mühsamen Entzifferns treten und somit die Zeichenebene im Lektüreprozess zugunsten eines Zugangs zu ›Natur‹ ausgeblendet werden. (Kittler 1995: 37–67) »Buchstaben sind«, wie jetzt die Stiftung »Wir lesen vor« wieder behauptet, »die ganze Welt.«
3. http://www.wir-lesen-vor.de/files/index.html; Zugriff: 1.4.2004. Ganz ähnlich führt der Schauspieler und professionelle Vorleser (für Literatur-CDs) Rufus Beck aus: »Wenn Eltern ihren Kindern regelmäßig vorlesen, kann das ein tolles Ritual, ein starkes Gemeinschaftserlebnis sein. Entscheidend ist, dass den Erwachsenen das Vorlesen Spaß macht. Man muss es genießen. Dann genießen die Zuhörer, in diesem Fall die Kinder, das auch.« (Frankfurter Rundschau 26.6.2004).

Im Folgenden möchte ich nach einer kurzen Erläuterung von Foucaults Konzeption der ›Gouvernementalität‹ zunächst am Beispiel des Museums und dann, ausführlicher, am Fernsehen verdeutlichen, was es heißt, von einer ›Gouvernementalität der Medien‹ zu sprechen. Im Mittelpunkt stehen dabei weniger historische als methodologische und (medien-) theoretische Fragestellungen: Inwiefern tragen Medien zur Problematisierung und zur Regierung von Verhaltensweisen bei? Inwiefern tragen die gouvernementalen Diskurse und Praktiken zu Konstitution von Medien – und ihrer politischen Wirksamkeit – bei?

Gouvernementalität:
Problematisierungen / Technologien / Rationalitäten

Unter Gouvernementalität fasst Michel Foucault das Ensemble von Reflexionen, Strategien und Technologien, das auf die Kontrolle und Bearbeitung eines Gegenstandsbereichs zielt. Es sind dabei vor allem zwei Aspekte, die das Modell der Gouvernementalität sowohl historisch als auch theoretisch von anderen Formen der Kontrolle, Herrschaft oder Regulierung unterscheiden. Zum einen wird der (zu regulierende) Gegenstandsbereich nicht als vorgängig und ›natürlich‹ aufgefasst – als ein gegebenes ›Problem‹, das eine ›Lösung‹ erfordert –, sondern als *Problematisierung*, die auf einer Ebene mit den Verfahren und den Zieldefinitionen der Regulierung anzusiedeln ist:[4] Die Verfahren, die Wissen über bestimmte Vorgänge und Sachverhalte produzieren, die Technologien, die einen Zugriff auf bestimmte Vorgänge und Sachverhalte erlauben und der Gegenstandsbereich, mit seinen spezifischen ›inneren‹ Gesetzmäßigkeiten, konstituieren sich wechselseitig. Zum anderen ist die Gouvernementalität durch einen bestimmten Modus von Macht geprägt, den Foucault mit dem Begriff der Regierung fasst. Regierung zielt – im Unterschied zu schlicht unterwerfender Herrschaft – darauf, die Eigenheiten des jeweiligen Gegenstandsbereichs zu berücksichtigen und produktiv werden zu lassen. Hieraus ergibt sich die Notwendigkeit, Wissen über den zu regierenden Gegenstand zu gewinnen. An die Stelle von allgemeinen normativen Vorschriften tritt die Frage nach einer adäquaten Anleitung von Verhaltensweisen, die eher indirekt verfährt, indem sie die Potenziale zur ›Selbstregierung‹, die innerhalb des Gegenstandsbereichs verortet werden, stärkt und strukturiert.[5] Die Regierung von anderen stellt sich als ein »Führen der Führungen« dar (Foucault 1994: 255) und ist insofern eng an

---

4. »Problematisierung bedeutet nicht die Repräsentation eines präexistenten Objekts und auch nicht die diskursive Erschaffung eines nichtexistierenden Objekts. Es ist das Ensemble diskursiver und nichtdiskursiver Praktiken, das etwas ins Spiel des Wahren und Falschen eintreten lässt und es als Gegenstand für das Denken konstituiert (sei es in Form moralischer Reflexion, wissenschaftlicher Erkenntnis, politischer Analyse etc.).« (Foucault, zit. n. Lemke 1997: 341).

5. »Damit ordnet Foucault nicht nur Zwang und Gewalt, sondern auch ›Freiheit‹ und konsensuelle Handlungsformen in die Untersuchung der Machtverhältnisse ein. Für ihn markieren Zustimmung und Einverständnis nicht per se die Abwesenheit von Herrschaftseffekten.« (Lemke/Krasmann/Bröckling 2000: 28).

eine Regierung des Selbst gebunden, die ermöglicht, angereizt und mit bestimmten Optionen versehen wird. *Regierungstechnologien* sind demnach all die Verfahren, Institutionen, aber auch geregelten Praktiken und Diskurse, die einen Gegenstandsbereich definieren, ein Wissen von ihm produzieren und regulierende Zugriffe mit den Praktiken der Selbstregierung verschränken.

Seine historischen Bezugspunkte hat dieses Modell zunächst in der Tradition der christlichen Pastoralmacht (der ›Hirte‹, der sich um seine ›Herde‹ sorgt und deshalb eine genaue Kenntnis der einzelnen ›Schafe‹ anstrebt); durch eine Säkularisierung und Streuung dieser Pastoralmacht in verschiedenste Praxisbereiche bildete sich schließlich im 16. Jahrhundert eine »Problematik der Regierung im Allgemeinen« heraus (Foucault 2000: 42), die für so unterschiedliche Felder wie die Leitung eines Staatswesens oder die familiäre Haushaltsführung neue Formen der Verhaltensanalyse und Verhaltensbeurteilung etablierte. Im 18. und 19. Jahrhundert gewinnt die Gouvernementalität, die nun neue Gegenstandsbereiche (wie etwa ›die Bevölkerung‹ oder ›die Ökonomie‹) gleichermaßen als »Zweck und Instrument der Regierung« (ebd.: 61) entdeckt, Vorrang gegenüber den Machtformen der Souveränität und der Disziplin. Das 20. Jahrhundert ist von der zunehmenden Dominanz einer neoliberalen Gouvernementalität geprägt, die regiert, indem sie das Verhalten in sämtlichen Praxisbereichen am Modell des ›unternehmerischen Handelns‹ orientiert (Lemke/Krasmann/Bröckling 2000: 16).

Die historisch unterschiedlichen Ausprägungen der Gouvernementalität besitzen eine je spezifische *Rationalität* – eine Reihe von Strategien und Zielsetzungen sowie Regeln, die den unterschiedlichen Praktiken Plausibilität verleihen und den Gegenstandsbereich ordnen. Wobei sich auch diese Rationalitäten wiederum durch die je spezifische Verschränkung von Wissensformen, Instrumentarien und Gegenstandsbereichen ergeben: Zugriffstechniken machen es möglich, Eigenheiten eines Gegenstandsbereichs zu erkennen und zu systematisieren, die dann wiederum den strategischen Einsatz des Instrumentariums prägen:

»*Einen Gegenstand so erkennen, dass er regiert werden kann, ist mehr als eine rein spekulative Tätigkeit: es erfordert die Erfindung von Verfahren zur Aufzeichnung, Weisen des Sammelns und Präsentierens von Statistiken, deren Beförderung zu Zentren, wo Berechnungen und Beurteilungen erfolgen können und so weiter.*« (Miller/Rose 1994: 62)

Kennzeichnend für den Modus der Regierung ist somit eine fortlaufende Problematisierung von Gegenstandsbereichen, Strategien und Zielsetzungen; nicht die Installation eines stabilen Regulierungsverfahrens, sondern die ständige Modifikation, Anpassung und Infragestellung prägt die gouvernementalen Politiken, die sich gerade in Auseinandersetzungen um die adäquate Form der Anleitung realisieren.

Betrachtet man, wie oben vorgeschlagen, Medien als Regierungstechnologien, so stellt sich die Frage, wie Medien zur Problematisierung, zur Wissensproduktion, zur Steuerung von Gegenstandsbereichen beitragen. Medien können zum einen die Konstitution neuer Gegenstandsbereiche und Problemfelder begründen, denen sich dann – qua ihrer medialen Strukturierung – eigene Gesetzmäßigkeiten zuschreiben lassen. Dies trifft beispielsweise auf Verfahren computergestützter Verdatung in der Gesundheits- und Sozialpolitik zu, die rein rechnerisch ›problematische Gruppen‹ identifizieren, für die dann – ausgehend von ihren errechneten ›Profilen‹ – gesonderte Strategien entworfen werden.[6] Regierungstechnologisch produktiv werden die Medien in diesen Fällen vor allem dadurch, dass sie selbst unproblematisch bleiben. Medien können aber, zum anderen, auch selbst als Gegenstandsbereiche figurieren, für die ein adäquater Zugriff gesucht wird. In der Perspektive Foucaults wäre dann zu untersuchen, welche Wissensformen und Zugriffstechniken diesen Gegenstandsbereich – ›die Medien‹ – definieren und mit einer spezifischen Rationalität versehen.

Das eingangs geschilderte Beispiel der Vermittlung von Lesekompetenz hat allerdings gezeigt, dass die Medien zugleich als »Zweck und Instrument« (s.o.) auftauchen: Sie sind einerseits selbst ein Gegenstandsbereich mit spezifischen Gesetzmäßigkeiten, für den der adäquate Zugriff gesucht wird. Andererseits bilden sie auch das Instrumentarium – eben die Regierungstechnologie –, mit dem Gegenstandsbereiche erfasst, systematisiert und angeleitet werden können. Im Folgenden soll deshalb der Vorschlag gemacht werden, von einer ›Gouvernementalität der Medien‹ genau dann zu sprechen, wenn Medien gerade dadurch, dass sie problematisiert und somit zum Objekt von Sorge und Anleitung werden, zur Anleitung von Verhaltensweisen sowie zur Verschränkung von Fremdführung und Selbstführung beitragen.[7] Eine solche Perspektive auf die ›Politiken der Medien‹ relativiert die gängige Zweiteilung in eine Medienpolitik, die sich mit der Regulierung von Medien beschäftigt, und eine Politik der Medien, die sich aus den Effekten der ›Inhalte‹ oder der ›Technik‹ der Medien ›selbst‹ ergibt. Die Reg(ul)ierung von Medien – die Verfahren, die auf die Erkenntnis oder die Veränderung von Medien zielen – konstituieren die Medien (ihre Inhalte, ihre Techniken etc.) als ein Problemfeld, das gerade deshalb strategisch produktiv wird, weil es eine ständige Bearbeitung erfährt.[8] Wie im Folgenden gezeigt wer-

---

6. Zum Einsatz des Computers in der Gesundheitsforschung: »Biomathematische Verfahren ändern Welt-Sicht, indem sie ›Krankheit‹ auf Bevölkerungsebene durch Vergleichskalküle erst sichtbar hervortreten lassen und über Risikokalkulationen beliebige Einflussfaktoren mit ihr verknüpfen können. […] Diese standardisierten Erfassungspraktiken legen den diskursiven und sozialen Verhandlungsmodus für das biomedizinische Sprechen über ›Gesundheit und Krankheit‹ fest. In ihrer Funktion als mediale Technologien tritt ihre spezifische Produktivität in den Hintergrund gegenüber der Wirkmächtigkeit der in ihnen stablisierten Fakten.« (Bauer 2003: 214) Zum regierungstechnologischen Einsatz des Computers in der Sozialpolitik vgl. Henman (1997).
7. »Man muß die Punkte analysieren, an denen die Techniken der Herrschaft über Individuen sich der Prozesse bedienen, in denen das Individuum auf sich selbst einwirkt. Und umgekehrt muss man jene Punkte betrachten, in denen die Selbsttechnologien in Zwangs- oder Herrschaftsstrukturen integriert werden. Der Kontaktpunkt, an dem die Form der Lenkung der Individuen durch andere mit der Weise ihrer Selbstführung verknüpft ist, kann nach meiner Auffassung Regierung genannt werden.« (Foucault, zit.n. Lemke/Krasmann/Bröckling 2000, 29).
8. Für die technischen Medien scheint es mir angebracht, Regierung und Regulierung zusammen zu denken: Reg(ul)ierung. Zum einen, weil damit die (staatliche) Regulierungspolitik als *ein* Teil der Regierungspraktiken erfasst werden kann, zum anderen, weil die Medien stärker als andere Regierungstechnologien eine technische Regulierbarkeit des Gegenstandsbereichs konnotieren.

den soll, sind es demnach gerade die Heterogenität der Medien und ihre Verwobenheit mit (anderen) Praktiken und Institutionen, die ihre gouvernementale Wirksamkeit begründen.

Regierung des öffentlichen Raums: Das Museum

Bevor das Fernsehen als eine mediale Regierungstechnologie diskutiert werden soll, um daran die theoretischen Implikationen des Gouvernementalitätsmodells für die Frage nach den ›Politiken der Medien‹ zu diskutieren, möchte ich zunächst kurz auf das historisch ältere Beispiel des Museums eingehen. Dieses bietet sich schon deshalb zum Vergleich an, weil es am Beginn der medienkulturellen Regierung von öffentlichen und privaten Räumen, von Geschlechter- und Generationenverhältnissen steht, die mit den verschiedenen Institutionen und Medien eine je unterschiedliche Reichweite, unterschiedliche Strategien und somit auch je spezifische Rationalitäten erhält.

In seinen Studien *The Birth of the Museum* (1995) und *Culture. A Reformer's Science* (1998), auf die ich mich im Folgenden beziehe, zeigt Tony Bennett, wie Museen im Übergang vom 18. zum 19. Jahrhundert (und somit parallel zur Entdeckung der Bevölkerung und der Bio-Macht) zu Regierungstechnologien mit spezifischen Rationalitäten und Machteffekten wurden. Politiken, die keineswegs nur vom Staat ausgingen, sondern in den kulturellen Institutionen und Praktiken eine Eigendynamik erhielten, verwandelten das Museum in ein komplexes Instrumentarium der Regierung von Individuen und Bevölkerung. Hatten Museen bis Ende des 18. Jahrhunderts vor allem die Funktion, die Macht des Souveräns zu repräsentieren, wurde ihnen nun die Aufgabe zugesprochen, einen ›bessernden‹ und ›zivilisierenden‹ Einfluss auf Verhalten und Moral der Besucherinnen und Besucher zu nehmen. Damit tritt eine Gouvernementalisierung von Kunst und Kultur auf den Plan,

»*in which art, rather than representing power, is a power – a power susceptible to multiple subdivisions in a program which has as its end not the exertion of a specular dominance over the populace but the development of its capacities.*« (Bennett 1998: 118)

Diese Transformation des Museums setzte eine Problematisierung seiner Mittel und Ziele ebenso voraus wie die Produktion eines differenzierten Wissens über die Eigenheiten des Museums, seiner Exponate und seiner Besucher. Die räumliche und zeitliche Ordnung der Museen – die Architektur, die Zirkulation, Darbietung und Auswahl der Exponate, aber auch die Führung und Unterweisung der Besucher – wurde hinsichtlich ihres möglichst wirkungsvollen Einsatzes zur Disposition gestellt. Das Museum wurde in eine komplexe Maschinerie verwandelt, deren Teilelemente isoliert, klassifiziert und somit auf ihren je spezifischen Beitrag für die Anleitung von Verhaltensweisen untersucht wurden.

» *[…] culture is thought of as something that might be parcelled into different quantities, broken down into units of different values, in such a way that the utility, the civilising effect, to be derived from making available large amounts of relatively low-quality art to the masses might be weighed and balanced against the value to be derived from reserving the very best art for more exclusive forms of consumption by the educated classes.*« (Bennett 1998: 115)

Bezeichnenderweise gingen auch die Praktiken und die sozialen Profile der Besucher als produktive Elemente in die Maschinerie ein. Zunächst tauchten die Besucher als ›Problem‹ auf, wenn etwa die Frage nach der adäquaten Auswahl und Anordnung der Exponate für die sozial differenzierten Publika diskutiert wurden. Zugleich stellten die Besucher aber in mehrfacher Hinsicht auch ›Instrumente‹ zur Bearbeitung der ›Probleme‹ dar. Zum einen nämlich sollte gerade ihre Eigenaktivität – innerhalb eines vorstrukturierten Rahmens – die Wirkung der Exponate erhöhen.[9] Zum anderen kamen die (außerhalb des Mediums definierten) Unterschiede zwischen Klassen und Geschlechtern in der räumlichen Ordnung des Museums als wirksame Instrumente zum Einsatz.[10] Die Arbeiterklasse sollte sich im Museum nicht nur Exponate, sondern auch die Verhaltensweisen der Bourgeoisie anschauen und – unter dem beobachtenden Druck der Öffentlichkeit, deren Teil sie selbst war –, diese Verhaltensweisen einüben und übernehmen. Entsprechend wurde die bloße Anwesenheit von Frauen (auch denen der Arbeiterklasse) als kontrollierende und mäßigende Größe für männliches Verhalten in Rechnung gestellt:

»*[…] there was a common pattern in which women, in being welcomed out of the ›seperate sphere‹ of domesticity to which their naturalization had earlier confined them, were accorded a role in which the attributes associated with that sphere were enlisted for reformatory purposes – as culture's instruments rather than its targets.*« (Bennett 1995: 33)

Die Besucherinnen und Besucher wurden also keineswegs als leere Hülsen konzipiert, die im Museum ihre Prägung erhalten; die Politiken des Museums stützten sich vielmehr auf vorhandene Klassifizierungen, die im Museum einen neuen Stellenwert erhielten und so zu dessen Produktivität beitrugen. Auch einige weitere Aspekte, die über das Museum hinaus für eine Gouvernementalität der Medien bedeutsam sind, lassen sich hier schon erkennen, vor allem bezüglich des Stellenwerts von ›Technik‹ und ›Inhalten‹:

Die Rationalität des Museums resultiert aus einer flexiblen Verschaltbarkeit von Räumen, Techniken, Praktiken und Diskursen. Als materielle Anordnung (i.S. der architektonischen, ›in Stein‹ realisierten Struktur) ist das Museum zunächst nur ein Möglichkeitsraum für die Realisierung flexibler Strategien und Konstel-

---

9. Bennett sieht darin einen weiteren Unterschied zu den Sammlungen, die auch vor 1900 schon öffentlich zugänglich waren: Diese repräsentierten die zentrale und homogene Macht der Herrscher, indem das Publikum zu passivem Staunen veranlasst wurde; eine aktive (Selbst-)Regulierung der Besucherinnen und Besucher war nicht vorgesehen. John Tagg hat diese Veränderung daraufhin zugespitzt, dass die individuelle Lust nun ihre Gegenüberstellung zur Erfüllung von Pflichten verliert: »Wenn also die Lust im Museum ins Spiel kommt, dann bedeutet dies zugleich auch Arbeit. Sie wird zugelassen, um organisiert zu werden. Das Museum reguliert Subjektivitäten, ebenso wie es die Objekte ordnet, die es selektiv zur Schau stellt.« (Tagg 1997: 189).

10. Zusätzlich ermöglichte das Museum auch neues Wissen über die sozialen Differenzen, wenn beispielsweise beobachtet und gezählt wurde, welche Bilder von Vertretern ›unterer‹ Schichten angeschaut wurden; in der Folge konnte man den ›Geschmack‹ einer gesellschaftlichen Klasse identifizieren (Bennett 1998: 113f.).

lationen. Die steinerne Architektur legt weder eindeutige Verfahrensweisen noch Zielsetzungen fest.[11] Genauso wenig bilden die Exponate ein Zentrum oder einen Ausgangspunkt der Machtwirkungen; vielmehr erhalten auch sie ihren Stellenwert aus dem relationalen Geflecht, in das – wie gezeigt – Faktoren eingehen, über die ›das Museum‹ nicht verfügt. Die ›Probleme‹, die im Museum identifiziert und bearbeitet werden, sind dabei keineswegs ursprünglicher als die ›Lösungen‹; sie werden gemeinsam durch die Anordnung von Räumen, die Diskursivierung der Elemente und die Errichtung spezifischer Regierungstechnologien hervorgebracht.

Was sich hier am Beispiel des Museums abzeichnet, findet mit den technischen Medien eine Fortführung und Zuspitzung. Gerade weil es *technische* Medien sind, ist ihr Verhältnis zu Kunst und Kultur ambivalent und konfliktreich: Sie stellen eine Bedrohung dar – aber möglicherweise auch eine zu begrüßende Steigerung, insofern vor allem die Massenmedien das Versprechen mit sich bringen, die gesamte Bevölkerung mit der Kultur – und ihrer regierungstechnologischen Wirksamkeit – zu erreichen.

Entsprechend ging auch die Etablierung des Kinos mit seiner Etablierung als ›Problematik‹ einher[12] und dem Radio wurde schon in den 1920er Jahren einerseits vorgeworfen, dass es »die Konzertkultur und die Vortragskultur zertrümmern« werde (so der Publizist Wilhelm Stapel, zit. n. Lenk 1999: 189), während es andererseits zur Optimierung ebendieser Kultur beitragen sollte:

»[…] man opferte [für Konzerte etc.; Anm. M.S.] Ruhe, Gesundheit und Zeit auf beschwerlichen Wegen zum geistigen Wohl – und jetzt kommt die Kunst und das Wissen ins Haus! Die jagende Unrast der Grossstadt entweicht, das Haus wird zum Heim, auch für Kunstgenuss und Belehrung.« (so Hans Bredow 1924, zit. n. Lenk 1999: 193)

Aus der Überschneidung von Kultur und Medien resultiert ein dynamisches Feld an Strategien, das gleichermaßen die Kultur wie die Medien in Teilelemente zerlegt, klassifiziert, bewertet, modifiziert und daraus immer neue Regierungstechnologien und Rationalitäten gewinnt. Medien wären demnach nicht nur als Kultur*techniken* zu verstehen – also als symbolische Praktiken (etwa: Lesen, Schreiben, Rechnen) oder medientechnische Konstellationen (etwa: Buchdruck und Alphabetschrift), die über einen langen Zeitraum hinweg Bestand haben und eine Kultur prägen; sie wären ebenso gut als Kultur*technologien* zu betrachten. Statt der Frage, wie die Eigenschaften der Medien/Kulturtechniken eine Kultur prägen, könnte dann die Frage gestellt werden, wie mit den Medien Kultur bearbeitet, wie Kultur durch mediale Prozesse operational wird und wie die Medien selbst in diesem Prozess kulturell konstituiert und differenziert werden.

11. Foucault betont diese ›Offenheit‹ der Machtmechanismen, indem er ihnen eine »taktische Polyvalenz« zuspricht (1983: 122).
12. Wenn der Kunsthistoriker Konrad Lange 1920 resümiert: »Mit einem Worte: Wir sind Gegner des jetzigen und Freunde des zukünftigen Kinos« (zit. n. Jacobsen 1993: 30), dann wird deutlich, dass sich die (regierungstechnologische) Attraktivität des Kinos vor allem daraus ergab, dass es geändert werden konnte, um seine Zuschauerinnen und Zuschauer zu ändern.

Die Produktivität von Medien ergibt sich in dieser Perspektive nicht (nur) daraus, dass sie Kommunikationsstrukturen und Wahrnehmungsformen errichten, sondern (vor allem) daraus, dass sie diese zur Diskussion stellen und manipulierbar machen. Eine Kulturtechnologie wäre folglich nicht *die* Technik einer Kultur, sondern die technologische Produktion und Bearbeitung kultureller Differenzierungen durch die kulturelle Differenzierung von Technologien. Die Medien bearbeiten Problemfelder, die mit den Medien konstituiert werden. Damit gerät auch die komplementäre und konkurrierende Gleichzeitigkeit unterschiedlicher Medien als produktiver Faktor in den Blick, insofern sie immer unterschiedliche Versprechungen machen und gerade in ihrem Zusammenspiel immer neue Defizite produzieren.[13]

Regierung des privaten Raums: Das Fernsehen

Noch deutlicher als bei anderen Medien ist die Existenz und Wirkungsweise des Fernsehens weitgehend identisch mit den unablässigen Problematisierungen dieses Mediums: Es wird ununterbrochen diskutiert, reguliert, verändert und vervielfältigt, so dass es nahe liegt, die ›Politiken des Fernsehens‹ nicht (nur) in seinen ›Inhalten‹, in seinen Wahrnehmungsformen oder in seinen Besitzverhältnissen zu verorten, sondern in den zahllosen Strategien, die darauf zielen, das Fernsehen – seine Apparate, seine Rezeptionsformen, seine Programmangebote – zu definieren, zu klassifizieren, zu modifizieren und dabei unablässig zur (Selbst-)Führung von Individuen und Bevölkerungen beitragen. Im Verlauf seiner historischen Transformationen realisieren sich am Fernsehen eine Vielzahl unterschiedlicher regierungstechnologischer Rationalitäten und Strategien, die von technischen und institutionellen Änderungen begleitet, keineswegs aber definiert und vereindeutigt werden. Wenn einige Aspekte dieser Problematisierung hier nochmals nachvollzogen werden, dann vor allem, um zu zeigen, worin sich das Modell einer »Gouvernementalität der Medien« von anderen Modellen unterscheidet: Zum einen wird – entgegen der gängigen These vom Unsichtbarwerden des Mediums im Zuge seiner Habitualisierung – postuliert, dass es als zu bearbeitendes ›Problem‹ in den Alltag eingepflanzt wird. Zum anderen soll – entgegen der Vorstellung von Medien als stabilen Anordnungen, die Raum und Zeit in spezifischer Weise strukturieren – behauptet werden, dass das Fernsehen Optionen der (Selbst-) Strukturierung zur Verfügung stellt.

---

13. Eine solche Immanenz (oder auch Dialektik) von Problem und Problemlösung wird gelegentlich auch als ›Motor‹ von Mediengeschichte angeführt: »Medien sind [...] produktiv, sie zeugen sich fort, weil sie die Probleme, die sie lösen, zugleich vermehren.« (Engell 2000: 298) Ganz ähnlich sieht Hartmut Winkler Mediengeschichte als eine Kette von Versuchen, die differenzierenden Zwänge der Schrift zu überwinden und eine gleichermaßen universale wie transparente Ordnung der Signifikanten zu errichten; jedes Medium tritt aber nicht nur als zusätzliche Signifikantenordnung zu schon existenten hinzu, sondern bildet darüber hinaus interne Fragmentierungen aus (Winkler 1997, 14–17).

Schon lange vor der technisch-institutionellen Realisierung von Fernsehen in den 1930er und 1940er Jahren setzte eine Problematisierung des medientechnischen Fern-Sehens ein. Die »Funktionsutopien« für ein künftiges Fernsehen wurden durchgängig »von einer freischweifenden Phantasie über technisch-sozialen Wandel genährt« (Elsner/Müller/Spangenberg 1991: 167). Spätestens seit den 1920er Jahren werden die experimentellen Realisierungsformen des Fernsehens (im Kontext der Etablierung des Radios) systematisch von Diskussionen über die gesamtgesellschaftlichen Auswirkungen und Funktionen des neuen Mediums begleitet, das hinsichtlich möglicher Gefährdungen, aber auch als potenzielles Instrument zur Regulierung gesellschaftlicher ›Probleme‹ und zur Steuerung sozialer Transformationen verstanden wurde: Schon 1926 (und somit drei Jahre vor der ersten offiziellen Versuchssendung in Deutschland) diskutierte die *Berliner Zeitung* – noch ohne konkrete Vorstellungen von den Funktionsweisen –, ob das Fernsehen die familiäre Geselligkeit stören werde;[14] die ihm eigenen ›Gesetze‹ oder ›Regeln‹ wurden diskutiert, um ihm – in Ergänzung oder Ersetzung anderer Medien – eine bestimmte Effizienz bei der Bearbeitung gesellschaftlicher Fragestellungen zuzusprechen (Hickethier 1998: 29f.). Die Zielsetzungen waren dabei ebenso vielfältig wie die televisuellen Strategien und Mechanismen, mit denen man diese erreichen wollte. Die (kaum vermeidbare) Auseinandersetzung mit dem technischen Apparat sollte – so die Verlagswerbung für ein technikdidaktisches Buch – etwa dabei helfen, die technische Bildung des Volkes zu verbessern: »Wahrscheinlich wird eine neue Bastlerbewegung einsetzen und wieder ihr gut Teil dazu beitragen, die technischen Fähigkeiten unseres Volkes zu entwickeln, technisches Wissen und Verständnis zu verbreiten.« (zit. n. Elsner/Müller/ Spangenberg 1991: 163) Auch wenn wenig später die technischen Bauteile in einer paradigmatischen *black box* verschwunden und somit den ›Rezipienten‹ unzugänglich waren, blieben die ›zivilen‹ und ›alltäglichen‹ Praktiken im Umgang mit dem Medium weiterhin in regierungstechnologische Strategien eingebunden.

Auch während des Nationalsozialismus bildete das nur rudimentär realisierte Fernsehen durchgängig einen »Ort der Auseinandersetzung und kultureller Paradoxie« (Uricchio 1991: 237). Die staatlichen Institutionen – wie Militär, Post- oder Propagandaministerium – definierten vor dem Hintergrund ihrer unterschiedlichen Zielsetzungen und Rationalitäten sehr verschiedenartige ›Potenziale‹ und ›Spezifika‹ des Mediums und entwickelten widersprüchliche Modelle seiner »Organisation, Programmgestaltung und möglichen Breitenwirkung« (ebd., 236). Das ›Reichsministerium für Volksaufklärung und Propaganda‹ plädierte für die Realisierung einer öffentlichen und kollektiven Rezeption in ›Fernsehstuben‹, wobei vor allem die wechselseitige Kontrolle der gemeinsam Rezipierenden als wünschenswert betrachtet wurde.[15] Missbilligende Kommentare, die im intimen Raum der Wohnung die Propagandawirkung unterlaufen könnten, sollten so unterdrückt werden (Uricchio 1991: 241). Die

---

14. Zu solchen frühen Problematisierungen von Fernsehen vgl. insb. Elsner/Müller/Spangenberg (1991 und 1993), Andriopoulos (2002) und Hickethier (1990).

vermeintlich spezifischen Merkmale des neuen Mediums, die als scheinbar selbstverständlicher Bezugspunkt für die eine oder andere Realisierungsform fungierten, mussten als komplexe Konfiguration von Elementen jeweils erst hervorgebracht werden: »Zweck und Instrument der Regierung«.

Vor allem zeigen diese Beispiele aber, dass nicht nur die je realisierten Konstellationen, sondern schon die vielfachen Bemühungen, eine bestimmte Konstellation mit ihrer je spezifischen Wirksamkeit zu errichten, zu den ›Politiken der Medien‹ beitragen. Obwohl es nur exemplarisch (d.h. nur in Einzelexemplaren) realisiert war, konnte Fernsehen dennoch massenhaft wirksam und kulturtechnologisch produktiv werden.

Anlässlich der offiziellen Aufnahme des Programmbetriebs 1935 konnte der Reichssendeleiter Eugen Hadamovsky mit dem Fernsehen bezeichnenderweise gleichermaßen ökonomische, staatspolitische und Gemeinschaft bildende ›Potenziale‹ verbinden: Das neue Medium sollte nicht nur die Industrie zu weiteren Höchstleistungen anspornen, sondern auch »das Bild des Führers unverlöschlich in alle deutsche Herzen […] pflanzen« (zit. n. Reiss 1979: 34). Ein Hinweis auf die richtige Form der Aneignung durfte hier nicht fehlen: »Schließt Euch überall zusammen und bildet Fernsehgemeinschaften!« (Hadamovsky, zit. n. Hickethier 1998: 38).

Auch wenn sich seit den späten 1950er Jahren eine scheinbar stabile Realisierungsform des Fernsehens als »televisuelles Wohnzimmermedium familiärer Privatheit« (Zielinski 1989: 8) etabliert hat, bleibt das Medium ein problematisches und problematisiertes Objekt. Die ›Domestizierung‹ des Fernsehens ging keineswegs mit einer Stillstellung und Entproblematisierung seiner Funktionen, Effekte und Nutzungsweisen einher. Die Kopplung des Fernsehers mit den bestehenden Mechanismen und Ökonomien der häuslichen Wohnung bildete vielmehr den Ausgangspunkt einer besonders intensiven kulturtechnologischen Differenzierung. Es mag nicht mehr darum gehen, »das Bild des Führers unverlöschlich in alle deutsche Herzen zu pflanzen«; dafür stehen aber beim Fernsehen die Erziehung der Kinder, das Verhältnis der Geschlechter, die Ausbildung einer nationalen oder europäischen Identität sowie die Optimierung des individuellen Geschmacks und Lifestyles auf dem zu reg(ul)ierenden Spiel.

In der Anfangsphase scheinen die Problematisierungen ihren vermeintlich ›natürlichen‹ Grund darin zu haben, dass ein neuer komplexer Gegenstand in die häusliche Sphäre eindringt und dort ungewohnte Bilder, Töne und Zeitstrukturen etabliert. Monika Elsner und Thomas Müller diagnostizieren einen »mentalen Schock« (1988: 394), der durch das neue Medium in den 1950er Jahren ausgelöst wurde. Fernsehen musste als ›Wohnzimmermedium‹ erst einmal handhabbar gemacht werden, indem etwa seine technische Ungefährlichkeit und

---

15. Das Postministerium dagegen, das aufgrund seiner Verbindungen zur Industrie für die häuslich-dezentrale Einführung des Fernsehens plädierte, schlug noch 1943 – als es längst keine Fernsehübertragungen mehr gab – Live-Nachrichten rund um die Uhr als adäquate Sendeform des individualisierten Fernsehempfangs vor (Uricchio 1997: 18).

seine Eignung für die familiäre Situation, insbesondere für Kinder, herausgestellt wird.

Die meisten Diskursivierungen des Fernsehens zielten aber gerade nicht darauf, Irritationen, die sich aus der Neuheit des Mediums ergaben, schlicht abzubauen; stattdessen wurden systematisch Probleme und Ambivalenzen produziert, die am Fernsehen Plausibilität erhielten und in der Auseinandersetzung mit diesem bearbeitet werden mussten. Wenn beispielsweise in Frauenzeitschriften die adäquate Platzierung des Fernsehapparats in der Wohnung und die richtige Auswahl des Fernsehprogramms für die Familienmitglieder zu einem bedeutsamen Thema wird (Spigel 1992: 37–60), dann hat die ›Domestizierung‹ des Fernsehens kaum den Status einer ›Aneignung‹, die dem neuen Medium ein unauffälliges, reibungsloses und selbstverständliches Funktionieren (eine ›Naturalisierung‹) ermöglicht; eher lässt sie sich als Installation eines komplexen und dauerhaft problematischen Mechanismus' beschreiben, der gerade dadurch, dass er problematisch, uneindeutig und gestaltungsoffen bleibt, dazu beiträgt, das Familienleben hervorzubringen, zu definieren und zu optimieren. Die Domestizierung des Fernsehens, die zugleich als Domestizierung *mithilfe* des Fernsehens verstanden werden muss, wurde zu einer dauerhaften Aufgabe für die Familie und insbesondere die Mutter gemacht. Eine Habitualisierung im Sinne einer eindeutigen, ›harmonischen‹ und stillschweigenden wechselseitigen Abstimmung von Alltagspraktiken auf der einen und medialen Funktionsweisen auf der anderen Seite fand nicht statt (vgl. dagegen Elsner/Müller 1988).

Besonders deutlich zeigt sich dies an Problematisierungen, die das Fernsehen mit der Restrukturierung des häuslichen Raumes, der Geschlechter- und der Generationenverhältnisse koppeln. Indem beispielsweise das ambivalente Verhältnis zwischen (im Fernsehen ›präsenter‹) Außenwelt auf der einen und (häuslicher) Privatheit auf der anderen Seite durch Sendeformen und Paratexte immer neu reproduziert wird, erscheint die Auseinandersetzung mit dieser Raumproblematik plausibel und kann für die familiale Selbstregierung produktiv gemacht werden. Der privilegierte Zugang des Fernsehens zur Welt, zum ›Außen‹ oder zur Öffentlichkeit, die überwältigende Wirkung von Präsenz, ›Dabeisein‹ und Simultanität sind mit dem Fernsehen nicht einfach gegeben (qua Technik beispielsweise), sondern werden vielfältig inszeniert: Schon in der Werbung für die ersten Fernsehapparate waren auf deren ›Mattscheiben‹ Bilder von Sportereignissen oder (fernen) Landschaften zu sehen (Bernold 1995: 66f.); zusätzlich wurde der Apparat gerne vor Weltkarten und Postertapeten platziert. Das Spannungsverhältnis zwischen diesem emphatischen Weltbezug und der Sphäre privaten Konsums und reproduktiver ›Annehmlichkeiten‹, die nicht weniger durch das Fernsehen akzentuiert wurde, wirft eine Reihe von Fragen auf (Hartley 1999: 99–107): Dabei ging es nicht nur um die Partizipation an gesellschaftlichen Ereignissen im eigenen Haushalt (die Rezeption von Opernübertragungen in Abendgarderobe vor dem Fernsehapparat ist hier einschlägig), sondern auch um die Frage, wie mit dem Fernsehen – durch Einladung und angemessene Bewirtung von Gästen – soziale Ereignisse im Heim geschaffen werden können (Spigel 1992: 99–135). Welche Form der Intimität, welcher Kreis von Personen, welche Art der Aufmerksamkeit ist adäquat für welchen Ausschnitt von Welt, der übermittelt wird? Wie kann die Familie mithilfe des Fernsehens einen angemessenen Bezug zur Außenwelt erstellen? Wie kann die familiäre Intimwelt durch das Fernsehen gestärkt (oder vor dem Fernsehen geschützt) werden? In jedem Fall war die Abstimmung von Privatheit und Öffentlichkeit, von Familialität und Außenwelt eine zu bewältigende Aufgabe; der Apparat, die Programme und die familiäre Verwendung des Fernsehens bildeten dafür ein vielstimmiges Instrumentarium. Die Irritationen und Ambivalenzen machten das Fernsehen produktiv, weil sie garantierten, dass es zu einem Gegenstand permanenter Aufmerksamkeit und Sorge wurde – wobei die Sorge um und die Reg(ul)ierung des Fernsehens zugleich auf eine Regierung des familiären Zusammenlebens, insbesondere der Geschlechter- und Generationenverhältnisse zielte.

»Fernsehen war der große Familienentertainer, der versprach, Mama, Papa und die Kinder zusammenzubringen. Gleichwohl musste es aber gewissenhaft kontrolliert werden, um mit den verschiedenen Geschlechterrollen und sozialen Funktionen einzelner Familienmitglieder zu harmonieren.« (Spigel 2002: 215)

Die (immer ›problematischen‹) Geschlechter- und Generationenverhältnisse, die den ›Kreis der Familie‹ (den vor allem die Werbung um den Fernsehapparat versammelte) als sensibles Gefüge konstituieren, bildeten sowohl Voraussetzungen als auch Wirkungen der familiär-televisuellen Gouvernementalität. Indem Zeitschriften und pädagogische Ratgeber Empfehlungen gaben, was das angemessene Fernsehen für Frauen und für Kinder sei, wurden Frausein und Kindsein zugleich über das Fernsehen definiert und bearbeitet. Dies gilt umso mehr, als sich nicht nur in den Paratexten, sondern auch im Programm und in den apparativen Modifikationen die Kategorien dieser Problematisierung wieder finden, wodurch sie konkret handhabbar werden. Es wurden Programmformen und Apparate entwickelt, die eine reibungslose Integration von Fernsehen und Hausarbeit garantieren sollten – um gerade damit (also durch zielgruppenspezifische Werbung für Haushaltsartikel, Koch- und Familiensendungen etc.) das Hausfrau- und Muttersein zu optimieren. Frauenzeitschriften gaben Ratschläge, wie mithilfe des Fernsehens der Tag zu strukturieren wäre und stifteten somit zur selbsttechnologischen Nutzung des Mediums an (Spigel 1992: 73–98). Die Industrie warb unter Bezug auf die vermeintlich gegensätzlichen Interessen von Mann und Frau für die Anschaffung von Zweitgeräten. Komplementär dazu wurden Vorschläge entwickelt, wie Mann und Frau, Eltern und Kinder je (geschlechter- / alters-) spezifische Sendungen rezipieren könnten, ohne dass damit die familiäre Eintracht gestört würde. Anfang der 1950er Jahre wurde ein Fernseher mit dem Namen Duoscope vorgestellt, der es mit Polarisierungstechnik und entsprechenden Brillen möglich machte, dass Frau und Mann auf den selben Apparat blicken und trotzdem zwei verschiedene Programme sehen konnten (Spigel 2002: 248f.).

Sehr viel stärker als beim Kino (und beim Museum) ist die Gouvernementalität des Fernsehens durch ein mehrstufiges »Führen der Führungen« geprägt (Foucault 1994: 255). Wenn – wie beim Kino – den Kindern ein besonderer Status zugesprochen wird, so besteht der Unterschied jetzt darin, dass die Familie (bzw. wiederum die Mutter) selbst aufgefordert wird, das Fernsehen zu bearbeiten. Schließlich wurden dem Medium weit reichende Auswirkungen unterstellt, »die verstanden und angemessen gehandhabt werden mussten« (Spigel 2002: 232). Indem eine privilegierte und spezifische Beziehung zwischen dem problematischen Fernsehapparat und dem problematischen Objekt Kind erstellt wurde, bildete das Fernsehen zugleich ein differenziertes Feld rationaler Strategien, mit denen das Verhalten der Kinder angeleitet werden sollte. »Wenn der Apparat das Kind kontrollieren konnte, konnten die Eltern dies auch.« (ebd., 233) Das Fernsehen (und zwar seine Technik, seine Programme, seine Nutzung und seine Platzierung in der Familie) erhielt aus den Differenzierungskategorien der Familie eine spezifische Rationalität und trug zugleich zu deren regierungstechnologischer Handhabbarkeit bei.

Dass sich schon in den ersten zehn Jahren des Fernsehens eine zunehmende Verschiebung von technisch-apparativen Fragen hin zu einer Problematisierung der Programme und ›Inhalte‹ sowie der Rezeptionsformen abzeichnete, kann leicht als Habitualisierung und zugleich als schrittweise Verdeckung der (›komplizierten‹) Technizität des Mediums verstanden werden. Die Auseinandersetzung mit Programmen und ›Inhalten‹ folgte allerdings durchgängig Zielsetzungen und Rationalitäten, die kaum weniger technologisch funktionierten als die Apparate. Auch heute noch agieren Zapper und *couch potatoes* – nicht viel anders als die Radio- (und Fernseh-) bastler – in einem heterogenen Feld von Bedienungshinweisen, widersprüchlichen Rationalitäten, volkswirtschaftlichen oder familialistischen Strategien und nicht zuletzt eigenem Experimentieren; in einem Feld also, das vielfältig strukturierte Optionen für die Optimierung des Mediums sowie des eigenen Verhältnisses zum Medium und damit auch des eigenen Alltagsverhaltens zur Verfügung stellt. Der nahtlose Übergang ist ein Hinweis dafür, dass apparative Technik und programmliche Ordnungsstrukturen für die (kultur-) technologische Regulierung durchaus äquivalente Funktionen wahrnehmen können und keineswegs kategorisch zu unterscheidende Ebenen des Mediums darstellen.

Damit ist zugleich eine entscheidende medientheoretische Verschiebung angesprochen, die sich durch eine Perspektivierung von Medien als Regierungstechnologien ergibt. Während nämlich das hier vorgeschlagene Modell die ›Politiken der Medien‹ auf der Ebene ihrer Problematisierungen und somit auf der Ebene vielfältiger Strategien verortet, stellen andere Ansätze die standardisierenden Effekte in den Mittelpunkt. Die Differenz der Perspektiven lässt sich gerade an der Frage der medialen Strukturierung von Raum und Zeit gut verdeutlichen.

Exkurs: Strukturierung oder Problematisierung von Raum

Beispielhaft ist der Zusammenhang zwischen Medien und Raum bei Marshall McLuhan (1970) ausformuliert, der die »Stammesgesellschaft«, den »Nationalstaat« oder das »globale Dorf« sehr direkt mit bestimmten Medien koppelt. Der soziale und kulturelle Raum resultiert aus der technisch definierten Reichweite, der Geschwindigkeit und der Reproduktionskapazität der Medien. Jedem Medium lässt sich somit ein spezifischer aber weit gehend eindeutiger raumstrukturierender Effekt zuordnen. Unter explizitem Bezug auf McLuhan hat Joshua Meyrowitz die Neustrukturierung sozialer und insbesondere häuslicher Räume durch das Fernsehen untersucht, so dass sich hier ein Vergleich zu den Analysen von Lynn Spigel, die für meine Ausführungen der zentrale Bezugspunkt waren, anbietet. In seiner Studie *No Sense of Place* (auf Deutsch: *Überall und nirgends dabei* [1990]) postuliert Meyrowitz, dass Medien gesellschaftlich wirksam werden, indem sie die Abgrenzung und Zugänglichkeit unterschiedlicher sozialer Räume prägen. Jedes einzelne Medium führt zu einer spezifischen Gliederung des sozialen Raums (Meyrowitz 1994, 59).

Kennzeichnend für das Fernsehen ist nun, dass es – und zwar unabhängig von seinen je spezifischen Inhalten – eine bislang durch die Buchkultur geprägte trennscharfe Differenzierung sozialer Räume unterläuft und damit eine Auflösung (oder zumindest Verwischung) bislang distinkter sozialer Subjektivitäten bewirkt: Man sieht gemeinsam fern (während man alleine liest); man sieht – im *flow* des Programms – nicht nur unterschiedlichste Situationen, sondern kann (im Gegensatz zum Buch) auch konkret sehen, was andere Personen sehen. Indem das Fernsehen unterschiedlichste Situationen unter die Beobachtung eines sozial nicht differenzierten Publikums stellt, werden räumliche Abgrenzungen in Frage gestellt. Die »Struktur sozialer ›Situationen‹«, die das Fernsehen errichtet, unterläuft somit die sozial differenzierende Funktion räumlicher Strukturen (Meyrowitz 1990, 27). Als zentrale Effekte dieser Raumorganisation des Fernsehens diagnostiziert Meyrowitz – neben einer sinkenden Relevanz von Autoritätsfiguren, die nun auch in ›privaten‹ Situationen beobachtet werden – ein Verwischen von Gruppenidentitäten (hier ist sein Beispiel das Geschlechterverhältnis) sowie ein Aussetzen deutlich abgegrenzter Rollenübergänge (hier ist sein Beispiel der Übergang von der Kindheit zum Erwachsenen).

Dem Fernsehen wird also eine spezifische Raumorganisation zugesprochen, die quer zu unterschiedlichen Praxisbereichen auf immer gleiche und zwingende Weise wirksam wird; aus den medialen Charakteristika des Fernsehens leitet Meyrowitz dessen eindeutige Effektivität ab. Geschlechter- und Generationenverhältnisse können sich demnach zwar von Medium zu Medium unterscheiden, werden von diesen aber ebenfalls je eindeutig definiert. Sie tauchen somit nicht als Felder von Auseinandersetzungen und Strategien auf, die sich in Reaktion auf und Kopplung an die raumstrukturierenden Effekte des Fernsehens herausbilden, um diese zu verändern, sie auszunutzen oder zu stützen. »In Meyrowitz's account there is [...] politics, but no discursive power; appropriation, but no containment; technology, but no technique.« (Berland 1988: 150)

Bei Lynn Spigel bleiben dagegen die raumstrukturierenden Effekte von Fernsehen (und somit auch deren Stellenwert für soziale Differenzierungen) grundsätzlich ambivalent. Mit der Einführung des Fernsehens wird zwar die etablierte räumliche Organisation des familiären Haushalts verändert und das Verhältnis von öffentlichem und privatem Raum modifiziert; dies wird aber als eine Veränderung der Problematik und somit des strategischen Feldes familiärer Raumorganisation betrachtet. Entsprechend installiert Fernsehen nach Spigel nicht *eine* Raumordnung, sondern konstituiert in der Überschneidung seines Apparats, seiner Kommunikationsstrukturen und seiner Programmformen mit vorhandenen raumstrukturierenden Mechanismen eine Reihe von Problematiken und zugleich eine Reihe von Instrumentarien der räumlichen Organisation. Die Geschlechter- oder Generationenverhältnisse sind keine schlichten Effekte der raumstrukturierenden Medien, sondern relativ eigenständige (d.h. in einer Vielzahl von Praktiken und Diskursen relevante) Mechanismen, die dem Fernsehen überhaupt erst eine räumliche Effektivität ermöglichen. Die geschlechtliche Differenzierung von Räumen und Tageszeiten wird (wie beispielsweise die deutlich unterschiedlichen Werbespots während *Daytime* und *Prime Time* zeigen) schon aus ökonomischen Gründen mit dem Fernsehen reproduziert und modifiziert; sie wird also gerade deshalb zum produktiven Problem des Fernsehens, weil sie auch von anderen Mechanismen bearbeitet wird.

Bezeichnenderweise sind die raumstrukturierenden Potenziale von Medien keine Idee der Medientheorie, sie werden unmittelbar nach Einführung des Fernsehens in populären Magazinen problematisiert und bearbeitet. Solche Diskurse und Strategien sind dabei keine konservativen Bewahrungsversuche, die gegen die unvermeidliche Logik des Fernsehens eine traditionelle Raumorganisation (und entsprechend traditionelle soziale Differenzierungen) bloß aufrecht zu erhalten versuchen; sie zielen vielmehr darauf, die ›spezifischen‹ Potenziale von Fernsehen für die (Re-)Organisation von Familie und Gesellschaft in Dienst zu nehmen. Welche räumlichen Effekte das Fernsehen auch immer hat, die daraus resultierenden sozialen Differenzierungen werden zum Gegenstand von regulierenden Strategien. Fernsehen ist ein konstitutiver Teil des »System[s] von Differenzen […], in dem Familienmitglieder und ihr häuslicher Raum entlang der Geschlechtergrenzen und sozialer Grenzen getrennt wurden« (Spigel 2002: 243). Die räumliche Ambivalenz des Fernsehens stellt sich folglich weder als ursprüngliches (und bald bewältigtes) Problem, noch als medientechnisch determinierter Effekt dar; eher hat sie den Charakter einer dauerhaften Aufgabe.

Medien als institutionalisierte Probleme

Ein erheblicher (und wahrscheinlich historisch eher zunehmender) Anteil an Medienkommunikation ist Kommunikation ›über‹ Medien.[16] Die ›Gouvernementalität der Medien‹ realisiert sich durch die fortlaufende Problematisierung, wobei es für die Regierungstechnologie Fernsehen eine enorme Bedeutung hat, dass es eine ›Laientechnik‹ ist: Auch Groß- und Expertentechnologien sind immer wieder Gegenstand ambivalenter Faszination sowie des Streits über ihre Gefahren und Chancen; in den gegenwärtigen Debatten um die Gentechnologie finden sich sowohl die dichotomisierenden Argumentationsmuster, als auch die Hinweise darauf, dass dies alte Argumentationsmuster seien.[17] Insbesondere die Kopplungen zwischen Apparaten, Praktiken und Diskursen und somit auch die Kopplungen zwischen apparativer Maschinerie und Selbsttechnologie unterscheiden sich allerdings grundlegend zwischen Laien- und Expertentechnologien. Wenn beispielsweise eine Technologie wie die Kernenergie zum Gegenstand gesellschaftlicher Problematisierungen wird, hat dies kaum strategische und kulturtechnologische Konsequenzen.[18] Zwar hat, worauf Gegner wie Befürworter gleichermaßen verweisen, auch die Kernenergie Auswirkungen in unserem Alltagsleben (sei es, weil sie polizeistaatliche Strukturen erfordert, sei es, weil sie von Öllieferungen unabhängigen, preiswerten Strom in die Haushalte bringt); sie ist aber weder als differenzierter Objektbereich im Alltag präsent, der eine Vielzahl an Umgangsformen eröffnet, noch lassen sich differenzierte Effekte für differenzierte Anwendungsformen unmittelbar beobachten und handhaben (man vergleiche nur die Schwierigkeiten, ein erhöhtes Krebsrisiko im Umkreis von Atommeilern nachzuweisen und individuell darauf zu reagieren, mit der offensichtlich unmittelbaren Evidenz des sogenannten Montagssyndroms zappeliger Kinder). Bezeichnenderweise dominieren unter Bezug auf die Kernenergie Proteste, die sich grundsätzlich gegen ihre Nutzung aussprechen, während die (sehr viel weniger öffentlichen) Proteste, die das Fernsehen betreffen, eher auf seine Regulierung und Optimierung zielen: Entweder fordern Elterninitiativen weniger Gewalt und Sex oder Fangruppen wollen die Einstellung einer Serie verhindern.

Wenn der Status des Fernsehens als Laientechnik auf der einen Seite gegen Großtechnologien wie die Kernenergie abzugrenzen ist, so auf der anderen gegen ›ordinäre‹ Haushaltstechnologien wie beispielsweise den Kühlschrank. Im Gegensatz zum Fernsehen, darauf weist John Hartley hin, unterliegt der Kühlschrank, der ja durchaus als Speichermedium betrachtet werden kann, keiner kulturtechnologischen Differenzierung: »Soweit ich weiß, gibt es kein Klima

---

16. Dagegen etwa Irmela Schneider: »Mediendiskurse, in denen es explizit um Medien geht, in denen Medialität thematisiert oder gar problematisiert wird, sind in aller Regel ein Sonderfall von Kommunikation. Für die Alltagspraxis gilt: Medien benutzt man, aber man redet nicht weiter über sie bzw. über den Umgang mit ihnen. Für die Beobachtung von Alltagspraxis heißt dies: ihre Beobachtung sollte sich zur Aufgabe machen, jene Medialität zu (re)konstruieren, die der Medienkommunikation inhärent ist, die immer mitläuft, aber unbeachtet bleibt, wenn man Medien benutzt.« (Schneider 2000: 26f.) Dieser These scheint mir eine verkürzte Unterscheidung zwischen bewusster Reflexion und nicht-bewusster Nutzung zugrunde zu liegen.
17. Aus systemtheoretischer Sicht könnten ›Probleme‹ (bzw. Problemdefinitionen) als die gemeinsame Rationalität aller technischen Kommunikation betrachtet werden: »Probleme sind das Programm des Techniksystems.« (Rost 1997: 24f.).
18. Ein Vergleich zwischen Fernsehen und Kerntechnik liegt weniger fern als man zunächst denken mag; der damalige Bundeskanzler Helmut Schmidt soll die Verkabelungspläne 1979 mit folgender Aussage abgelehnt haben: »Wir dürfen nicht in Gefahren hineintaumeln, die akuter und gefährlicher sind als die Kernenergie.« (Tagesspiegel 28.12.2003).

kultureller Kritik, die sich auf den Kühlschrank richtet. [...] Soweit ich weiß, wurde dem Kühlschrank nie vorgeworfen, die Demokratie zu bedrohen [...].« (Hartley 2002: 270) Der Kühlschrank wirkt zwar in sehr direkter Weise auf die räumliche und zeitliche Strukturierung des Familienlebens ein, aber er bildet kein differenziertes Instrumentarium aus, mit dem dieses strategisch bearbeitet werden kann. Die medialen Kulturtechnologien lassen sich demnach zwischen unzugänglichen Großtechnologien und weitgehend unproblematischen technischen Apparaten verorten: Einerseits für alle zugänglich und handhabbar, andererseits ein Schnittpunkt vielfältiger und widersprüchlicher Techniken, Praktiken und Diskurse, die sich nicht zu einer stabilen Konstellation zusammenfinden, sondern ständiger Kontrolltechnologien bedürfen. Weit mehr noch als das Museum oder das Kino installieren Radio und Fernsehen eine permanente und mit den meisten (Alltags-)Praktiken verwobene kulturtechnologische Maschinerie.

Besonders prägnant ist die fortlaufende Problematisierung des Verhältnisses von Kindern und Fernsehen, die nicht nur in unterschiedlichsten Diskursen ›über‹ das Fernsehen immer neu aktualisiert wird, sondern auch weiterhin im Fernsehen selbst (dem Apparat und dem Programm) zur Geltung kommt; die televisuelle Regulierung von Kindheit (oder die ›kindgerechte‹ Regulierung des Fernsehen) strukturiert Verhaltensweisen, technische und programmliche Modifikationen, die Medienpolitik, die Werbeindustrie u.v.a.[19] Die ›Inhalte‹ des Fernsehens werden entsprechend ihrer (potenziell schädlichen) Wirksamkeit auf Kinder unterschieden und in der Folge zeitlichen, ästhetischen oder pragmatischen Regulierungsmechanismen unterstellt; insbesondere ›Gewalt‹, ›Sex‹ und ›Werbung‹ werden als Zugriffspunkte für juristische, politische, aber auch technische Problematisierungen des kindlichen Fernsehens definiert. Diese ›Inhalte‹ werden nicht einfach verboten, sondern durch ihre fortlaufende (und immer unsichere) Klassifikation und ihren sorgfältigen Einsatz vervielfältigt. Beispielhaft kann dies an einigen Konzepten europäischer Rundfunkregulierung verdeutlicht werden. Die Fernsehrichtlinie der EU formulierte 1989 u.a., dass »direkte Kaufappelle an Minderjährige [...] verboten« sind (Gruber 1995: 47), unterstellt also eine spezifische Empfänglichkeit von bestimmten Zuschauergruppen. Für Kindersendungen – die durch ihre ›Inhalte‹ von sonstigen Sendungen unterschieden sind – gelten deshalb (wie im übrigen auch für die Übertragung von Gottesdiensten) besondere Vorschriften für die Ausstrahlung von Werbung. Ein weiterer Regulierungsmechanismus bezieht sich bekanntermaßen pauschal auf die Tageszeiten; aus Gründen des Kinder- und Jugendschutzes dürfen bestimmte Formen von ›Sex und Gewalt‹ erst dann ausgestrahlt werden, wenn die empfänglichen Zielgruppen vermeintlich nicht mehr vor dem Fernseher sitzen. Die Richtlinien der *European Broadcasting Union* formulieren in diesem Zusammenhang nicht nur

---

19. Auch im familialen Alltagsleben gibt es offensichtlich Kontinuitäten zu den 1950er Jahren. Shaun Moores berichtet im Rahmen ihrer empirischen Studie zur Einführung von Satellitenfernsehen von einer Mutter, die alleine deshalb eine Satellitenschüssel kauft, weil sie hofft, so ihren Sohn öfter zu Hause zu haben (Moores 1993: 634).

Handlungsanweisungen für die Sendeanstalten, sondern komplementär (oder kompensatorisch) auch für die Eltern.

»Programmmacher und -planer sollten stets die Plazierung ihrer Sendungen im Blick haben, wenn sie inhaltliche Fragen bedenken. Eine Sendung mit Gewaltszenen dürfte für eine frühe Plazierung nicht in Frage kommen, weil sie für zuschauende Kinder ungeeignet ist. Um beim Publikum jeden Zweifel auszuschließen, sollte es im Abendprogramm eine klare Zeitgrenze geben: Alle Sendungen, die vor diesem Zeitpunkt ausgestrahlt werden, sollten für ein Publikum geeignet sein, das zu einem hohen Anteil auch aus Kindern besteht. Die Eltern müssen akzeptieren, daß die Verantwortung für das, was ihre Kinder nach diesem Zeitpunkt sehen, größtenteils bei ihnen liegt.« (zit. n. epd medien 56, 20.7.1991; Herv. M.S.)

Eltern und Fernsehen übernehmen gewissermaßen arbeitsteilig die Reg(ul)ierung des kindlichen Fernsehkonsums. Schon weil die Strukturierung der Medien (etwa die Festlegung besonderer Tageszeiten) auf statistisch normalisierten Lebensrhythmen basiert, müssen bei individuellen Abweichungen häusliche Praktiken die regulierende Effektivität der Programmschemata ergänzen. Zusätzlich können technische Mechanismen in die Strategien einbezogen werden. In der schon erwähnten EU-Richtlinie wird beispielsweise zugestanden, dass an sich problematische Sendungen dann ausgestrahlt werden können, wenn durch »technische Maßnahmen dafür gesorgt [wird], daß diese Sendungen von Minderjährigen im Sendebereich üblicherweise nicht wahrgenommen werden« können (zit. n. Gruber 1995: 49). Für derartige »technische Maßnahmen« gibt es unterschiedliche Modelle. Zum einen können – wie beim Pay-TV üblich – einzelne Sendungen so verschlüsselt werden, dass sie nur bei Eingabe eines PIN-Codes empfangen werden können. Zum anderen können Fernsehapparate mit einer speziellen Technik ausgestattet werden (dem sogenannten Violence- oder schlicht V-Chip), der bei entsprechend codierten Sendungen unerwünschte Szenen ausblendet: Diese Technik, die in den USA schon verbreitet ist, intensiviert ebenfalls die Verschränkung von Anleitung und Selbstregierung. Die Zuschauerinnen und Zuschauer können nämlich zwischen unterschiedlichen Filtervarianten wählen und so eine flexible Modifikation des Fernsehprogramms vornehmen. Neuere Fernseh- und Videogeräte verfügen genauso wie Pay-TV-Angebote längst serienmäßig über eine Sperrfunktion, die fast durchgängig als Kindersicherung bezeichnet wird.

Dennoch hat die Familie nicht mehr den Stellenwert für die Problematisierung des Fernsehens, den sie bei der Einführung des Mediums hatte. Dies bedeutet aber weniger, dass eine Habitualisierung stattgefunden hat, als vielmehr, dass sich die Problemfelder und Rationalitäten, die das Fernsehen produktiv werden lassen, verschoben haben. Videorecorder und Fernbedienung haben dabei ebenso zu einer Reorganisation (und somit Problematisierung) der Zeitstrukturen und der Publikumsbindungen des Fernsehens beigetragen wie die zunehmende Ökonomisierung, der das Fernsehen zumindest in Europa ausgesetzt war. Die kulturtechnologische Funktionsweise – die Sorge um die Familie etc. – wird allerdings keineswegs durch ›rein‹ ökonomische Maximen ersetzt. Schließlich lässt sich ein ökonomisches Profitinteresse (entgegen allen anders lautenden

Behauptungen) weder in Technik noch in ›Inhalte‹ eindeutig einschreiben; es errichtet selbst ein Experimentierfeld, das die Verschaltung vielfältiger Teilmechanismen (Quoten und Zuschauerpost, Programmpolitiken und Sender-Image, industrielle und intermediale Kooperationen etc.) impliziert. Was allerdings zu beobachten ist, ist eine Annäherung der kulturtechnologischen Produktivität des Fernsehens an die Konstellation des Neoliberalismus. Im Zuge von Programmvervielfältigung, von Digitalisierung und diversen ›interaktiven‹ Formaten wird immer mehr die gelungene Individualisierung zu der zentralen Problematik, die mit dem Fernsehen bearbeitet werden soll. Die Versprechen, dass man (sei es mit Festplattenrekordern oder mit werbeeinblendungsfreien Sportübertragungen) ›nichts mehr verpasst‹ und dass man angesichts der Vielfalt der Programme und mithilfe von elektronischen Programmführern immer das findet, was den ›persönlichen Wünschen entspricht‹, sind zugleich als Aufforderungen zu verstehen, seine Persönlichkeit im eigenen Fernsehen zu realisieren und zu optimieren. Ein individualisiertes Zeit- und Inhaltsmanagement wird vom Fernsehen gleichermaßen gefordert wie ermöglicht (Stauff 2004). Dass diese veränderte Konstellation nicht als ›Befreiung‹ von den vermeintlich restriktiven Vorgaben eines konventionellen, familialistischen Fernsehens funktioniert, sollte – vor dem Hintergrund einer foucaultschen Perspektive – deutlich geworden sein. Die Gouvernementalität der Medien lässt sich nicht zwischen den Polen von Befreiung und Unterdrückung, von Aufklärung und Manipulation verorten. Stattdessen ist die Frage zu stellen, wie die Medien zu handhabbaren Gegenständen mit ›Potenzialen‹ und ›Gefahren‹ werden, deren rationale Handhabung wiederum weitere Gegenstände – Praktiken, Familienverhältnisse, Subjektivitäten, Bevölkerungen – reg(ul)ierenden Zugriffen zugänglich macht. ›Die Medien‹ (und jedes einzelne Medium für sich) erhalten ihre ›Identität‹ und somit auch ihre Politiken erst durch die Problematisierungen, die diskursiven Vervielfältigungen und die medientechnischen Praktiken, die sie in gouvernementale Rationalitäten einbinden.

Literatur

Andriopoulos, Stefan (2002): »Okkulte und technische Television«. In: Andriopoulos, Stefan / Dotzler, Bernhard J. (Hg.): *1929. Beiträge zur Achäologie der Medien*. Frankfurt a.M., S.31–53.

Bauer, Susanne (2003): »Krankheit im Raster des Umweltgenomprojekts. Koordinaten, Lokalisationen und Fakten auf der Flucht«. In: Nusser, Tanja / Strowick, Elisabeth (Hg.): *Rasterfahndungen. Darstellungstechniken, Normierungsverfahren, Wahrnehmungskonstitution*. Bielefeld, S.199–218.

Bennett, Tony (1995): *The Birth of the Museum. History, Theory, Politics*. London/New York.

Bennett, Tony (1998): *Culture. A Reformer's Science*. London/Thousand Oaks/New Delhi.

Berland, Jody (1988): »Placing Television«. In: *New Formations*, 4, S.145–154.

Bernold, Monika (1995): *Der Einzug des Fernsehers ins Wohnzimmer. Repräsentationsformen von Fernsehen und Familie in Österreich 1955–1967*. Wien.

Elsner, Monika / Müller, Thomas (1988): »Der angewachsene Fernseher«. In: Gumbrecht, Hans Ulrich / Pfeiffer, Karl Ludwig (Hg.): *Materialität der Kommunikation*. Frankfurt a.M., S.392–415.

Elsner, Monika / Müller, Thomas / Spangenberg, Peter M. (1991): »Der lange Weg eines schnellen Mediums: Zur Frühgeschichte des deutschen Fernsehens«. In: Uricchio, William (Hg.): *Die Anfänge des Deutschen Fernsehens: kritische Annäherungen an die Entwicklung bis 1945*. Tübingen, S.153–207.

Elsner, Monika / Müller, Thomas / Spangenberg, Peter M. (1993): »Zur Entstehungsgeschichte des Dispositivs Fernsehen in der Bundesrepublik Deutschland der fünfziger Jahre«. In: Hickethier, Knut (Hg.): *Institution, Technik und Programm. Rahmenaspekte der Programmgeschichte des Fernsehens*. (Geschichte des Fernsehens in der Bundesrepublik Deutschland, hg. v. Helmut Kreuzer und Christian W. Thomsen, Bd.1). München, S.31–66.

Engell, Lorenz (2000): *Ausfahrt nach Babylon. Essais und Vorträge zur Kritik der Medienkultur*. Weimar.

Foucault, Michel (1983[1976]): *Sexualität und Wahrheit. Bd. 1: Der Wille zum Wissen*. Frankfurt a.M.

Foucault, Michel (1994[1982]): »Wie wird Macht ausgeübt?« In: Dreyfus, Hubert L. / Rabinow, Paul: *Michel Foucault. Jenseits von Strukturalismus und Hermeneutik*. Weinheim/Basel, S.251–261.

Foucault, Michel (2000[1978]): »Die ›Gouvernementalität‹«. In: Bröckling, Ulrich / Krasmann, Susanne / Lemke, Thomas (Hg.): *Gouvernementalität der Gegenwart. Studien zur Ökonomisierung des Sozialen*. Frankfurt a.M., S.41–67.

Gruber, Barbara (1995): *Medienpolitik der EG* (Schriften der Deutschen Gesellschaft für COMNET, Bd. 12). Konstanz.

Hartley, John (1999): *Uses of Television*. London/New York.

Hartley, John (2002): »Die Behausung des Fernsehens. Ein Film, ein Kühlschrank und Sozialdemokratie«. In: Adelmann, Ralf / Hesse, Jan-Otmar / Keilbach, Judith / Stauff, Markus / Thiele, Matthias (Hg.): *Grundlagentexte zur Fernsehwissenschaft*. Konstanz, S.253–280.

Henman, Paul (1997): »Computer Technology – A Political Player in Social Policy Process«. In: *Journal of Social Policy* 26,3, S.323–340.

Hickethier, Knut (1990): »›Fließband des Vergnügens‹ oder Ort ›innerer Sammlung‹? Erwartungen an das Fernsehen und erste Programmkonzepte in den frühen fünfziger Jahren«. In: Hickethier, Knut (Hg.): *Der Zauberspiegel – Das Fenster zur Welt. Untersuchungen zum Fernsehprogramm der fünfziger Jahre*. Siegen, S.4–32.

Hickethier, Knut (1998): *Geschichte des deutschen Fernsehens*. (Unter Mitarbeit von Peter Hoff). Stuttgart/Weimar: Metzler.

Jacobsen, Wolfgang (1993): »Frühgeschichte des deutschen Films. Licht am Ende des Tunnels«. In: Jacobsen, Wolfgang / Kaes, Anton / Prinzler, Hans Helmut (Hg.): *Geschichte des deutschen Films*. Stuttgart/Weimar, S.13–37.

Kittler, Friedrich A. (1995): *Aufschreibesysteme 1800–1900* (3., vollst. üb. Aufl.). München.

Lemke, Thomas (1998): *Eine Kritik der politischen Vernunft. Foucaults Analyse der modernen Gouvernementalität.* Hamburg.

Lemke, Thomas / Krasmann, Susanne / Bröckling, Ulrich (2000): »Gouvernementalität, Neoliberalismus und Selbsttechnologien. Eine Einleitung«. In: Bröckling, Ulrich / Krasmann, Susanne / Lemke, Thomas (Hg.): *Gouvernementalität der Gegenwart. Studien zur Ökonomisierung des Sozialen.* Frankfurt a.M., S.7–40.

Lenk, Carsten (1999): »Zwischen öffentlicher Inszenierung und privater Angelegenheit. Radiohören und Öffentlichkeitsmodelle in der Weimarer Republik«. In: Mäusli, Theo (Hg.): *Talk about Radio. Zur Sozialgeschichte des Radios.* Zürich, S.189–205.

McLuhan, Marshall (1970[1964]): *Die magischen Kanäle. Understanding Media.* Frankfurt a.M.

Meyrowitz, Joshua (1990): *Überall und nirgends dabei. Die Fernsehgesellschaft 1.* Weinheim/Basel.

Meyrowitz, Joshua (1994): »Medium Theory«. In: Crowley, David / Mitchell, David (Hg.): *Communication Theory Today.* Cambridge, S.50–77.

Miller, Peter / Rose, Nikolas (1994): »Das ökonomische Leben regieren«. In: Donzelot, Jacques / Meuret, Denis / Miller, Peter / Rose, Nikolas: *Zur Genealogie der Regulation. Anschlüsse an Michel Foucault.* Hg. von Richard Schwarz. Mainz, S.54–108.

Moores, Shaun (1993): »Satellite TV as Cultural Sign: Consumption, Embedding and Articulation«. In: *Media, Culture and Society* 15,4, S.621–639.

Reiss, Erwin (1979): ›*Wir senden Frohsinn‹. Fernsehen unterm Faschismus.* Berlin.

Rost, Martin (1997): »Anmerkungen zu einer Soziologie des Internet«. In: Gräf, Lorenz / Krajewski, Markus (Hg.): *Soziologie des Internet. Handeln im elektronischen Web-Werk.* Frankfurt a.M./New York, S.14–38.

Schneider, Irmela (2000): »Zur Konstruktion von Mediendiskursen. Platons Schriftkritik als Paradigma«. In: Krewani, Angela (Hg.): *Artefakte – Artefiktionen. Transformationsprozesse zeitgenössischer Literaturen, Medien, Künste, Architekturen.* Heidelberg, S.25–43.

Spigel, Lynn (1992): *Make Room for TV. Television and the Family Ideal in Postwar America.* Chicago.

Spigel, Lynn (2002): »Fernsehen im Kreis der Familie. Der populäre Empfang eines neuen Mediums«. In: Adelmann, Ralf u.a. (Hg.): *Grundlagentexte zur Fernsehwissenschaft.* Konstanz, S.214–252.

Stauff, Markus (2004): ›*Das neue Fernsehen‹. Machteffekte einer heterogenen Kulturtechnologie.* Hamburg (im Erscheinen).

Tagg, John (1997): »Ein Diskurs (dem die vernünftige Form fehlt)«. In: Kravagna, Christian (Hg.): *Privileg Blick. Kritik der visuellen Kultur.* Berlin, S.175–200.

Uricchio, William (1991): »Fernsehen als Geschichte: Die Darstellung des deutschen Fernsehens zwischen 1935 und 1944«. In: Uricchio, William (Hg.): *Die Anfänge des Deutschen Fernsehens: kritische Annäherungen an die Entwicklung bis 1945.* Tübingen, S.235–281.

Uricchio, William (1997): *Media, Simultaneity, Convergence: Culture and Technology in an Age of Intermediality.* Utrecht.

Winkler, Hartmut (1997): *Docuverse. Zur Medientheorie der Computer.* Regensburg.

Zielinski, Siegfried (1989): *Audiovisionen: Kino und Fernsehen als Zwischenspiele in der Geschichte.* Reinbek b. Hamburg.

Ute Holl

Die Unschuld der Medien
Zu Riefenstahls DAS BLAUE LICHT

»... und Friedrich Murnau
und Karl Freund
sie haben die Lichtspiele von Nürnberg erfunden
als Hitler sich noch nicht einmal ein Bier
in den Münchner Caféhäusern leisten konnte...«
(Godard 1999: 53)

Das Beste, das Filmer hoch oben in den Bergen entdecken konnten, waren weder Gemsen, noch Murmeltiere, noch die Bewegung des Schneeschuhs, sondern Lichteffekte, die allen Dingen mindestens doppelten Schein und doppelte Schatten gaben und den simplen Blick der Talbewohner verrückt machen konnten. Bergfilme sind Wahrnehmungsrausch. Oben über allen Gipfeln werden alle Objekte zu glänzenden Übergangsobjekten. In Leni Riefenstahls Film DAS BLAUE LICHT aus dem Jahre 1932 gilt das in besonderem Maße, weil da die Geschlechterfrage und die Frage des Medialen als gleichzeitige Störung und Konstitution von Beziehungen und sogar Gemeinschaften verhandelt wird. DAS BLAUE LICHT bildet Übergänge von modernen, experimentellen Bildformen im Kino, wie sie insbesondere im Bergfilm der zwanziger Jahre mit seinen vielen technischen Erfindungen und formalen Abstraktionen entwickelt wurden (vgl. Rentschler 1992), zu ikonologischen Archaismen, die mit diesen Mitteln neuester Technologien Gestalten und Phantome romantischer Innerlichkeit wieder beleben. Anders als die Bergfilme beispielsweise Arnold Fancks verzichtet DAS BLAUE LICHT deshalb darauf, technische Geräte und technische Errungenschaften prominent ins Bild zu setzen. Der Film rekurriert bei aller technischen Raffinesse auf konventionelle Erzähl- und Erklärungsmuster, gerade was die Fragen der Kommunikationen und der Kontrolle angeht. Kommunikation ist als übersinnliche, nicht sprachliche, letztlich naturhaft scheiternde ins Bild gesetzt. Kontrolle schließlich, als Steuerung von Handlungen, von Begehren oder, einfacher, als ›innere‹ Motivation, wird, wie im Märchen, von einem schicksalhaft Anderen her projiziert, dessen Fehlen im Realen unheimlich auffällig wird. Diese Fernsteuerung betrifft insbesondere die Darstellung der weiblichen Protagonistin, des Mädchens Junta. Ihre unerklärliche Alterität, ihre grausame Verfolgung durch die Dorfgemeinschaft, ihre vergeblichen Versuche, Formen von Weiblichkeit zu inkarnieren und ihre ganz deutlich dem Ausdruckstanz verpflichtete Inszenierung eines Hysterischen jenseits des Spektrums von möglichen – ja immerhin durchaus gegensätzlichen – nationalsozialistischen Frauen-Idealen, lassen sie als Phantom erscheinen, als etwas, das nur virtuell anwesend scheint, in einem heteronomen Raum präsent, das aber trotzdem aktuell interveniert in die Handlungen diesseitiger, banaler Welt.

Wiederholt schon ist DAS BLAUE LICHT in seiner ambivalenten Stellung zwischen zwei Systemen beschrieben worden, als ästhetische Übergangsform zwischen avantgardistischen Projekten des Weimarer Kinos – zu denen Riefenstahl als Star der Panckschen Bergfilmproduktion gehörte – und der nationalsozialistischen Maschinerie totalitärer Bildwelten und Weltbilder – an denen Riefenstahl als Regisseurin und Inhaberin einer Filmproduktion entschieden beteiligt war. DAS BLAUE LICHT war Riefenstahls Rache an Arnold Fancks misogyner Regie in seinen avantgardistischen Bergfilmprojekten und zugleich ihr Einfallstor in das »Dritte Reich«, insofern Adolf Hitler gerade von diesem Film angetan war und angeblich wünschte, dessen Regisseurin solle, wenn die Nazis einst an der Macht wären, »meine Filme machen« (vgl. Riefenstahl 2000: 158). Riefenstahls Film ist daher ein Übergangsobjekt auch für die Filmgeschichte und schließlich sogar für Formen medialer Historiographie. An ihm lässt sich unter anderem zeigen, wie Geschichtlichkeit im Medium des Films erscheint. Anlässlich des BLAUEN LICHTS wären ein paar offene und abgründige Fragen der Unterscheidung zwischen dem Weimarer und dem nationalsozialistischen, dem »Nazi«-Kino, wie Eric Rentschler es unumwunden nennt (Rentschler 1996), gegen alle Thesen der Kontinuität oder der Kunstlosigkeit noch einmal aufzunehmen. Gerade an diesem Film ließe sich Hildegard Brenners Diktum, im Nationalsozialismus sei Kunstpolitik vor allem »social engineering« (Brenner 1963: 275) gewesen, noch einmal anders wenden. Zwei Aspekte des Films wären in dieser Hinsicht in Beziehung zu setzen: die Figur des Mädchens und die Funktion des Medialen im Film.

1.

Die Legende, die Riefenstahl zusammen mit ihrem Drehbuchautoren für diesen Film, Béla Balázs, in Bilder gesetzt hat und die deshalb nicht mehr einfach eine ›zu lesende ist‹ sondern viel eher eine ›zu sehende‹, Vidende, handelt von einem Märtyrer-Mädchen, das im Film Junta heißt. Damit die Verhältnisse im Dorf heil und reich werden, muss sie sterben.[1] Junta, ein *joining venture*, lebt allein, eltern- und beziehungslos im Hochgebirge, dessen Territorium sie nur noch mit einem kleinen Hirtenjungen teilt, der dort oben seine Tiere versorgt. Junta wird in dieser Höhe zunächst als absolut autonom dargestellt, allerdings

---

1. Sowohl Eric Rentschler in seinem Kapitel über DAS BLAUE LICHT »A Legend for Modern Times; The Blue Licht (1932)«, als auch Hanno Loewy in dem brillanten Kapitel »Das blaue Licht oder: der Auftritt des fanatischen Fatalisten« seiner Balázs-Monographie haben nach den Forschungen des Béla-Balázs-Biographen Joseph Zsuffa darauf hingewiesen, dass es sich bei dieser Geschichte nicht um eine Riefenstahlsche Traumvision handelt, wie es in ihren Memoiren imaginiert, wie es oft kolportiert und noch auf den käuflichen VHS- und DVD-Kopien des Films vermerkt wird, sondern um die Adaption eines Romans von Gustav Renker, Bergkristall, aus dem Jahre 1930. Vgl. Rentschler 1996: 32, und Loewy 2000: 359. Die weibliche Hauptfigur in Renkers Roman, der als Tagebuch des Malers Kurt Lüthi geschrieben ist, unterscheidet sich jedoch in wesentlichen Zügen von Riefenstahls »Junta«. Auch im Hinblick auf die Identifizierung von Licht und Mädchen im Begehren der Männer ist Balázs' und Riefenstahls Geschichte anders.

anders als der Hirtenjunge, der dort eine nomadenhafte Ökonomie betreibt, Weideplätze, Gräser und Kräuter kennt und Milch und Käse von seinen Tieren bezieht, unterhält Junta ein parasitäres Verhältnis zum Berg. Sie lebt vom Verkauf irgendwelcher Beeren im Dorf Santa Maria, das am Fuße der steil in den Himmel ragenden Spitze eines Monte Cristallo liegt. Und irgendwie lebt sie auch von Kristallen aus dem Berg, aber wie, bleibt im Film zunächst unklar: zwar sammelt Junta Kristalle, zwar trägt sie sie in ihrem Beerenkörbchen umher, aber der korpulente Händler im Dorf, dem die Bauern ihre entschieden kleineren Dinger anbieten, kriegt von ihr nichts. Als ginge es um ihr Leben, beißt sie in seine Hand, als er sich ein besonders schönes Exemplar aus ihrer Sammlung schnappen will. Die Kristalle bedeuten Junta mehr als Tauschobjekte. Dieses offenbar wertfreie ›Mehr‹ konstituiert Rätsel und Dramaturgie des Films.

Die Autonomie des Mädchens jedenfalls ist keine, die sich auf Hegung, Kultivierung oder Arbeit – und schon gar keine weibliche Hand- und Hausarbeit – stützt, sondern auf Sammeln, Transport und Handel, der für sie einen kleinen Gewinn abwirft. Sie kennt die Wege in die Kristallhöhle und die Verhältnisse und Beziehungen, die im Dorf herrschen. So kann sie die Verhältnisse zwischen oben und unten richten und regeln, im Guten wie im Bösen, auf Leben und Tod. Unklar bleibt jedoch, ob diese Regelung bewusst oder unbewusst geschieht. Denn metonymisch zu ihrem Auf- und Abtauchen ist es der Vollmond, der das Verhältnis zum Bergkristall und seinem Leuchten regelt. Wenn er sich hinter dem Kirchturm zeigt, sind die Dorfburschen nicht mehr zu halten, wollen auf den Berg und stürzen zu Tode. Mond, Licht und Frau generieren ununterscheidbar diese Effekte. Insofern ist die Autonomie Juntas wiederum nichts als die Kehrseite einer Abhängigkeit oder einer Allianz mit einem größeren System, eine Allianz, die von den Dorfbauern einfach als Hexerei bezeichnet wird – und die zu Siegfried Kracauers signifikanter Projektion führte, sie sei ein »Zigeunermädchen.« Beide Bezeichnungen sparen sich, die Elemente dieser Allianz zu analysieren.

In den ersten Bildern des Films wird die Natur von Juntas Abhängigkeit von der Bergwelt noch einmal anders eingeführt: Zunächst ist Juntas photographiertes Bild auf dem Umschlag eines dicken Lederbandes, einer Art Märchenbuch, zu sehen, über den dann ein glitzerndes Schneetreiben wie ein Vorhang geblendet wird. Durch diese Montage wird das tote Buch verräumlicht, in Bewegung versetzt, es wird ihm eine doppelte Zeit gegeben, die sich dem Filmischen verdankt. Juntas Geschichte ist von Anfang an die einer Medientransformation. Der Vorhang aus Schneegestöber aber initiiert vor allem, wie jeder Vorhang, ein Verlangen des Zuschauers, zu wissen, was sich dahinter verbirgt.[2]

---

2. In der ersten Fassung des BLAUEN LICHTS von 1932 wird dieser Zuschauerblick expliziter in die Struktur des Begehrens eingeordnet: eine Rahmenhandlung beginnt zunächst mit einem modernen Paar auf Hochzeitsreise – die als »honey-moon« oder »luna di miel« eine eigene Beziehung zum Ritual und zur Fertilität des Mondzyklus' kennt –, das es im Automobil nach Santa Maria verschlägt. Dort sind votiv-ähnlich Bilder von Junta überall zu sehen sind. Auf Nachfrage des Paares wird ihnen der Gastwirt eben das Buch vorlegen, das die spätere, neu-edierte Version Riefenstahls aus dem Jahre 1951 einleitet. Es ist diese Version, die, mit neuer Filmmusik und neu aufgenommenen Stimmen, bis heute kommerziell zirkuliert.

Filmisch wird ein Begehren an die Photographie geknüpft – die ihrerseits allerdings schon ein Gesicht gezeigt hatte, das durch den weichsten Weichfilter zu sehen gegeben war. In einer nächsten Überblendung dann wird das Buch im Bild, immer noch in Schneekristallgestöber, ersetzt durch einen großen phallusförmigen Kristall, der mitten ins Bild, mitten in die Szene ragt, und nach dem dann eine weibliche Hand begehrlich greift. In dieser Relation erst wird seine Größe erkennbar, er lässt sich aufheben und mitnehmen. Wenn in der darauffolgenden Einstellung wiederum das Gesicht des Mädchens in einer Nahaufnahme gezeigt wird, erstrahlt es im gleichen Licht wie vorher der Kristall. Das Gesicht scheint das Licht ganz ähnlich zu brechen, im Raum zu verteilen, diffundieren zu lassen wie der Kristall. Dieses Motiv des Strahlens und Glänzens und Flimmerns durchzieht die lange erste Sequenz von Bildern, die Juntas Bergwelt vorführen, hoch über dem Dorf – welches dagegen im allerersten Bild dieser Filmversion in sonnenklaren Kontrasten zu sehen war. Oben auf den Höhen dagegen ist das Licht diffus, glitzert und glänzt im Frühnebel, im Wasserdunst des Wasserfalls. Junta steht dazwischen im Lichtnebel, vor Wolken aus Lichteffekten. Die Felsen, zwischen denen sie herumklettert, lösen sich in den Wasserdämpfen nun ihrerseits in schillernde und glitzernde Kristallkegel auf, die nicht viel anders aussehen als der erste. Dank filmischer Überblendungen wird Natur handhabbar. Als Echo auf das erste Bild könnte man nun eine wiederum – diesmal überlebensgroße – Hand erwarten, die in die Kristallwelt hineingreift und sich begehrlich etwas pflückt, das darin besonders schön glänzt. Eine Kette von Verschiebungen zwischen Kristall, Mädchen, Phallus als Regler in einer Welt der Lichtspiele beginnt.

Zwei scheinbar ganz gegensätzliche Bild- bzw. Wahrnehmungsstrukturen bestimmen diese ersten Einstellungen: molekular zerstäubte und fest zentrierte. Im ersten Fall erscheint das filmische Bild, als wechsle der Raum seinen Aggregatzustand, würde molekular, oder sogar gasförmig, wie Deleuze es anlässlich bestimmter Experimentalfilme, die die Wahrnehmungsdiffusion an ihre Grenzen treiben, beschrieben hat (vgl. Deleuze 1989: 120). Diese Form der Bilder bewegt sich dicht an der Materialität des Films und eröffnet eine Vielzahl von Wahrnehmungsbeziehungen. Der Blick, der diese Bilder trifft, fächert sich auf in unterschiedliche Formen von Subjektivierungen, die als Konstellationen von Licht, Apparat und Körper verstanden werden könnten. Andererseits inszeniert Riefenstahl bereits in dieser Eingangssequenz immer wieder eine einzige unbekannte Kraft, der die Vielheit offenbar gehorcht, deren Ordnung sich die vielen Moleküle im Bild fügen.³ Der phallische Kristall, an dem sich alles Licht prominent bricht, wäre zugleich Funktions- und Vorstellungsrepräsentanz dieses Prinzips, das im wesentlichen die diffusen Blicke zentriert. Riefenstahl hat genau auf

---

3. Hanno Loewy hat in seinem Kapitel über DAS BLAUE LICHT diesen doppelt strukturierten Raum in Beziehung zu Wilhelm Worringers Vorstellung einer »kristallinisch-anorganischen« Materie gesetzt und zu dessen Idee, dass eben darin ein »Bewegungspathos« unbedingte Macht über die menschliche Empfindung ergreift und sie ungeheuer verstärkt: Ein »Bewegungspathos, das in dieser lebendig gewordenen Geometrie [...] steckt, vergewaltigt unser Empfinden zu einer ihm unnatürlichen Kraftleistung« (Worringer 1911: 31f., zit. nach Loewy 2003: 374).

diesen Effekt alle Anstrengungen gerichtet: »Oft können wir am Tag nur einige Minuten drehen, weil wir am Wasserfall einen ganz bestimmten Stand der Sonne abwarten müssen, um die gewünschte Strahlenbrechung zu bekommen. Aber jedesmal entwickeln wir nach den Aufnahmen kurze Filmstückchen zur Probe, um uns zu vergewissern, daß wir die Stimmung richtig getroffen haben« (Riefenstahl 1933: 73). Die Stimmung ist in diesem Fall nicht einfach eine kontemplative, sondern ein Effekt, der auf die Wahrnehmung zu wirken und sie zu verstärken hat, als eine Überwältigung oder sogar, wie Wilhelm Worringer es für den Effekt von »Bewegungspathos« im Kristallinisch-Organischen beschrieben hat, als »Vergewaltigung« der Empfindung.

Von Anfang an also ist die parasitäre Konstellation zwischen Mädchen, Licht und Kristallen als eine Form der Organisation von Sehen und zwar des begehrenden Blicks vorgestellt. Auffällig ist, dass genau diese Konstellation als naturhafte inszeniert ist, als eine jedoch, die ihre bergfriedlichen Stimmungen einerseits ins Dorf am Fuße des Monte Cristallo, andererseits in den Raum des Kinos abstrahlt. Leni Riefenstahl macht sich einen Lichtraum, in dem sie als Lichtgestalt erblickt werden kann, in dem sie sich als Körper auflöst und zum Bild der Vorstellung wird. Das ist die eine Form der Bilder. In anderen transformiert sich dieser Raum in einen kristallinen funkelnden Palast, in dem sie gleichermaßen starr sitzt, wie eine Eisprinzessin, die abzutauen, zu befreien wäre. Beiden Zuständen ist die Figur der Junta ausgeliefert, passiv, unschuldig.

In diesen kristallinen Lichtraum diffundierender Strahlen bricht nun – parallel montiert – die zweite Hauptfigur ein, die sich später als Gegenspieler des Mädchens entpuppen wird: der Kunstmaler Vigo. Ein Blick Juntas in die Ferne des Tals antizipiert sein Eintreffen. Die Ankunft in der Kutsche erinnert, wie seit der ersten Bemerkung Frieda Grafes oft wiederholt wurde, an die berühmte Kutschfahrt in Murnaus NOSFERATU, mit der der Grundstücksmakler Hutter den glitzernden Trickfilm-Wald durchquert, um das Schloss des tyrannischen transsylvanischen Grafen zu erreichen. Auch Murnau spielt an dieser Stelle mit den unterschiedlichen Bildoberflächen. Der Vergleich trägt weiter, als Grafe es in ihrer Skizze andeutet:[4] sowohl in Murnaus als auch in Riefenstahls Kutschenszene wird der Wechsel in ein anderes Reich filmisch realisiert, in ein Reich, in dem andere Gesetze gelten, fremde Mächte herrschen, deren Wirkung in beiden Filmen mit rein optischen und kinematographischen Mitteln realisiert sind. Allerdings ist das im BLAUEN LICHT, anders als in dem feineren und unmerklich inszenierten Übergang bei Murnau, überdeutlich als Unheimlichkeit ins Bild gesetzt: nachdem der Maler aus der zunächst unauffälligen Kutsche ausgestiegen ist, schließt sich deren Tür wie von Geisterhand und ein reg- und reaktionsloser Kutscher fährt davon, während die anderen Fahrgäste fassungslos auf den Gast im fremden Land zurückblicken. Weil dieser Trick aus dem Horrorgenre – ebenfalls im Unterschied zu Murnaus ja erst genrebildendem NOSFERATU – der einzige dieser Art im Laufe des Films bleibt und sich damit nicht recht an eine

---

4. Da geht es Grafe nur darum, Riefenstahls »eindeutige Bezüge zum phantastischen Kino« (Grafe 1985: 41) nachzuweisen.

bestimmte parasitäre Macht binden lässt, fällt diese Tür als überdeutlicher Verweis auf das Kinohafte des Tricks einigermaßen auf, das Kinohafte bricht an dieser Stelle störend in die unheimliche Lichtregie ein und zeigt, was hätte heimlich bleiben müssen: Die Intervention des Mediums. Dennoch, auch das Reich, in das der Maler Vigo eintritt – und da ähnelt es dem, in das der Maklersgehilfe Hutter reist – ist eines, das von Parasiten und vom Parasitären regiert wird, wenn der Parasit im Sinne von Michel Serres verstanden wird als irgendetwas, das merklich auf den Kanälen der Kommunikation sitzt, Kutschen kapert oder Kristalle zum Funkeln bringt, ohne dass sich entscheiden ließe, ob es das System, zu dem er gehört, konstituiert oder stört (vgl. Serres 1981: 28f.).

Die Unheimlichkeit dieser Umgebung äußert sich für den zugereisten Maler zunächst durch wenige Elemente, zuerst durch fehlendes oder fehlende Reden, und dann durch eine ausgeprägte und unerklärliche Beziehung der Bauern und des Mädchens Junta zum Licht. Das Unheimliche ließe sich also durch einen Mangel an Stimmen und einen Exzess an Blicken beschreiben, als Stummfilmkonvention mithin, und Stilmerkmal auch des Ton-Bergfilms, zu dessen avantgardistischen Elementen die Privilegierung des Visuellen und ein weit gehender Verzicht auf Dialoge gehört.[5] Es ist ein Unheimliches des Kinos selbst, das über der Berglandschaft hängt, aber unheimlich wird es nur, insofern sein Funktionieren in der Fabel oder Legende des Films als natürliches, zumindest übernatürliches inszeniert ist, als Sache des Weiblichen und des Mondes, wobei, und auch das charakterisiert das Auftreten des Parasiten, nicht klar ist, ob das Mädchen Junta in diesem Apparat des Sehens Opfer oder Nutznießer ist, passiv oder aktiv.

Als Vigo, nachdem die Kutsche ihn abgesetzt hat, von einem aus dem Nichts auftauchenden Mann abgeholt wird, der sich als Gastwirt von Santa Maria vorstellt, ist die Sprache für einen Moment wieder gefunden: »Gottseidank, endlich einer der spricht«, sagt der Maler und schon entsteht der Eindruck, als würde es heller. Allerdings bleibt der Gastwirt zunächst der einzige Dörfler, der *zu* dem Maler sprechen wird, übrigens der einzige auch, der ihn auf deutsch anredet. Zunächst einmal aber ist es nur der Maler Vigo, eigentlich Zuständiger für das Visuelle, der irgendeiner kohärenten Sprache mächtig ist. Auch Junta, die in ihrer Unschuld auf den Höhen der Berge ohnehin nichts zu sagen hat, und die andererseits im Tal, unter den Dorfbewohnern, stumm, scheu und starrend wie ein Reh gezeigt wird, spricht nur einmal mehrere Sätze hintereinander, nämlich wenn sie dem Hirtenburschen Guzzi oben von ihrer Verfolgung durch die Dorfbewohner unten und von ihrem knappen Entkommen erzählt. Mit expressiver Mimik – hier wie schon in der Fluchtszene zeigt sich die Schauspielerin Riefenstahl ganz als Elevin des Ausdruckstanzes, die sich auf den Körper verlässt, wenn es etwas mitzuteilen gibt – berichtet sie von der Bedrohung und von ihrer Angst. Später wird sie sich in wenigen Worten mit Vigo darüber verständigen, was die beiden teilen werden, ein kleiner Vokabel-Schatz für den verliebten Touristen:

---

5. »Der deutsche Bergfilm ist das erste und bislang einzige erfolgreiche Spielfilmgenre, das den zwischenmenschlichen Dialog als erzählerische Basistechnik abschaffte« (Rapp 1997: 16)

Brot – *pane*, Käse – *formaggio*, Schlafen – *dormire*. Was Junta und Vigo teilen, ist jedoch weder Seelenverwandtschaft noch Sprachgemeinschaft. Sie verbindet ein obskures Interesse an der Regelung des sichtbar Schönen.

Alle anderen sprechen, wie in Südtirol auch damals üblich, italienisch, allerdings sprechen sie nicht viel. In den pogromartigen Szenen werden Skandierungen laut, automatisierte Sprache, »strega maledetta«, verfluchte Hexe, rufen Männer, Frauen und Kinder und vereinigen sich zu einem Volk, das sich in der Verfolgung konstituiert – ganz genau wie in der vergleichbaren Szene im NOSFERATU, in der der kleine gemeine Knock, Agent des Parasitären, von den Bewohnern der Stadt gejagt wird. Es sind natürlich diese Szenen, auf die sich die Regisseurin Riefenstahl berufen könnte, wenn sie ihre Abscheu gegenüber allem Völkischen am Beispiel ihrer frühesten Filmbilder belegen wollte. Denn wenn die Sichtbarkeit einer Gemeinschaft hier auch als Effekt von skandierten Bild- und Sprachpartikeln erscheint, so doch als Horde, als ungeordnetes Volk, und nicht als präzis synchronisierte Bewegung, als aus verschiedenen Kameratempi nach-synchronisierte Bewegung, wie Riefenstahl sie drei Jahre später für den Film TRIUMPH DES WILLENS montierte und anschließend selbst das Symphonie-Orchester dazu dirigierte, um den Eindruck absoluter Homogenität eines Volkes herzustellen (vgl. Riefenstahl 2000: 231). Später wird sie diesen inneren Rhythmus als Schönheit der Reichsparteitage beschreiben, die sie selbst nur abgefilmt habe.[6]

Die Struktur des fixierten Blickes einerseits und des beharrlichen Schweigens andererseits, jener Struktur, die das Phantom des Kinogängers selbst auf der Leinwand abbildet, gilt vor allem auch für die vom blauen Leuchten in Vollmondnächten angezogenen Dorfburschen. In einer rührenden Sequenz mit Pflugochsen auf dem Feld – die ebenfalls ihr Modell bei Murnau hat, in jener Szene von SUNRISE, in der der Mann schon ganz den Verführungen der Großstädterin erlegen ist und die Frau mit Kind zwischen Ochs und Rind noch einmal an das gemeinsame Glück erinnert – bringt die junge Bäuerin ihrem Ehemann Trauben, um seine Aufmerksamkeit möglicherweise doch noch einmal auf sich zu lenken. Sie spricht, er schweigt, wie alle Burschen, die auf die Worte der Mütter oder Mädchen und selbst in der Kirche vor den Worten des Herrn mit stierem Blick ins Nichts oder ins Licht reagieren. Im Verhältnis zwischen Junta und dem Maler Vigo dreht sich diese Regel im Hinblick auf die Geschlechterdifferenz quasi um. Das beharrliche Schweigen Juntas und ihr ebenso beharrliches und nachtwandlerisches Starren auf den Gipfel des Monte Cristallo oder auf andere kleine Kristallobjekte lassen ihn schließlich ausrufen: »Wenn wir miteinander reden könnten ... es könnte schöner nicht sein ... « In diesem Moment kreuzen sich zwei weitere komplementäre Elemente des Films: Bild und Blick, in diesem Fall Vigos Malereien, die aber nicht zu sehen sind, und Juntas erneut auf einen Kristall fixierter Blick, der sich partout nicht auf Vigo oder auf seine Bilder oder sonst auf ein Objekt, das zu ihm gehört, richten will. Vigo hat seine Staffelei in

---

6. Beispielsweise in der einschlägigen Szene aus Ray Müllers Film DIE MACHT DER BILDER, BRD, 1993.

freier Natur aufgebaut, vor der Berghütte, und versucht von dort aus einen Blick auf die Landschaft festzuhalten, während Junta nicht weit von ihm entfernt im Gras liegt. Wie die Kameraeinstellung an dieser Stelle des Films nahe legt, versucht Vigo, sein Bild so zu komponieren, dass er sich zu Berg und weiblichem Körper, diesen beiden zentralen Anliegen der Bergfilmer, in dieselbe Perspektive setzen kann. Das Malen des Malers ist hier in der Tat als »Blickzähmung« (vgl. Lacan 1980: 112ff.) intendiert, als Versuch der Regelung einer Beziehung, die zugleich die Beherrschung des Begehrens wäre. Aber die Überführung seines Empfindungstumults in die schöne Ordnung des Malerischen scheitert ebenso wie der Versuch, ihn sprachlich an ein Objekt zu knüpfen. Junta distanziert sich, als Objekt des Malerauges, im Visuellen, und zeigt sich doch immer wieder als virtuelles Modell eines Bildes. Als Vigo sie kurz darauf umarmen und küssen will, verwandelt sie sich sofort in den steifen und ferngesteuerten Automatenkörper, der sie auch im Licht des Mondes wird, verliert ihre filmische Strahlkraft, um kurz darauf selbst vom Licht angezogen zu werden, stets inszeniert als Relais in der omnipräsenten und sadistischen Lichtmaschine des Films.

Wenn, wie Eric Rentschler schreibt, »der Bergfilm sowohl die Natur als auch den weiblichen Körper als Räume darstellt, die erkundet und verehrt werden« und wenn »Berge und Frauen für […] unberechenbare Naturgewalten stehen, die in der Lage sind, anzuziehen und zu überwältigen« (Rentschler 1992: 21), so hat Riefenstahl mit dem BLAUEN LICHT eine Variation dieses Topos geliefert, die nicht einfach in der Unterwerfung der Natur und des weiblichen Körpers endet, sondern die ein neues Sehen – der Berge, der Frauen – unterstellt, eines allerdings, für das sich alle Beteiligten als blind erweisen. In diesem Kontext und an diesem Beispiel aus dem Film wird deutlich, dass die Figur des Malers ein anachronistischer Gegenentwurf zum Selbstverständnis der Regisseurin als Weltbildnerin ist. Vigos Anstrengungen als Maler, deren Ergebnisse im Film nie zu sehen sind, stehen für eine naive Form des Bildermachens.[7] Wo Vigos Bilder offenbar versuchen, Objekte erscheinen zu lassen, Berge und Blicke in Farben und Formen zu bannen, kann der Film Objekte und ihre Relationen im kristallinen Licht des Kinos zur Auflösung bringen, das Begehren von seinen Objekten lösen, kann polymorph-vielfältige Relationen abbilden, das Rieseln einer Fläche auf eine ekstatische aber auch bedrohliche Art und Weise zu sehen geben, die an vorsprachliche oder primordiale Disparatheiten erinnert. Subjekte, die ihre Kohärenz dem Visuellen, dem Imaginären und Phantasmatischen verdanken, sind, das kann das Bild im Kino besser zeigen als das Ölbild auf der Leinwand des Malers, stets von Auflösung bedroht. Die Schönheit einer Figur, im BLAUEN LICHT ist das immer die der Junta, wird durch einen nur kinematographisch realisierbaren Blick freigelegt. Genau um dieses Moment ging es Riefenstahl eben

---

7. Vgl. dagegen das Urteil Eric Rentschlers, der eine Parallele zwischen dem Maler und der Regisseurin entdeckt: »Vigo is a stand-in for the camera, an evil eye with a friendly face, an anti-Pygmalion who transforms the object of his erotic desire into an auratic image. If Riefenstahl resembles anyone in the film, it is the artist from Vienna who paints and pursues Junta, expropriating landscapes and physiognomies with a marked regard for the aesthetic and commercial value of these raw materials« (Rentschler 1996: 44f.).

immer *auch* in ihren exzentrischen Projekten, und das wäre immerhin ein Faszinierendes an ihren Bildern, das noch nicht an den Faschismus geknüpft sein muss. Problematisch wird Riefenstahls Politik des Bilder immer dann, wenn sie, wie die Bauernlümmel im Dorf, der Faszination der Bilder selbst erliegt und schlicht vergisst oder verdrängt, dass es die Macht des Kinos ist, der alle Transformationen zu verdanken sind.

Frieda Grafe hat den OLYMPIA-Filmen Riefenstahls sogar die Ästhetik des Vertovschen »Kino-Auges« zugesprochen, das »unentwegt zugleich in den Dingen, unter und über ihnen ist« (Grafe 1985: 47). Die Parallele ist natürlich kühn, aber Vertovs Verfahren betreibt ebenfalls die Auflösung eines Sehens, das aus dem 19. Jahrhundert herkommt, zugunsten eines technisierten Blicks, den Deleuze beschrieb als »Perzeption, wie sie in der Materie vorkommt« (Deleuze 1989: 63). Riefenstahl exekutiert an der Figur des Malers Vigo ein Urteil über den veralteten Blick aus dem 19. Jahrhundert, allerdings bleiben ihr die romantischen Landschaftsmaler, Caspar David Friedrich zumal, in der Komposition Vorbilder, es ist die Oberfläche, die sie kinematographisch transformiert. Radikaler noch als in den OLYMPIA-Filmen experimentierte Riefenstahl im BLAUEN LICHT mit ästhetischen Verfahren, die die immer wieder durchbrechende Auflösung des geometralen Raumes aus der Bearbeitung des Films direkt auf der Schicht des Materials erreichen. In ihren Memoiren – in denen die Kooperation und Bergfilm-Licht-Erfahrung des Kameramannes Hans Schneeberger, der bereits für Fanck gearbeitet hatte, erwartungsgemäß unterschlagen wird – beschreibt sie, wie sie das Licht in den Bergen weiter transformierte, indem sie neue Emulsionen, neue chemische Verfahren, neue Filter und Linsen ausprobierte und Effekte direkt an die Körnung des Material knüpfte. So konnte sie mit der Firma AGFA eine Vereinbarung aushandeln, die ihr und ihrem Kameramann gestatteten, neues Filmmaterial zu entwickeln, das man ihr dann, im Gegenzug, kostenlos für den Film zur Verfügung stellte. Bemerkenswert ist, dass Riefenstahl diese Effekte nicht anders denn als »irrationale« bezeichnet: »Ich setzte mich mit AGFA in Verbindung, wobei ich an eine Filmemulsion dachte, die für bestimmte Farben unempfindlich wird und durch die bei Benutzung besonderer Filter Farbveränderungen und irrationale Bildeffekte zu erreichen waren. Die AGFA zeigte sich kooperativ, machte Versuche, und daraus entstand dann das ›R-Material‹« (Riefenstahl 2000: 141).

Diesem unscheinbaren Werkstattbericht ist Riefenstahls Politik des Medialen in nuce zu entnehmen. Im Zentrum ihres Interesses stehen nicht so sehr die Probleme des Filmens in der Bergwelt, deren Licht für menschliche Augen ja in der Tat zerstörerisch wirken kann, auch nicht das Problem technischer Aufnahmen an den Grenzwerten der Sichtbarkeit. Im Unterschied zu Murnau beispielsweise geht es ihr auch nicht darum, den großen Anderen, den Parasiten und seine Manipulationen an der Wahrnehmung ins Bild zu setzen, sondern den reinen Effekt zur Verblüffung der Zuschauers einzusetzen: die Transformation im Kino soll als irrationale stattfinden und damit letztendlich als Horrorszenarium, das immer wieder eines in Szene setzt: die Rückkehr einer längst verdrängt geglaubten Auflösbarkeit der Körper.⁸ Die Rückkehr mithin auch von Körpern, die sich ein Berühren – und zwar ein nicht sadistisches, nicht gewalttätiges – in diesseitigen, nicht transzendenten Welten wünschten.

Es ist dieses Unheimliche, das Riefenstahl in ihrem zum Teil brutal anmutenden Stil-Willen zurück in kohärente und ›heile‹ Formen zwingt, so wie es bereits die erste Bildsequenz des Films gezeigt hatte: das Zirkulierende der sich vermischenden Schneeteilchen wird geordnet durch das Zeichen und die Form seiner Regelung im festen Kristall. Schönes thermisches Gestöber erhält eine Ordnung, die sich selbst schon als phallische zu sehen gibt: im Optischen, als Linse, und im Symbolischen. Die Auflösung der geometrischen Ordnung und damit die fröhliche Enttäuschung des begehrenden Blicks im Kino wird immer wieder zurückverwiesen in eine strikte Matrix, indem leuchtturmartig nicht nur ein Zentrum, sondern, präziser, eine sendende Zentrale ins Bild gesetzt ist, die leuchtende Spitze des Monte Cristallo, der alle Blicke machtvoll strukturiert, zentriert, die dem mondhaft zyklischen und nomadisierenden Licht standhaft Gestalt und Form gibt. Weniger die entfesselte Kamera, die im BLAUEN LICHT kaum eine Rolle spielt – die aber dann Riefenstahls verpflichtete und zwangsverpflichtete Operateure zu den Parteitagen und zur Olympiade nach dem Vorbild von Karl Freund einsetzen werden –, als die Entfesselungen der Oberflächen und der Lichteffekte im Film werden stets wieder rückgebunden, gefesselt, und produzieren nichts als faszinierte Blicke, fanatische Verfolger, sadistische Liebhaber und erbarmungslose Aufklärer, die mit ihrem programmatischen Licht alles Flimmern, Leuchten und Glänzen löschen. Solch faschistischer Struktur entspräche dann jedoch nicht einfach, wie Kracauer urteilte, ein »politisches Regime, das auf Intuition beruht, das Natur anbetet und Mythen kultiviert« (Kracauer 1979: 273), sondern eines, das die Maschinerie seiner Lichtspiele verborgen oder mindestens camoufliert hält, wenn es die Natur des Menschen als von Mythischem und Irrationalem bestimmte vorführt.

2.

Zu der seltsamen Verschränkung von neuen Technologien und archaischen Erzählformen im Film DAS BLAUE LICHT gehört entscheidend das Motiv der Kristallhöhle, die einerseits an uralte magische Praktiken erinnert, mithilfe von Kristallen und Lichtern Trancen und Halluzinationen zu induzieren, und die gleichzeitig als moderne Transformation von Licht in Signale funktioniert – daran erinnert nicht zuletzt ein frühes Plakat des Films,⁹ das die Wirkung des Monte Cristallo in der Visualisierung von Radiowellen, die von seiner Spitze

---

8. Thomas Koebner hat in seinem Aufsatz »Der unversehrbare Körper« vermutet, dass dieser ein »Leitbild für Riefenstahl« (Koebner 1997: 198) sei. Die unheimliche Rückkehr des verletzlichen, auflösbaren Körpers würde mithin Koebners Beobachtung nur ergänzen. Er selber hat für diese Kehrseite oder Rückkehr in den Filmen keine Evidenz gefunden und nur die unverletzten, ganzen und heilen Körperbilder in den Filmen beschrieben.
9. Der Holzschnitt ist beispielsweise bei Eric Rentschler (1996, 46) abgebildet.

ausgehen, darstellt. Dass diese Signale die Bauernburschen als sexualisierte treffen, qualifiziert sie als mediale, die eben nicht einfach als symbolische, sprachliche, bedeutende auf die Körper der Wahrnehmenden treffen, sondern sie als sinnliche affizieren. Erschreckend ist vor allem, dass diese Affektion zumindest bei den Burschen, die sie angeht, nur als zerstörerische wirkt. Die Lust, das Mädchen zu vergewaltigen und die Höhle auszurauben, gehorcht ein und demselben Impuls, der im Film – und da ist ein Hinweis auf die Zeit 1932 mit ihren zumindest in Berliner Öffentlichkeiten überall sichtbaren, gewalttätigen, politisch motivierten Auseinandersetzungen unter jungen Männern angebracht – auch noch als rebellischer konnotiert ist. Verwirrend ist höchstens, dass Riefenstahls knochig-sportliche und, bis vielleicht auf die barfüßigen Kletterpartien, absolut anti-erotische Ausstrahlung eben die Wirkung, die dem Lichtmädchen im Film unterstellt ist, selbst nicht von der Leinwand her zustande brachte. Lediglich die zerfetzten Kleider, die verführerisch auch auf den Kinozuschauer wirken sollten, können den sadistischen Einblick versprechen, der stets die Kehrseite radikaler Aufklärung ist.

Das metaphorische Verhältnis zwischen Mädchen und Höhle lässt keinen Zweifel daran, dass die Ausbeutung und damit die Zerstörung des Monte Cristallo oder, genauer, seines höhlenhaften Gipfels, als Vergewaltigung zu betrachten ist – wie Frieda Grafe es beispielsweise tat, wenn sie knapp konstatiert: »Da wird ein Schoß geplündert.« (Grafe 1985: 48) Bedenklich ist, dass dieselbe Anziehungs- und Zerstörungskraft gleichzeitig einen ausgeprägten Sinn fürs Zauberhafte und Wunderbare, für die Schönheit selbst unter Beweis stellen soll. Denn es sind ja offenbar die lustfeindlichen unter den Dörflern, die dem Zauber des Lichts widerstehen können und den Burschen das gefährliche Abenteuer und das Vergnügen missgönnen: die misstrauischen Alten, die zur Kirche gehen, die ausgemergelten Väter, die die Energie auf richtige Arbeit verwendet sehen, die Mütter und Bräute, die Kraft und Fruchtbarkeit der Burschen im eigenen Haus halten wollen. Sie alle aber eignen sich die Steine später als Quelle des Reichtums an und zerstören damit ihre Natur. Und in der Tat disqualifiziert es ja den Künstler Vigo endgültig, dass er die Schönheit nicht als notwendig unberührbare und schützenswert erkennt, sondern in seiner radikalen Rationalität den geheimen Zugang Juntas zur Höhle preisgibt, womit sie nicht mehr der Schönheit, sondern der Schatzbildung dient und schließlich, wie Kracauer es formulierte, »das Wunderbare zur Ware« (Kracauer 1979, 273) wird. Denn auch Vigo hat ja mit dem Coup nichts anderes im Sinn, als Junta vom falschen Fluch, von ihrer Verwicklung in den kristallenen Lichteffekt und also von ihrer Asozialität zu befreien. Die Fabel des Films jedoch – das zeigen Photographie, Buchdeckel und filmische Verräumlichung am Anfang – will zeigen, dass wahre, gute und schöne Sozialität erst gestiftet würde von der Verbindung von Medium und Mädchen.

Dass Junta selbst sich dem Maler von Anfang an nicht als Mädchen, sondern als Medium einer neuen Wahrnehmung anbietet, wenn sie sich ihm als Spiegelbild im Wasser des Bergsees zeigt, dass sie sich ihm als in diesem Sinne romantisches Liebes- und Erkenntnisobjekt und nicht einfach als Künstler-Gefährtin hingibt, gehört zu den Oppositionen, die DAS BLAUE LICHT als mythische konstruiert.

So kommt zur metaphorischen Beziehung zwischen Höhle und Mädchen noch die metonymische zwischen Mädchen und Medium, die an die Wirkung des Visuellen ein Begehren knüpft, das nicht mehr in die eine oder andere Richtung reduzibel ist: ununterscheidbar verfolgen die Bauernburschen beides. Insofern ist die scheue, unbeholfene und etwas knöcherne Darstellung der Junta gar nicht so falsch: sie ist nicht die große Verführerin, die eine gigantische magische Laterne in den Dienst nehmen kann. Ihre eigene Erscheinung ist, wie die jeder Kinodiva, abhängig von der richtigen Beleuchtung und den optisch richtigen Projektionsverhältnissen, in diesem Fall insbesondere noch von der Chemie der Emulsionen und Entwicklerprozesse des Materials, die notorisch geheim gehalten werden. Das Lichtspiel des Monte Cristallo wäre andersherum nicht nur als Projektor zu dechiffrieren,[10] sondern als Dispositiv eines Visuellen, das das Begehren der jungen Burschen zu allererst produziert: als Kino. Junta, wie sie von Riefenstahl inszeniert und gespielt wird, ist, wenn sie selbst magisch angezogen vom Licht tranceartig den Berg besteigt, selbst nur ein Relais in dieser größeren Visualisierungs-Maschine. Und eben hier unterscheidet sich Riefenstahls Regie wesentlich von den Bergfilmen der zwanziger Jahre.

Arnold Fanck, Pionier und Gründervater des Genres und doch von Anfang an dessen subversivster Praktiker, ordnete den Frauen seiner Bergfilme eine explizit emanzipatorische Medienkompetenz zu. Bei Fanck gingen eben nicht Mädchen, sondern Frauen mit Erfahrung, mit Medienerfahrung gerüstet in stürmische Abenteuer, um sich Ruhm und Ehre und die Liebe eines Mannes unter Strapazen und Gefahren ordentlich zu erarbeiten (vgl. Rentschler 1992). So ausdrücklich konstruierte Fanck seine Figuren und Erzählungen, dass sie alle Talbewohner die Kastration fürchten lehren mussten: »Hella Armstrong« etwa heißt die Protagonistin in STÜRME ÜBER DEM MONTBLANC, einem der ersten deutschen Tonfilme, der genau Weihnachten 1930 im Dresdner *Prinzeß-Theater* uraufgeführt wurde, als explizites ›Madonna-Kino‹: medial modellierte, autonome Weiblichkeit, eine Frau, die ihre Sinne und ihre Sinnlichkeit mit Hilfe von technischen Instrumenten, mit Mikroskopen und Teleskopen, Grammophonen, Radios und Funkgeräten, Schreibmaschinen und Morseapparaten und sogar einem Anflug von Luftpost verstärkt und ausweitet. Andersrum richtet die moderne Maria die Mündung eines Riesenteleskops mitunter auf den eigenen Schoß, bereit für eventuelle himmlische Botschaften. Fürchte Dich nicht, mögen die Engel über Dresden am Weihnachtstag 1930 den deutschen Josephs zugerufen haben, aber vergeblich: 1933 bereits im Februar hat Goebbels STÜRME ÜBER DEM MONTBLANC sofort für Karfreitag wenigstens, den Tag des Herrn, gesperrt. Leni Riefenstahl, berühmte Protagonistin dieses Films, variiert das Genre also in entscheidender Weise, indem sie ihre bei Fanck tatsächlich

---

10. Als »Projektor« hat Hanno Loewy es dechiffriert: »Das blaue Licht vereinigt die starren Augen, zieht die Blicke magisch an […] all die Blicke, die in der Vollmondnacht nur ein Ziel kennen, die große, das Licht bündelnde Linse des Höhlenausganges unter dem Berggipfel. Das Kraftzentrum des Films ist ein ins ungeheuerliche vergrößerter Projektor, der seinen Film, die im Lichtstrahl gebündelten Wünsche, das Begehren direkt ins die Augen der Menschen wirft« (Loewy 2003: 375/ 374).

erworbene Medienkompetenz wieder unter dem kurzen »Lumpenkleid«[11] einer gespielten Sarntaler Bergbewohnerin verschwinden lässt. In ihrem Film inszeniert sie Medieneffekte als Mädcheneffekte. Nicht um Arbeit und Erfahrung, wie bei Fanck, um Effekte und Spiele eines Medialen des Films und des Filmens soll es bei Riefenstahl gehen, sondern um die Macht des blauen Lichtes selbst, um das gebrochene und gestaltete Licht, dessen Brechungen und Gestaltungen geheim und geheimnisvoll bleiben sollen.

In diesem Sinne hat Riefenstahl in ihrem Film versucht, über die Verfahren der Avantgarden des frühen zwanzigsten Jahrhunderts hinaus einen Konnex von Medialität und Ordnung zu realisieren, der erstens über symbolische oder symbolisierende Verfahren hinaus das Mediale selbst in die »lange Geschichte der Aneignung von Identifizierungsmitteln« (Lacoue-Labarthe/Nancy 1997: 174) stellt, als die Philippe Lacoue-Labarthe und Jean-Luc Nancy das Entstehen des deutschen Nationalsozialismus bezeichnet haben. Als scheiternde Vision ist diese Vereinheitlichung als eine durch Medien und Mädchen im BLAUEN LICHT inszeniert. Gerade der Mangel einer identifizierenden Sprache, wie er auch im Film als Mangel eines richtigen, unifizierten Volkes erscheint, wurde in Deutschland, so Lacoue-Labarthe und Nancy, durch eine ästhetisierende und sich auf die griechische Antike berufende Mythologisierung in Formen von Gesamtkunstwerken kompensiert. Das Kinokonzept Riefenstahls, das auf und vor der Leinwand den gleichen unerklärlich mythischen Raum realisieren will, in dem das blaue Licht als ein totales und auf den Tod nicht analysierbares Faszinosum wirkt, kommt einem solchen Gesamtkunstwerk sehr nahe. Wenn Riefenstahl im BLAUEN LICHT – im Unterschied zu den OLYMPIA-Filmen – nicht auf Griechenland, sondern auf eine archaische Echtheit der Sarntaler Bauern rekurriert,[12] so zeigt ihre Berufung auf ein »Typisches«, dass sie sicher ist, diesen Mangel einer sprachlichen Identifikation durch photographische oder kinematographische Mittel der Identifizierung ersetzen zu können. In der Tat hatten ja die neuen technischen Medien, insbesondere die Photographie, in der Anthropologie, der Kriminalistik oder der Neurologie, ›Typen‹ und damit Integrations- und Diskriminierungsmethoden in allen Bereichen produziert. Riefenstahls Vergnügen, solche Typen als mythisch existierende mit der Kamera zu finden, anstatt ihre Erfindung dank medialer Einsätze zu reflektieren, begleitet auch noch die späten ethnologischen Arbeiten der Regisseurin in Afrika – und unterscheiden sich von Murnaus offensichtlich begehrendem, begehrlichem und individualisierendem Blick in der Südsee, der stets zeigt, wie Wasser und Haut ihre Oberflächen dem Licht *und* dem Aufnahmenverfahren verdanken.

Riefenstahls *Memoiren* stellen als rundumschlagende Verteidigungsschrift einen beeindruckenden Fundus an Referenzstrategien dar. Dass sie anlässlich des

---

11. Vgl. dazu die eher nostalgischen Assoziationen in diesem Kontext: Wysocki 1980: 75
12. »Ich wollte besondere Gesichter haben, herbe und strenge Typen, wie sie auf den Bildern von Segantini verewigt sind […] Ich hörte mein Herz schlagen und versuchte, meine Angst zu unterdrücken, diese wunderbaren Typen nicht für meinen Film zu bekommen: Ich nahm meine Leica und ging hinaus […] Ich sah Köpfe unter ihnen, wie von Dürer gezeichnet … etc.« (Riefenstahl 2000: 142f.).

BLAUEN LICHTS so präzise auf romantische Muster der Inspiration rekurriert, spricht für ihren guten medienhistorischen Spürsinn.[13] Systematisch produziert gerade romantische Literatur Phantasmen, Phantome und geheimnisvolle Reiche, deren mediale und technische Bedingungen selbst in Rausch, Nebel und gespenstischen Roben verborgen bleiben – und erst die Konkurrenz von der späten Weimarer Klassik ging dazu über, romantische Phantome und Doppelgänger als technische Gestelle, Tricks und Verführungstechniken zu decouvrieren.[14] In Riefenstahls Film ist es jedoch nun eben nicht Phantomatisches oder Phantasmatisches, sondern es sind die überall insistierenden Echtheiten, Authentizitäten, das Real Life, die »wundervollen Außenaufnahmen« und die »Großaufnahmen echter Bauern« (Kracauer 1979: 271), der Mond hinter den Wolken und die balkenförmigen Pupillen im Auge der Bergziegen, die den Zauber des Films begründen. Weil das magische Licht des Monte Cristallo im Film auch echtes Licht im Auge der Kinozuschauer ist, überträgt sich die Wirkung ohne Dazwischenschalten von Glauben oder Typisierung.

Die Ambivalenz von Riefenstahls Verfahren im BLAUEN LICHT besteht darin, einerseits auf der Ebene der Materialität der Medien selbst die Effekte des Films zu produzieren, andererseits aber auch die Ordnung, die sie in die Bilder implementiert, als Effekt des Medialen selbst – und das heißt in ihrer Strategie eben des Unerklärlichen, des Unheimlichen, des Anderen – erscheinen zu lassen. Das findet sich im tranceartigen Kult der Schönheit im Film wieder, die als Effekt des blauen Lichts und BLAUEN LICHTS zugleich bewundert werden kann. Hier kreuzt sich die Unschuld des Mädchens mit der der Medien. Lacoue-Labarthe und Nancy beziehen sich, wenn sie den Nazi-Mythos beschreiben, auf Texte von Rosenberg und Hitler. Mit ihrer Medienstrategie, die auf die Wirkung des Medialen unterhalb bewusster menschlicher Wahrnehmungsschwellen zielt, näherte sich Riefenstahl eher der Filmpolitik Joseph Goebbels' an. Oder vice versa. Goebbels hat sich bekanntlich schon früh für Eisensteins PANZERKREUZER POTEMKIN begeistert und unterscheidet in seiner Tagebucheintragung vom 30.6.1928 ordentlich zwischen technischer Herstellung, medialer Übertragung und Botschaft: »Abends sahen wir den Potemkin. Ich muß schon sagen. Dieser Film ist fabelhaft gemacht. Mit ganz prachtvollen Massenszenen. Technische und landschaftliche Details von prägnanter Durchschlagskraft. Und die Bombenparolen so geschickt formuliert, daß man keinen Widerspruch erheben kann. Das ist das eigentlich Gefährliche an diesem Film« (Goebbels zit. nach Möller 1998: 61) Im März 1937 in der Rede auf der ersten Jahrestagung der Reichsfilmkammer, in der er die Suche einer der »Hamburgischen Dramaturgie« entsprechenden Wirkungsästhetik für das Kino ankündigt, heißt es deutlich an die Richtung jeder – schon verbotener – Filmkritik: »Die Kunst ist nichts anderes als Gestalter des Gefühls. Sie kommt vom Gefühl und nicht vom Verstand her;

---

13. ... und versenkte ihren Ko-Autor Béla Balázs, der zusätzlich mit Prozessen bekämpft und zur eignen Rehabilitation nach 1945 wieder auf den Credits landete, ein für alle Mal in den Kulissen der Hilfs- und Zuarbeiter.
14. Vgl. dazu Friedrich Kittler zu Wilhelm Meister: Kittler 1993: 86.

der Künstler ist nichts anderes als der Sinngeber dieses Gefühls [...] Die Kunst selbst muß nach eigenen Gesetzen leben. Sie hat auch ihre eigene Dynamik und wird sich vollenden nach dem Gesetz, nach dem sie angetreten ist.« (Goebbels zit. nach Albrecht 1979: 33ff.)

Insofern es Goebbelscher Kulturpolitik konsequent um ein Funktionieren der Medien geht, in der propagandistische Werte nur innerhalb medialer Logiken und Agencements übertragen und nicht in ihre Funktionen übersetzbar werden sollten, ist es konsequent, wenn für das, was als Kunst unter dem nationalsozialistischen Regime übrig blieb, sicher keine Rede von »definitiv-faschistischen Stilkriterien«, sein kann, wie Frieda Grafe feststellte. Allerdings vielleicht auch nicht nur von »auf den Hund gebrachte(r) Kunst, die Reklame macht für Ideen« (Grafe 1985: 44), sondern doch noch von Verfahren, die auf der Ebene des Medialen selbst politische Prozesse oder besser, mit Hildegard Brenner, »social engineering« durchsetzen wollten.

Auf allen Gebieten der Kunst- und Kulturpolitik lassen sich entschiedene Anstrengungen zur systematischen Vereinheitlichung eines Wahrnehmungsraumes konstatieren, dessen Konstitution auf dem Einsatz von technischen Medien beruht und der die Voraussetzung für jede Ästhetisierung des Politischen im Sinne Walter Benjamins wäre. Durch Gleichschaltung und Ausschaltung, durch produktionstechnische oder finanzielle Förderungen ebenso wie durch schiere Gewalt wurde eine solche Ordnung und Unterordnung von Räumen als wesentliche Regelung nationalsozialistischer Politik betrieben. Jedoch ging es auch hier darum, die Maßnahmen selbst nicht in den Blick kommen zu lassen. Sie sollten als selbst regelnde Dynamiken mit naturhaften Effekten einschlagen. Dazu gehört die synchronisierte Wahrnehmung von Sichtbarkeiten in den Wochenschauen genauso wie gesamtdeutsche Kinostarts in gesamtdeutsch gestalteten Kinofassaden und gesamtdeutsch synchronisierten Kinoprogrammen. Dazu gehörte die kollektive und großräumige Organisation einer modernen Anschauung von Landschaften, wie sie die Autobahnen und ihre generalstabsmäßig geplante Form des Sehens sicherstellen sollten ebenso wie die Koordination von Massenbewegungen im Raum durch Architektur. Die technischen Medien, die diese Formationen ermöglichen, gab es allerdings bis auf wenige Verfeinerungen – wie dem Farbfilm zum Beispiel – schon in den zwanziger Jahren. Wenn sich also im Nationalsozialismus die Herstellung eines identischen und alle Alterität und Differenzen ausschließenden homogenen Wahrnehmungsraumes als ästhetisiertem beobachten lässt, dann gehören die Medien, die diesen Raum einer massenhaften Wahrnehmungstransformation realisieren, allesamt bereits zu den monströsen und rauschhaften »Geburten« – in Foucaults Sinne – des 19. und frühen 20. Jahrhunderts. Anarchistischer, euphorischer, und unkoordinierter waren sie längst im Einsatz der künstlerischen Avantgarden und ihrer politischen Inszenierungen (vgl. Baxmann 2000: 81). Dennoch ist es das optisch, akustisch und haptisch Unbewusste dieser Medien, das im »Dritten Reich« in den Dienst einer Transformation von Wahrnehmungsstrukturen, einer Neukonfiguration von sozialen Räume und einer Reorganisation von Verhaltensweisen gestellt war. Wenn, wie Inge Baxmann insistiert, lange vor 1933 »die Ästhetisierung des Raums […] den Kern politischer Ästhetisierung (bildet), die sowohl die politischen Inszenierungen wie das politische Imaginäre bestimmte« (ebd.)[15], so ist diese Ästhetisierung als Anpassung der technischen Medien an die Sinne der menschlichen Körper zu verstehen. Niemand hat das offensiver, weiträumiger und mit der Unterstützung solch großzügiger Produktionshilfen in Szene setzen können als Riefenstahl unter der nationalsozialistischen Kulturpolitik. Im BLAUEN LICHT allerdings wird genau diese parasitäre Symbiose als schicksalhafte inszeniert, die durch Wissen und Bewusstsein von ihren Funktionalitäten nicht zu lösen ist. Jenseits von Gut und Böse läuft die Maschine der Medien und produziert ihre eigenen Politiken. Die These, nach der Medien eigene und eigenständige Politiken konstituieren, die These einer Souveränität der Medien um 1933 allerdings kommt umstandslos einer Art Generalamnesie oder Generalamnestie aller politisch Handelnden gleich.

Die Ambivalenz des Films DAS BLAUE LICHT besteht darin, einerseits die Möglichkeiten eines neuen Sehens und einer neuen Wahrnehmung anhand der kristallenen Welt der Berge und am strahlenden Körper des Mädchens zu zeigen, und die filmische Ästhetik – da wäre Grafes Parallele zu Vertov berechtigt – ganz der Logik des Mediums zu überlassen. Die Unschuld und Intentionslosigkeit, mit der alles Schöne und auch die schöne Maschine des Sehens im Film dargestellt ist, verdankt sich der Verbergung technischer Interventionen und will auf eine vollkommen asoziale und ahistorische schöne Innerlichkeit der Handelnden verweisen. Wenn Jeffrey Herf schrieb: »By reconciling technology and *Innerlichkeit*, reactionary modernists contributed to the nazification of German engineering, and to the primacy of Nazi ideology and politics over technical rationality and means-ends calculation« (Herf 1984: 16f.), so lässt sich das auf Riefenstahls frühen Film übertragen. Und selbst auf der Ebene der Erzählung wird die Aufklärung über die historische Bedingung des Blicks, wie der Maler sie betreibt, als Entzauberung diskreditiert, als Durchsetzen kalter Rationalität, als unberechtigtes Eindringen in eine Funktion, über die ein größerer Anderer zu verfügen hat. Gegenüber der materiellen Logik des Kinos, die sich im künstlichen Licht des Films immer wieder an die Peripherie und Auflösungen des Bildes bewegt, lenkt die Re-Zentralisierung des Bildes auf eine ikonographische Ordnung hin auch die Aufmerksamkeit auf die sichtbaren und umständlichen Interventionen. Deshalb bleibt der Film, auch wenn Riefenstahl ihn als Legende mit stilisierten, irrationalen Naturaufnahmen geplant hatte (vgl. Riefenstahl 2000: 138ff.), bis zuletzt einem Unheimlichen verhaftet, das als Störung, als Parasitäres und scheinbare Kontingenz des Realen immer da auftaucht, wo Homogenität und hierarchische Ordnung intendiert wären. Es sind die Störungen im Film, die unheimlicher sind als die unheimliche Unschuld der Mädchen in den Bergen und der Medien im Dienste eines Anderen.

---

15. Auch Heide Schlüpmann nennt die Dokumentarfilme OLYMPIA und TRIUMPH DES WILLENS eine »Ansammlung von Stilmitteln des Weimarer Kinos«. (1988, 46)

Literatur

Albrecht, Gerd (1979): *Film im Dritten Reich*, Karlsruhe

Baxmann, Inge (2000): »Ästhetisierung des Raums und nationale Physis«, in: Barck, Karlheinz und Faber, Richard (Hg.) *Ästhetik des Politischen, Politik des Ästhetischen*, Königshausen, 2000.

Brenner, Hildegard (1963): *Die Kunstpolitik des Nationalsozialismus*, Reinbek

Deleuze, Gilles (1989): *Das Bewegungs-Bild. Kino I*, Frankfurt/Main

Godard, Jean Luc (1999): *Histoire(s) du Cinéma, Bd. II (Seul le cinéma)*, München

Grafe, Frieda (1985): »Falsche Bauern, falsche Soldaten und was für ein Volk«, in: *Die Republik*, Nr. 72-75, S. 41-49

Herf, Jeffrey (1984): *Reactionary Modernism. Technology, Culture and Politics in Weimar and the Third Reich.* Cambridge

Kittler, Friedrich (1993): *Draculas Vermächtnis*, Leipzig

Koebner, Thomas (1997): »Der unversehrbare Körper«, in: Knut Hickethier u.a. (Hg.) *Der Film in der Geschichte. Dokumentation der GFF-Tagung.* Berlin, S.178-199

Kracauer, Siegfried (1979): *Von Caligari zu Hitler.* Frankfurt/Main

Lacan, Jacques (1980): *Das Seminar Buch XI. Die vier Grundbegriffe der Psychoanalyse.* Olten und Freiburg

Lacoue-Labarthe, Philippe & Nancy Jean-Luc (1997): »Der Nazi-Mythos«, in: Elisabeth Weber und Georg Christoph Tholen (Hg.): *Das Vergessen(e). Anamnesen des Undarstellbaren.* Wien, S. 158-190

Loewy, Hanno (2003): *Béla Balázs – Märchen, Ritual und Film*, Berlin

Möller, Felix (1998): *Der Filmminister*, Berlin

Rapp, Christian (1997): *Höhenrausch. Der deutsche Bergfilm.* Wien

Riefenstahl, Leni (1933): *Kampf in Schnee und Eis*, Leipzig

Riefenstahl, Leni (2000): *Memoiren*, Köln

Rentschler, Eric (1992): »Hochgebirge und Moderne. Eine Standortbestimmung des Bergfilms«. In: *Film und Kritik,* Heft 1, Basel / Frankfurt am Main S. 8-27

Rentschler, Eric (1996): *The Ministry of Illusion, Nazi Cinema and its Afterlife.* Cambridge, MA/London

Schlüpmann, Heide (1988): »Faschistische Trugbilder weiblicher Autonomie«, in: *Frauen und Film,* Heft 44/45 (Faschismus), Frankfurt/Main und Basel, S. 44-66

Serres, Michel (1981): *Der Parasit.* Frankfurt/Main

Worringer, Wilhelm (1911): *Formprobleme der Gotik*, München

von Wysocki, Gisela (1980): »Die Berge und die Patriarchen. Leni Riefenstahl«, in: dies. *Fröste der Freiheit. Aufbruchsphantasien.* Frankfurt am Main, S.70-85

2. STEUERUNG UND KONTROLLE

Claus Pias

Der Auftrag
Kybernetik und Revolution in Chile

»Wie erfüllt man einen unbekannten Auftrag.« (Heiner Müller)

In jener ebenso zufälligen wie schicksalhaften Weise, wie sie allen kalendarischen Daten eigen ist, fällt diese Tagung über »Politiken der Medien« mit einem Jubiläum zusammen, das exemplarisch vom Scheitern und vom Erfolg, vor allem aber von den Ambitionen politischer Steuerung durch avancierte Medientechnologien erzählt. Genau dreißig Jahre nämlich liegen jene Ereignisse in Chile zurück, von denen derzeit die Feuilletons und Fernsehprogramme voll sind: der Putsch Pinochets und die unrühmliche Rolle der CIA, der Selbstmord Salvador Allendes und die vielen enttäuschten Hoffnungen. Grund genug also, hier und heute eine andere und unbekannte Geschichte dieser Revolution zu erzählen – eine Geschichte aus der Perspektive der elektronischen Medien und das heißt, eine Geschichte des Zusammentreffens von Revolution, Chile und Kybernetik.[1] Es mag sein, dass diese Begebenheiten sich »wie das Gekräusel von Wellen in den Strömungen anderer Grundentscheidungen« verlieren, wie Stafford Beer, der Held dieser Erzählung, später einmal schrieb (Beer 1962: 166). Dennoch zeichnet sich in ihnen eine Revolutionierung von Revolutionen selbst durch neue Medien ab – eine Umwälzung, die an ihrem Gipfel das Ende ihrer selbst denkt und zum Menetekel für die Zukunft der Revolutionen wird.

I. Die Regierung der Kybernetik

Die Geschichte des Scheiterns der Kybernetik ist so alt wie diese selbst, nur dass die Götter wechseln. In der Antike, als die Kybernetik sehr konkret die Steuermannskunst bezeichnete, war Palinurus, der Steuermann des Æneas, ihr wohl berühmtester Vertreter. Allerdings ist sein Schicksal nur zum Teil eine Empfehlung, denn

»Palinurus war in einem Sturm, den ihm die Götter schickten, während er das Schiff lenkte, auf mysteriöse Weise ins Meer gestürzt. Morpheus hatte zuvor seine Augen mit einigen Tropfen vom Wasser der Lethe benetzt und dadurch bewirkt, daß er während des Steuerns vom Schlaf übermannt und von den Wellen über Bord gespült wurde. Æneas stieg später in den Hades hinab und begegnete dort Palinurus wieder. Er befragte ihn über Einzelheiten des Unfalls und erfuhr, daß sein damaliger Steuermann zum Augenblick des Unglücks den Ruderbaum fest umklammert und bei seinem Sturz ins Meer das Ruder

---

1. Dieser Text bezieht sich nur auf das wenige publizierte Material. Sebastian Vehlken (Bochum) wird im Sommer 2004 eine Magisterarbeit vorlegen, die viele zusätzliche Quellen erschlossen und Zeitzeugen befragt hat.

und einen Teil der Reling mitgerissen hatte. Außerdem erklärte Palinurus, daß der von den Göttern gegen ihn gerichtete Anschlag nicht das Ziel verfolgt hatte, die von Apollon ergangene Weissagung zu vereiteln, die besagte, daß Æneas unbeschadet sein Ziel erreichen sollte.« (Mühlmann 1998: 106)

Diese Episode ist schon deshalb erinnernswert, weil sie besagt, dass man den Steuermann umbringen muss, um ans Ziel zu kommen. Ein Ziel von größter politischer Bedeutung übrigens, denn das Schicksal des Æneas ist geradezu identisch mit dem Schicksal Roms, das wiederum das Schicksal der Welt ist. Umso bemerkenswerter also, dass erst einmal der beste Steuermann scheitern muss, um den weiteren Verlauf der Ereignisse zum Erfolg zu führen. Oder, mit den Worten Heiner Mühlmanns: »Palinurus' Sturz ins Meer ist die Geschichte von der Steuerungskunst, die den günstigsten Verlauf der Entwicklung gefährdet und deshalb eliminiert werden muss.« (a.a.O.: 108) So jedenfalls ist es um die Kybernetik in einem Zeitalter bestellt, in dem die Götter noch eine Geschichte planten, die nicht über Kontingenz ausgesteuert wird.

Darüber hinaus hat die Geschichte des Palinurus selbstredend eine technikhistorische Hälfte, angesichts derer sich Peter Galisons Diktum von der »Ontologie des Feindes« (Galison 2001) schon gut zwei Jahrtausende früher bewahrheitet. Mit Kriegsschiffen vom Typus der *Triere* war es nämlich dem antiken Athen möglich geworden, seine Hegemonie im östlichen Mittelmeer zu errichten und damit eine Ahnung davon zu vermitteln, was

»eine agressive Marktwirtschaft [...] zu leisten vermag. [...] Der taktisch operative Einsatz der Triere setzte von Steuermann und Kommandanten die Beachtung mehrerer Variablen voraus: Es mußte, abgestimmt auf die Handlungen eines intelligenten Feindes, die Leistungsfähigkeit des eigenen Schiffes kalkuliert werden, um jenen Punkt anzusteuern, an dem das feindliche Schiff mit dem Rammsporn am Bug getroffen werden konnte. Das Schiff war also ein gelenktes Projektil, vom kybernetes in den Feind gesteuert. Die äußerst wichtige Variable Geschwindigkeit des Schiffes hing im wesentlichen von der Trokkenheit des Rumpfes und von der Ermüdung der Mannschaft ab, die vor dem Rammstoß eine möglichst hohe Beschleunigung des Schiffes zu errudern hatte. Man wird also eine gewisse Ähnlichkeit mit dem Problem von Norbert Wiener entdecken, welcher versuchte das Projektil einer Luftabwehrkanone an den Punkt zu steuern, wo es das feindliche Flugzeug treffen würde. Insofern auch er mit einem intelligenten Feind rechnen mußte, welcher als Pilot versuchte, dem Flakfeuer durch Änderung des Flugverhaltens auszuweichen und also den Rechner der Flak nötigte, Richtung und allenfalls auch Detonationszeit des Projektils entsprechend zu ändern. Ähnlich mußte der kybernetes einer Triere seine Steuerung den Ausweichmanövern des feindlichen Schiffes anpassen, um es möglichst mitschiffs zu treffen.« (Pircher 2004).

Vor allem aber sollte man sich im Blick auf die Ereignisse in Chile daran erinnern, dass Kybernetik eben nicht nur Mythologie und Technikgeschichte, sondern Politik selbst ist – wenn auch unter historisch wechselnden Technologien. Seit Platons *Politeia* heißt Politik die »Kybernetik des Menschen«, und seit Aristoteles' *Politika* bedeutet Kybernetik schlicht die göttliche Weltregierung. Das Christentum verschmilzt dann gewissermaßen Gottesmacht mit Militärwissen, wenn Christus als »Kybernet« nicht nur Regent, sondern zugleich auch Steuer-

Der Auftrag 133

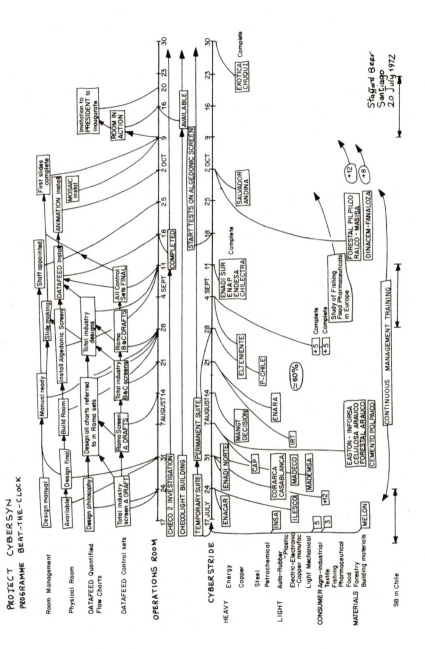

Der Ablaufplan zur kybernetischen Rettung Chiles durch das Projekt »Cybersyn«

mann ist, der das Schiff der Christenheit sicher über den stürmischen Ozean steuert, wie der Kirchenvater Hippolyt schreibt. Eine göttliche Intervention wie bei den Palinurus'schen Steuerungen kann also fortan entfallen, denn wer Gottes Nachfolge antritt, wird immer auch selbst zum Kybernetiker (Rapp 1967). So rechnet der Erste Korintherbrief die Gemeindeleitung, die »Kybernesis« also, zu den Gnadengaben Gottes, und Thomas von Aquin wird die gute Regierung eines guten Regenten folgerichtig *gubernatio* nennen. So oder so ähnlich jedenfalls ist die kybernetische Tätigkeit als jene politische Tätigkeit in die Neuzeit gekommen, als die sie sich noch in der ersten Hälfte des 19. Jahrhunderts bei dem französischen Elektrophysiker André-Marie Ampère findet. Bei diesem nämlich übernimmt der Staat die Funktion eines allgemeinen Regulators und die Kybernetik wiederum die Zuständigkeit für ein Feld, das eine Gesamtheit von Regierungsaufgaben versammelt. Dazu gehört etwa die Erhaltung öffentlicher Ordnung, die Verwaltung der Individuen und die Optimierung ihres Verkehrs. Dabei sind es drei Aspekte, die diese *cybernétique* zur ›allgemeinen Steuerungs- bzw. Regierungskunst‹ (*art de gouverner en général*) machen.

»So zielt sie erstens auf eine umfangreiche Erhebung von Wissen, mit dem sich der Staat als Datenbank für die Besonderheiten eines Landes, seiner Bevölkerung und der komplexen Relationen von Menschen und Dingen definiert. Jede Regierungskunst beruht demnach auf einem Informationssystem und verfolgt den Ausbau eines politischen Wissens, in dem sich eine Art Selbsterkenntnis des Staates manifestiert. Zweitens ist Ampères Kybernetik eine Interventionsform, eine Aktions- und Reaktionsweise, mit der man Störungen beseitigt und Verbesserungen verfolgt. Dabei geht es weniger um Rechtsprechung und Sanktion als um jenes indirekte Regieren, mit dem der Staat den Austausch und die Lage der Leute ordnet und organisiert. Drittens schließlich ist das Maß dieser Lenkung durch die Koordinate eines Wohlstands gegeben, an der sich die ›allgemeinen Verhaltensregeln‹ (règles générales de conduite) des Staates orientieren. Eine ruhelose behördliche Aufmerksamkeit (attention) verbindet sich hier mit der Idee einer kontinuierlichen Steuerung und diese wiederum mit einem Kurs, der sich auf die Einhaltung eines individuellen wie allgemeinen Wohls – was immer das sei – verpflichtet.« (Vogl 2004)

Die ›modernen‹ *Cybernetics* erster Ordnung, die aus und nach dem Zweiten Weltkrieg entstanden, verstanden sich selbst (ihre lange politische Geschichte anfangs eher vernachlässigend) als Schwelle einer neuen Epoche unter ganz anderen Vorzeichen. In der Zusammenführung von Neurologie und Computerbau, von Informations- und Feedbacktheorien träumte diese neue Kybernetik zwei Jahrzehnte lang einen Versöhnungstraum, dessen treuer Sohn die Artificial Intelligence und dessen verlorener vielleicht die Informatik ist. Ihr großes Experiment begann damit, die ontologische Trennung zwischen Lebewesen und Maschinen auszulösen und beide in einer weiteren, ›metatechnischen Sphäre‹ (Max Bense) des Seins wieder zu finden. Von hier aus sollten sich die universalwissenschaftlichen Ansprüche der Kybernetik entspinnen, eine gemeinsame Theorie der Regulation, Steuerung und Kontrolle zu entwickeln, die für Lebewesen ebenso wie für Maschinen, für ökonomische ebenso wie für psychische Prozesse, für soziologische ebenso wie für ästhetische Phänomene zu gelten beansprucht. Es war ein epistemologisches Experiment, das die notorischen Grenzen zwischen Geistes- und Naturwissenschaften, Philosophie und Technik, Gestaltung und Theorie überwinden sollte, und so blieb in den tausenden Publikationen bis Anfang der 1970er Jahre kein Wissensbereich unberührt von der Kybernetik. An diesen Visionen von gestern, irgendwo zwischen *science fiction* und *science fact*, lässt sich ablesen, was diese Zeit der Kybernetik einmal geträumt hat.

Während jedoch die Diskrepanz zwischen Steuerungsphantasien und ihrer technisch-materiellen Gestaltung immer größer wurde und während die westlichen Technologien schon aufgehört hatten, die kybernetische Poesie zu skandieren und stattdessen eine prosaische Informatik gegründet hatten (Coy 2004), sollte Chile diese Phantasien konkret besetzen. Unsere eigenen Träume sollten, exportiert in eine ferne Welt, als Realfiktion enden.

II. Leben und Überleben

Stafford Beer, der Held der folgenden Erzählung, wurde am 25.9.1926 als Sohn eines britischen Statistikers geboren. Er studierte während des Krieges Psychologie und Philosophie in London, war kurz nach dem Krieg im Rang eines Captain in Indien als Armeepsychologe tätig und begann danach seine steile Karriere als Industrieberater. Beer, der 2002 verstarb, war eine jener Gestalten, die dazu taugten, die wissenschaftliche Phantasie der 50er und 60er Jahre zu beflügeln – eine Figur ›larger than life‹, wie es in einem Nachruf heißen sollte. Als Mischung zwischen sozialistischem Dandy und schwärmerischem Ingenieur reiste er durch Großbritannien, Jugoslawien, Israel oder Südafrika, rationalisierte dort Stahl- und Werft- oder Eisenbahnbetriebe, malte nebenbei in Öl und dichtete unsterbliche Zeilen wie das *Lied von der Kosten-Nutzen-Rechnung*. Beer gründete und leitete Mitte der 50er Jahre das weltgrößte zivile *Operations-Research*-Institut und programmierte als Erster einen Computer (einen *Ferranti Pegasus*) für Managementprobleme. In den 60er Jahren war er Entwicklungschef der *International Publishing Corporation (IPC)*, des damals weltgrößten Verlagskonsortiums. Seine Forschungsabteilung stellte eines der ersten computerisierten Satzsysteme vor und beschäftigte sich bereits mit Telepublishing und Telemessaging (*Computaprint Ltd.*). 1966 entwickelte er das *Stockbroker Computer Answering Network (SCAN)*, den ersten kommerziellen Datendienst, der mehr als 100 Börsenmakler in England über Computerterminals verband und nannte dies (Jahrzehnte vor Al Gore) einen »Data Highway«. Über seine Firma *SIGMA* (*Science in General Management*) war er als Industrialisierungsberater in Mexico, Uruguay und Venezuela tätig – und eben in Chile.

Als Salvador Allende dort 1970 Präsident wurde, war die Lage bekanntermaßen kritisch. Eine Agrarreform erlaubte keinen Grundbesitz von mehr als 80 Hektar und Großgrundbetriebe wurden in Genossenschaften umgewandelt. Die Geschwindigkeit der politischen Veränderungen hatte die Bevölkerung unruhig gemacht: Banken wurden verstaatlicht, die lokale Bürokratie arbeitete schleppend und unsicher, Lebensmittelknappheiten entstanden, ausländische Anleger

Porträt des Künstlers als junger Manager
(Stafford Beer in den 60er Jahren)

und hoch qualifizierte Arbeiter verließen das Land, Terrorgerüchte breiteten sich aus, ein Run auf die Rücklagen begann, die Uhr der Inflation tickte. Hinzu kam eine Import-Blockade für Maschinenteile, die Landwirtschaft, Industrie und Transportwesen traf, und eine Export-Blockade für Kupfer, das vormals 80% des Außenhandelsumsatzes ausmachte. Allendes Koalition hatte nur 36% und war in sich uneins, so dass nahezu jede Entscheidung in Senat und Kongress verhindert werden konnte. Es herrschte also eine extrem instabile politisch-ökonomische Lage, die genau *wegen* ihrer Labilität ausgezeichnet für eine kybernetische Intervention geeignet schien. Es bedurfte gewissermaßen einer Revolution, die die Revolution beendet. Und so schrieb Fernando Flores, Präsident des *Instituto Technológico de Chile*, selbst Kybernetiker, Professor für »Management Science« an der Universität von Santiago und späterer Wirtschaftsminister, im Sommer 1971 einen Brief an Stafford Beer, der der Einladung folgte und Anfang November in Santiago eintraf. Binnen weniger Tage war man sich einig, dass ein »friedlicher Weg zum Sozialismus« (Beer 1981: 248)[2] nur in der kybernetischen Steuerung der Volkswirtschaft durch elektronische Medien zu finden sei. Die gemeinsamen Thesen dazu tragen den Titel *Cybernetic Notes on The Effective Organization of the State* (Beer 1981: 249). Was war damit gemeint?

Schon 1959 hatte Stafford Beer, nach der Lektüre der *Macy Conferences on Cybernetics*, der Schriften britischer Kybernetiker wie Ross Ashby oder Gordon Pask sowie der neurophysiologischen Forschungen aus dem Umkreis Warren S. McCullochs, sein Buch *Kybernetik und Management* geschrieben. Dessen These bestand schlicht darin, dass die menschliche Intelligenz heute nicht mehr in der Lage sei, ihre sozialen und wirtschaftlichen Probleme zu lösen. Gestützt wurde sie durch eine kulturhistorische Diagnose und ein biologisches Modell.

Die kulturhistorische Diagnose besagt, dass technische Zivilisationen vor allem auf Verstärkern beruhen, und man mag darin eine Linie ausmachen, die von der

---

2. Übersetzung, wie auch im Folgenden, von C.P.

Stafford Beer
The Cost Benefit Analysis Song

How many bricks constructed this prison
And how many grapes went into the wine
How many illusions were lost for the vision
Of how many angels advancing in line?

How many lifetimes were ended in torment
And how many people this day would resign
How many bank balances just for this moment
And how many grapes went into the wine?

How many units of human compassion
And how many grapes went into the wine
How many illusions were sacrificed wantonly
How many people have looked for a sign?

How many women are need to fashion
The how many men who are forced to assign
How many excursions to bed were for passion
And how many grapes went into the wine?

How many men have been killed by our soldiers
And how many grapes went into the wine
How many insurgents are listed in Folders
And how many children are shot through the spine?

How many truths have run through our fingers
And how many credos ... Believing in mine
How many have led into unthought of dangers
And how many grapes went into the wine?

Das Lied von der Kosten-Nutzen-Rechnung

Technikphilosophie eines Ernst Kapp über die Prothesentheorie Sigmund Freuds bis hin zu den *Extensions of Men* bei Marshall McLuhan führt. In der zu Ende gehenden ›Epoche der Energie‹ waren dies – so Beer – vor allem *Kraft*verstärker, für die neue ›Epoche der Information‹ müsse man nun jedoch »*Intelligenz*verstärker« erfinden. Wenn das Computerzeitalter ebenso erfolgreich werden solle wie das Industriezeitalter, das die Kraft eines einzelnen Arbeiters von 0,1 auf 1000 PS erhöhte, dann stünden uns – so immer noch Beer – Maschinen mit einem IQ von 1 Million bevor. Und nur diese seien noch in der Lage, die komplexe Kombinatorik der Probleme und Entscheidungen der Gegenwart zu lösen.

Und so entwickelt der zweite Strang der Argumentation ein Modell des Unternehmens als Organismus, der – kybernetisch gedacht – eben nicht nur Fleisch und Blut und Biologie, sondern auch ein Informationssystem ist. Das Nervensystem bilde die Kommunikationskanäle und das Management das Gehirn eines Unternehmens, und beide zusammen befänden sich ohne elektronische Medien evolutionsbiologisch »auf der Stufe eines Schwammes« (Beer 1962: 160). Während das hergebrachte *Operations Research* einem Chirurgen gleiche, der sich nur um einzelne Organe kümmert, brauche der Körper der Wirtschaft eine ganzheitliche Therapie, die nur Kybernetik heißen könne. Denn das Ziel jedes Organismus sei das Überleben, auch wenn die kurzfristigen Wege dorthin allemal »widersprüchlich« sind (a.a.O.: 162). Die Natur – so Beers Sprung vom Exemplar auf die Spezies – sichere dieses Überleben durch eine verschwenderische Varietät von Mutation und Anpassung. Schon weil Ökonomien sich diese Großzügigkeit nicht leisten können, muss ihr Management zu seinem eigenen Mutationsberater und Selektionsverstärker werden. Die künstliche Intelligenzverstärkung durch Computer gerät zum *number crunching* der Varietät und die Wahrscheinlichkeitsrechnung zum »Nachdenken« über Leben und Überleben (a.a.O.: 169). In den Black Boxes der Elektronengehirne verkörpert sich eine »Anpassungsmaschine« (a.a.O.: 176), die Rechenarten praktiziert, die den Tod maximieren, um zugleich und dadurch erst das Leben zu optimieren. Das *Gehirn des Unternehmens* (so ein späterer Buchtitel Beers) »greift […] die unerschöpfliche Unbestimmtheit seiner[!] sich entfaltenden Geschichte auf, indem es diese Wahrscheinlichkeiten heranzieht und sortiert.« (a.a.O.: 179) Leben und Tod sind entscheidungs- und zugleich zeitkritisch. Und damit wären wir wieder bei jener Unbestimmtheit der Geschichte im Chile des Jahres 1971, wo die Zeit drängte und Entscheidungen (über)lebenswichtig wurden.

III. Die Echtzeit des Staates

Wer den Bus noch kriegen will, so Stafford Beer, braucht ein Gehirn, das nicht erst nach einer Stunde Rechenzeit die erforderlichen Anweisungen für Adrenalin und Herz, für Lunge und Muskulatur ausgibt. Chile braucht, mit anderen Worten, ein Gehirn und ein Nervensystem, einen Informationsverstärker und ein Kommunikationsnetz, das den neuen Geschwindigkeiten des Staates gerecht

Der Auftrag

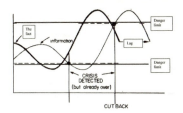

Kritik und Krise: Konjunkturzyklen und das Wissen um sie als zeitlich versetzte Schwingungen

wird. Die kybernetische Revolution muss bei der medientechnischen Infrastruktur beginnen, denn das Wissenscorpus, in dem sich die Seinsweise des Staates (vielleicht seit Leibniz) immer wieder aufs Neue manifestiert, trägt ein Haltbarkeitsdatum. Vorkybernetische Erhebungs-, Verwaltungs- und Präsentationsformen dieses Wissens – wie etwa Zählung, Buchführung und Statistik – seien, besonders in Zeiten der Revolution, viel zu langsam. Zum Beleg referiert Beer auf nationalökonomische Modelle wie die von Robert Malthus oder Joseph Schumpeter, denen zufolge die Wirtschaft zyklisch verläuft, und abstrahiert sie zu Sinuswellen. Dadurch nun, dass papierne Wirtschaftsdaten (*information*) erst ein halbes oder ganzes Jahr nach den Ereignissen verfügbar sind (*the fact*) und die Welt sich unterdessen verändert hat (*lag*), sind diese Daten nicht bloß zu spät, sondern haben oft genug katastrophale Entscheidungen zur Folge (*danger limit*). Im schlimmsten aller Fälle verhält sich die Statistik wie der Cosinus zum Sinus und tritt mit einer Phasenverschiebung von 180° auf. Sie empfiehlt Verstärkung dort, wo Dämpfung und Dämpfung dort, wo Verstärkung nötig wäre. So entstehen normalerweise Revolutionen, sagt der Sohn des Statistikers.

Für eine kybernetische, autoregulative Regierung müssen also Lektüre und Intervention in ein zeitkritisches Verhältnis zueinander treten, das wiederum nur durch elektronische Medien hergestellt werden kann. Der Staat braucht neue Hard- und Software, wenn das Zeitalter der Statistik endet und das der *Real Time Control* anbricht.[3] Dessen Mediensysteme suchen selbsttätig ausgeglichene Zustände, wobei wechselseitig Teile des Systems die Fähigkeit anderer Teile auffangen, das Ganze aus der Fassung zu bringen. Eine permanente Unruhe oder

---

3. Solche *decision support systems* wurden in den kybernetikbegeisterten 60er Jahren natürlich auch in Deutschland diskutiert. So äußert etwa Pierre Bertaux 1963 in einer hochkarätig und interdisziplinär besetzten Runde (u.a. Arnold Gehlen, Karl Küpfmüller, Arthur Koestler, Friedrich Bauer und Heinz Zemanek): »Das entscheidende Problem der Statistik ist ihre Aktualisierung. Die schlüssigen Informationen, auf Grund derer Entscheidungen getroffen werden, müssen so up to-date wie nur möglich sein. Diese Aktualisierung, die ein Hauptschlüssel zur Vermeidung von Wirtschaftskrisen in der industriellen Gesellschaft ist, kann nur auf Grund einer ungeheuren Investition in Computer, in Rechenmaschinen und in der Form einer Neugestaltung des ganzen Regierungsapparates erreicht werden, also durch eine Staatsmaschine. Dazu ein französisches Sprichwort, das sagt: ›Gouverner c'est prévoir.‹ Die Kunst des Regierens ist die Kunst des Voraussehens. Die Dimension der Zukunft ist aber für die Menschen, für ihr organisches, cérébrales Denken, für das Denken mit Worten schwer zu erfassen, weil es dem Gehirn nicht möglich ist, die zahllosen Elemente, die auf das Geschehen einwirken, auf einmal zu übersehen. […] Der Mensch ist von Natur aus zukunftsblind. Diesem Faktum kann durch die Maschine abgeholfen werden.« (Bertaux 1963). Bertaux war Mitherausgeber der Reihe *Welt im Werden* (S. Fischer Verlag), in der auch Beers *Kybernetik und Management* erschien.

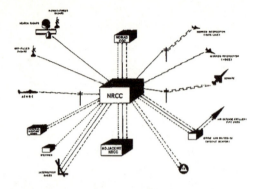

Die typische Sterntopologie eines (militärischen) Netzwerks

Zentral zusammenlaufende Telefonleitungen im SAGE-Frühwarnsystem

Destabilisierung im System bildet den produktiven Kern dessen, was durch effektive Selbststeuerung oder Intervention zugleich immer wieder aufgefangen und ausbalanciert wird. Kybernetik steht damit (und wahrscheinlich nicht nur für Beer) jenseits der Dogmen von Zentralisierung oder Dezentralisierung, jenseits der Doktrinen von freier Marktwirtschaft oder Planwirtschaft und jenseits der Expertisen von Bürokratie oder Vetternwirtschaft. Doch wie sah dies nun konkret aus?

Der kybernetische Umbau der chilenischen Volkswirtschaft teilte sich in zwei Aufgaben: erstens bedurfte es eines zentralen Computersystems namens *Cybersyn* (*Cybernetic Synergy*), das alle wissenswerten Daten über die Wirtschaft des Landes sammelt, zusammen›denkt‹ und den Regelungsbedarf im Hinblick auf ein bestimmtes Gemeinwohl oder Ziel ermittelt. Zweitens bedurfte es aber einer Telekommunikationsstruktur namens *Cybernet*, die (gleich einem Nervensystem) jeden einzelnen Wirtschaftsbetrieb mit dem ›Gehirn‹ verbindet. Diese Sterntopologie von zentralem Großrechner und dezentralen Terminals war typisch für die Computernetze jener Zeit und schmiegte sich zugleich der Topographie Chiles an: Nördlich und südlich Provinz und in der Mitte eine literate, konstitutionelle Bevölkerung – die Männer »frank and friendly«, die Frauen »gorgeous and gay« (Beer 1973). Dementsprechend kam der Zentralrechner (ein *Burroughs 3500*) in Santiago zur Aufstellung – und zwar ausgerechnet in den verlassenen Räumen der *Reader's Digest*-Redaktion, die sich ja ebenfalls mit einer Form der Datenauslese beschäftigt hatte. Und die eigens requirierten Telex- und Funkverbindungen verbanden ihn mit Betrieben von Arica bis Puerto Montt.

Etabliert war auch die Technik des sogenannten »Polling«, also der regelmäßigen Abfrage von Daten durch einen entfernten Rechner. Die Domäne solcher Verfahren waren die gigantischen Frühwarnsysteme des Kalten Krieges wie *SAGE* (*Semi Air Ground Environment*), die kontinuierlich über Telefonleitungen einlaufende Radardaten sammelten und auswerteten. Ebenso wie sich die Datenleitungen solcher militärischer Netze seit zwei Jahrzehnten von Küste zu Küste erstreckten, eine zentrale Recheneinheit ununterbrochen mit Berichten über die ›Lage‹ versorgten und für militärische Entscheidungsträger auf Screens darstellten, sollten sich nun Datenleitungen in alle Industrie- und Agrarbetriebe Chiles entspinnen, sollten das Elektronengehirn in Santiago ununterbrochen über die ›Lage‹ informieren und sie für angeschlossene ›Politiker‹ grafisch präsentieren. Stafford Beer hatte sich die Erfahrungen solcher Systeme schon bei *SCAN*, seinem Computersystem für Stockbroker, zunutze gemacht. Feinde, Aktienkurse und Produktionsziffern fallen schlicht in die gleiche Problemklasse. Sogar bei der Software griff Beer auf ein Paket namens *Dynamo* zurück, das von keinem geringeren als Jay Forrester, einem der Väter der US-Frühwarnsysteme stammte. Vor diesem Hintergrund verwundert es nicht, dass der neue Regierungssitz mit einem militärischen Begriff bezeichnet wurde. Er hieß *Operations Room*, war das Werk eines chilenischen Teams von Gestaltern unter der Leitung von Gui Bonsiepe, und bildete die Benutzeroberfläche des gesamten Systems.

IV. Der Opsroom

Es ist eine merkwürdige Ausstrahlung, die dieser neue *Opsroom* in Santiago hat. Er ist menschenleer, und obwohl er eine gewisse Verlassenheit ausstrahlt, scheint doch alles wie vorbereitet für eine chymische Hochzeit von Mensch und Maschine. Das Ambiente des *Opsroom* ist eine Mischung von Büro und Raumschiff, von Lounge und Maschinenraum, die eine gewisse Traumdichte besitzt. Auffällig ist, dass nirgendwo eine rote Fahne hängt und dass auch sonst keine politischen Insignien auszumachen sind. Es herrscht eine Abwesenheit des Symbolischen, die selbst symbolisch zu sein scheint. Wenn die Kybernetik ein Versöhnungstraum war (von Arbeit und Kapital, von Leuten und Regierung, von Lebewesen und Maschinen, usw.), dann ist dies ihr Versöhnungsraum. Die Sessel sind nicht hierarchisch, sondern erlauben viele Perspektiven auf gleicher Augenhöhe, und überall sind ›freundliche‹ Interfaces eingelassen. Würde man das Foto zum ersten Mal sehen, man würde wahrscheinlich das Set eines Science-Fiction-Films vermuten. Kubricks *2001* lag nur drei Jahre zurück, Faßbinders *Welt am Draht* (nach dem Roman von D.F. Galouye) sollte im nächsten Jahr folgen – beides Filme übrigens, in denen Computer die Regierung übernehmen oder bereits übernommen haben. *Science fiction* und *science fact* bewegen sich auf gewisse Weise

Radar-Opsroom im Zweiten Weltkrieg

Der Opsroom in Chile

im gleichen Inventar. Und man mag so weit gehen, dass Chile vielleicht noch nicht fern genug jener Welt war, die in einem solchen Raum geträumt werden soll. Wenn Stafford Beer später schreibt, dass die Umwelt Chiles (d.h. konkreter: USA, CIA usw.) der Grund des Scheiterns von *Cybersyn* war, dann mag man sich diesen Regierungs-Raum tatsächlich abgesprengt in die einsamen Weiten des Weltalls vorstellen.

Auf Erden hatte der *Opsroom* jedenfalls zwei Aufgaben und damit Gestaltungsrichtlinien: *Erstens* galt es, Informationen zu filtern. Denn wie sonst sollte man mit der unüberschaubaren Menge des täglich, stündlich oder minütlich erhobenen Wissens umgehen? Die Daten mussten auf (möglichst experimentalpsychologisch ermittelte) »menschliche Proportionen« geschrumpft werden (a.a.O.: 21). Das Tagwerk eines einzelnen Arbeiters interessiert zwar das System, nicht unbedingt aber auch dessen wechselnde Beobachter. So wird eine Art informatische Zoomfunktion erforderlich, die es erlaubt, notfalls alles zu wissen, aber meistens das Meiste zu vergessen. Die neue Computer-Politik fordert also eine forcierte Gestaltung von Nicht-Wissen, um überhaupt arbeitsfähig zu sein.

Zweitens galt es, die Benutzeroberflächen so zu entwerfen, dass sie sowohl von Ministern als auch von Arbeitern ›intuitiv‹ begriffen werden können. »Ich wollte«, so schreibt Stafford Beer, »dass die Minister eine direkte Erfahrung, eine plötzliche Erfahrung, eine experimentelle Erfahrung haben. Und was auf der einen Ebene für Minister funktioniert, funktioniert auf anderen Ebenen auch für

Der Auftrag

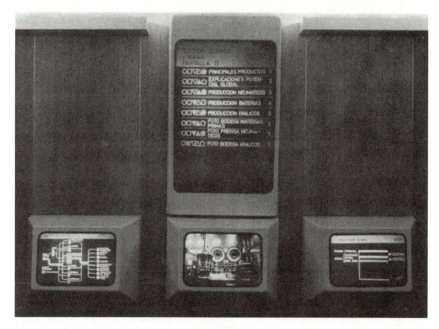

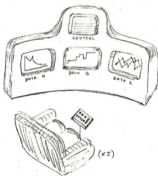

Die (analoge) Datenbank des Opsroom;
oben in der Gestaltung durch Gui Bonsiepe,
unten im Entwurf Stafford Beers

Manager der Volkswirtschaft, der Industrie und kleinerer Betriebe. [...] Wenn Partizipation irgendeinen Sinn haben soll, dann darf niemand ausgeschlossen werden, weil er den Jargon, die Bilder oder die hochgestochenen Rituale nicht beherrscht. Die Arbeiter selbst müssen unbeschränkten Zugang zu allem haben« (a.a.O.: 20) – und die Minister sollen nicht mehr sofort nach einer Sekretärin rufen, die zwischen ihnen und der Maschine vermittelt (a.a.O.: 22). Man mag sich dabei an Otto Neuraths ähnlich sozialutopisch geprägte Gestaltung der ›Wiener Methode‹ der Bildstatistik erinnern – und auch daran, dass wir uns noch einige Jahre *vor* den Testserien bei *XEROX* bewegen, die mit einigem Aufwand jene Normalität des Screendesigns erfanden, die heute in der DIN-Norm für Benutzeroberflächen als ›intuitiv‹ bezeichnet wird.

Die vier Bildschirme ganz rechts bilden das älteste Element der Installation und finden sich schon in den etwas ungelenken Entwürfen, die Stafford Beer selbst

Typische »displays«: links ein Index, rechts unten ein Balkendiagramm, das Gegenwart und Zukunft vergleicht. Man beachte den Aschenbecher und die Mulde zum Abstellen von Cocktails im Kontrollsessel

anfertigte. Dies ist die Datenbank des Systems. Sie enthält Fotos, Diagramme und Texte, auf die die Anwesenden bei Diskussionen und Präsentationen zugreifen können. Denn der *Opsroom* ist, so Beers Worte, »eine Entscheidungsmaschine, in der Menschen und Equipment in einer symbiotischen Beziehung stehen, um ihre unterschiedlichen Kräfte zu verstärken und in einer neuen Synergie erweiterter Intelligenz zu vereinen. Sie müssen reden und ihre Entscheidungen treffen. Zu diesem Zweck brauchen sie Hintergrundinformation, und ich muss wohl nicht lange erklären, dass es hier keine Akten, Berichte oder Memos der letzten Beratungen gibt. Papier ist von diesem Ort verbannt.« (a.a.O.: 21)

Das Archiv dieses (vielleicht ersten) ›papierlosen Büros‹ wurde von *Electrosonic Ltd.* (London) gebaut und besteht aus vier Rückprojektionen hinter denen sich je 5 Diaprojektoren mit 80er-Karussells befanden. Von Fernsehschirmen wurde (so Gui Bonsiepe) wegen Flackerns und zu geringer Auflösung Abstand genommen. Die Beschränkung auf 1.200 Dias ergab sich aus informatischen und ergonomischen Gründen, denn der Zugriff sollte über Indices erfolgen. Auf dem Hauptbildschirm waren maximal 30 Begriffe lesbar darzustellen, was knapp 5 Bit Information entspricht. Ausgewählt wurden diese über das Drücken einer Kombination von fünf Knöpfen, die in der mittleren Reihe der Armlehnen eingelassen waren. Durch zwei aufeinanderfolgende Klicks waren also schon 10 bit = 32x32=1024 Bilder adressierbar. Die oberen drei Knöpfe der Sessel dienten der Auswahl des Arbeitsbildschirms, mit den unteren beiden konnte ein ausgewähltes Bild auf den großen Hauptbildschirm geschaltet werden. Die Gestaltung der einzelnen ›Folien‹ erinnert doch einigermaßen an *PowerPoint*.

Auf einer dieser Folien (die im Gegensatz zu ihren Enkeln noch tatsächlich solche sind) lässt sich ein typisches Balkendiagramm ausmachen, das auf Beers Unterscheidung von Aktualität (*actuality*) und Potentialität (*potentiality*) verweist. Aktualität verweist auf das, was beispielsweise eine Fabrik gerade leistet und leisten könnte (genannt ›Realität‹/*reality* und ›Fähigkeit‹/*capability*), Potentialität hingegen auf das, was diese Fabrik leisten könnte, wenn auch der letzte Quadratmeter optimal genutzt wäre, wenn die Arbeiter das Beste geben würden usw. Der leibnizianische Klang dieser Unterscheidung ist kaum zu überhören. Denn diese beste Welt, und sei sie auch so klein wie Chile, bemisst sich an einer Ökonomie, die die meisten Möglichkeiten ausschöpft und in Aktualität zu überführen weiß. Sie ist, gegenüber allen anderen, gleichmöglichen Welten die Dichteste und zugleich Reichste – nur dass 1972 eben kein Gott mehr die Potentialitäten vorrechnet, die zu verwirklichen uns Menschen obliegt, sondern ein gottlos-elektronischer Großrechner sie in Echtzeit erst ermittelt. Mit dem Einsatz elektronischer Medien entsteht somit eine Doppelbewegung, in der die beste Welt entrückt und gerade deshalb zugleich greifbar nahe wird. In der Umschrift von »Potencial« in »Futuro« wird sie auf eine Zeitachse aufgetragen, und diese Verzeitlichung nennt man seit der Romantik *Utopie*. Denn während bei Leibniz noch die wirkliche Welt mit der besten zusammenfiel, verlegt die Techno-Utopie der Kybernetik sie ins Futur. Sie wird zum Ziel, das man ›on the fly‹ immer im Blick hält. In den allgegenwärtigen Flussdiagrammen ist diese utopische Differenz zwischen Aktualität und Potentialität, zwischen der gegenwärtigen und der besten Welt wie ein Füllstand eingetragen. Dies führt nun geradewegs zu dem großen zwei Meter hohen Schirm auf der linken Seite des Raumes.

Das Grundmodul in Stafford Beers Denken ist das sogenannte »viable System« – ein Ausdruck, den der philosophische Konstruktivismus (etwa bei Ernst von Glasersfeld) zu übernehmen wusste. Seine Viabilität oder ›Gangbarkeit‹ besteht darin, dass es auf Homöostase, auf ein dynamisches Gleichgewicht ausgerichtet ist und diese durch einen verborgenen Mechanismus herstellen kann. Es wird also ab einer bestimmten Schwelle undurchsichtig, aber – und das ist das Entscheidende – es *funktioniert*. In diesem Sinne kann – so Stafford Beer – das System eines Landes als eine verschachtelte Struktur vieler viabler Systeme und Subsysteme beschrieben werden. Diese rekursive Struktur weist im Größten und im Kleinsten die gleichen Informations-, Rückkopplungs- und Steuerschleifen auf; sie beinhaltet den Staat selbst, darin das Wirtschaftssystem, darin den Industriesektor als System, darin die Firma als System, darin die einzelne Fabrik als System, darin den Arbeitsbereich als System, darin den Arbeiter als System und in dessen Körper zuletzt ein neurophysiologisches System. Und all diese Systeme haben die gleiche Struktur und bilden auf wechselnden Ebenen immer wieder nur rückgekoppelte Systeme (und damit sich selbst) ab. Die kybernetische Welt ist fraktal. Der große Bildschirm zur Linken zeigt eine solche Verschachtelung von

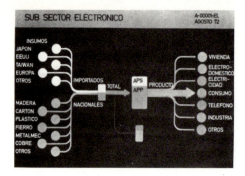
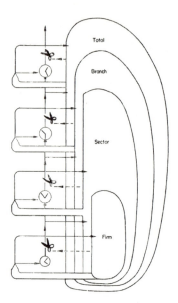

Oben ein Flussdiagramm zu Aktualität und Potentialität; rechts die rekursive Struktur viabler Systeme

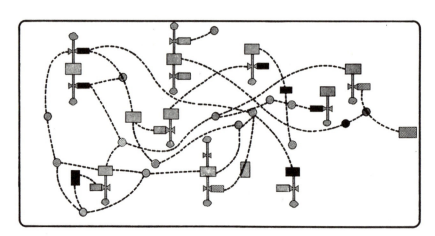

Entwurf zu einer interaktiven Simulationsumgebung für das »Future System«

fünf viablen Systemen, die – eben weil sie fraktal ist – jeden beliebigen Ausschnitt von ›Welt‹ darstellen kann. Das Verhältnis von Aktualität (rot) und Potentialität (grün) ist auch hier wie Füllstände in Gläsern dargestellt.

Cyberstride rechnete nun nicht mit einzelnen Daten, sondern fasste verschiedene Aspekte zu Indices zusammen, die Börsenkursen ähneln, und kontrollierte diese selbsttätig. Umso unruhiger die Kurven dieser Indices sich fortspannen, umso sensibler und aufmerksamer wurde das Programm. Sollte es zu Ausfällen oder besonderen Erregungen in einem Subsystem kommen, schickte dieses eine Nachricht an den entsprechenden Manager (z.B. den Leiter einer Fabrik). Dann

Der Auftrag

ermittelte der Rechner eine Dämpfung (*delay time*) aufgrund der Wichtigkeit und der geschätzten Reaktionszeit vor Ort und startete eine Uhr (*clock daemon*). Und wenn diese abgelaufen war, informierte der Rechner automatisch die nächst höhere Ebene (also z.B. den Mutterkonzern). Beer selbst nennt dieses Signal »algedonisch«, bezeichnet es also mit dem medizinischen Begriff für ein Schmerzsignal und spricht von »physiological recovery time« (Beer 1981, 276). Solche Signale werden auf dem Display als rot blinkende Pfeile dargestellt. Der obere gelbe Kreis, der wie eine Sonne über dem Diagramm schwebt, diente hingegen zur Visualisierung möglicher Trends, die *Cyberstride* aus dem Verlauf der Indices errechnete. Die Technik (*Technomation Ltd.*, GB) ist rührend hybrid: Den Screen bildet eine bedruckte Scheibe, hinter der sich ein Küchenregal mit Projektoren verbarg, vor denen sich mit Spiralen bedruckte Folien drehten, wie wir sie aus den Schaufenstern von Apotheken kennen. Die roten Schmerzsignale waren allerdings Lämpchen, die digital vom Rechner angesteuert wurden. Die gelbe Scheibe war eine Folie, die vermutlich vom Rechner über Schrittmotoren bewegt wurde. Zur Ergänzung dienten die beiden Schirme in der Mitte mit vergrößerten und höher auflösenden Indices bzw. Aktualitäts/Potentialitäts-Anzeigen, die wahrscheinlich digital angesteuert wurden.

Ganz links ist zuletzt das wohl ambitionierteste (und unverwirklichte) Gestaltungsdetail zu erkennen. Diese Schirme sollten zusammen mit einem (nie gebauten) Hybridrechner das sog. *Future System* bilden und interaktive Simulationen erlauben. Auf dem linken Schirm sollte es möglich sein, neue Flussdiagramme (bspw. für den Ablauf von Produktionsprozessen, für Handelsbeziehungen, Transportsysteme usw.) einzugeben. Man sollte magnetische Elemente auf den Schirm kleben und die Verbindungen möglicherweise mit einem Lightpen zeichnen können. Auch Grafiktabletts waren in der Diskussion. Die entstandenen Diagramme sollten jedenfalls in Echtzeit ausgewertet und auf dem rechten Schirm als Computergrafik ausgegeben werden. Unschwer sind hier die Ahnherren heutiger CSCW-Experimente[4] und natürlich aller Arten von Computerspielen auszumachen, in denen es um den Aufbau und Erhalt von Ökonomien, Gesellschaften oder Staaten geht. Nur dass in Chile eben das Reale ins Zeitalter des Experimentierens (oder Computerspielens) gerät, wenn das Wissen des Staates die Simulationsalgorithmen des Möglichen durchläuft um anschließend ins Wirkliche übersetzt zu werden.

Nun gehört es jedoch zu Beers sozialutopischem Konzept, dass die Regierten nicht nur Spielfiguren sind, sondern dass sie auch selbst zu Mitspielern werden. Und das heißt mehr als nur – wie nebenbei geplant – eine Fabrik für *Opsrooms* zu eröffnen und diese den Betrieben und Gewerkschaften zur Selbstoptimierung zu übereignen (a.a.O.: 270).

---

4. Computer Supported Cooperative Work.

VI. Massen und Medien

Wenn die »Revolution der Regierung« bei jedem Einzelnen beginnen soll, wie es die letzte Seite von Beers Broschüre *Towards Good Government* hoffnungsvoll verkündete, bedarf auch dies einer medientechnischen Infrastruktur. Diese wurde zwar nie implementiert, aber immerhin detailliert beschrieben und nahm mit den Mitteln von 1970 vorweg, was heute als *e-government* oder Suche nach Superstars wieder Konjunktur hat. Im Zusammenspiel von Volk, Fernsehen und Regierung eröffnet sich das, worauf Beer selbst als »Psycho-Kybernetik« (Maltz 1960) hoffte und was Andere vielleicht ›totalitär‹ genannt hätten. Denn in die hergebrachten Verfahren der Varietätsbeschränkung (parlamentarische Repräsentation), der Varietätsverstärkung (Bürokratie) und der Zeitdämpfung (Wahlperioden) intervenieren neue Technologien wie Fernsehen oder Radio, indem sie die Illusion einer Rückkopplungsschleife erzeugen. Es entsteht ein »falscher Dialog« (Beer 1981, 280), und die Unmöglichkeit der Antwort in den Massenmedien behindert – so Beer – nicht nur die Homöostase des Staates, sondern führt zu Demonstrationen, zu Agitation, Gewalt und Revolte. Sein Brecht'scher Vorschlag der ›Umwidmung‹ lautet, den verschlossenen Rück-Kanal der elektronischen Medien zu öffnen und Repräsentation durch Echtzeit-Feedback zu ersetzen. Auch das Volk bekommt einen Index, an dem die Aktualität seiner Befindlichkeit instantan abgelesen werden kann, und der schwankt zwischen »happy« und »unhappy«.

Das wiederum ist eine unverschleierte Adaption der sog. »like/diskile«-Schemata jener Radio-Untersuchungen, die Paul F. Lazarsfeld Ende der 30er Jahre durchgeführt hatte und bei denen sich die Sympathie für Propagandasendungen oder Waschmittelwerbung auf dem Prüfstand befand:

»*In investigating the radio listeners' reactions to a program, it is often desirable to know their attitude to specific items in that program. Does the variety show listener like the ›gags,‹ the skits, the music, or perhaps the voice of one of the actors? And why? To what extent is one radio commercial more disliked than another, and for what specific reasons? Which parts of an educational program that features dramatizations and commentators are most liked (or disliked) by radio audiences, and what are the reasons for such reactions?*« (Peterman 1940: 728)[5]

Statt Amerikanern, die einem Radioprogramm von *commercials*, *gags* und *music* folgen, ist es nun eine chilenische Bevölkerung, die einem kybernetischen Regierungsprogramm ihre Sympathie durch geneigte Annahme bekunden soll. Auch technisch gleichen sich die Systeme: Paul Lazarsfeld und der spätere CBS-Präsident Frank Stanton hatten seinerzeit eine kleine Apparatur gebaut, eine

---

5. Vgl. dazu den Beitrag von Dominik Schrage in diesem Band. Lazarsfeld war auf den Gründungskonferenzen der Kybernetik anwesend und seine Methode war so universell einsetzbar, dass sie zur gleichen Zeit auch bei vietnamesischen Kriegsgefangenen eingesetzt wurde (dazu auch: Pias 2004).

Der Auftrag

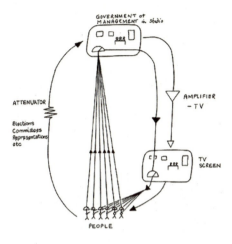

Regierung und Regulation zwischen
»Happy« und Unhappy«
(Entwurf Stafford Beers)

»reaction-recording machine« (Peterman 1940: 728), die Sympathie- und Unmutsbekundungen unauffällig während des laufenden Programms aufzeichnen sollte. Bis zu elf Versuchspersonen bekamen dazu einen roten Knopf in die linke Hand und einen grünen in die rechte und konnten nun zuhörend ihren *likes* und *dislikes* diskreten Ausdruck geben. Das gemittelte Ergebnis ließ sich dann auf einer Zeitskala nebst einem Inhaltsprotokoll auftragen. Unter diesen Bedingungen kontrollierter Erfahrung schien es möglich, eine »Program Clinic« zu eröffnen (Hollonquist/Suchman 1979: 274), um schwächelnde Programme durch experimentelle Validierung auf maximale Wirksamkeit hin zu behandeln.

So und nicht anders stellte Beer sich die Partizipation elektrifizierter Politik und die Echtzeit-Validierung des staatlichen Programms vor: Noch während die Leute den Parlamentsreden am heimischen Fernseher folgen, drehen sie ihren (diesmal analogen) Glücksknopf in den roten oder grünen Bereich. Über das Telefonnetz werden die wechselnden Spannungen übertragen, gesammelt, gemittelt und sofort als Balkendiagramm in das Fernsehbild und auf dem Monitor des Redners eingeblendet. Ein Kreisschluss beginnt: Der Politiker weiß, dass die Leute wissen, dass er weiß – und die Leute wissen, dass der Politiker weiß, dass die Leute wissen, dass er weiß... – und so weiter. Gute Politik ist fortan die, die dem Volk ein gutes Gefühl gibt – ein Gefühl im grünen Bereich, falls es schon Farbfernseher besitzt. Regieren und »instant market research« (Beer 1981: 284) fallen in dieser neuen Öffentlichkeit schlicht zusammen. Die glückliche Bevölkerung ist ein glücklicher Kunde, der wegdrehen darf, was ihm nicht gefällt. Eine solche Struktur organisiere (so Beers Fazit) ganz neue Verhältnisse von Einzelnem und Ganzem, von individueller und kollektiver Entscheidung, von Freiheit und Funktionieren. Freiheit, so Beer, ist keine normative Frage, sondern »eine

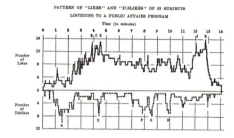

Radio-Analyse eines »public-affairs«-Programms nach der Methode von Lazarsfeld und Stanton

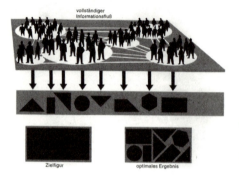

Indirektes Regieren durch Organisation zur Selbstorganisation (aus einem populären Kybernetik-Lehrbuch der 70er Jahre)

berechenbare Funktion von Effektivität« (Beer 1973: 6): »die Wissenschaft der effektiven Organisation, die wir Kybernetik nennen, [reicht] dem Recht der freien Wahl, das wir Politik nennen, die Hand« (a.a.O.: 23).

Die Echtzeit der elektronischen Medien, die dieses neue Feld der psychokybernetischen Regierung von Gesellschaft markiert, lässt damit so etwas wie ›Staatlichkeit‹ brüchig werden. Sie führt eine Entgrenzung des Politischen herauf – eine extensive, wellenförmige Registratur des Gegenüber und einen Willen zum Wissen, der kein Gebiet auslässt und keinen Haltepunkt des Interesses kennt. Das »Occasionelle« (Carl Schmitt) wird zum Zentrum des Politischen. Unnötig zu betonen, dass die Diagramme des Glücks live in den *Opsroom* übertragen und solche Feedbackschleifen auch in Fabriken installiert werden sollten, damit die Arbeiter sich selbst, die Chefs die Arbeiter, die Arbeiter die Chefs und die Chefs die Chefs hätten beobachten können.[6] Dieses Spiegelkabinett der Beobachtungen, diese ununterbrochene Beziehungsbewirtschaftung, die andernorts »Kontrollgesellschaft« genannt wurde (Deleuze 1993: 254–262), war für Beer ein Glücksversprechen. Der eudämonistischen Ethik eines Bentham oder Mill folgend, war es das größtmögliche Glück der größtmöglichen Zahl, das es einzurichten galt, auch wenn der Staat selbst sich dabei auflöste.

---

6. Damit wäre nebenbei auch die zentralistische Struktur des einen *Opsrooms* in Santiago durchbrochen und man hätte sich fragen müssen, welche Synergieeffekte und Emergenzen aus der Vernetzung enstanden sein würden.

VII. Schluss

Gleichwohl der *Opsroom* noch von Allende eingeweiht werden konnte und einige Monate in Betrieb war, gingen all' diese Bemühungen bekanntlich nicht so glücklich aus wie in der Zeichnung Stafford Beers, sondern endeten blutig. Das Ende war militärisch und nicht autopoietisch, war hierarchisch und nicht kybernetisch. Stafford Beer verzichtete 1974 auf materiellen Besitz und lebte ein Jahrzehnt lang als Eremit in einer steinernen Hütte in Mid-Wales.

In Heiner Müllers Stück *Der Auftrag*, das vom scheiternden Export einer anderen Revolution handelt, ist es eine namenlose und gehetzte Stimme auf dem verzweifelten Weg zu ihrem Chef (den sie »Nummer Eins« nennt), der zuletzt die Nicht-Frage entweicht: »Wie erfüllt man einen unbekannten Auftrag.« (Müller 1988: 438) Wenn das eine Allegorie auf die kybernetischen Anstrengungen Stafford Beers in Chile ist, dann gehört zu dieser auch die Seite der Nummer Eins, die ihren Auftrag kennt. Die USA nämlich waren sich über ihre interventionspolitischen Ziele völlig im Klaren und hatten ein mindestens so großes Interesse an der Kybernetik als einer Macht der kleinen Eingriffe mit großen Wirkungen. Wenn Behörden wie die *CIA* oder *ARPA*, *Special Operations Research Office* oder *RAND Corporation* wirtschaftliche und soziale Prozesse als berechenbare simulieren, geht es weniger um ein allemal unscharfes Gemeinwohl oder eine schwer präjudizierbare ›happyness‹, sondern konkret darum, Aufständen systematisch entgegenzuwirken oder sie gezielt zu forcieren. So war es das Ziel eines mit Daten der *American Anthropological Association* gefütterten, kybernetisch inspirierten Projekts namens *Camelot*, »to predict and influence politically significant aspects of social change in the developing nations« (Horowitz 1967: 47; vgl. dazu auch Holl 2004). Und kaum dass Salvador Allende an der Macht war, wurde *Project Camelot* in Gang gesetzt und sammelte seine Daten über wenige Angestellte

Oben: die Utopie der kybernetischen Regierung (Zeichnung zu der nie gedruckten Broschüre »Towards Good Government«), rechts: Stafford Beer nach der Vertreibung aus Chile

unter den vielen Helfern und Unterstützern ein, die mit den Peace Corps nach Chile fuhren:

»It was not necessary to have many agents in the Peace Corps – just in the right places and with access to all information which was generated. Unknowingly, thousands of U.S. youths, most thinking that they were helping the Chileans, were instead gathering data for the now undercover Project Camelot. [...] During the sixties, nearly one thousand students and professors travelled to Chile. Some consciously worked for the Agency, but even those who had no ties to the Agency would find their doctoral theses and research work integrated into the CIA's computer files at a later date.«[7]

Auch diese Daten landeten – ähnlich denen Stafford Beers – in einer Computersimulation, die nicht nur ausgerechnet den Namen *Politica Game* trug, sondern deren algorithmische Ratio lautete, dass auch ein amerikanisches Attentat auf Salvador Allende allemal bedenkenswert sei (Herman 1998: 118).

Auch so kann Palinurus ins Meer stürzen.

---

7. »Under the Cloak and Behind the Dagger«, in: *Latin America and Empire Report*, July/August 1974, S. 6–8 (zit. n. Horowitz 1967).

Literatur

Beer, Stafford (1962): *Kybernetik und Management*, Frankfurt a.M.
Beer, Stafford (1973): *Fanfare for Effective Freedom. Cybernetic Praxis in Government* (= The Third Richard Goodman Memorial Lecture, Brighton 14.2.1973; zit. n. der online-Fassung unter www.staffordbeer.com).
Beer, Stafford (1981): *Brain of the Firm*, Chichester/New York (2. Aufl.).
Bertaux, Pierre (1963): *Maschine – Denkmaschine - Staatsmaschine. Entwicklungstendenzen der modernen Industriegesellschaft. Protokoll des 9. Bergedorfer Gesprächskreises* (Typoskript).
Coy, Wolfgang (2004): »Zum Streit der Fakultäten. Kybernetik und Informatik als wissenschaftliche Disziplinen«. In: Claus Pias (Hg.) *Cybernetics/Kybernetik. Die Macy-Konferenzen 1946-1953, Band 2: Essays und Dokumente*. Zürich/Berlin, S. 253-262.
Deleuze, Gilles (1993): »Postskriptum über die Kontrollgesellschaften«. In: ders.: *Unterhandlungen 1972-1990*, Frankfurt a.M., S. 254–262.
Galison, Peter (2001): »Die Ontologie des Feindes. Norbert Wiener und die Vision der Kybernetik«. In: Michael Hagner (Hg.) *Ansichten der Wissenschaftsgeschichte*. Frankfurt a.M., S. 433–488.
Herman, Ellen (1998): »Project Camelot and the Career of Cold War Psychology«. In: Ch. Simpson (Hg.) *Universities and Empire: Money and Politics in the Social Sciences During the Cold War*. New York.
Holl, Ute (2004): »›It's (Not) an Intervention!‹ Kybernetik und Anthropologie«. In: Claus Pias (Hg.) *Cybernetics/Kybernetik. Die Macy-Konferenzen 1946-1953, Band 2: Essays und Dokumente*. Zürich/Berlin, S. 97-114.
Hollonquist, Tore / Suchman, Edward A. (1979): »Listening to the Listener. Experiences with the Lazarsfeld-Stanton Program Analyzer«. In: Paul F. Lazarsfeld / Frank N. Stanton (Hg.) *Radio Research 1942-43*. New York, S. 265–334.
Horowitz, Irving Louis (1967) (Hg.): *The Rise and Fall of Project Camelot: Studies in the Relationship between Social Science and Practical Politics*. Cambridge, Mass.
Maltz, Maxwell (1960): *Psycho-Cybernetics*, Hollywood.
Mühlmann, Heiner (1998) *Kunst und Krieg. Das säuische Behagen in der Kultur*. Köln.
Müller, Heiner (1988): »Der Auftrag«. In: Ders.: *Stücke*. Berlin.
Peterman, Jack N. (1940): »The ›Program Analyzer‹. A New Technique in Studying Liked and Disliked Items in Radio Programs«. In: *Journal of Applied Psychology*, 24. Jg. (1940), Heft 6, S. 738–741.
Pias, Claus (2004): »Mit dem Vietcong rechnen. Der Feind als Gestalt und Kunde«. In: Cornelia Epping-Jäger / Torsten Hahn / Erhard Schüttpelz (Hg.) *Freund, Feind & Verrat. Das politische Feld der Medien*, Köln.
Pircher, Wolfgang (2004): »Markt oder Plan. Zum Verhältnis von Kybernetik und Ökonomie«. In: Claus Pias (Hg.) *Cybernetics/Kybernetik. Die Macy-Konferenzen 1946-1953, Band 2: Essays und Dokumente*. Zürich/Berlin, S. 81-96.
Rapp, Hans Reinhard (1967): *Mensch, Gott und Zahl. Kybernetik im Horizont der Theologie*, Hamburg.
Vogl, Joseph (2004): »Regierung und Regelkreis. Historisches Vorspiel«. In: Claus Pias (Hg.) *Cybernetics/Kybernetik. Die Macy-Konferenzen 1946-1953, Band 2: Essays und Dokumente*. Zürich/Berlin, S. 67-79.

Christoph Engemann

Electronic Government und die Free Software Bewegung
Der Hacker als Avantgarde Citoyen[1]

> »*Zu fragen wäre, welche abstrakten Übercodierungsmaschinen heute in Funktion der modernen Staatsformen zum Zuge kommen. Durchaus vorstellbar, daß ›Wissenschaften‹ mit Dienstleistungsangeboten an den Staat herantreten, sich zu dessen Vollzug melden und anheischig machen, die seinen Aufgaben und Zielen adäquaten Maschinerien bereitzustellen – möglicherweise die Informatik…* « (Deleuze/Parnet 1980, 149)

Im Titel dieses Beitrags finden sich gleich drei »*Buzzwords*«: Electronic Government, Free Software und Hacker. In der Computerbranche werden unter »*Buzzwords*« Begriffe verstanden, die ein hohes Aufmerksamkeitspotential aufweisen, gleichzeitig wenig Aussagekraft und eine kurze Halbwertszeit haben. Der erste Eindruck des Titels mag also skeptisch stimmen, zumal der vierte dort vorkommende Begriff, der des »*Citoyen*«, eher nostalgisch anmutet. Heute wird allenfalls noch von »*Citizenship*« gesprochen, was z.B. im Umfeld von Theorien deliberativer Demokratie als aktive und intendierte Beteiligung der Bürger am Gemeinwesen verstanden wird.

Was ich dagegen im Folgenden zeigen möchte, ist, dass die Begriffsreihung im Titel keineswegs einem aufmerksamkeitsökonomischen Kalkül folgt, sondern einer Szenerie entspricht, die sich in den letzten zwanzig Jahren im Dreieck Internet / Staatlichkeit / freie Hackerszene entwickelt hat. In meiner Darstellung wird auch die Verwendung des letzten, bisher noch unerwähnten Begriffs der Avantgarde – ebenfalls ein wohl eher nostalgisches »*Buzzword*« – ihre Berechtigung erweisen. Denn ich behaupte, dass die Hacker der Free Software Bewegung, unintendiert und schon in den achtziger Jahren, einen der wichtigsten Bausteine der Staatlichkeit im 21. Jahrhundert geschaffen haben – dass sie tatsächlich, wenn auch wahrscheinlich unfreiwillig, Avantgarde-Citoyen waren bzw. in erheblichem Maße derzeit sind.

Software ist mittlerweile unabdingbarer Bestandteil staatlicher Infrastrukturen, mit dem Electronic Government wird sich diese Abhängigkeit noch weiter vergrößern. Software existiert prinzipiell in zwei Zuständen: dem von Menschen – Programmierern – lesbaren Quelltext *(Sourcecode)*, der in der Software geschrieben und entwickelt wird, und dem Binärcode. Letzterer ist Produkt der Kompilierung des Quelltextes, die diesen erst in einen für Computer ausführbaren Zustand bringt. Binärcode ist für fast ausnahmslos[2] alle Menschen nicht lesbar

---

1. Wesentliche Aspekte dieses Textes verdanke ich der gemeinsamen Vorarbeit mit Anna Tuschling, die in einen Vortrag in der Ad-Hoc Gruppe »Dispositive der Sicherheit« auf dem 31. Deutschen Soziologentag im Oktober 2002 in Leipzig mündete. Die vorliegende Fassung ist eine leicht überarbeitete Version des Vortrages auf der Tagung »Politiken der Medien« im Juni 2003 in Hattingen.
2. In Fachzeitschriften und in der Literatur wird gelegentlich berichtet, dass es einige Computer-

und einmal kompiliert letztlich auch nur schwer in Quelltext rückübersetzbar. In der Frühzeit der Softwareentwicklung, den fünfziger, sechziger und siebziger Jahren, war es üblich, dass die Anwender von Software, die oft genug selber Programmierer waren und angesichts der Benutzerinterfaces auch sein mussten, Zugang zu den Quelltexten der von ihnen verwandten Software hatten. Die Software wurde häufig sogar als Quelltext ausgeliefert, von den Anwendern gegebenenfalls eigenen Bedürfnissen angepasst und erst dann von ihnen kompiliert. Das galt insbesondere für das etwa ab Mitte der siebziger Jahre wichtigste Betriebssystem Unix.

Die Entstehung Freier Software

Mit Beginn der achtziger Jahre änderte sich dies. Die Firma AT&T, die Unix maßgeblich entwickelt hatte, beanspruchte die Rechte auf Unix, das heißt, sie verkaufte die Software nur noch als Binärcode und hielt die Quelltexte fortan als Geschäftsgeheimnis – die Software Unix wurde proprietär. Änderungen an der Software konnten so nur noch von AT&T selbst vorgenommen werden. Diese Politik folgte einem ökonomischen Kalkül, mit dem vor allem die damals junge Firma Microsoft[3] später zum Weltmarktführer für Software werden sollte: Auf Programmänderungen und Anpassungen an die Nutzerbedürfnisse besaß die Herstellerfirma fortan das Monopol, was natürlich eine einträgliche Einnahmequelle darstellte.

An einigen amerikanischen Universitäten, an denen Unix das bevorzugte Betriebssystem war, führte dieser Schritt von AT&T zu einiger Unruhe. Die Informatikdepartments waren zu dieser Zeit stark von einer Szene von Programmierern geprägt, die sich häufig selbst als Hacker bezeichneten und deren Ethos in anarchistischen Idealen und in der Hippiebewegung der siebziger Jahre wurzelte. Computer und Informatik wurden hier als Technologien für eine bessere Welt verstanden – auf die folglich jeder Zugriff haben sollte.

Ein prominenter Exponent dieser Auffassungen war der Informatiker Richard Stallman vom Massachusetts Institute of Technology (MIT) in Boston. Stallman hatte sich am MIT in den späten siebziger Jahren sowohl einen Ruf als begnadeter Programmierer als auch als konsequenter Gegner jeglicher Zugriffsbeschränkungen auf Software und Systeme erarbeitet. Die Zugriffsbeschränkungen, die proprietäre Software mit sich bringen kann, traten Stallman zufolge[4] insbesondere zutage, als ihm 1980 der Hersteller eines Druckers den Quellcode

---

experten gibt, die in der Lage seien, Binärcode zu lesen. Eine eindeutige Bestätigung dieser Behauptung ist mir aber nicht bekannt, und es scheint mir angesichts der Komplexität moderner Programme auch zweifelhaft, ob diese Fähigkeiten hinreichen, aktuelle Software in Gänze allein anhand von Binärcode nachzuvollziehen.

3. Bereits 1976 hatte Bill Gates seinen später berühmt gewordenen »Open Letter to Fellow Hobbyists« geschrieben, in dem er die damals übliche Praxis der Weitergabe von Software durch Kopieren als wirtschaftlich ruinös skandalisierte. Der Brief ist unter: http://blinkenlights.com/classiccmp/gateswhine.html abrufbar.

für dessen Treiber verweigerte. Stallman benötigte diesen jedoch, um den Drucker für sich und sein Department brauchbar zu machen. Etwa zur selben Zeit verloren Stallman und seine Kollegen die Rechte für den Zugriff auf den Quellcode ihres zentralen Arbeitsmittels Unix.

In der weiteren Folge dieser Ereignisses verfasste Stallman, dem die Kommerzialisierung der Softwareproduktion und der schwindende Idealismus seiner (jüngeren) Kollegen zunehmend ein Dorn im Auge war, 1985 ein Manifest, das die zentrale Grundlage des hier verhandelten Phänomens abgibt: das GNU-Manifest[5] für Freie Software. Ausgehend von einer generellen Ablehnung des Konzepts geistigen Eigentums stellte er im GNU-Manifest für die Produktion von Software zwei Forderungen auf. Erstens müsse Software frei, in den Worten Stallmans »*Free Software*« sein. »*Free*« ist im Sinne von »*free speech*« und nicht im Sinne von »Gratis« gemeint. Stallman verdeutlicht diese Differenz mit dem Satz »*free speech not free beer*«. »*Free*« bedeutet auf Software bezogen die Forderung nach Offenlegung und Weitergabe des Quelltexts.[6]

Jedes Programm sollte nicht nur im Binärcode, sondern auch im Quelltext weitergegeben werden. »*Free Software*« soll außerdem die Freiheit, das Programm zu nutzen, die Freiheit, das Programm zu modifizieren, die Freiheit, das Programm zu kopieren, und vor allem die Freiheit, modifizierte Versionen des Programms zu kopieren und zu verbreiten, umfassen. Diese Freiheiten schließen nicht aus, dass die Software oder sie betreffende Serviceleistungen auch verkauft werden können, wie Stallman ebenfalls an dieser Stelle betont.

Das GNU-Manifest fordert außerdem in expliziter Abgrenzung zum klassischen Copyright »*Copyleft*«. *Copyleft* erhebt die Forderung, dass bei jeder Modifikation/Weiterentwicklung der Software, bzw. Übernahme von Code-Teilen in andere Projekte die dann entstehende Software ebenfalls frei zugänglich und modifizierbar gemacht werden muss. *Copyleft* erlaubt also die beliebige Manipulation der Software durch den Nutzer, verbietet ihm aber das Hinzufügen jeglicher Nutzungsrestriktionen und zwingt den Programmierer dazu, bei der Übernahme auch nur minimaler Anteile aus Freier Software in neue Produkte, diese ebenfalls wieder als Freie Software veröffentlichen zu müssen. *Copyleft* verhindert somit, dass freie Software wieder proprietär wird. Software wird durch *Copyleft* öffentliches Eigentum. Die entscheidende Frage, die sich bei solch einem Manifest stellt, ist die, wie so radikale Forderungen, insbesondere die des *Copyleft*, die ja nicht nur ein Produkt, sondern auch alle daraus abgeleiteten Weiterentwicklungen betrifft, durchsetzbar sind?

---

4. Siehe Sam Williams' Biographie von Richard Stallmann, v.a. das erste Kapitel »For Want of a Printer« (Williams 2002).
5. Siehe: »The GNU Manifesto«, http://www.gnu.org/gnu/manifesto.org. GNU ist ein rekursives Akronym, das für **G**NU **i**s **N**ot **U**nix steht.
6. Der Begriff »Open Source« bezieht sich auf die Offenlegung des Quelltextes (Source) und wurde in den späten neunziger Jahren geprägt, um die im englischen unvorteilhafte Konnotation von »Free« mit »Gratis/Umsonst« zu umgehen. In der öffentlichen Diskussion hat der Begriff Open Source mittlerweile den Begriff Free Software weitgehend verdrängt.

Stallmans eigentliche Innovation lag darin, diese Forderungen nicht allein als Manifest zu formulieren, sondern sie auf Grundlage des geltenden Urheberrechts in eine rechtsgültig einklagbare Form zu bringen. Indem er seine Forderungen als Nutzerlizenz, genannt »*General Public Licence*«[7] (GPL), verfasste, gab er ihnen Vertragscharakter. Programmierer konnten ihre Software frei im Sinne von quelltextoffen in die Zirkulation bringen und sich, wenn sie diese unter der GPL veröffentlicht hatten, sicher sein, dass jeder weitere Nutzer die Software ebenfalls offen halten musste, egal welche Veränderungen er daran vornahm. Die Forderung des *Copyleft* in der GPL hatte dabei außerdem zur Folge, dass alle weiteren Programme, die aus GPL-lizensierter Software abgeleitet werden, ebenfalls unter diese Lizenz gestellt werden mussten. Dies wird »*viral licensing*« genannt, da die ursprünglichen Bestimmungen auf alle weiteren Produkte übertragen werden. Programmierer wurden durch diese rechtliche Form zu Autoren, die mit der GPL ihren Werken eine vertragliche Grundlage der Nutzungsüberlassung voranstellten, und somit über eine wirksame rechtliche Handhabe[8] gegen die Wiederverschließung oder anderen Missbrauch ihres Codes verfügten.

Um seinen Forderungen Nachdruck zu verleihen, gründete Stallmann mit einigen Mitstreitern die *Free Software Foundation*[9] – FSF –, die sich der Verbreitung der GPL und ihrer rechtlichen Vertretung widmete. Außerdem übernahm die FSF die Koordination der schon von Stallman begonnenen Programmierarbeiten mit dem Ziel, unter öffentlicher Beteiligung einen Bestand an sämtlicher notwendiger Software unter der GPL anzulegen: Betriebssysteme, Programmiersprachen, Compiler, Editoren etc. Während einige dieser Projekte, wie der Editor EMACS[10], relativ schnell erfolgreich waren, scheiterte das von der FSF projektierte Betriebssystem, ein Unix unter dem Namen GNU/HURD[11] an mangelnder Nutzerakzeptanz.[12] Dennoch ist die GPL auch in Sachen Betriebssysteme eine Erfolgsgeschichte: mit *Linux* liegt ein quelltextoffenes, GPL lizensiertes Betriebssystem vor, das die derzeit wohl berühmteste Freie Software darstellt.

---

7. Nach 1985 durchlief die GPL noch diverse Modifikationen, bevor 1989 die Version 1.0 erschien, die weitgehend der heutigen Fassung entspricht. Der Text der GPL findet sich unter http://www.gnu.org/copyleft/gpl.html.
8. Wobei anzumerken ist, dass es bisher zu keinem Rechtsstreit gekommen ist, in dem die GPL sich tatsächlich vor Gericht bewähren musste. In Streitfällen kam es bislang immer zu außergerichtlichen Regelungen. Der seit 2003 vor amerikanischen Gerichten anhängige Fall SCO vs. Linux, in dem die Firma SCO Copyrightrechte an Teilen des unter der GPL lizensierten Linux-Betriebssystems geltend machen möchte, könnte der erste Test der rechtlichen Tragfähigkeit der GPL-Lizenz sein. Informationen dazu unter http://grep.law.harvard.edu/. In früheren Fällen wurde jedoch von Seiten der Industrie von Klagen gegen die GPL abgesehen, da die beteiligten Juristen die Konstruktion für tragfähig hielten.
9. Siehe: http://www.fsf.org/
10. Siehe: http://www.gnu.org/software/emacs/emacs.html
11. Auch HURD ist wiederum ein rekursives Akronym: Hird of Unix-Replacing Daemons, wobei »Hird« in konsequenter Fortführung der Rekursivität für Hurd of Interfaces Representing Depth steht.
12. Hurd wird dennoch weiterentwickelt, siehe: http://www.fsf.org/software/hurd/hurd.html

Electronic Government und die Free Software Bewegung

Das GPL-Modell der Nutzerlizenzen fand auch außerhalb der FSF relativ schnell Nachahmung und mittlerweile gibt es von anderen Organisationen eine ganze Reihe ähnlicher Lizenzen,[13] die oft aber in entscheidenden Punkten modifiziert sind. Während die meisten dieser Lizenzen ebenfalls die freie Zugänglichkeit des Quellcodes verlangen, fordern sie häufig kein *Copyleft* und umgehen damit das Problem des »*viral licensing*«. Die Software oder Teile von ihr können unter diesen Lizenzen wieder in proprietäre Software umgewandelt werden. Beispiele für dieses Vorgehen sind die von der Firma Netscape herausgegebene ursprüngliche Mozilla-Lizenz oder die »*Public Source*«[14] Lizenz, die Apple für das MacOS X Betriebssystem aufgelegt hat.

Sowohl Lizenzen mit und ohne *Copyleft* haben sich in den vergangen Jahren als wirtschaftlich profitabel erwiesen, da der öffentlich zugängliche Quellcode es ermöglicht, Arbeit in der Softwareproduktion in die Öffentlichkeit und an unbezahlte Freiwillige auszulagern und mithin Lohnkosten zu senken.

Weiterhin erlaubt Software, die quelltextoffen vorliegt, das schnelle Finden und Beheben von Fehlern in der Software:[15] »Given enough eyeballs, all bugs[16] are shallow«, lautet das in diesem Zusammenhang zu Berühmtheit gelangte Diktum des Programmierers Eric S. Raymond (1999, 41). Auch können Anpassungen und Erweiterungen an spezifische Bedürfnisse schneller vorgenommen werden. Insbesondere können Nutzergruppen, die als Zielgruppe zu klein sind, um vom Markt mit Lösungen versorgt zu werden, gegebenenfalls ihre Anforderungen selbst implementieren.[17]

Für die weitere Argumentation bleibt abgesehen vom wirtschaftlichen Erfolg Freier Software festzuhalten: Freie Software ist eine Rechtsform, die Programme und ihre Quelltexte zu einem öffentlichen Gut macht. Freie Software ist darüber hinaus transparent, anpassbar und in der Regel relativ fehlerfrei.

---

13. Das »Institut für Rechtsfragen der Freien und Open Source Software« (IfrOSS) bietet auf seiner Website eine nahezu vollständige Liste von Lizenzen inklusive weiterführender Weblinks an: http://www.ifross.de/, Eine kommentierte Auswahl hält das »House of Licenses« unter http://cyber.law.harvard.edu/openlaw/licenses bereit. Siehe auch den Überblick: »Analysis of prevalent Open-Source Licenses« von Devon Bush: http://cyber.law.edu/home/ossummary.
14. Der Lizenztext ist unter http://www.opensource.apple.com/apsl/ abrufbar.
15. Dieser »*Peer-Review*« Effekt in der Entwicklung freier Software wird für die i. d. R. überlegene Stabilität und Sicherheit dieser Produkte verantwortlich gemacht. Eine ausführliche Darstellung findet sich bei Robert A. Gehring (2004).
16. Fehler in Software werden als »*Bugs*« bezeichnet, »*debuggen*« ist entsprechend der Vorgang der Fehlerbereinigung von Software. Der Name geht zurück auf Käfer, die in den ersten Computern Kurzschlüsse verursachten, deren Lokalisation erheblichen Aufwand bedeutete.
17. Zum Beispiel kann die Benutzeroberfläche von Software an Sprachen oder Dialekte angepasst werden, deren Verbreitung zu gering ist, um für Softwarehersteller den Aufwand zu rechtfertigen. Ein insbesondere in der so genannten dritten Welt wichtiges Argument für Freie Software.

Electronic Government

Es ist hier nicht der Raum, um das Phänomen Electronic Government ausführlicher zu behandeln, ich habe das an anderer Stelle versucht (Engemann 2003). Kernstück meiner Argumentation zum Electronic Government ist die These von der Notwendigkeit der De-Anonymisierung des Internet. Derzeit besteht, von Ausnahmen abgesehen, keine juristisch gültige Möglichkeit, eine im Internet vollzogene digitale Transaktion einer Rechtsperson zuzuordnen. Dies ist aber aus verschiedenen Gründen unter kapitalistischen Bedingungen unbedingt notwendig:

Kaufakte, aber auch Transaktionen mit und zwischen Behörden sind Rechtsvorgänge, die der Vertragsform unterliegen. Vertragsform heißt, dass Personen (natürliche oder juristische) eine Interaktion vollziehen, deren Inhalt rechtlich einklagbar ist – mithin vom Staat garantiert wird. Bei einem Kauf z.B. kann der Käufer klagen, wenn er für die Aufgabe seines Eigentums an Geld im Gegenzug kein fremdes Eigentum, eine Ware, erhält. Zwingende Voraussetzung ist dabei aber, dass die Identität der beteiligten Personen zumindest nachträglich festgestellt werden kann. Genau das ist aber im Internet schwer zu gewährleisten. Die Zuordnung eines Mausklicks, der einen Kauf oder z.B. die Änderung einer Adresse beim Einwohnermeldeamt zur Folge hat, zu einer bestimmten Person ist eine technisch und juristisch nicht triviale Angelegenheit.

Weiterhin unterliegen digitale Produkte aufgrund ihrer verlustfreien Vervielfältigbarkeit *nicht* der Knappheit. Damit ist ihr Status als wirtschaftliches Gut, als Ware, aber in Frage gestellt. Der Käufer eines digitalen Produktes erhält nicht ein Exemplar der Ware, sondern immer quasi unendlich viele und kann somit an die Stelle des Produzenten treten – bekanntes Beispiel ist Musik im MP3-Format. Ist der Käufer einmal im Besitz der Musik, kann er sie unendlich vervielfältigen und über das Netz verteilen. Der Käufer muss sein »Eigentum« an der Musik bei der Weitergabe an Dritte – etwa beim sogenannten *Filesharing* – nicht aufgeben. Der wirtschaftliche Erfolg des ursprünglichen Produzenten hängt aber davon ab, das Produkt selbst an Dritte zu verkaufen und darüber seine Kosten und seinen Gewinn zu realisieren. Die digitalen Produkte müssen also »quasi-vereinzelt« werden, indem sie einer Person zugeordnet werden. Damit wird die Verfügung über ein digitales Produkt eingeschränkt, bzw. die Aktivitäten mit diesem Produkt werden auf eine Person zurückführbar. Daten werden in diesem Zuge zu Eigentum mit allen damit verbundenen Rechten und Pflichten. Das Kopieren digitaler Produkte beispielsweise kann dann strafrechtlich geahndet werden.

Solche Strategien der »Quasi-Vereinzelung« zur Erzwingung der Warenförmigkeit digitaler Produkte beruhen auf einer anspruchsvollen Kombination technischer Vorkehrungen und rechtlicher Regelungen. »*Trusted Computing*« (TC) und »*Digital Rights Management*« (DRM) lauten die Schlagworte unter denen die Industrie die notwendigen technischen Voraussetzungen schafft. Die (Medien-)Industrie ist jedoch bei dieser Quasi-Vereinzelung auf den Staat verwiesen, der ihr allein qua rechtlicher Anerkennung Legitimität und qua Gewaltmonopol Durchsetzungsfähigkeit verschaffen kann. Seit Mitte der neunziger Jahre hat es national wie international umfassende Reformen der Urheberrechtsgesetzgebung gegeben, die den Schutz geistigen Eigentums in und mit digitalen Netzen erlauben (vgl. Meyer 2004a/b, Heller/Nuss 2004, Grassmuck 2002, 108 ff. & 159ff; Lessig 2001b). So sind die Rechtsgrundlagen in Deutschland zuletzt im Juli 2003 unter dem Titel »Gesetz zur Regelung des Urheberrechts in der Informationsgesellschaft«[18] angepasst worden.

Beide angesprochenen Aspekte – Durchsetzung der Vertragsform in digitalen Netzen und »Quasi-Vereinzelung« digitaler Produkte – benötigen die juristisch als »eineindeutig« bezeichnete Zuordenbarkeit digitaler Transaktionen zu einer Rechtsperson.[19] Und genau darin liegt die zentrale Aufgabe des Electronic Government. Electronic Government hat zuvörderst immer die Aufgabe, eine Authentifizierungsinfrastruktur im Internet zu schaffen, mit der digitale Transaktionen auf Rechtspersonen zurückführbar sind. Aufgebaut werden solche Infrastrukturen mit Hilfe kryptographischer Verfahren und Smartcards, die zusammen ein »Digitale Signatur« genanntes, staatlich anerkanntes, digitales Äquivalent zur eigenhändigen Unterschrift ermöglichen.[20]

Alle weiteren Potentiale des Electronic Government bauen auf dieser Authentifizierungsleistung auf. Durch sie wird das Internet eine universelle Infrastruktur, die verwalterisches und wirtschaftliches Handeln auf einem neuen Niveau – nämlich unter weitgehendem Zusammenschnellen der Faktoren Raum und Zeit sowie unter gezielter individueller Adressierung der Individuen – ermöglicht. Erst hiermit werden die Produktions-, Distributions- und Verwaltungspotentiale des Internet vollständig nutzbar.

Es sollte bis hierher deutlich geworden sein, dass der Staat des 21. Jahrhunderts schon allein um die Grundlagen des wirtschaftlichen Lebens zu schaffen in erheblichem Maße in seinen Funktionen auf Software und das Internet rekurrieren muss und gleichzeitig seine »Präsenz« und Interventionsfähigkeit im und mit dem Internet aufbaut. Beide Aspekte stellen im übrigen einen wichtigen Faktor in der internationalen Standortkonkurrenz dar.

---

18. Der Gesetzestext und weitere Informationen sind unter http://www.urheberrecht.org/law/normen/urhg/2003-09-13/text/ einsehbar.
19. Dieser Komplex und sein Zusammenhang zum E-Government findet sich ausführlicher in meiner eigenen Arbeit dargelegt. Vgl. Engemann 2003, 57ff.
20. Obwohl die notwendigen technischen und juristischen Voraussetzungen in Deutschland schon länger existieren, ist es bis jetzt nicht gelungen eine solche Authentifizierungsinfrastruktur in der Breite zu etablieren. Mit dem »Signaturbündnis« aus dem Jahre 2003 hat die Bundesregierung gemeinsam mit der Wirtschaft einen neuen Anlauf unternommen, die breite Akzeptanz solcher Strukturen zu erhöhen. In diesem Rahmen sollen bis 2006 80 Mio. (!) signaturfähige Gesundheitskarten und 40 Mio. ebenfalls signaturfähige »Jobcards« an die Bürger ausgegeben werden. Informationen zum Signaturbündnis finden sich unter: http://www.staat-modern.de/E-Government/-,10111/Signaturbuendnis.htm.

Freie Software als Voraussetzung staatlicher Legitimität und Souveränität

Mit dem Electronic Government konvergieren letztlich alle Medien staatlichen Handelns in Software. Software ist zu einer kritischen und unverzichtbaren Größe im Funktionszusammenhang des Staates geworden. Gegenwärtig ist Software häufig komplex, in der Regel proprietär und damit intransparent. Solche Software, soll sie als allgemein akzeptiertes und sicheres Instrument staatlichen Handelns zum Einsatz kommen, steht vor einem doppelten Dilemma. Sie kann nicht legitime Grundlage staatlichen Handelns sein und bedroht darüber hinaus die staatliche Souveränität.

Die mangelnde Legitimität proprietärer Software im staatlichen Gebrauch rührt aus ihrer Intransparenz. Wie das Recht[21] allgemeine Akzeptanz und damit regelnde Kraft nur unter der Bedingung erlangen kann, dass es lesbar, mithin prinzipiell für jeden nachvollziehbar ist (sonst wäre es kein Recht im modernen Sinne)[22], kann Software nur dann allgemein akzeptiertes Instrument staatlicher Regulation werden, wenn der Code – zumindest prinzipiell – von jedem Bürger nachvollzogen werden kann. Allein quelltextoffene Software kann in liberaldemokratischen Rechtsstaaten Basis staatlicher Interventionsfähigkeit sein. Proprietäre Software in staatlicher Nutzung setzt sich dagegen dauerhaft dem Verdacht aus, dass ihr Code nicht allgemeinwohlwirksam[23] sein könnte – beispielsweise rechtswidrige Anweisungen enthält, was Ungleichbehandlungen oder gar die Schädigung Einzelner zur Folge haben kann. Der argentinische Programmierer und Freie-Software-Aktivist Federico Heinz[24] hat dieses Dilemma im Rahmen eines Redebeitrages auf der »Wizards of OS« Konferenz[25] im Juli

---

21. Wie im Folgenden deutlich wird, bekommt der Code zunehmend eine ähnlich sozialregulative Potenz wie das Recht. Diesen analogischen Charakter von Recht und Code hat der amerikanische Jurist Lawrence Lessig als erster systematisch aufgezeigt: Lawrence Lessig 2001a. Siehe auch: Cohn/Grimmelmann 2003, http://www.aec.at/en/archives/festival_archive/festival_catalogs/festival_artikel.asp?iProjectID=12315. Es ist jedoch anzumerken, dass ich keine Äquivalenz von Recht und Code behaupten möchte, vielmehr steht es noch aus, zu bestimmen, wie genau das Verhältnis von Code und Recht im System der politischen Ökonomie gelagert ist. Mit einem etwas anderen Fokus, unter der Prämisse: »Protocol is to control societies as the panopticon is to disciplinary societies« hat jüngst Alexander Galloway die sozialregulative Potenz von Code im Sinne einer Genealogie der Macht im Anschluss an Foucault und Deleuze (sowie marxistischen Bezügen) untersucht. Vgl. Galloway 2004, 13.

22. Hegel illustriert 1821 in seinen *Grundlinien der Philosophie des Rechts* drastisch: »Die Gesetze so hoch aufzuhängen, wie *Dionysios der Tyrann* [Hervorhebung im Original C.E.] tat, dass sie kein Bürger lesen konnte, – oder aber sie in den weitläufigen Apparat von gelehrten Büchern, Sammlungen von Dezisionen abweichender Urteile und Meinungen, Gewohnheiten usf. und noch dazu in einer fremden Sprache [sic! C.E.] vergraben, so dass die Kenntnis des geltenden Rechts nur denen zugänglich ist, die sich gelehrt darauf legen, – ist ein und dasselbe Unrecht.« Vgl.: *Grundlinien der Philosophie des Rechts* § 215 Das Dasein des Gesetzes (Hegel 1986/1821 S. 368). Die medientechnischen Voraussetzungen dieser Kopplung der Geltung von Recht an Öffentlichkeit finden sich bei Cornelia Vismann explizit. Vismann 2000, 226-233 u. 300-318, vgl. besonders 229f.)

23. Zum Begriff der Allgemeinwohlwirksamkeit siehe Engemann 2003, 131ff.

2004 in Berlin folgendermaßen auf den Punkt gebracht: »You might be able to run a dictatorship on Free Software but you simply cannot run a democracy on proprietary Software.«[26]

Während dem Legitimitätsproblem von Seiten der relevanten Akteure bisher verhältnismäßig wenig Aufmerksamkeit zuteil wurde, rückte die souveränitätsbedrohende Dimension proprietärer Software zunehmend in den Mittelpunkt der Aufmerksamkeit. Als politische Gewalt, die sich über die Subjekte und deren Partikularinteressen erhebt und gleichzeitig deren Verfolgung erst ermöglicht, aber auch unter dem Druck der Standortkonkurrenz/Staatenkonkurrenz ist der Staat darauf angewiesen, jederzeit Verfügung über seine Mittel zu haben – mit anderen Worten: Souverän zu sein. Das gilt insbesondere für kritische Infrastrukturen wie die Sicherheitsorgane, wobei das Militär sicherlich das herausragende Beispiel ist. Aber auch Internet-Authentifizierungsinfrastrukturen sind, zumindest zukünftig, eine solche – kritische – Infrastruktur, von der nicht nur im Krisenfall die Performance des Staates abhängt.

Komplexe, proprietäre und intransparente Software stellt die vollständige Verfügung des Staates über seine Mittel in Frage. Insbesondere dann, wenn eine einzelne Firma, wie Microsoft, die möglicherweise auch noch unter Einfluss eines andern Staates steht,[27] die mittlerweile unabdingbaren Infrastrukturen staatlichen Handelns liefert. Abgesehen von Problemen wie Preisdiktaten, nicht selbst behebbaren Funktionsmängeln, nicht selbst implementierbaren neuen Anforderungen oder gar der Pleite des Anbieters, kann eine einzelne Firma folgende Staatsinteressen nicht oder nicht immer erfüllen: Den freien Zugang zu öffentlichen Informationen durch Staat und Bürger, die Dauerhaftigkeit der öffentlichen Daten und nicht zuletzt die Sicherheit des Staates und seiner Bürger.[28]

Ein Staat darf sich in seinen Funktionen und Infrastrukturen also nicht abhängig von Einzelkapitalen machen, was er aber beim Kauf proprietärer Software in jedem Fall macht. Faktisch gibt er in diesem Fall einen Teil seiner Souveränität an den Softwarehersteller ab.[29] Bis vor kurzem standen öffentliche Stellen, die in ihren Funktionen auf Software angewiesen sind, im Grunde permanent vor genau diesem Problem.

---

24. Federico Heinz war auch an der Formulierung des weiter unten angeführten Briefes von Edgar David Villanueva Nunez beteiligt (persönliche Mitteilung am 10.06.2004). Als Mitglied der »Fundación Vía Libre« (http://vialibre.org.ar/) berät er u.a. südamerikanische Behörden bei der Einführung Freier Software.
25. Eine zweijährlich in Berlin stattfindende Konferenz zur Freien Software, siehe: http://wizards-of-os.org
26. Eigene Aufzeichnung vom 10.06.2004.
27. Berühmtestes Beispiel in diesem Zusammenhang sind die 1999 bekannt gewordenen Hintertüren für den amerikanischen Geheimdienst NSA in den Verschlüsselungsschnittstellen von Windows NT. Siehe: »Debatte um NSAKey geht weiter« unter: http://www.heise.de/newsticker/meldung/6019.
28. So die Argumentation von Dr. Edgar David Villanueva Nunez, Kongressabgeordneter in Peru, in einem sehr lesenswerten Brief an den Generalmanager von Microsoft Peru vom 08.04.2002. Siehe: http://linuxtoday.com/news_story.php3?ltsn=2002-05-06-012-26-OS-SM-LL.
29. Und stellt damit seine Akzeptanz und Legitimität bei seinen Bürgern in Frage.

Für einen Staat bieten sich zwei Wege an, mit diesem Dilemma umzugehen. Der erste besteht darin, benötigte Software komplett in Eigenregie herstellen zu lassen, was insbesondere beim Militär häufig gemacht wird. Dieser Weg ist aber sehr teuer, erfahrungsgemäß fehlerträchtig und häufig auch unnötig, da auf dem freien Markt bereits Lösungen für die allermeisten Probleme günstiger zu erwerben sind. Staatliche Eigenproduktionen bringen also finanzielle und legitimatorische Probleme mit sich. Der zweite Weg besteht darin, eine Softwareform zu finden, die niemandem gehört, die niemand zur Verfolgung seiner Partikularinteressen instrumentalisieren kann, eine Software, die per Definition Allgemeingut, mehr noch allgemeinwohlwirksam ist. Die Innovation eines Hackers, der der Kommodifizierung von Wissen entgegentreten wollte, hat eine solche Softwareform hervorgebracht: Freie Software.

Allein Freie Software, so meine These, sichert die Souveränität des Staates in der Informationsgesellschaft und damit die Aufrechterhaltung der kapitalistischen Bedingungen, im und mit dem Internet. Durch den einklagbaren Zwang zur Quelltextoffenlegung und -weitergabe ist Freie Software absolut transparent bis auf den Grund des Codes, in dem sich keine fremden, partikularen Absichten mehr verbergen können. Verfügung und Anpassung sind kein Problem, Sicherheitsmängel können sogar schneller als bei proprietärer Software behoben werden, da prinzipiell jeder Programmierer, idealerweise jeder Bürger, sich an der Fehlersuche beteiligen kann.

Das Ausmaß der Bedrohung staatlicher Handlungsfähigkeit durch mangelnde Verfügung über Software lässt sich an einem Beispiel aus dem kritischsten Moment des Daseins eines Staates verdeutlichen: dem Konflikt mit einem anderen Staat, dem Krieg. So ging die Versenkung des britischen Schlachtschiffes *Sheffield* durch die argentinische Luftwaffe – mit über hundert toten Matrosen der größte Verlust für die Briten im Falklandkrieg – auf das Konto der dabei eingesetzten französischen Anti-Schiffsrakete *Exocet*.

Zehn Jahre später, während des zweiten Golfkriegs, meldete die französische Zeitung *Liberation* am 10. Januar 1991, dass die in irakischen Händen befindlichen *Exocet*-Raketen von französischen Kräften per Funk deaktiviert werden könnten. Die Software der Zielsuchköpfe der Raketen sei mit einem entsprechenden trojanischen Pferd ausgestattet worden. Die Meldung wurde von verschiedenen Nachrichtendiensten auch in Deutschland weiterverbreitet, auch wurde von fehlgeschlagenen Angriffen auf amerikanische Schiffe mit *Exocets* berichtet.[30] Ob diese Informationen der Realität entsprachen, ist bis heute nicht vollständig geklärt. Davon unbesehen ist die Folge dieser Entwicklung, dass moderne Waffensysteme, die in ihren Funktionen im erheblichen Ausmaß auf Software rekurrieren, ohne Quellcodeoffenlegung international quasi unverkäuflich sind. Gleichwohl wird der Quellcode fortschrittlicher Waffensysteme häufig nur mit erheblichen Funktionsstreichungen herausgegeben. Viele Länder,

---

30. Schon 1987 ist es zu einem Zwischenfall im Persischen Golf gekommen, bei dem von irakischen Kräften abgeschossene *Exocet*-Raketen das amerikanische Kriegsschiff *Stark* trafen und 37 Matrosen töteten.

wie zum Beispiel Indien, haben daher begonnen, eigene Systeme zu entwickeln, um die Verfügung über ihre Waffen in kritischen Situationen gewährleisten zu können.[31]

Die Einsicht in die Quelltexte, das Vorhandensein entsprechenden Knowhows einmal vorausgesetzt, ist also unabdingbar für staatliche Souveränitätssicherung. *Open Source Software* erfüllt diese Forderung. Software, die außerdem unter einer Lizenz wie der GPL, die *Copyleft* fordert, liegt, birgt aber neben der Transparenz noch einen weiteren Vorteil für staatliche Stellen. Das *Copyleft* und die damit einhergehende Dynamik des *Viral Licensing* verhindert, dass Prozesse, Methoden, Applikationen, die für die öffentliche Leistungserstellung unverzichtbar sind, kommodifiziert und damit unzugänglich bzw. teuer werden.

Einmal unter einer *Copyleft*-Lizenz veröffentlicht, ist die (Re-)Kommodifizierung der Software so gut wie unmöglich und damit bleiben auf Software rekurrierende staatliche Handlungsgrundlagen unantastbar öffentliches Gut. Möglicherweise langwierige Rechtsstreitigkeiten mit Privateigentümern um Nutzungsrechte und -modalitäten von Software durch staatliche Stellen werden damit von vornherein ausgeschlossen.

Staatliche Nutzung von Freier Software

Die bisherige Argumentation deckt sich mit den empirischen Entwicklungen der letzten fünf Jahre. Eine ganze Reihe von Nationen hat damit begonnen, ihre E-Government-Projekte auf der Basis Freier Software aufzubauen. Brasilien, Australien und Neuseeland haben sogar Gesetze erlassen, die den Einsatz von Freier Software in staatlichen Stellen zwingend vorschreiben.[32] In China und

---

31. In Deutschland wird für sicherheitsrelevante Strukturen beim Bundesamt für Sicherheit in der Informationstechnik (www.bsi.bund.de) eine Micro-Kernel Version des Betriebssystems Linux entwickelt. Linux baut ursprünglich auf einem monolithischen Kernel auf. Das heißt, dass im Prinzip alle Prozesse des Systems, Prozessverwaltung, Speicherverwaltung, Dateisystem, Netzwerk innerhalb einer Datei ablaufen. Monolithische Kernel haben erhebliche Performancevorteile, da viele Strukturen nicht redundant angelegt werden müssen. Ein Kopierbefehl, kann beispielsweise alle Systembestandteile gleichermaßen bedienen. In einem Micro-Kernel Betriebssystem, wie Mac OSX, sind dagegen alle Bereiche getrennt. Prozessverwaltung, Speicherverwaltung, Dateisystem tauschen die Daten über eine zentrale Instanz, den Micro-Kernel, aus, sind ansonsten aber voneinander unabhängig. Das führt zu Performancenachteilen, bringt aber erhebliche Sicherheitsvorteile. Fehler in einem Systemteil wirken sich nicht so schnell auf andere Teile aus, unkontrollierte Kommunikation zwischen Systemteilen kann nicht stattfinden, Angreifern wird es erheblich erschwert, das gesamte System zu korrumpieren. Das vom BSI verantwortete Micro-Kernel Linux unter dem Namen »*MicroSina*« wird bereits in der »SINAVPN« Lösung für den geheimen Datenaustausch zwischen Botschaften und Auswärtigem Amt eingesetzt. Siehe: http://os.inf.tu-dresden.de/mikrosina/, http://www.vernetinfo.de/ und http://www.secunet.com/.
32. Siehe die Meldung des Nachrichtendiensts *GovExec* vom 25.08.2003: William New: Open source software trend faces barriers, http://www.govexec.com/dailyfed/0803/082503td1.htm, sowie die Meldung des Nachrichtendiensts Heise.de: Brasiliens Präsident befürwortet Open Source, http://www.heise.de/newsticker/meldung/40129.

anderen asiatischen Staaten sind entsprechende Diskussionen ebenfalls im Gange. Legitimiert werden diese Gesetze erstens mit dem Argument, dass Freie Software günstiger sei, was vor allem finanzschwache Länder vorbringen und in Verhandlungen mit Microsoft auch geschickt zu nutzen wissen. Microsoft wiederum verweist darauf, dass Freie Software nicht unbedingt billiger als proprietäre Software sein muss – was teilweise sogar stimmt – und gibt außerdem mittlerweile dramatische Rabatte für die eigenen Produkte, die gegenüber Angeboten auf Basis Freier Software explizit jeden Preis unterbieten sollen.[33] Solche Gesetzgebungen dienen außerdem der Standortförderung, können doch gerade Länder der so genannten zweiten und dritten Welt *Open Source-* und Freie Software vor Ort produzieren und damit ihre lokale Softwareindustrie schützen und fördern.

Eine entsprechende Rechtsprechung ist in Deutschland gegenwärtig nicht zu beobachten. Es zeigt sich aber ebenfalls eine klare Präferenz staatlicher Stellen für Freie Software. Angefangen von der Ausstattung der niedersächsischen Polizei mit 14000 *Linux-*Rechnern, bis hin zur international viel beachteten Entscheidung der Stadt München, vollständig von Microsoft Windows auf *Linux* umzusteigen. Im »Aktionsprogramm Informationsgesellschaft Deutschland 2006«, dem vom Bundeskabinett im Dezember 2003 verabschiedeten »Masterplan für Deutschlands Weg in die Informationsgesellschaft«,[34] wird diese Orientierung weiter bestärkt. Im Kapitel »Unabhängigkeit, Interoperabilität und Vielfalt der IT-Systemlandschaften« heißt es:

»*Bestehende Rahmenverträge, die den Einsatz von Open-Source-Produkten wie auch von Produkten großer Hersteller erleichtern, werden Vorbild für weitere Vereinbarungen zur Flexibilisierung der Beschaffungsmöglichkeiten von Software sein. Die Bundesregierung wird den Einsatz von Open-Source-Produkten in der Bundesverwaltung weiter fördern.«* [35]

Vor allem werden jedoch die zentralen Bestandteile des E-Government mindestens quelltextoffen gestaltet. Der in Bremen entwickelte Middleware-Protokollstandard für digital signierte Formulare und Dokumente »OSCI«[36] steht unter der GPL und wurde darüber hinaus zum Anlass für die Auflage der ersten genuin deutschen Lizenz: Die »Bremer Lizenz für freie Softwarebibliotheken«,[37] die mit Hilfe des Kooperationsausschusses Automatische Datenverarbeitung Bund, Länder, Kommunaler Bereich (KoopA ADV[38]) erarbeitet wurde. Die Kompatibilität der Bremer Lizenz zur GPL erlaubt es, dass OSCI unter zwei Lizenzen

---

33. Im Mai 2003 veröffentlichte die *International Herald Tribune* eine E-Mail des Microsoft Bevollmächtigten für internationale Geschäfte Orlando Ayala, in der er seine Manager auffordert: »Under NO circumstances loose against Linux« (Hervorhebung im Original, C.E.) und Rabatte in Höhe von 118 Mio. Dollar autorisiert. Zitiert nach der Meldung auf CNN.com vom 15.05 2003: http://www.cnn.com/2003/TECH/biztech/05/15/microsoft.linux.reut/
34. Abrufbar unter: http://www.bmbf.de/pub/aktionsprogramm_informationsgesellschaft_2006
35. Ebd. S. 74ff.
36. OSCI steht für »Online Services Computer Interface«. Siehe : http://www.osci.de/
37. Man beachte das der Titel der Lizenz das Wort »frei« und nicht lediglich »offen« führt. Siehe: http://www.koopa.de/Materialien/OSCI_Standard/OSCI-Bibliothek/Impressum/BremerLizenz.pdf
38. Siehe: http://www.koopa.de/

steht, was für Freie Software Projekte nicht ungewöhnlich ist. OSCI, das auch international Verbreitung gefunden hat, stellt ein Herzstück der rechtsgültigen Datenverarbeitung dar und ist in Deutschland für signaturbasierte E-Government Anwendungen obligatorisch vorgeschrieben.

Microsoft hat mittlerweile erkannt, dass Rabatte allein in dieser Situation nichts bewirken können. Unter dem Titel »*A Matter of National Security: Microsoft Government Security Program Provides National Governments with Access to Windows Source Code*«[39] gab die Firma Anfang 2003 bekannt, staatlichen Stellen auf Grundlage der von Microsoft so genannten »*Shared Source License*«,[40] Einblick in den Quellcode ihrer Produkte zu geben. Microsoft ist es mit diesem Schritt zunächst gelungen, verloren gegangenes Vertrauen teilweise wieder herzustellen. International hat eine ganze Reihe von Staaten, wie z.B. China, das Angebot angenommen, und evaluiert den Code von Windows. Das »*Government-Security Program*«[41] erlaubt allerdings lediglich die Einsicht in die Quellcodes, schließt aber alle anderen Rechte, die die GPL einräumt, aus. Staatliche Stellen können den Code weder *debuggen*, noch modifizieren, oder gar distribuieren und natürlich nicht kommerzialisieren. Auch besteht keine Kontrolle des Kompilierungsvorgangs, so dass diese Lösung zumindest für kritische Infrastrukturen allgemein als unzureichend betrachtet wird. Nicht zuletzt behält sich Microsoft immer noch vor, etwa drei Prozent der Software geschlossen zu halten und beschränkt die Dauer der Lizenz auf jeweils drei Jahre. Es handelt sich bei Produkten im Rahmen des *Government-Security-Programms* also lediglich um *Open-Source*-Software und nicht um Freie Software, so dass die Verfügung über die Software nicht vollständig in die Allgemeinheit, deren Stellvertreter der Staat idealerweise sein soll, übergehen kann.

Avantgarde-Citoyen

Microsoft, als prominentester Vertreter des Geschäftsmodells proprietärer Software, steht vor dem Dilemma, Besitz an etwas haben zu wollen, das es aus eigenem Interesse nicht besitzen können darf: an Mitteln der Staatsgewalt – in diesem Fall an Software, die die Legitimität und Souveränität des Staates sichert. Sobald sich Mittel der Staatsgewalt in Privateigentum befinden, können und müssen einzelne Kapitalien diese für ihre Zwecke in der Konkurrenz einsetzen. Sie können die Freiheit und Gleichheit ihrer Konkurrenten dann nicht mehr allein auf Grundlage ihrer ökonomischen Potenz einschränken, was diesen im Spiel der

---

39. Siehe: http://www.microsoft.com/presspass/features/2003/jan03/01-14gspmundie.asp
40. Ein Überblick über die Shared Source License findet sich unter: http://www.microsoft.com/resources/sharedsource/default.mspx
41. Siehe: http://www.microsoft.com/resources/sharedsource/Licensing/GSP.mspx. Ein Beispiel für ein Produkt im Rahmen des GSP ist das »Microsoft *E-Government Starter Kit*«, dass auch OSCI-Konform ist. Siehe: http://www.microsoft.com/germany/ms/business/government/egsk/.

ökonomischen Konkurrenz ebenso gewährt ist, sondern substantiell in Frage stellen. Sie können sich dann Eigentum auf Basis ihrer Gewalt aneignen, ohne ein Äquivalent dafür tauschen zu müssen. Damit steht die grundsätzliche Konstruktion kapitalistischer Wirtschaft, die qua staatlichen Gewaltmonopols garantierte wechselseitige Anerkennung von Eigentum und Freiheit in der Verfügung über dieses in Frage.

Microsoft und andere Firmen, deren Geschäftsmodell auf proprietärer Software basiert, werden nicht müde, Freie Software als Einstieg in den Kommunismus zu bezeichnen.[42] Eine Ansicht, die von nicht wenigen Vertretern der Linken geteilt wird. In Deutschland vertritt beispielsweise die Gruppe »Oekonux«[43] die These, dass die Produktivkraftentwicklung mit Freier Software an eine Schwelle gekommen sei, die eine Revolutionierung der Produktionsverhältnisse im Sinne der Abschaffung des Kapitalismus möglich mache.[44] Ebenso der Jurist Eben Moglen von der Columbia University New York, der in seinem »dotCommunist Manifesto« schreibt: »Not only has the bourgeoisie forged the weapon that bring death to itself, it has also called into existence the men who to wield those weapons – the digital working class – the creators.«[45]

Meine Argumentation lässt dagegen den Schluss zu, dass nicht eine neue revolutionäre Klasse mit der Free Software Bewegung aufgetreten ist, sondern Hacker als Avantgarde-Citoyen agiert haben. Auch wenn es außerhalb ihrer subjektiven Zwecke gelegen haben mag und noch liegt, haben Stallman und seine Mitstreiter mit ihrem Tun von ihren partikularen Interessen abgesehen und Instrumente geschaffen, die dem Staat die Aufrechterhaltung der allgemeinen Bedingungen von Freiheit und Gleichheit und Besitz an Privateigentum unter neuen medialen Voraussetzungen ermöglichen. Stallman war ein Avantgarde-Citoyen, der im GNU-Manifest kein revolutionäres Programm formuliert hat, sondern der dem allgemeinen Willen[46] in der Informationsgesellschaft eine Form gegeben hat.

Die GPL stellt Software innerhalb des Eigentums außerhalb des Privateigentums. Sie setzt auf das Konzept des Urheberrechts, mithin der privatrechtlichen Grundform des Eigentums angewandt auf geistige Gegenstände, wendet diese aber spezifisch gegen sich, so dass nicht Einzelne, sondern Alle Rechte an etwas haben. Das Statut des Rechts und der Staat als Garant des Eigentums bleiben unangetastet, sie sind sogar Grundlage der Geltung dieses Konzepts.

---

42. Siehe z.B. die Meldung des Nachrichtendienstes TheRegister vom 31.07.2000: »MS' Ballmer: Linux is communism«, http://www.theregister.co.uk/content/4/12266.html
43. Siehe: http://www.oekonux.de/
44. Die Ökonux Gruppe spricht von der »Keimformhypothese«, vgl. Stefan Meretz »Eigentum und Produktion am Beispiel der Freien Software«; http://www.oekonux.de/texte/eigentum/index.html
45. Siehe: http://moglen.law.columbia.edu/publications/dcm.html. Moglen ist auch Justiziar der »Free Software Foundation«.
46. Zum Zusammenhang von kapitalistischer Wirtschaftsweise und der Konstitution eines allgemeinen Willens vgl. Lars Meyer 2004c.

Electronic Government und die Free Software Bewegung 169

Dieser Gebrauch des Urheberrechts, der häufig als Stallmans größter »*Hack*« bezeichnet wird, rekurriert selbst auf die staatliche Gewalt, qua Gewaltmonopol Recht setzen und durchsetzen zu können. In der Anerkennung der Verhältnisse, in denen der Staat ein notwendiges Korrelat der bürgerlichen Gesellschaft darstellt, hat die GPL und die *Free Software*-Bewegung nie außerhalb des Kapitalismus gestanden. Sie war vielmehr eine Avantgarde, die den Staat im Informationszeitalter erst voll handlungsfähig gemacht hat: Freie Software verhilft dem Staat in einer neu entstandenen Sphäre – dem Internet – zur Legitimität und Souveränität.

Mit dem Versuch, den analogen Tausch auf die neue, digitale Sphäre des Internet zu übertragen, treten Zug um Zug die Voraussetzungen des Tauschs (wieder) in ihrer Totalität in Erscheinung. Eine zentrale Voraussetzung eines verlässlich auf Dauer gestellten Tauschs und damit des Kapitalismus, ist die Garantie des Eigentums durch einen legitimen und souveränen Staat. Freie Software ist die entscheidende Innovation, die es erlaubt, legitime staatliche Interventionsfähigkeit und damit die Garantie des Eigentums im und mit dem Internet zu errichten. Es handelt sich bei dieser Wendung keineswegs um eine Okkupation Freier Software durch den Staat, sondern um das Resultat der Stiftung von Allgemeingut auf Basis des (Urheber-)Rechts.

In Bezug auf das Problem der De-Anonymisierung des Internet, das Voraussetzung der staatlichen Eigentumsgarantie und damit der Durchsetzung der Warenförmigkeit digitaler Produkte im und mit dem Netz ist, ist zu konstatieren, dass die zunehmende Nutzung von Freier Software im Electronic Government und die allgemeine Durchsetzung digitaler Signaturlösungen gleichlaufende Prozesse sind, die nur gemeinsam ans Ziel kommen werden. Was in den achtziger Jahren von Hackern als subversives Projekt begonnen wurde, stellt nunmehr den Nexus des wechselseitigen Verhältnisses von Staat und Gesellschaft im Informationszeitalter dar. Es ist paradoxerweise erst die durch die Hacker der *Free Software*-Bewegung auf Grundlage des Eigentumsrechts verfügte, nicht warenförmige Struktur Freier Software, die Eigentum und damit den Warentausch im und über das Netz ermöglicht. Das paradoxe Verhältnis Freier Software zum Eigentum lässt sich folgendermaßen genauer bestimmen: Ohne Eigentumsrecht keine Durchsetzbarkeit (und keine Notwendigkeit von) Freier Software. Und ohne Freie Software keine Durchsetzbarkeit von Eigentumsrecht in der digitalen Sphäre. Ein wahrhaft dialektischer Verweisungszusammenhang, indem Freie Software nicht auf ein Außerhalb des Kapitalismus verweist, sondern seine Widersprüche auf neuem Niveau zusammenschließt.

Literatur

Apple Public Source License: http://www.opensource.apple.com/apsl.
Ballmer, Steve (2003) *A Matter of National Security: Microsoft Government Security Program Provides National Governments with Access to Windows Source Code* , http://www.microsoft.com/presspass/features/2003/jan03/01-14gspmundie.asp.
Bremer Lizenz für freie Softwarebibliotheken: http://www.koopa.de/Materialien/OSCI_Standard/OSCI-Bibliothek/Impressum/Bremer-Lizenz.pdf
Bundesregierung (2003) *Aktionsprogramm Informationsgesellschaft Deutschland 2006*, http://www.bmbf.de/pub/aktionsprogramm_informationsgesellschaft_2006.
Bundesregierung (2003) *Gesetz zur Regelung des Urheberrechts in der Informationsgesellschaft*, http://www.urheberrecht.org/law/normen/urhg/2003-09-13/text/.
Bundesregierung (2003) *Signaturbündnis für die Digitale Signatur*, http://www.staat-modern.de/E-Government/-,10111/Signaturbuendnis.htm.
Bush, Devon (2003) *Analysis of prevalent Open-Source Licenses*, http://cyber.law.harvard.edu/home/ossummary.
Cohn, Cindy/ Grimmelmann, James (2003): *Seven Ways in Which Code Equals Law (And One in Which It Does Not)* http://www.aec.at/en/archives/festival_archive/festival_catalogs/festival_artikel.asp?iProjectID=12315.
Cnn.com (2003) *Microsoft discounts against Linux*, http://www.cnn.com/2003/TECH/biztech/05/15/microsoft.linux.reut/.
Deleuze, Gilles / Parnet, Claire (1980) *Dialoge*. Frankfurt a.M.: Suhrkamp.
Engemann, Christoph (2003) *Electronic Government: Vom User zum Bürger – Zur kritischen Theorie des Internet*. Bielefeld: Transcript.
Free Software Foundation: http://www.fsf.org.
Fundacíon Vía Libre: http://vialibre.org.ar/
Galloway, Alexander (2004) *Protocol. How Control Exists after Decentralization*. Cambridge Massachusetts: The MIT Press.
Gates, Bill (1976) *Open Letter to Fellow Hobbyists*: http://blinkenlights.com/classiccmp/gateswhine.html.
Gehring, Robert A. (2004) »Sicherheit mit Open Source – Die Debatte im Kontext, die Argumente auf dem Prüfstein«, In: Gehring, Robert A./Lutterbeck, Bernd: *Open Source Jahrbuch 2004. Zwischen Softwareentwicklung und Gesellschaftsmodell*. Berlin: Lehmanns Media.
GNU Emacs: : http://www.gnu.org/software/emacs/emacs.html.
GNU Hurd: http://www.fsf.org/software/hurd/hurd.html.
GNU Manifesto: http://www.gnu.org/gnu/manifesto.org.
Grassmuck, Volker (2002) *Freie Software. Zwischen Privat- und Gemeineigentum*. Bonn: Bundeszentrale für politische Bildung.
Grep.Law: http://grep.law.harvard.edu/.
Georg Wilhelm Friedrich Hegel (1986/1821) *Grundlinien der Philosophie des Rechts*. Frankfurt: Suhrkamp Verlag.
Heise.de (1999) *Debatte um NSAKey geht weiter*, http://www.heise.de/newsticker/meldung/6019.
Heise.de (2003) *Brasiliens Präsident befürwortet Open Source*, http://www.heise.de/newsticker/meldung/40129.
Heller, Lydia/Nuss, Sabine (2004) »Open Source im Kapitalismus: Gute Idee – falsches System?« In: Gehring, Robert, A.; Lutterbeck, Bernd: *Open Source Jahrbuch 2004. Zwischen Softwareentwicklung und Gesellschaftsmodell*. Berlin: Lehmanns Media.
House of Licenses: http://cyber.law.harvard.edu/openlaw/licenses.
Insitut für Rechtsfragen der Freien und Open Source Software« (IfrOSS): http://www.ifross.de/
Kooperationsausschusses Automatische Datenverarbeitung Bund, Länder: http://www.koopa.de
Lessig, Lawrence (2001a) *Code und andere Gesetze des Cyberspace*. Berlin: Berlin Verlag.

Lessig, Lawrence (2001b) *The Future of Ideas. The Fate of the commons in a connected world.* New York: Vintage Books.

Meretz, Stefan (2003) »Eigentum und Produktion am Beispiel der Freien Software«; http://www.oekonux.de/texte/eigentum/index.html.

Meyer, Lars (2004a) »Arbeit und Eigentum in der Wissensgesellschaft – Überlegungen zum Verhältnis von Ökonomie und moderner Rechtsentwicklung.« In: Kirchhoff, Christine / Meyer, Lars et. al.: *Gesellschaft als Verkehrung – Perspektiven einer neuen Marx Lektüre.* Freiburg: Ca-ira Verlag (im Erscheinen).

Meyer, Lars (2004b) *Theorie und Politik des Eigentums in der Wissensgesellschaft. Zur Supervision systemtheoretischer und neo-institutionalistischer Deutungsmuster im Prozess der Transformation von Ökonomie, Recht und Sozialtheorie.* Beiträge zur Sozialökonomischen Handlungsforschung. Hrsg. von Holger Heide, Roderich Wahsner, Stefan Meins. Bremen: SEARI.

Meyer, Lars (2004c) *Absoluter Wert und allgemeiner Wille.* Bielefeld: Transcript Verlag.

MicroSina: http://os.inf.tu-dresden.de/mikrosina/, http://www.vernetinfo.de/, http://www.secunet.com/.

Microsoft E-Government Starter Kit: http://www.microsoft.com/germany/ms/business/government/egsk/

Microsoft Government Security Programm: http://www.microsoft.com/resources/shared-source/Licensing/GSP.mspx.

Moglen, Eben (2003) *dotCommunist Manifesto*: http://moglen.law.columbia.edu/publications/dcm.html.

New, William (2003) *Open source software trend faces barriers* http://www.govexec.com/dailyfed/0803/082503td1.htm

Oekonux: http://www.oekonux.de.

Online Services Computer Interface (OSCI): http://osci.de.

Raymond, Eric S. (1999) *The Cathedral and the Bazaar*: http://www.openresources.com/documents/cathedral-bazaar/main.html.

TheRegister: *MS Ballmer, Linux is communism*,
http://www.theregister.co.uk/content/4/12266.html.

Nunez, Villanuev/David, Edgar (2002) *Brief an Microsoft*,
http://linuxtoday.com/news_story.php3?ltsn=2002-05-06-012-26-OS-SM-LL.

Vismann, Cornelia (2000) *Akten. Medientechnik und Recht.* Frankfurt Fischer TB-Verlag.

Williams, Sam (2002) *Free as in Freedom: Richard Stallmann's Crusade for Free Software.* Sebastopol: O'Reilly & Associates (zum Download unter: http://faifzilla.org/).

Wizards of OS: http://wizards-of-os.org.

Dominik Schrage

»Anonymus Publikum«
Massenkonstruktion und die Politiken des Radios

Das Radio ist das erste Massenkommunikationsmedium – wenn man die Bezeichnung ›Massenkommunikation‹ nicht nur an die schiere Größe und räumliche Streuung des Publikums bindet, welches erreicht werden kann, sondern zugleich auch auf die Simultaneität der Kommunikation bezieht, die bis zur Einführung des Radios auf die Anwesenheit vieler Menschen an einem Ort beschränkt blieb: Kino, Theater, aber auch Platz und Straße. ›Massenkommunikation‹ wird in dieser Perspektive also unterschieden von der massenhaften Verbreitung auflagenstarker Zeitungen, die in den 1920er Jahren mehrmals am Tag erschienen und, so könnte dieser Sicht entgegen gehalten werden, kaum weniger dem Ideal einer Echtzeitkommunikation entsprachen als das Radio, betrachtet man das faktische Nutzungsverhalten der Hörer. Tatsächlich aber, so wäre zu entgegnen, ist das Radio in den 1920er Jahren nicht als eine Beschleunigung oder Erweiterung des Pressewesens aufgefasst worden, sondern vielmehr als eine grundlegend neuartige technische Möglichkeit der Echtzeitkommunikation mit einem Publikum, das potentiell die Gesamtheit der Bevölkerung umfasst und deshalb räumlich weit verstreut ist. Wenn in den frühen Diskursivierungen des Radios die Simultaneität des Radioempfangs und die auf ›die Masse‹ gerichtete Sendeweise derart im Vordergrund stehen, so ist dies aufschlussreich nicht nur für die Institutionen- oder Technikgeschichte der Etablierung dieses Massenmediums, sondern verweist zugleich auch auf eine Transformation des Massenbegriffs unter den Bedingungen der technischen Medien. In ihrem Verlauf wird die Vorstellung einer Präsenzmasse nach dem Vorbild der Massenpsychologie Gustave Le Bons sukzessive unterlaufen durch die Faktizität einer sich zuerst mit dem Radiopublikum herausbildenden, verstreuten, aber simultan verschalteten Masse, auf welche dann das Konzept der Massenkommunikation Bezug nimmt (Le Bon 1964 [1895]).[1] Diese kommunikative Masse, so das Argument dieses

---

1. Der in vorliegendem Beitrag akzentuierte Wandel des Massenkonzepts, der auf die Etablierung technischer Massenkommunikationsmedien verweist, sucht die unproduktiven Dichotomisierungen von ›Massengesellschaft‹ und ›Individualisierung‹ zu umgehen; konsequenterweise kann die für Le Bon und auf seinem Massenkonzept aufbauende Ansätze symptomatische Identifizierung von ›Masse‹ und deindividuierender Regression nicht aufrechterhalten werden. Dass mit ›Masse‹ gleichwohl ein wesentlicher Aspekt moderner, wesentlich auf technischen Medien basierter Vergesellschaftungsformen getroffen wird – was jedenfalls die Rede von der Massenkommunikation zu bestätigen scheint – ist aber auf der Folie der Dichotomisierung von ›Masse‹ und ›Individualisierung‹ kaum zu artikulieren. Vgl. für einen in diesem Sinne zu schematisch argumentierenden Versuch einer Kritik der Medienwirkungsforschung: Joußen (1990, insb. S. 135–140). Für eine differenziertere Sicht auf die Massenkommunikation vor dem Hintergrund der neueren Debatten um die ›interaktiven Medien‹ vgl. Wehner (1997). Die These Wehners lautet, dass in der Euphorie für die ›interaktiven Medien‹ jene latent kulturkritischen Haltungen gegenüber der anonymen Massenkommunikation zum Tragen kommen, die sie an

Beitrags, bildet sich unter den neuartigen Bedingungen des technischen Mediums Radio, oder, um es spezifischer zu fassen, unter den Bedingungen des Radiopublikums, das sich wesentlich von früheren Publikumsformen unterscheidet. Insofern ist die Konstruktion des kommunikativen Massentyps eine der grundlegenden ›Politiken des Radios‹, wenn man darunter im Sinne des Themas dieses Bandes jene den Medien eigentümlichen Effekte versteht, welche nicht nur politische ›Inhalte‹ betreffen, sondern den Rahmen prägen, in dem Politisches thematisch wird – und insofern selbst politisch wirksam sind.²

In den frühen Diskursivierungen wird das Radio zunächst vor dem Hintergrund der seit dem ausgehenden 19. Jahrhundert virulenten Semantik der Massenpsychologie verhandelt. Diese transportiert dabei zwar einerseits die kulturkritische Assoziation mit den unteren Schichten und stellt sie in einen Gegensatz zum bürgerlichen Individualitätsideal. Andererseits aber übersteigt die ›Masse‹ des Radiopublikums von vornherein – qua Reichweite und technischer Funktionsweise des Mediums sowie der Zahl der Empfangenden – die begrenzte Dimension jenes Typs bürgerlicher Öffentlichkeit, den Jürgen Habermas das »kulturräsonierende Publikum« genannt hat (1962: 248–266). Die Diskursivierungen des Radios in den 1920er Jahren, die es – wie in anderer Weise auch das Kino – als eine Technologie auffassen, die die tradierten Kommunikationsweisen der bürgerlich-aufklärerischen Öffentlichkeit tiefgreifend wandelt, markieren in dieser Hinsicht die Herausbildung eines neuartigen Typs von ›Masse‹, der unter den Bedingungen der technischen Massenmedien entsteht. Die Diskurse der Radiopraktiker und -kritiker sind für eine Genealogie dieser kommunikativen Masse von besonderem Interesse, weil sich in ihnen die Erfahrungen manifestieren, die im Verlauf der 1920er Jahre im und mit dem Radio gesammelt werden; die neuartigen Bedingungen der Radioöffentlichkeit, die in diesen Diskursen eruiert, reflektiert und damit auch konstruiert werden, verweisen auf eine sich – durch das Medium Radio – transformierende Wirklichkeit: Diese Wirklichkeit der Massenmedien, die mit dem Radiopublikum erstmals Kontur gewinnt, erfordert, konstruiert und plausibilisiert jenen kommunikativen Massetypus, der etwas Neues und Anderes darstellt als die versammelte Masse der Massenpsychologie um 1900. In stärkerem Maße noch als das Kino ist das Radio demnach das frühe Medium der modernen Massenkultur, wenn man das Konzept der Massenkultur – in konsequentem Nachvollzug des Bedeutungswandels von ›Masse‹ – nicht kulturkritisch versteht, sondern darin die Kennzeichnung

---

dialogischen, interpersonalen Kommunikationsformen messen und aus diesem Grund die gesellschaftskonstitutive Rolle der Massenkommunikation nicht erfassen können (a.a.O.: 104–105). Es ist unschwer zu erkennen, dass Wehners Argumentation gleichsam spiegelbildlich und damit ergänzend zu der hier durchgeführten verläuft, die bei einer Genealogie des Massenbegriffs ansetzt und aus diesem Grund die ›Entdeckung‹ der individuellen Aspekte der Massenkommunikation akzentuiert, ohne sich dabei auf einen Gegensatz von ›Masse‹ und ›Individualisierung‹ festzulegen.

2. Vgl. für die naheliegende, hier aber ausgesparte Frage nach der Transformation räumlicher Metaphorik unter medialen Bedingungen und die damit implizierte Dichotomie von Abstraktion und Anschaulichkeit: Schrage (2004).

einer Schichten und Klassen übergreifenden Allgemeinkultur sieht, die potentiell der Gesamtheit der Bevölkerung zugänglich ist und im Wesentlichen zwei Verbreitungsmedien kennt: Den Markt der Kulturgüter und die Massenkommunikationsmedien.[3] Ziel dieses Beitrages ist es, die Herausbildung jenes kommunikativen Massentyps aus den Radiodiskursen der 1920er Jahre heraus zu rekonstruieren. Dabei werden zugleich Aspekte einer Genealogie der Massenkommunikation herausgearbeitet, welche die Entgegensetzung von Masse und Individualität nicht zum systematischen, sondern ausschließlich zum historischen Ausgangspunkt nimmt und die Diskursivierungen des Radios als Zeugnisse für die Etablierung einer wesentlich auf Massenkommunikationsprozessen beruhenden Wirklichkeit liest, die im Rückgriff auf Theoreme massenpsychologischer Provenienz unverstanden bleiben muss.

1. Verstreute und gerichtete Masse

Die spezifische technische Funktionsweise des Radios koppelt zwei sehr verschiedene Formen von Masse: Die verstreute Masse und die gerichtete Masse. Diese beiden hier idealtypisch zu verstehenden Massentypen – und das ist eine wichtige Vorannahme – sind genuin moderne Sozialformen. Das heißt, sie betreffen etwas Neues und Anderes als das frühere Verständnis der Masse als Plebs, Mob oder Pöbel, den untersten Schichten der Gesellschaft, die am Rande oder außerhalb des Ständesystems stehen.[4] Zwar macht sich dieses Verständnis gerade auch in den Beschreibungen und Konzeptualisierungen der an einem Ort versammelten und auf ein Ziel hin ausgerichteten Masse geltend, man denke etwa an Le Bons Vorstellung einer zivilisatorisch regredierenden Masse.[5] Die gesellschaftlichen Transformationen aber, die zum Ende des 19. Jahrhunderts die Konjunktur des Massenkonzepts plausibel machen, gehen gerade nicht auf den Aufruhr der unteren Schichten innerhalb eines als solchem außer Frage stehenden hierarchischen Sozialgefüges zurück. Damit steht ›Masse‹ nicht mehr für die unproblematisch-distanzierte Wahrnehmung der niedrigen Stände durch die höheren, in der, wie Georg Simmel beobachtet, »vermöge der sozialen Distanz die ersteren den letzteren nicht nach Individuen, sondern nur als einheitliche Masse erscheinen« (Simmel 1992[1908]: 13; vgl. auch König 1992: 57–77). Denn die modernen Massendiskurse reagieren auf die Entdeckung des 19. Jahrhunderts, dass, in der Konsequenz der industriellen, politischen und technischen Umwälzungen, die Sozialordnung selbst als wandelbar angesehen

---

3. Vgl. dazu auch Maase (1997). Die marktökonomischen Aspekte werden in diesem Beitrag beiseite gelassen; dies mag insofern gerechtfertigt erscheinen, als das Radio im Deutschland der 1920er Jahre, im Gegensatz etwa zu den USA, keine privatwirtschaftliche Unternehmung darstellte und von daher kommerzielle Strategien nicht im Vordergrund standen bzw. vor allem den Absatz von Empfangsgeräten betreffen.
4. Zu früheren, ständischen Konzeptionen der ›unteren‹ Schichten s. Conze (1990).
5. Vgl. dazu – insbesondere in Bezug auf Sigmund Freuds Le Bon-Rezeption – Moscovici (1986: 277–359).

werden muss. Das ist das Thema der Soziologie, deren Projekt einer Gesellschaftswissenschaft eben in dem Augenblick an Plausibilität gewinnt, als die viel diskutierte ›soziale Frage‹ des 19. Jahrhunderts als ein Problem erkannt wird, das die Kategorien ständischer, und das heißt: auf unhinterfragbaren Ordnungen basierender Modelle sprengt. Nach 1870 wird, so meint etwa Eric Hobsbawm, in allen westeuropäischen Staaten klar, dass die Demokratisierung der Politik unvermeidbar geworden ist: »The masses would march on to the stage of politics, whether rulers liked it or not. And this is indeed what happened.« (Hobsbawm 1994: 85)

Die gerichtete Masse und die verstreute Masse stellen zwei idealtypisch zu unterscheidende Massentypen dar, die vor dem Hintergrund dieser Entdeckung des Sozialen virulent werden und die tradierte Identifikation von ›Masse‹ mit den am Rande der Sozialordnungen stehenden unteren Schichten sukzessive unterlaufen. Die *gerichtete Masse* bildet sich auf ein gemeinsames Aufmerksamkeitszentrum hin – ein Film, ein Theaterstück, aber auch ein agitierender Redner oder ein zu erstürmendes Gebäude – und erscheint selbst als aktiv. Es ist diese, die gerichtete Masse, die der historischen Semantik des modernen Massenbegriffs ihren Stempel aufgedrückt hat und die Affekte freisetzt, welche durch die politischen Frontstellungen des 19. Jahrhunderts mobilisiert wurden. Denn die gemeinsame Ausrichtung der Aufmerksamkeit oder gar ein dieser Masse gemeinsames Ziel macht sie zu einer Kraft, die die bestehende Sozialordnung sprengen kann: Sie ist bedrohlich, oder sie ist Mittel und Träger von erhofften Umwälzungen. Es sind die aus diesem Verständnis von Masse resultierenden Vorstellungen einer der versammelten und gerichteten Masse eigentümlichen, kaum kontrollierbaren triebhaften Energie, die, ausgehend von den Schriften Gustave Le Bons, die Theorien so unterschiedlicher Autoren wie Georges Sorel (1981[1906]), Sigmund Freud (1921) oder Elias Canetti (1960) geprägt haben. Die Einzelnen, so postuliert Le Bons einflussreiche Psychologie der Massen am Ende des 19. Jahrhunderts, verlieren ihre Individualität und verschmelzen zu einem triebhaft agierenden, machtvollen Ganzen.

Die *verstreute Masse* dagegen erlangt nur mit Hilfe eines distanzierten, gleichsam soziologisch informierten Blicks Gestalt: Die Menge der vereinzelten Vielen, die nicht mehr vollständig an eine definitive Ordnung ständischer Hierarchien gebundene Bevölkerung, die sich zwar in Schichten, Klassen oder Gruppen gliedern mag, aber in ihrer Gesamtheit räumlich verstreut und unüberschaubar bleibt. Als *crowd* (Menge) gerät sie auch in den Großstädten nur fragmentarisch in der Form von vorüberströmenden Passanten in den Blick. »I looked at passengers in masses, and thought of them in their aggregate relations« spielt Edgar Allan Poe in *The Man of the Crowd* (1840) den wissenschaftlich-analytischen Beobachterblick auf diese Masse durch. Der Protagonist des Essays betrachtet die an ihm vorbeifließende Masse und schließt aus dem äußeren Erscheinungsbild der einzelnen Menschen auf ihre soziale Stellung: Er klassifiziert. In dieser urbanen Masse der Passanten sind die einzelnen Individuen in einem geschäftigen Nebeneinander verdichtet; als verstreute Masse erscheinen sie dem distanzierten

Betrachter – der mit seiner Strategie der Klassifizierung auf das Wahrnehmungsproblem reagiert, das die verstreute Masse impliziert.[6]

Die massenpsychologischen Ansätze betrachten die fluktuierende Passantenmasse der modernen Großstädte unter dem Aspekt, dass sie sich zusammenballt, ein gemeinsames Aufmerksamkeitszentrum erlangt und sich so als gerichtete Masse konstituiert. Dies wird plausibel vor dem Hintergrund der sozialen Umwälzungen, welche die verstreute Masse – die schiere Faktizität einer aus dem Ständesystem entlassenen Bevölkerung – als einen Faktor erscheinen lässt, dem die Politik nicht mehr länger nur repressiv oder administrativ begegnen kann. Vielmehr werden die Ansprüche der Vielen zu einem Gegenstand der Politik, der nicht vernachlässigt oder übergangen werden darf, sondern zu einem eigenständigen Feld und taktischen Mittel der Politik wird – der Propaganda. Le Bons Massenpsychologie versteht sich dabei – und wird verstanden – als eine Anleitung für die Steuerung der Triebenergien gerichteter Massen, zur Nutzung ihrer Energien, wobei das Modell von Führer und Gefolgschaft ausschlaggebend ist für seine Vision der Massen-Lenkung (Moscovici 1986: 199–230). Vor diesem Hintergrund entstehen neuartige politische Strategien, welche die Triebenergien gerichteter Massen gezielt zu nutzen versuchen: Einerseits, von konservativ-nationaler Seite, etwa in Österreich, wo gegen Ende des 19. Jahrhunderts die aristokratischen Vorbehalte gegen die unteren Schichten zugunsten ihrer Agitation zurückgestellt werden und charismatisch-populistische Formen der Massenpolitiken entwickelt werden (vgl. König 1992: 192–206). Und andererseits in syndikalistischen Theoremen wie denen Georges Sorels, der den Generalstreik als den Mythos des Massenaufstands postuliert: Der Generalstreik, so Sorel in Bezugnahme auf bergsonianisches Gedankengut, ist eine mythische »Intuition des Sozialismus, die die Sprache nicht in vollkommen klarer Weise zu geben vermochte – und wir erlangen sie in einer in einem Nu wahrgenommenen Ganzheit.« (Sorel 1981: 145) Agitation wird damit zum Schlüsselbegriff für diese unterschiedlichen Politiken, die die Masse ansprechen und ihre Energien gezielt mobilisieren und strategisch in bestimmte Richtungen lenken wollen. Diese politischen Strategien greifen die Konzeptionen der gerichteten, triebhaften Masse von Le Bon und anderen auf, die eine genuin präsentische Masse ist. Die mobilisierende Verschmelzung der Individualitäten geschieht dabei unter der Voraussetzung, dass sich die Masse an einem Ort dicht zusammendrängt und nicht nur psychisch, sondern auch gleichsam physisch verschmilzt. Die gerichtete Masse in dieser Lesart bedarf der räumlichen Präsenz dabei nicht nur, um auf das gemeinsame Aufmerksamkeitszentrum ausgerichtet zu werden, sondern auch, um ihrer selbst als Massierung gerichteter Einzelner gewahr zu werden und dadurch die viel beschriebenen Triebenergien freizusetzen. Dies wird besonders deutlich bei Sorel, für den der Streik nicht nur, wie im klassischen Marxismus, das ökonomische Kampfmittel der Arbeiterklasse darstellt, sondern zugleich auch

---

6. Dieses Wahrnehmungsproblem bezüglich der verstreuten Masse fordert also bereits bei Poe gleichsam eine Medienfunktion, in die – für das Radiopublikum – die weiter unten ausgeführten probabilistischen Strategien Lazarsfelds einrücken.

die mobilisierende Kraft ist, das Ritual, das sie als gerichtete Masse überhaupt erst konstituiert (a.a.O.).

2. Das Radio als Führungsmittel

Mit den Bezeichnungen »verstreute Masse« und »gerichtete Masse« wurden bislang zwei sachlich verschiedene moderne Massentypen charakterisiert. In meiner Argumentation lief dabei die These mit, in den Massendiskursen des ausgehenden 19. und frühen 20. Jahrhunderts sei die Triebkraft der gerichteten Masse ein dominantes, nicht zuletzt politisch-strategisch motiviertes Erkenntnisinteresse gewesen, das den Typus der verstreuten Masse vor allem unter dem Aspekt seiner Verwandlung in eine gerichtete Masse verstanden habe. Dies soll das Augenmerk auf die neuartige Verbindung richten, die diese beiden Typen moderner Massen unter den Bedingungen der Massenkommunikationsmedien eingehen. Das Radio ist die historisch früheste Erscheinungsform dieser Medien; es soll hier als ein Einschnitt betrachtet werden, der auch heute noch, unter den veränderten Bedingungen des Fernsehens und der neuen Medien, von Interesse ist, da sich wesentliche Aspekte moderner Medien-Massen erstmals am Radio zeigen. Im Folgenden werden einige der Verschiebungen skizziert, die das Verhältnis von verstreuter und gerichteter Masse im Verlauf der Diskussionen über die Praxis des Radios in den 1920er Jahren erfährt. Ich beziehe mich dabei, in sehr geraffter Form, zum einen auf die politischen und institutionellen Auseinandersetzungen um die Einführung des Radios, zum anderen auf die Debatten von Praktikern im Radio und auf Pressekritiken, die die Radiopraxis der 1920er Jahre begleitet haben.[7] Das Radio, vor allem aus der Perspektive der Praxis vor den Mikrophonen und vor den Lautsprechern, macht sich dabei sukzessive als ein Massenkommunikationsmedium geltend, das heißt, als eine technische Installation, die die bis dahin gängigen Verständnisse von Öffentlichkeit und Masse grundlegend verändert. Aus der Problematik der triebhaft handelnden Präsenzmasse wird nun sukzessive die Problematik der abwesenden Masse der verstreuten Rezipienten, so wie aus dem »kulturräsonierenden Publikum« der bürgerlichen Öffentlichkeit die Radioöffentlichkeit wird, die als verstreute Masse handhabbar zu machen ist.

Die Vorstellung einer politischen Nutzung funktechnischer Übertragungsanlagen ist einer der wesentlichen Gründe für die, im Vergleich etwa zu den USA, relativ späte Einführung des Rundfunks in Deutschland im Jahre 1923 gewesen. Zwar betrafen sowohl der berühmte Funkspruch »An Alle!«, mit dem Lenin 1917 die Übernahme der Macht in Petrograd bekannt geben ließ, als auch die Besetzung des Wolffschen Telegraphenbüros durch Berliner Arbeiter- und Soldatenräte im November 1918 lediglich Fernschreibeeinrichtungen und keine Anlagen zur Übertragung von Klängen.[8] Aber gerade die im Vergleich zur Tele-

---

7. Die Ausführungen beziehen sich dabei im Wesentlichen auf das Material und die Ergebnisse von Schrage (2001).

graphie voraussetzungslosere Empfangbarkeit der Radiophonie (es sind keine Morsekenntnisse vonnöten) verschärfte letztlich, vor allem im Innenministerium, noch die Angst davor, dass eine unreglementierte Freigabe oder auch nur kommerzielle Nutzung des Radios die Bildung aufständischer Massen begünstigen könnte. Von Anfang an ist also die administrative Einführung des Radios begleitet von der Angst oder eben der Hoffnung, es ließe sich als ein Mittel zur Herstellung gerichteter Massen verwenden – was schließlich auch durchaus die Intention der telegraphischen Funksprüche Lenins und der deutschen Arbeiter- und Soldatenräte war. In Deutschland jedenfalls führte dies dazu, dass die rechtliche Zuständigkeit der Reichspost für den Funkverkehr dazu genutzt wurde, das Senden streng zu reglementieren: Das Recht dazu lag ausschließlich bei staatlich sanktionierten regionalen und nationalen Rundfunkgesellschaften, die angehalten waren, politische Sendungen aus dem Programm heraus zu halten, was auch durch Kontrollgremien überwacht wurde (Lerg 1981: 372–405). Diese Politik der Politikferne reagiert somit auf mögliche mobilisierende Effekte des Radios, die dann nahe liegen, wenn das Medium auf der Folie der massenpsychologischen Konzeptionen begriffen wird.

Neben der politischen Gefahr sah man im »radiophonischen Urwald« auch die bedenkliche Möglichkeit, dass sich an den tradierten Kulturinstitutionen vorbei eine massenkulturelle, d.h. sensationsorientierte Form des Unterhaltungsrundfunks bilden könne.[9] Seine technische und von den Konsumvorlieben eines großen Publikums abhängige Verbreitungsweise könne also in Widerspruch zu den tradierten Kulturidealen stehen. Die USA galten dabei als abschreckendes Beispiel. Hans Bredow, ehemaliger Direktor bei Telefunken und späterer Rundfunkkommissar, bringt die Zwänge, denen sich die Administration nicht zuletzt auch gegenüber der Elektroindustrie gegenüber sah, auf den Punkt:

»Da die Entwicklung sich nicht aufhalten lassen wird, so kommt es darauf an, sie in Bahnen zu lenken, die geeignet sind, die Entwicklung der Funktelegraphie zu fördern, ohne dass dadurch auch bei uns Zustände wie in den Vereinigten Staaten herbeigeführt werden.« (zit. n. Lerg 1965: 127)

Die Reglementierung des Radios als unpolitische und nichtkommerzielle, staatlich kontrollierte Institution reagiert darauf mit dem Kulturauftrag des

---

8. Der »Funkspruch des Rats der Volkskommissare« vom 12. November 1917 heutiger Zeitrechnung beginnt mit den Worten »An alle! An alle!« und verkündet die Bildung einer Sowjetregierung; außerdem wird die Enteignung der Grundbesitzer und die Annahme der Friedensbedingungen durch den Sowjetkongress vermeldet, zum Wortlaut vgl. Lenin-Werke Bd. 26, S. 265. – Eine Abordnung der Berliner Räte setzte nach der Einnahme des »Wolff'schen Telegraphen-Bureaus« am 9. November 1918 einen eigenen Aufruf ab: »An alle! Hier hat die Revolution einen glänzenden, fast ganz unblutigen Sieg errungen«, vgl. Lerg (1965: 46) – In beiden Fällen handelt es sich um morsealphabetisch übertragene Nachrichten: »Funkspruch«, »broadcast« und »radio« sind zu diesem Zeitpunkt eindeutig dieser Übertragungsart zugeordnet, vgl. dazu Lerg (1980: 23–25).

9. So eine Formulierung des Berliner Börsen-Courier. Dort heißt es über das US-amerikanische Radio: Im »radiophonischen Urwald [...] morste und funksprüchte alles wild durcheinander, bis ein solches Getöse in der Luft entstand, dass niemand etwas verstehen konnte.« (zit. n. Lerg 1965: 161).

Rundfunks: Die verstreute Masse, die das Radio in bislang unbekannter Reichweite ansprechen kann, erscheint nun als eine nach Zerstreuung strebende Masse, die der behutsamen Lenkung und Bildung durch das Radioprogramm bedarf: Sie soll ihren Massencharakter ablegen, und zu diesem Zweck soll das Radio als Mittel der Kulturverbreitung eingesetzt werden. Die Reichweite des Mediums plausibilisiert in diesem Stadium jene Konzepte, die das Radio – vor dem Hintergrund der Dichotomie von Masse und (bürgerlichem) Individuum – als Mittel der Individuierung durch Radiopädagogik verstehen. Das Radio wird so nicht als bedrohliche Technik gegen die Kultur in Stellung gebracht, sondern es wird als Distributionsmittel von Kultur verstanden und soll zur Bildung auch der unteren Schichten eingesetzt werden. Sowohl politisch als auch die gesendeten Inhalte des Mediums betreffend konzipiert man das Radiopublikum als eine zwar nicht räumlich versammelte, aber doch amorph-einheitliche, führungsbedürftige Masse. Das Radio erscheint dann zwar einerseits als ein potentiell gefährliches Führungsmittel, zugleich aber auch als ein wirkungsvolles Mittel zur Individuierung und Ent-Massung der Einzelnen durch Kulturverbreitung, das die angenommene Qualität des Radios als Führungsmittel in die politisch neutrale Sphäre der Kultur überträgt. Die Vorstellung, das Radio bearbeite die Masse, ist dabei beiden Auffassungen – der politisch-propagandistischen wie der kulturdistributiven – eigen.

3. Das individuierte Hören des Hörspiels

Auf der anderen Seite aber scheint das Sprechfunken gerade in seiner Frühzeit, also noch vor der Einführung des Radios als Publikumsmedium, eine besondere Attraktivität ausgestrahlt zu haben, die im Gegensatz zu den an Massenkonzepten orientierten Einsatzvisionen genuin individualistisch zu nennen ist: Schon die US-amerikanischen Amateurfunker vor dem Ersten Weltkrieg, aber auch im Nachkriegsdeutschland waren vor allem von der Sensation des Empfangs möglichst weit entfernter Stationen fasziniert und weniger von dem, was tatsächlich gesendet wurde.[10] Mit der Einführung des Radios im Jahr 1923 und bis etwa Mitte der 1920er Jahre war seine Hauptattraktivität denn auch im Wesentlichen die Verbreitung dieser Sensation des Empfangs, die allerdings schon bald verblasste: Die in der ersten Zeit nach Einführung des Radios recht schematisch an die rein akustische Übertragungsform angemaßten Theaterstücke, belehrenden Vorträge und Kammermusikdarbietungen verlieren den Reiz des Sensationellen (vgl. Schrage 2001: 221–228).

Die Einsamkeit der Empfangssituation erscheint dann gerade als Bedingung für eine zweite Besonderheit des Radios, die die hörspielästhetischen Experimente der 1920er Jahre zu ihrem Ausgangspunkt nehmen: Die besondere Intensität seiner Wirkung, hervorgerufen durch die Beschränkung des Radios auf die akus-

---

10. Vgl. Sterling/Kittross (1978: 40–43) sowie für die in diesem Zusammenhang verbreitete nautische Metaphorik des frühen Funkens: Sconce (1998).

tischen Reize. Der Rezeptionsvorgang wird hier, dafür steht die prominente Erwähnung der einsamen Empfangssituation, nicht als massenhaft-gerichtetes Phänomen, sondern als primär vereinzeltes angesprochen. Das Faszinosum des – zu Beginn noch – durch den Kopfhörer empfangenen Signals aus der realen Ferne wird nun im Hörspiel fiktionalisiert und auf den unräumlichen »akustischen Raum« bezogen, der nur in der Vorstellung der Hörenden existiert und durch die radiophonen Kunstmittel entworfen wird. Die Versuche, mit dem Hörspiel eine auf die technischen Bedingungen und Möglichkeiten des Radios abgestimmte, ganz neuartige Kunstform zu schaffen, setzen also bei der Eigenschaft des einsamen radiophonen Empfangs an und eruieren die Eindringlichkeit der radiophonen Wirkung experimentell. Statt der schematischen Adaption von Bühnenstücken oder Vorträgen im frühen Radio geht es dabei um die Entwicklung von Sendeformen, die die Spezifik der technischen Möglichkeiten des Funks sowie der Besonderheit der Rezeptionssituation zum Ausgangspunkt nehmen und sogenannte »funkische« – d.h. radiogemäße – Hörspiele darstellen (vgl. Schrage 2001: 228–264).

Für die Hörspielmacher verschaltet die Technik des Radios den »Rhythmus der Öffentlichkeit« dabei unmittelbar mit der heimischen Hörsituation. Die funktionale Integration der Individuen in die gesellschaftlichen arbeitsteiligen Prozesse erreicht nun die intime Sphäre des Subjektiven, die sich temporal als Freizeit, räumlich als Heim manifestiert und dem Arbeitsprozess bislang entging. Die Simultaneität des Radioempfangs wird dabei auch unter dem Aspekt einer Synchronisierung bislang getrennter gesellschaftlicher Sphären betrachtet, wobei die Simultaneität des Empfangs oftmals als Kompensation für die räumliche Diversität eintritt:

»Wir sind andere Menschen geworden, das fühlt jeder von uns. Der Geist unserer Vorväter passt nicht mehr zum Treiben der Weltstadt, passt nicht mehr zum Leben der Technik. Und doch, irgendwo im stillen Kämmerlein, im Schoß der Familie, ist dieser Geist der Vorväter auch heute noch lebendig. […] Im Feierabend lag ein letzter Rest jener Persönlichkeitskultur, auf die unsere Vorväter so stolz waren. Da ›plärrte‹ plötzlich, wie der Rundfunkfeind sagt, der Rundfunksender dazwischen. […] Die Öffentlichkeit ist mit ihrem Rhythmus in unser Heim gedrungen. [Der Einzelne] wird eingespannt in den großen Rhythmus, der durch den Raum strahlt, und der alle an den Hörern Hängenden zwingt. […] Weiter kann die Vergesellschaftung unseres geselligen Lebens, unserer Ruhestunden, unseres Heims nicht mehr getrieben werden.« (Engelhardt 1950[1924]: 90–91)

Die radiophone Kunst des Hörspiels nimmt die technische Kopplung von Mikrophon und Lautsprecher, von Studiopraxis und Hörsituation zum Ausgangspunkt für ihre ästhetischen Versuche, die immer auch technische Experimente sind: Fragen auf dem Abstraktionsniveau eines ›Zeitalters der Technik‹ werden in direktem Zusammenhang mit der Verbesserung von Wiedergabe- und Aufnahmetechniken verhandelt. Musikästhetische Fragen, die durch den rein akustischen Empfang neu entdeckte orale Epik und das ›Wesen des Akustischen‹ werden auf Experimente mit Mikrofonen, Lautsprechern und technischer Übertragungsqualität bezogen und auf ihre Wirkungen hin phänomenologisch und introspektiv untersucht. Während konstruktivistische Hörspielprojekte wie Hans Fleschs *Zauberei auf dem Sender* eine sich durchaus auch im technischen Sinne als Experiment verstehende Bestandsaufnahme des radiophonisch Möglichen durch den Rückgang auf die elementare Ebene des sinnlosen Geräuschs unternehmen, spielt Kurt Weill die Erweiterung des musikalischen Tonrepertoires durch künstliche, d.h. elektronische Lauterzeugung theoretisch durch.[11] Auf der anderen Seite betrachtet Rudolf Leonhard das Radio als eine Technik, die auf ›unmittelbarer‹ Empfindung aufbaut, insofern sie Schrift und Visualität hinter sich lässt und in gewissermaßen ›archaische‹ Regionen vorstößt: Die akustische Übertragungsweise des Radios erscheint dabei als ein technischer Übertragungsmodus, der an die orale Tradition des Erzählens anknüpft, musikalische Elemente aufnehmen kann und suggestive Eindrücklichkeit ermöglicht (Leonhard 1984[1924]). Aloys Wilsmann wiederum geht von einem Konzept der »akustischen Perspektive« aus, das sich aus wahrnehmungspsychologischen Überlegungen ergibt, und entwickelt aus ihnen heraus mögliche Zugriffspunkte für eine radiophone Wirkungsästhetik (Wilsmann 1925). Auch das empfindsame ästhetische Betrachten eines Kunstwerks wird unter dem Aspekt einer »Intensivierung des Eindrucks« als technisch verbesserbar in Betracht gezogen, denn das Radio »gibt uns die Möglichkeit, das Kunstwerk gleichsam mit nach Hause zu nehmen, wo keine äußeren Hemmungen den vollen Eindruck stören.« (Fischer 1950[1924]: 88) Das Hörspiel erschließt so eine Vielfalt von ästhetisch-technischen Mitteln; die Diskurse der Hörspielmacher und -kritiker reflektieren dabei zugleich auch die Konsequenzen für ästhetische Produktionen unter den Bedingungen des technisch geprägten und arbeitsteilig organisierten Rundfunks.[12] Entscheidend für die unterschiedlichen Formen und Entwürfe des Hörspiels ist, dass der Massencharakter des Radiopublikums im Hörspiel von der individuellen, vereinzelten Rezeption des heimischen Hörers her ins Spiel kommt, die ›Masse‹ des Publikums also gerade nicht als verschmelzende und gerichtete Präsenzmasse, sondern als räumlich verstreute Masse der einzelnen Hörenden gedacht wird.

Das Hörspiel operiert allerdings unter der Voraussetzung, dass die Hörer dem Programm tatsächlich konzentriert lauschen. Denn ohne diese Voraussetzung konzentrierten Hörens entfalten weder Geräuschmontagen, noch Radiodramen, noch lyrische Hörspiele die Wirkungen, die ihnen zugesprochen werden. Die Wendung der aufs Akustische beschränkten Übermittlung in einen Vorteil, in eine eigenständige ästhetische Wirksamkeit kann nur dann erfolgen, wenn ›der Hörer‹ tatsächlich alle anderen Sinne abschattet und sich in voller Konzentration den aus dem Lautsprecher dringenden Geräuschen widmet – und damit nicht nur als Moment einer gerichteten, sondern auch als Element einer verstreuten Masse unkenntlich wird.

---

11. Fleschs Hörspiel von 1924 ist abgedruckt in Lauterbach (1962: 23–35); vgl. dazu auch die Überlegungen seines Mitarbeiters Ernst Schoen (1924) sowie Weill (1925).
12. Vgl. dazu ausführlicher: Schrage (2001: 228–264).

4. Die Entdeckung ›des Hörers‹

Während die politischen Differenzen der Weimarer Republik sich, aufgrund der staatlich verordneten Politikferne des Radios, nicht in einzelnen Sendungen oder Sendeformaten artikulieren, entbrennt gegen Mitte der zwanziger Jahre in den Rundfunkanstalten und in der Presse ein Streit über das, was im Radio gesendet werden soll – ein »Kampf der musikliebenden Hörer für und gegen ernste Musik«.[13] Das Für und Wider des Jazz wird debattiert, Arnold Zweigs Kritik der »zwiebelnden Geschicklichkeit eines Sensationsmachers« steht der Forderung Kurt Weills entgegen, »die Mikrophone einmal einer Razzia, einer Verbrecherverfolgung, einer Verhaftung beiwohnen zu lassen«. Die entgegengesetzten Ansprüche der Kritiker manifestieren sich dabei vor allem in den unterschiedlichen Haltungen gegenüber sensationellen oder unterhaltsamen Sendeformen; darin zeigt sich die Heterogenität der Wünsche, die das Radiopublikum dem Sender entgegenbringt.[14] Das Radiopublikum ist in den 1920er Jahren zwar weit davon entfernt, tatsächlich jene programmatisch oftmals hervorgehobene Kongruenz mit der Gesamtbevölkerung zu erreichen.[15] Gleichwohl verdeutlichen diese in den Feuilletons und Rundfunkzeitschriften ausgetragenen Kontroversen die Heterogenität der Ansprüche an das Radio und damit auch den Eigensinn der Hörer gegenüber den rundfunkpädagogischen Konzeptionen. Diese kontroversen Hörerwünsche bringen damit den Charakter des Radios als technisches Medium einer Massenkultur ins Spiel, die gerade nicht auf das normative, Kontemplation und kanonisches Bildungsgut voraussetzende bürgerliche Kulturverständnis festgelegt ist. In seiner Studie *Die Angestellten* von 1929 berichtet Siegfried Kracauer mit dem Pathos des Ethnographen von jenem Menschentypus der Angestellten, die in Hunderttausenden die Straßen Berlins bevölkern, jedoch deren »Leben unbekannter als das der primitiven Volksstämme [ist], deren Sitten die Angestellten in den Filmen bewundern.« Die »Angestelltenkultur«, die er bei seinen Erkundungen in das Leben dieser neuen Mittelschicht beschreibt und die sich vorzugsweise in Berlin manifestiert, wo »die Bindungen an Herkunft und Scholle so weit zurückgedrängt sind, dass das Weekend große Mode werden kann«, kennzeichnet er dabei als eine Kultur, die »von Angestellten für Angestellte gemacht und von den meisten Angestellten für eine Kultur gehalten wird« (Kracauer 1971[1929]: 11, 15). Im Gegensatz zu den Identifizierungen der ›Masse‹ mit den Unterschichten kommt bei Kracauer also eine neue Schicht in den Blick. Die Mittelschicht der Angestellten, die gerade nicht am niedrigsten Ende des sozialen Schichtungsgefüges stehen, sondern da-

---

13. So im Rückblick: Rudolf Lothar: Die Musik, in: Das sechste Berliner Rundfunkjahr: ein Rückblick. 1.Oktober 1928 – 30. September 1929, Berlin (1929), S. 76 (zit. n.: Stoffels 1997a: 649).
14. Vgl. Zweig (1984[1927]: 78), Weill (1984[1928]: 128) sowie im Überblick Stoffels (1997b: 634–640).
15. 1926 betrug die Teilnehmerdichte 1,5 Teilnehmer, im Jahr 1931 4,6 Teilnehmer auf 100 Einwohner im Gebiet des deutschen Reiches (im Vergleich betrug sie 1976 34 Teilnehmer auf 100 Einwohner im Gebiet der Bundesrepublik Deutschland), vgl. Lerg (1981: 125).

rum bemüht sind, sich einerseits vom Proletariat zu distinguieren und dazu ihre Kulturbeflissenheit betonen, sich aber andererseits den Kultiviertheitsgestus großbürgerlichen Typs aufgrund ihres Bildungshintergrunds und nicht zuletzt wegen ihrer abhängigen Stellung nicht zu eigen machen können und die Freizeit des Weekends als Kompensation zum Arbeitsalltag begreifen.

Die in den Kontroversen um die Unterhaltung im Radio geäußerten Wünsche nach ›leichter Musik‹ lassen sich auf die Etablierung jener Freizeitkultur zurückführen, die Kracauer in seiner Studie beobachtet: Das Radiohören wird in den 1920er Jahren zu ihrem wichtigen Bestandteil.[16] Die entgegengesetzten Haltungen gegenüber dem, was im Radio gesendet werden solle, deuten zugleich auch darauf hin, dass es sich bei ›dem Hörer‹ gerade nicht um ein amorphe Masse gleichförmiger Empfänger handelt; und auch die Wünsche nach Unterhaltung und Sensation lassen sich, wie nicht zuletzt die Forderung Weills zeigt, nur schwer auf die Ungebildetheit und Bildungsbedürftigkeit der unteren Schichten zurückführen. Damit treten die Hörer und ihre Empfangssituation ins Zentrum der Überlegungen von Programmproduzenten und Kritikern – man kann, bezogen auf die Diskurse der Hörspielpraktiker, geradezu von der Entdeckung des Hörers sprechen. Aus dem politischen Führer-Gefolgschaft-Modell der unter politischen Vorzeichen stehenden Debatten zur Einführung des Radios und aus dem Modell ästhetischer Souveränität, das noch das Hörspiel prägt, wird nun das durch die technische Gestalt des Radios vorgegebene Problem, wer denn auf der anderen Seite des Mikrophons am Lautsprecher sitze und was seine Wünsche seien. Nicht die Gleichförmigkeit der gerichteten Masse, sondern die angenommene Vielfalt der Hörerwünsche wird damit zum Kennzeichen des Radiopublikums. Tatsächlich hat man es bei dem Radiopublikum mit der Heterogenität der verstreuten Masse zu tun, die nun allerdings nicht in Form von Passanten auf öffentlichen Straßen und Plätzen in Erscheinung tritt, sondern in der Intimität der heimischen Wohnstube an den synchronen Reizstrom des Rundfunks angeschlossen ist. Nur, dass man – aus der Studioperspektive – noch nicht einmal über die Möglichkeit jener ausschnitthaften Beobachtung verfügt, die Edgar Allan Poes Protagonist der verstreuten Passantenmasse gegenüber anwenden konnte. Das frühe Hörspiel eröffnet durch seine Voraussetzung konzentrierten Hörens das Feld für die experimentelle Erprobung neuer Verfahren, Wirkungen im Radio zu erzielen. Gleichwohl ist – bei aller ästhetisch-technischen Experimentierfreude – auch diese Voraussetzung noch einer an der bürgerlichen Kunstauffassung orientierten Rezeptionshaltung verhaftet: Durch Voraussetzung der Konzentration kam die Heterogenität des Radiopublikums bislang nicht oder nur als störendes Moment in den Blick.

Wofür interessieren sich die Hörer überhaupt? Und wer hört überhaupt mit? Diese Fragen unterlaufen sowohl die rundfunkpädagogischen Kulturprogramme als auch die ambitionierten rundfunkästhetischen Experimente des Hörspiels und jeden – in der Weimarer Zeit utopischen – Versuch einer politisierenden Mobi-

---

16. Vgl. dazu aus der Perspektive der alltagsweltlichen Habitualisierung des Radios: Lenk (1997: 136–207).

lisierung durch das Radio. Denn der Radiohörer kann, wie Leopold von Wiese 1930 feststellt, sich »bis zur völligen Ausschaltung versagen, ohne dass es der andere Partner auch nur erfährt«; dies sei das »stärkste Reaktionsmittel, das es überhaupt geben kann«.[17] Die eigentümliche technisch-soziale Kopplung von Sendeanstalt und Hörer konstruiert somit eine neue Art der Masse, die zahlenmäßig die bislang gekannten versammelten Massen in den Schatten stellt. Ihre Elemente verschmelzen allerdings nicht durch die kollektive Verstärkung weitgehend unkontrolliert zu etwas Neuem – wie es der Fall bei der von der Massenpsychologie beschriebenen gerichteten Masse war. Dies ist ja gerade durch die räumliche Isolation der Hörer voneinander unmöglich. Die durch den Rundfunkkontakt geschaffene Masse ist massenförmig lediglich in der Zahl der räumlich verstreuten, isolierten Hörer und durch ihre simultane, einseitig auf den wahrgenommenen Reizstrom gerichtete Aufmerksamkeit; eine Konstellation, die durchaus nicht den Voraussetzungen einer regredierten, gerichteten Masse entspricht, sondern eine Steigerung der Individuierung bedeutet: Die Entdeckung des Hörers als ausschlaggebendem Bestandteil des Mediensystems ›Radio‹ markiert diese Transformation des Massenkonzepts in der Praxis der Radio- und Hörspielmacher.

Programmatisch reagiert der Frankfurter Intendant Hans Flesch 1926 auf diese Entdeckung des Hörers, indem er einen neuen Begriff zur Beschreibung der Radiopraxis einführt: Die ›Vermittlung‹. Das ist keineswegs so selbstverständlich, wie es den Anschein hat. ›Vermittlung‹, so Flesch, löse die frühen Vorstellungen des Radios als bloßes Verbreitungs- oder Reproduktionsmittel ebenso ab wie es die exklusive Vorraussetzung der Hörspielexperimente relativiert. Unter ›Vermittlung‹ versteht Flesch die Arbeit des Rundfunks als eine aufklärerische »Anregung« der Hörer, sich zu interessieren. Der Hörer soll also in Beziehung gesetzt werden zum Wissen und zur Wirklichkeit der Gegenwart. Das Wecken eines solches Interesses sei »die Kunst des Programmleiters«; auch die »sensationelle Richtung« erscheint dabei als eine der Optionen des Radio, die zwar bisher noch weitgehend ungenutzt geblieben sei, aber deren »ungeheure Möglichkeiten […] auf der Hand« liegen.[18] Das ist vielleicht zum Teil eine noch rundfunkpädagogische Vorstellung, die allerdings um einen wesentlichen Aspekt erweitert ist: Der Kontakt zwischen Hörer und Sprecher, der technisch über die Verbindung von Mikrophon und Lautsprecher erfolgt, wird als *zwischenmenschliche Beziehung* gedeutet. Die Intensität der rein akustischen Wirkung ermöglicht die Wahrnehmung einer menschlichen Stimme, die – und das muss man dazu denken – auf das *Gespräch mit dem einzelnen Hörer* und nicht auf die *Rede vor einem versammelten Publikum* moduliert ist:

»*Hier spricht ein Mensch zum anderen, und der andere hat das Gefühl, hier lebt jemand mit mir. Das ist die Grundlage, auf der die höchste und wichtigste Wirkung des Rundfunks aufgebaut ist, auf der menschlichen Verbindung zwischen dem, der am Sender steht,*

---

17. Leopold von Wiese (1950[1930]: 102); zu Wieses Verständnis von ›Masse‹ vgl. auch Wiese (1929: S. 85–126).
18. Flesch (1950[1926]: 96); vgl. dazu ausführlicher: Schrage (2001: 259–261).

und dem, der zu Hause hört; und hier liegt die Wurzel zu dem erstrebenswerten Endzweck des Rundfunks: zu einem Zusammengehörigkeitsgefühl, zu einer Verbundenheitsidee der Millionen, die dem Rundfunk zuhören. Wenn der Rundfunk, bei dem es keine Parteipolitik gibt, bei dem es keine Klassen gibt, es fertigbringt, jedem seiner Hörer Freund und Vertrauter zu sein, so wird er vielleicht auch erreichen, dass der eine Hörer sich dem anderen näher fühlt durch den gemeinsamen Freund.« (Flesch 1950[1926]: 97)

Der Rundfunk als gemeinsamer Freund der vereinzelten Hörer – das ist die Reaktion auf die Entdeckung des Hörers auf der Ebene der radiophonen Ansprache. Dieses Ansprechen des Hörers bricht einerseits mit den rundfunkpädagogischen Vorstellungen einer bildsamen, überhaupt erst zu individuierenden Masse, und gleichzeitig mit den recht exklusiven Ansprüchen des Hörspiels, das beim kunstsinnigen, bereits individuierten Hörer ansetzt. Fleschs Entwurf setzt statt dessen auf eine Anspracheform, die die verstreute Masse als einzelne Individuen adressiert und dabei eher einem Motiv der Gemeinschaftsbildung folgt als den massenpsychologischen Führungsmodellen. Der Modus dieser Vergemeinschaftung ist, dem Medium angemessen, nicht die räumliche Nähe, sondern die Intensität der simultanen und zugleich an ein großes Publikum ausstrahlenden Wirkung der Sendung. In Fleschs Worten wird auch deutlich, dass das Radio nunmehr weder reines Verbreitungsmittel ist, noch künstlerisches Instrument, sondern die gesellschaftlichen und politischen Friktionen durch ein gefühlsbetontes Freundschaftsband überbrücken soll. »Zusammengehörigkeitsgefühl« soll also nicht in Form einer gerichteten Massierung, sondern in Form einer verpersönlichten Ansprache erzeugt werden, die die Individuen der verstreuten Masse als unendlich viele ›Gegenüber‹ persönlich anspricht. Damit nimmt Flesch auf die Konzeptionen Bezug, die die Diskussion um die problematischen Folgen gesellschaftlicher Modernisierung geprägt haben: Atomisierung, politische Lagerbildungen, mangelnder sozialer Zusammenhalt sind die bekannten und in den 1920er Jahren vehement diskutierten Problemstellungen. Seine Lösungsidee hingegen ist neu: Die technische Möglichkeit des simultanen und gesellschaftsweiten Medienerlebnisses, das auf Massenbasis, aber in individueller Ansprache wirkt, wird zur Simulation einer persönlichen Beziehung genutzt, die potentiell alle erreicht. Statt – wie die frühe Soziologie – Verbände oder berufsständische Organisationen zur Vermittlung von vereinzelten Individuen und Gesellschaft heranzuziehen, erscheint das Massenkommunikationsmedium Radio als ein Mittel, mit den in der verstreuten Masse vereinzelten Individuen persönlichkeitsförmige Beziehungen einzugehen. Das Radio wird hier zur Figur des Dritten, der als gemeinsamer Freund Bindungen oder zumindest Zusammenhörigkeitsgefühle stiften kann. Dieser Dritte aber muss unter großem technischen Aufwand hergestellt werden: Denn auch Flesch ist klar, dass es sich bei der Herstellung einer über das Radio wirksamen Persönlichkeit um einen komplexen Prozess handelt, der viele der in den ästhetischen Experimenten des Hörspiels entwickelten Verfahren radiophoner Intensitätssteigerung nutzen muss. Die »lebendige Vermittlung« bezeichnet so gerade nicht die Authentizität einer Begegnung von Personen, sondern den aufwändigen, auf psychologischen und technischen Kenntnissen aufbauenden Effekt einer gelungenen Ansprache. Es handelt sich hier um eine der effektivsten Politiken des Radios: Seine Medialität vergessen zu machen und sich als ein Dritter zu konstitutieren, der die verstreute Masse als gemeinsamer Bekannter vermittelt. Die Medientechnik wird so von einer Phänomenotechnik der Ansprache flankiert.[19]

Die paradigmatische Figur für Fleschs ›Vermittlung‹ ist der Reporter. Er befindet sich am Schauplatz und setzt seine Eindrücke in Sprache um, eine als »künstlerisch« verstandene Tätigkeit, die allerdings, wie Hans Bodenstedt 1930 meint, nicht in einem souveränen Schöpfungsakt aus der individuellen Phantasie heraus Kunst erschafft, sondern zwischen dem wahrgenommenen Ereignis und dem »kollektiven Empfindungsschatz« der »Massenseele« sprachlich vermittelt. Der Reporter orientiert sich dabei nicht an ästhetischen Kriterien, sondern vollführt die Kunst, Eindrücke zu vermitteln, indem er kollektive Bilder versprachlicht und in Konstellation bringt (»gruppiert«), die auch der »phantasieloseste« Hörer noch als Eindrücke umsetzen kann. Der Reporter »muß den Hörer nicht nur durch den Willen, sondern eben durch das künstlerische Können künstlerisch infizieren, er muß ihn mitschöpferisch machen, ihn interessieren, anfeuern, bis er durch seine Suggestion den Reporter in sich vergessen macht […] und die Figur wird, die er in dem zu übertragenden Ereignis spielen will.« (Bodenstedt 1950[1930]: 164-165)

Mit den Reportageelementen werden reale Schauplätze in die Techniken und Praktiken des Radios einbezogen: Nun aber werden keine fiktionalen, ästhetisch wirksamen akustischen Elemente montiert, dramatisiert und konstelliert, sondern Ausschnitte der Realität. Aus der Fiktionalität des Hörspiels wird so die Wirklichkeit der Reportage, die mit den hörspielerischen Fertigkeiten des Reporters im Umgang mit dem Mikrophon in der Vorstellung der Hörenden entworfen wird. Hörerinteressen und die Produktion im Radio werden zu einem Feld von Wechselverhältnissen; dies ist die Bedeutung der »Vermittlung«, wie sie bei Flesch formuliert wird: »Vermittlung« wird als ein reziprokes Verhältnis nicht auf der Ebene des technischen Schaltungsmodells (Sender-Empfänger), sondern eines soziologisch gedachten Wirkungsverhältnisses konzipiert, welches weder in einer bloßen Distribution von »Kulturgut« aufgeht, das die Hörer doch nicht erreicht, noch im schieren Eingehen auf die Hörerwünsche nach unterhaltender Musik und bunten Abenden. Nicht »etwas« wird vermittelt, sondern Hörer und Welt. Es stellt sich heraus, dass das zentrale Problem des Radios nicht die Verbreitung von Informationen und Unterhaltung *an* eine Masse ist, sondern die Kommunikation *mit* dieser individuierten Masse, wenn auch – noch – mit den Mitteln der Einfühlung.

---

19. Dies ist unter das Stichwort »parasoziale Interaktion« gefasst worden (Horton/Wohl 2002[1956]).

5. Kommunikative Masse

Während aber die von Flesch entworfene Technik der Ansprache sich an den einzelnen, vereinzelten Hörer richtete, umfasst die Radioöffentlichkeit – der »Anonymus Publikum« in einer eindrücklichen Formulierung Leopold von Wieses – potentiell die Gesamtheit der Gesellschaft. Dieses Publikum stellt sich so als etwas dar, dessen Elemente – die Hörer – zwar virtuell in ihrer Privatsphäre radiophon erreichbar, dessen Strukturen, Reaktionen und Haltungen allerdings verstreut und damit unüberschaubar sind. Sie sind zudem vom individuellen Hörer her nicht zu erschließen. Das Radio ermöglicht zwar erstmals eine technisch generierte Simultaneität in gesellschaftlicher Dimension – die Radioöffentlichkeit ist aber ebenso artifiziell und unüberschaubar wie Gesellschaft selbst. Die Stiftung des Freundschaftsbandes zwischen den einzelnen Hörern beruht auf der Bedingung, dass diese in die Voraussetzungen dieser Kommunikation eintreten – einschalten. Tatsächlich aber ist diese Voraussetzung prekär: Sie ist nicht selbstverständlich, und sie ist nicht kontrollierbar. Das Problem des ›Anonymus Publikum‹ beschreibt Leopold von Wiese sehr anschaulich, wenn er vom »Rundfunkkontakt als halber sozialer Beziehung« spricht:

»*Das Publikum besteht nicht wie ein Verein aus bestimmten ihm deutlich zurechenbaren Personen, sondern ist ein Beziehungskomplex, dem bald diese, bald jene Menschen mit einigen Teilen ihres sozialen Ichs angehören. [...] So wenig das Publikum als objektives Gebilde zu erfassen ist, so wichtig wird dieses Unfaßbare für denjenigen, der aktiv auf die Menschen einwirken will.*« (Wiese 1950[1930]: 106–107)

In den Radio-Diskursen haben sich zu Ende der 1920er Jahre zwei wesentliche Beobachtungen herauskristallisiert, aus denen die Modifikation des Verhältnisses von verstreuter und gerichteter Masse abgelesen werden kann, die mit der Etablierung der Radioöffentlichkeit als kommunikativer Masse erfolgt. Einerseits wird das Radio – in der räumlichen Dimension – als eine neuartige Technologie betrachtet, welche die simultane Rezeption von Worten und Musik in einer Reichweite bewerkstelligen kann, die potentiell dem Umfang der Bevölkerung, d.h. der verstreuten Masse entspricht. Andererseits ergibt sich – so jedenfalls für einige Konzeptionen der frühen 1930er Jahre wie etwa von Wieses – aus dieser technischen Innovation die Möglichkeit, die psychischen Effekte dieser simultanen Rezeption jenseits räumlicher Präsenz in verschiedenster Art zur Beeinflussung der verstreuten Masse zu verwenden. Das Radio erscheint so als ein Mittel, mit Hilfe dessen die Heterogenität der verstreuten Masse auf die Homogenität der gerichteten Masse zurückgeführt werden kann – dies allerdings unabhängig von der räumlichen Präsenz dieser Masse, was durch die stark akzentuierte Simultaneität des Empfangs als möglich erscheint. Auf der Grundlage dieser beiden zentralen Beobachtungen können in den dreißiger Jahren zwei konträre Optionen ausgemacht werden, die Politiken des Radios zu denken: Die Option einer homogenisierenden Formierung der individuierten Hörermasse, und die Option ihrer quantitativen Regulierung durch kommunikativen *feed back* zwischen verstreuter, statistisch erfasster Hörermasse und dem Programm.

Die erste Option geht davon aus, dass die geheimnisvollen Wechselwirkungen zwischen Publikum und Radioprogramm – zumindest spekulativ – die Möglichkeit eines steuernden Zugriffs auf das Innere der Menschen bergen: Wenn, so bereits von Wiese, das Innere des modernen Menschen »dem Wochenprogramm unseres Rundfunks« gleiche, so könne diese kulturkritische Erkenntnis doch zugleich auch sozialregulativ gewendet werden, indem nämlich eine »innere Harmonisierung des Programms« zur »Persönlichkeitsbildung« mittels des Radios eingesetzt werde (Wiese 1950[1930]: 110). Mit Hilfe des Radios und der radiophonen Wirkungen scheint nunmehr ein der Artifizialität moderner Gesellschaft adäquater Zugriffsmodus auf die Hörerpsychen bereitzustehen: Verschiedene Optionen der Konstruktion von Subjektivität über das Radio – nichts anderes denkt von Wiese an – werden in den Jahren um 1932 entworfen.[20] Ihnen ist die Annahme gemeinsam, dass ästhetisch-technische Praktiken am Mikrofon individuelle psychische Effekte in gesellschaftlicher Dimension haben könnten. Damit nimmt von Wiese die Kernidee von Konzeptionen aus den frühen dreißiger Jahren vorweg, die mittels Radio ein neuartiges Verhältnis von Selbst und Welt herzustellen suchen, welches resistent gegen die viel diskutierten Krisenerscheinungen der Zwanziger sein soll. Einer der am weitesten gehenden ist der von Richard Kolb, der den radiophonen Kontakt zwischen Hörer und Hörspieler als physiologische Verschaltung konzipiert: »Hörspieler und Hörer treffen sich gleichsam im gemeinsamen Brennpunkt seelischer Akustik. Die Wand zwischen beiden – Raum und Körperlichkeit – ist gefallen.« (Kolb 1932: 54) Die technische Schaltung kann als effiziente Prothese den »fehlenden Sinn« ersetzen und ontologische Gewissheit vermitteln. Kolbs Konzeption radiophoner Authentizität finalisiert eben dieses Erleben von unhinterfragbar gültigem Sinn auf die ontologische Gewissheit stiftende Figur des »Dichterworts«. Diese Stelle kann vom »Dichter« an den »Führer« bzw. an die Gesamtheit eines sich als »organisch« kodierenden Staats übergehen: Knapp zwei Jahre später, im Jahr 1933, stellt Kolb seine Hörspieltheorie dann auch explizit in den Dienst des nunmehr der NS-Regierung »eng angeschlossenen Rundfunks«, der »kulturellen SS des dritten Reiches« (Kolb 1933: 76).

Kolbs Vision der Induktion von Sinn durch das Radio steht für eine – auch politische – Finalisierung der Möglichkeiten des Radios, wie sie in den Hörspielexperimenten eruiert wurden. Die als bedrohlich erscheinende Erfahrung der Heterogenität und Kontingenz moderner Wirklichkeiten soll – so die Vision – durch die radiophone Homogenisierung von Sinn ›bewältigt‹ werden. Der besonderen individuell-psychischen Wirkungsintensität des Radios kommt dabei eine suggestive Kraft zu, die sich – und das ist die entscheidende Wendung im Vergleich zu den massenpsychologischen Konzepten – an den vereinzelten Hörer am Lautsprecher richtet und so die verstreute Masse gleichsam konstruktivistisch mittels Radiopsychologie ontologisch verschaltet. Auf die räumliche

---

20. Neben dem hier kurz charakterisierten Entwurf von Kolb sind als gegensätzliche Positionen die von Hermann Pongs und Bertolt Brecht zu nennen; ausführlicher zu diesen drei Entwürfen: Schrage (2001: 267-297).

Präsenz der versammelten, gerichteten Masse kann hier im Prinzip verzichtet werden.

Gegensätzlich ist der Zugang der Hörerforschung, wie ihn Paul F. Lazarsfeld in einer ersten österreichischen Studie für den Wiener Sender RAVAG und dann im US-amerikanischen Exil ausarbeitet: Hier wird das Radio nicht als Mittel zur Homogenisierung fragmentierter Wirklichkeiten aufgefasst, sondern die unüberschaubaren Rezeptionsvorgänge sollen mit Hilfe statistischer Korrelation der verstreuten individuellen Hör-Effekte überhaupt erst überschaubar gemacht werden.[21] Anders als bei den Finalisierungsentwürfen à la Kolb geht es dabei nicht darum, die Kontingenzen des radiophonen Kontakts aufzuheben, sondern zuallererst zu kartieren, um die verstreuten Hörerwünsche statistisch an die Programmmacher zu kommunizieren: Den Anonymus Publikum als Durchschnittshörer gleichsam sprechen zu machen.

Im Versuchsaufbau des ›Program Analyzer‹, den Lazarsfeld zusammen mit Stanton im Rahmen des *Radio Research Program* in den USA entwickelt, wird dieser Zugang deutlich. Der ›Program Analyzer‹ ist eine sozialwissenschaftliche Experimentalanordnung, mit deren Hilfe, so Lazarsfeld, nicht nur herausgefunden werden soll, »welche Effekte bestimmte Sendungen haben«, sondern auch und vor allem, »warum sie sie haben, bezogen auf Eigenschaften des Programms« (Lazarsfeld 1940: 661; Übersetzung D.S.). Gegenstand des ›Program Analyzer‹ sind also die Radioprogramme selbst, die auf ihre empirische Beliebtheit in einem heterogenen Publikum getestet und auf der Basis der quantitativen Ergebnisse verbessert werden sollen: Er stellt, wie Tore Hollonquist und Edward A. Suchman in einem späteren Aufsatz prägnant formulieren, eine »Program Clinic« dar (Hollonquist/Suchman 1979: 274). Das Forschungsproblem ist hier also die Frage: Wie muss das Programm beschaffen sein, damit die Hörer nicht abschalten? Dem bei von Wiese fatalistisch konstatierten Problem des »Rundfunkkontakts«, dass nämlich die Hörer sich »bis zur völligen Ausschaltung versagen« können, wird hier nun durch den Entwurf einer probabilistisch operierenden feed-back-Schleife begegnet, die sich der Mittel der Sozialstatistik bedient und demnach *durchschnittliche* Hörervorlieben und Abneigungen konstruiert.[22]

---

21. Zur RAVAG-Studie Lazarsfelds in Wien vgl. den Band von Mark (1996) sowie darin die Studie von 1932 (»Hörerbefragung der RAVAG«, S. 27–66) und den Beitrag von Paul Neurath (»Die methodische Bedeutung der RAVAG-Studie von Paul Lazarsfeld«, S. 11–26). – Zur US-amerikanischen Radio Research vgl. die programmatischen Einleitungen Lazarsfelds zu den Ausgaben des *Journal of Applied Psychology* (Lazarsfeld 1939 u. 1940); vgl. auch Hollonquist/Suchman (1979: 265–334). – Die hier eingenommene Perspektive ist ausführlich entwickelt in: Schrage (2001: 299–314).

22. Der Durchschnittshörer hat dabei kein ›reales‹ Korrelat in tatsächlich existierenden Hörern bzw. ihren Meinungen und Wünschen, sondern ist eine statistische Konstruktion, wie dies bereits für die Statistik Adolphe Quételets zentral ist. Vgl. dazu grundlegend François Ewalds Untersuchung *Der Vorsorgestaat* (1993: insb. 182–206). Dort heißt es resümierend über Quételets Konzeption: »Der Durchschnittsmensch ist daher kein Mensch, der irgendwo, ohne daß man genau wüßte, wo, in der Gesellschaft seinen Platz hätte: Er ist die Gesellschaft selbst, so wie sie von der Soziologie objektiviert wird.« (a.a.O.: 190).

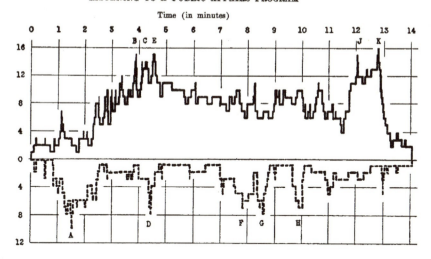

Der Output des Lazarsfeld-Stanton-Program-Analyzer (aus: Peterman 1940: 733)

Auch beim ›Program Analyzer‹ geht es zunächst, wie bei Kolb und Flesch, um individuelle Hörerfahrungen. Diese werden allerdings nicht mit introspektiver Methode auf ihren sinnhaften Gehalt befragt, sondern auf verdatbare like/dislike-Äußerungen reduziert, die auf einer Zeitachse abgetragen und in ihrer Häufung gewichtet werden. 52 Versuchspersonen drücken per Knopfdruck ihre instantanen like oder dislike-Empfindungen zu einer von ihnen simultan gehörten Sendung aus. Die positiven und negativen Reaktionen der Probanden werden summiert und ergeben ein Beliebtheitsprofil idealiter jedes Zeitpunkts der Sendung im Medium des Publikums (vgl. Abbildung). Die Gründe für die positiven oder negativen Reaktionen werden erst im Nachhinein und auf der Grundlage der kompilierten Aufzeichnung von den Versuchspersonen erfragt. Der Kerngedanke des ›Program Analyzer‹ ist also, dass nicht die Individuen getestet werden, sondern das Programm hinsichtlich seiner, immer als optimierbar gedachten Korrelation mit den Reaktionsmustern der Probanden. Die Rezeption durch die Hörer stellt im Versuchsaufbau des ›Program Analyzer‹ also die Umwelt des getesteten Programms dar. Es kann, bei gehäuftem Missfallen, in der ›Program Clinic‹ chirurgisch verbessert werden. Die Programmwirkung – deren Erzeugungstechniken in den Hörspielexperimenten ausprobiert wurden – wird nun nicht mehr nur auf die Figur des unsichtbaren ›Hörers‹, sondern auf ein quantifizierbares statistisches Feld bezogen, welches, durch die statistische Zugriffsweise der verstreuten Masse, der Bevölkerung entsprechen kann: Die Kommunikation mit der abwesenden Masse des Radiopublikums erfolgt durch den probabilistisch operierenden *feed-back*-Kanal für die Mitteilung der ›Wünsche‹ bzw. ›Vorlieben‹ des Publikums, den der ›Program Analyzer‹ letztlich darstellt. Die bei Flesch konzipierte individuelle Ansprache der einzelnen Hörer wird damit flankiert durch eine zwar hochgradig virtuelle, doch zugleich hinreichend funktionale Installation, die das Publikum ›antworten macht‹. Das durch das Radio konstituierte Publikum ist, dies beinhaltet Paul F. Lazarsfelds Zugang, prinzipiell unüberschaubar und als Publikum erst mit Hilfe der quantifizierenden Verfahren der Hörerforschung überschaubar zu machen. Im Gegensatz zu den finalisierenden Einsatzoptionen des Radios fasst er die radiophone Konstellation von Mikrofon und Lautsprecher als eine konstitutiv offene Schnittstelle zwischen der verstreuten Masse der Hörer und ihren subjektiven Wünschen sowie Vorstellungen auf und konzipiert das Radiopublikum konsequent als kommunikative Masse – als verstreute Masse, die primär durch Kommunikation konstituiert und ›vermittelt‹ wird und ein anonymes Publikum darstellt.

6. Fazit

Betrachtet man die Transformation der Massensemantik, die im Verlauf der Etablierung des Radios in den Diskursen der Radiopraktiker und -kritiker zu beobachten ist, so erscheint das Radiopublikum als ein erst durch dieses Medium ermöglichter Typ der kommunikativen Masse, die sich wesentlich von den massenpsychologischen Konzeptionen unterscheidet: Das Radiopublikum stellt einen Massetypus dar, der die verstreute Masse der Bevölkerung nicht durch räumliche Präsenz, sondern durch Simultaneität des Empfangs und damit kommunikativ koppelt. ›Massenkommunikation‹ ist, vor diesem Hintergrund, die instantane Kommunikation mit der abwesenden, d.h. räumlich nicht präsenten Masse. Damit wird aus der Problematik der triebhaft handelnden Präsenzmasse – die die historische Semantik der Massentheorien des 19. und frühen 20. Jahrhunderts prägt – unter den Bedingungen des Radios und der an es anschließenden Massenkommunikationsmedien die Problematik der abwesenden Masse der verstreuten Rezipienten: Der »Anonymus Publikum«, wie es Leopold von Wiese 1930 nannte, die Masse der abwesenden und zugleich zusammengeschalteten Hörer. Die Kommunikation mit dieser Masse wird zu einem neuartigen Problem, das sich mit dem Radio erstmals stellt und das – so das Hauptargument meines Beitrags – den ›Raum‹, in dem Politik stattfindet, entscheidend modifiziert, ja mehr noch, eigenständige Modi der Politik hervorbringt, die nur ›im‹ Radio möglich sind und insofern immer auch Politiken ›des‹ Radios sind. Politiken ›im‹ Radio erscheinen so – im Rückgriff auf eine Unterscheidung Michel Foucaults – als die intentionalen Taktiken, die die kommunikative Masse des Anonymus Publikum zum Gegenstand, Mittel und Gegenüber haben; Politiken ›des‹ Radios könnten dann verstanden werden als die anonymen Strategien, die diese kommunikative Masse konstruieren und fortwährend transformieren.[23]

---

23. Vgl. zur Unterscheidung von intentionalen, d.h. von Menschen beabsichtigten Taktiken und den anonymen Strategien der Macht: Michel Foucault: *Der Wille zum Wissen. Sexualität und Wahrheit* Bd. 1, Frankfurt a.M. 1983, S. 116.

Literatur

Bodenstedt, Hans (1950[1930]) »Reportage«. Nachdruck in: Hans Bredow (Hg.) *Aus meinem Archiv. Probleme des Rundfunks.* Heidelberg, S. 164–169.
Canetti, Elias (1960) *Masse und Macht.* Frankfurt a.M.
Conze, Werner (1990) Artikel ›Stand, Klasse‹, Teil I-VII. In: Otto Brunner, Werner Conze, Reinhart Koselleck (Hg.) *Geschichtliche Grundbegriffe. Historisches Lexikon zur politisch-sozialen Sprache in Deutschland, Bd. 6.* Stuttgart 1990, S. 155–217.
Engelhardt, Viktor (1950[1924]) »Die kulturelle Bedeutung«. Nachdruck in: Hans Bredow (Hg.) *Aus meinem Archiv. Probleme des Rundfunks.* Heidelberg, S. 88–93.
Ewald, François (1993) *Der Vorsorgestaat.* Frankfurt a.M.
Fischer, Wilhelm (1950[1924]) »Reproduktion«. Nachdruck in: Hans Bredow (Hg.) *Aus meinem Archiv. Probleme des Rundfunks.* Heidelberg, S. 83–88.
Flesch, Hans (1950[1926]) »Kulturelle Aufgaben des Rundfunks«. Nachdruck in: Hans Bredow (Hg.) *Aus meinem Archiv. Probleme des Rundfunks.* Heidelberg, S. 93–97.
Freud, Sigmund (1921) *Massenpsychologie und Ich-Analyse.* (= GW XIII)
Habermas, Jürgen (1990[1962]) *Strukturwandel der Öffentlichkeit.* Frankfurt a.M.
Hobsbawm, Eric (1994) *The Age of The Empire, 1875-1914.* London.
Hollonquist, Tore / Suchman, Edward A. (1979) »Listening to the Listener. Experiences with the Lazarsfeld-Stanton Program Analyzer«. In: Paul F. Lazarsfeld / Frank N. Stanton (Hg.) *Radio Research 1942-43* (Nachdruck): New York, S. 265–334.
Horton, Andrew / Wohl, R. Richard (2002[1956]) »Massenkommunikation und parasoziale Interaktion. Beobachtung zur Intimität über Distanz«. In: Ralf Adelmann u.a. (Hg.) *Grundlagentexte zur Fernsehwissenschaft.* Konstanz, S.74–105.
Kolb, Richard (1932) *Das Horoskop des Hörspiels.* Berlin.
Kolb, Richard (1933) »Der Rundfunk, Vermittler der alten und Schöpfer einer neuen Kultur«. In: ders. / Heinrich Siekmeier (Hg.) *Rundfunk und Film im Dienste nationaler Kultur.* Düsseldorf, S. 60–76.
König, Helmut (1992) *Zivilisation und Leidenschaften. Die Masse im bürgerlichen Zeitalter.* Reinbek bei Hamburg.
Kracauer, Siegfried (1971[1929]) *Die Angestellten.* Frankfurt a.M.
Lauterbach, Ulrich (1962) (Hg) *Zauberei auf dem Sender und andere Hörspiele.* Frankfurt a.M.
Lazarsfeld, Paul (1939) »Radio Research and Applied Psychology. Introduction by the Guest Editor«. In: *Journal of Applied Psychology,* Jg. 23 (1939) Heft 1, S. 1–7.
Lazarsfeld, Paul (1940) »Introduction by the Guest Editor«. In: *Journal of Applied Psychology,* Jg. 24 (1940) Heft 6, S. 661–664.
Le Bon, Gustave (1964[1895]) *Psychologie der Massen.* Stuttgart.
Lenk, Carsten (1997) *Die Erscheinung des Rundfunks. Einführung und Nutzung eines neuen Mediums 1923-1932.* Opladen.
Leonhard, Rudolf (1984[1924]) »Technik und Kunstform«. Nachdruck in: Irmela Schneider (Hg.) *Radio-Kultur in der Weimarer Republik.* Tübingen, S. 67–72.
Lerg, Winfried B. (1965) *Die Entstehung des Rundfunks in Deutschland.* Frankfurt a.M.
Lerg, Winfried B. (1981) *Rundfunkpolitik in der Weimarer Republik.* München.
Maase, Kaspar (1997) *Grenzenloses Vergnügen. Der Aufstieg der Massenkultur 1850-1970.* Frankfurt a.M.
Mark, Desmond (1996) (Hg.) *Paul Lazarsfelds Wiener RAVAG-Studie: der Beginn der modernen Rundfunkforschung.* Wien u.a. 1996 (= Musik und Gesellschaft Bd. 24), S. 27–66.
Moscovici, Serge (1986) *Das Zeitalter der Massen. Eine historische Abhandlung über die Massenpsychologie.* Frankfurt a.M., S. 277–359.
Peterman, Jack. N. (1940) »The ›Program Analyzer‹. A New Technique in Studying Liked and Disliked Items in Radio Programs«. In: *The Journal of Applied Psychology,* 24. Jg. (1940), Heft 6, S. 738–741.

Schoen, Ernst (1924) »Vom Sendespiel, Drama, der Oper und dem Briefkasten«. In: *Der deutsche Rundfunk*, Jg. 2 (1924), S. 2425–2426.

Schrage, Dominik (2001) Psychotechnik und Radiophonie. Subjektkonstruktionen in artifiziellen Wirklichkeiten 1918-1932. München.

Schrage, Dominik (2004) »Abstraktion und Verlandschaftlichung. Moderne Räume zwischen Authentizität und Artifizialität«. In: Wolfgang Eßbach u.a. (Hg.) *Landschaft, Geschlecht, Artefakte. Zur Soziologie naturaler und artifizieller Alteritäten*. Würzburg, S. 63-77.

Sconce, Jeffrey (1998) »The Voice from the Void. Wireless, Modernity and the Distant Dead« In: *International Journal of Cultural Studies*, Jg. 1, Heft 2, S. 211–232.

Simmel, Georg (1992[1908]) *Soziologie. Untersuchung über die Formen der Vergesellschaftung*. Frankfurt a.M.

Sorel, Georges (1981[1906]) *Über die Gewalt*. Frankfurt a.M.

Sterling, Christopher H. / Kittross, John M. (1978) *Stay Tuned. A Concise History of American Broadcasting*. Belmont/Cal.

Stoffels, Ludwig (1997a) »Sendeplätze für Kunst und Unterhaltung«. In: Joachim-Felix Leonhard (Hg.) *Programmgeschichte des Hörfunks in der Weimarer Republik, Bd. 2*. München, S. 641–681.

Stoffels, Ludwig (1997b) »Kulturfaktor und Unterhaltungsrundfunk«. In: Joachim-Felix Leonhard (Hg.) *Programmgeschichte des Hörfunks in der Weimarer Republik, Bd. 2*. München, S. 623–640.

Wehner, Josef: »Interaktive Medien – Ende der Massenkommunikation?« In: *Zeitschrift für Soziologie*, Jg. 26 (1997) Heft 2, S. 96–114.

Weill, Kurt (1925) »Möglichkeiten absoluter Radiokunst«. In: *Der deutsche Rundfunk*, Jg. 3 (1925), S. 1625–1628.

Weill, Kurt (1984[1928]) »Was wir von der neuen Berliner Sendestation erwarten«. Nachdruck in: Irmela Schneider (Hg.) *Radio-Kultur in der Weimarer Republik*. Tübingen, S. 125–128.

Wiese, Leopold von (1929) *Allgemeine Soziologie als Lehre von den Beziehungen und Beziehungsgebilden des Menschen, Teil II: Gebildelehre*. München/Leipzig 1929, S. 85–126.

Wiese, Leopold von (1950[1930]) »Die Auswirkungen des Rundfunks auf die soziologische Struktur unserer Zeit«. Nachdruck in: Hans Bredow (Hg.) *Aus meinem Archiv. Probleme des Rundfunks*. Heidelberg, S. 98–111.

Wilsmann, Aloys Chr. (1925) »Zur Dramaturgie des Hörspiels. Eine Studie über Klangprobleme im Rundfunk«. In: *Der deutsche Rundfunk*, Jg. 3 (1925), S. 994–996.

Wolfgang Joußen: *Massen und Kommunikation. Zur soziologischen Kritik der Wirkungsforschung*. Weinheim.

Zweig, Arnold (1984[1927]) »Ästhetik des Rundfunks«. Nachdruck in: Irmela Schneider (Hg.) *Radio-Kultur in der Weimarer Republik*. Tübingen, S. 75–78.

Kate Lacey

Öffentliches Zuhören
Eine alternative Geschichte des Radiohörens

Die neuen Technologien des späten neunzehnten und frühen zwanzigsten Jahrhunderts, die zum ersten Mal die Reproduktion, Aufzeichnung, Manipulation und Übertragung des Tons ermöglichten, haben offensichtlich tief greifende Auswirkungen auf die Modalitäten der auditiven Wahrnehmung mit sich gebracht, sowie zur Gestaltung neuer Öffentlichkeiten beigetragen. Die These dieses Beitrages ist, dass sich gerade in diesen Zeiten des technologischen Wandels die Tätigkeit des Hörens als ein besonders umkämpftes Feld innerhalb der Konstruktion von Öffentlichkeit zeigt. Unter Bezug auf Miriam Hansens bahnbrechende Untersuchungen von frühen Kinoöffentlichkeiten (Hansen 1991) untersuche ich hier entsprechende Potentiale für alternative (Radio-)Öffentlichkeiten, die sich hinter der vorherrschenden historischen Darstellung eines disziplinierten Publikums und eines idealisierten und domestizierten Zuhörers verbergen könnten. Die öffentliche Auseinandersetzung über den Zuhörer in der Weimarer Republik besitzt hier den Status einer kleinen spekulativen Fallstudie.[1] In den letzten Jahren der Republik war die entstehende Radiokultur eines der Felder, auf denen der Kampf zwischen den Kommunisten, Sozialdemokraten, Konservativen und Faschisten ausgefochten wurde. Jede Seite betrachtete die Hörkultur als etwas, was kontrolliert und (an)geleitet werden musste, und versuchte u.a. das Zuhören als kollektive Tätigkeit zu organisieren.

Die Domestizierung der Hörerschaft

Wie weithin bekannt ist, begann die Funktechnologie als ein wechselseitiges Kommunikationsmittel. Sie fand aber relativ schnell ihre bis heute vorherrschende soziale Ausprägung, nämlich als Übertragungsmittel zwischen zentralisierten Sendern und privaten Empfängern sowie als Sekundärmedium, insofern die fragmentarischen und flüchtigen Darbietungen normalerweise während der Verrichtung häuslicher Tätigkeiten und folglich zerstreut rezipiert wurden.

Raymond Williams hat die sozialen Notwendigkeiten, die hinter dieser Entwicklung stehen, mit der prägnanten Formulierung »mobile privatisation« beschrieben (Williams 1990: 26). Gemeint ist damit eine moderne Lebensweise, die sowohl auf der häuslichen Sphäre als auch auf einer neuen Mobilität beruht. Die physischen Distanzen wurden dabei scheinbar überwunden. Mit großer Geschwindigkeit bekam man Informationen über eine Welt, die dadurch mehr und mehr zusammenschrumpfte und sich immer schneller

---

1. Diese Studie bleibt zunächst spekulativ, da die vorhandenen Quellen zu dieser Fragestellung der ›Hörweise‹ ihrer Natur nach sehr beschränkt sind.

bewegte. Wie ich anderswo ausgeführt habe (Lacey 1999), war der paradigmatische Zuhörer, der durch die Industrie konstruiert wurde, eigentlich die zerstreute, isolierte und teilnahmslose Hausfrau. Und die paradigmatischen Sendungen, die sie hörte, waren Teil des entmännlichten industrialisierten Kitsches der Massenkultur. Darüber hinaus habe ich die Auffassung vertreten, dass das weibliche Verhältnis zum Rundfunk und zu der neuen zeitlichen und räumlichen Konfiguration, die er mit sich brachte, ein fundamental Modernes war. Schließlich stellte die Wahrnehmungsform, die trotz des Mangels an modernistischen Produktionstechniken und der Dominanz des Kitsches verlangt wurde, eine spezifisch moderne Form des Hörens dar. Diese moderne Form des Hörens verläuft in mancher Hinsicht parallel mit dem von Benjamin und Kracauer beschriebenen zerstreuten Blick des Kinozuschauers dieser Periode (Benjamin 1974; Kracauer 1977), bis auf die Geschlechterrollen, die sich aufgrund des häuslichen Charakters der Rundfunkwahrnehmung in umgekehrter Form artikulierten.

Wie Jonathan Crary argumentiert hat, ist eine der Konsequenzen der kulturellen Logik des Kapitalismus, die Benjamin aufzuzeigen versuchte, das rapide und automatische Umschalten der Aufmerksamkeit von einer Sache zur anderen (Crary 1997: 71). Anders formuliert heißt dies, dass das Kapital als Hochgeschwindigkeitsaustausch und -zirkulation von dieser Art »perzeptiver Anpassungsfähigkeit« nicht zu trennen ist. Nach Foucault ist diese Anpassungsfähigkeit wiederum ein Aspekt der Verinnerlichung disziplinatorischer Imperative. Das Regulieren der Aufmerksamkeit und der Wahrnehmungsformen ist folglich Teil des breiteren Prozesses der Disziplinierung des Körpers und kann als verstreuter Machtmechanismus für »die Herstellung einer Aufmerksamkeit, die individuiert, immobilisiert und separiert«, gekennzeichnet werden (ebd.: 73-74).

Individuieren, immobilisieren und separieren – in der Geschichte des Funkwesens spielte jeder dieser drei disziplinären Prozesse eine bedeutende Rolle für die Entwicklung einer hegemonialen Wahrnehmungsform, da Zuhörer und Zuschauer zunehmend als vereinzelte und immobilisierte KonsumentInnen in ihren Häusern oder in ihren Autos angesprochen wurden, abgetrennt von denen, die zu ihnen sprachen, genauso wie von jenen zahllosen anderen, die zur gleichen Zeit gleichartig aber separat angesprochen wurden.

Lawrence Levine beschreibt das Radiopublikum: »as less of a public and more of a group of mute receptors […] a collection of people reacting *individually* rather than collectively« (Levine 1988: 195). Michele Hilmes hat dies in Beziehung auf das amerikanische Publikum ähnlich formuliert:

»*in many ways the radio listener possessed in an ultimate form the properties desired in a disciplined audience: a space drastically separate not only from that of the performer but from the fellow public as well, a ›docile‹ and passive relationship to the cultural text with limited opportunities for support or disapproval.*« (Hilmes 1997: 186)

Wenn dieses domestizierte Publikum – ungeachtet aller Widerstandsmöglichkeiten – die paradigmatische Norm, oder, anders gesagt, die »normative discipline for living in a mediated present« wurde[2], dann könnte es lohnend sein, die frühen Jahre dieses Kommunikationsmittels zu analysieren, um die Hör-

Öffentliches Zuhören 197

weisen und -techniken zu identifizieren, die möglicherweise einst vorhanden waren und dann nicht länger praktiziert wurden.

Ein Vorschlag in dieser Hinsicht stammt von William Boddy und besagt, dass die Geschichte des Funkwesens als eine Erzählung der Entmännlichung gelesen werden kann. Angefangen bei den frühen berauschenden Tagen, in denen junge Männer sich aus der Eintönigkeit des Alltagslebens in die Dachkammern zurückziehen, um ihre eigenen Sender zu bauen, zu verbessern und sich mit exotischen Fremden über den magischen Äther in Verbindung zu setzen, bis zu den gefürchteten Jahren der passiven, isolierten Unbeweglichkeit in der domestizierten und daher feminisierten Massenkultur.[3] Diese Fassung der Geschichte bietet übrigens auch eine mögliche Erklärung für die Verherrlichung von ›Interaktivität‹, welche die eifrige Annahme neuer Computer-Technologien durch eine neue Generation hauptsächlich männlicher Enthusiasten umgeben hat.

Eine solche Gender-Fassung der Rundfunkgeschichte ist durchaus überzeugend, aber aus der Perspektive einer Archäologie des Zuhörens fügt sie der konventionellen teleologischen Darstellung vom unvermeidlichen Aufkommen (und dem weniger unvermeidlichen Sturz) eines vereinzelten, isolierten und getrennten Massenpublikums nicht viel hinzu. Erneut setzt sie das aktive Publikum vor und über das passive Publikum und zieht den Absender dem Empfänger vor. Doch versteht sich von selbst, dass gerade dies das Dilemma ist, das Theoretiker und Praktiker des Funkwesens längst heimgesucht hatte, als Bertolt Brecht an die Senderleiter des deutschen Rundfunks in den frühen 1930er Jahren appellierte, der kulturellen Logik des Kapitalismus und dem Begriff einer leidenschaftslosen und isolierten Hörerschaft entgegenzuwirken und das Radio als ein wahrhaft gegenseitiges Kommunikationsmittel zu entwickeln (Brecht 1967).

Es handelt sich daher um die Frage, ob diese vorherrschende Auffassung von einer binären Opposition zwischen dem aktiven und dem passiven Publikum uns für die Möglichkeit alternativer Öffentlichkeiten blind gemacht hat, für Öffentlichkeiten also, die nicht unbedingt entstanden sind, um ein Publikum in die Produktion einer Sendung einzubeziehen. Ist schon dadurch die Position der Zuhörer notwendigerweise eine entmachtete oder machtlose? Ist die einzige Weise, in der die Zuhörer in der öffentlichen Sphäre aktiv teilnehmen können, ›ihre Stimme hörbar zu machen‹? Um diese Diskussion zu entfalten, verwende ich Miriam Hansens Studie zum frühen Kino als Muster für die Analyse solcher möglicher alternativer Öffentlichkeiten.

---

2. »...der normative Disziplinmechanismus in einer vermittelten Gegenwart zu leben...« (Donald/Donald 2000: 119).
3. (Boddy 1994). Die Einführung des Lautsprechers hat den ursprünglich hochprivatisierten Empfang durch Kopfhörer ersetzt. Diese neue Empfangsweise war oft geselliger aber eben nicht öffentlich. Die spätere Einführungen des Transistors, des Walkmans und des iPods markieren eine Wiederkehr zu einem völlig privatisierten akustischen Raum.

Die alternative Öffentlichkeit des frühen Kinos

In *Babel und Babylon* hat sich Hansen mit der historischen Ausprägung einer besonderen Art des Zuschauens befasst, und zwar aus der Perspektive der Öffentlichkeit. Sowohl in Bezug auf Filmtexte als auch auf verschiedene zeitgenössische Kommentare aus der Periode des Stummfilms in Amerika ist Hansen der Meinung, dass das Erscheinen einer spezifisch filmischen Art des Zuschauens mit dem Strukturwandel der Öffentlichkeit und den geschlechtsspezifischen Beschreibungen von öffentlichen und privaten Sphären eng verbunden ist. Der Blick des Kinozuschauers sei folgendermaßen gekennzeichnet:

»*on the one hand [by] a specifically modern form of subjectivity, defined by particular perceptual arrangements and a seemingly fixed temporality, on the other, a collective, public form of reception shaped in the context of older traditions of performance and modes of exhibition.*« *(Hansen 1991: 3)*

Das Ziel von Hansens Projekt ist also:

»*to reconstruct the configurations of experience that shaped their horizon of reception, and ask how the cinema as an institution, as a social and aesthetic experience, might have interacted with that horizon.*« *(ebd.)*

Die theoretische Basis für Hansens Projekt war die von Oskar Negt und Alexander Kluge durchgeführte kritische Umarbeitung von Habermas' Kategorie der bürgerlichen Öffentlichkeit (Negt/Kluge 1976; Habermas 1990). Negt und Kluge haben die Einsichten von Habermas insofern anerkannt, als die bürgerliche Erscheinungsform der Öffentlichkeit von vorherigen Verkörperungen von Öffentlichkeiten abwich, da sie eine spezifische Form der Subjektivität in den Vordergrund stellte, die in der Intimsphäre der Familie verborgen war und zur Entstehung dieser spezifischen Öffentlichkeit beitrug. Sie haben jedoch zugleich argumentiert, dass die literarischen Wurzeln des bürgerlichen Modells von Öffentlichkeit, die Habermas im Detail beschrieben hat, auch seine Thesen zu anderen nichtbürgerlichen oder nichtliterarischen Formen der Öffentlichkeit beeinflusst haben, und weiter, dass – explizit kontra Habermas – der bürgerliche Öffentlichkeitsbegriff von der Ideologie nicht getrennt werden könne. Im Gegenteil hätten die Ansprüche des Bürgertums auf Universalität eigentlich auf der Ausschließung potentieller Teilnehmer (insbesondere der Arbeiterklasse und der Frauen) und potentieller Themen (vor allem der materiellen Bedingungen von sozialer Produktion und Reproduktion) beruht und diese Ausschließungen zugleich verdunkelt. Negt und Kluge haben zwei andere Typen von Öffentlichkeiten identifiziert, nämlich die ›Produktionsöffentlichkeit‹ (die sich auf industrielle und gewerbliche Kontexte bezieht, einschließlich der Medien der Konsumkultur), und die ›proletarische‹ oder Gegenöffentlichkeit. Habermas hat die bürgerliche Öffentlichkeit als abgesondert vom ›privaten‹ Bereich der Wirtschaft verstanden. Die ›Produktionsöffentlichkeiten‹ sind für Negt und Kluge hingegen Teil des Marktes, wobei mit der Aneignung ›privater‹ Erfahrungen und Vergnügen für kommerzielle Zwecke die Grenzen zwischen den öffentlichen und privaten Sphären verwischt werden. In diesem Verfahren wird eine nichtdiskursive Dimension der Öffentlichkeit von Negt und Kluge gekennzeichnet, eine Dimension, die sie den ›sozialen Horizont der Erfahrung‹ nennen. Wie Hansen klar macht, ist ›Erfahrung‹ hierbei zu verstehen

»*in the tradition of Adorno, Kracauer, and Benjamin: experience as that which mediates individual perception with social meaning, conscious with unconscious processes, loss of self with self-reflexivity; experience as the matrix of conflicting temporalities, of memory and hope, including the historical loss of these dimensions.*« (Hansen 1991: 12f.)

Dieser historische Verlust weist auf die ›Auflösung und Umgestaltung‹ der Kategorie ›Erfahrung‹ unter dem Angriff der Industrialisierung, Verstädterung und einer modernen Kultur des Konsums hin. In diesem Sinne umfasst dann die Erfahrung sowohl einzelne Empfindungen als auch soziale Bedeutungen einschließlich der »kollektiven Erfahrung der Entfremdung, Isolierung und Privatisierung« (Hansen 1993).

In allen seinen Formen hat das Radio entschieden zur Neustrukturierung von individueller Empfindung und sozialer Realität beigetragen und somit auch den sozialen Horizont der Erfahrung neu organisiert. Es hat dabei etwas erzeugt, was man die spezifische »Radioöffentlichkeit« nennen könnte. Der Rundfunk ist also zu einem Gebiet geworden, das neue Erfahrungen möglich machte, und auf dem zugleich auch das Nachdenken über diese neuen Erfahrungen in und durch die Öffentlichkeit sowohl ermöglicht als auch ermutigt worden ist.

Der Begriff der Gegenöffentlichkeit bezieht sich hingegen auf Fälle, an denen eine alternative Organisation der Erfahrung wahrgenommen werden kann, entweder im Blick auf flüchtige historische Momente oder durch die Identifikation von hegemonialen diskursiven Strategien, die versuchen, das Aufkommen von Gegenöffentlichkeiten zu unterdrücken. Ein solcher Begriff sollte wohl ein interessantes Licht auf die Herausforderungen bei der Konstruktion einer Hörerschaft werfen, die sich in den frühen Jahren des Funkwesens stellten.

Laut Kluge stellt das Kino eine spezifische Form der Öffentlichkeit dar, weil es sowohl einen besonderen Veranstaltungsort als auch den breiteren öffentlichen Horizont der Institution umfasst. Wegen seiner kollektiven Rezeption vereint es darüber hinaus individuelle psychische Prozesse mit einem intersubjektiven Horizont. Dies fügt sich trotz der Disziplin der Stille zusammen, die dem Publikum auferlegt wird, und erlaubt gewisse Unvorhersehbarkeiten, die der Lenkung der Öffentlichkeit ›von oben‹ entgegengesetzt werden.[4]

Hansen hat dementsprechend argumentiert, dass das Kino von vorherrschenden Konzepten von ›Öffentlichkeit‹ ausgeschlossen wurde, die ausgehend von der Pressefreiheit als unabhängig und frei von Zensur konnotiert war. Die Kinozensur und Kontrolle basierte jedoch auf der Definition des Kinos als einem Ereignis, das innerhalb der Privatsphäre stattfinde. Dies kann allerdings ebenso als Beweis dafür genommen werden, dass die herrschenden Kräfte das Entwicklungspotential einer alternativen Öffentlichkeit unter dem gegebenen Kinopublikum von Einwanderern, Arbeitern und Frauen erkannt haben. Ähnliche Strategien können sicher im Verhältnis zum Radio beobachtet werden, da ver-

---

4. Seit der Mitte des 19. Jahrhunderts ist mit dem Sieg des Bürgertums das Theaterpublikum passiver und weniger kollektiv geworden (vgl. Sennett 1986).

schiedene Regierungen Lizensierungssysteme für Sender wie auch für Empfänger rasch eingeführt haben, weil das Recht auf Redefreiheit in den Rundfunksendungen nicht gewährt werden sollte.

Hansen befasst sich nicht nur mit Zensurstrategien, sondern auch mit den Textstrategien, die das Kinopublikum disziplinieren sollten. Am Beispiel von INTOLERANCE von D. W. Griffith zeigt sie, wie das Bestreben, eine alternative Öffentlichkeit zu verhindern, auch in den Versuchen, dem Kino (explizit dem Stummfilm) eine universale Filmsprache zuzuschreiben, verortet werden kann. Diese ›amerikanischen Hieroglyphen‹ sollten die besonderen Lebenskontexte eines regionalen Publikums transzendieren. Das Kino hat also einen Modus der Erzählung entwickelt: »that makes it possible to anticipate a viewer through particular textual strategies, and thus to standardize empirically diverse and to some extent unpredictable acts of reception« (Hansen 1991: 16).

Ähnliche Strategien können ebenso im Falle von Sendungsmanuskripten leicht identifiziert werden. Schon frühzeitig in der Geschichte des Radios erging bei Übertragungen von Musik und Theateraufführungen eine Einladung an den Zuhörer, sich an die konventionellen Publika in Konzertsälen und Theatern anzuschmiegen. Auch später, als der Unterhaltungsrundfunk hauptsächlich aus dem Studio gesendet wurde, war ein Studiopublikum oft live dabei, um den entfernten und isolierten Zuhörer in eine Art kollektive Erfahrung einzugliedern und die passende Reaktion vorab zu strukturieren. Andrew Crisell beschreibt das Studiopublikum

»as a kind of broker in the transaction between performers and listeners. It is the agent of the performers because it encourages the listeners to laugh aloud, making them feel they are part of a large assembly and thus able to give vent to a public emotion. And if live, it is also the agent of the listeners because it brings the best out of the performers by influencing the timing and delivery of their material.« (Crisell 1994: 165)

Im amerikanischen Kontext hat Michele Hilmes darauf hingewiesen, dass das Radio auch mit dem Begriff des disziplinierten Publikums spielen konnte, etwa durch die Etablierung eines stellvertretenden Publikums innerhalb der Sendung oder durch die bewusste Ansprache der Zuhörer auf eine selbstbewusste und gleichzeitig satirische Art (Hilmes 1997: 187f.). Doch solche Strategien der Einbeziehung waren natürlich nicht immer erfolgreich, da manche Zuhörer sich offensichtlich gerade dann ausgeschlossen fühlten, wenn das Hauptereignis eindeutig anderswo geschah und der Zuhörer zum einfachen Horcher reduziert wurde.[5]

Im Hinblick auf die Standardisierung des Empfangs waren aber die expliziten Versuche, ein nationales Publikum zu schaffen, zweifellos noch wichtiger. Bedeutender aber noch war die Strategie, den Sendeplan an urbildliche häusliche Familienroutinen anzupassen. Den Empfang in der häuslichen Sphäre zu verankern, bildete bestimmt einen Ausgangspunkt dafür, das Potential für eine radikale Neukonfiguration der Öffentlichkeit einzuschränken, d.h. die werdende

---

5. Die Einstellung der Künstler sowie der Mitglieder des Studiopublikums kann genauso ambivalent sein; vgl. Crisell (1995: 165f.).

Radioöffentlichkeit zu disziplinieren und im wahrsten Sinne des Wortes zu *domestizieren*.

Kurz gesagt hat Hansen also die Mängel der traditionellen Filmgeschichte aufgezeigt, d.h. einer Geschichte, die nicht zuletzt von den vorherrschenden industriellen Diskursen diktiert wurde, und in der die Geschichte des Nickelodeons auf eine vorübergehende Phase während des unaufhaltsamen Fortschritts in der Normierung des Erzählfilms, der Erzeugung eines disziplinierten Publikums und eines idealisierten Zuschauers reduziert wurde. Hansen bietet nicht nur eine neue Bewertung der Filmgeschichte, sondern deutet die Möglichkeit an, dass dabei eben auch die Definition des Kinos als Institution auf dem Spiel steht, insofern es nämlich als eine alternative Öffentlichkeit gelten könnte.

Alternative Begriffsbildungen von der zuhörenden Öffentlichkeit

Obwohl der Vergleich zwischen diesen beiden Kommunikationsmitteln sicher begrenzt ist, scheint mir gesichert zu sein, dass das Radio wie das Kino in Hansens Formulierung nicht nur eine Öffentlichkeit bildet (definiert durch seine spezifischen institutionalisierten Verhältnisse von Ausstrahlung und Empfang), sondern dass es auch eine Öffentlichkeit darstellt, die als kollektiver und intersubjektiver Horizont einer anderen Ausprägung des öffentlichen Lebens entgegenkommt.

Es ist klar, dass einer der Ausschlag gebenden Unterschiede zwischen dem Kino und dem Radio in den Bedingungen des Empfangs liegt: auf der einen Seite öffentlich und kollektiv, auf der anderen privat und vereinzelt. Natürlich war das Radio nie nur eine einsame Erfahrung. Der Rundfunk war praktisch von Anfang an nicht nur ein soziales Phänomen, sondern auch ein geselliges, da Familien und Nachbarn ganz selbstverständlich gemeinsam dem Apparat lauschten. Aber diese domestizierte, vertraute Geselligkeit bildet noch keine Öffentlichkeit im Sinne von Negt und Kluge, da die Bedingungen für die schon beschriebene Unvorhersehbarkeit (die der Lenkung der Öffentlichkeit ›von oben‹ entgegengesetzt werden kann) nicht vorhanden sind.

Die Möglichkeit einer alternativen Öffentlichkeit muss also auch hier in den Fällen gesucht werden, wo eine alternative Organisation der Erfahrung nachgewiesen werden kann, d.h. – wie schon erwähnt – entweder in vergänglichen historischen Momenten oder durch die Identifikation von hegemonialen diskursiven Strategien, die versuchen, die Ausbildung alternativer Öffentlichkeiten zu unterdrücken. Daher sollte man wohl damit anfangen, diejenigen historischen Fälle des Gemeinschaftsempfangs zu untersuchen, die außerhalb des Familienheims stattgefunden haben, und die damaligen Debatten analysieren, die sich mit der Möglichkeit einer politisierten Hörerschaft und einer Radikalisierung des Zuhörens auseinandergesetzt haben.

Gemeinschaftsempfang: der deutsche Fall

In Deutschland, wie auch anderswo, zielten die frühesten Pläne für ein öffentliches Rundfunkwesen auf öffentliche Ereignisse im klassischen Sinn – nämlich als Versammlung eines Publikums auf einem gemeinsamen Platz, das Sendungen über eine Telefonverbindung mit einer Lautsprecheranlage hört.[6] Genauso wie bei anderen öffentlichen Ereignissen sollte das Publikum eine Eintrittsgebühr zahlen, um an den Konzerten, Vorträgen, und Unterhaltungssendungen teilzunehmen, die von einem zentralen Sender gesendet wurden. Diese Pläne sind aber durch eine Reihe von Hindernissen zu Fall gebracht worden, die in den damaligen technischen Begrenzungen der Lautsprechertechnologie, dem begrenzten Empfangsbereich und dem Wunsch der Elektronikindustrie bestanden, einen möglichst hohen Gewinn aus dem Verkauf von Millionen einzelnen Radioapparaten zu erzielen. Doch auch aus politischen Gründen konnten diese Pläne nicht durchgesetzt werden.

Am Anfang waren die Verhältnisse zwischen dem Radio und seinen Zuhörern anarchisch. Der Staat hatte zunächst nicht vorgesehen, dass Individuen oder Organisationen frei über den Äther korrespondieren konnten. Ein Kompromiss wurde schließlich dahingehend erreicht, dass unpolitische Sendungen regional in Privathäuser gesendet werden konnten, wobei der Empfang einer besonderen Erlaubnis unterlag. Hohe Gebühren wurden außer für den Empfang auch für das Recht erhoben, Apparate zu bauen, was tausende von Bastlern traf.

Kurz gesagt hat das Funkwesen als ein streng kontrolliertes staatliches Monopol begonnen, von dem man dennoch fürchtete, es könne die schon angespannte politische Nachkriegsatmosphäre weiter gefährden. Die Sendungen trafen auf eine bereits hochpolitisierte und ideologisch zerrissene Bevölkerung. Dieser gehörten zur damaligen Zeit auch ungewöhnlich viele Gemeinschaftsorganisationen an – seien es politische Parteien, Jugendorganisationen, Theatertruppen, Wander- und Fahrradgruppen, usw. Es ist also vielleicht keine Überraschung, dass es schon frühzeitig Gruppen gab, die zusammengekommen sind, um Rundfunk zu hören. Die ersten Gruppen waren wohl die Radioenthusiasten und -bastler. Es gab aber auch Untergruppen von anderen Organisationen, zum Beispiel von den Kirchen, Gewerkschaften und Frauenorganisationen und sogar vom Stahlhelm.[7] Die Gewerkschaften waren besonders eifrig darin, das kollektive Zuhören zu fördern (Merkel 1996: 238-240). Die Häufigkeit der Abbil-

---

6. »Zur weiteren Ausnutzung des drahtlosen Fernsprechdienstes hat sich eine Gesellschaft ›Deutsche Stunde für drahtlose Belehrung und Unterhaltung‹ gebildet. Es sollen in allen Orten, in denen Interesse dafür vorhanden ist, in Sälen oder anderen dafür geeigneten Räumen Empfangsapparate aufgestellt werden, die mit einem Lautverstärker versehen sind, so dass jeder Anwesende deutlich vernimmt, was an dem Sender gesprochen, gesungen oder musiziert wird.« (Münchener Neueste Nachrichten, 6.9.1922, zit. n. Tosch 1987: 148) Das ist eine der ersten Berichte über den Unterhaltungsrundfunk, der in der Münchener Presse erschienen ist. Die Möglichkeit von gesendeter Musik für Fabrikarbeiter wurde auch erwähnt.

7. Die »Funkhörer-Vereinigung« wurde im Mai 1932 vom Stahlhelm gegründet. Sie veröffentlichte auch eine Zeitschrift, *Der Stahlhelm-Sender*. Vgl. Brief an Bredow vom Vorsitzenden der Stahlhelm-Funkhörer-Vereinigung vom 2.5.1932, in: BArch R78/585, S.199-202.

dungen von Zuhörern in den verschiedenen Radiozeitschriften und anderswo in der Presse zu dieser Zeit ist wirklich bemerkenswert. Neben den vertrauten Szenen von Familiengruppen und mondänen Frauen erschien gleichfalls eine aus heutiger Sicht unerwartet große Anzahl an Abbildungen von Leuten, die in Gruppen und an öffentlichen Orten Radio hören – wie zum Beispiel am Strand, beim Picknick, in Restaurants und in Laubenkolonien.

Die ersten Berichte von organisierten Hörgemeinden sind Anfang 1929 erschienen. Solche Hörgemeinden waren größtenteils in Dörfern zu finden und wurden meistens von Lehrern aus der Volksbildung geleitet. Diese wohlmeinenden Fachleute hatten vor, den Leuten eine ordentliche ›Hörkultur‹ beizubringen, und den Rundfunk zum Instrument der Persönlichkeitsentwicklung zu machen. Prof. Dr. Behrendsohn, der eine solche Hörgemeinde in Hamburg geleitet hat, beschrieb es folgendermaßen:

»*Ich halte sie unbedingt für empfehlenswert. Natürlich nur bei geeigneten Themen, die eben einen überprivaten Charakter haben, dann aber bedeutet der Gemeinschaftsempfang ein sehr wertvolles neues volksbildnerisches Mittel. Ein Haupterfolg des gemeinsamen Abhörens und der darauf folgenden Auseinandersetzung mit dem Gehörten wird meines Erachtens die Schulung des Rundfunkhörers sein. Die Menschen lernen, wie sie mit den Rundfunkvorträgen arbeiten können, wie sie es anpacken müssen, um das Gehörte zu gliedern und für ihre weitere geistige Weiterentwicklung fruchtbar zu machen.*« (zit. n. Neels 1932: 58)

Eine solche Hörerschulung kam den Interessen der bürgerlichen Sender sehr entgegen. Oft betonten die Sender ihren Dienst für das Allgemeinwohl und die Sendungen waren von einem explizit pädagogischen Charakter geprägt. Sie befassten sich seit den Anfängen damit, eine kritische und konzentrierte Hörkultur zu fördern, die die sogenannte ›Radiokrankheit‹ ersetzen würde:

»*Das Radio hat seinen Zweck bei diesen Leuten verfehlt. Und es ist – durch die Schuld dieser Leute – aus einem freundlichen Kulturbringer zu einem lästigen Zivilisations-Lärmmacher geworden.*« (Enders 1933: 239)

Die Sender haben also auf das wachsende Interesse am Gemeinschaftsempfang positiv reagiert. Die Deutsche Welle hat z.B. im Herbst 1931 jeden Dienstag experimentelle Sendungen für Hörgemeinden unter Titeln wie »Weltanschauung und Gegenwart« ausgestrahlt, die den Hörern die Hauptbegriffe des politischen Denkens, einschließlich Sozialismus, Konservatismus und Humanismus, vorgestellt haben, oder eine Senderreihe, die während der schwierigsten Tage der wirtschaftlichen Krise gebracht wurde: »Das Problem der Arbeitslosigkeit«.

Einem Bericht in *Rufer und Hörer* zufolge gab es bis Ende 1931 wenigstens 749 Hörgemeinden, wovon mehr als die Hälfte (479) in ländlichen Gebieten zu finden waren und größtenteils durch Lehrer oder auch durch Priester geleitet wurden. Es gab auch etwa 166 Hörgemeinden, die mit verschiedenen Vereinen, 66 mit Buchausgabestellen und 26 mit Volkshochschulen verbunden waren. Regionale Experimente fanden ebenfalls statt. Bis Ende 1932 gab es rund 500 Hörgemeinden allein unter den Arbeitslosen, und die Sender in Köln (WDR), Leipzig (MDR) und Berlin (Funkstunde) haben besondere Sendungen für diese Gruppen gebracht (Neels 1932: 58).

In mancher Hinsicht können diese Bemühungen der bürgerlichen Hörergruppen als eine Antwort auf eine viel bedeutsamere Entwicklung des kollektiven Zuhörens aufgefasst werden, indem sie nämlich auf die Hörgemeinden reagierten, die von den verschiedenen Arbeiterradioklubs organisiert wurden.[8] Diese revolutionären Klubs, die aus den Sozialdemokratischen und Kommunistischen Parteien hervorgegangen sind, haben proklamiert, dass der Rundfunk das Organ des Proletariats bei der Erfüllung des historischen Schicksals der Arbeiterklasse werden müsse (Dahl 1978 und 1983). Der erste »Arbeiter-Radio-Klub Deutschland e. V.« ist 1924 aus den Rundfunkbastlerklubs hervorgegangen. Dessen etwa 4000 Angehörige waren hauptsächlich Mitglieder der SPD und der Gewerkschaften, die fest entschlossen waren, Einfluss auf dieses neue Kommunikationsmittel zu nehmen, damit sich die verpasste Gelegenheit dreißig Jahre zuvor – als der Film sich etablierte – nicht wiederhole, (Dahl 1983: 54). Sie waren an allen Fronten tätig – zeigten Arbeitern, wie man preiswerte Sender- und Empfangsapparate basteln könne, und haben für einen Arbeitersender agitiert. Gelegentlich wurden auch die Signale von bürgerlichen Sendern gestört, z.B. ist es am Abend des 1. Juli 1931 einigen Demonstranten gelungen, auf einen Funksender im Kölnischen Gebiet zu klettern, die Kabel zu trennen und eine Wahlansprache für die KPD zu senden.

Normalerweise aber besaßen die Arbeiterradioklubs keinen legitimierten Zugang zu den Ätherwellen; daher war eines der wichtigsten Ziele der Klubmitglieder, ein ›kritisches Ohr‹ zu entwickeln, erstens durch beißende Kritiken des bürgerlichen Rundfunks in ihren Zeitschriften wie *Das Neue Radio* und zweitens durch die Organisation des kollektiven Empfangs. Bis zu 500 Leute versammelten sich in öffentlichen Sälen, hörten Radio, und erzeugten eine kritische öffentliche Besprechung seiner Sendungen nicht nur im Saal, sondern auch durch Berichte in der Parteipresse oder Briefe an die Sendeleiter (Funck 1931: 169). Im Jahre 1931 hat die Zeitschrift *Arbeiterfunk* Richtlinien für den Gemeinschaftsempfang herausgegeben und hat empfohlen, dass Vertreter aller örtlichen Sozialistengruppen und Mitarbeiter der Presse anwesend sein sollten. Nach der

---

8. Es existieren auch Beweise dafür, dass das Establishment den Arbeiterradioklubs keine Publizität zugestehen wollte. Zum Beispiel hat der Innenminister Wirth im April 1930 an Bredow geschrieben, um sich über Osterngrüße an einen solchen Klub zu beschweren, die am vorigen Abend vor den Nachrichten gesendet worden waren. Er halte den Freien Radiobund (eine Abspaltung des Arbeiterradiobundes) für eine ›rein kommunistische Organisation‹, die nur arbeite, um den Interessen der KPD zu dienen. Er schrieb weiter: »Wenn ich auch Verständnis dafür habe, dass die Rundfunkgesellschaften dieser Art als Mittel verwenden, um mit ihren Hörern enge Beziehungen zu knüpfen und zu erhalten, so geht es doch vom Standpunkt der Wahrung staatspolitischer Belange über das Ziel hinaus, wenn hierbei auch politische Organisationen berücksichtigt werden, die den Staat und seine Einrichtungen mit allen Mitteln bekämpfen und auf einen Umsturz der bestehenden Verhältnisse mehr oder minder offen hinarbeiten. Das gilt sowohl für die extrem links wie für die extrem rechts eingestellten Kreise. Ich bitte ergebenst, von dieser Auffassung der Reichsregierung die für die Programmgestaltung verantwortlichen Vorstände der Rundfunkgesellschaften in Kenntnis zu setzen und sie zu veranlassen, von Begrüßungen von Organisationen der bezeichneten Art im Rundfunk künftig abzusehen.« Brief von Wirth an Bredow, Berlin vom 30. April 1930, BArch R78/602 S.31.

Sendung sollte die Diskussion unter verschiedenen kritischen Rubriken geführt werden, insbesondere »Wert, Wirksamkeit, Relevanz, Schwächen und Neue Vorschläge«. Nach der Diskussion folgte oft ein kulturelles Ereignis, entweder ein Platten- oder Radiokonzert, oder Vorträge und Vorlesungen. Die optimale Anzahl der Teilnehmer sei 100, was eine Vorstellung von der Popularität solcher Abende vermittelt.

1932, als die nationalistische Rundfunkreform die Übernahme des Rundfunks durch die Nationalsozialisten, die nur wenige Monate später stattfand, ankündigte, haben die Arbeiterradioklubs Demonstrationen organisiert, an denen rund 20.000 Menschen in Leipzig und 30.000 in Essen und Düsseldorf beteiligt waren. Obwohl sie das Ziel eines Arbeitersenders nie erreichten, ist dennoch unbestreitbar, dass die Arbeiterradioklubs eine beträchtliche Wirkung während der letzten Jahre der Weimarer Republik erzielten, und dass der Radio-Gemeinschaftsempfang eine regelmäßige Erfahrung für viele Arbeiter gewesen ist.

Aber es gab noch eine andere Hörerschicht, die mit dem Sendungsangebot ebenso wenig zufrieden war, und die selbstbewusst die organisatorischen Strategien der Arbeiterradioklubs nachgeahmt hat, nämlich die Rechtsnationalisten und die Nationalsozialisten.

Obwohl die NSDAP die politische Szene zur gleichen Zeit der ersten öffentlichen Rundfunksendung im Herbst 1923 betrat, durfte sie keinen Gebrauch der Ätherwellen für politische Zwecke machen und hat sich daher auf andere Formen politischer Handlungen und Propaganda konzentriert. Bis Ende 1930 hatten die regionalen Parteiorganisationen jedoch begonnen, so genannte Funkwarte einzusetzen, um den ›Kampf um den Rundfunk‹ unter der Schirmherrschaft des *Reichverbands deutscher Rundfunkteilnehmer* und dann später unter der Leitung der Partei zu leiten.

Ein Aufsatz in *Die Sturmwelle* vom 22. Juni 1931 trägt den programmatischen Titel ›Die Eroberung vom Rundfunk hat begonnen!‹ Es wurde anerkannt, dass die Linksparteien das Potential des neuen Kommunikationsmittels als »Kulturvermittler und Propagandawerkzeug« viel schneller begriffen hätten, und dass »die marxistischen Hörerorganisationen« frühzeitig gelernt hätten, einen »bestimmenden Einfluss auf die Programmgestaltung der Sender auszuüben.« Selbstverständlich wurde der Umfang dieses Einflusses für propagandistische Zwecke drastisch übertrieben. Es wurde zum Beispiel behauptet, dass »... durch volks- und rassefremde ›Kulturpioniere‹ der Geist innerlicher und moralischer Zersetzung in immer weitere Kreise unseres Volkes getragen« würde.[9] Zwei Jahre später hieß es von der Position der Macht aus, der Deutschlandfunk der »Systemzeit« sei »jüdisch verseucht« gewesen.[10] Der Rundfunk sei den falschen Göttern von Objektivität und Neutralität erlegen, und habe also sein Schicksal als Diener der »Einheit und Kraft des nationalen Willens« nicht erfüllt. Alle »nationalgesinnten« Deutschen sollten die marxistische Kulturpropaganda

---

9. *Die Sturmwelle* vom 22.6. 1931, zit. BArch R78-585, S.56.
10. »Die jüdische Klagemauer« 31.8.33 in: BArch R78/780 Pressedienst der deutschen Sender 1933, S.163-164.

bekämpfen. Deswegen habe die NSDAP die Leitung des Reichsverbandes deutscher Rundfunkteilnehmer übernommen, um eine Stütze unter der Hörerschaft entsprechend derjenigen der marxistischen Organisationen aufzubauen. Die Aufgaben wären vierfach:
  1. Alle nationalistischen Hörer gegen die Vorherrschaft von marxistischen und kommunistischen Hörerorganisationen in der Verbandsgruppe Nationalsozialisten des Reichverbands der Deutschen Rundfunkteilnehmer zu vereinigen.
  2. Mit der Gründung eines Funkausschusses, der die Programmgestaltung und die Überwachungsausschüsse der Sender beeinflussen sollte, die »Unterjochung« der Hörer zu beenden.
  3. Den Radiobastler und -techniker in Arbeits- und Ausbildungsgruppen zu organisieren und zu erziehen.
  4. Systematische Radiokritik zu betreiben.

Die Partei organisierte auch einen Abhördienst in jedem Gau, indem die Gaufunkwarte bestimmte örtliche und ausländische Sender abhörten und Berichte darüber verfassten. Die Dokumente zeigen, dass es während dieser Periode allein in Hamburg wenigstens 24 solche Gruppen gegeben hat.[11] Doch sollte der Angriff gegen die »jüdischen Rundfunkgewaltigen« eine »Einheitsfront der nationalen Hörerschaft« bilden.[12] Der »Kampf« um das Radio sei von großer Wichtigkeit, schließlich seien

»die Deutschen eine Hörernation. Mit über 4 Millionen genehmigten Rundfunkempfangsstellen und also etwa 15 Millionen Hörern, die sich einen fast zwanzigstündigen Sendetag sozusagen erzwungen haben, ist es geeignet, Rundspruchmitteilungen und -reden das gewünschte Echo zu sichern.«[13]

Während der letzten Jahre der Weimarer Republik hat die NSDAP also die Hörerschaft doch als eine aktive Öffentlichkeit verstanden, die mit der Praxis des kollektiven kritischen öffentlichen Radiohörens angeregt werden könne. Nach der Machtergreifung aber wurde diese Idee von einer Art Gegenöffentlichkeit schnell aufgegeben. Obwohl die Hörgemeinschaften der »Kampfzeit« schon als eine »revolutionäre Bewegung« gelobt wurden, hatten sich solche Organisationen nach der vollendeten Machtergreifung erübrigt. Die Hörerschaft sei jetzt einfach auf Parteilinie zu halten, wie der Reichssendeleiter Hadamovsky deutlich machte:

»Wir sind in den Rundfunk hineingegangen als Soldaten Adolf Hitlers, unter unserem Befehlshaber Dr. Goebbels. [Unsere Aufgabe ist], jeden Volksgenossen zum Rundfunkhörer zu machen und ihn so mit der politischen und geistigen Führung der Nation in unmittelbare Beziehung zu bringen.«[14]

---

11. Vgl. Rundfunkorganisation Hamburg: Anordnungen; Rundschreiben; Wahlpropaganda; Beschwerden. BArch NS26/1178. S.16-17. Vgl. auch Rimmele (1975).
12. Brief von Eugen Hadamovsky, Leiter des Reichsverbandes Deutscher Rundfunkteilnehmers an die Nationale Rundfunkbeschwerdestelle, Norddeutschland, den 18.5.32. BArch NS/26 1178, S.84.
13. Der Fall Strasser, in: *Radio-Woche*, 15.6.1932. Dieser Artikel befasste sich mit einer nicht übertragenen Rede von Gregor Strasser am 14. Juni 1932.

Der Gemeinschaftsempfang erschien doch noch auf der Tagesordnung, sollte aber von der Installation von Lautsprechern in Fabriken und an öffentlichen Orten sichergestellt werden, wobei die Hörerschaft die Arbeit einstellen und dem Führer und seinen Parteigenossen aufmerksam – und unkritisch – zuhören sollte.

Zum Schluss ...

Obwohl dieser Text zunächst damit begonnen hat, die Geschichte des öffentlichen Radiohörens zu skizzieren, wird deutlich, dass – wenn man diese außerordentliche Periode betrachtet (als die Definition des Funkwesens noch nicht ganz festgelegt und das Land durch Krise und politische Zersplitterung zerrissen war) – eine Auswahl alternativer Konfigurationen von Öffentlichkeit vorhanden war, und dass das vom Staat und von der Industrie bevorzugte Muster des domestizierten und entmachteten Zuhörers weit gehend und quer durch das ganze politische Spektrum bekämpft wurde. Umgekehrt wird auch klar, was für die politischen und industriellen Interessen auf dem Spiel stand, die verschiedene Strategien gefördert haben, um solche alternativen Öffentlichkeiten zu untergraben.

Natürlich fragt es sich, ob man diese Vermutungen verallgemeinern kann. Hörerorganisationen verschiedener Arten sind zwar in anderen Ländern erschienen, aber man müsste bei einem solchen Vergleich den kulturellen Kontext der dramatisch politisierten Öffentlichkeit der Weimarer Republik in Erwägung ziehen. Das Fallbeispiel dieses »Kampfes« um den Weimarer Rundfunk zwischen den Hörerorganisationen unterschiedlicher politischer und ideologischer Färbung weist zumindest darauf hin, dass die Erscheinung von Gegenöffentlichkeiten nicht unbedingt mit einer fortschrittlichen kulturellen Politik gleichzusetzen ist. Darüber hinaus fällt die seinerzeit weit verbreitete Auffassung von der Hörerschaft als einer potenziell aktiven Öffentlichkeit – und nicht nur als passiver Empfänger propagandistischer Nachrichten – besonders auf. Es ist gerade dieses Verständnis einer aktiven alternativen Öffentlichkeit, das all zu oft in der Geschichte verloren gegangen ist, aber auch dort, wo Radio noch an öffentlichen Orten gehört wird. Daher schlage ich vor, dass in Diskussionen der Rundfunkhörerschaft eine solche Vorstellung eines öffentlichen oder kollektiven Empfangs zwischen den vorherrschenden Begriffen von vereinzeltem oder vom Massenempfang wieder eingesetzt werden sollte.

14. Eugen Hadamovsky, Dienst am Rundfunk ist Dienst am Volk, in: Pressedienst der deutschen Sender 1933, 10.8.1933, BArch R78/780, S.124.

Literatur

Benjamin, Walter (1974): »Das Kunstwerk im Zeitalter seiner technischen Reproduzierbarkeit«, in: Rolf Tiedemann/ Hermann Schweppenhäuser (Hg.) *Gesammelte Schriften, I, 2*, Frankfurt am Main, S.471-508.
Boddy, William (1994): »Archaeologies of Electronic Vision and the Gendered Spectator«, in: *Screen* 35, S.105-122.
Brecht, Bertolt (1967): »Radiotheorie 1927-1932«. In: *Gesammelte Werke, I*, Frankfurt am Main, S.119-129.
Crary, Jonathan (1997): »Fernsehen im Zeitalter des Spektakels«, in: Wulf Herzogenrath/Thomas W. Gaehtgens/ Sven Thomas/ Peter Hoenisch (Hg.): *TV Kultur: Das Fernsehen in der bildenden Kunst seit 1879*. Dresden, S. 66-75.
Crisell, Andrew (1994): *Understanding Radio*, London.
Dahl, Peter (1983): *Radio: Sozialgeschichte des Rundfunks für Sender und Empfänger*, Reinbek.
Dahl, Peter (1978): *Arbeitersender und Volksempfänger: Proletarische Radio-Bewegung und bürgerlicher Rundfunk bis 1945*, Frankfurt am Main.
Donald, James / Donald, Stephanie Hemelryk (2000): »The Publicness of Cinema«, in: Christine Gledhill/Linda Williams (Hg.): *Reinventing Film Studies*, London.
Enders, Franz Karl (1933): »Hörkultur«, in: *Rufer und Hörer* 3,5, S.239-40.
Habermas, Jürgen (1990): *Strukturwandel der Öffentlichkeit. Untersuchungen zu einer Kategorie der bürgerlichen Gesellschaft*, (Erstveröff.: 1962) Frankfurt am Main.
Hansen, Miriam (1991): *Babel and Babylon. Spectatorship in American Silent Film*, Cambridge, Mass.
Hansen, Miriam (1993): »Unstable Mixtures, Dilated Spheres. Negt and Kluge's The Public Sphere and Experience Twenty Years Later«, in: *Public Culture* 5, S. 179-212.
Hilmes, Michele (1997): *Radio Voices: American« Broadcasting, 1922-1952*, Minneapolis.
Kracauer, Siegfried (1977): »Kult der Zerstreuung«, in: ders.: *Das Ornament der Masse. Essays*, Frankfurt am Main, S.311-325 (Erstveröff. in: *Frankfurter Zeitung* vom 4.3.1926).
Lacey, Kate (1999): »Zerstreuung, Langeweile und Kitsch. Der Weimarer Rundfunk und die Modernisierung des Hörens«, in: Inge Marßolek/Adelheid von Saldern (Hg.): *Radiozeiten. Herrschaft, Alltag, Gesellschaft (1924-1960)*, Potsdam, S.218-230.
Levine, Lawrence (1988): *Highbrow/Lowbrow: The Emergence of Cultural Hierarchy in America*, Cambridge, Mass.
Merkel, Felicitas (1996) *Rundfunk und Gewerkschaften in der Weimarer Republik und in der frühen Nachkriegszeit*, Potsdam.
Neels, Axel (1932): »Gemeinschaftsempfang als Aufgabe und Tatsache«, in: *Rufer und Hörer* 2,2, S. 55-59.
Negt, Oskar / Kluge, Alexander (1972): *Öffentlichkeit und Erfahrung. Zur Organisationsanalyse von bürgerlicher und proletarischer Öffentlichkeit*, Frankfurt am Main.
Rimmele, Dorette (1975): »Anspruch und Realität Nationalsozialistischer Rundfunkarbeit vor 1933 in Hamburg«, in: Winfried B. Lerg (Hg.): *Rundfunk und Politik 1923-1973*, Berlin, S.135-151.
Sennett, Richard (1986[1974]): *Verfall und Ende des öffentlichen Lebens. Die Tyrannei der Intimität*. Frankfurt am Main.
Tosch, Daniela (1987): *Der Rundfunk als ›Neues Medium‹ im Spiegel der Münchner Presse 1918-1926*, München.
Williams, Raymond (1990): *Television. Technology and Cultural Form*, London (Erstveröff. 1975).

3. KRIEGSTECHNOLOGIEN

Daniel Gethmann

Für eine Handvoll Dollar
Pancho Villa, der Filmkrieg und die mexikanische Revolution

Seit im 20. Jahrhundert Film und Krieg unlösbar aneinander gekoppelt sind, entwickelt diese über die Medialität des Kriegsfilms weit hinausreichende Verbindung in zunehmendem Maße die Charakteristik einer Machttechnologie und reiht sich damit ein in »die Gesamtheit der Institutionen und Praktiken, mittels deren man die Menschen lenkt, von der Verwaltung bis zur Erziehung.« (Foucault 1996: 118) Unter den zentralen Begriffen der Regierungstechnik oder Gouvernementalität bezieht sich Michel Foucault neben der engen Verbundenheit von Machtformen mit Subjektivierungsprozessen auch auf eine besondere Form der Repräsentation (vgl. Lemke 2000: 31–47). In der Verbindung von Film und Krieg besteht die regierungstechnologische Funktion dieser Repräsentation darin, spezifische visuelle Formen und diskursive Felder zu definieren, innerhalb derer die Kriegsführung und damit im weiteren auch die Ausübung der Macht zu einem rationalen Vorgang wird. Dabei kommt den Medien keinesfalls nur die Rolle eines Vermittlers zu, sondern sie sind gerade durch eine strategische Nutzung dieses allgemeinen Medien(miss)verständnisses in der Lage, eigene Machttechniken und Technologien zu konstruieren, die sich dem analytischen Blick, der sich zunächst auf Individuationsvorgänge richtet, geschickt verbergen. Eine Analyse der Mechanismen, die dazu führen, dass Subjekte disziplinäre Imperative verinnerlichen, die sie ehemals nur als die Objekte der Überwachung betrafen, richtet sich nämlich häufig auf die Formen der Machtausübung und Kontrolle für die Subjektbildung, statt die Beteiligung der Institutionen, Medien und Apparaturen zu untersuchen. Mediale Machttechniken und Technologien in den Mittelpunkt zu stellen, impliziert insofern, den Begriff der politischen Macht nicht länger als nur von den Medien vermittelt oder repräsentiert zu definieren. Denn die Medien selbst bilden vielmehr ein Feld, auf dem Macht sich konstituiert, indem sie den Raum vorgeben, innerhalb dessen Zustands- und Problembeschreibungen, Ursachenforschung und Veränderungsmöglichkeiten definiert werden. Medien als Regierungstechnologien geben in diesem Sinne den Rahmen der Erkenntnis vor. Speziell die Verbindung von Film und Krieg im Kriegsfilm kann ihr Primat der Visualisierung als kultureller Wahrnehmungsweise des Kriegsgeschehens nur dadurch durchsetzen, dass inhaltliche Widersprüche innerhalb dieser umfassenden Vorgabe eines Erkenntnisrahmens nur durch weitere Visualisierungen aufgedeckt werden können, so dass die Enthüllung von »Unwahrheiten« oder Auslassungen anderer medialer Darstellungen notwendig zu dieser Machttechnologie dazugehört. Die gesellschaftliche Legitimität dieses medialen Erkenntnisraums wird mittels einer glaubhaften Vermittlung der präzisen Wiedergabe von so genannter Realität hergestellt, die notwendig das Bedauern einschließt, die »Wirklichkeit« des Krieges nicht zeigen zu können, also innerhalb einer Strategie, die Foucault »Politik der Wahrheit« (Foucault 1978: 53) genannt hat. In diesem Zusammenhang erscheint es wesentlich, danach zu fragen, unter welchen historischen und gesellschaftlichen Bedingungen Wahrheit und Authentizität des Krieges im Film konstruiert werden und inwiefern diese Konstruktionsverfahren dann wiederum neue Machttechnologien generieren.

Wenn man zunächst von Foucaults Analysen des 18. Jahrhunderts ableitet, nach welchen Gesetzen sich visuelle Machttechniken wandeln, lässt sich ein Wechsel von einer Macht, die unsichtbaren Betrachtern immer vor Augen steht, zu einer neuen unsichtbaren Macht konstatieren, die selbst alles sieht (Panoptismus). In den Praktiken des unendlichen Sprechens der Beichte und des Geständnisses reproduziert sich zudem eine Wahrheit, deren Produktion durch unablässige Artikulation als Aufgabe jeder Person diese bereits in einen Zustand des Wahrheit-Sprechens selbst versetzt. Sobald sich die Mechanismen unsichtbarer Macht mit dieser Produktion von Wahrheit verbinden, entsteht eine visuelle Wahrheitspolitik, die spezifische Formen des Wahren kodifiziert und ihren Machtzuwachs darüber erzielt, dass sie auf einer übergeordneten Ebene zu einer allgemeinen Wahrheit wird, die von der Praxis des täglichen und persönlichen Wahrheitssprechens entlastet.

Die aus dieser Entwicklung hervorgegangene mediale, in erster Linie visuelle Wahrheitspolitik der Kriegs- und Militärtechnologien entfaltet ihre machttechnologischen Eigenschaften durch eine Gestaltung »der Regeln, nach denen das Wahre vom Falschen geschieden und das Wahre mit spezifischen Machtwirkungen ausgestattet wird.« (Foucault 1978: 53) Diese Regeln entstehen einerseits aus einer rasanten Übergabe der Feststellung von Geschehen und Ort des Krieges, möglichen Handlungsalternativen und Handlungskonsequenzen an eine spezifische und rasch expandierende Medientechnologie des Krieges, die damit weite Bereiche des Kriegerischen neu fasst, indem neue Wahrheiten, rationale Praktiken und eine gegnerische Wahrnehmungslenkung unter die Bedingung ihrer medialen Realisierung gestellt sind. Andererseits liefern die neuen Bildtechnologien auch eine Repräsentation des Krieges für ein breiteres Publikum, deren Geschichte und mit ihr die des Kriegsfilms schon bei den europäischen Armeen mit der Aufnahme von Artilleriegeschossen während ihres Fluges beginnt, deren Einzelbilder zu einem laufenden Bildstreifen zusammengeklebt wurden. Sie dienten der militärischen Instruktion und der Erforschung des Geschossfluges bzw. der Trefferwirkung. Zu diesen »technischen« Aufnahmen der Projektile kamen rasch weitere Einstellungen soldatischer Aufmärsche hinzu, die als Repräsentation einer militärischen Ordnung den ersten Schwerpunkt des neuen Genres Kriegsfilm bildeten. Dessen entstehende Wahrheitspolitik verlangte allerdings als erste Regel Aufnahmen vom Kriegsschauplatz selbst,[1] die zunächst nicht

---

1. Die nachgedrehten Kriegsfilme dominierten den Beginn des Genres so sehr, dass die Etablierung von Kriterien der Authentizität Vorrang vor Fragen der Filmgestaltung bekam. Denn die nachgedrehten »Sham War Cinematographic Films« hielten ebenfalls die gewohnte Erzählweise des Early Cinema ein, so dass die Sicherstellung von Aufnahmen ausschließlich vom Kriegsschauplatz zur wichtigsten Voraussetzung der filmischen Wahrheitspolitik wurde (vgl. Gethmann 1998: 15–28).

Kavanaugh's War Postals, Gen. Francisco Villa the cause of it all (1915) Photopostkarte (John O. Hardman Collection, Warren, Ohio)

in Europa entstanden, sondern dort, wo um 1900 Krieg geführt wurde. Aus diesem Grund lieferte die Filmkamera von vielen bewaffneten Konflikten dieser Zeit, dem spanisch-amerikanischen Krieg oder dem Burenkrieg beispielsweise, erste Kriegsbilder für das Filmpublikum. Die militärische Ordnung nicht mehr nur in recht zufällig entstandenen Bildern zu repräsentieren, sondern sie für Aufnahmen von Kriegsfilmen selbst zu nutzen, war eine erstmals während der mexikanischen Revolution erreichte Entwicklung, die heutzutage jeden TV-Bildbericht eines Krieges kennzeichnet. Damit eskalierte der Film vom Krieg von einer Kriegs- zu einer Machttechnologie, bei der kriegerischer Erfolg nicht mehr nur von der optischen Prämisse abhing, mittels visueller Medientechnologien mehr zu sehen als der Gegner (»Aufklärung«), sondern durch die filmische Repräsentation des Krieges ein Feld vorzugeben, das die Grenzen der »Wahrheit« jedes Krieges absteckte. Ich möchte im Folgenden diese Entwicklung in einer historischen Fallstudie nachvollziehen, um die Entstehung einer spezifischen Machttechnologie aus der Verbindung von Krieg und Film zu analysieren.

Trotz einer gewissen Seltenheit von Kriegsaufnahmen ab dem Jahre 1907 kam es kurz vor dem Ersten Weltkrieg, der die Waffe Kamera endgültig entdeckte, zu einer wegweisenden Erprobung neuer Möglichkeiten des Mediums Film im Krieg. Denn die große Nachfrage nach Nachrichtenfilmen von den Balkankriegen in den Jahren 1912/13 machte die Kriegsberichterstattung der Fotojournalisten und der jungen Filmindustrie in Hollywood auf einen Krieg in unmittelbarer Nachbarschaft aufmerksam: die filmische Darstellung der mexika-

American Press Association: Busy Bees in Honeycombed Sand Dunes! (1914) (Collection Allan Sekula und Sally Stein, Los Angeles)

nischen Revolution (1910-1917) versprach ein gutes Geschäft. Sowohl Zeitungskorrespondenten als auch Kameramänner wagten sich über die Grenze zwischen den USA und Mexiko, wo ihre Vorgehensweise der Berichterstattung vom Krieg ein neues Betätigungsfeld eröffnete und das Genre des Kriegsfilms fest etablierte. Sie fanden dort ein ideales Experimentierfeld für die mediale Wahrheitspolitik als Inszenierung einer filmischen Ästhetik des Krieges vor, wobei die Ursachen für diese neuartige Herstellung von Kriegsaufnahmen sowohl bei den beteiligten Personen als auch in den Kampfhandlungen selbst und der Zugänglichkeit ihrer Schauplätze für Kamerateams zu suchen sind. Alle diese Faktoren ermöglichen vergleichsweise viele Filmaufnahmen und machten damit die mexikanische Revolution zum bis dahin meistphotographierten Krieg.[2]

Nach dem Sturz des Diktators Porfirio Diaz durch Francisco Madero, der selbst schon im Februar 1913 gestürzt wurde, als General Victoriano Huerta die Macht mit einem Militärputsch ergriff, kam es 1913/14 in Mexiko zur Bildung starker Revolutionsarmeen im Norden wie im Süden des Landes. Von ihnen hatte eine der nördlichen Revolutionsbewegungen, die von Pancho Villa in Chihuahua angeführt wurde, breite Unterstützung und so viel Zulauf der Bevölkerung, dass sie von einer Partisanen- zu einer quasi regulären Armeetruppe wuchs. Auch der Sturz der Huerta-Diktatur durch die siegreichen Revolutionstruppen und die Präsidentschaft von einem ihrer Kommandeure, Venustiano Carranza, führte nicht zu einem Ende der Kämpfe: Nun bekämpfte sich das revolutionäre Lager untereinander. Carranza verbündete sich mit einem anderen General im Nor-

---

2. Photographen waren Jimmy Hare, Gerald Brandon, Casasola, Robert Dorman, Otis Aultman, Edward Larocque Tinker, Jodie P. Harris, William Hearfield, Walter Horne, Eddie Jackson, Homer Scott, William Durbrough, Carl Helm, Victor Kubes, William Fox, Ashton Duff, Edward Weston (vgl. Leighton 1943; Reyes 1985; Vanderwood/Samponaro 1988). Eine erste Repräsentation der frühen Phase der Revolution im Kino führte der US-Spielfilm BARBAROUS MEXICO, USA 1913, vor.

den, Alvaro Oregón, gegen die Einheiten von Pancho Villa und Emiliano Zapata im Süden. »Das einzige Beispiel einer lateinamerikanischen Militärintervention in den USA« (Katz 1978: 101), der Angriff der inzwischen wieder auf Partisanenstärke zurückgegangenen Armee Pancho Villa's am 9. März 1916 auf eine Grenzstadt in New Mexico,[3] die zudem noch Columbus hieß, mobilisierte ein US-amerikanisches Expeditionsheer unter dem Kommando von General John J. Pershing, dem unter 15.000 Soldaten übrigens auch ein gewisser Leutnant George Patton sowie der gemeine Soldat und spätere Filmproduzent Merian C. Cooper angehörten, zur Ergreifung von Pancho Villa. Die Soldaten bekamen Villa aber in ihrem Einsatz ab dem 15. März 1916 nie zu Gesicht. Dieser Marschbefehl führte noch am selben Tag zum ersten Einsatz von Flugzeugen in der US-Army, der aber wegen der verwendeten Maschinen vom Typ »Jenny« nicht erfolgreich war. Die US-»First Aero Squadron«, die die Bodentruppen durch Luftaufklärung unterstützen sollte, wurde schon zwei Monate später wieder auf nordamerikanisches Gebiet zurückgezogen. Wegen der Erfahrungen in Mexiko blieb aber die neu geschaffene US-Luftwaffe noch bis zum Ende des Ersten Weltkriegs dem Signal Corps, also der Nachrichteneinheit der US-Armee unterstellt. Insofern teilte sich das Flugzeug mit den gleichfalls eingesetzten Apachen-Scouts die Aufgabe, Informationen zu beschaffen und besaß formell noch nicht seinen späteren Status als eigenständige Waffe des Flächenbombardements.[4]

Die erfolglose militärische US-Intervention bewirkte vielmehr zweierlei: Zum einen stand der auch von den USA militärisch unterstützte Präsident Carranza aufgrund öffentlichen Drucks kurz vor einer Kriegserklärung gegen seine Förderer und zum anderen bekam Pancho Villa's Revolutionsarmee wiederum großen Zulauf. Die US-»Strafexpedition« verschwand aus Mexiko erst kurz nach dem von den Briten abgehörten und an die USA weitergeleiteten Telegramm des deutschen Außenministeriums an seinen Botschafter in den USA, dem berühmten »Zimmermann Telegramm«[5] vom 19. Januar 1917, um sich dem Absender der Nachricht zuzuwenden. In dieser wurde bekannt gegeben, dass der mexikanischen Regierung vorgeschlagen worden sei, an der Seite des Deutschen Reichs in den Ersten Weltkrieg einzutreten und im Falle des Sieges New Mexico, Texas und Arizona zurückzubekommen.[6] Nachdem im Februar 1917 die USA die diplomatischen Beziehungen abgebrochen hatten, erklärten sie dem Deutschen Reich am 6. April 1917 den Krieg. Die Erfahrungen der »Strafexpe-

---

3. Eine filmische Repräsentation dieses Angriffs zeigt der Spielfilm THE EAGLE'S WINGS, USA 1916.
4. Acht JN-3s (»Jennies«-Doppeldecker) wurden als erste Lufteinheit der USA (First Aero Squadron, gegründet 1914) im Jahre 1916 eingesetzt. Die Maschinen waren unbewaffnet, die Aufgabe des Piloten und des Beobachters bestand in der Luftaufklärung (vgl. McCright 1979: 348–357). Die Namen der Piloten sind: Ira A. Rader, J. E. Carberry, Carlton G. Chapman, Townsend F. Dodd, E. S. Gorrell, H. A. Dargue, A. R. Christie, und W. G. Kilner.
5. Der Text ist abgedruckt in: Katz (1964: 359).
6. Noch im März 1917 wurden offiziell von Stellen des Deutschen Reiches Waffen an General Pancho Villa geliefert, dessen wichtigste Händler dennoch aus den USA kamen (vgl. Katz 1964: 382).

dition« in Mexiko können militärisch gesehen als eine gewisse Vorbereitung auf den Ersten Weltkrieg gelten:[7] »The military also tried the new signal corps wireless equipment and tested improved weaponry, such as machine guns and artillery.« (Vanderwood 1988: 190)

Alle amerikanischen Nachrichtenfilmproduzenten, unter ihnen auch William Randolph Hearst mit enormen Besitzungen in Mexiko,[8] schickten zuvor Kameramänner an die weite und unübersichtliche Front der Mexikanischen Revolution, die jedoch häufig gefangen genommen und/oder ausgeraubt wurden. Anfang des Jahres 1914 änderte sich zudem die amerikanische Politik gegenüber Mexiko, das zur Hälfte von revolutionären Kräften kontrolliert wurde. Denn der amerikanische Präsident Woodrow Wilson erkannte die revolutionären Kräfte als Kriegsparteien an und hob das bestehende Waffenembargo auf. (Vgl. Katz 1981: 183–202) Ab dieser Zeit stieg auch das Interesse der US-Nachrichtenfirmen insbesondere nach der Landung amerikanischer Truppen in Veracruz im April 1914 stark an, um bis zum Ende des Jahres ebenso rasch wieder abzunehmen. In dieser Zeitspanne ging eine Produktionsfirma, die »Mutual Film Corporation«, die kurze Zeit später THE BIRTH OF A NATION (1915) von D. W. Griffith produzierte, dazu über, direkt mit der für den Film geeigneten Person in Mexiko, General Pancho Villa, zu verhandeln. Villa hatte bereits einigen Zeitungskorrespondenten gestattet, seinen Truppen in einem Auto zu folgen; es ist durchaus bemerkenswert, welchen hohen Stellenwert er der öffentlichen Meinung und der direkten Einflussnahme auf die Medien zur Förderung seiner Interessen beimaß (vgl. Katz 1998: 322). Der Chef von »Mutual«, Harry Aitken, begann am 3. Januar 1914 direkte Gespräche mit Villa, der dann zwei Tage später in Juárez einen Vertrag gemeinsam mit einem weiteren Repräsentanten von »Mutual«, Frank M. Thayer, unterschrieb.

»*The business of General Villa will be to provide moving picture thrillers in any way that is consistent with his plans to depose and drive Huerta out of Mexico and the business of Mr. Aitken, the other partner, will be to distribute the resulting films throughout the peaceable sections of Mexico and the United States and Canada.*« (New York Times, 7. 1. 1914, 1)

Mit diesem Vertrag ändert sich das Verhältnis von Film und Krieg unter dem Vorzeichen einer medialen Wahrheitspolitik grundlegend, denn die gesamte Taktik des Krieges gerät unter die visuelle Vorbedingung Filmthriller zu produzieren. Der einzige übergeordnete Vertragsgegenstand bleibt ein strategischer, die Vertreibung von Huerta aus Mexico, ansonsten ist die Kriegsführung der Kameraführung untergeordnet. Zur Ausstattung einer medialen Wahrheits-

---

7. Ebenfalls in gewissem Sinne vorbereitet waren die Kameraleute, die an der Mexikanischen Revolution und danach am Ersten Weltkrieg teilnahmen: Fritz Arno Wagner, Ariel Vargas und Edwin F. Weigle.

8. Seine finanziellen Interessen führten zu einer wechselnden Unterstützungspolitik der verschiedenen Kriegsparteien. So kooperierte Hearst auch mit Villa: »In dem von Villa beherrschten Gebiet hatte sich unter Leitung des amerikanischen Zeitungskönigs Hearst ein Syndikat zum Ankauf von Minen, Haciendas und Waren in Mexico gebildet, dessen Vertreter in Mexico der amerikanische Konsul bei Villa, Carothers, war.« (Katz 1964: 291; vgl. auch Clendenen 1961: 8).

Verleihankündigung:
Mutual Movies of the Mexican War.

politik mit spezifischen Machtwirkungen bestimmt der Vertrag auch über die zukünftige Distribution der Bilder, der insofern mit ihrer Wirkung auf eine öffentliche Meinung in Mexiko, den USA und Kanada kalkuliert. Für 25.000 Dollar bei Vertragsabschluss und 20% Beteiligung an sämtlichen Erträgen der Filme sicherte Villa der amerikanischen Gesellschaft das Exklusivrecht auf alleinige Filmaufnahmen auf dem Schlachtfeld zu.[9] Dieser erste Exklusivvertrag der Kriegsfilmgeschichte weist den folgenden Inszenierungen einer filmischen Ästhetik des Krieges die Richtung: Kriegsereignisse lassen sich nur dann Erfolg versprechend aufnehmen, wenn die beteiligten Akteure ihnen zuarbeiten, oder sie sogar möglichst exklusiv unter Vertrag genommen werden. In einem weiteren Schritt dieser Entwicklung wird dann während des Zweiten Weltkriegs in einigen nationalsozialistischen Kriegsfilmproduktionen zwischen den Akteuren als Soldaten und Kameramännern keine Differenz mehr bestehen (vgl. Gethmann 1998: 99–156).

Nach diesem Vertragsabschluss blieben gleich vier Mitarbeiter von »Mutual« bei den Truppen von Pancho Villa. Auch der spätere Studiokameramann in Hollywood, Charles Rosher,[10] wurde als einer der insgesamt zehn Kameraleute von »Mutual« in Mexiko eingesetzt.[11] Der künftige Kameramann für F. W.

---

9. Der Vertrag ist archiviert im Centro de Estudios de Historia de Mexico, Mexico D. F., Archivo Federico Gonzales Garza, folio 3057. Die *New York Times* schrieb am 7. Januar 1914: »Villa guaranteed not to »allow any other moving picture men except those of the company in which he is interested on the field during his battles.«
10. Vgl. Charles Roshers Berichte seiner Erlebnisse in (Brownlow 1973: 255ff).
11. Im Krieg ebenfalls für Mutual Film: Leland M. Burrud, Herbert N. Dean, Carl von Hoff-

Murnau und G. W. Pabst, Fritz Arno Wagner, hat ebenfalls Filmaufnahmen der mexikanischen Revolution gedreht. Er begann dort seine Karriere bei Pathé, wobei er, wenn er nicht im Gefängnis saß,[12] für General Huerta die Stärke seines Heeres filmte und so mit seinen Filmen sicherlich einen großen Beitrag zur Bildung der öffentlichen Meinung in den USA beigetragen hat, wo Huerta als ein blutrünstiger Despot galt. Anlässlich einer Schlacht zensierte Huerta persönlich Wagners Material und ließ es dann vor seinen eigenen Truppen vorführen, damit sie sich selbst sähen.[13]

Hatte sich Pancho Villa durch das erstmals im Jahre 1914 veröffentlichte Buch von John Reed: *Insurgent Mexico* zunächst zu einem Volksheld in den USA entwickelt (»Mexican Robin Hood«), so schlug die Stimmung nach seinem Überfall auf die Kleinstadt Columbus 1916 ins Gegenteil um (vgl. Oles 1993: 58–75). Sämtliche im späteren Italowestern häufig zitierten Klischees über Mexiko und seine Einwohner wurden bereits in dieser frühen Berichterstattung festgelegt: sie machte aus den Protagonisten der mexikanischen Revolution grobe, brutale und unzivilisierte Banditen. Da deren Charakterisierung an die derben Bösewichter aus dem Bauerntheater erinnerte, besaß ihr öffentliches Bild oder Image eine ausgeprägte dramatische Facette. Dies wiederum führte dazu, dass sich diesen in den USA erst von den Medien lancierten und später gestürzten Helden auch die moralisch anstößige Seite der neuen Macht des Kriegsfilms zuschreiben ließ. Denn die Schattenseite einer »objektiven« filmischen Darstellung des Kriegsgeschehens lag in einer für das Publikum nicht erkennbaren Inszenierung seiner vermeintlichen Authentizität als plumpe Fälschung oder subtile Manipulation des Schauplatzes und der Figuren. War die Sicherstellung von exklusiven Aufnahmen ausschließlich vom Kriegsschauplatz selbst zur ersten Voraussetzung dieser medialen Wahrheitspolitik geworden, so bildete speziell die Aufdeckung von »Unwahrheiten« filmischer Darstellungen des Krieges ein konstitutives Element

---

mann, Sherman Martin, Charles Rosher, Raoul Walsh; für Pathé: Victor Milner, E. Burton Steene J. H. Buffun und Fritz Arno Wagner; für Universal: Joseph T. Rucker, Frank S. Dart, Gilbert Warrenton, Beverly Griffith, Sherman Martin, Fred Granville, Charles Kingsburg und W. R. Goodwyn; für Hearst: Tracy Matthewson, A. E. Wallace, William Fox und Ariel Vargas; für Eagle Film: W. Kendall Evans; für Albuqueque: Buck Connors; für Blaché: Harry Schenck; für Selig: Nicholas McDonald; für die Chicago Tribune: Edwin F. Weigle; Freelancer: Frank Jones, Al Siegler, Charles Pryor und Kapitän Kleinschmidt. Mexikanische Kameraleute waren: die Brüder Alva, Enrique Rosas, Salvador Toscano und Jesus Avitia. Die erste Mutual-Produktion *Mexican War Pictures* wird besprochen in: Moving Picture World, 7. 2. 1914: 657.

12. Fritz Arno Wagner (geb. am 5. 12. 1894) begann bei Pathe im Jahre 1911 seine Tätigkeit als Kameramann, war später Reporter im Ersten Weltkrieg und drehte über 200 Filme. Darunter auch so wichtige frühe Tonfilme wie Fritz Langs *M* und G. W. Pabsts *Kameradschaft* aus dem Jahr 1931. Wagner arbeitete nach dem Ende des Zweiten Weltkriegs weiter im deutschen Film, kurze Zeit auch für die DEFA. Er starb am 18.8.1958. Von seinen Erlebnissen in der mexikanischen Revolution, die von Hunger, Durst, Gefängnis, Beschlagnahmung oder Zerstörung der Filme und Zensurproblemen mit ständig wechselnden Befehlshabern gekennzeichnet sind, berichtete er in einem Brief an die Film-Zeitschrift *Moving Picture World*, der in der Ausgabe vom 18. 7. 1914: 440 abgedruckt ist; vgl. Brownlow (1978: 98f.).

13. Vgl. Orellana (1991: 44ff.) und Orellana (1982). Zur Rolle des Kinos bei der Revolutionsversammlung in Aguascalientes 1914 vgl. Guzman (1979: 251–255).

Mutual-Kameramann L.M. Burrud posiert mit zwei Soldaten.

bei ihrer finalen Etablierung als Machttechnologie im Sinne einer Vorgabe von Zustands- und Problembeschreibungen, Ursachenforschung und Veränderungsmöglichkeiten. Im Zuge dieser zunehmend unter visuellen Vorzeichen geführten Diskussion über die Darstellung des Krieges trat die Obszönität des Tötens in ihrer Verwerflichkeit hinter dem nachgedrehten, vermeintlich authentischen Krieg zurück.

Laut dem Filmhistoriker Homer Croy kamen die Vertragsparteien in der mexikanischen Revolution zu der drehtechnischen Übereinkunft, Schlachten nur bei Tageslicht stattfinden zu lassen und auf die Ankunft der Kameraleute zu warten (vgl. Croy 1918: 257 f.; Ramsaye 1926: 671). Zudem sei vertraglich vereinbart gewesen, dass im Falle der Schwierigkeiten des Drehens von zufriedenstellenden Kriegsszenen während eines Angriffs Pancho Villa garantierte, diese speziell für die Kameras noch einmal aufzuführen. Auch der Filmhistoriker Terry Ramsaye schildert in seiner Filmgeschichte *A Million and One Night* aus dem Jahre 1926 die damaligen Ereignisse in einiger Breite. Seine Berichte legen den Schluss nahe, dass in den USA Pläne noch zu entwickelnder, medialer Techniken der Kriegsaufnahme wie »embedded correspondents« anfänglich nur einer idealen, weil fernen und bekämpften Projektionsfläche wie Pancho Villa unterstellt werden konnten. Was rückblickend durchaus als eine zukunftsweisende Mediennutzung hervorgehoben werden kann, umschreibt hier die ersten Verhandlungen einer medialen »Rationalität« des Krieges. Unbestätigte Gerüchte, die Terry Ramsaye wiedergab,[14] besagten zudem, dass Villa bei gestelltem Artil-

14. Inspiriert von O'Shaughnessy (1916: 243).

Walter Horne: Bodies of 3 men lying as they felt after being executed, 1916, Photopostkarte
(Prints and Photographs Division, Library of Congress)

leriebeschuss auf Feindstellungen Gefangene als Zielscheibe für die Projektile und damit für die Kamera benutze, und dass ein Großteil der Aufnahmen gestellt sei (vgl. Ramsaye 1926: 673) Weiterhin sollten sogar Angriffe wie der auf die Stadt Ojinaga unterbrochen worden sein, um den mitgereisten Kameraleuten die Möglichkeit zu geben, eine bessere Aufnahmeposition für ihren Film zu finden (vgl. *New York Times*, 8. 1. 1914: 2). An diesen Geschichten aus dem mexikanischen Bürgerkrieg ist deutlich das Bemühen zu erkennen, die Grenzen der filmischen Darstellung des Krieges als Machttechnologie auszuloten. Denn der Vorwurf, die Aufnahme dokumentiere nicht nur den Krieg, sondern dieser wandele sich bei Gelegenheit von einem Mittel der Politik zu einem Bilderlieferanten, – eine Fortführung des Krieges folge daher einer Kameralogik – bezeichnet eine Schwelle der medialen Wahrheitspolitik, die nicht überschritten werden darf. Aus dieser Erkenntnis leitet sich die problematische Gestaltung der Regeln zur Wahr/Falsch-Differenz von Kriegsaufnahmen ab, die das dokumentierte Töten des Krieges solange a priori als wahr auffassen, wie es nicht für die Kamera geschieht. Die Figur des unbeteiligten Dritten als Selbstentwurf der medialen Wahrheitspolitik wird so zu ihrer Grundbedingung. Hinter dieser Schwelle steht jedoch die Erkenntnis, dass die mediale Produktion von Wahrheit mit der modernen Kriegsführung untrennbar verbunden ist. Aus diesem Grund wird auch ein Film, der vorführt, dass das Schlachtfeld nicht mehr für einen Feldherren, der seine Armeen einsetzt, optisch organisiert wird, sondern dass sich die Kriegsführung ihrer eigenen Aufnahme unterordnet, dadurch nicht unwahr. Er zeigt vielmehr, dass insbesondere die moralische Kritik an Verfehlungen dieser Wahrheitspolitik zu ihrer Durchsetzung als Machttechnologie beigetragen hat, die speziell aus der Kritik an ihrer Repräsentation entscheidende Lehren zieht.

Mutual Film Corporation: Pancho Villa after the Fall of Ojinaga (1914); Filmstandbild (Prints and Photographs Division, Library of Congress, Collection Mutual Film Corporation)

»*Villa delayed his projected attack on the city of Ojinaga until the Mutual could bring up its photographic artillery. When the cameras had consolidated their position the offensive swept forward and Ojinaga fell to Villa and film.*« (Ramsaye 1926: 672)
Diese vermeintliche Kriegsfilmeroberung macht deutlich, dass die Aufnahmen zumindest im öffentlichen Diskurs bereits begannen, die Logik einer Schlacht zu determinieren. Die Kämpfe hatten übrigens einen regen Austausch über die nahe amerikanische Grenze zur Folge. Trotz eines Waffenembargos fanden Patronen und Lebensmittel den Weg nach Ojinaga hinein und einzelne belagerte Soldaten, wie die Befehlshaber der Huerta-Armee General Salvador Mercado und Pascual Orozco einen Weg hinaus, um in den nahen USA um Asyl zu bitten.[15] Der Schriftsteller Ambrose Bierce ging hingegen im Gefolge von General Villa's Belagerungsarmee seinen eigenen Weg, er wurde seit dieser Schlacht nie wieder gesehen. Im amerikanischen Bürgerkrieg noch Topograph und Scout der Nordstaaten hatte sich Bierce 71jährig im November 1913 aufgemacht, um die mexikanische Revolution mitzuerleben. Von Juárez im November 1913 kam er am 16. Dezember in Chihuahua an, das erst acht Tage vorher von Villa's Truppen eingenommen worden war. In seiner letzten Nachricht am 26. Dezember 1913 teilte er mit, dass er nach Ojinaga wolle, wo die Belagerung der Garnison der Bundestruppen am 1. Januar 1914 begann und zehn Tage dauerte (vgl. O'Connor 1968: 302-308; McWilliams 1931: 330–337). In einem früheren Brief schrieb Bierce an eine Angehörige:

---

15. Vgl. Guzman (1970, 131). Die mexikanischen Bundestruppen, die sich auf der Flucht nach dem Fall von Ojinaga über den Rio Grande der US-Armee ergeben hatten und in Eagle Pass interniert waren, spielten im Film *Under Fire in Mexiko* von Otis Thayer der »Colorado Motion Picture Company« aus dem Jahr 1914 sich selbst. Vgl. Brownlow 1978: 92; Moving Picture World, 18. 7. 1914: 451.

»Nieder mit der Zivilisation! Nichts als die Berge und die Wüste für mich! Leb wohl! Wenn Du hören solltest, daß man mich an eine mexikanische Wand gestellt und zu Fetzen geschossen hat, dann bedenke bitte, daß ich das für eine ganz angenehme Art halte, aus diesem Leben zu scheiden... Als Gringo in Mexiko – Ah, das ist Euthanasie!«[16]

Der Handel mit exklusiven Filmrechten machte Schule in diesem Krieg, denn bereits im Juli 1914 verkaufte General Alvaro Obregón, Kommandeur der Armee auf dem westlichen Frontabschnitt, die Rechte an Aufnahmen in seinem Kampfgebiet an den amerikanischen Kameramann Byron S. Butcher, der sich einige Zeit bei der Truppe aufhielt.[17] Fritz Arno Wagner drehte mit General Huerta, dessen Vorliebe für das Kino der seiner Gegner glich, und konnte bei dessen Truppe General für einen Tag werden, der nach Gutdünken die Soldaten des Präsidenten für den Film marschieren und kämpfen ließ. Die Filmgesellschaft »Sawyer Film Mart« aus New York kündigte ebenfalls authentisches Material an (vgl. *Moving Picture World*, 20. 6. 1914: 1639), schon Ende 1913 hatte die Firma »New York Motion Picture Corp.« acht Kameramänner nach Mexiko geschickt, um dort Kriegsdokumentationen aufzunehmen. Immerhin bis nach Veracruz schaffte es auch Jack London als Kriegsberichterstatter, der dort ein Drehbuch für einen größeren, nicht realisierten Film über die mexikanische Revolution schreiben sollte (vgl. London 1914: 13–14; London 1991).

Statt dessen kam es zu einem weiteren Vertrag von Pancho Villa mit der »Mutual Film Corporation« im März 1914 über den Film THE LIFE OF GENERAL PANCHO VILLA, den D. W. Griffith drehen und in dem Villa sich selbst spielen sollte. In der Rolle des jungen Villa wurde Raoul Walsh besetzt, der auch nach Mexiko reiste, um dort dokumentarisches Material zu drehen. Er traf sich mit General Villa; in einem Gespräch mit Kevin Brownlow erzählt er von seiner Reise:

»We paid Villa $500 gold a month to photograph him, his battles and his executions. I had been associated with a lot of Mexicans across the border when I lived in Del Rio. [...] I used to get him to put off his executions. He used to have them at four or five in the morning, when there was no light. I got him to put them off until seven or eight. [...] We got some of Villa's battles, but they weren't too spectacular. When we came back we had to invent some of them.«[18]

In kleineren Kämpfen in Durango kam Raoul Walsh mit seinem deutschen Kameramann Julius Außemberg,[19] den er später während der Nazi-Zeit in Berlin bei der Ufa wieder traf, unter nicht allzu heftigen Beschuss. Die Schlacht war nahezu vorüber, bevor sie für das Filmteam begann. Walsh schreibt darüber: »I did manage to get long shots of rebels chasing government soldiers across the plaza, and climbing rooftops so they could shoot down into windows and doorways.« (Walsh 1974: 95)

---

16. Ambrose Bierce an Lora Bierce (zit. n. Bierce 1989: 251f.).
17. Vgl. *Moving Picture World*, 1. 8. 1914: 718. In seiner Autobiographie schreibt Obregón über eine Reise zu Villa im August 1914 nach Chihuahua: »En este viaje me acompañaba el ciudadano norteamericano, Mr. Butcher, periodista de Douglas, Arizona, quien obtuvo permiso mio para marchar agregado a nuestra comitiva.« (Obregón 1917/1970: 199).
18. Raoul Walsh im Gespräch mit Kevin Brownlow, zit.n. (Brownlow 1978: 101f.).

Mutual Film Corporation: THE LIFE OF GENERAL VILLA (1914)
Filmstandbilder.

Die Kämpfe waren damit vorüber und Walsh besaß noch keine interessanten Aufnahmen. Also bat er General Villa, den triumphalen Einzug in die Stadt auf seinem Pferd für die Filmkamera noch einmal zu wiederholen. Da dies ziemlich authentisch vonstatten ging, wurden auch gleich die überlebenden Soldaten des Kampfes in ihre eigenen oder die Uniformen des Gegners gesteckt, um die gesamte Schlacht nachdrehen zu können. »I wanted the general's consent to dress some of his men in federal uniforms and stage a mock battle with their comrades.« (Walsh 1974: 96) So kam es zum Kampf von einhundert Angehörigen der Armee General Pancho Villas gegeneinander für den Film:

»*This meant working close to the line of fire. Aussemberg cranked industriously until his cap flew off and he fell down. I grabbed the camera and continued the sequence while he sat up and rubbed his head. ›Schwein!‹ he roared. ›I am shot!‹ A bullet sang past my ear and I believed him.*« (Walsh 1974: 96)

Nicht Griffith realisierte schließlich den Film, sondern Christy Cabanne stellte ihn aus den mitgebrachten Szenen von Walsh / Außemberg, weiteren nachgedrehten Teilen und dokumentarischem Material zusammen. Laut Kevin Brown-

19. Julius Außemberg (geboren am 14. 3. 1887 in Wien), war mit 17 Jahren Mitglied des deutschen Vereinstheaters in Prag, danach Prokurist in einem Eisenwarengeschäft, mit 24 Jahren selbständiger Unternehmer und als 28jähriger, also nach seiner Rückkehr aus dem mexikanischen Bürgerkrieg, gründete er eine eigene Filmfirma mit angeschlossenem Theater in Prag. Danach folgten weitere Reisen nach Amerika, so übernahm er 1922 die Generalrepräsentation von der »Fox Film Corporation« für Zentral- und Osteuropa und gründete u. a. die »Vereins Film AG« und »Fox Europa Produktion«. Außemberg vermittelte zudem den Verkauf der Triergon Tonfilm Patente in die USA.

Mutual Film Corporation:
Villa in Filmuniform (1914)
(Prints and Photographs Division,
Library of Congress, Collection Mutual
Film Corporation)

low, der die Fakten dieser Geschichten aus der mexikanischen Revolution zuerst recherchiert hat (vgl. Brownlow 1978: 87–105), wurde der Film unter einer ganzen Reihe von Verleihtiteln veröffentlicht: THE LIFE OF GENERAL VILLA, THE TRAGEDY IN THE CAREER OF GENERAL VILLA sowie THE TRAGIC EARLY LIFE OF GENERAL VILLA (Vgl. Brownlow 1978: 102).

Ging dieser erste Versuch einer koordinierten Zusammenarbeit zwischen Filmteam und Armee noch reichlich unkoordiniert vonstatten, da General Villa und die Filmproduktionsfirma »Mutual« außer dem Verleihgeschäft nach den Dreharbeiten keinerlei gemeinsame Ziele verfolgten, so wird doch ein Umstand deutlich, der den zur selben Zeit oder nachgedrehten Kriegsfilmen Authentizität verleiht: Das Mitwirken von General Villa, der sich selbst spielte. Wenn die hier referierten, nachträglichen Unterstellungen und Gerüchte, die von amerikanischer Seite über Pancho Villa in Umlauf gesetzt wurden, auch viel von den Klischees von mexikanischen Banditen und Pistoleros und wenig über die Aufnahme eines Films erzählen, bleibt doch die historisch erstmalige, freiwillige Besetzung der Hauptrolle in einem Filmprojekt durch einen Truppenkommandanten festzuhalten. Dieser hatte sich dabei sogar verpflichtet, für die Filmaufnahmen eine spezielle Uniform zu tragen, so dass auf erhaltenen (Stand)Photos der mexikanischen Revolution deutlich zu erkennen ist, ob gerade ein Film gedreht wurde oder Krieg geführt (vgl. *New York Times*, 11. 2. 1914; Riera 1987: 69).

Indem sich die Formen der Repräsentation mittels des Mediums Film zu Bilderstrategien ändern, die nach Belieben Identitäten wie z.B. Heerführer inszenieren (lassen), gleicht sich selbstverständlich auch die Form der Darstellung eines Heerführers den Gesetzen des Mediums an. Zum ersten Mal wurde daher während der mexikanischen Revolution der Krieg auch über dramatische Posen der beteiligten Hauptakteure öffentlichkeitswirksam ausgetragen. Die Simulation des Krieges gewann an materieller Bedeutung, da mit ihr auch eine Fortführung des realen Krieges bezahlt werden konnte, sie ist allerdings von ihrer ideellen Bedeutung nicht zu trennen, die in einer rückblickenden Rechtfertigung der Weiterführung des Krieges zu sehen ist.

Darüber hinaus verbindet sich mit solchen geplanten Spielfilmen,[20] wie dem aus der mexikanischen Revolution, eine Vorstellung der Bild-Erschaffung von General Pancho Villa, die seine Fähigkeiten zur Kriegsführung derart illustrieren kann, dass sie ihn gerade durch ihre filmische Darstellung zum erfolgreichen Feldherrn macht. Der Film erleichterte gleichfalls Villa's Aufstieg zum nationalen Anführer Mexikos, denn lange bevor es dafür eine Basis gab, zeigten ihn die Filme in dieser Rolle und ermöglichten seinen politischen Aufstieg (vgl. Katz 1998: 326) Erst in dem Maße, wie es ihm und seinen zahlreichen Nachfolgern gelingt, sich durch ihr meist selbstgewähltes filmisches Erscheinen zum Subjekt der Bilder zu machen, kann der damit verbundene Versuch eines Machtzuwachses mittels bildlicher Repräsentation glücken. Dies setzt voraus, dass das Medium, das nicht mehr nur der Repräsentation ihrer Herrschaft oder militärischer Rituale dient, sondern sie als Machttechnik zum Feldherrn oder ähnlichem ermächtigen soll, als das Feld eigener produktionstechnischer Gesetze der Wahrheitspolitik angesehen wird, die es zu befolgen gilt. Die Gesetze der Produktion sind allerdings durchaus widersprüchlich, denn einerseits muss die Authentizität des Kriegsschauplatzes und der Aufnahmen des Heerführers glaubhaft vermittelt werden, was nur zu erzielen ist, wenn die Aufnahmen von mindestens einer Kriegspartei unterstützt werden, andererseits gilt es, die Rolle des unbeteiligten Dritten glaubhaft zu machen. Sofern diese mediale Wahrheitspolitik dennoch glückt, erlangt die Aufnahme einen strategischen Wert, denn sie funktioniert im Kalkül der angestrebten Macht des Aufgenommenen, der damit, wie auch durch die Steuerung der Einstellungen bereits mit dem kalkuliert, was er von sich sehen machen will. Sobald sich diese Bilderstrategie am jeweiligen Kriegsschauplatz hegemonial durchsetzen lässt, hängt ihr Gelingen nur noch von dem ihrer technischen Umsetzung ab.

Die Schwierigkeiten der solche Funktionen des Bildes nur vorsichtig erprobenden Dreharbeiten mit General Pancho Villa lagen denn auch vornehmlich darin, dass er – wie seine Kameraleute auch – vor allem wünschte, als vorbereitender Heerführer auf seinem Pferd gefilmt zu werden, für andere Einstellungen aber wenig Geduld besaß. Raoul Walsh berichtete in einem Gespräch mit dem Filmhistoriker Kevin Brownlow über seine Dreharbeiten mit General Villa:

»Day after day, I would try to take shots of him coming toward the camera. We'd set up at the head of the street and he'd hit that horse with a whip and his spurs and go by at ninety miles an hour. I don't know how many times we said ›Despacio, despacio – slow – Senor, please!‹«[21]

Diese Einstellungen des biographischen Hollywood-Films hätten ihn zum Film-Feldherrn machen sollen: Wen das Kino als erfolgreichen Feldherrn zeigt, der ist es. Doch der mediale Wechsel in der Ordnung der Bilder vom Offizier

---

20. Margarita de Orellana zählt zwischen 1910 und 1917 insgesamt 84 US-Spielfilme auf, die ihre Thematik aus der mexikanischen Revolution beziehen (vgl. Orellana 1991: 178–223); zwischen 1910 und 1915 ist das Thema ›Mexiko‹ so verkaufsfördernd, dass 40 US-Filme aller Genres es im Titel tragen (vgl. D'Agostino 1995: 229).
21. Raoul Walsh im Gespräch mit Kevin Brownlow, zit.n. Brownlow (1978: 102).

Villa zu Pferde (1914)
(Prints and Photographs Division,
Library of Congress)

ist noch nicht dorthin gelangt, statt der Begeisterung für die Ästhetik einer allenthalben aufgestellten Reiterstatue die Gesetze des neuen Mediums Film zu befolgen. Somit erscheint die Anlehnung an die traditionelle Ikonographie des siegreichen Militärs, sein steinernes Erscheinen zu Pferd auf den Marktplätzen des Landes, beim Versuch der Ermächtigung mittels Film erfolglos. Denn nicht das Bild, das Villa von sich sehen machen möchte, um die Macht zu zeigen, die er im Krieg braucht – den reitenden, voranstürmenden, siegreichen General – lässt sich vorher festlegen, sondern nur eine Macht darstellen, die erst durch ihre filmische Repräsentation auf den Gefilmten übergeht. In diesem Sinne verfährt im Medium Film die Ermächtigung, die einen Darsteller benötigt, der ihre Macht verkörpert, um wirksam zu werden. Für wie bedeutsam die symbolische Bilderpolitik für die Kriegsführung in Gebieten gehalten wird, in denen die Machttechnik des Kriegsfilms noch nicht durchgesetzt wurde, verdeutlicht eine Episode aus dem dritten Golfkrieg (2003):

»*Die Generalprobe für die gestrigen Kämpfe war der Vorstoß von US-Panzern der 101. Luftlandedivision in die Innenstadt von Nadschaf am Dienstagvormittag. Symbolisches Ziel der Operation ›Thunder Run‹ war es, eine Statue im Stadtzentrum, die Saddam gewidmet ist, zu zerstören, wie Charles Clover, ein Journalist der Financial Times, der die Einheit in Irak begleitet, berichtet. Der Vorstoß sollte die als weitgehend Saddamfeindlich eingeschätzte schiitische Bevölkerung der Stadt zu Aufständen ermutigen. ›Wir fuhren in die Stadt, schossen wie verrückt auf ihre Monumente und niemand tat etwas dagegen‹,*

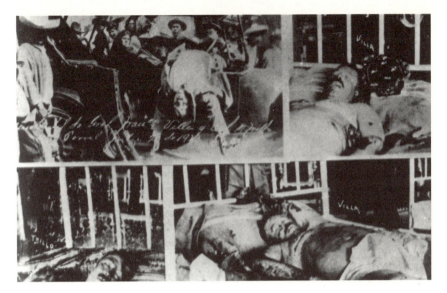

The Assassination of Pancho Villa (1923)
Photopostkarte (Ressource Collections of The Getty Center for the History of Art and the Humanities, Santa Monica, Kalifornien, Andreas Brown Collection)

sagte der Obergefreite Nathan Scovil. Dann habe man sich wieder zurückgezogen.« (Financial Times Deutschland, 3. 4. 2003, 3)

Zur Machttechnik des Kriegsfilms gehört neben der Schaffung einer rationalen, zunächst visuellen Ordnung des Krieges, die dann das diskursive Feld organisiert, auf dem die Ausübung der kriegerischen Macht an politische Rationalität gekoppelt wird, als eine zweite Funktion die Hervorbringung eines positiven Helden. Dessen mögliche rasche Verwandlung in einen Bösewicht wurde bereits an der Person von Pancho Villa verdeutlicht. Auch für die Herstellung dieses Genregrundmodells war die mexikanische Revolution wegweisend, indem sie einen besonderen Heldentypus im US-Spielfilm hervorbrachte: den amerikanischen Söldner. Seine positive Rolle erklärt sich aus den besonderen mexikanisch-amerikanischen Beziehungen.

Um 1910 besaßen amerikanische Firmen wie die »Colorado River Land Company« im Norden Mexicos riesige Ländereien, die zu Anfang der mexikanischen Revolution ein Hauptangriffsziel von Pancho Villa und den Einheiten der »Partido Liberal Mexicano« (PLM) bildeten. Denn dort hatten sich amerikanische Kolonien gebildet, die vormalige mexikanische Grundbesitzer ohne gültige Papiere von ihren Grundstücken vertrieben. Die PLM und Villa sammelten die Verlierer dieser amerikanischen Übernahmen um sich und verteilten nach den folgenden Kämpfen das Land unter den Unzufriedenen. Mit diesem schwelenden Konflikt ist auch der große Rückhalt zu erklären, den Pancho Villa bei der Bevölkerung der Region genoss.

Mitglieder der zuvor großstädtisch und industriell organisierten PLM, die von Ricardo Flores Magón angeführt wurde, griffen unter anderem die riesigen Ländereien der San Isidro Ranch, die einige US-Investoren (Harry Chandler, George Keller, George P. Griffith und Edward Fletcher) gekauft hatten, im Norden Mexicos in Mexicali und Tijuana in Baja California an. Eine Einheit, die auch aus nordamerikanischen Industriearbeitern, Glücksrittern und Cowboys bestand, entführte dabei während der Konsolidierungszeit der Regierung Madero einen Zug in San Diego (Kalifornien) nach Tijuana. Dort überfielen sie am 9. Mai 1911 mit 220 Mann die Stadt und die dort stationierten Regierungssoldaten. Einer ihrer Anführer, Caryl Ap Rhys Pryce, ein walisischer Abenteurer, der vorher für die britische Krone in Afrika im Burenkrieg und in Indien gekämpft hatte, verkaufte Eintrittskarten für 25 Cent an die Bevölkerung des Grenzstädtchens, die das Schlachtfeld besichtigen wollten. Bei diesen Kämpfen wurden 7 Amerikaner und 25 Mexikaner getötet, kurz danach riefen die Liberalen eine anarchistische Republik Baja California unter Flores Magón aus. Ihr Ziel war es, den Kapitalismus und die Regierung auf längere Sicht abzuschaffen (vgl. Blaisdell 1962: 99ff.). Im Juni 1911 eroberten die föderalen Truppen Tijuana zurück, während die Liberalen über die Grenze in die USA getrieben wurden, wo man sie verhaftete. Pryce wurde vom Vorwurf der Verletzung der Neutralität freigesprochen und schlug daraufhin 1912 eine Karriere in Hollywood ein, wo er außer einigen Nebenrollen in Cowboyfilmen hauptsächlich sich selbst spielte. Im Anschluss an seine Filmkarriere diente er erneut in der britischen Armee während des Ersten Weltkriegs und wurde hochdekoriert 1919 als Major entlassen. In seinem ersten Film aus dem Jahre 1912 CAPTAIN KING'S RESCUE unterrichtete er die Aufständischen in Mexiko im Freiheitskampf (vgl. Moving Picture World, 18. 5. 1912, 628), in THE COLONEL'S ESCAPE aus dem gleichen Jahr spielte Pryce bereits eine Hauptrolle (vgl. Moving Picture World, 28. 12. 1912, 1154), erneut lehrte er Mexikaner in Strategien der Befreiung und rettete einen gegnerischen Amerikaner vor der Hinrichtung. Im Jahre 1914 bildete er das Vorbild für CAPTAIN ALVAREZ (vgl. *Moving Picture World*, 9. 5. 1914: 799), der sich als Amerikaner den Rebellen anschloss, wie er es auch für den amerikanischen Glücksritter in THE AMERICAN INSURRECTO aus dem Jahre 1911 gewesen sein könnte (vgl. *Moving Picture World*, 9. 12. 1911, 817), der verletzt von einer Indigena gerettet wurde. Dessen Vorbild gäbe allerdings auch die Geschichte des amerikanischen Söldners Thomas Fountain ab, der als Maschinengewehrschütze für Pancho Villa kämpfte und bei dessen Abzug aus Parral Anfang 1912 von seiner Truppe abgeschnitten, gefangen genommen und von Orozcos Einheiten am nächsten Morgen hingerichtet wurde (vgl. O'Reilly 1918: 288). Dagegen protestierte seinerzeit noch der amerikanische Konsul in Chihuahua erfolglos. Das Maß jedenfalls, in dem eine amerikanische Beteiligung an den Kämpfen filmisch repräsentiert wurde, steht in keinem Verhältnis zur realen Mitwirkung, zumal die sogenannte Strafexpedition gegen Pancho Villa weitgehend erfolglos blieb. Statt dessen lässt sich feststellen, dass selbst anarchistische Bewegungen, solange in ihnen Europäer oder US-Amerikaner mitwirkten, in der filmischen Repräsentation der mexikanischen Revolution aus der Sicht

Hollywoods breiten Raum und eine positive Zeichnung erhielten. Insofern wurde diesen Glücksrittern nicht nur ein höherer Wert im Kino zugemessen als jedem mexikanischen Revolutionär (vgl. Orellana 1991: 147), sondern vielmehr der Topos Befreiung im Film, insbesondere im Kriegsfilm, an den europäisch-nordamerikanischen Kulturkreis gekoppelt, außerhalb dessen nur barbarische Formen von Revolutionen denkbar blieben. Gerade der Kriegsfilm sollte in seiner weiteren Entwicklung in dieser Denkweise verharren und dabei neben den herkömmlichen Gewaltdarstellungen auch antiwestlich eingestellten Befreiungsbewegungen seine Sympathie nicht verhehlen, solange sie zumindest einen europäischen Anführer hatten.

Literatur

Bierce, Ambrose (1989): *Werke*. Bd. 2, (Geschichten aus dem Bürgerkrieg). Zürich.
Blaisdell, Lowell (1962): *The Desert Revolution*: Baja California, 1911. Madison.
Brownlow, Kevin (1973): *The Parade's gone by...*. London.
Brownlow, Kevin (1978): *The War – The West – The Wilderness*. London.
Clendenen, Clarence C. (1961): *The United States and Pancho Villa: A Study in Unconventional Diplomacy*. Ithaca, N. Y..
Croy, Homer (1918): *How Motion Pictures Are Made*. Reprint New York 1978.
D'Agostino, Annette M. (1995): *An Index to Short and Feature Film Reviews in the Moving Picture World. The Early Years, 1907–1915*. Westport. Conn..
Foucault, Michel (1978): *Dispositive der Macht. Über Sexualität, Wissen und Wahrheit*. Berlin .
Foucault, Michel (1996): *Der Mensch ist ein Erfahrungstier. Gespräch mit Ducio Trombadori*. Frankfurt.
Gethmann, Daniel (1998): *Das Narvik-Projekt. Film und Krieg*. Bonn.
Guzman, Martin Luis (1970): *Memoirs of Pancho Villa*. Austin, Texas.
Guzman, Martin Luis (1979): *El aguila y la serpiente*. Mexiko.
Katz, Friedrich (1964): *Deutschland, Diaz und die mexikanische Revolution*. Berlin.
Katz, Friedrich (1978): »Pancho Villa and the Attack on Columbus, New Mexico«. In: *American Historical Review*, Jg. 83, H 1, Februar 1978, S. 101–130 .
Katz, Friedrich (1981): *The Secret War in Mexico. Europe, The United States and the Mexican Revolution*. Chicago and London.
Katz, Friedrich (1998): *The Life and Times of Pancho Villa*. Stanford, California.
Leighton, George R. (1943): »The Photographic History of the Mexican Revolution«. In: Brenner, Anita (1971): *The Wind That Swept Mexico. The History of the Mexican Revolution 1910–1942*. 2. Aufl. Austin & London.
Lemke, Thomas (2000): »Neoliberalismus, Staat und Selbsttechnologien. Ein kritischer Überblick über die Governmentality Studies«. In: *Politische Vierteljahresschrift*, Jg. 41, Nr. 1, S. 31–47.
London, Jack (1914): »The Trouble Makers of Mexico«. In: *Collier's Magazine*, Jg. 53, vom 13. 6. 1914, S. 13–14.
London, Jack (1991): *Mexico Intervenido. Reportajes desde Veracruz y Tampico, 1914*. Mexico.
McCright, Grady E. (1979): »Pershing's Airwar in Mexiko«. In: *Aviation Quarterly*, Jg. 1979, Nr. 5 (4), S. 348–357.
McWilliams, Carey (1931): »The Mystery of Ambrose Bierce«. In: *American Mercury*, Vol. XXII, Nr. 87. New York, S. 330–337.
O'Connor, Richard (1968): *Ambrose Bierce, a Biography*. London.
O'Reilly, Edward S. (1918): *Roving and Fighting. Adventures under Four Flags*. London.
O'Shaughnessy, Edith (1916): *A Diplomat's Wife in Mexico*. New York.
Obregón, Alvaro (1917): *Ocho mil kilometros en campaña*. 2. Aufl. Mexico, 1970.
Oles, James (1993): *South of the Border. Mexico in the American Imagination 1914-1947*. Washington – London.
Orellana, Margarita de (1982): *Le Regard Circulaire. Le Cinema Americane dans la Revolution Mexicaine (1911-1917)*. Diss. Paris.
Orellana, Margarita de (1991): *La mirada circular. El Cine Norteamericano de la Revolución mexicana 1911-1917*. Mexico.
Ramsaye, Terry (1926): *A Million and One Nights. A History of the Motion Picture*. 2 Bde., London, Bd. II.
Reyes, Aurelio de los (1985): *Con Villa en México. Testimonios sobre Camarógrafos Norteamericanos en la Revolución 1911-1916*. Mexico.
Riera, Emilio Garcia (1987): *Mexico Visto Por El Cine Extranjero*. Vol. 1: 1894-1940. Guadalajara.
Vanderwood, Paul J. & Samponaro, Frank N. (1988): *Border Fury. A Picture Postcard Record of Mexico's Revolution and U.S. War Preparedness, 1910-1917*. Albuquerque.
Walsh, Raoul (1974): *Each Man in His Time*. New York.

Michaela Ott

Kriegsmaschine Hollywood

Auffällig ist die Masse an Kriegsfilmen, die rund um die Jahrtausendwende in Hollywood produziert worden ist: Von PRIVATE JAMES RYAN/DER SOLDAT JAMES RYAN (Steven Spielberg, 1998) über ARMAGEDDON (Michael Bay, 1999), THE SIEGE/AUSNAHMEZUSTAND (Tony Scott, 2000) und andere bis zu STAR WARS, EPISODE 1 und 2 (George Lucas, 1999/2002) spannt das Hollywood-Kino ein Kriegsphantasma aus, das sich von der Bearbeitung realen Kriegsgeschehens über staatsinterne Kampfhandlungen bis zu kosmischen Kriegsführungen und futuristischen Sternenkriegen erstreckt. Hollywood feiert Krieg – das sticht ins Auge, wenn man dieses Kino rund um die Milleniumswende in Augenschein nimmt.

Ohne darin vorschnelle Analogien zu realen Kriegshandlungen erblicken zu wollen, seien diese Filme doch als Symptome verstanden, die unter folgenden Fragen zu analysieren sind: Warum diese fortgesetzte filmische Kriegserklärung? Wozu dient sie Hollywood, welche Phantasien werden in diesen Filmen in Umlauf gebracht? Welche konkreten Kriegsszenarien werden eröffnet, welche symbolischen Ordnungen präsentiert, welche Bildstrategien vorgeführt?

Die Antworten sind auf verschiedenen Ebenen zu suchen und haben mit den Produktions- und Distributionsbedingungen der Filme ebenso wie mit dem Hollywood-Sendungsbewusstsein und den technischen Herausforderungen der digitalen Bilderstellung zu tun. Der Kriegsboom des Großkinos erklärt sich zunächst aus dem inneren Zwang der Hollywood-Bildmaschinerie selbst: Schon aus markttechnischen und Konkurrenzgründen muss sich die Bildproduktion fortgesetzt überbieten, die alten Bilder vertreiben, den Schauplatz leeren. So motivieren zunächst der Kampf um bildliche Statthalterschaft und Box-Office-Rekorde die Inszenierung von Kriegsgeschehen: ARMAGEDDON schlägt INDEPENDENCE DAY, MATRIX RELOADED überbietet STAR WARS, MATRIX REVOLUTION übertrifft seine Vorgängerserien, was die Kühnheit der virtuellen Bilder, die Geschwindigkeit des Schnitts, die Länge der Kampfszenen, das Phantastische des Geschehens betrifft. Im Sinn der Legitimation des sich fortgesetzt steigernden Bild- und Kampfeinsatzes sehen die Plots maximale Bedrohungsszenarien vor, die einerseits die Notwendigkeit des visuellen Überblicks über die Erde, im Zweifelsfall sogar bildtechnische Kontrolle über den Weltraum plausibilisieren und diesen – wie in STAR WARS – visuellen Verteilungskämpfen zwischen guten und »dunklen« Mächten unterstellen, andererseits technisch innovative digitale Bildmassen aufrufen, die gegen die beschränkten analogen ins Feld zu führen sind. Im Filmkrieg wird, so meine Vermutung, einerseits ein Wettstreit in Sachen technischer Innovation auf der Bildebene, andererseits ein Stellvertreterkampf um die Anrechte auf Sichtbarkeit ausgefochten, welcher, wie uns die Weltraumsatelliten zeigen, nicht mehr lokal, national, sondern global und sogar kosmisch ausgetragen wird.

Paul Virilio hat die Nähe von Film und Krieg bekanntlich nicht nur in der medialen Verwandtschaft von Gewehr und Foto- bzw. Filmkamera und in der optischen Erschließung der Außenwelt erblickt, sondern zunehmend auch in den sciencefictionartigen Projektionen dieser Filme, welche Feindbegegnungen und -konstruktionen wie im militärischen Planspiel antizipieren.[1] Da seit dem Golfkrieg, wie auch Jean Baudrillard in *La guerre du Golfe n'a pas eu lieu (1991)* herausstellt, der reale Krieg als Wiederholung von digitalen Simulationen geführt wird, kann zwischen realem Einsatz und modellhafter Kriegsführung im Bild selbst nicht mehr unterschieden werden. Virilio nimmt daher an, dass der Sinn gewisser Filme in der antizipatorischen Konstruktion, im Planspiel globaler Kontrolle und im virtuellen Strategiespiel künftiger Kriegsoperationen liegt:

»*Als die Nähe dank der Prothesen der beschleunigten Reise [...] irrelevant wurde, ergab sich die Notwendigkeit, ein vollständig simuliertes Erscheinungsbild herzustellen, die dreidimensionale Wiedergabe der Totalität der Information; die Bewegungslosigkeit, die der militärische Entscheidungsträger mit dem Zuschauer teilte, erforderte eine holographische Prothese, die ihren einmaligen Blick in Zeit und Raum in ständigen Blitzen in jede Richtung des Raums und der Zeit vervielfältigt. Was sich schon im flash-back zeigte, die Miniaturisierung des chronologischen Sinns, war das unmittelbare Ereignis einer militärischen Technologie, bei der sich seit jeher die Ereignisse in theoretischen Zeiten abspielten, bei der, wie später beim Kino, nie ein einziges Zeit- und Raumprinzip das Geschehen strukturierte, sondern dessen relative und akzidentelle Verzerrung: die Fähigkeit zum Gegenschlag hing immer schon ab von der Fähigkeit zur Vorhersage.*« (Virilio 1989: 117)

Wenn Paul Virilio betont, dass Filme antizipierende Projektionen in Sachen Feindkonstruktion und Feindbegegnung sind, so scheinen sie heute vor allem Antizipationen in Sachen globaler und kosmischer Inblicknahme, Projektion virtueller Feinde, Kontrolle realer und imaginärer Sichtverhältnisse und Überwachungsdispositive zu sein.

Dabei fällt zunächst auf, dass die Filme, ob sie nun realistische oder phantastische Kriegsfiktionen bieten, als Kriegsgrund zumeist die strukturellen Verschie-

---

1. Paul Virilio weist in seiner Schrift *Krieg und Kino. Logistik der Wahrnehmung* (1989) die historische Zusammengehörigkeit von Krieg und Film nicht nur in dem Sinn nach, dass die Kriegsführung durch den Einsatz optischer Medien verändert und der Krieg erstmals in der Strategie der Nationalsozialisten zu einer visuellen und auditiven Inszenierung geworden ist. Er rechnet darüber hinaus den Film selbst zu den Waffen und parallelisiert Kriegstechnik und Kriegsstrategie mit bestimmten filmtechnischen Neuerungen wie der Einführung der Farbfilmproduktion mit Beginn des 2. Weltkriegs. Die Techniker, die im 2. Weltkrieg für militärische *special means* verantwortlich waren, verwandten ihre Kenntnisse nach dem Krieg auf die Produktion kinematographischer *special effects*: Die Shepperton-Studios bauten 1978 die Dekorationen für die ALIEN-Filme; über deren Geheimhaltung wurde wie über militärische Geheimnisse gewacht. Das Raumschiff Nostromo aus ALIEN enthielt zahlreiche reale Bestandteile, die von Kreuzern, Panzern und Bombern des 2. Weltkriegs stammten. Die von John Dykstra für den Film STAR WARS entwickelte Dykstraflex-Kamera, die an einen ihre Bewegungen registrierenden Computer angeschlossen ist, baut auf einem System auf, das zunächst für das Pilotentraining der Air Force bestimmt war. Insofern bestünde »die Macht des Regisseurs, wie des Militärs, weniger im Imaginieren als im Voraussehen, im Simulieren und im Memorieren von Simulationen« (144f.). Allerdings sah Virilio die Zeit des Films mit der Entwicklung der Videokamera, kraft welcher sich jeder seine eigene Realität konstruiert, an sein Ende kommen.

bungen innerhalb der Gesellschaftsordnung, die Auflösung der Kleinfamilie, aber auch die neuen Möglichkeiten visueller Ermächtigung Einzelner oder gewisser innerstaatlicher Korporationen anführen. Das Kriegsszenario spielt in der Folge die Fiktionalität der symbolischen Ordnung aus, die, wenn von staatlichen Organen, von Einzelnen oder, wie hier nicht selten phantasiert, von außerirdischen Feinden nicht anerkannt, in ihrer Konventionalität und mangelnden naturgesetzlichen Grundlegung offengelegt wird. Der Krieg beginnt nicht selten mit dem Bild der Deregulierung des Kerns der symbolischen Ordnung, mit einem innerfamiliären Krieg: In THE SIEGE (Edward Zwick, USA, 1998) kann der spätere Konfliktvermittler seine Frau und Tochter nicht zur Kommunikation miteinander bewegen, in ENEMY OF THE STATE (Tony Scott, USA/Deutschland, 1998) hebt der Krieg mit einer Ehekrise an, in INDEPENDENCE DAY (Roland Emmerich, USA, 1998) werden die Helden als familienvergessene egoistische Einzelgänger vorgeführt, die vor ihrem Einsatz ihre Ehen erneuern oder ihre Partnerschaften legalisieren …

Ohne diese psychischen Uneindeutigkeiten und realen Nichtfestlegungen, so wird deutlich gemacht, würden jene feindlichen Kräfte nicht greifen können, die sich das staatliche Vorrecht auf Einsatz von Gewalt wie auf gewisse Strategien der Sichtbarmachung anzueignen und gegen die herrschende Ordnung zu kehren bestrebt sind. Nur ein Mann, dessen Frau an seiner Treue zu zweifeln Gründe hat, kann Zielscheibe der Geheimdienste und Opfer der Nachstellung von Feinden werden. Auf die gesamte Kriegsfilmproduktion und ihre zum Teil kosmischen Kriegserklärungen übertragen bedeutet dies: Die Erde wird eines verborgenen moralischen Makels verdächtigt – der freilich nur in der Abweichung von der gesellschaftlichen Konvention zu suchen wäre –, weshalb sie sogar kosmischen Großangriffen ausgesetzt ist.

Hierin zeigt sich bereits eine gewisse Ambivalenz der Hollywoodkriegsproduktion: Wie die angeklagten, weil ihre Kompetenzen und den Bereich des Legalen überschreitenden Geheimdienste, Spezialagenten und Militärs, rivalisieren die Filme selbst um die besten Bild- und Dekodierungsmedien, liefern sich einen Bilderkrieg, der idealer Vorwand zur Ausbreitung vielfacher, auch imaginärer Blickverhältnisse und phantastischer Szenarien und zur Überschreitung der symbolischen Ordnung wird. Dabei können sich Einzelne wie in THE SIEGE zum Souverän erklären und den Ausnahmezustand ausrufen, kann die eigene Bevölkerung zum Feind erklärt, nach visuellen Kriterien inspiziert und durchforstet und ein unterschwelliges rassistisches Phantasma ausagiert werden. Mittels fiktiver Außerkraftsetzung der Verfassung oder Aufweichung rechtlicher Grenzen eröffnet sich die Möglichkeit der Durchleuchtung normalerweise nicht zugänglicher Räume, was reizvolle neue und andere Bilder zur Verfügung stellt. Darüber hinaus phantasieren die zugespitzteren futuristischen Visionen Endzeitzustände, Untergangsszenarien und postapokalyptische Welten, die ansatzweise andere symbolische Ordnungen zum Vorschein bringen, schon weil in ihnen die gewohnten Abbilder des Irdischen in apokalypseähnlichen Explosionen und Zersplitterungen zergehen.

In diesem Sinn entfaltet sich die Dramaturgie der Kriegsfilme vor allem in duellistischen Strukturen und Freund-Feind-Konstellationen. Sie wiederholt dabei die von Deleuze im Zusammenhang mit den Westernfilmen vorgestellte Struktur des »l'image-action/Aktionsbilds«[2] und folgt wie diese der »grande représentation organique/großen organischen Repräsentation« des »realistischen« Films. Darin erscheint die Ausgangssituation in modifizierter Weise am Ende wiederhergestellt, das Abweichende, Heterogene, das Anlass gab zur Durchführung der spektakulären Aktion, in die normierten Milieus zurückgeführt:

»*es gibt eine oder mehrere tragende Bezugsgruppen, die homogen und durch die Orte, die Interieurs, die Kostüme genau definiert sind [...] ; dann gibt es die mehr oder weniger heterogene, durch Zufälle oder besondere Umstände zusammengewürfelte, aber dennoch funktionale Gruppe, auf die der Held trifft. Und schließlich gibt es einen großen Abstand zwischen der Situation und der zu unternehmenden Handlung, ein Abstand, der nur dazu da ist, aufgehoben zu werden.*« (Deleuze 1997: 223)

Zum Zweck der Schließung dieses Abstands werden – im Vergleich zum Western allerdings vervielfachte und vergrößerte – Duelle in Serie zwischen jener homogenen und der heterogenen Gruppierung aufgeboten. »Die Handlung ist ein Duell von Kräften, eine Reihe von Zweikämpfen« (a.a.O.: 194), kraft welcher nicht nur »binomische« Bilder entstehen und eine zyklische Dramaturgie geschlossen wird. Entscheidender sind die trotz duellistischer Konstellation sich vollziehenden Vorgänge der Affizierung der beiden Seiten, welche eine unkontrollierte Bewegung der – zumeist männlichen – Kontrahenten und eine Unschärfezone eröffnen, dank welcher sich die traditionelle symbolische Ordnung einerseits verschiebt, andererseits, in gewissen phantasmatischen Korrekturen neu begründet, am Ende gestärkt wiedersteht.

Diese in kämpferischen Begegnungen eröffneten Unbestimmtheitszonen bringen schließlich jene Formation in Erinnerung, die für Deleuze und Guattari in *Mille Plateaux/Tausend Plateaus* (1980) unter »machine de guerre/Kriegsmaschine« figuriert: Sie verstehen darunter allerdings nicht militärische Formationen oder andere staatliche Angriffs- oder Verteidigungsinstanzen, sondern alle Größen und Vorgänge, die sich gegen den Staat, seine Verwaltungsstrukturen, Gesetze und Subjektivierungsverfahren richten:

»*Es wird klar, dass Banden ebenso wie weltweite Organisationen eine Form voraussetzen, die sich nicht aus dem Staat ableiten lässt, und dass diese Form der Exteriorität sich notwendigerweise als diffuse und polymorphe Kriegsmaschine darstellt. Es handelt sich um einen Nomos, der etwas ganz anderes ist als das ›Gesetz‹. Die Staats-Form als Form der Interiorität neigt dazu, sich selbst zu reproduzieren, sie bleibt sich trotz aller Veränderungen gleich und ist innerhalb der Grenzen der Pole leicht erkennbar, weil sie immer öffentliche Anerkennung sucht [...]. Aber die Form der Exteriorität der Kriegsmaschine existiert nur in ihren Metamorphosen; sie existiert in einer industriellen Erneuerung, in einer technologischen Erfindung, in einem Handelskreislauf, in einer religiösen Schöpfung, in all*

---

2. Vgl. Gilles Deleuze, »L'image-action«, in: *Cinéma 1. L'image-mouvement* (IM), Paris: Ed. de Minuit, 1983, S. 196-242; »Das Aktionsbild«, in: *Das Bewegungs-Bild,* übers. v. U. Christians und U. Bokelmann, Frankfurt a.M., 1997, S. 193–240.

diesen Strömen und Strömungen, die sich nur sekundär vom Staat aneignen lassen. Nicht *als Unabhängigkeit, sondern als Koexistenz und Konkurrenz, als ständiges Interaktionsfeld muss man sich das Verhältnis von Exteriorität und Interiorität, von der Kriegsmaschine der Metamorphosen und den Staatsapparaten der Identität, von Banden und Königreichen, von Megamaschinen und Imperien vorstellen.«* (Deleuze/Guattari 1992: 494)

Als neue, bewegliche, nomadisierende Existenzform irritiert und durchkreuzt dieser andere Nomos die überkommenen Strukturen, führt affektgesteuerte Interaktionsfelder, unscharfe Zwischenzonen, flüchtige Ereignisse ein und eröffnet neue Bereiche des Sichtbaren und Erzählbaren. Daher wird er auch bestimmt als

»unermessliche Mannigfaltigkeit, die Meute, das Hereinbrechen des Ephemeren und der Wandlungsfähigkeit. Er löst Bindungen und bricht Abkommen. Er führt Furor gegen das Maß ins Feld, Schnelligkeit gegen Schwerfälligkeit, Geheimnis gegen Öffentlichkeit, Macht gegen Souveränität« (a.a.O.: 483).

Der Begriff der Kriegsmaschine dient den Autoren in diesem Sinn neben der historischen Rekonstruktion eines Außen von staatlichen und subjektiven Gebilden, das im Sinne Michel Foucaults (1990) auch als »Heterotopie«, als im Innern Ausgeschlossenes, begriffen werden kann, zur epistemologischen Erfassung von Werdensprozessen allgemein. In diesem Sinn sehen sie Kriegsmaschinen auch in symbolischen Produktionen wie Text- und Bildverfahren gegeben, sofern diese die überlieferten Strukturen und Klischees verzeitlichen, tendenziell entfigurieren und in Richtung Unkenntlich-Werden transformieren. Da für Deleuze und Guattari alle Werdensprozesse mit einer Dekodierung des herkömmlichen männlichen Selbstverständnisses und einem Frau- und Tier-Werden beginnen, wird verständlich, dass für sie der Krieger »vor allem für eine andere Beziehung zu Frauen und Tieren [steht], denn er sieht alle Dinge in Beziehungen des Werdens, anstatt binäre Aufteilungen zwischen »Zuständen« vorzunehmen: ein regelrechtes Tier-Werden des Kriegers, ein regelrechtes Frau-Werden« (Deleuze/Guattari 1992: 483). Die Kriegsmaschine erweist sich damit als dem Filmischen kongeniale Prozessualität: Insofern der Film Bildliches in seiner Bildfolge transformiert und jegliches Bild als Ausschnitt aus einem unendlichen Zeitstrom erscheinen lässt, arbeitet er dem zu, was Deleuze als »Zeit-Bild« bezeichnet. Filme sind im Verständnis von Deleuze umso mehr Kriegsmaschinen, als sie die Zeitlichkeit selbst zum Subjekt werden lassen, dieser die innerfilmischen Bewegungen und sensomotorischen Abläufe unterordnen, sie in unabhängigen Opto- und Sonozeichenserien vervielfältigen und sich damit dem entziehen, was oben als »Aktions-Bild« bezeichnet worden ist.

Insofern sind die hier zur Verhandlung stehenden Hollywood-Filme mit kriegerischer Thematik Zwitter, als sie sich einerseits einer stereotypen Bewegungsbild-Dramaturgie unterstellen, andererseits diese in kriegsmaschinenähnlichen Taktiken außer Kraft setzen, innerhalb der Narration Weisen des Alinear- und Unkenntlich-Werdens, innerhalb der Bildlichkeit Zonen des Unkenntlich- und Unsichtbar-Werdens eröffnen. In innerdiegetischen Interaktionsfeldern konfrontieren sie die außerstaatlichen Kriegsmaschinen mit dem staatlichen und gegebenenfalls transstaatlichen Kriegsapparat und seinen Organen und entfalten

Unbestimmtheitszonen, dank welcher die Narration schlingert und die Bilder sich entfigurieren, für Momente Zeitbilder entstehen und die Filme ihren Stereotypen selbst den Krieg erklären.

Auffällig ist in den hier zu erörternden Filmen, dass die duellartigen Begegnungen mit visuellen Operationen der Überwachung und Durchleuchtung einhergehen und der Krieg vor allem um die Möglichkeit des Einsatzes optischer Medien, elektronischer Angriffe und gewisser Bildermächtigungsstrategien ausgetragen wird. Dabei zielen die Kriegsfilme auf die Erweiterung des Räumlichen und Sichtbaren über die menschliche Perspektive hinaus, bis hin zur Erdumlaufbahn oder sogar in den Kosmos hinein. Das Blickverhältnis wird vorzugsweise mit Satellitenfotos und Bildern aus der Vogelperspektive als Außenschau auf die Erde und das US-amerikanische Territorium eröffnet. Zusätzlich werden die Überwachungsdispositive durch Arten elektronischer Durchleuchtung normalerweise nicht zugänglicher Innenräume ergänzt.

Mit der genannten ambivalenten Haltung wird das filmische Verfahren selbst, das innerdiegetisch als Ablösung der Blicke von den menschlichen Trägern und deren Übertragung auf allgegenwärtige Beobachtungs- und Aufzeichnungsmedien wie Verkehrsüberwachungskameras und Satelliten wiederholt wird, als denkbar größte Bedrohung phantasiert. Die Instanzen der Sichtbarmachung von oben werden vorgestellt als Blicke, die bedrohen, weil sie nicht zu sehen sind und sich der Rückkoppelung entziehen. In diesem Sinn wird die Blicksituation in den Kriegsfilmen zum Teil als Schicksal phantasiert: Der Blick des anderen erscheint als von den medialen Apparaturen je schon angeeignet, in einem unsichtbaren Außerhalb wiederholt und fixiert. So wird der innerdiegetische Krieg auch gegen diese sekundäre Unausweichlichkeit und ihre vereindeutigenden Abbildstruktur gefochten, als Form des Austritts aus der verordneten Sichtbarkeit, des Unkenntlich-Werdens der Kriegsmaschine selbst und als deren Gegenoperation, die nun die Szene ihrerseits durch Überwachungsbilder doppelt und den Blick des anderen reflektiert. Allerdings dient die als unüberschaubar phantasierte Räumlichkeit und ihre undurchsichtigen Blickverhältnisse nicht der generellen Problematisierung des Bildes und nur vorübergehend der Freisetzung einer Zeitbildlichkeit. Die Gegenoperation des Films selbst besteht – in Nähe zur staatlichen Kriegsoperation und der ihrer Organe – in der möglichst hohen Verdichtung der Bilder, in der Überlagerung des Filmbilds durch Bilder anderer Herkunft, die auf Dokumentation, Beweis und Kontrolle zielen.

In der Absicht, den Film als höchstes Bedrohungsszenario zu offerieren, werden die Opponenten der Staatsmaschine zwar unterschiedlich, aber zunehmend gefährlicher, phantasiert: als Gefahren von außen, überdimensionale Naturmächte, Meteoriten, Flutwellen, extraterrestrische Mächte, Mond-, Mars- und Vegabewohner, die in feindlicher Absicht die Erde angreifen, oder als Gefahren von innen, Personen oder Korporationen, die, weil sie im Besitz von visuellem Geheimmaterial oder optischer Operatoren sind, diese gegen die demokratische Ordnung auszuspielen in der Lage sind. Gegen sie wie gegen die Feinde von außen wird die geballte nationale bis transnationale Staatsmaschinerie aufgeboten, welche sich den anderen Nomos – wie in THE SIEGE und INDEPENDENCE

DAY – anzueignen und gegen ihn zu kehren sucht. Siegreich wird die nomadische Kriegsmaschine, wenn sie, an die Ränder der symbolischen Ordnung abgedrängt, den Verlust der Anerkennung verlängert, in Taktiken der Verwandlung und des Unsichtbar-Werdens überführt, aus klandestinen Positionen heraus gegen die Staatsmaschine und ihre Blickhoheit ankämpft, mit eigenen Blickermächtigungsstrategien zurückschlägt und, weil beweglicher und schneller, ihr zuletzt zuvorkommt. Insofern ließe sich sagen, dass die Kriegsmaschine innerdiegetisch nichts anderes tut, als das filmische Verfahren zu wiederholen: aus der Unsichtbarkeit heraus um Sichtbarkeit zu kämpfen, virtuelle Bildlichkeit zu aktualisieren.

Aus diesem Grund ist es einerseits nicht verwunderlich, dass das Hollywood-Kino eine besondere Neigung zu Kriegsfilmen hat, werden sie ihm doch willkommener Anlass zu innovativer Bildproduktion, zur Beschleunigung der innerfilmischen Transformation und rein visuellen Demonstrationen, aber auch zur Linearisierung des Geschehens in fortgesetzten Duellen, in denen es zu immer ausgedehnteren Kampfperformanzen, damit zur Stagnation der Narration und nicht selten zur Außerkraftsetzung der symbolischen Ordnung kommt, auch wenn gegen Ende die traditionelle Ordnung wiederhergestellt, allerdings unter Umständen auch als apokalyptischer Zustand erscheint.

So fällt insgesamt eine Doppelstrategie der Hollywood-Kriegsführung auf: Während sie in den Establishing Shots und den refrainartig wiederkehrenden Totalen den visuellen Überblick sucht und das Geschehen bildlich zusammenfasst, frönt sie in der Durchführung, in den bewegten Sequenzen schnell geschnittener Halbnahen, einer optisch unübersichtlichen Kriegstaktik, die zudem die Aktion hinter überexponiertem Visuellen, hinter pulsierenden Raumbildern mit beweglichen Zeichengeschossen, häufig explodierenden Bildfeldern, sich entfigurierenden Bildkompositionen und zusätzlichen Soundgeschwadern verschwinden lässt. Und wie einerseits die optische Kontrolle als Pathologie und als Anfang der Aushebelung der symbolischen Ordnung phantasiert wird, gegen welche Strategien des Abtauchens und der Reparatur aus der Unsichtbarkeit aufzubieten sind, gilt als Feind innerhalb des sich globalisierenden Imaginären Hollywoods, das auch eine Durchlässigkeit der Filmblicke gegeneinander fordert, derjenige, der sich unsichtbar macht und daher in einem Bildersturm gesucht und fixiert werden muss. Dieser Bildersturm erfolgt als Verdoppelung des Filmbilds durch zahllose Bilder anderer Herkunft, gleichsam als dessen innere Kontrolle durch quasi-dokumentarische Aufnahmen aus Satelliten- und Überwachungskameras, durch analoge und digitale Fernseh-, Video- und Computerbilder. Der Kriegsfilm lebt solchermaßen von einer hochpotenzierten Blickszene, in der sich die Blicke wechselseitig fangen und erlegen – worin zuletzt der Witz der filmischen Kriegsoperation besteht.

In diesem Sinn untersteht der Hollywood-Kriegsfilm der extremen Herausforderung, in zyklischen Dramaturgien und duellhaften Narrativen, in erweiterten und zugleich geschlossenen Blickverhältnissen spektakulär Neues zur Austragung zu bringen, symbolische Niemandsländer wie immanente Zonen der Unsichtbarkeit zu eröffnen. Dem Zwang, zu Recht und Ordnung zurückzukehren und diese erneut in der ödipalen Struktur zu begründen, korrespondiert der Zwang, Heldentaten als Sprengung der herkömmlichen Ordnungs- und Blickverhältnisse, als aktive und visuelle Kämpfe, als Selbstlöschung herkömmlicher Bilder bis hin zu deren Transformation in ein fließendes, grenzenloses und abstrakt werdendes Visuelles und als Sprengung der herkömmlichen Zeitstrukturen zu inszenieren – aufgrund dieser gegenläufigen Tendenzen unterstehen die Filme gewaltigen inneren Zerreißproben und erklären sich filmimmanent selbst den Krieg.

1. Staatsinterne Kriegsmaschine

Als Beispiel für die Eröffnung einer Kriegsmaschine im Innern des US-amerikanischen Staates sei hier der Actionthriller ENEMY OF THE STATE/STAATSFEIND NR. 1 von Tony Scott (USA/ Deutschland, 1998) – eine gewisse Fortsetzung von Francis Ford Coppolas THE CONVERSATION – vorgestellt. Mit kritischem Unterton wird der drohende innerstaatliche Krieg aufgrund des Realität werdenden umfassenden Überwachungsdispositivs als filmische Ausgangssituation dargeboten und die Notwendigkeit einer inneren Kriegsführung dagegen plausibilisiert. Der Film zeigt noch vor dem Vorspann, wie ein leitender Beamter der National Security Agency (NSA) einen republikanischen Kongressabgeordneten bei dessen Spaziergang mit Hund zu überreden sucht, dem »Telekommunikationssicherheitsüberwachungsgesetz« im Kongress zuzustimmen. Die Einwände des Politikers, dass er die Eingriffe in die Privatsphäre und den Überwachungsstaat nicht befürworten könne und es wichtigere gesellschaftliche Probleme gebe als die nationale Sicherheit, beispielsweise die Arbeitslosigkeit, beantwortet der Sicherheitsagent damit, dass die USA, weil die reichste und mächtigste und damit auch am meisten gehasste Nation, sich ständig im Krieg befinde, »24 Stunden täglich«. Erst nachdem der Politiker, der dieser Vision nicht stattgeben möchte, von Helfershelfern umgebracht und sein Auto im See versenkt ist, erscheinen Titel und Vorspann.

Der Schrift unterlegt sind rasch wechselnde digitale – vermeintlich dokumentarische – Aufnahmen aus Überwachungskameras, die aus großer Höhe Bilder des US-Territoriums liefern, Totalen mit Fadenkreuz von Satelliten, aus Hubschrauber-, Verkehrsüberwachungs- und anderen Kameras, Bilder von Städten, Straßen, Flugplätzen, aber auch von Innenräumen, Gefängnissen mit Gewaltszenen, die in schnellen Rundschwenks verschiedene amerikanische Städte in einem kontinuierlichen Überwachungsblick verbinden. Sie suggerieren, dass der Überwachungsstaat bereits Realität geworden ist; der Film bezieht seinen Thrill aus der lustvollen Inszenierung dieser totalen Selbstüberwachung, der Doppelung, Verdichtung und Verschiebung des beobachtenden Kamerablicks.

Nicht nur erscheint jeder Quadratzentimeter des Territoriums einsehbar und kann dank der Dichte der Kameras, ihrer Präsenz an sämtlichen öffentlichen Orten und in allen Geschäften, dank ihres Verbunds mit Computernetzen und Datenbanken jede einzelne Person binnen kurzem »durchsichtig« gemacht werden und der Geheimdienst in kürzester Zeit interagieren. Die Ambivalenz gegenüber diesem vielfältigen Blick von außen wird hier zum Vorwurf des Films. Ausgebreitet wird eine Blicksituation, in der die Filmkamera auf von Blicken gehetzte Personen blickt, dabei teils die Blicke der Überwacher und Verfolger doppelt, insgesamt diese ihrerseits überwacht. Der Film spielt mit der paranoischen Vorstellung einer unausgesetzten Überwachung und potenzierten Beobachtung, die er als Film ein weiteres Mal wiederholt, wobei er innerdiegetisch die Blicke gegeneinander ausspielt und aus Weisen des Unsichtbar-Werdens, die er nun selbst nicht nachvollzieht, die Gegenwehr hervorgehen lässt.

Vorgeführt werden Beobachter von Beobachtern in Serie, wobei verdeutlicht wird, dass, wer um seine Beobachtung nicht weiß, blind und naiv ist und um sein Leben fürchten muss. Die Narration, die mit der Beobachtung blinder Männer anhebt, zeigt, dass sterben muss, wer zwar gesehen hat – in diesem Fall das Bild des Mords an dem Politiker –, aber seinem Gesehen-Werden nicht zuvorkommt und daher in eine staatliche Verfolgungsmaschinerie gerät, die rund um das Sehen in Gang gesetzt wird.

Die Narration entfaltet sich mithin auch als Lernprozess des Sehens, in dem der Verfolgte lernt, sich selbst im Blick der anderen zu sehen, um diese Vorgängigkeit in Zukünftigkeit zu verwandeln und die Szene des Blicks umzukehren. In der allseits überwachten Welt entkommt nur, so lehrt der Film, wer die Taktiken des Unsichtbar-Werdens beherrscht. Nicht nur muss man sich aus allen Überwachungssystemen ausklinken, sondern die Augen des Gegenübers, die Wanzen, gegen diesen kehren, bis der Gegner sich auf jedem Monitor selbst erblickt. Die Narration führt so einerseits eine virtuelle Falte in der als durchsichtig gedachten Welt vor, zeigt aber auch, dass die Szene des Blicks in den visuellen Medien zumeist eine des Kurzschlusses mit dem Selben ist.

Das Geschehen zieht sich auf den schwarzen Rechtsanwalt Bob Dean (Will Smith) zusammen, der die Interessen von Arbeitgebern im Streit mit Gewerkschaftern und Mafiabossen vertritt und seinerseits mit heimlich aufgenommenem Videomaterial seine Gegner unter Druck zu setzen sucht. Der Handlungsstrang entspinnt sich als Staffellauf: Ohne sein Wissen nimmt Bob Dean den Platz eines Mannes ein, der unabsichtlich mit einer Tierbeobachtungskamera jenen Politikermord aufgezeichnet hat und beim Versuch der Übergabe seines Materials an den Redakteur einer linksliberalen Zeitung von NSA-Agenten zu Tode gehetzt wird, nicht ohne vorher sein Material in die Tasche von Bob Dean gleiten zu lassen, der davon jedoch nichts merkt. Der Suspense und eine gewisse Komik rühren folglich daher, dass wir mit den Augen der NSA auf den Unwissenden blicken, während dieser die Widrigkeiten, die sich vor ihm auftun, nicht durchschaut. Gezeigt wird eine Jagd, in der der Gejagte nach und nach zum Jäger reift.

Dabei ist der eigentlich Gejagte ein Video, welches gesehen hat, verschwunden und nicht mehr zu finden ist. Mit dem Bild des Politikermords reißt es ein Loch in die symbolische Ordnung und in jene Geheimorganisation, die die Verfügungsgewalt über das Sehen zu haben meint, zieht das Geschehen in eine Fluchtlinie, die alle Beteiligten in eine sich linearisierende Bewegung versetzt. Alle laufen allen hinterher und werden zu Beobachtern zweiter Ordnung: Das Video beobachtet die Geheimpolizisten, die Bob Dean beobachten und ihrerseits vom FBI beobachtet werden, welches wiederum von der Filmkamera beobachtet wird – ein Dispositiv, das der Film allerdings nicht zur Selbstreflexion erhebt.

Der Schwarze wird – schon aufgrund der ihm unterstellten moralischen Zwielichtigkeit – zur paradoxen Inkarnation des gläsernen Menschen. Am Nullpunkt der Identität, ohne Ausweis und Kreditkarte, seines Jobs und seiner Frau verlustig gegangen und zudem tödlich bedroht, muss er sich in einen Prozess des Asubjektiv-Werdens und des Gesichtsverlusts begeben: Um seinen Verfolgern zu entkommen, muss er seine verwanzte Kleidung abwerfen und in Unterwäsche im Großstadtdschungel untertauchen. Er wird Teil einer Kriegsmaschine, die sich nicht zufällig im Duo entfaltet, als Verschiebung zweier Personen, von Bob Dean und dem im Untergrund arbeitenden Überwachungsexperten Brill (Gene Hackman) gegeneinander und als deren wachsendes Affektverhältnis. Der einsame Krieger Brill, der in einem abhörsicheren Bunker an einem heterotopischen Ort haust, führt den unfreiwillig ins Visier Geratenen in die Guerilataktik der visuellen Selbstermächtigung ein, indem er ihn lehrt, die Unsichtbarkeit zur Bedingung der Möglichkeit von Sehen zu machen und nun seinerseits den Gegner auszustellen. Unter einer Autobahnbrücke, an einem nicht einsehbaren Ort, kapert das Duo ein Auto und entzieht sich durch Verzicht auf elektronische Kommunikation der Verfolgung, baut dafür die Wanzen in die Monitore der Verfolger ein und liefert diese schließlich dem FBI als der ranghöchsten Überwachungsinstanz aus.

Die symbolische Ordnung des demokratischen Staates wird hier wie in anderen Filmen als von inneren Organen bedroht vorgeführt, weshalb sich der Film selbst in gewisser Weise als Schutzmaßnahme dagegen empfiehlt. Als Staatsfeind Nr. 1 erweist sich so einerseits der schwache demokratische Staat, Opfer seiner Geheimdienste und ihrer Rivalitäten, andererseits das Blickmonopol und seine Bedrohung der symbolischen Ordnung, wovon der Film profitiert, da er daraus seine visuellen Strategien bezieht und tut, was dem Geheimdienst innerdiegetisch vorgeworfen wird. Der Film eignet sich die visuelle Kriegsmaschine in dem Sinne an, dass er wie sein Held der allseitigen Sichtbarmachung vorauseilt, sie in Potenz wiederholt und über die Ausleuchtungsoperateure triumphiert. Er erweist sich allerdings nicht als Krieger, da er kein Unkenntlich-Werden des Bildes erlaubt, selbst keine guerillaartigen Bildstrategien entfaltet, vielmehr eine Ansicht von Welt bietet, in der es keinen ungesehenen Ort und kein unbekanntes Bild mehr gibt, in der die virtuelle und unverfügbare Kehrseite des Bildlichen das Abbild nicht entstellt oder verrückt und kein Platz für Imagination übrig bleibt.

2. Globale und kosmische Kriegsführungen

Der »Familienfilm« INDEPENDENCE DAY des deutschen Regisseurs Roland Emmerich (USA, 1998) entwickelt neue Standards für die bildliche Kriegsführung, insofern der Angriff einer biologischen Kriegsmaschine aus dem All, deren tödliche Bedrohung der Erde und der darauf folgende spektakuläre Gegenangriff als viraler, militär- und informationstechnischer sowie digital ermöglichter Gegenschlag, aber auch vorübergehend als Akt der Blendung und der Bildexplosion vorgeführt werden.

Aggressive Mondbewohner, die in überdimensionalen Raumschiffen gegen die Erde vorrücken und einen im Sinne ihrer Selbsterhaltung legitimierten Krieg eröffnen, scheinen den Zusammenschluss aller Informations-, Kontroll- und Verteidigungssysteme der Welt erforderlich zu machen. Als blick- und informationsmäßig Angeschlossene werden daher, summarisch und schablonenhaft, Schwarze im afrikanischen Busch, Ägypter vor Pyramiden, Inder vor dem Taj Mahal, Irakis in der Wüste, russisch sprechende Soldaten, japanische Militärs usf. wiederholt präsentiert.

Anfänglich eingeblendete Satellitenbilder, die Störsignale aus dem All melden und den Ausnahmezustand als narrativen Rahmen erstellen, eröffnen das Kriegsgeschehen, das sich sukzessive erweitert und einer qualitativen Steigerung gehorcht: Auf lokale Angriffsversuche, zu denen der – unwirksame – Einsatz vom Atombomben gehört, folgen Aufrufe zur Zusammenführung der US-amerikanischen Nation in einem Stellvertreterkrieg für die Menschheit und zum Zusammenschluss der Informations- und Kampfsysteme der gesamten Welt. Der »totale Krieg« vollzieht sich als der bekannte Wettlauf mit der Zeit, als Einzeleinsatz ausgewählter Männer an herausgehobenen Orten in unübertrefflichen Spitzenleistungen, mit Opfern und Siegen, glücklicher Rückkehr, Familienzusammenführung und Aussöhnung, *global peace*.

Bereits im ersten Bild von INDEPENDENCE DAY wird die Notwendigkeit des Krieges doppelt begründet: Wie in STAR WARS und anderen sich ins Kosmische ausdehnenden Kriegsszenarien befindet sich das Kameraauge bereits im Weltraum, erblickt den Mond aus einer gewissen Nähe und sieht, wie die dort aufgepflanzte US-Fahne verdächtig erschüttert wird. Die Bedrohung kündigt sich wie in anderen Blockbustern, beispielsweise JURASSIC PARK und GODZILLA, in denen das überdimensionale Andere die Abbildbarkeit sprengt, zunächst über Erschütterungen des Bodens und über kleine Verwackelungen der Bildkadrierungen an. Sie ist der erste Hinweis für eine Kriegserklärung durch ein überdimensionales Außen, das die seinerzeit in friedlicher Absicht unternommene Mondlandung jetzt aggressiv beantwortet. Die Erschütterung meldet eine Form der Wiederkehr, zu welcher gehört, dass sie zu groß für das Bild ist, als Ganzes optisch nicht fassbar ist.

In den darauf folgenden Totalen werden betonartige, unzerstörbare Raumschiffe präsentiert, die die Erde einzuschließen und mit einem überlegenen Angriffs- und Informationssystem anzugreifen im Begriff sind. In beeindruckenden Untersichten und hybriden Einstellungen, in denen sich Totale mit Großaufnahmen kombinieren, wird gezeigt, wie sich Raumfahrzeuge in den Horizont der amerikanischen Städte schieben, die Erde (auch Hollywood) verdunkeln, nicht zufällig die Freiheitsstatue verschatten und sich als dunkler, undurchdringlicher Deckel über den Himmel legen und damit die Sicht bedrohen. Die Stärke der Mondbewohnerarmee, so wird in der Folge deutlich, besteht allerdings weniger in ihren Zerstörungswaffen und ihrem Verteidigungspanzer als in ihrem Wissen um das Funktionssystem Erde: Sie sind in der Lage, die erdeigenen Satelliten gegen diese zu kehren und das erdeigene Verteidigungssystem lahm zu legen.

Aufgrund dieser Kriegseröffnung von außen verwandelt sich zunächst das US-amerikanische Territorium in einen Kriegsschauplatz, wobei aus repräsentativen Städten repräsentative Vertreter für den Endkampf zusammengeführt werden. Nicht zufällig vollziehen sich die Aneignung der Kriegsmaschine und die Planung des Gegenschlags von einem Geheimort in der Wüste Nevada aus, der schon aufgrund der dort stattfindenden Alienzüchtung als alterierter gekennzeichnet wird. Diese heterotopische Bannmeile innerhalb des US-amerikanischen Territoriums verwandelt sich in eine globale Kommandozentrale, von welcher aus der »totale Krieg« geführt und als globaler Unabhängigkeitskampf erfochten wird. Auch in diesem Film vollzieht sich der Krieg als Frage von Einblick und Überblick, von Überwachung und Gegenüberwachung, von Bildkonstitution und -destitution, besteht der Gegenschlag der staatlichen Kriegsapparatur in der Aneignung der Kampftechnik des Feinds.

Dabei simuliert die Kriegsführung der extraterrestrischen Kriegsmaschine in ihrer spektakulären Bildfreisetzung zunächst eine millenaristische Erlösungsdimension: Das Raumschiff öffnet sich als leuchtender Stern am Himmel, bevor ein Lichtstrahl aus seinem Innern in einen Wolkenkratzer fährt und ihm zum Bersten bringt, Straßenzüge samt Autos und Menschen aufwirft und Feuersbrünste vor sich her wälzt. Insgesamt verwandelt sich das gesamte Sichtbare zunehmend in ein Feuermeer, in welchem zuletzt der Abbildcharakter in einem gelb-weißen Gleißen und blendenden Zeit-Bildern, die die Höhepunkte des Films und der Digitaltechnik abgeben, zergeht.

Der menschliche Gegenschlag besteht daher neben der viralen Infektion des gegnerischen Abwehrsystems und militärtechnischen Duellen mit ausgeklügelten Spezialeffekten, neben dem Zusammenschluss von NASA, Pentagon, CIA und NSA, Regierung und Militär unter der Exekutive des Präsidenten und der informationstechnischen Vereinigung der gesamten Welt vor allem in der bildtechnischen Egalisierung der Blendungsleistung der extraterrestrischen Macht. In der konzertierten Aktion gewisser herausragender irdischer Krieger kann die andere Kriegsmaschine tödlich getroffen und ihrerseits in einen Feuerball verwandelt werden, der das Filmbild in reiner Lichthaftigkeit aufgehen lässt.

Die gesamte Ambivalenz des Hollywoodfilms wird schließlich darin deutlich, dass diese rauschhaften Bildentfaltungen auf beiden Seiten, diese zeitbildnahe Kriegsaustragung, in welcher beide Seiten in einem »wechselseitigen Einfangen« begriffen sind, letztlich narrativ »unterworfen« und verworfen werden. Denn die lustvolle Eröffnung des Kriegsgeschehens dient, so wird noch einmal in der Schlusseinstellung deutlich, auch der Plausibilisierung der Wiederherstellung traditioneller Kernfamilienstrukturen auf dem US-amerikanischen Territorium und der Außerkraftsetzung internationaler Machtkämpfe. Infrastrukturelle Unregelmäßigkeiten und familiäre Unklarheiten werden en passant geordnet: Einer heiratet vor dem Kriegseinsatz seine Lebenspartnerin, ein anderer erneuert seine Ehe, eine vormalige Stripperin erhält einen bürgerlichen Status; die emanzipierte Pressesprecherin des Weißen Hauses, die ihre Pflichten als Ehefrau zugunsten ihrer Karriere zurückgestellt hatte, rückt liebend an die Seite ihres Mannes, der seinerseits seine pazifistischen und ökologischen »Überzogenheiten« relativiert und sich kämpferisch in den Dienst des globalen Interesses stellt. Die beiläufig erwähnte Rivalität zwischen Russland und den USA wird beigelegt; die arabischen Länder erscheinen nicht länger als Feinde, sondern als gleichermaßen Bedrohte, denen von den USA logistische Hilfe zuteil werden kann. Nach dem Sieg wird der amerikanische INDEPENDENCE DAY zum definitiven Unabhängigkeitstag für die gesamte Welt erklärt.

Trotz des Bildes der massiv zerstörten Erde klingt der Film daher mit einem konventionellen Bild von Ordnung aus: Drei Männer halten je ein Kind auf dem Arm und – mit Ausnahme des Präsidenten – Ehefrauen im Arm. Ihr partikularer Kampfeinsatz verschmilzt in der letzten Totalen zum Bild friedensstiftender Dreieinigkeit. Die Notwendigkeit des Überlebens, so suggeriert der Film als Schlussbotschaft, erzwingt die Rückkehr zu gesellschaftlichen Konventionen, die Zurückstellung überzogener individueller Ansprüche und die Kontrolle des Blicks durch eine zentralisierte Macht. Ohne den Zusammenhalt der Kleinfamilie, ohne die bekräftigte männliche Filiation und einen konzertierten Willen zu Friede und Überwachung wird die Erde zum Spielball totalitär-hochtechnologischer Kräfte, deren Herrschaftswille sich auf die Ausbeutung der natürlichen irdischen Ressourcen erstreckt. Der biopolitische Überlebenskampf erzwingt die (über)staatliche Aneignung der Taktiken nomadisierender Kriegsmaschinen und Bilderkontrollen, für die Hollywood mit seinen Kriegsfilmen steht.

So drängt sich abschließend der Eindruck auf, dass Filme wie INDEPENDENCE DAY mit ihrem Vorwurf globaler Bedrohung, ihrer Plausibilisierung informationstechnischer und bildlicher Vereinigung aller staatlicher Kriegsmaschinen und ihrer Wiederbesetzung alter symbolischer Strukturen auf jene Logik eines globalen Zwangsfriedens einzustimmen suchen, den Deleuze und Guattari die »postfaschistische Gestalt der Kriegsmaschine« nennen:

»Diese weltweite Kriegsmaschine, die in gewisser Weise aus den Staaten ›hervorgeht‹, hat zwei einander folgende Gestalten: zunächst die des Faschismus, der aus dem Krieg eine grenzenlose Bewegung macht, die keinen anderen Zweck hat als sich selber; aber der Faschismus ist nur Rohentwurf, und die postfaschistische Gestalt ist die einer Kriegsmaschine, die direkt den Frieden zum Ziel hat, und zwar den Frieden als Terror oder Überleben. Die Kriegsmaschine schafft erneut einen glatten Raum, der nun die ganze Erde kontrollieren und umspannen soll. [...] Die Kriegsmaschine hat den Zweck, die Weltordnung, übernommen und die Staaten sind nur noch Objekte oder Mittel, die an diese neue Maschine angepasst werden« (Deleuze/Guattari 1992: 582).

Diese mittels globaler Kontrolle operierende totale Kriegsmaschine findet in den Kriegsfilmen ihr »Vorbild«: Nicht nur phantasieren die Filme den medialen Innovationen entsprechende Konfliktkonstellationen; vor allem führen sie die vollständige Belichtung und Überwachung der Erde – und im Zweifelsfall des Kosmos – vor. Und sie befördern die fortgesetzte Glättung des globalen Raums, indem sie die innerdiegetischen Interaktionen nicht nur in fließende Bildauflösungen transformieren, sondern die kriegerischen Konstellationen zuletzt in jeden einzelnen Spielfilm einschleusen, auch in solche, die sich nicht als Kriegsfilme verstehen. Die Kriegsführung wird – das lässt sich hier nur mehr andeuten – zunehmend zum transversalen Zug aller Hollywoodfilme, welche damit in potenzierte wechselseitige Reflexionsverhältnisse treten und immer schärfere Bilderkämpfe gegeneinander führen.

Literatur

Baudrillard, Jean (1991) *La guerre du Golfe n'a pas eu lieu*. Paris: Ed. Galilée.
Deleuze, Gilles (1997) *Das Bewegungs-Bild,* übers. v. U. Christians und U. Bokelmann. Frankfurt a.M.: Suhrkamp (Original: *Cinéma 1. L'image-mouvement*. Paris: Ed. de Minuit, 1983).
Deleuze, Gilles / Guattari, Félix (1992) *Tausend Plateaus,* übers. V. Ronald Vouillé und G. Ricke. Berlin: Merve Verlag (Original: *Mille Plateaux*. Paris: Ed. de Minuit, 1980).
Foucault, Michel (1990) Andere Räume. In: Karlheinz Barck u.a. (Hg.) *Aisthesis. Wahrnehmung heute oder Perspektiven einer anderen Ästhetik*. Leipzig: Reclam Verlag, S. 34–46.
Virilio, Paul (1989) *Krieg und Kino. Logistik der Wahrnehmung,* übers. v. Frieda Grafe und Enno Patalas. Frankfurt a.M.: Fischer Verlag (Original: *Guerre et Cinéma 1. Logistique de la perception*. Paris: Ed. de l'Etoile, 1985).

Stefan Kaufmann

Network Centric Warfare
Den Krieg netzwerktechnisch denken[1]

Anlässlich einer im Jahre 2001 vom *Oak Ridge National Laboratory* im Auftrag des Pentagon organisierten Tagung, die Visionen und Konzepte zur Entwicklung eines zukünftigen Soldaten entwerfen sollte, bestimmte General Paul Gorman vom *Institute for Defense Analysis and Science Board* die allgemeine Lage des Infanteristen wie folgt:
»*The soldier of today is thrust far forward. He is the point of the Army spear. It is very lethal and very lonely out there. The soldier of tomorrow will never be alone and he will advance on his enemy shielded by dominant information. His leaders will be able to say this to him:* ›*Soldier, you are the master of your battlespace. You will shape the fight. The network will enable you to see all that can be seen. You will out think, out maneuver and out shoot your enemy. The Force is with you. You are one with the Force.*‹« (Objective Force Warrior 2001: Composite Vision: 2)

Solche Orientierungen an Zukunftsvisionen sind zum militärischen Programm geworden, seit 1994 unter Bill Clinton mit William Perry ein Protagonist der in der militärischen Publizistik spätestens seit dem Golfkrieg von 1991 prominent gewordenen Rede von einer »Revolution in Military Affairs« das Verteidigungsministerium übernahm. Nicht zuletzt unter Berufung auf Zukunftsforscher wie Alvin und Heidi Toffler diagnostizierten Vordenker aus Militärakademien, Verwaltungs- und Stabsstellen einen Übergang vom Industrie- zum Informationszeitalter mit revolutionären Folgen für die Kriegführung (vgl. Sloan 2002: 18-32). Entsprechend wird eine Restrukturierung der Streitkräfte gefordert, die nicht mehr um Waffensysteme herum aufgebaut, sondern gänzlich auf Information und Kommunikation setzen sollen. Immer neue mobilisierende Konzeptionen zielen darauf ab, die »Revolution in Military Affairs« – die stets eine Mischung aus Diagnose und Prognose darstellt – zur *self fulfilling prophecy* werden zu lassen: 1996 gab der *Joint Chiefs of Staff* die *Joint Vision 2010* als eine informationell orientierte Leitlinie für die Reorganisation der gesamten Streitkräfte heraus, die im Jahr 2000 mit der *Joint Vision 2020* ein Update erhielt; 1994 konzipierte die U.S.-Army ihren Umbau zur »Force XXI«; inzwischen bereitet sie sich mit dem Konzept »Army after Next« immer schon auf den übernächsten Schritt vor; das Rüstungssystem des Infanteristen, auf das ich noch zurück kommen werde, startete Mitte der neunziger Jahre als »Land Warrior« und noch bevor dieser in Serienreife gegangen ist, stehen inzwischen die »buddies«, die Kameraden, die ihn zukünftig ablösen werden, mit dem »Objective Warrior« und dem »Future Warrior« bereit. Die »Revolution in Military Affairs« schlägt mithin bis auf die Ebene des Infanteristen, des Fußsoldaten, von dem Gorman

---

1. Bei dem Text handelt es sich um eine ausführliche Fassung meines Habilitationsvortrags an der Philosophischen Fakultät der Universität Freiburg i.Br.

Land Warrior
(Veröffentlichung des *Military Analysis Network*; http://www.fas.org/man/dod-101/sys/land/land-warrior.htm)

spricht, durch. Auch er soll an die umfassend geplante informations- und kommunikationstechnische Vernetzung sämtlicher Bereiche der Kriegführung angeschlossen werden. Mit einem *wearable* (also am Körper tragbaren) *computer*, permanenter Funkverbindung, GPS, Monocular-Display, Videokamera und anderen technischen Komponenten ausgestattet wird er zum »digital soldier« mutieren.

Es würde zu kurz greifen, darin eine rein technisch bestimmte Aufrüstung auf allen militärischen Ebenen zu sehen. Schon die *Joint Vision 2010* stellte mit dem Versuch, die technologischen Innovationen zu »new levels of effectiveness in Joint warfighting« (Joint Vision 2010: 1) zu führen, auf mehr als nur auf die Fortsetzung der bereits in den frühen 1980er enorm forcierten informations- und kommunikationstechnischen Rüstung ab. In umfassender Weise ausformuliert wurden die anvisierten Transformationen mit dem parallel zur *Joint Vision* vom *Command and Control Research Program* lancierten Konzept des *Network Centric Warfare*. Dieses definiert keineswegs den Status Quo gegenwärtiger Kriegführung, seine rüstungstechnischen Implikationen sind auch keineswegs unumstritten. Programmatisch allerdings sind darin die weitreichendsten Transformationen militärischen Denkens angelegt. Vor allem stellt das Konzept den Versuch dar, zugleich eine konzeptionell kohärente Antwort auf eine gewandelte Gefahrenanalyse und auf technologische Veränderungen zu geben. *Network Centric Warfare* meint weniger ein Rüstungsprogramm denn eine Rekonfiguration des gesamten Denkens nationaler Strategie, es geht um die Durchsetzung eines umfassenden »network-centric thinking« (Dillon 2002: 72). Damit ist auch die Kriegführung in der »Netzwerkgesellschaft« (Castells 1996) angekommen, wie ich im Folgenden anhand von vier Implikationen des Konzepts skizzieren möchte.

Erstens verbindet sich mit dem Netzwerkkonzept eine neue Form organisatorischer Rationalität. Der Netzwerkbegriff erlaubt es einer militärischen Analytik, im Kontext der Unübersichtlichkeit der »neuen Kriege« die Heterogenität erwartbarer Feinde auf einen Nenner zu bringen und dabei zugleich den organisatorischen Umbau und die Operationsweise der eigenen Kräfte von der Logistik bis zur Taktik anzuleiten. Diesem Umbau entspricht zweitens eine Verlagerung von Entscheidungs-, Führungs- und Handlungskompetenzen weg von den Kommandeuren hin zum Kommunikationsnetz. Auf der untersten Ebene übernimmt dabei das Kommunikationsnetz, genauer: das Display, tendenziell die Rolle des Gruppenführers. Drittens verbindet sich mit der informations- und kommunikationstechnischen Rüstung, wie sie das Konzept des *Network Centric Warfare* vorsieht, eine tendenzielle Entgrenzung des Schlachtfeldes, eine neue Form der Amalgamierung des Zivilen und Militärischen. Viertens zeichnet sich mit diesem Konzept eine Transformation des soldatischen Selbstverständnisses, die Konfiguration eines neuen soldatischen Subjekts ab.

Netzwerke:
eine neue Form politisch-organisatorischer Rationalität für den Krieg

Die *Joint Vision 2010* versteht sich als Vorgabe einer »common direction for our Services in developing their unique capabilities within a joint framework of doctrine and programs as they prepare to meet an uncertain and challenging future« (Joint Vision 2010, 1996: 1). Auch die Einleitung der *Joint Vision 2020* spricht von der Ungewissheit der Zukunft, mehr noch aber von der Notwendigkeit, aufgrund asymmetrischer Bedrohungsszenarien auf allen Ebenen möglicher Konflikte überlegen zu sein (Joint Vision 2020, 2000: 1-5). *Network Centric Warfare* ist die Antwort auf das Abhandenkommen klarer Kriegsvorstellungen und eindeutiger Feindbilder. Ist das staatliche Gewaltmonopol verloren gegangen, so verliert auch der Krieg seine Konturen. Nicht auf konventionelle Gegner, auf einen Krieg gegen einen auf gleicher Ebene, mit gleichen Mitteln und Verfahren kämpfenden Feind, auf einen Kampf gegen reguläre Armeen wird abgestellt. *Network Centric Warfare* heißt, sich auf unbekannte Gegner einzustellen, militärische Konzepte nicht allein an einer »full spectrum warfare« auszurichten. Ob »Operations other than War«, wie »Humanitarian assistance« oder »Counterdrug«, ob »low intensity conflicts«, wie »Counterinsurgency« oder »Counterterrorism«, oder »large scale combat operations«: militärisch soll für alle Einsätze gerüstet werden (vgl. ebd. 7).[2] Armeen sind nur noch einer von möglichen Feinden – und nicht einmal der wahrscheinlichste. Der Gegner, auf den man sich einstellt, kann Drogenboss oder Terrorist, gewalttätiger Demonstrant oder Hacker sein. Ins Zentrum der Aufmerksamkeit gerät, was in militärischer Tradition als kleine Kriege oder irreguläre Konflikte firmierte.

Das Netzwerkkonzept bietet einen Schlüssel zu deren Verständnis. Im Vietnamkrieg blieb der Feind, die nordvietnamesischen Truppen und die vietname-

---

2. Der Ausweitung von Konfliktszenarien entsprechend waren die US-Truppen seit 1989 – noch ohne den letzten Irakkrieg – 36mal international im Einsatz. Während der 40 Jahre des Kalten Kriegs lediglich 10mal (Sloan 2002: 48).

sische Guerilla, den US-Strategen ein Rätsel. Einer auf Spieltheorie und *Rational Choice* Konzepten basierenden politik- und sozialwissenschaftlichen Feindmodellierung gelang es nicht, die Handlungsweise eines Gegners verständlich zu machen, der sich nicht im Rahmen bürokratisch-rational durchorganisierter militärischer Ordnung bewegte. Die Motivation und die Kampfweise des Feindes blieben unverstanden, man bekam die gesamte Dynamik des Krieges, die Funktionsweise irregulärer Kriegführung nicht in den Griff. Um ihn zu berechnen, musste ihm ein rational-bürokratisches Kalkül unterstellt werden, wie es das eigene Handeln anleitete. Diese Rechnung konnte nicht aufgehen. Unbegreiflich blieb, warum der Feind nicht auf die demonstrierte technologische Überlegenheit reagierte (vgl. Gibson 1986: 20ff, Pias 2001).[3] Gegenwärtig verfährt die Analytik – damals wie heute maßgeblich bei der RAND-Corporation angesiedelt – in anderer Weise. Analytiker von RANDs *National Defense Research Institute* stellen inzwischen auf die spezifische Differenz von irregulärer zu regulärer Konfliktführung, auf die Differenz des Handelns nichtstaatlicher Akteure zu staatlich organisierten ab. *Netwar* lautet das Konzept, mit dem die Konfliktführung nichtstaatlicher Akteure auf einen gemeinsamen Nenner gebracht wird, *networks* der gemeinsame Nenner ihrer strukturellen Kohärenz (vgl. Arquilla, Ronfeldt 2001). *Netwar* und *Networks* sind auf einer ersten Ebene analytische Instrumente, um Orientierung in der neuen Unübersichtlichkeit nach dem Ende der Blockbildung des Kalten Krieges zu schaffen. Von der morphologischen Struktur neuer nichtstaatlicher (Gewalt)Akteure ausgehend wird mit den Begriffen ein analytisches Raster entworfen, Wissen über Organisationsformen, Führungsmodelle, Strategien, Taktiken und Operationsweisen in Konflikten zu erzeugen, die sich jenseits traditioneller staatlich-militärischer Sphären und Verfahren ansiedeln. Wie sind Gruppen verfasst, die in der einen oder anderen Form das staatliche Gewaltmonopol herausfordern? *Netwar* referiert auf die Organisations- und Aktionsformen von Terroristen unterschiedlichster Motivation, von kriminellen Banden, von links- und rechtsradikalen Vereinigungen und Bewegungen, ebenso wie auf Protestformen von Nichtregierungsorganisationen, von Umwelt- und von sozialen Bewegungen. *Netwars* werden oder wurden von *Al Qaida*, von kolumbianischen Drogenkartellen, vom schwarzen Block der Globalisierungsgegner in Seattle, von indigenen Widerstandsbewegungen, wie den mexikanischen Zapatistas, oder auch von Greenpeace geführt.

Dies ist keineswegs als ultrakonservative Feindbestimmung zu verstehen. Vielmehr entdeckt die Militärstrategie parallel zur soziologischen und politologischen Organisationsforschung Netzwerke als eine spezifische Form der Kohäsion von Gruppen. Ob man diese – in ihrer formalen Struktur und in der Stabilität ihrer Kooperation – meist als zwischen Markt und Organisation liegend beschriebenen Einheiten als emergente Phänomene einer von Organisationen

---

3. Noch Jahre nach dem Krieg äußerte ein ehemaliger Mitarbeiter des Außenministeriums: »The trouble with our policy in Vietnam has been that we guessed wrong with respect to what the North Vietnamese reaction would be. We anticipated that they would respond like reasonable people.« (zit. n. Gibson 1986: 98)

bestimmten Gesellschaft (so: Kenis/Schneider 1996) oder genealogisch eher als sozialer Gemeinschaft entsprungene Bindungsformen begreift (so Keupp 1987): Diagnostiziert wird in jedem Fall, dass Netzwerke sowohl in der Ökonomie wie in der Politik an Relevanz gewinnen. Die militärstrategische Analytik sieht diesen Relevanzgewinn an die informations- und kommunikationstechnische Entwicklung gebunden. Das »information age« unterminiere die traditionellen Organisationsformen der Moderne. Allseitige Kommunikationsvernetzung privilegiere kleinere, flexiblere Einheiten, die räumlich getrennt durch Beratung, Absprache und gemeinsames Handeln als koordiniertes Netzwerk operieren können (Arquilla, Ronfeldt 1997: 455ff.). Sind moderne Organisationen durch formale Kommunikationshierarchien, klar geregelte Zuständigkeiten, festgelegte Dienstwege, Buch- und Aktenführung geprägt, so verbindet sich mit der Rigidität der Abläufe ein besonderes Maß an Stabilität, aber auch an Inflexibilität. Netzwerke ersetzen die Stabilität der Form durch kommunikative Dichte, erzielen aber gegenüber klassischen Organisationen Flexibilitätsgewinne. Netzwerke weisen eine andere morphologische Struktur auf: statt linearer Strukturen mit Leitungsinstanzen und deutlich geschiedenen Zuständigkeiten sind polyzentrische Anordnungen mit flachen Hierarchien, relativ autonome, kommunikativ stärker vernetzte Untergruppen zu beobachten, die je nach Situation in modularer Weise gemeinsam operieren. Sowohl in neueren Terrororganisationen wie auch bei sozialen Bewegungen – so sieht es die militärstrategische Analytik des Professors der *Naval Postgraduate School* John Arquilla und des RAND-Sozialwissenschaftlers David Ronfeldt – wird Netzwerkbildung ganz bewusst als Organisationsstrategie eingesetzt, in der formale Strukturen durch Informationsdichte ersetzt werden. Informationsdichte wird als weitgespannter Begriff gefasst, der auf einer strukturellen Ebene Kohärenz durch gemeinsame Ideologien, Narrationen sowie Doktrinen meint, die zu emotionaler Kohäsion und gleichen Situationsauffassungen führen. Auf einer prozeduralen Ebene ist mit Information die kommunikationstechnische Matrix gemeint, die tendenziell Kommunikation zwischen allen Ebenen und allen Mitgliedern ermöglicht. Netzwerkförmigen Strukturierungen jedenfalls wird operative Überlegenheit in unübersichtlichen Lagen zugeschrieben, da sie sich durch Flexibilität, durch erhöhte Anpassungsfähigkeit und beschleunigte Antwort auf sich schnell wandelnde Lagen auszeichneten: »The rise of power is migrating to nonestate actors, because they are able to organize into sprawling multiorganizational networks [...] more readily than can traditional, hierarchical, state actors.« (Arquilla, Ronfeldt 2001: 1).

Netzwerke ermöglichen, was Militärs als operative Form am meisten bewundern: ein »Schwärmen« wie es Terrororganisationen, autonome Blocks und andere Protestbewegungen beherrschen – sich quasi aus dem Nichts aus unterschiedlichsten Richtungen blitzschnell zu einer Aktion, zu einem Angriff zu versammeln, um dann wieder unangreifbar von der Bildfläche zu verschwinden. Schwärmen meint, den Gegner in koordinierter Form von allen Seiten plötzlich zu attackieren, eine Angriffsweise, die einzig dann funktionieren kann, wenn man mit einer Vielzahl kleiner, verstreuter und zugleich vernetzter Einheiten operiert. Schwärmen liegt vor, wenn die Hisbollahkämpfer im Südlibanon wachsam in der Gesellschaft verteilt sind, um bei der Sichtung eines israelischen Militärkommandos ad hoc einen Gegenschlag zu inszenieren, wenn sich Autonome in Kleinstgruppen in eine demonstrierende Menge mischen, um aus ihr heraus gegen spezifische Ziele vorzugehen und wieder in ihr zu verschwinden, oder auch wenn Landminengegner per e-mail aus tausenderlei Richtung koordinierte Netzattacken gegen Ministerien lancieren. Schwärmen hat – so sehen es militärstrategische Analytiker, wie auch generalisierende Komplexitätsforscher (Kelly 1997: 13-48) – sein Vorbild in der Natur, etwa bei Angriffen von Bienenschwärmen oder Wolfsrudeln. Auch militärisch ist Schwärmen ein altes Verfahren, bei dem nicht selten kleinere Kräfte rein zahlenmäßig überlegene schlagen konnten. Im Gegensatz zu Massenattacken und linearen Angriffsformen wurde es aber kaum zur Doktrin entwickelt. Sowohl der Aufstieg netzwerkförmig operierender nichtstaatlicher (Gewalt-)Akteure, wie die zunehmenden Möglichkeiten, informationsgestützt militärisch zu operieren, lassen Schwärmen zu dem taktischen Verfahren der Zukunft werden – ob in voll entfalteten Kriegen oder in Konflikten von geringer Intensität. Darauf gelte es, die Doktrinen, Organisationsmuster und technologischen Ausstattungen auszurichten (Arquilla, Ronfeldt 2000).

Eine erste Plausibilität gewinnt eine Mobilisierung im Zeichen des Netzes folglich unter Berufung auf Akteure im nichtstaatlichen Bereich, die in Konflikten durchaus erfolgreich operieren, aber nach anderen als den institutionalisierten Spielregeln und Verfahrensweisen. Von einer Diagnose zu einem expliziten organisatorischen Programmatik wandel sich das Konzept mit Rekurs auf die Transformationen im ökonomischen Sektor: Die gewandelte Form ökonomischer Beziehungen, die mit dem Übergang zu einer »informational economy« zunehmend auf Wissensmanagement und Informationsverarbeitung basiere, wird zum direkten Vorbild für die Reorganisation des Militärs. Dabei wird im Referenzwerk der Protagonisten eines *Network Centric Warfare* betont, dass dieser »not narrowly about technology« handle, »but broadly about an emerging military response to the Information Age« (Alberts, Garstka, Stein 2000: 88). Eine Antwort, die keineswegs allein auf einem technologischen Wandel basiere: »Successful adaption of NCW [Network Centric Warfare] requires a cultural change« (ebd.: 4). Eine ganze Reihe von Analogien zwischen ökonomischer und militärischer Ebene werden aufgerufen und unübersehbar sind auch die kybernetisch-biologischen Metaphern, mit denen eine Adaption an diagnostizierte Transformationen gefordert wird. Man spricht von gewandelten Umwelten, einer gesteigerter Dynamik, Komplexität und Kontingenz sowohl des ökonomischen wie des sicherheitspolitischen Umfelds, die eine entsprechende koevolutionäre Anpassung erforderten. RANDs Analytiker denken in evolutionstheoretischen Kategorien. Sie siedeln Netzwerke auf einer höheren Entwicklungsstufe an als klassisch-moderne durch formale Regeln zusammengehaltene Organisationen. Kommunikativ stärker integriert, formal weniger rigide, könnten sie weitaus flexibler auf einen Wandel in der Umwelt reagieren. Mit der Umstellung auf Netzwerke vollziehe sich eine »coevolution of organization, doctrine and technology in the warfighting ecosystem.« (ebd.: 3) Letztlich werden zur Plausibilisierung des *Network Centric Warfare* sämtliche genealogische Stränge des Netzwerkdiskurses aufgerufen: die technologische Ebene, die informelle Ebene sozialer Kohäsion und ein aus einer systemtheoretischen Komplexitätsforschung stammendes Denken, das nicht zuletzt in der Biologie virulent wurde (vgl. Kaufmann 2004).

Wenn der Ruf nach einer *Netwar-Doktrin* sich auf die Überlegenheit der Schwarmtaktik und netzwerkzentrisch geführter Konflikte beruft, verweist der Ruf nach einer vollständigen organisatorischen Restrukturierung auf die ökonomische Überlegenheit von sogenannten »Network-Centric Enterprises« – wie etwa Dell Computer Corp., Cisco Systems, Federal Express –, die das komplette Programm eines neuen Unternehmertums beherrschen: dezentrale Organisation, flache Hierarchien, modulare, aufgabenorientierte Kooperationen, virtuelle Zusammenarbeit, *lean production*, präzise Logistik usw. (vgl. Alberts, Garstka, Stein 2000: 25-52). Während die informationelle Ökonomie mit maßgeschneiderten Produktionen, spezifisch zugeschnittenen Produktions- und Lieferungsverfahren operiert, sieht das militärische Netzwerkkonzept analog dazu die Möglichkeit, die staatliche Gewaltökonomie durch »Mission capability packages« zu steigern, die je nach Bedarf unterschiedlich zusammengestellt werden. Flexibilität je nach erwartetem Einsatz, und vor allem Beschleunigung der Einsatzfähigkeit werden als die beiden Haupteffekte erwartet. Das Konzept des *Network Centric Warfare* fordert die Abkehr von bisherigen konzeptionellen wie rüstungstechnischen Leitlinien. Wo herkömmlicher Weise auf den Einsatz schwerer und großer Kampfbasen – wie Flugzeugträger, schwere Panzer oder selbstfahrenden Geschütze – gesetzt wurde, glaubt man, durch die Kombination kleinerer, flexiblerer Systeme weitaus effizientere, mobilere und ökonomischere Einsatzkräfte auf die Beine stellen zu können.[4]

Der Übergang zum Informationszeitalter wird militärisch als sicherheitspolitische wie als technologische Herausforderung begriffen, die zu einer radikalen Transformation militärischer Ratio führen soll: Statt auf einen klar definierten Gegner eingestellt zu sein, soll die Freund-Feind-Unterscheidung durch ad-hoc Bestimmungen modulierbar werden, strikte Dienstwege und Zuständigkeiten durch flexible, aufgabenspezifische Prozedere und *ad hoc* zusammengestellte Einheiten ersetzt werden, und – worauf ich noch zurückkomme – detaillierte Befehle und strikter Gehorsam von generellen Leitlinien und flexiblen Lageanpassungen auf unterer Ebene abgelöst werden. »Network-centric thinking« (Alberts, Garstka, Stein 2000: 88) durchbricht auf allen Ebenen lineare, pyramidale, formal klar geregelte Ordnungsmuster, es verordnet dem Militär ein neues Leitbild organisatorischer Rationalität. Kampftechnisch setzt diese Leitbild nicht auf starke Plattformen, sondern auf kleinere, vernetzte Einheiten, konzeptionell setzt es nicht auf Positionen, sondern auf Relationen.

4. Vgl. zu den tatsächlichen Transformationen in der Technologie und den Doktrinen Sloan 2002: 5-17. Freilich wird mit Blick auf die geforderte Umlenkung der Rüstungsschwerpunkte, etwa die Entwicklung und den Bau neuer Kampfjets zu streichen, deutlich, dass die Realisierung des neuen Konzepts auf den Widerstand etablierter militärischer Traditionen und ökonomischer Verbindungen stößt (Hinweise ebd.: 46-52, Mey 2003).

2. Networking Command and Control: Vom Kommandeur zum Netz

»*We define NCW as an information superiority-enabled concept of operations that generates increased combat power by networking sensors, decision makers, and shooters to achieve shared awareness, increased speed of command, higher tempo of operations, greater lethality, increased survivability, and a degree of self-synchronization.*« (Alberts/ Garstka/Stein 2000: 4).

Das rüstungstechnische und logistische Kernstück des Konzepts besteht im *networking*, also vorwiegend darin, auf Aufrüstung im kommunikations- und informationstechnischen Bereich zu setzen. Kampfkraft wird durch Verbindung erzeugt. Nicht Kommandeure erhalten ein besseres Lagebild, vernetzt werden vielmehr *sensors*, *decision makers* and *shooters*. Die Relationierung, die stattfindet, ist radikal soziotechnisch gedacht. Ob mit Wahrnehmen, Entscheiden und Handeln die Fähigkeiten von Radaranlagen oder von Augen, von Programmen oder von Generälen, von Fingern an Abzügen oder von Killer-Drohnen gemeint sind, spielt keine Rolle. Die spätestens seit Ende des Zweiten Weltkriegs einsetzende wechselseitige Ersetzung, Ergänzung und Symbiose von Mensch und Maschine im *OODA-Loop* (Observation, Orientation, Decision, Action), also dem Zirkel von Beobachtung, Lageorientierung, Entscheiden und Handeln des *Command and Control*-Prozesses sind zur Alltagserfahrung geworden. Sie haben sich in einer rein funktionalen Sprache eingeschliffen: Observierung war bei der Flugabwehr schon in den 1930er Jahren an Radargeräte übergegangen; ebenfalls bei der Flugabwehr wurde Ende des Zweiten Weltkrieges der Mensch auch aus dem Akt der Zielverfolgung und des Schießens herausgenommen; KI-Expertensysteme und Informationsmanagement fanden Eingang in autonome Waffensysteme, in *cockpit-advisers* und *battlefield managers*; strategische *Operations Research* ließ sich seit Ende des Zweiten Weltkriegs rechnergestützt durchführen; im Kontext der *Air-Land-Battle-Doctrin* wurde in den 1980er Jahren diskutiert, strategisch-operative Entscheidungen gänzlich an Computer zu delegieren (vgl. DeLanda 1991: 79-105).[5]

Dieser semantischen Egalisierung von Mensch und Maschine entspricht, dass die Ziele der Vernetzung, Interkonnektivität und Interoperabilität herzustellen, sowohl als technische Kapazitäten wie als mentale Einstellungen gesehen werden. Das Schlachtfeld oder genauer: der mehrdimensionale Schlachtraum, soll –

---

5. Der grundlegende technokratische Optimismus, den die militärische Elite vor allem zu Zeiten McNamaras an den Tag legte, ist inzwischen deutlich zurückgeschraubt. Die gewachsene Unwägbarkeit militärischer Lagen und eine zunehmende Kritik an der Beschränktheit der in Rechner implementierten Rational-Choice Verfahren führte dazu, strategisch-operatives Handeln durch Verfahren des »Natural Decision Making«, einer erfahrungsgestützen Kommandoführung und Entscheidungsfindung, zu ergänzen. Auch die Protagonisten des *Network Centric Warfare's* bemühen sich, den »human factor« als Äquivalent der Technisierung hervorzuheben und betonen, dass es nicht darum ginge, »relying more on automated tools and decision aids« (Alberts/Garstka/Stein 2000: 12).

wie es die deutsche Militärpublizistik ausdrückt – gläsern werden (vgl. Baierl 1997, Dooremans 1998). Für aktuelle Lagebilder sorgen in erster Linie bodengestützte und bodennahe Aufklärung durch Drohnen, Luft- und Sattelitenaufklärung im Infrarot-, im Radar- und im sichtbaren Spektrum wie auch die elektronische Aufklärung des gegnerischen Funkverkehrs. Weitaus mehr als aktuelle Daten über vereinzelte Bewegungen des Gegners zu liefern, zielt die kommunikations- und informationstechnische Aufrüstung darauf, ein *Common Operational Picture* bzw. *Common Tactical Picture* nahe Echtzeit im Netz zur Verfügung zu haben. Aktuelle Aufklärungsergebnisse sollen für unterschiedliche operative und taktische Ebenen aufgabenspezifisch aufbereitet werden. In Reichweite technologischer Machbarkeit hält man dabei sowohl infographische Aufbereitungen wie 3-D-Visualisierungen und Videoeinspielungen. Um dies für jeden Winkel des Globus zu gewährleisten und auch, um für *Operations Other Than War* über Informationen zu verfügen, lancierte das amerikanische Verteidigungsministerium den Ausbau eines *Global Information Grid's*, das auf Abruf für Militär, Regierung und sonstige Berechtigte Applikationen und relevante Informationen bereitstellen soll – von umfassenden lexikalischen Länderinformationen, über Karten und Landesaufnahmen bis zu sämtlichen Ergebnissen militärischer Aufklärung zur aktuellen Lage. In Angriff genommen wird der Aufbau des *Global Information Grid's*, das als eines der Kernprojekte des *Network Centric Warfare* gilt, seit 1999. Es soll die vorhandenen Aufklärungs- und Kommandosysteme der unterschiedlichen Waffengattungen und teils auch der Geheimdienste zusammenführen, um etwa für die globalen Führungs- oder Logistiksysteme oder das *Battle Management* Daten zur Verfügung zu stellen. War Aufklärung während einer Operation stets eine lokale Angelegenheit, so sollen nun lokale und globale Informationen ineinander greifen, taktische Maßnahmen nicht allein durch lokal verortete, sondern durch global gestützte Aufklärung informiert werden.[6] Gegenwärtig dürften solche umfassenden Vernetzungsprojekte und gläserne Schlachtfelder für alle Kampflagen noch weit von der Machbarkeit entfernt sein: So sind nicht alle existierenden *wide area networks* von *Army, Navy, Air Force,* der *Air and Missile Defense* hinsichtlich der Protokolle und der Anwenderprogramme kompatibel, manche Netze bleiben aus Sicherheitsgründen separat, mit Verschlüsselungstechniken lässt sich in vielen Bereichen kein *Quality of Service* Standard erreichen und vor allem fehlen in fast allen Bereichen schon im US-internen Verkehr die notwendigen Bandbreiten.

Wie realistisch ein umfassendes und aktuelles *Common Operational* bzw. *Tactical Picture* auch sein mag, es bleibt das Kernstück des *Network Centric Warfare* und das Objekt, das traditionelle Führungstechniken obsolet macht. Ein »network-

---

6. Für den Einsatz in Bosnien 1995 konnten sich die Air Force Piloten mit 3-D-Simulationen der Anflugwege auf mögliche Gefahrenzonen vorbereiten, allerdings noch ohne Echtzeit-Updates (Alberts, Garstka, Stein 2000: 168). 1999 wurden die B-2 Bomber während des Anflugs durch Daten weitreichender Sensoren, wie Satellitenaufklärung, die durch komplexe Computermodellierungen aufbereitet waren, über die Bewegungen ihrer Ziele informiert. Projektiert ist, solche Formen der Aufklärung über Gegner außerhalb des eigenen Sichtfeldes zukünftig auch Panzern oder anderen taktischen Kräften zugänglich zu machen (vgl. Libicki 2000: 1f.)

centric thinking« soll das organisatorische Verhalten wie das der einzelnen Soldaten verändern. So gilt statt der Verfügungsgewalt von Kommandoeinheiten über Information das Prinzip der »shared awareness«, der Teilhabe an Information. Selbstverständlich wird nicht für alle Kampftruppen und Kommandoebenen alles frei gegeben, aber man denkt an Durchstellmöglichkeiten auf zwei höhere Ebenen. Ebenso ist die eindeutige Verfügungsgewalt von *shootern* über ihre *sensors* und von *decision makers* über ihre *shooters* aufzulösen. Die klassische Kommandokette wird tendenziell durch das Netz überlagert: »Unlocking the full power of network also involves our ability to affect the nature of the decisions that are inherently made by the network, or made collectively, rather than being made by an individual […] we need to focus more on the attention of the networked entities rather than just studying and considering the behavior of individual entities« (Alberts, Garstka, Stein 2000: 105). Explizit wird ein »kultureller Wandel« gefordert, der radikaler kaum sein könnte: kaum eine andere moderne Großorganisation basierte in dem Maße auf dem Hierarchieprinzip wie das Militär. Kollektivistische Prinzipien werden nun nicht mehr bekämpft, sie werden inkorporiert. Während die Netzwerktechnik an der Interoperabilität diverser Systemelemente feilt, arbeiten die Doktrinen entsprechend an der »interoperability of the mind«, an einer gemeinsamen Denkweise. Das taktisch-operative Lageverständnis müsse aufeinander abgestimmt und in Übereinstimmung gebracht werden. Ziel ist, auf der Basis von Lagebildern »a degree of self-synchronization« auf untersten Ebene zu erreichen. Komplexitätstheoretisch geschulte Militärs bestimmen den Krieg als nicht-lineares Phänomen, in dem einzelne Ereignisse zum gänzlichen Bruch der Geschehensabläufe, zu unerwarteten, nicht vorhersehbaren Effekten führen können. Auf Planungen, Vorhersagen und Voraussteuerungen ist somit kein Verlass. Wenn eine in den Naturwissenschaften und zunehmend auch in den Sozialwissenschaften verbreitete Systemforschung Selbstorganisation als zentrale Metapher verwendet, um die Funktionsweise und Evolution komplexer nicht-linearer Systeme zu erfassen, so gilt den Militärs Selbstorganisation als Ideal der Kampforganisation (vgl. Czerwinsky 1998). Netzwerkzentrisch gedacht, tendiert der Zirkel von *Command and Control* dazu, in sich kurzgeschlossen zu werden: Noch bevor ein Befehl erteilt wird, ist die Lage erfasst und die Anpassung vorweggenommen. Und vielleicht ist es ja die bildliche Aufbereitung der Lage, die diesen Anpassungsprozess antreibt: sie erlaubt eine instantane Lageerfassung, die weder die Schrift noch das Wort ermöglichen. Auch wenn viele technische und führungstechnische Konzepte des *Network Centric Warfare* nur erst Projekte sind, hat die grundlegende Idee bereits Geschichte geschrieben. Die plattformzentrierte Kriegführung setzte auf das Konzept, überwältigende Streitkräfte zum Einsatz zu bringen, auf eine Doktrin der »overwhelming force«. Netzwerkzentrisch wird nicht die überlegene Masse, sondern die überlegene Koordination und Geschwindigkeit entscheidend: »shock and awe« lauten die Schlüsselkonzepte. Nimmt man den Golfkrieg von 1990/91 und den des letzten Jahres als Bezugspunkte, gehören die beiden Doktrinen wahrlich zwei verschiedenen Jahrhunderten an.

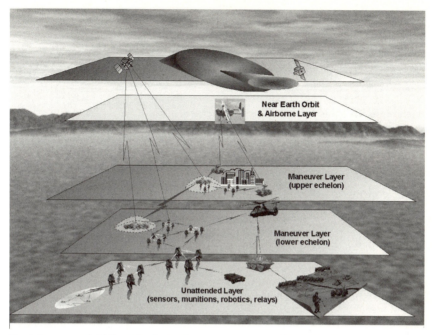

Das *information grid* (Abb. OFW-Pre-Solicitation Conference, 17/18.02.2002)

3. Dynamisierung und Entgrenzung des Schlachtfeldes

Das informationstechnisch bewerkstelligte Ineinanderflechten von globalen und lokalen Ereignisketten bestimmt auch das Konzept des Schlachtfeldes, das *digitized battlefield* verliert tendenziell seine Grenzen. Es ist auch nicht mehr von *battlefield,* sondern von *battlespace* die Rede. Die Netzförmigkeit des Schlachtfeldes bezieht sich auf zwei Dimensionen: auf ein topographisches und ein topologisches Gefüge. Topographisch wird das Schlachtfeld in der Netzwerklogik als dreidimensionales Gebilde von materiellen Knoten konzipiert – ob es sich um materielle Träger von Informations- und Kommunikationssystemen oder um Kampfplattformen (Soldaten, Panzer, Geschütze, Hubschrauber, Flugzeuge usw.) handelt. Und ganz in der Logik, in der die ARPRA (die *Advanced Research Program Agency,* der später noch ein *D* für *Defense* vorgesetzt wurde) ihr zum Internet mutiertes Computernetz konfigurierte, lautet die Devise im netzwerkzentrischen Krieg: zentrale Knoten, physische Massierungen sind zu vermeiden. Unter der Bedingung von Transparenz durch kombinierte Aufklärungskapazitäten wird jede Form von materieller Verdichtung zum lohnenden Ziel. Aufgrund der Geschwindigkeit und Beweglichkeit der Kräfte wird ein dreidimensional, pulsierend, nichtlinear und multidirektional geführter Kampf erwartet. Dreidimensional, weil bodennahe Luftwaffeneinsätze, Kampfhubschrauber, Drohnen, die nicht allein mit *soft kill*-Fähigkeiten zur Störung von Radaranlagen und Funkverkehr ausgestattet sind, sondern auch über *hard kill*-Kapazitäten verfügen, das zweidimensionale Gefechtsfeld in einen Gefechtsraum verwandeln. Pulsieren wird der Kampf, da die Beweglichkeit der Kräfte immer neue Schwerpunktbildungen erlaubt, zugleich aber die Truppen immer nur kurzzeitig massiert werden können, um nicht zur großflächigen Zielscheibe zu werden. Feuerkraft soll durch Konzentration des Feuers aus unterschiedlichen Richtungen auf einen Punkt erreicht werden, nicht aber durch die physische Massierung der Kräfte. Auf dem Schlachtfeld netzwerkzentrischer Kriegführung wird das von den Militärs an der Operationsweise von Guerilla- und politisch motivierten Straßenkämpfern so bewunderte Schwärmen als Kampfweise vorausgesetzt. Was in militärischer Formation durch die rigide Befehls-Gehorsams-Struktur nicht zu erreichen war, ein vollständig koordiniertes Vorgehen durch nahezu automatische Abstimmung, die keines Befehls bedarf, wird in vernetzten Strukturen zur Norm. Eine Art linearer Front lässt sich in diesem Raum nicht mehr ausfindig machen: simultan werden »unmittelbare Operationen« und »Operationen in die Tiefe« geführt. Mit dieser Unterscheidung ist weniger ein räumlicher Unterschied bezeichnet, denn eine funktionale Differenz: »unmittelbare Operationen« beziehen sich auf konkrete Gefechtssituationen gegen aufgestellte gegnerische Verbände, »Operationen in die Tiefe« zielen darauf, gegnerische Potentiale – wie Massenvernichtungsmittel, Luftwaffe, Reserven, Gefechtsstände, Aufklärungskräfte ebenso wie Logistik- und Infrastruktureinrichtungen – zu zerschlagen, noch bevor diese im Gefecht wirksam werden können. Durch weiträumige und dynamische Verlagerungen schließlich nimmt das Kampfgeschehen einen multidirektionalen Verlauf: für die weit auseinander gezogenen und häufig ohne Anlehnung kämpfenden Einheiten lösen sich Orientierungen wie hinten und vorne, Front und Hinterland usw. auf, es muss damit gerechnet werden, den Kampf nach allen Seiten zu führen (vgl. Kaufmann 2003: 291-294).

Genau genommen bezieht sich diese Beschreibung weniger auf ein topographisches Muster, denn auf eine topologische Bestandsaufnahme. Ganz explizit wird die Kampfform nicht mehr an ein bestimmtes Territorium gebunden. Die räumliche Beschreibung kann gleichermaßen für Wüsten, oder Gebirge, für den Dschungel oder auch für Städte gelten. Mit diesem Raumkonzept wird eine Matrix etabliert, die sich in beliebige Räume transferieren lässt und die in ihren Dimensionen wie in ihrer Intensität beliebig skalierbar ist. Der Krieg des industriellen Zeitalters kulminierte im »Totalen Krieg« und im »Atomkrieg«: eine Bewegung, die immer mehr gesellschaftliche Bereiche in den Krieg hineinzog und in Massenvernichtung und räumlicher Destruktion kulminierte. Der *Network Centric Warfare* scheint umgekehrt die Diffusion des Militärischen in immer weitere Felder mit sich zu bringen. Nicht Zerstörung des Nichtmilitärischen, sondern seine Infiltration sind der Effekt. Das *Global Information Grid,* das selbstverständlich auch für kommerzielle Nutzungen angeboten wird, scheint hier symptomatisch: jede taktische Maßnahme stützt sich auf eine globale Vernetzung, in der das Zivile und Militärische nicht mehr getrennt werden können. Umgekehrt kann jede taktische Aktion des Netzwerkkrieges strategische

Auswirkungen, jede lokale Maßnahme ins Globale zielen. Weder infrastrukturell noch politisch sind die Grenzen eines »digitalisierten« Schlachtfelds zu bestimmen: »Tactical actions – so konstatiert ein britischer Offizier – occur in the multidimensional, limitless and illdefined battlespace […] It is potentially truly global: it stretches from wherever our forces are deployed, back through their lines of communication to the home base of all participants and embraces anywhere abroad where we have interests and vulnerabilities that can be attacked or exploited by a ruthless adversary« (Potts 2000a: 13). Man könnte dies als die Dialektik modularer, informationstechnischer Strukturierungen bezeichnen: erlauben diese einen militärischen Einsatz noch in jedem Winkel der Welt mit den Mitteln avanciertester Technologie durchzuführen, so schlägt der Krieg aus der Ferne entlang der Kommunikationslinien zurück.[7]

4. Networking the soldier: Zur Konzeption des soldatischen Subjekts

Um den Soldaten adäquat für das gewandelte »warfighting ecosystem« des digitalisierten Schlachtfeldes anzupassen, besteht die dringlichste Aufgabe darin, ihn an den *Command and Control-Loop* und das *Common Operational* bzw. *Common Tactical Picture* anzuschließen. Ein entsprechendes Rüstungsprogramm wurde 1995 im Kontext der Force XXI-Programme der US-Army unter der Bezeichnung *Land Warrior* in die Entwicklungsphase gegeben. Das *Land Warrior* Programm will den Infanteristen nicht mit einem neuen Ausrüstungsstück versehen, sondern ihn komplett als integrale Einheit von Mensch und Maschine rekonfigurieren. Wenn Systemingenieure schon seit langem Waffen, Sensoren, Steuerungskomponenten und Personal in Flugzeuge, Schiffe und Kampffahrzeuge integrieren, so wird nun »for the first time« der Soldat »as a ›platform‹ for an integrated combat system« betrachtet (Sterk 1997: 69). Die grundlegende Vorgehensweise besteht darin, den Soldaten als ein System von miteinander korrelierenden Leistungsparametern anzusehen, die in der Regel als *lethality, sustainability, survivability, mobility, command and control* definiert werden (Schaprian/ Roth 1997). *Land Warrior* ist das Projekt, die Leistungsparameter des Fußsoldaten informationstechnisch zu steigern. Grundkonzept ist, sämtliche Komponenten integral in modalerer Form aufeinander abzustimmen. Es geht nicht allein darum, Architekturen für *wearable computers, software tools, helmet mounted displays* und ähnliches zu entwickeln. Vielmehr soll von den Nahrungspaketen über die Schutzkleidung bis zur Bewaffnung ein aufeinander abgestimmtes Gesamtsystem entwickelt werden, das in symbiotischer Weise an Sinne und Körper anschließt. Um den Soldaten ins militärische Netzwerk zu integrieren, wird nicht nur ingenieurstechnisches Know-How, sondern auch jede Menge Wissen der *life-science*

---

7. So war die Bombardierung der chinesischen Botschaft im Kosovo-Konflikt eine taktische Aktion, die politisch-strategische Folgen zeitigte. Mehr noch macht sich eine asymmetrische Kriegführung bei Terroranschlägen, wie dem vom 11. September, globale Vernetzungen zunutze, um mit taktischen, lokalen Maßnahmen globalstrategische Wirkung zu erzielen.

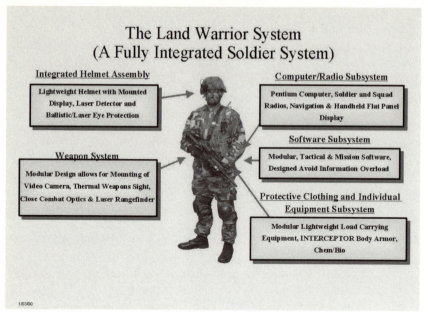

Die Einheiten des *Land Warrior Systems* (Abb. OFW-Pre-Solicitation Conference, 17/18.02.2002)

und *human-science* mobilisiert und produziert. Die DARPA, welche die Computer- und Displayentwicklung unterstützt,[8] arbeitet etwa mit Sinnesphysiologen, Neurologen und Psychologen zusammen, beim *Soldier System Command*, bei dem die Gesamtleitung des Projekts angesiedelt ist, sind u.a. Biomechanik, Anthropometrie und Materialwissenschaftler mit der Anpassung an menschliche Körper beschäftigt. Als dritte Instanz arbeitet v.a. das *US-Army Training and Doctrine Command* schließlich an der letztendlichen Kampftauglichkeit der systemisch rekonfigurierten Soldaten: an der Entwicklung von Ausbildung, Doktrinen, Anforderungsprofilen an Soldaten und an der Erarbeitung von Anforderungsprofilen an technische Komponenten. Es ergibt sich, grob schematisiert gesprochen, eine dreifache Architektur, in der die Rüstung des Körpers, die Rüstung der Sinne und der Doktrinen aufeinander abgestimmt werden (vgl. SSCOM Yearbook 1997: 33-39).[9] Im Kontext erwarteter enormer Ausbaufähigkeiten des technisch Möglichen laufen die drei Prozesse als eine Art Rückkopplungsschleife. Die Leistungsparameter sind stets steigerbar.

8. Technisch sollte *Land Warrior* von einer Firmengruppe unter der Leitung von *Raytheon* realisiert werden. Die geplante Einführung verzögerte sich aufgrund technischer Mängel immer wieder. 1999 schließlich wurde das Projekt an eine Firmengruppe unter der Leitung von *Exponent* übergeben und unter verstärkter Integration kostengünstigerer und schneller einsetzbarer üblicher Handelsware neu ausgerichtet. Ähnliche Projekte sind auch in Frankreich (FELIN, »Fantassin á Equipement et Liaison integré«), in Großbritannien (FIST, »Future Infantry System Technology«) und in Deutschland (»Infanterist der Zukunft«) in Entwicklung und Erprobung (vgl. Infanterist der Zukunft 2003: 31-38).

Die Rüstung des Körpers operiert in wesentlichen Momenten mit Schutzmitteln und Sensordaten. Der Soldat wird mit Splitterschutz, mit Antiminenstiefeln, Komposithelmen und Laserschutzbrillen ausgestattet. Sensoren warnen ihn vor nuklearer, biologischer und chemischer Verseuchung und fordern zum Anlegen der mitgeführten Schutzkleidung auf. Was aber Verletzungen, Körperdaten, Hitzeregulierung und Sichtschutz angeht, bleibt bei *Land Warrior* noch alles den eigenen Sinnesempfindungen überlassen. Dies soll sich bei den Nachfolgemodellen ändern: Der Anzug soll mit Sensoren ausgerüstet werden, die eine Verletzung und ihre mögliche Schwere sofort anzeigen und weitermelden. Sogar eine automatische Kompression bei Blutverlust ist projektiert. Angesichts möglicher Einsatzgebiete stehen auch eine Klimatisierung des Anzugs auf der Wunschliste und mit Hilfe von Nano-Technologien erhofft man zu können, was Hollywood schon lange kann: einen Anzug zu entwickeln, der sich in der Farbgebung wie ein Chamäleon seiner Umgebung anpasst.[10]

Weiter gereift ist die soziotechnische Rekonfiguration des Soldaten bei der Rüstung der Sinne. Der Anschluss ans Netz, Nachtsicht- und Wärmebildgeräte erlauben dem Soldaten eine gesteigerte Wahrnehmungsfähigkeit. Sie ermöglichen, in Zonen und Spektren »beyond the Line of Sight« aktiv zu werden. Seine Nahkampfoptik am Gewehr z.B. befähigt ihn, sozusagen um die Ecke oder auch über Kopf aus der Deckung heraus zuschießen, da Ziele per Video über das Display anvisiert werden können. Die netzwerkzentrische Logik, *sensors* von den *desicion makers* und *shooters* zu lösen, die aufgenommen Daten statt dessen übers Netz zugänglich zu machen, kehrt hier in miniaturisierter Form wieder. Bereits die geringe Lösung der Einheit von Auge und Gewehr beim Schießen, in die ein medialer Übertragungsprozess tritt, kann die »lethality« vor allem im Straßen- und Häuserkampf erhöhen. Mehr noch aber sollen sensorgestützt neue Formen kampftechnischer Interaktion ermöglicht werden. So kann ein Soldat Feuer anfordern, indem er mit seinem Laser ein Ziel markiert, und laser- oder GPS-gesteuertes Feuer anfordert. Der Soldat wird zum *sensor* für einen *shooter*, der das Ziel nicht im Blick hat. Genau darin wird zukünftig die wesentliche Aufgabe des Soldaten gesehen: den Gegner aufspüren, ihn markieren, aber ihn nicht mehr unbedingt selbst bekämpfen (vgl. Objective Force Warrior 2001, Panel 2: 4).

Informationstechnische Rüstung und Leistungssteigerung scheint darauf hinaus zu laufen, den Körper und die Sinne in ein Netz »objektivierter« Daten einzuspannen. Damit wird eine neue Form der Kohärenz von Kampfformationen noch auf unterster Ebene geschaffen. Im eingangs vorgestellten Zitat von Gorman war von der Einsamkeit des Soldaten auf dem Schlachtfeld die Rede, die

---

9. Solche Integrationsleistungen führen z.B. dazu, die Kabelführung von der Rechen- und Energieeinheit im Rucksack zur Sprachsteuerung und zum Display in den Schutzanzug zu integrieren. Bewegungsstudien und Materialstudien arbeiten am Ausfindigmachen von Bruch- und Scheuerstellen an Kabeln, Kleidung und Haut, an der Optimierung von Materialien, Kabelkanälen usw. Vgl. zu den erwarteten Leistungsdaten des *Land Warrior-Systems* u.a.: Sterk 1997; Schaprian, Rather 1997; Kohlhoff 1997 u. 1998; Infanterist der Zukunft 2003: 31-35.
10. Arnold Schwarzenegger kämpfte schon 1987 gegen einen technisch überlegenen *Predator*, dessen Signaturen mit der Dschungelumgebung verschmolzen.

Der *Land Warrior* zielt per Videokamera (Veröffentlichung des *Military Analysis Network*; http://www.fas.org/man/dod-101/sys/land/land-warrior.htm)

typisch für die industrialisierten Kriegführung ist. Die psychische Überwältigung durch den Maschinenkrieg fand im Ersten Weltkrieg ihren Ausdruck in Nervenzusammenbrüchen. Dem Ersten Weltkrieg entsprangen dann auch die Imaginationen der Stahlgestalt – am prominentesten in Ernst Jüngers (Selbst)-Stilisierungen –, eine Form der Selbstidentifikation mit den industriellen Kriegsmaschinen, in der das soldatische Ich handlungsmächtig werden sollte. Sinnbild der Einsamkeit auf dem Schlachtfeld sollte dann aber vor allem der »Atomlandser« werden, die Figur des Infanteristen, der auf atomar verseuchtem Gefechtsfeld in verstreuten Formationen einen Kampf führt, von dem die Doktrinen des Kalten Krieges wenig wussten. Man glaubte, die Restfunktionen, die dem Fußsoldaten noch zukamen, auf Dauer durch Roboter oder andere Formen der Automatisierung zu lösen. Der neue Fokus auf Konflikte geringer Intensität und die gesteigerte Komplexität informationeller Kriegskonzeptionen bringen den klassischen Infanteristen zurück in den Horizont der Planer. Der Gewalt moderner Gefechte – ob man diese nun im Rahmen eines *full spectrum warfare's* oder eher als *special operation* im Rahmen von Terrorbekämpfung, Kriminellenjagd oder »humanitären Interventionen« projektiert – hofft man durch eine permanente Lageprüfung und neuartige Kampfkoordination zu entkommen. Die permanente Anbindung ans Netz, die ständige Rückkopplung mit dem Lagebild setzt der von Gorman zitierten Einsamkeit eine neue Form von Gemeinschaft entgegen: »The individual soldier is transformed from a sentry to a member of a dynamic collective whole« (Objective Force Warrior 2001, Panel 2: 4).

Diese neuen Koordinationen, die Kampfform des Schwärmens, erfordert – so sehen es die Planer – nicht allein technische Rüstung. Ein Vorgehen, wie man es von Guerilla und politisch motivierten Straßenkämpfern kennt, benötige ebenso einen spezifischen Soldatentypus. Es dürfte wenig überraschend sein, dass die Verweise auf das adäquate soldatische Subjekt funktionale Erfordernisse nahezu unvermittelt in soldatische Eigenschaften übersetzen. Was die soziologische Forschung als Flexibilität des (post)modernen Selbst, als Bastel-Existenz mit Brüchen und Identitätswechsel ausweist, wird vom Soldaten vehement gefordert – manchmal in karikaturhafter Überzeichnung: »The warrior is both a strategic corporal and an American ambassador« (Objective Force Warrior 2001, Panel 1: 8). Das flexible Umschalten zwischen unterschiedlichen Realitätsebenen und Wahrnehmungsformen, die Unterschiedlichkeit der Aufgaben, das manchmal plötzliche Umschlagen der Situation erfordert schnelle Rollentausche und geradezu modular aufgebaute Persönlichkeiten: »The warrior must be able to blend into the culture with ease while, at the same time, have the capability to engage targets day and night, without worrying about weather or terrain« (ebd.: 10). Selbstverständlich trägt der Soldat amerikanischer Prägung die seit dem 18. Jahrhundert im Militär durchgesetzte Disziplin und die seit dem 19. Jahrhundert vehement durchschlagende nationale Mobilisierung im Gepäck. Disziplin und nationale Loyalität bleiben tragender Grund militärischer Ordnung. Über diese Ordnung legen sich aber neue Orientierungen. Einiges spricht dafür, dass sich gegenwärtig zugleich geradezu archaische militärspezifische Gemeinschaftsbilder mit gesellschaftlich dominanten Flexibilitätsanforderungen paaren. »The American Warrior: is an adaptive brotherhood elevated by technology – and decisive across the spectrum of conflict« – so lautet das anvisierte kulturelle Selbstverständnis (ebd.). Das US-Magazin »Solders-Online« fasste das Ergebnis einer Expertenrunde, die sich 1995 Gedanken über Erwartungen an den Rekruten von 2010 machte, in drei Worten zusammen: »Intelligent, conscientious and capable team players.« (Machamer 1995: 1).

Drei Schlagworte, die ins Vokabular des Konzepts netzwerkzentrischer Kriegführung passen. Zentral ist die Abkehr vom Befehl, noch weitergehend heißt es: »The multi-functional warrior is trained now to think not what to think. At one time, the warrior was trained only for certain missions. We are now breaking down this linear environment. Task organization is becoming increasingly fluid« (Objective Force Warrior 2001, Panel 1: 7). Das Flüssige, sich Verändernde wird zur Normalität, in der eingeübte Befehls- und Gehorsamsstrukturen, Spezialisierungen und Routinen nicht mehr angemessen erscheinen. Es geht um einen permanenten Abgleich von Zielvorstellungen und aktuellen Situationen. Nicht allein auf dem Schlachtfeld. *Network-Centric Enterprises*, die auf dem kontingenten Feld des Marktes operieren, gelten schließlich als Vorbild. Eine Managementlehre zur »Fraktalen Fabrik« formuliert: »Um die ›Bewegungen‹ der Fraktale im Gesamtprozess in die jeweils angemessene Richtung zu lenken, bedarf es einer Funktion, für die wir die nautische Metapher der Navigation eingeführt haben. Fraktale navigieren insofern, als sie ständig ihre Position im Zielraum prüfen, melden und gegebenenfalls korrigieren« (Warnecke 1992: 187). Situative Anpassung wird zur Norm. Die Beschwörung der *Brotherhood* amerikanischer Soldaten lässt sich dabei als notwendige Kehrseite der nur schwer zu kontrollierenden Freiheitsgrade im Rahmen flexibilisierter Strukturen lesen. Vielleicht aber ist es dem Militär gelungen, diese Gemeinschaft in gewisser Weise zu objektivieren, ihr eine gestalthafte Präsenz zu verleihen. »Battlespace awareness must be viewed as a collective property (a type of collective consciousness)« (Alberts, Garstka, Stein 2000: 135). Das Kollektivbewusstsein, ein Bewusstsein gemeinsamer normativer Verbindlichkeiten, war für Émile Durkheim der Kitt, der die Gesellschaft zusammenhält. In kleinen, nur gering ausdifferenzierten Gesellschaften sieht er diese Form der Kohäsion stark ausgeprägt, in ausdifferenzierten Gesellschaften hingegen werde die Homogenität geteilter Glaubens- und Wertvorstellungen in zahlreiche Normkodizes aufgeteilt. Dennoch hielt Durkheim auch für arbeitsteilige Gesellschaften an der Differenz zwischen moralischen und technischen Regeln fest: erstere werden sanktioniert, weil sie gegen kollektiv verankerte Normen verstoßen, letztere erweisen sich am Erfolg.

Folgt man den Vordenkern des *Network Centric Warfare* so erscheint dieser normative Unterbau nun als Schlachtfeldbewusstsein auf dem Bildschirm. In der Tat werden selbst auf der Ebene der soldatischen Kampfgruppe face-to-face tendenziell zu face-to-screen-Beziehungen. Die Orientierung an einem gemeinsamen Objekt, eben dem *Common Operational Picture* auf dem Bildschirm, lässt sich auch als intersubjektive Beziehung verstehen (vgl. Knorr Cetina, Brügger 2002). Es existiert eine synchrone, mediatisierte Präsenz der Handelnden, sie orientieren ihr eigenes Verhalten an dem der anderen. Das Objekt selbst erhält seinen Flow-Charakter, seine sich stets transformierende Existenz, eben durch die Handlungen der auf dem Bildschirm repräsentierten Akteure. Die Soldaten agieren tendenziell immer schon als ihre eigenen Beobachter, das heißt als virtuelle Kommandeure, welche die eigene auf eine allgemeine Lage beziehen können – und sie agieren immer schon unter der Beobachtung der anderen für die das gleiche gilt. Am Bildschirm könnte sich wahrhaftig eine normative Vergesellschaftung über ein Kollektivbewusstsein vollziehen. Für Durkheim war der moralische Unterbau ursprünglich religiöser Natur – »The Force is with you, you are one with the force« heißt es beim anfangs zitierten General Gorman. Und vielleicht ist es kein Zufall, wenn Militärs im Netz »God's Eyes View« zirkulieren sehen. Allerdings hält dieser Gott nicht zur Wahrung der Gebote an, vielmehr zur ständigen Selbstadjustierung an veränderte Lagebilder. Die Norm wäre in funktionaler Adaption aufgegangen.

Literatur

Alberts, David S.; Garstka, John J.; Stein, Frederick P. (2000²): *Network Centric Warfare. Developing and Leveraging Information Superiority*. Washington.
Arquilla, John; Ronfeldt, David (1997): »Looking Ahead. Preparing for Information-Age Conflict«. In: dies. (Hgg.): *In Athena's Camp. Preparing for Conflict in the Information Age*. Santa Monica (Cal.), S. 439-501.
Arquilla, John; Ronfeldt, David (2000): *Swarming and the Future of Conflict*. Santa Monica (Cal.).
Arquilla, John; Ronfeldt, David (Hg.) (2001): *Networks and Netwars. The Future of Terror, Crime, and Militancy*. Santa Monica (Cal.).
Baierl, Peter M. (1997): »Konzeptionelle Überlegungen zur Weiterentwicklung des deutschen Heeres.« In: *Europäische Sicherheit* 9, S. 27-33.
Castells, Manuel (1996): *The Network Society. The Information Age: Economy, Society and Culture*. Vol 1. Malden (MA), Oxford.
Czerwinski, Tom (1998): *Coping with the Bounds: Speculations on Nonlinearity in Military Affairs*. Washington DC.
DeLanda, Manuel (1991): *War in the Age of Intelligent Machines*. Cambridge (Mas.)
Dillon, Michael (2002): »Network Society, Network-Centric Warfare and the State of Emergency.« In: *Theory, Culture & Society* 19(4), S. 71-79.
Dooremans, Hermann (1998): »Die Versorgung von Krisenreaktionskräften. Aspekte logistischer Unterstützung auf dem Gefechtsfeld der Zukunft.« In: *Europäische Sicherheit* 1998/9, S. 10-15.
Durkheim, Emile (1977): *Über soziale Arbeitsteilung: Studie über die Organisation höherer Gesellschaften*. Frankfurt/M. (Orig. 1893).
Gibson, James William (1986): *The Perfect War. Technowar in Vietnam*. Boston, New York.
Hartl, Wolfgang (1997): »Force XXI. Das amerikanische Heer des 21. Jahrhunderts.« In: *Soldat und Technik* 10, S. 566-570.
Infanterist der Zukunft (2003). *Wehrtechnischer Report* 2/2003 (August). Bonn, Frankfurt/M.
Joint Vision 2010 (1996). Joint Chiefs of Staff, Washington D.C.
Joint Vision 2020 (2000). Joint Chiefs of Staff, Washington D.C.
Kaufmann, Stefan (2002): »Kriegführung im Zeitalter technischer Systeme – Zur Maschinisierung militärischer Operationen im Ersten Weltkrieg.« In: *Militärgeschichtliche Zeitschrift*. 61/2, S. 337-367.
Kaufmann, Stefan (2003): »Der Soldat im Netz digitalisierter Gefechtsfelder. Zur Anthropologie des Kriegers im Zeichen des *Network Centric Warfare*.« In: Martus, Steffen; Münkler, Marina; Röcke, Werner (Hg.): *Codierung von Gewalt im medialen Wandel*. Berlin, S. 285-300.
Kaufmann, Stefan (2004): »Netzwerk«. In: Bröckling, Ulrich; Krasmann, Susanne; Lemke, Thomas (Hg.): *Glossar der Gegenwart*. Frankfurt/M., S. 176-183.
Kelly, Kevin (1997): *Das Ende der Kontrolle. Die biologische Wende in Wirtschaft, Technik und Gesellschaft*. Mannheim (Orig. New York 1994).
Keupp, Heiner: »Soziale Netzwerke. Eine Metapher des gesellschaftlichen Umbruchs?« In: Ders., Bernd Röhrle (Hg.): *Soziale Netzwerke*. Frankfurt/M., New York 1987, S. 11-53.
Knorr Cetina, Karin; Brügger, Urs (2002): »Global Microstructures: the Virtual Societies of Financial Markets.« In: *American Journal of Soiciology* 107, S. 905-950.
Kohlhoff, Jürgen (1997): »Der Infanterist der Zukunft.« In: *Soldat und Technik*, S. 206f.
Kohlhoff, Jürgen (1998): »Der elektronische Soldat.« In: *Soldat und Technik*, S. 248-250.
Libicki, Martin (2000): *Who Runs What in the Global Information Grid? Ways to Share Local and Global Responsibility*. Santa Monica (Cal.).
Machamer, Rick (1995): »The Recruits of 2010.« In: *Soldiers Online*, Sept. 95 (http://www.dtic.mil/soldiers/sep95/p52.html).
Mey, Holger (2003): »Network Centric Warfare. Konzept netzwerkzentrierter Kriegführung.« In: *Soldat und Technik* 16/2, S. 8-15.

Network Centric Warfare. Department of Defense. Report to Congress (2001). 27. July 2001. (http://www.c3i.osd.mil/NCW).

Objective Force Warrior. Another Look. The Art of the Possible. A Vision. (2001). Prepared for the Deputy Assistant Secretary of the Army (Research and Technology) by the National Security Directorate Oak Ridge National Laboratory. December 2001. (Six Parts: Overwiev, Composite Vision, Panel One, Panel Two, Panel Three, Panel Four).
(http://www.natick.army.mil/soldier/WSIT/OFW_Vision.pdf)

Pias, Claus: »Synthetic History«, in: *Archiv für Mediengeschichte, Bd. 1: Mediale Historiographien,* hg. von Lorenz Engell und Joseph Vogl, Weimar 2001, S. 171-184.

Potts, David (Ed.) (2002): *The Big Issue. Command and Combat in the Information Age (A view from Upavon).* Washington.
(http://www.dodccrp.org/publicat_auth.html)

Potts, David (2002a): »Tomorrow's War – an analysis of the nature of future conflict.« In: Potts (Ed.), S. 9-17.

Schaprian, Joachim; Rather, Cord (1997): »System Soldat. Vom ›Soldaten 95‹ zum ›Soldaten 2000‹. In: *Soldat und Technik,* S. 208-213.

Schneider, Volker; Kenis, Patrick (1996): »Verteilte Kontrolle: Institutionelle Steuerung in modernen Gesellschaften«. In: Kenis, Patrick/Schneider, Volker (Hg.): *Organisation und Netzwerk. Institutionelle Steuerung in Wirtschaft und Politik.* Frankfurt/M./New York, S. 9-43.

Sloan, Elinor (2002): *The Revolution in Military Affairs. Implications for Canada and NATO.* Montreal, Kingston, London, Ithaca.

SSCOM Yearbook 1997. Maintaining the Edge.
(http://www.sscom.army.mil)

Sterk, Richard (1997): »Tailoring The Techno-Warrior.« In: *Military Technology* 21(4/5), S. 69-72.

Toffler, Alvin; Toffler, Heidi (1993): *War and Anti-War.* New York.

Warnecke, Hans-Jürgen (1992): *Die fraktale Fabrik – Revolution der Unternehmenskultur.* Heidelberg/Berlin.

4. SOUNDTECHNOLOGIEN

Dominik Schrage

›Singt alle mit uns gemeinsam in dieser Minute‹
Sound als Politik in der Weihnachtsringsendung 1942

> »Zu einem ästhetischen Wert wird die Brücke nun, indem sie die Verbindung des Getrennten nicht nur in der Wirklichkeit und zur Erfüllung praktischer Zwecke zustande bringt, sondern sie unmittelbar anschaulich macht.« (Georg Simmel: Brücke und Tür)

Die frühe Radiogeschichte ist immer auch die Geschichte der Etablierung heutiger Medienwirklichkeiten als gemeinsam geteilter (da simultan Vielen zugänglicher) Gegenwart. Die neuartige technologische Schaltung des Radios – *one to many*, Mikrophon an alle – und die neuen Möglichkeiten, aber auch Unbestimmtheiten und Grenzen, die durch sie gesetzt sind, werden von Radiopraktikern, Künstlern, Dichtern, Technikern, Intellektuellen und Hörern seit der Einführung des Radios sukzessive erkundet; dabei müssen erst hartnäckige Denkgewohnheiten und Verhaltensweisen aus der Vor-Radio-Zeit abgebaut werden und die neuen Wirklichkeiten, die durch Medientechnologien entstehen, müssen entdeckt und zugleich erfunden werden: Das Publikum der technischen Medien konstituiert sich – anders als die für die Massenkonzepte des 19. und frühen 20. Jahrhunderts paradigmatische, an einem Ort versammelte Menschenmenge – durch den Anschluss einer räumlich verstreuten Masse an einen gemeinsamen, technisch generierten Reizstrom (vgl. Schrage 2004: in diesem Band). Die Charakteristika dieser kommunikativen (das heißt überhaupt erst durch Kommunikationstechnologie ermöglichten) Masse sind die große Zahl – potentiell umfasst sie die gesamte Gesellschaft – und die Simultaneität des Empfangs.

Nicht die Verschmelzung der Individuen zu einer einheitlich agierenden Masse, sondern die räumliche Zerstreuung individuell rezipierender Einzelner ist also das Kennzeichen der kommunikativen Masse. In den Diskursen der Radiomacher in den 1920er Jahren kann dieser Sachverhalt anhand der ›Entdeckung der Hörer‹ beobachtet werden: Die Tatsache, dass das konzentrierte Hören, welches die anspruchsvollen Hörspielästhetiken voraussetzen, keinesfalls selbstverständlich ist, dass die Wünsche der Hörer keineswegs einheitlich sind und dass man auf der Senderseite über all dies eigentlich nichts weiß, noch nicht einmal, wer überhaupt eingeschaltet hat, all dies hat der Soziologe Leopold von Wiese 1930 mit der treffenden Formulierung »Anonymus Publikum« bezeichnet (Wiese 1930: 103f.): Sowohl aus der Perspektive der Sender als auch aus derjenigen der Empfangenden ist das Publikum des Radios eine unaufhebbar kontingente, d.h. prinzipiell nicht homogenisierbare, unüberschaubar bleibende Sozialform. Dieses Problem der Kontingenz des Radiopublikums ist dabei sowohl historisch – bezogen auf die von den kontroversen philosophischen Positionen der Weimarer Republik gleichermaßen problematisierte Thematik des Ordnungsschwundes (vgl. Makropoulos 1997) – als auch systematisch als das genuin Moderne der technischen Massenmedien anzusehen. Ja, man kann die Kontingenz des Radiopublikums geradezu idealtypisch für die prinzipielle Unmöglichkeit jeder ›Kontingenzbewältigung‹ nehmen, was doch bedeuten würde, den Sachverhalt der Kontingenz als solchen aus der Welt zu schaffen. Solche Versuche, die Kontingenz des Radiopublikums vollständig aufzuheben, stellen den gemeinsamen Nenner von Konzepten der Radioverwendung unterschiedlichster Provenienz in den 1930er, 1940er und 1970er Jahren dar, welche im Radio entweder ein Mittel propagandistischer Homogenisierung oder aber aktivierender Reziprozität der Masse sehen.[1]

Auf der Ebene der radiophonen Ansprache – die im Folgenden im Zentrum steht[2] – ist die Strategie, mit der auf diese Kontingenz reagiert wird, die Abkehr vom Sprechmodus der Massenveranstaltung und die Hinwendung zu einer verpersönlichten Ansprache an die einzelnen, gleichwohl anonymen und massenhaften Hörer: Der Rundfunk als »Freund und Vertrauter« jedes einzelnen Hörers, so lautet die programmatische Formulierung des Frankfurter Intendanten Hans Flesch im Jahr 1926 (Flesch 1926/1950: 97; vgl. Schrage 2004: in diesem Band). Dies heißt auch, dass die fehlende räumliche Nähe durch die Intensität einer ›persönlichen‹ Adressierung kompensiert wird – dass die Erzeugung von Authentizitätseffekten durch intensivierte Ansprache zu einem zentralen Mittel radiophoner Wirksamkeit wird. Dies stellt zugleich hohe Anforderungen an die stimmlichen, dramaturgischen und darstellerischen Fähigkeiten der Sprecher und der Regie sowie der Technik – denn Authentizität ist nichts Natürliches, sie muss im Radio dramaturgisch, technisch und darstellerisch erzeugt werden. Sie ist im Radio ein Soundeffekt (vgl. Schrage 2001: 224ff.; 2004: in diesem Band).

Mit der Entstehung der simultan von großen und räumlich verstreuten Menschenmassen empfangbaren technischen Kommunikationsmedien im 20. Jahrhundert werden akustische Phänomene gleichsam mit anderen Ohren gehört: Die subtilen Klänge der Musik und des fein modulierten Wortes, der große Entfernungen überbrückende Schall einer Rede vor Massenversammlungen, die Äußerungen von Menschenmassen selbst, und schließlich die mit zunehmender Technisierung lauter, zahlreicher und differenzierter werdenden Geräusche der Maschinen, Verkehrsmittel und Geräte, alle diese Klänge werden technisch reproduzierbar, können also von Speichermedien aus oder auch live in Massenmedien gesendet werden und stehen deshalb zueinander in einem prinzipiell

---

1. Zu denken wäre hier neben dem nationalsozialistischen Projekt der Propaganda à la Goebbels (welches die kommunikative Masse auf ein nach dem Modell der Präsenzmasse vorgestelltes ›Volk‹ zurückführen will) und den in diesem Aufsatz davon unterschiedenen Versuchen, Sound als Gemeinschaftsbindemittel einzusetzen, auch an Bertolt Brechts besonders in den 1970er Jahren hoch im Kurs stehende »Radiotheorie«, welche nichts weniger als die Aufhebung der *one to many*-Funktionsweise der Massenmedien und damit ihrer komplexitätsreduzierenden Funktion vorsah. Vgl. zu Brecht und anderen Positionen der frühen 1930er Jahre Schrage (2001: 274ff.).
2. Vgl. einer anderen Strategie, dem Problem der Kontingenz des medialen Massenpublikums mittels Hörerstatistik zu begegnen Schrage (2004 – in diesem Band – sowie 2001: 299ff.).

austauschbaren Verhältnis. Wenn dieser Klang und nicht jener ›kommt‹, so ist das als solches bedeutsam und zumeist Bestandteil eines ›Konzepts‹; dies ist der Fall, weil prinzipiell auch jeder andere Klang hätte ›kommen‹ können. Als technisch reproduzierbare – speicher- und übertragbare – akustische Phänomene sind die unterschiedlichen Klänge also von ihrem Entstehungskontext entbunden – sie sind dekontextualisiert, miteinander kombinierbar und als solche manipulierbar. Zugleich aber evozieren sie eben diesen Kontext. ›Sound‹, so wie dieses Konzept hier verwendet wird, soll die hörbare Gestalt solcher übertrag- und speicherbaren akustischen Konstruktionen bezeichnen, in denen heterogenste Geräusche, Stimmen und Musik im Sinne einer Montage über- und nacheinander gelagert sind und als ›Einheit‹ wahrgenommen werden.

Die ›anderen Ohren‹, mit denen akustische Phänomene unter den Bedingungen der Massenmedien gehört werden, resultieren aus der Bekanntheit des Zusammenhangs von dekontextualisierten Geräuschen und Klängen, ihrem Verweischarakter und der technisch-sozialen Übermittlungsweise. Die ›anderen Ohren‹ hören und erkennen nicht nur die Stimmen und Geräusche und den aus ihrer Montage entstandenen Sound, sondern sie ›wissen‹ sowohl um die sozialtechnische Struktur der Massenmedien – dass über weite Entfernungen an sehr viele, untereinander und dem Sender Unbekannte übermittelt wird –, als auch um deren Konstruktionscharakter – dass nicht alles so ›wirklich‹ ist, wie es klingt. Die überbrückten Entfernungen zwischen Sender und Empfänger, aber auch zwischen den Entstehungskontexten der Geräusche, die Simultaneität des Massenempfangs, aber auch des Gesendeten in Live-Übertragungen, die Anonymität der verstreuten Masse, aber auch ihre individuierte Empfangssituation, die schließlich subtile Klang- und Stimmkollagen überhaupt erst vernehmbar macht, all dies ist im Sound latent oder manifest vorhanden – kann vergessen, aber auch kenntlich werden. Der Sound kann darauf rekurrieren – sei es intendiert oder durch Störungen – er kann die Artifizialität des Gehörten und der Hörsituation vergessen machen, diese aber auch als wirksames Mittel einsetzen. Die Weihnachtsringsendung von 1942 eignet sich dazu, solche ›Politiken des Sound‹ exemplarisch nachzuvollziehen.

1. Die Weihnachtsringsendung von 1942

In der Weihnachtsringsendung wird eine der Strategien kenntlich, mit der Praktiken an den Mikrophonen das Problem der Kontingenz des Massenpublikums angehen: Die Strategie, diesem Problem mittels Sound-Konstruktion zu begegnen und fehlende räumliche Präsenz durch intensivierte Ansprache zu kompensieren. Dabei rückt die spezifische Schaltungsform des Radios – *one to the* absent *many* – und die sich daraus ergebende Rezeptionssituation – zu Hause am Apparat – in den Blick. Eine solche mit den Eigenqualitäten des Radios rechnende Strategie wird in der Weihnachtsringsendung hörbar. Sie ist, so eine leitende These, nicht aus der dominanten NS-Propagandakonzeption abzuleiten, die mit dem Namen Goebbels verbunden ist; gegenüber dieser müssen die technischen und ästhetischen Verfahren und Erfahrungen des Hörspiels und der Reportage und deren Verwendung in der Weihnachtsringsendung berücksichtigt werden, die in den Kategorien einer rhetorisch-manipulativen Propagandakonzeption ungesehen bleiben.[3]

Ende 1942 hat das vom nationalsozialistischen Deutschland besetzte Gebiet seine größte Ausdehnung, aber die Fronten beginnen zu bröckeln: Ein Symbol dafür ist der Einschluss der deutschen Verbände bei Stalingrad, der zu Beginn des Jahres 1943 zu ihrer Kapitulation führen wird. Zugleich erreicht der Krieg mit den Bombardierungen deutscher Städte auch das zivile Leben der Bevölkerung, so dass die Trennung von Front und Heimat, von Krieg und Zivilleben immer prekärer wird. Goebbels wird vor diesem Hintergrund im Februar 1943 den »totalen Krieg« ausrufen: In seiner Sportpalastrede propagiert er die vollständige Mobilisierung des Lebens aller (auch in der Heimat) für den Krieg (Fetscher 1998). Er tut dies mit den Mitteln des Megaphons, d.h. vor einer versammelten Masse im Berliner Sportpalast, deren frenetische Bejahung seiner Frage dann durch Radioübertragungen propagandistisch einsetzbar wird: Das Zusammenspiel der Goebbelsschen Agitation und der auf sie unmittelbar reagierenden versammelten, zu einem monolithischen Block verschmelzenden Masse wird mehrfach über das Radio gesendet. Die auf räumlicher Präsenz basierende Interaktion von Propagandaredner und der auf ihn ausgerichteten Masse wird gleichsam als akustische Abbildung an die Radiohörer übertragen: Ein rein distributiver Vorgang. Die Weihnachtsringsendung ist dem gegenüber deshalb von besonderem Interesse, weil sie auf die im Verlauf der 1920er Jahre gewonnenen Erfahrungen des Hörspiels und der Radioreportage zurückgreift und damit den Sound des Radios gezielt als politisches Mittel einsetzt. Sie ist in diesem Sinne nicht bloß distributiv, sondern, wie man damals sagte, ›funkisch‹.

Die Weihnachtsringsendung von 1942 lässt sich inzwischen recht gut rekonstruieren, weil der damalige Produktionsfahrplan der Sendung in einem Privatarchiv gefunden und in der Zeitschrift *Rundfunk und Geschichte* publiziert wurde (Diller 2003: 48ff.). Die bekannte, etwa vier Minuten lange Schlusssequenz der Sendung ist das einzig erhaltene Tondokument einer im ganzen 90 Minuten langen Sendung. Ob die Weihnachtsringsendung als Livesendung authentisch gewesen ist, kann dabei durchaus bezweifelt werden. Gerüchte besagen, die Meldungen der Außenposten von den Fronten seien im Studio produziert worden, und es ist auch durchaus plausibel, dass die Meldungen zwar tatsächlich über größere Entfernungen gesendet, dann aber aufgezeichnet und zusammengeschnitten wurden. Der Produktionsfahrplan beschreibt jedenfalls, dass bereits bei den Probeschaltungen in den Tagen vor Weihnachten zur Sicherheit Ton-

---

3. Das Ziel dieser Argumentation ist dabei keinesfalls, die propagandistischen Effekte der Sendung zu leugnen; es wird hier nur davon ausgegangen, dass die einfache Übernahme der Selbstbeschreibung des NS-Propagandaapparats wichtige Aspekte übersehen muss – einerseits, weil sie von den Propagandisten selbst nicht intendiert, andererseits aber auch, weil sie divergierenden Strömungen innerhalb des durchaus nicht monolithischen NS-Staates zuzuschreiben sind.

bandaufnahmen gemacht worden waren, um bei technischen Schwierigkeiten eingespielt zu werden (Diller 2003: 48).

In der Sendung selbst wurden nach einer Einführung aus dem Berliner Funkhaus abwechselnd Posten an den entferntesten Rändern des vom nationalsozialistischen Deutschland besetzten Gebietes und Funkhäuser in Städten des Reiches aufgerufen: Als Außenposten kamen nach dem »Militär-Genesungsheim« in Zakopane die Stationen Liinahameri, Kertsch, Wjasma, St. Nazaire, Leningrad, Stalingrad, Kreta, Catania, ein französischer Mittelmeerhafen, Pjatigorsk und Rovaniemi zu Wort. An den Außenposten wurden, so der Produktionsfahrplan, »Milieu und Stimmung« geschildert, der kämpferische Einsatz unterstrichen und offenbar auch charakteristische Geräusche eingespielt, woraufhin ausgewählte Sendestationen im Reich aufgerufen wurden, von denen aus Familienangehörige mit den in der Sendung auftretenden Soldaten Weihnachtsgrüße austauschten. Laut Produktionsfahrplan war gewährleistet, dass an den Außenposten jeweils genau solche Soldaten zu Wort kamen, deren Angehörige in den Studios von Berlin, Graz, Frankfurt, Königsberg, Breslau, Hamburg und München saßen. In allen an der Sendung beteiligten Stationen bestand laut Produktionsfahrplan die Möglichkeit, die Sendung über eigens dafür geschaltete Leitungen zu verfolgen (Diller 2003: 49ff.).

Front und Heimat wurden dabei jeweils abwechselnd eingespielt und tauschten ihre Grüße vor Publikum aus, so dass offenbar der Eindruck einer sich über das gesamte besetzte Gebiet erstreckenden Familienweihnachtsfeier entstand, die Front und Heimat verbindet. Wilhelm Bartholdy, der Redakteur der Sendung, bringt diese Weihnachtsfeier im Rückblick mit den nationalen Propagandafeiern am 30. Januar, 20. April, 1. Mai und 9. November in Verbindung. Hier wie dort sei man bereit, sich »ohne jeden Vorbehalt fest aneinander zu schließen, da überwinden unsere Gedanken alle Räume, die uns von den Verwandten und Freunden in der Heimat und von den Kameraden an den Fronten trennen.« Der Rundfunk könne in diesem Sinne als »Brücke und Band« wirken, »für jeden begehbar und uns alle festigend und zusammenschmiedend.« (Bartholdy 1943: 401) – Das Charakteristische der Ringsendung gegenüber den Propagandafeiern ist allerdings, so kann hier im Vorgriff festgehalten werden, dass sie von keiner zentralen Massenveranstaltung berichtet, sondern den ›Ort‹ der Weihnachtsfeier selbst ›herstellt‹. – Am Schluss folgt dann der als Tondokument erhaltene Teil der Sendung, in dem alle Außenposten an der Front nochmals aufgerufen werden, wobei, so wird angemerkt, »die Vielgestaltigkeit des Übertragungsmilieus« durch einen charakterisierenden Satz gekennzeichnet werden sollte (Diller 2003: 51).

Bereits am 24. Dezember 1940 hatte es eine Weihnachtssendung gegeben, die von den Programmzeitschriften wie folgt angekündigt wurde: »Deutsche Weihnacht 1940. 90 Millionen feiern gemeinsam. 40 Mikrophone verbinden Front und Heimat«. (Diller 2003: 47) Außer einem Studiogespräch wurden dabei auch Meldungen aus Narvik, Graz, aus dem Schwarzwald und vom Brocken geschaltet, sowie Erlebnisberichte von der Front. Auch 1941 scheint es eine ähnliche Ringsendung am Weihnachtstag gegeben zu haben. Die Ringsendung von 1942 könnte dann in einer Logik der Überbietung der Versuch gewesen sein, dem Genre »Ringsendung zu Kriegsweihnachten« seine definitive Form zu geben, auch wenn die technischen Möglichkeiten dies nicht erlaubten.

Allerdings ist die Frage, ob die Sendung ein Studioprodukt war, oder ob die entferntesten Außenposten des eroberten Gebiets in einer viel beschworenen »technologischen Meisterleistung« tatsächlich live zusammengeschaltet wurden, dann sekundär, wenn nicht die Authentizität der Sendung, sondern ihre Authentizitätseffekte im Zentrum stehen. Eben diese Überlegung stellt bereits Eugen Kurt Fischer an, in dessen Buch *Dramaturgie des Rundfunks* von 1942 sich ein Kapitel zum »Hörwerk« findet, welches die Erfahrungen mit der Weihnachtsringsendung von 1940 auswertet und insofern die Konzeption der Sendung von 1942 beeinflusst haben dürfte. Bei den Live-Übertragungen über weite Strecken seien »immer Überraschungen [...] durch Leitungsstörungen, mangelhafte Leitungen, Fehlschaltungen u.a.m.« möglich, denen man durch das Einspielen von vorbereiteten Aufnahmen »notdürftig begegnen« könne, wenn die Übertragung »versickert oder ganz aussetzt«. Es sei allerdings fraglich, ob die »Illusion der Direktsendung dann noch aufrechterhalten werden« könne. Und eben dies spreche für die »Vollmontage als die verläßlichere Form« (Fischer 1942: 121). Werner Plücker, der Leiter der Ringsendungen von 1940 und 1942, macht das problematische Verhältnis zwischen der Technik von Live-Übertragung über weite Stecken und der Wahrnehmbarkeit dieser technischen Leistung selbst deutlich: Dass »die größte Entfernung am stärksten zur Überbrückung reizen mußte, ist klar«, jedoch hätten

»sehr viele Hörer [...] die leise Frage an uns gerichtet, ob denn gerade in dem Augenblick, als die Stimmen aus Ost und West, aus Nord und Süd im Lautsprecher hörbar wurden, diese Stimmen auch wirklich zur gleichen Sekunde gerufen hätten. Es ist vielleicht zum Teil die Schuld unserer Techniker, daß die Qualität aller Übertragungen so unwahrscheinlich gut war, daß man hätte glauben können, es sei auch hier die Schallplattenaufnahme zu Hilfe genommen worden.« (Plücker, zit.n. Fischer 1942: 121)

An diesem Punkt setzen die nun folgenden Überlegungen an: Wie wird die auditive Präsenz der Übertragungstechnik (in den Störgeräuschen), aber auch: wie werden die Stimmen der Soldaten an den Fronten und der Angehörigen zu Hause, wie wird die räumliche Distanz der verschalteten Posten, wie wird die permanente Thematisierung des Sendeereignisses, der Live-Situation selbst *als Sound* eingesetzt? Damit stellt sich eine weitere Frage: Wenn der Sound selbst zu einer ›Politik‹ wird, wenn die phänomenale Gestalt der Sendung selbst ihr wirkungsvollster Bestandteil ist, dann geht die Suche nach übermittelten Informationen – oder der propagandistischen Verzerrung oder Fälschung einer Realität – an der Sache vorbei. Ebenso wenig kann aber auch der Verweis, in den Störgeräuschen mache sich die letztlich determinierende materielle Basis der Medientechnik hörbar, das letzte Wort sein. Was ist die Funktion *dieses* Soundelements im Verbund mit den anderen in der Dramaturgie der Sendung? Diese Fragen werden im Folgenden vor allem im Rückgriff auf den erhaltenen und recht bekannten, vier Minuten langen letzten Teil der Weihnachtsringsendung betrachtet.

Zu Beginn dieses Ausschnitts, d.h. in der Schlusssequenz der Sendung, kündigt der Sprecher eine letzte Schaltung zu den Außenposten an:
»*Achtung an alle noch einmal sollen sich nun unter dem Eindruck dieser Stunden die wir gemeinsam erlebten alle Kameraden an den entferntesten Übertragungsstellen melden und Zeugnis ablegen durch ihren Ruf von dem umfassenden Erlebnis dieser unserer Ringsendung Achtung ich rufe noch einmal den Eismeerhafen Liinehamering*«
Die zugeschalteten Außenposten des eroberten Gebiets werden vom Sprecher angekündigt, geben nacheinander ihre Lage durch, indem sie den geografischen Namen ihres Postens mit einer kurzen Charakterisierung nennen (»im finnischen Winterwald«, »an der Atlantikküste« etc.). Jede Station hat dabei auch einen eigenen klanglichen Charakter: Manche sind stark verrauscht, andere mit Halleffekten unterlegt, manche sind äußerst klar zu vernehmen, wieder andere verzerrt. Am Ende meldet sich der »Schwarzmeerhafen«:
»*Hier ist noch einmal der Schwarzmeerhafen auf der Halbinsel Krim wir bitten euch Kameraden jetzt in das schöne alte deutsche Weihnachtslied stille Nacht mit einzustimmen stihille Nacht heilige Nacht [...]*«
Die anderen Stationen stimmen nun sukzessive in das Lied ein, wobei die verschiedenen klanglichen Charakteristika der Stationen sich überlagern. Begleitet wird das Lied von einem Klavier. Während die singenden Posten nacheinander zugeschaltet werden, kommentiert der Sprecher diesen Vorgang pathetisch:
»*Diesem spontanen Wunsch unserer Kameraden fern drunten im Schwarzmeer schließen sich nun alle Stationen an jetzt singen sie schon am Eismeer und in Finnland und jetzt singen sie im Kampfraum um Rschewsk und jetzt schalten wir dazu alle die anderen Stationen Leningrad Stalingrad und jetzt kommt dazu Frankreich kommt dazu Catania und singt Afrika und nun singt alle mit singt alle mit uns gemeinsam in dieser Minute das alte deutsche Volkslied [...]*«

2. Propaganda?

Worum geht es in diesem Ausschnitt der Weihnachtsringsendung von 1942? Er scheint sich einer Kategorisierung durch den Begriff Propaganda zu entziehen. Jeder halbwegs informierte und wissbegierige Hörer bekommt mit der Zeit heraus, auch zwischen den Zeilen der Propaganda zu lesen, Informationen aus gegnerischen Quellen zu verwerten (was mit dem Radio viel leichter möglich wurde) und sich der Mechanik rhetorischer Propaganda zumindest teilweise zu entziehen: Ihre Wirkung endet dort, wo ihr Funktionsprinzip durchschaut ist, die einzige Kontermöglichkeit der Propaganda kann dann nur noch die unendliche Wiederholung sein. Nichts von dem im vorliegenden Ausschnitt der Ringsendung. Diese Sendung ist durchaus nicht rhetorisch in dem Sinne, dass ein Sachverhalt bestmöglich dargestellt wird. Hier soll niemand überzeugt werden.

Das Radio im Zweiten Weltkrieg ist oft als »Propagandamittel« beschrieben worden. Das »Reichsministerium für Volksaufklärung und Propaganda« hatte diese begriffliche Weichenstellung bereits vorgegeben, und sie ist auch in den sozialwissenschaftlichen Erklärungsversuchen, die während des Krieges von den alliierten Staaten unternommenen werden, präsent, schließlich geht es ihnen um eine Lageanalyse, die Gegenpropaganda ermöglicht. Dabei stand die Propagandakonzeption aus dem Ersten Weltkrieg Pate: Hier war die Bombardierung der Zivilbevölkerung mit »geistigen Projektilen« erstmals in großem Rahmen eingesetzt worden, wenn auch nicht mit den Mitteln des Radios.[4]

Die moralische Verwerflichkeit des Gegners und die Lauterkeit eigener Kriegführung wurde dabei nicht nur der eigenen, sondern auch den Bevölkerungen der gegnerischen und der neutralen Staaten bildhaft vor Augen geführt. Ziel war es dabei, die sogenannte Moral nicht nur der Truppe, sondern auch der Zivilbevölkerung zu stärken bzw. zu schwächen, war diese ja als Etappe und Nachschubreservoir in bisher unbekanntem Maße in die Kriegführung mit einbezogen. Die Kniffe des Reklamewesens, Plakate, Karikaturen, (Des-)Informationen und die Massenmedien Zeitung, Film und Telegrafie wurden im Sinne »geistiger Projektile« eingesetzt. Der Rückgriff auf ›Werte‹ wie Kultur, Moral, Anstand stand dabei im Vordergrund, Rhetorik war unabdingbares Handwerkszeug beim Entwerfen möglichst wirksamer Propaganda.

Eine Schlüsselschrift für Propaganda in diesem Sinne ist Edgar Stern-Rubarths Buch *Die Propaganda als politisches Instrument* von 1921. Es hat den Anspruch, die Erfahrungen mit der Propaganda im Ersten Weltkrieg auszuwerten und aus den Fehlern der deutschen Seite zu lernen. Die Propaganda, so Stern-Rubarth, sei im Ersten Weltkrieg unterschätzt und dilettantisch durchgeführt worden. Deutschland sei »einer anderen als der militärischen Waffe unterlegen« (1921: 3), – eine Auffassung, die die sogenannte »Dolchstoßlegende« anklingen lässt –, die Gegner hätten diese Waffe eher erkannt und besser genutzt. Stern-Rubarths Katalog der Propagandamittel geht dem gemäß davon aus, dass eine zentrale Instanz das gesamte Propagandainstrumentarium gezielt steuern und einzusetzen habe:

»Da ist zuerst die Schaffung bestimmter Schlagworte, die sich automatisch weiter verbreiten und durch die Häufigkeit ihrer Verwendung als Axiome in den Gehirnen der Menge festsetzen; ferner ist die Herausbildung von Symbolen wesentlich, die als Kennzeichen gewisser politischer Bewegungen volkstümlich werden und in Verbindung mit anderen Einflußmitteln Anhänger für die Sache werben. Ebenso wichtig ist die Schaffung einer bestimmten Literatur, die, weltweit verbreitet, ganze Völker mit einer gewollten Suggestion, einer Gefahr, einer Umwälzung usw. vertraut macht. – Dem gleichen Ziel dient, und zwar mit noch stärkerer Wirkung den minder Gebildeten gegenüber, die Musik, die durch

---

4. Vgl. zur (hochinteressanten) Begriffsgeschichte Schieder/Dipper (1978); für eine philosophische Problematisierung des Zusammenhangs von Wahrheit, Meinung und Lüge vgl. Arendt (1972); ein Versuch, das Propagandakonzept über seine Festschreibung als ›totalitären‹ Staaten vorbehaltenes Kommunikationsregime hinaus auch auf das Informationsmanagement demokratischer Staaten auszuweiten findet sich in Robins/Webster/Pickering (1987). Im Kontext des NS-Regimes finden sich zahlreiche anwendungsbezogene Veröffentlichungen, wie etwa Günther (1934), Menz (1935) sowie rundfunkbezogen Eckert (1941). Eine interessante Beobachtung des deutschen Rundfunks aus alliierter und an Gegenpropaganda interessierter Perspektive ist Kris/Speier (1944). Eine wichtige Veröffentlichungen im Nachgang zum Ersten Weltkrieg ist, neben dem unten vorgestellten Stern-Rubarth (1921), Plenge (1922).

›Singt alle mit uns gemeinsam in dieser Minute‹   275

Klang, Rhythmus und Wort bestimmter Lieder die Volksmassen begeistert und zur Aufnahme von Schlagworten ihrer jeweiligen Führer bereit macht. Die Verbreitung von Sagen und Fabeln, die an den Glauben und Aberglauben appellieren, ist ein weiteres Mittel; geschickt gewählte Bezeichnungen für im Sinne des Ziels wesentliche Vorgänge, die künstliche Schaffung von Märtyrern, Nationalheiligen usw. führt in die gleiche Rubrik. Das häufigste und vielleicht schon deshalb skrupelloseste Mittel der als solchen erkennbaren Propaganda, wie die Verbreitung von Broschüren, Handzetteln, Maueranschlägen und dergleichen, sei nur der Vollständigkeit halber erwähnt; und endlich darf als neu hinzugetreten, aber um so wirksamer, der Film nicht vergessen werden.« (Stern-Rubarth 1921: 10-11)

Offenbar sind die Strategien des Goebbelsschen Propagandaministeriums von dieser Vorlage stark inspiriert gewesen; Stern-Rubarth selbst soll nach dem Zweiten Weltkrieg ironisch kolportiert haben, dass sein Buch auf Goebbels' Schreibtisch gelegen habe (so Lerg 1964: 159). Und auch viele Radiosendungen ab 1933 und im Zweiten Weltkrieg haben sich an dieser Vorlage orientiert.[5]

Die Weihnachtsschaltung dagegen verstößt gegen die Richtlinien der Propagandafibel: Sie verwendet keine politischen Schlagworte oder Tatsachenbehauptungen, vielmehr thematisiert sie sich laufend selbst – etwa wenn der Sprecher die Soldaten aufruft, »Zeugnis ablegen […] von dem umfassenden Erlebnis dieser unserer Ringsendung«. Es geht auch nicht um Märtyrer für eine Sache, sondern um die ›authentische‹, d.h. erlebbare Präsenz der entfernten Posten, die im Sound anwesend werden. Und es geht nicht explizit um Kriegsziele und die Sammlung unter einer gemeinsamen Losung, sondern vielmehr um die Schaffung jener »Brücke zwischen Front und Heimat«, die vor allem in der wechselseitigen Vermittlung der unterschiedlichen Erlebniskontexte in einem gemeinsamen Augenblick besteht. Die Einbettung des Sound-Geschehens der Ringsendung in propagandistische Strategien ist dann, wie etwa in der als Ankündigung der Sendung zu lesenden Rede Hans Fritzsches – des »Beauftragten für die politische Gestaltung des Großdeutschen Rundfunks« – deutlich wird, ein eher rhetorisches denn konzeptionelles Moment: *Nach* der wechselseitigen »Kundgabe« von Leben und Erleben an der Front und in der Heimat, so Fritzsche, habe der Rundfunk »zu berichten über den Stand des großen Ringens der Nation« (Fritzsche 1942: 319). So folgt auch der eigentlichen Ringsendung eine Rede des Propagandaministers. Die Sendung selbst hingegen verbreitet keine Durchhalteparolen aus dem Propagandaministerium, vielmehr knüpft sie eher an die Sendungen des Wunschkonzerts für die Wehrmacht an, in denen Unterhaltungsmusik ohne explizit politische Parolen gesendet wurde.

Was diese Schaltung von einer Weihnachtsfeier daheim oder in einem Betrieb unterscheidet ist, dass sie im Radio kommt und dass die Feier kommentiert wird. Die Teilnehmer sitzen an den Rändern und in der Mitte des eroberten Gebiets.

---

5. Die Differenzen der Propagandakonzeptionen Stern-Rubarths und des Nationalsozialismus werden hier vernachlässigt zugunsten des ihnen gemeinsamen rhetorischen Propagandaverständnisses; die ›Politiken des Sound‹ in der Weihnachtsringsendung werden in Abgrenzung dazu herausgearbeitet.

Wo die Außenposten sitzen, wird knapp charakterisiert, wichtig scheint zu sein, dass sie genau dort draußen sitzen, am Rand der deutschen Welt – sie stehen für die Front als Ganzes. Ihre Positionen stecken die Grenzen des Raumes ab, in dem die Weihnachtsfeier stattfindet: Es ist der Raum des eroberten Gebiets in den Vorstellungen der Radiohörer, es ist ihr imaginäres inneres Deutschland, und sie sind dabei und feiern mit, singen mit. Anders als bei den Propagandastrategien eines Goebbels, bei dem die Menschenmassen als Schlachtfeld der geistigen Projektile auftauchen, als das Feld, welches mit den Propagandamitteln beackert wird und dessen Ernte die Unterwerfung der Massen unter einen zentralen Willen und verstärkte Kampfkraft sind, geht es bei der Weihnachtssendung gar nicht um Überzeugung oder um das Sammeln hinter einer gemeinsamen Losung. Es geht darum, es sich zu Weihnachten zusammen mit den anderen in Stalingrad, auf Kreta, in Finnland und in Frankreich im Wohnzimmer des imaginären Deutschland gemütlich zu machen. Es geht darum, diese gemeinsame Gegenwart durch Sound wirksam und damit wirklich werden zu lassen.

Der als Tondokument erhaltene Ausschnitt der Weihnachtsringsendung kann als ein Versuch verstanden werden, ein solches imaginäres ›inneres Deutschland‹ mit Hilfe des »Erlebnisses der Ringsendung« als eine Wirklichkeit zu konstruieren, als eine gemeinsam geteilte Gegenwart. Es ist dabei überhaupt nur die Kombination der räumlich im Prinzip unbegrenzten Ausdehnung des Radioempfangs mit der ästhetisch-technisch erzeugten territorialen Imagination eines ›inneren Deutschland‹, welche die verstreute Masse der Hörenden durch ein solches Gemeinschaftserlebnis noch ›verbinden‹, d.h. integrieren kann – wobei die Grenzen dieser durch den Sound erzeugten territorialen Imagination weniger durch das Territorium als durch die Partizipation der Hörenden und damit: durch die Kontingenz des Radiopublikums abgesteckt sind. Diese Konstruktion greift, so die im Folgenden erläuterte These, auf die Mittel des Hörspiels und der Reportage zurück, wie sie in den zwanziger Jahren entwickelt wurden. Es sind diese, viel mehr als die Propaganda à la Goebbels oder Stern-Rubarth, welche die Dramaturgie der Sendung ausmachen.

3. Strategien der Authentifizierung

a) Hörspiel

Gegen Ende der zwanziger Jahre, nachdem in Deutschland bereits einige Erfahrungen mit dem Radio gemacht worden waren, begannen Autoren, die für dieses Medium arbeiteten, über seine spezifischen ästhetischen Qualitäten nachzudenken. Gegen das Theater und die Literatur sollte die akustische und orale Form des Radios profiliert werden, wobei einige ihm durchaus eine erneuernde Kraft für die gesamte Literatur zuschrieben. Unmittelbarkeit der Wirkung und psychologische Intensität waren dabei zwei der häufig genannten Spezifika des Radios, und als das diesem gemäße Genre galt das Hörspiel, eine Kunstform, die erst zu entwickeln war. Anders als die bisher meist üblichen Bearbeitungen von Theaterstücken und Lesungen für den Funk sollten Hörspiele nicht nur die distributiven Möglichkeiten des Mediums nutzen, um Kulturgut an die Empfänger zu bringen. Eine spezifische künstlerische Form, der Radiowirkung adäquat und ihre technischen Möglichkeiten ausschöpfend, sollte mit den älteren Genres konkurrieren und sie sogar erneuern (Schrage 2001: 224ff.).

In einem Rückblick auf die ersten Hörspielversuche, verfasst zur Zeit des Hörspielbooms in der BRD der 1950er Jahre, versucht Heinz Schwitzke dieses Genre zu charakterisieren. Schwitzke greift dabei auf wichtige Denkfiguren der Hörspieldiskurse der 1920er und 1930er Jahre zurück und pointiert die in ihnen häufig anzutreffende Annahme einer besonderen psychologischen Intensität der Radiowirkung sowie die charakteristische Metaphorik des »akustischen Raumes« (vgl. Schrage 2001: 224ff.). Schwitzkes Charakterisierung geht dabei auf die weiter unten skizzierte Hörspieltheorie Richard Kolbs von 1932 zurück, welche die Diskurse der Hörspieltheoretiker nach 1933, aber auch nach 1945 prägte.[6]

»Die Freiheit der Phantasie, eigene Welten aus Stimme und Schall zu schaffen, die Überlichtgeschwindigkeit des schöpferischen Gedankens und die magische Kraft des gesprochenen Wortes, das wie ein Blitz aus der Wolkenhöhe des Sendemasts in das empfangsbereite Herz des Lauschenden fährt«, (Schwitzke 1960: 13)

dies, so Schwitzke, sei die Wirkung des Hörspiels. Ein »wirklich funkische[s]« Hörspiel wird dabei mit dem Traum und mit unwirklichen Räumen verglichen: »Räume, die nirgends existieren und nicht einmal existieren können, macht das Hörspiel zu seinem ›Schauplatz‹. Aber dies alles doch nur, weil sein ›Zuschauerraum‹ so punktuell ist, so ohne jede reale Ausdehnung, so innerlich, dass er jede Anschauung ›spielend‹ als Bild in sich aufnehmen kann, – mag sie auch unendlich groß sein oder gar paradox.« (Schwitzke 1960: 18)

Der »Schauplatz« des Hörspiels setzt die Gesetze des geometrischen Raums außer Kraft, dieser wird zum bloß fotografierbaren Raum, zum Raum der Sichtbarkeit, der ›Realität‹. Im »Schallraum« dagegen entsteht eine andere Räumlichkeit in der Vorstellungswelt des Hörers. Das Hörspiel »kann sich auf Landschaften der Seele einstellen, die aus der psychologischen Geographie der Bretter gestrichen sind.« (Schwitzke 1962: 18) Die körperlosen Stimmen der Hörspieler und sparsam eingesetzte Geräusche schaffen einen Vorstellungsraum, der auch als Ort beschrieben werden kann, da vorn, hinten, oben und unten, fern und nah ungültig sind und nur durch Artikulation, Geräusche und Lautstärke angedeutet werden können.

---

6. Dies zeigt sich schon in der personellen Kontinuität der Hörspielmacher und -theoretiker vor und nach 1945, vgl. die Zeittafel am Ende von Schwitzke (1963). Die sachliche Kontinuität der Werke Fischers (1942; 1964) ist deutlich, wobei im Widerspruch zu den regimekonformen Zielsetzungen des früheren Buches die Differenzen zur Propagandakonzeption von Goebbels im späteren auf widerständige Motive zurückgeführt werden (1964: 19ff.). Begrüßt wird 1942 jedenfalls die »einheitliche Zielsetzung im Großdeutschen Rundfunk«, in deren Konsequenz »nicht das Interessante, das Schöne, das Bedeutende, das Einmalige an sich […] Gegenstand dieser neuen Programmgestaltung [ist], sondern ausschließlich nur das, was die Entwicklung des Einzelnen in eine neue Gemeinschaft hinein fördern hilft« (Fischer 1942: 18). Die Differenz zur Propaganda liegt im ›wie‹.

Entfernungen und räumliche Anordnungen gibt es hier nicht, es ist ein Raum ohne Orte, ein Ort ohne Räumlichkeit, »[e]ine Art ›Keinheit des Orts‹, ein [...] Ort, der groß und nicht differenziert ist«, wie der Hörspieltheoretiker Rudolf Leonhard bereits Ende der 1920er Jahre sagt (zit.n. Schwitzke 1962: 12). Diese Auffassung des Hörspiels bezieht sich auf die Radiotechnik vor der Stereophonie, und Schwitzke lehnt diese in der Tat noch 1960 ab. Strukturiert wird die Zeit, auf die sich die Hörspieldramaturgie bezieht, durch Schnitte, Überblendungen, Pausen, Geräusche, Stimmen, und durch die Manipulation der Zeit, die Loslösung vom realen Ablauf der Zeit wird das Hörspiel »unzeitlich«. Die, wie Franz Csokor sagt, »Übertragung der optischen Räumlichkeit in eine akustische« hebt so die Beschränkungen der ersteren auf, ermöglicht eine Collage von Wirklichkeiten, eine »Simultaneität von Wirklichkeitsebenen« (zit.n. Schwitzke 1962: 11, 25).

Eigene Welten aus Stimme und Schall, die magische Kraft des Wortes, der Blitz aus der Wolkenhöhe in das empfangsbereite Herz des Hörers – viel eher als der Werkzeugkasten der Propaganda, als die repetitive Mechanik ihrer Projektile, die auf Überzeugung zielen, scheint Schwitzkes Charakteristik des Hörspiels auf die Weihnachtsringsendung zu passen: Das Epizentrum der Schwingungen, die die Weihnachtssendung im Hörer induziert, scheint das zu sein, was klassischerweise als Herz bezeichnet wird. Der Modus dieser Art von ›Radiowirkung‹ ist dann nicht die Überzeugung oder das Überreden, nicht die Manipulation der Massen mit Hilfe selektiver oder gefälschter Informationen durch eine Zentrale oder das Einbläuen von Parolen durch Wiederholung; statt dessen geht es darum, durch die Herstellung eines Erlebnisses Regionen im Hörer zum Schwingen zu bringen, die jenseits von Meinung, Entscheidung und Intellekt liegen. Und die vor dem Lautsprecher, im trauten Familienkreise zu Hause, und nicht vor dem Megaphon reizbar sind – und dies gleichwohl gesellschaftsweit. Wie aber kann dieser ästhetische Effekt des Sound politisch wirksam werden?

b) Erlebnis

An diesem Punkt kommt die Semantik der auffälligen Selbstthematisierung der Sendung ins Spiel: Wenn der Sprecher die Außenposten aufruft, »Zeugnis ab[zu]legen durch ihren Ruf von dem umfassenden Erlebnis dieser unserer Ringsendung«, so kommt der Rede vom ›Erlebnis‹ der Sendung eine zentrale Rolle zu. ›Erlebnis‹ ist in der ersten Hälfte des 20. Jahrhunderts ein wirksames Wort. Als Substantivierung des älteren ›Erleben‹ kommt es im Deutschen erst gegen Ende des 19. Jahrhunderts in Gebrauch. Zum einen verweist es darauf, dass die Unterscheidung zwischen selbst erlebten und bloß zur Kenntnis gebrachten Ereignissen an Relevanz gewinnt: Dem Erlebnis ist durch seine Platzierung innerhalb der je eigenen Lebensspanne und durch seinen Präsenzcharakter eine Qualität der Unmittelbarkeit eigen, die aus sich selbst heraus evident ist – eine Reaktion auf das im 19. Jahrhundert enorm gewachsene und primär durch Lektüre erlangte Weltwissen. Damit gewinnen Bedeutungen, die aus diesem unmittelbaren Erleben resultieren, auch im Rückblick einen ausgezeichneten Status in der Erinnerung, der sie von dem nur zur Kenntnis Gebrachten unterscheidet. Im Gegensatz zu vermittelt Erfahrenem ist das Erlebte durch den Bezug auf das eigene Leben gleichsam ontologisch grundiert (vgl. Gadamer 1990: 66-76).

Das Erlebnis soll deshalb umfassender und eindringlicher wirken als die bloße Erklärung, die Kombination abstrakter Argumente, die Verbreitung von Informationen, die einbläuende Wiederholung. Der ganze Mensch, Körper und Seele sind dem Erlebnis ausgesetzt, daran beteiligt. Das lebensphilosophische Konzept »Erlebnis« bringt so die Abwehr gegen die Tendenzen der Entfremdung, der Verdinglichung in der Moderne auf den Punkt. Entfremdung wird der zerlegenden Vorgehensweise der Naturwissenschaften und der Technik zugeschrieben, die, so die Unterstellung, als Leitwissenschaften des 19. Jahrhunderts die Entwurzelung des Menschen im 20. Jahrhundert vorbereitet und durchgesetzt hätten. Der Verlust der jenseitigen Garantiemächte, das Großstadtleben, das Vordringen der Technik in den Bereich des privaten Lebens und die unübersichtliche Vielfalt sich widersprechender Meinungen stehen dabei für diese ›Entwurzelung‹. Beklagt werden die Abstraktion und die ›Lebensferne‹. Im Erlebnis dagegen wird der Kälte des gesellschaftlichen Mechanismus die organische Ganzheit einer im Leben stehenden Gemeinschaft gegenüber gestellt (vgl. Schrage 2004b).

Die am Erlebnis Teilhabenden stehen in keinem reflektierten Verhältnis zueinander, sie sind im und durch das Erlebnis Gemeinschaft geworden, zusammengeschweißt. Nie werden sie diesen Augenblick vergessen, nie dieses besondere Verhältnis untereinander völlig in Worte auflösen können. Hochkonjunktur hatte diese Konzeption des Erlebnisses in den Debatten und in der Erinnerungsliteratur über den Ersten Weltkrieg während der zwanziger Jahre. Unzählige Kriegsromane beschworen den Geist der Kameradschaft in den Schützengräben, über die angeblich nur diejenigen aussagen konnten (und somit durften), die dabei gewesen waren. Dabei wird der lebensphilosophische Begriff des Erlebnisses zu einem Einsatz in weltanschaulichen Kämpfen: Dabeigewesensein ist Maß für Authentizität. Noch in den Diskussionen um Remarques Antikriegsroman *Im Westen nichts Neues* war ein wichtiges Argument gegen ihn, dass er die authentische Kameradschaft nicht gekannt habe (vgl. Bornebusch 1983). Diese Art von Erlebnis ist es, die der Sprecher in der Weihnachtsringsendung beschwört.

Das Entscheidende an dieser Art von Erlebnis ist, dass es jedweder Art von Künstlichkeit entgegen steht, dass es schlechthin authentisch sein soll. Deshalb kann es nicht mit Hilfe der klassischen Mittel der Propaganda erzeugt werden: Diese setzt ein Wissensgefälle zwischen den Propagandisten und den agitierten Massen voraus. Gerade dieses Mehr an Wissen ist ja der Manövrierraum für die zentral geplante Propaganda. Im Gegensatz zum Propagandisten müssen für den Produzenten von Erlebnissen andere Regeln gelten. Der Anspruch auf Authentizität muss dabei aber nicht bedeuten, dass das Erlebnis nicht auf technischem Wege vermittelt werden kann: Das »Erlebnis der Ringsendung« ist eine technische Leistung, deren Sensationalität und Unerhörtheit sich gerade in den Störungen, im Knattern und im Hall der Stimmen manifestiert, die trotzdem verständlich sind. Gerade dadurch, dass die Technik vernehmbar ist, wird die

Überbrückung der großen Distanz spürbar, und wird der riesige Raum, in dem die Weihnachtsfeier stattfindet, vorstellbar: Er geht in den Sound ein.

Der Hörspieler als Erlebnisproduzent ist damit eine radikal andere Figur als der Propagandaredner, der vom Wissensgefälle profitiert und über die rhetorische Souveränität verfügt. Der »Hörspieler« dagegen, so sagte man, hat die Aufgabe der stimmhaften Verkörperung des Erlebnisses. Dies sei, so der NS-Hörspieltheoretiker Richard Kolb 1932, die neuartige Anforderung des Rundfunks:

»*Das Mikrophon ist anerkanntermaßen der schärfste Kritiker. [...] Denn das Ohr des Hörers wird nicht durch das Auge abgelenkt. Unerbittlich enthüllt auch das Mikrophon jede geringste Verstellung des Sprechers. Denn kein Pathos, keine Mimik und Geste täuschen über das Fehlen von Tiefe und Empfindungskraft des Redners hinweg. Nur das Wahre, das Echte kann überzeugen. Wahr und echt für den Sprecher ist aber nur das, wovon er selbst überzeugt ist. Er muss die Dinge erlebt haben, oder besser gesagt, sie müssen über sein inneres Erleben gelaufen sein. So kann der Hörspieler nur dann die Höchstwirkung erzielen, wenn er seine Rolle in Wahrheit erlebt. Es sind eben nur die inneren und verinnerlichten Gefühle, nur die menschlich-seelischen Spannungen, die im Rundfunk zur Geltung kommen können. Nur wer über diese im weitesten Maße verfügt, wird seine Aufgabe vor dem Mikrophon erfüllen können.*« (Kolb 1932: 6)

Entgegen der damaligen offiziellen Sprachregelung für das, was heute Medien genannt wird, funktioniert die Ringsendung durch die austarierte Inszenierung der Qualitäten des Mediums Radio selbst. Der propagandistische Zugriff auf das Radio sieht in den Massenmedien Film, Zeitung und Radio »Führungsmittel« (vgl. etwa Günther 1934; Menz 1935; Eckert 1941). Dass die Ringsendung den propagandistischen Zwecken des nationalsozialistischen Regimes diente, steht dabei außer Frage, nur ist sie etwas anderes als die Propaganda à la Stern-Rubarth oder Goebbels. Die »funkischen« Qualitäten, die in den frühen Hörspieltheorien formuliert werden, erscheinen so als Versuche, das Medial-Phänomenale, das, was über die Rhetorik hinausgeht, den Sound gezielt einzusetzen, und die Ringsendung greift auf diese Reflexionen und auf die Praktiken des Hörspiels zurück. Dabei verschränken sich technische und ästhetische Verfahren zu einer Strategie, Wirklichkeit in den und mittels der technischen Medien aus den Wirkungen dieser Medien an einem verstreuten Massenpublikum zusammenzusetzen. Ästhetisierung und Technisierung greifen ineinander und binden die verstreute Masse des Radiopublikums durch eine mit ästhetischen Verfahren gestiftete und mit technischen Verfahren geschaltete – und damit realisierte – Aktualität.

c) Reportage

Vielleicht ist die Weihnachtsringsendung von 1942 eine der Sendungen des deutschen Rundfunks im Krieg, die im Sinne der Forderungen Kolbs »wahrhaft funkisch« waren. Allerdings mit einer wichtigen Ergänzung: In der auf Kolb zurückgehenden und bis hin zu Schwitzke wirksamen Hörspielkonzeption ist das die Wirkung tragende Element das Wort, welches vom Mund des Hörspielers über Mikrophon und Lautsprecher in die Seele des Hörers ungehindert eindringt. Dabei bleibt der »Hörspieler [...] als Instrument des Dichters und Spielleiters im Senderaum zurück« (Kolb 1932: 15). Die radiophone Schaltung ermöglicht so einen seelischen Kurzschluss zwischen Sender und Empfänger, den direkten Transport, ja geradezu Rapport von »inneren Erlebnissen«, gerade weil die Technizität des Übertragungsvorgangs selbst, so wie jede andere Form der »Stofflichkeit« verschwindet, unkenntlich wird: »Hörspieler und Hörer treffen sich gleichsam im gemeinsamen Brennpunkt seelischer Akustik. Die Wand zwischen beiden – Raum und Körperlichkeit – ist gefallen.« (Kolb 1932: 54)

In der Ringsendung hingegen ist der Sound des Technischen – Knattern, Krächzen, Hall – neben der Montage und der stimmlichen Darstellung ein wesentliches Wirkungsmittel: Die Sendung funktioniert, sie entfaltet ihre Wirkung, gerade weil die Technik hörbar wird und die verschalteten Raumstellen als distante spürbar macht und zugleich dem fiktional-realen akustischen Raum des imaginären Winterdeutschland im Äther seine phänomenale Gestalt verleiht. Auch dies ist ein durch und durch kalkuliertes Darstellungsmittel, dessen Herkunft nicht in der Tradition des Worthörspiels zu suchen ist, sondern in der Radioreportage, die von realen Schauplätzen berichtet.

Neben den Hörspielen war seit den 1920er Jahren ein weiteres Experimentierfeld erschlossen worden, in dem die gegenüber Film und Zeitung eigenständigen Möglichkeiten des Radio ausgetestet wurden: die Reportage. Auf den ersten Blick steht die kontemplative Hörhaltung, die das Hörspiel erfordert, im Gegensatz zu den mitreißenden Effekten einer Sportreportage. Gemeinsam ist aber beiden Sendeformen, dass sie auf Authentizitätseffekten aufbauen. Speist sich die Bindungskraft des Hörspiels – so jedenfalls die Hörspieltheoretiker – aus der Leistung, in der Innenwelt des ruhig am Apparat sitzenden Hörers eine »andere Welt« von beeindruckender Plastizität zu entwerfen, so bindet die Reportage durch die Authentizitätseffekte von Aktualität und Präsenz:

Der Hörer ist *mit* am Schauplatz, die Reporterstimme zeichnet in Kürze ein Bild der Situation am Ort des Geschehens, die schnell ablaufenden Ereignisse werden in Echtzeit skizziert, ihre Dynamik spiegelt sich wider im Timbre der Stimme: Spannung, Hochstimmung, Rührung, Ergriffenheit. »Jeder Rundfunkhörer«, so Hermann Kasack 1929, »wird – bei geschickter Mikroreportage – zum Zuschauer. [...] Das Glockengeläut des Kölner Doms, das Propellersurren des Zeppelins, Beifallsstürme einer großen Menschenmenge usw. – vieles läßt sich durch die Funkreportage darstellen, ohne daß ein Ansager, ein Sprecher persönlich mitzuwirken braucht.« (Kasack 1929/1984: 129) Doch vor diesem Hintergrund, vor dieser Geräuschkulisse hat sich die Begabung des »Mundreporters« zu entfalten. Seine Fähigkeit, aus dem Stegreif »nicht nur die Ereignisse, sondern vor allem ihre Intensität, ihre Atmosphäre, die Spiegelung der Wirkung [...] durch Wort, Klang, Pause Ansage wie von selber mit[zu]übertragen« kombiniert »sachliche[] Angaben, Augenblickseinfälle[], geschickte[] Mikrovertrautheit! Der gute Funkreporter muß sich [...] immer in die Seele des Funkhörers versetzen, er muß die Fragen der Hörerschaft, obwohl sie nicht an sein Ohr dringen können, so spielend beantworten, als ob sie wirklich gestellt wären.« (Kasack 1929/1984: 130)

Auch der Funkreporter befindet sich, wie der Hörspieler, innerhalb des Mediums. Er produziert und verkörpert Sound. Sein Verhältnis zum Medium ist nicht das zu einem Mittel, er selbst und seine Fähigkeiten funktionieren nur innerhalb der Konstellation Mikrophon-Lautsprecher, deren Teil er ist. Er ist zugleich Zeuge und Erlebnisproduzent. Im Unterschied zum Hörspiel, das fiktive Welten entwirft und das Radio ästhetisch nutzen will, zielt die Reportage auf die Realität, auf den Alltag, auf sensationelle Ereignisse, die abzubilden, die zum Miterleben zu übermitteln sie antritt. Durch die Mikroreportage, so schließt Kasack, kann »das Leben unverfälscht sprechen«, der Rundfunk wird »objektive Beobachtungsinstanz«.

Ab einem bestimmten Zeitpunkt läuft in der Ringsendung parallel zur Hörspiel-Spur eine Reportage-Spur mit: Der Entwurf des imaginären, akustischen Raums des eroberten deutschen Gebietes in der Vorstellung des Hörers ist zugleich der Schauplatz, von dem berichtet wird. Hat sich der akustische Raum des inneren Deutschland als imaginäre Wirklichkeit konstituiert, indem – um mit Schwitzke zu sprechen – magische Worte und Schall aus Wolkenhöhe ihn in der Phantasie des Hörers schufen, so findet dieser sich in dem Augenblick, wenn der Schwarzmeer-Außenposten den Wunsch vorbringt, das Weihnachtslied zu singen, in eine Wirklichkeit verwandelt, deren Teil der Hörer gemeinsam mit den anderen geworden ist. Die Aufforderung »singt alle mit uns gemeinsam in dieser Minute« gilt ja nicht nur den Personen des ›Hörspiels‹, sondern ebenso den Hörern. Die fiktive Welt des inneren Deutschland ist real geworden, so real, dass der Sprecher zum Reporter mutiert und direkt vom Schauplatz berichtet. Die Reportage gewährleistet dabei die Authentizität, die Realität des Geschehens, an dem Außenposten und Hörer aktiv – singend – teilhaben.

4. Technik und Authentizität

Das Radio, so wie es in der Weihnachtsringsendung zur Geltung kommt, ist mehr als ein Apparat zur Distribution von Nachrichten und Unterhaltung, und auch mehr als ein Apparat zur Verbesserung von Kommunikation. So wie der Kriegsrundfunk selbst von den Fanfaren vor den Sondermeldungen behauptet, dass sie »mehr als ein Signal sind, sie sind die Stimme der Geschichte« (zit.n. Kris/Speier 1944: 60), so wird auch die »Brücke«, die das Radio »zwischen Front und Heimat« (Fritzsche 1942/43: 319) schaffen soll, zu einem Gebilde von ganz eigener Wirklichkeit: Mit den ästhetisch-technischen Mitteln des Hörspiels wird ein Raum, in dem sich Front und Heimat virtuell befinden, als akustischer Raum des eroberten Gebiets in der Vorstellung der verstreuten Hörer entworfen.[7] Die Thematisierung dieses Vorgangs mit dem Erlebniskonzept greift auf die Authentizitätserwartungen des Publikums zurück und stellt – bei allen Unterschieden in

---

7. Die Leitungen von den Außenposten und den anderen Sendestationen wurden im Berliner Funkhaus im sogenannten »Hörspielkomplex« zusammengeschaltet. Hier gab es die für eine derart komplexe Mischung unterschiedlicher Impulse erforderlichen Erfahrungen und technischen Mittel (Diller 2003, Heck 1943). Eine klare Trennung von ästhetischen Entwürfen und technischer Infrastruktur lässt sich hier – wie beim Hörspiel überhaupt – sicher kaum ziehen.

der Funktionsweise – hinsichtlich der Gemeinschaft stiftenden Intensitätseffekte eine Kontinuität zwischen dem fiktionalen »akustischen Raum« der Ringsendung und den Massenveranstaltungen des NS-Regimes her (Bartholdy 1943: 401). Die Reportage von diesem Ort als Schauplatz, die in der Aufforderung zum Mitsingen kulminiert, macht die Hörer zu Teilhabern an einer gemeinsam geteilten Gegenwart. Das »Erlebnis der Weihnachtsringsendung« zeigt sich so als ein Konstrukt, als etwas Hergestelltes, welches allerdings die Möglichkeiten des Radios nicht nur als Verbreitungsorgan nutzt, nicht bloß als Inhalt kommuniziert wird, sondern mit dem Anspruch auftritt, eine neuartige Wirklichkeit zu entwerfen, die die Front und die Heimat umgreift. Der Sound der Ringsendung ist das Medium der Teilhabe an dieser Wirklichkeit, und die Störgeräusche sind das Mittel, ihre räumliche Ausdehnung vernehmbar zu machen – und so zu authentifizieren.

Es ist vor allem diese Strategie der Authentifizierung qua Sound, die auf die Wahrnehmbarkeit der technischen Herstellungsbedingungen setzt, die sich auch unter ganz anderen historischen und medialen Bedingungen als erfolgreich erweisen wird: Im »totalen Schallspiel« der 1960er Jahre (vgl. Knilli 1961), aber auch in der elektronischen Musik (sei sie populär oder avantgardistisch), in den bei Medienwechseln wie etwa dem Übergang von Schallplatte zur CD beobachtbaren Dichotomien von ›authentischer‹ und ›perfekter‹ Wiedergabe und nicht zuletzt in jedem Fernsehbericht über Krisen und Kriege, bei dem die Kenntlichkeit der erschwerten Übertragungswege die Brisanz des Konflikts bezeugt und den Informationsgehalt der Darbietung überlagert.

Literatur

Arendt, Hannah (1972): *Wahrheit und Lüge in der Politik*, München.
Bartholdy, Wilhelm (1943): »Deutsche Kriegsweihnacht 1942. Eine Rückschau auf die Weihnachtsringsendung«, in: *Reichsrundfunk* Jg. 1942/43, Heft 21, S. 401-405.
Bornebusch, Herbert (1983): »Kriegsromane«, in: Glaser, Horst A. (Hg.): *Deutsche Literatur. Eine Sozialgeschichte. Bd. 9*, Reinbek, S. 138-143.
Diller, Ansgar (2003): »Die Weihnachtsringsendung 1942. Der Produktionsfahrplan der RRG«, in: *Rundfunk und Geschichte*, Jg. 29, Nr. 1/2, S. 47-51.
Eckert, Gerhard (1941): *Der Rundfunk als Führungsmittel*, Berlin.
Fetscher, Iring (1998): *Joseph Goebbels im Berliner Sportpalast 1943. ›Wollt ihr den totalen Krieg?‹*, Hamburg.
Fischer, Eugen Kurt (1942): *Dramaturgie des Rundfunks*, Heidelberg.
Fischer, Eugen Kurt (1964): *Das Hörspiel. Form und Funktion*, Stuttgart.
Flesch, Hans (1926/1950): »Kulturelle Aufgaben des Rundfunks«, in: Bredow, Hans (Hg.): *Aus meinem Archiv. Probleme des Rundfunks*, Heidelberg.
Fritzsche, Hans (1942): »Hans Fritzsche spricht ...«, in: *Reichsrundfunk* Jg. 1942/43, Heft 17, S. 319-322.
Gadamer, Hans-Georg (1990): *Wahrheit und Methode. Grundzüge einer philosophischen Hermeneutik*, Tübingen.
Günther, W. (1934): *Der Film als politisches Führungsmittel*, Leipzig.
Heck, L. (1943): »Die technische Durchführung der Weihnachtsringsendung«, in: *Reichsrundfunk* Jg. 1942/43, Heft 21, S. 420-421.
Kasack, Hermann (1929/1984): »Mikroreportage«, in: Schneider, Irmela (Hg.): *Radio-Kultur in der Weimarer Republik*, Tübingen, S. 128-131.
Knilli, Friedrich (1961): *Das Hörspiel. Mittel und Möglichkeiten des totalen Schallspiels*, Stuttgart.
Kolb, Richard (1932): *Das Horoskop des Hörspiels*, Berlin.
Kris, Ernst/Speier, Hans (1944): *German Radio Propaganda. Report on Home Broadcasting During the War*, New York.
Lerg, Winfried B. (1964): »Edgar Stern-Rubarths ›Propaganda als politisches Instrument‹ von 1921. Eine Denkschrift für ein deutsches Presse- und Informationsamt«, in: *Gazette* Jg. 10, S. 155-159.
Makropoulos, Michael (1997): *Modernität und Kontingenz*, München.
Menz, Gerhard (1935): *Die Zeitschrift als Führungsmittel. Gestalten und Erscheinungen der politischen Publizistik. Bd. 4*, Leipzig.
Plenge, Johann (1922): *Deutsche Propaganda. Die Lehre von der Propaganda als praktische Gesellschaftslehre*, Bremen.
Robins, Kevin/ Webster, Frank/ Pickering, Michael (1987): »Propaganda, Information and Social Control«, in: Hawthorn, Jeremy (Hg.): *Propaganda, Persuasion and Polemic*, London, S. 1-17.
Schieder, Wolfgang/ Dipper, Christof (1978): Artikel ›Propaganda‹, in: Brunner, Otto / Conze, Werner / Koselleck, Reinhart (Hg.): *Geschichtliche Grundbegriffe. Historisches Lexikon zur politisch-sozialen Sprache in Deutschland, Bd. 4*, Stuttgart, S. 69-112.
Schrage, Dominik (2001): *Psychotechnik und Radiophonie. Subjektkonstruktionen in artifiziellen Wirklichkeiten 1918-1932*, München.
Schrage, Dominik (2004a): »›Anonymus Publikum‹. Massenkonstruktion und die Politiken des Radios«, in: Gethmann, Daniel/ Stauff, Markus (Hg.): *Politiken der Medien*, Berlin/Zürich.
Schrage, Dominik (2004b): »Optimierung und Überbietung. ›Leben‹ in produktivistischer und in konsumistischer Perspektive«, in: Bröckling, Ulrich/ Paul, Axel T./ Kaufmann, Stefan (Hg.): *Vernunft – Entwicklung – Leben. Schlüsselbegriffe der Moderne. Festschrift für Wolfgang Eßbach*, München, S. 291-303.
Schwitzke, Heinz (1960): »Bericht über eine junge Kunstform«, in: ders. (Hg.): *Sprich damit ich dich sehe*, München, S. 9-29.

Schwitzke, Heinz (1962): »Exkurs über Hörspielgeschichte«, in: ders. (Hg.): *Frühe Hörspiele. Sprich damit ich dich sehe Bd. 2*, München, S. 7-18.
Schwitzke, Heinz (1963): *Das Hörspiel. Dramaturgie und Geschichte*. Köln/Berlin.
Simmel, Georg (1909/1984): »Brücke und Tür«, in: ders.: *Das Individuum und die Freiheit. Essais*, Berlin, S. 7-11.
Wiese, Leopold von (1930/1950): »Die Auswirkung des Rundfunks auf die soziologische Struktur unserer Zeit«, in: Bredow, Hans (Hg.): *Aus meinem Archiv. Probleme des Rundfunks*, Heidelberg.

Wolfgang Hagen

›Blackface Voices‹ – ›First Person Singular‹
Stimmpolitiken im amerikanischen Radio

Von 1926 bis 1953, dem Durchbruch des Fernsehens, hat das amerikanische Radio über 6000 Hörfunk-»Serials«, Hörfunk-Serienhörspiele und serielle Showformen hervorgebracht, jedes einzelne von ihnen mit hunderten, oft aber hunderten von Einzelepisoden. Die Epoche der Serials bietet programmhistorisch den mit Abstand inhaltsreichsten Stoff im Kontext der Emergenz eines elektronischen Massenmediums überhaupt. Ihr voraus, von 1920 bis 1926, ging eine kurze Phase von *Music 'n' Pattern*, also Wortmusik-Sendungen, wie in den Anfangsphasen fast aller anderen Radionationen. Nach 1953, mit Beginn der Epoche der Fernsehens, werden fast alle Serials ins Fernsehen übernommen und verschwinden aus den Radioprogrammen. Dort dominiert fortan populäre Musik, präsentiert von einem besonderen Typus des Radioansagers namens DJ, der ebenfalls nur in den USA seine Ursprünge hat. Die Radio-DJs nahmen starke Anleihen an den Idiomen der Serials und existieren z.B. als *hosts* der *Talk-Radios* bis heute. In dieser dritten Epoche der amerikanischen Radiogeschichte bilden sich, initiiert durch demoskopische Forschungen (vgl. Hagen 1999), die kommerziellen Musik-Formatprogramme heraus, die seit den sechziger Jahren Europa erreichen, in den achtziger Jahren Europa durchdringen und heute das Radio der westlichen Welt weit gehend dominieren.

Die schiere Fülle und der programmliche Reichtum der Epoche der Serials (Woody Allen verkürzt sie nostalgisch, aber signifikant zu »radio days«) ist medienhistorisch im Vergleich zu anderen Radiokulturen auf der Welt ohne Beispiel. Um welche Achsen der medialen Formatierung und massenmedialen Rezeption haben sich die Serials entwickelt, erweitert und ausdifferenziert? Einer eher schlaglichtartigen Beantwortung dieser Fragen dienen die folgenden Überlegungen, die am Beispiel von Orson Welles' *The War of the Worlds* am Halloween-Abend 1938 deutlich machen, dass nicht allein ein Hörspiel, sondern sein ›stimmpolitischer‹ Kontext Grund für die – wiederum historisch einmalige – Suggestibilität einer Medien-Panik gewesen ist.[1]

I.

Das Serial-Format im amerikanischen Radio, darüber besteht forschungshistorisch weit gehend Einigkeit, wurde von zwei schwarzgesichtigen Radio-

---

1. »Radio does indeed seem a strange medium when one considers that two of its most popular shows – Amos 'n' Andy and the later program starring Charlie McCarthy/Edgar Bergen – were predicated on purely visual elements, skin color and ventriloquism, that could not be transmitted over the air.« (Hilmes 1997: 87)

Stimmen (*Blackface Voices*) entwickelt: *Amos 'n' Andy* (vgl.: Wylie 1963; Barnouw 1968; Edmondson 1973; Dunning 1976; Stedman 1977; Wertheim 1979; MacDonald 1982; Ely 1991; Hilmes 1993; Hilmes 1997; Douglas 1999), das früheste, erfolgreichste, berühmteste und langlebigste Serial der Radiogeschichte überhaupt. Fast dreißig Jahre lang brachten Freeman Gosden und Charles Corell ihr Serial in insgesamt 4100 miteinander verknüpften Episoden (zunächst) über die Sender Chicagos und (später) die NBC-Radiokette ins ganze Land. Amos und Andy – in den ersten Jahren hießen sie *Sam 'n' Henry* – sind zwei schwarze »country bumkins«, »Bauernlackel« aus Birmingham, Alabama, die von 1926 an den weiten Weg vom schwarzen Süden über Chicago nach New York machen. Gosden und Corell alias Amos und Andy erzählen auf der Achse einer gebrochenen Repräsentation die Geschichte ihrer Hörerinnen und Hörer. Es ist die Geschichte der »Great Migration«, der Generationen übergreifenden Völkerwanderungen von Süd nach Nord, die nach dem Bürgerkrieg um 1870 beginnt und nach dem Ersten Weltkrieg noch einmal einen vehementen Schub bekommt. Die Pointe dabei ist: Gosdens und Corells Stimmen klingen im Slang farbiger Südstaatler, aber sie sind Weiße. In dieser Simulation überlagern sich *whiteness* und *blackness* einer ohnehin schon selbstreferentiell integrativen Narration eines Integrationsproblems noch einmal. Gosden stammt aus Virginia, Corell aus Maryland. Ihre *whiteness* haben sie nie verhohlen. Auf Pressefotos der zwanziger Jahre bekunden sie, mit schwarz bemalten Gesichtern, ihre Herkunft aus der *Blackfacing*-Tradition der *Minstrel-Shows*.[2] Alle weiteren Episodenfiguren – es werden im Laufe der Jahre über hundert sein – sprechen (und werden angesprochen) als Farbige, zunächst wieder ausnahmslos imitiert, simuliert von den beiden genialen Stimmimitatoren selbst. Das Radio-Publikum von *Amos 'n' Andy* geht in den Hochzeiten der Serie, Anfang der 30er Jahre, an die Vierzigmillionengrenze und ist, anders als das der *Minstrel Shows*,[3] ganz überwiegend farbig. Als allerdings *Amos 'n' Andy* 1953 (wie jedes andere Serial) ins Fernsehen wechselt, muss die Show nach wenigen Monaten aufgrund massiver Proteste eingestellt werden. Siebenundzwanzig unsichtbare Radiojahre lang hatten Gosden/Corell es verstanden, in der paradoxen Fiktion einer ›kulturellen Andersheit‹ ihrer fiktiven Erzählwelt, die dominant rassistischen, transethnisch verkappten Attitüden der klassischen *Minstrel-Shows* zugunsten einer radiophonen Supplementarität aufzuschieben. Ihre treuesten Radio-Fans hatten sie immer in Chicago und Harlem.

---

2. »Because he [the Negro] is there, and where he is, beneath us, we know where the limits are and how far we must not fall. We must not fall beneath him. We must not fall that low. […] In a way, if the Negro were not there, we might be forced to deal within ourselves and our own personalities, with all those vices, all those conundrums and all those mysteries with which we have invested the Negro race.« (Baldwin 1962: 133f.)
3. »But the primary function of blackface minstrelsy in conjunction with vaudeville's ethnic humor seems to have been the confirmation of a transethnic white identity at the expense of those defined as America's main ›other‹, and by implication any group not ›racially‹ white.« (Hilmes 1997: 31)

Von Januar 1926 an senden Gosden/Correll 30 Jahre lang, werktäglich, zunächst zehn, dann fünfzehn Minuten, Jahre später schließlich eine halbe Stunde lang. Meister des »Cliffhangings« (der überhängenden, erst in der nächsten Folge aufgelösten Pointe), nehmen sie ihr Vorbild eher vordergründig an den Comic-Strips der Zeitungen des frühen 20. Jahrhunderts. Auf technisch-epistemologischer Ebene aber hatte das Serial in der wechselstrom-basierten Funktelefonie seine Wurzeln, die das Radio in Amerika nahezu ein Jahrzehnt lang auf einer einzigen Frequenz einsperrte und von Anfang an zu seriellen Programmformaten zwang.

Amos, immer mit heller, leicht hysterisierter Stimme, knapp an der Kreischgrenze artikulierend, dabei über jeden sprachlichen Stolperstein fallend, den das Großstadtleben ihm hinlegt, – ihm gegenüber Andy, sonor tönend, der ›Durchblicker‹, in der Sache oft genauso haarscharf daneben, immer ganz nah ins Mikrophon kriechend, um mit einer kleinen Bewegung weg vom Mikrophon jede beliebige andere Person der Handlung augenblicks intervenieren zu lassen. *Amos 'n' Andy* setzen für die spezifische Serialität des amerikanischen Radios den ersten Baustein. *Amos 'n' Andy* begründen zudem auch die Form der »Standup Comedy«. Weil später, nach Pepsodent und anderen Sponsoren, die Firma *Rinsaw* mit ihren Seifenprodukten *Amos 'n' Andy* finanzierte, heißen seither solche Serials auch »Soap-Operas«. Um aber dieses Sponsoring so weit wie möglich vom Inhalt der Episoden zu trennen, trotzen Gosden und Correl ihren Sponsoren das Spot-Format der Hörfunk-Werbung ab, in die Sendung hereingeworfene Kurzformate, die auf diese Weise in die elektronischen Medien kamen, aus welchen sich dann das Format aller Rock- und Pop-Songs herschreibt, und das aller folgenden Clip- und Kurzformate im Fernsehen auch. Quotenmessungen über Telefon gab es ab den späten zwanziger Jahren durch das so genannte »Recall«-Verfahren der Firma von Archibald Crossley und wenig später durch ein Verfahren der Firma Clark-Hooper, die zeitgleich während der Sendungen die Hörer befragte. Nach beiden Verfahren schlug *Amos 'n' Andy* bis etwa 1935 alle anderen nach ihrem Modell entstandenen Serials hörergunstmäßig in den Wind (vgl. Douglas 1999: 136ff.).

II.

First Person Singular war der designierte Titel einer Radioserie zur besten Sendezeit auf CBS, zunächst Montags-, dann Sonntagsabends um 20 Uhr, für die der 23 Jahre junge Schauspieler Orson Welles, zehn Jahre nach dem Start von *Amos 'n' Andy* auf NBC, im Juni 1938 einen Vertrag unterschrieb. 1938 ist in den USA niemand mehr allein auf dem Mittelwellenband. Neben *Amos 'n' Andy* gibt es dutzende andere Serials: *Jack Benny, Fred Allen, Fibber McGhee and Molly, Burns an Allen, Lone Ranger*, das erste Western-Serial, *Suspense, The Shadow*, um nur einige wenige zu nennen. 1938 ist das Radio bereits ein starkes Massenmedium mit einer entsprechend hohen formativen Selbstbezüglichkeit. Die Serials laufen zur Tages- und Abendzeit und die beiden Radioketten NBC und CBS konkurrieren erbittert um jede Sendestunde. CBS ist, was Stationenzahl, Quoten und Umsatz betrifft, NBC immer noch weit unterlegen. Orson Welles seinerseits hatte schon einige Jahre fürs Radio gearbeitet. Es begann mit *March of The Time*, dem wöchentlichen Dokuplay über Zeitereignisse, und der Suche nach dem Imitator für Babyschreie von Fünflingen. *March of the Time*, die Urform aller medialen Dokufiktion-Formate überhaupt, spielt Zeitereignisse mit Schauspielerstimmen in gestellten Szenen nach.

Orson Welles erster Radiojob war das Imitat von Babystimmen. Danach Hindenburg, Churchill, Roosevelt, vielleicht auch Hitler, – ganz genau ist das nicht mehr zu ermitteln. Welles' alterslos klingender Bariton war ab Herbst 1937 in der Rolle des »Schattens« in der »Suspense-Serie« *The Shadow* zu hören gewesen. Er hatte bereits eine kleine Theater-Kompanie um sich geschart, genannt *The Mercury Theatre*, die mit gutem Erfolg Broadway-Bühnen bespielte. Sein Konterfei war im Maiheft 1938 auf dem Cover des *Time-Magazin* abgebildet – untertitelt mit »marvelous boy« (vgl. Hilmes 1997: 218). Gleichwohl war Welles, wie Houseman schreibt, auf der Bühne keineswegs immer überzeugend, eher sogar »behindert [...] von [seinem] oft so neurotischen Überbeschäftigtsein mit seiner eigenen physischen Erscheinung«. Orson Welles Stimme aber war, so erschien es allen, ein auditorisches Organ eigener Art und »konnte [...] einen fast unbegrenzten Bereich von Stimmungen und Gefühlen ausdrücken« (Houseman 1973: 362). Mit den Akteuren seiner Theatertruppe produzierte Welles bis 1940 gut hundert einstündige Hörspiele und trat darüber hinaus in ungezählten Radio-Shows, Werbespots, Haupt- und Nebenrollen anderer Produktionen auf. Mit seiner Stimme traf Orson Welles im Radio offenbar einen Nerv.

III.

Im US-Radio zählen Stimmen, aber nicht ihre »körperlose Wesenheit«, wie es die zeitgleiche europäische Radiostimmtheorie des faschistischen Richard Kolb dekretierte. Es ging nicht um die Absolutheit der ›einen‹ Stimme, die »die fehlende leibliche Wirklichkeit des Bühnenworts durch Steigerung aller intimen seelischen Ausdrucksmöglichkeiten« ersetzen muss, wie Hermann Pongs geschrieben hatte (Pongs 1930: 9). Im amerikanischen Radio herrscht dagegen von Anfang an eine fast kakophonische Vielstimmigkeit. Stimmen, die allein in der Differenz einer Stimme zu einer anderen sprachen, weil niemals nur eine Stimme sprach, sondern stets auch eine andere auf anderen kompetitiven Kanälen zu anderen. Und auf demselben Kanal eine andere folgte, die mit wieder anderen konkurrierte.

Mit *Amos 'n' Andy* beginnend ist die Entwicklung des amerikanischen Radios als Massenmedium, was die Frage des Zusammenhangs von Stimme und Persönlichkeit betrifft, weit von Europa entfernt, wo die tiefgreifenden, ontologischen Fragen aus der Tradition des psychophysiologischen Parallelismus der Phonetiken des 19. Jahrhunderts noch in Geltung sind und, vor allem, was das ›Hörspiel‹ betrifft, die Entwicklung bestimmen. Weit entfernt, eine ›kulturelle

Andersheit‹ ausbilden zu können oder zu wollen, wird das staatlich reglementierte Radio vielmehr zum affirmativen Experimentierfeld exogener Stimmästhetiken. Ich verweise nur auf die heillose Geschichte des Freiburger »Instituts für Rundfunkwissenschaft« und die Studien seines Leiters Friedrich Karl Roedemeyer (Roedemeyer 1940; vgl. Kutsch 1985) sowie die Arbeiten seiner Schüler Wolfgang Metzger (Metzger 1942) und Arthur Pfeiffer (Pfeiffer 1942) noch in den Nachkriegsjahren. Dominik Schrage hat auf den Widerspruch verwiesen, dass solche Theorien einer »physiologischen Verschaltung durch Radio« entweder einen »singulären Hörer« oder »eine geschichtsphilosophisch durch vorausgesetzte Interessen stabilisierte Vielheit von Hörern« (Schrage 2001: 297) voraussetzen.

Angefangen hatte die europäische Radiostimmforschung 1930, als der englische Psychologieprofessor Tom Heatherley Pear 4000 Probanden am Radio die Frage vorlegte: »How many persons, when they hear a voice ›on the wireless‹ visualise or guess at the speaker's appearance and personality? And to what extent is the voice commonly to be assumed to be an expression of personality or of character?« (Pear 1931: 153) Wie viele Hörer einer Stimme sich eine Erscheinung und Persönlichkeit tatsächlich vorstellen, hat Pear nicht herausgefunden. Aber da Pear 4000 Hörer schrieben, konnte er zumindest finden, dass diejenigen, die aufgefordert waren, sich etwas vorzustellen beim Stimme-Hören, das Alter von Sprecherinnen schlechter schätzen als das von Sprechern (ebd., 165); dass aber signifikante Berufe wie Schauspieler, Lehrer, ja sogar Techniker, Richter oder kleine Schulmädchen offenbar sehr gut als das zu identifizieren waren, was sie waren.

In Wien sahen sich daraufhin Paul Lazarsfeld und Herta Herzog im Kontext der Ausdrucksforschung von Karl Bühler veranlasst, eine ähnliche Experimentation in Gang zu setzen. »Inwieweit ist die Stimme eines Sprechers für den Hörer Ausdruck seiner Persönlichkeit?« (Herzog 1933: 301). Ein und derselbe Text, im Radio unterschiedlich dargebracht vom Privatdozent, Chauffeur, Mittelschülerin, katholische Priester, Volksschullehrer, Stenotypistin und Besitzerin einer Bastwerkstätte. Würden sie wiederzuerkennen sein? Herta Herzog fragte auch nach Größe und Dicke der Sprecher und bekam wirklichkeitsnahe Antworten, jedenfalls was die Größe (ebd., 321), aber auch, überraschenderweise, was die Haarfarben »blond oder dunkel« betraf (ebd., 326). Schlechter schnitten die Dickeangaben ab, aber nur, weil »Dick« viel zu unspezifisch gefragt sei. Denn »die Stimme« sagt Herta Herzog, ist »Ausdruck für viel detailliertere Gestaltmomente«. Die Frage war immer die gleiche: Gibt es ontologische, anthropologische oder andere invariant-objektive Merkmale der Stimmartikulation, die fest auf eine entsprechende Person, auf soziale Stellung, auf ihre Gestalt, auf ihren Charakter oder gar Aussehen von Gesicht und Haaren des unsichtbar Sprechenden schließen lassen?

Reinhart Meyer-Kalkus hat in seiner überragenden Habilitation zur europäischen Stimmtheorie und Stimmästhetik des zwanzigsten Jahrhunderts gut gesehen, dass Lazarsfeld und Herzog hier den Lehren ihres Lehrers folgen, nämlich einer »Resonanztheorie« (Meyer-Kalkus 2001: 157). Stimme-Hören, so

Karl Bühler, folgt einem Mechanismus der Resonanz, in der das Hören durch Assoziation und Erinnerung an entfernte oder näherstehende Bekannte ein Resonanzbild der Stimme erzeugt. Stimme-Hören ist also immer ein mediales Hören, das, wie Bühler sagt, das mithörende Erinnern eines »Medius« (Bühler 1968: 192) impliziert, und erst auf der Ebene einer Resonanz Gestalt annimmt. In dieser Bühlerschen Ausdrucks-Theorie stecken die Nuklei der Prager Linguistenschule Trubetzkoys und Jakobsons, die Bühlers Phonologie der Stimme erweitern und die Theorie der Stimme auf das Feld der strukturellen Linguistik und von dort aus in die Psychoanalyse Lacans tragen, weit entfernt von einem psycho-physischen Parallelismus anthropologischer Ontologismen, dem die Stimmforschung in Europa so lange anhängt.

IV.

Paul Lazarsfeld, der 1938 das erste große Radioforschungsprojekt der USA leiten wird – aus diesem Embryo wird das große Kind der Wahlforschung und damit die moderne Demoskopie erwachsen –, Paul Lazarsfeld hat in Amerika die Fragen Herta Herzogs nicht wieder aufgenommen. Der Grund liegt auf der Hand. Ob eine Person hinter einer Stimme steckt, eine Identität, eine uns irgendwie visuell oder kognitiv, erfahrungsmäßig oder intuitiv bekannte Figur, ist keine Frage, die angesichts der Dimensionalität der amerikanischen Radiostimmen der dreißiger Jahre von Bedeutung sein könnte. Vielmehr ist es gerade die Loslösung der Stimme von ihrer personalen Identität, die das auditive Kennzeichen des amerikanischen Radios von Beginn an darstellt. Fluchtpunkt nahezu aller Radiostimmen in den Serials der frühen Radiozeit ist gerade nicht die Herstellung einer Identität und Authentizität, sondern die Emergenz einer größtmöglichen Differenz, Kollision, Andersheit, Devianz, Unterschiedenheit, Variation und Abgetrenntheit von Stimme und Personalität. Zu beobachten ist eine plurale vokale und phonetische Polyphonie, deren Grund schon mit den ersten Radio-Serials gelegt wurde und in deren selbstähnlichen Vermehrungen eine mannigfaltige Verstärkung erfuhr.

Wenn also, um mit Lacan zu sprechen, in seiner ›eigenen‹ Stimme das Ich ein Anderer ist, und nun die Frage steht, oder von Herta Herzog gefragt wird: »Kenne ich den anderen, der da im Radio spricht, – erkenne ich ihn wieder?«, dann gilt, dass diese Frage nach dem stimmlichen Ich und dem stimmlichen Anderen im vielstimmigen Einwandererland Nordamerika, erst Recht nach den Millionenwanderungen seit dem Bürgerkrieg von 1860, anders ›klingt‹, anders konnotiert ist als je in Europa. Auch 1920 und 1930 noch sind die USA weiterhin eine babylonische Sprachen-Vereinigung bestehend aus Millionen und Abermillionen von Immigranten oder Immigrantenkindern, vielstimmig fremden Stimmen aus allen Ländern Europas und aus den Südstaaten der USA, eben angekommen in Chicago, Detroit oder Harlem. Und jede und jeder von ihnen hatte eine Stimme zu verlieren und eine neue zu finden. Die Ausbreitung des Radios in Amerika im ersten Jahrzehnt verlief, wie man es oft genug in Europa verächtlich registrierte, nahezu anarchisch, aber in großem Tempo und rhizomatisch. Anders als in Europa lag dem kein staatlicher Masterplan zugrunde. Betrachtet man die starken Treiber dieser Ausbreitung genauer, nämlich die ökonomischen Marktgesetze des Erfolgs mittels dissipativer Explosion der seriellen Radioformate der Stimmkünstler, dann ist jener frühe Kommentar aus einer der ersten Ausgaben der Zeitschrift *Radio Broadcast* nur zu verständlich, in dem es schon 1923 hieß, das Radio sei ein »New Way to Make Americans«. Was Michelle Hilmes zusammenfasst in der Bemerkung, das Radio in Amerika sei eine »zentrale Institution zur Unifizierung und Definition der Nation« (Hilmes: 1993, 303).

Fast alle frühen Radio-Serials haben deshalb nicht allein mit Stimmen, sondern vor allem mit Stimmen-Findung zu tun. Es sind Stimmen, die sich in der Welt zurecht finden müssen, in der alles anders ist. Stimmen, die stimmende Stimmen suchen. *Amos 'n' Andy* sind auch hierfür die ›Pioniere‹:

Amos: I don't know either to be a Democrat or a Republican.
Andy. Well, where wha' your ancestors?
Amos: My aun' didn' have no sisters.
Andy. No, no, your ancestor, your ... never min' ... . Listen, Coolidge is a Republican an' fo' de' las' fo' years or so he's done had Hoover locked up waitin to put him in office.
Amos: What you mean he done had Hoover locked up?
Andy: Well, I was readin' in de paper right after Hoover was nomulated dat Coolidge was gettin' ready to take Hoover out of de cabinet (zit. n. Hilmes 1997: 91)

Stimmenfindung: Dass unsichtbare Weiße unsichtbare schwarze Stimmen vokalisieren und dies ein jahrzehntelanger Riesenerfolg im Radio wird, zeigt die Intensität des Mechanismus der Differenzierung aberranter Stimmen als Stifter der Imagination einer *nation voice*. Amos und Andy überbieten sich oft genug in politischer und zivilisatorischer Naivität. Gosden/Corell spielen niemals irgendeine rassistische Komponente aus, etwa dass sie als Weiße in Wahrheit weniger naiv oder schlauer seien als die von ihnen gespielten Farbigen. So kommt es, dass *Amos 'n' Andy*, wie Michelle Hilmes sagt, das multiethnische Immigrationsschicksal von Millionen Nordamerikanern am besten ausdrücken können. Denn eines betrifft sie alle, nämlich die Permanenz der Immigration, »always arriving, never arrived« (Hilmes 1993: 311).

Susan Douglas hat in ihren Studien zum frühen amerikanischen Radio angesichts der ungeheuren Vielfalt von sich verplappernden, devianten, ungenauen, radebrechenden, wortverspielten und ventriloquistischen Stimmartisten von einem »lingustic slapstick« (Douglas 1999: 15) gesprochen, der die frühen Programme nahezu sintflutartig überschwemmt.

»Da wo der Stummfilm sich auf den physischen Slapstick verlegte, um die Abwesenheit des Verbalen zu kompensieren, beginnt das Radio seine Kompensation der Abwesenheit des Visuellen durch eine Zurschaustellung und Inflationierung eines linguistischen Slapstick. In den dreißiger Jahren mit dem Aufkommen der Comedy als dem populärsten Genre on air, veranstaltete das Radio geradezu einen Krieg zwischen einer zunehmend homogenisierten Sprache auf der einen Seite und einer devianten, abweichenden, unassimilierten linguistischen Weigerung auf der anderen. Wortspiele erreichen ungeahnte

Höhen, weil immer umstellt von einem neuen, einem offiziellen Korpus einer Sprachpolizei, die zu bestimmen und durchzusetzen sucht, welche Art von Englisch zu sprechen angemessen sei vor einer nationalen Zuhörerschaft. Anstand, Etikette und Insubordination wechselten einander ab und arbeiteten zugleich Hand in Hand«[4.]

In Amerika hätte Elias Canetti sagen müssen: Jeder Neuankömmling in den Staaten hatte seine eigene »akustische Maske« zu finden (vgl. Meyer-Kalkus 2001: 131). Maske, aber nicht Identität. *Fibber MacGee*, das Kind armer Farmer aus dem Mittelwesten, wird man immer an seinem Akzent erkennen. Canetti, Bühler und die Prager Schule in Europa hatten Recht: Stimme ist vor allem Ausdruck, »Darstellung«, »Kundgabe« und »Auslösung« (ebd., 151) wie Bühler sagte und ihre Phonologie hat zudem eine »phatische«, »poetische« und »metasprachliche« Dimension, wie Roman Jakobson später ergänzte (ebd., 153). Das alles weiß das klügere Europa schon in den dreißiger Jahren. Aber die junge strukturale Linguistik und Phonologie ist und bleibt in Europa verhaftet. Sie kann sich dort bestenfalls mit den Stimmkünstlern der expressionistischen Avantgarde beschäftigen. Im amerikanischen Radio dagegen ist nichts Expressionistisches, dafür aber eine Stimmenvielfalt zu hören, für die sich umgekehrt in der europäischen Radiogeschichte nichts Vergleichbares findet. Es sind Stimmen, denen es nicht um Identität geht, sondern um Unterscheidung, um Differenzierung und die Differenzierung der Differenzierung.

V.

Nur so ist zu verstehen, was im Juni 1938 CBS-Chef William Paley mit der Verpflichtung des »marvelous boy« Orson Welles vorhat. Paley, milliardenschwerer Sohn eines Zigaretten-Tycoons, war seit neun Jahre Besitzer der CBS-Kette, die dem Marktführer NBC noch sehr hinterherhinkte. Er holt Orson Welles wegen dessen Stimme, aber nicht um ihretwillen, sondern nur, um sie gegen eine andere Stimme zu positionieren. Keine Stimme ist im Radio allein, und keine kann sich aus sich selbst heraus definieren. Das ist die radiohistorische Besonderheit des frühen amerikanischen Radios. Die besondere Komplikation aber, die jetzt entsteht, und mitverantwortlich sein wird für die Panik um *The War of Worlds* ein halbes Jahr später, besteht darin, dass die Stimme, gegen die Welles antreten soll, nicht eigentlich eine Stimme ist, sondern zwei.

Seit einem Jahr hört auf NBC am Sonntagabend ein zweistelliges Millionenpublikum Edgar Bergen und seiner Puppe namens Charlie McCarthy zu. Edgar

---

[4.] »Just as silent films had relied on physical slapstick to make up for the absence of the verbal, radio made up for the absence of the visual by showcasing and inflating linguistic slapstick. In the 1930s, with the rise of comedy as the most popular genre on the air, radio enacted a war between a more homogenized language on the one hand and the defiant, unassimilated linguistic holdouts on the other. Wordplay reached new heights, but it was circumscribed by a new, official corps of language police, who determined and enforced what kind of English it was proper to speak on the air before a national audience. Decorum and insubordination took turns, and they worked hand in hand.« (Douglas 1999: 101).

Bergen, ein Bauchredner, trägt auf dem Arm sein Double, drapiert in feinem Frack mit Zylinder und Hut. Die Zeitgenossen rätseln, wieso Millionen von Menschen an den Radios einem unsichtbaren Bauchredner so offensichtlich verfallen waren. Edgar Berggren, ein Kind schwedischer Immigranten (und Vater von Candice Bergen, der inzwischen verwitweten Frau von Louis Malle, die ihrem geliebten, aber emotional völlig unerreichbaren Übervater Edgar eine lesenswerte Biografie (Bergen 1984) gewidmet hat), war ein Meister des »near ventriloquism«, wie Bergens eigene Unterscheidung es nannte (Bergen 1938), also jener Art von Bauchrednerei, die einer Puppe, gesteuert mit Arm und Hand, Stimme gibt.

Aus Steven Connors großartiger Kulturgeschichte des Ventriloquismus erfahren wir: Bauchrednerei mit einer Puppe auf dem Schoß (deren Gesichter seltsamerweise immer gleich katatonisch erstarrt, grinsend, gelackt und glatt wirken) entstand um 1870, in der Hochzeit des europäisch-amerikanischen Phonetismus, wo unter anderem der Taubstummen-Sprachlehrer Alexander Bell mit seinen Experimenten beginnt, die zum Telefon führen werden, der Trance-Spiritismus mit Jenseitsstimmen blüht und hypnotisch-mesmeristische Experimentationen in höchstem Kurs stehen. Diesem aufkommenden Hang zum Halluzinogen-Psychotischen in Europa und Amerika, zeitgleich mit dem Aufkommen der experimentellen Psychologie in Leipzig und Harvard, kann ein Ventriloquist eine kontrollierte Lachabfuhr geben, versetzt mit einem guten Schuss kontrolliert ödipaler Spannung (vgl. Connor 2000: 400). Seit der zweiten Hälfte des 19. Jahrhunderts karikieren Bauchredner die Unfälle der Alphabetisierung und Sprachnormierung in der westlichen Welt, insbesondere in Amerika auf den Bühnen der Vaudeville-Theater. Das letzte seiner Art, das »Palace« in New York, musste Edgar Bergen 1932 wie alle anderen verlassen und ebenfalls seine Zukunft im Radio suchen.

Nur, was ist ein Bauchredner im Radio wert? Geht es beim Ventriloquismus nicht um die Bühnen-Magie eines Sprechens, das körperlich unsichtbar bleibt, ohne die kleinsten Zuckungen auf den Lippen? Um ein Sprechen, das, um mit Lacan zu reden, die »Einverleibung« (Lacan 1962: 275) der Stimme rückgängig macht, tötet und abspaltet? Das alles sieht man aber im Radio nicht. Älteren Radioforschern wie John Dunning (vgl. Bühler 1968: 125) oder Arthur Wertheim (Wertheim 1979: 354ff.) ist der Charlie McCarthy-Erfolg deshalb noch heute ein Mysterium. Vielleicht hatte CBS-Boss Paley eine Ahnung, als er gegen solch mystischen Ventriloquismus das Modell eines volltönend klaren »Ich« setzen wollte. Auch die NBC-Chefs, die Arbeitgeber Bergens, blieben unsicher. Ein Jahr lang hatten sie sich geweigert, Bergen und seine Puppe vor irgendein Mikrophon zu lassen. Mangelnde Glaubwürdigkeit. Wäre nicht Rudy Vallee gewesen, mit seinem Hollywood-Geschmack für künstlerische Außenseiter, Edgar Bergen hätte keine Chance gehabt. Nach drei Monaten *Rudy Vallee Show* und Tonnen von Fanpost, bekam Bergen endlich seine eigene (vgl. Bergen 1984: 29).

Aber auch jetzt noch – und insgesamt weitere drei Jahre – blieben die NBC-Chefs zögerlich. Die Show hieß nach ihrem Kaffee-Sponsor *Chase and Sunborn*

Hour und zu jeder Sendung wurden hochrangige Entertainer wie W.C. Fields und Mae West hinzu geladen, aus Unsicherheit, ob die ventriloquistische Stimmduplizität wirklich allein den Erfolg würde tragen können. In der New York Times meldeten sich Psychologen, die der Stimme von Charlie McCarthy »spirituelle Qualitäten« attestierten. Andere meinten, sein »Weltschmerz« sei erstaunlich real. »Er sagt Dinge, die ein menschlicher Schauspieler sich niemals trauen würde, und kommt damit durch« (ebd., 35), hieß es. Aber war es das? Spiritualität, Weltschmerz, spitzbübische Frechheit?

Fields: Tell me, Charles, is it true your father was a gateleg table?
Charlie: Well, if it is, your father was under it.
Fields: Quiet, you flophouse for termites or I'll sic a beaver on you.
Bergen: Now, Bill ...
Charlie: Mr. Fields, is that a flame thrower I see or is it your nose?
Fields: Why, you little blockhead, I'll whittle you down to a coat hanger ... (ebd., 30)

Wie funktioniert Ventriloquismus im Radio? Auffällig ist, dass Bergen von Anfang an seinen Dummy als einen kleinen, äußerst hintersinnigen und äußerst raffinierten Verräter inszeniert, heißt: sprechen lässt. Wichtig ist, dass irgendwoher, aber nicht von Bergen, die Anspielung kommt, dass das sprechende Ding aus Holz ist. Solche Anspielungen aufs Material sind wichtig, damit wir den Dummy sprechen hören, wie er glänzend damit klar kommt, ein Nichts aus Holz zu sein, tot und stumm. Das tote Holz erst macht ihn frei zu sprechen, wie sein Schnabel gewachsen ist, und in seinem Sprechen alle die zu verraten, die in ihrem Sprechen mehr zu sein glauben als er selbst.

Bergens Stimme im Radio setzt also da an, wo es um die Paradoxie geht, sich mit seiner eigenen Stimme zu identifizieren. Das entbirgt ihren Tod. Alles läuft so, wie in Thomas Bernhards »Stimmenimitator«, den man fragt, ob er die Mitglieder einer Chirurgischen Gesellschaft imitieren könne, was er tut, und am Ende gebeten wird, seine eigene Stimme zu imitieren, und er sagt, »das könne er nicht« (Bernhard 1978: 10). Ähnlich läuft es bei Bergen = Charlie. Bergen kann seinen Dummy nur zur fremden Person machen, indem er darüber hinwegtäuscht, dass sein Dummy der/das Andere seiner Stimme ist, ›seine Stimme‹ an ihrer Stelle, in intimster Nähe, in der eine Stimme ›dabei‹ ist, nämlich in der Unsichtbarkeit des Körpers, der darum, weil er unsichtbar bleibt, umso mehr als ein integrales und homogenes Objekt imaginär präsent ist. Bergen kann zwar seinen Dummy künstlich zu einem Anderen machen, indem er diese Künstlichkeit zugleich verbirgt. Aber das Besondere am Bergen/MacCarthy-Plot ist, dass das Dummy permanent die doppelte Rechnung, derentwegen es existiert, seinem Schöpfer heimzahlt. Das geht auch, ohne dass man etwas sieht. Bergen schreibt die ›skits‹ so, dass Bergen selbst als einer dasteht, der vorgibt etwas zu sein, was er nicht ist. Charlie weiß mehr über Bergen als Bergen über sich selbst. Bergen erlaubt (sich mit) seinem Dummy das »talking cure« (Meyer-Kalkus 1995: 275) eines »wahren Sprechens« (Lacan 1980: 313), in welchem der Sprechende an eine Mauer der Sprache prallt und sich nur in diesem Reflex an den Anderen richten kann. Der Dummy Charlie nimmt diesen Anprall der Rede an die »Sprachmauer« (Lacan) auf und entlarvt so, versetzt mit einem diabolischem Lachen, jeden Sprachzug seines Erzeugers. Bergen bleibt immer der Dumme. Kein Sketch der beiden, in denen nicht am Ende Bergen als der Dumme, als »fool« dasteht.

Bergen erzählt, er sei ganz müde von der Woche und von den vielen kleinen Dingen, die so passiert sind, aber das Double, das an dem leeren Platz der Halluzinationen operiert, übernimmt die Sprachmelodien seines Herrn und entlarvt in ihrer Variation die kleinen Dinger sofort als jene kleine Mädchen, mit denen Bergen sich heimlich getroffen hat. In Wahrheit war es dann nur eines und gar nicht einmal so klein..., und Bergen steht da als der verliebte närrische Junggeselle (der er lange war). Die Stimme des Dummys verrät wie nur eine Stimme des Gewissens es tut. Aber auch hier: Das Gewissen namens Charlie ist weder gut noch schlecht. »Am I right or am I right?« fragt das Dummy, das sich niemals zur Instanz eines Daimonions aufrufen kann, zur Negation und damit zu irgendeiner bedeutenden Stimme. Eine bedeutende Stimme, also die Stimme der Negation und damit die eines wirklich Anderen zu erheben, hieße das ganze Spiel sofort zu beenden und damit die Existenz der Charliepuppe zu vernichten. Es geht nicht um die Stimme eines Anderen, sondern um den Platz des Anderen in der Stimme, um das Begehren der Stimme, das nicht und niemals sie selbst ist, das sich nicht und niemals in ihr erfüllt, weil das Begehren, das in der Stimme als Objekt einverleibt ist, in diesem Objekt immer leer ausgehen wird. Denn die Stimme ist kein ontisches und kein ontologisches Objekt. Die Stimme ist ein Objekt des Begehrens.

Das gewiss nicht nur in Amerika. Aber nur im amerikanischen Radio, und zwar in der Phase seiner Ausbildung zum Massenmedium, wird die Stimme zum medialen Objekt kodiert und damit Gegenstand der Formatierung von Programmen. Bergen schlägt Profit aus der einfachen Wahrheit der Gespaltenheit der Stimme, die, wie Lacan sagt, nicht in sich selbst, sondern an dem Ort gespalten ist, wo sie, so oder so, das Begehren durchzieht. Die Stimme ist gespalten wie jedes Objekt des Begehrens, wie jedes »objekt (klein) a«, das als solches, als Objekt, als volle Stimme, zwar Sätze spricht, die im vollen Sinn des Wortes ihren Sinn »darstellen« (im Sinne Bühlers), aber zugleich für das, was sie sagt, »nicht geradestehen kann«. »Die Stimme entspricht dem, was sich sagt, aber sie kann dafür nicht geradestehen« (Lacan 1962: 274) sagt Lacan nicht zufällig in seinem Seminar über die Angst. Angst ist im Kontext der Stimme, vor allem aber der eigenen Vokalität und aller anderen nahen Stimmen, die uns umgeben könnten, stets latent. Die Stimme, die wir sprechen, bleibt immer ambivalent. Und es ist deshalb, dass noch heute ein Zeuge persönlich vor Gericht erscheinen und sprechen muss, weil er am Ort des Gerichts mit einem Eid die Ambiguität seiner stimmlichen Rede enden lassen muss.

Dieses Nicht-Einstehen-Können für die eigene Stimme ist die treffendste Definition des Ventriloquismus. Ein Ventriloquist, den wir sehen, verdeckt das eher. Wir starren auf seine Lippen und sehen, dass sie sich nicht bewegen, während er seine Puppe sprechen lässt. Was hier wirkt, ist der Effekt der durchstrichenen Einverleibung der Stimme, der Effekt der »hysterischen Erotisierung von Stimme und Mundpartien« (Meyer-Kalkus 1995: 267), die durch ihren Teil-

Ausfall völlig imaginär wird. Wir bewundern diese Fähigkeit irgendwie, sind fasziniert, aber wissen nicht wirklich warum. Die Körperlichkeit der Stimme, die hier ausfällt, wird zum großen Thema bei Roland Barthes in seiner These von der wesentlich körperlichen Körnung der Stimme (vgl. Barthes 1979). Wenn wir ihn aber nicht sehen, den Ventriloquisten, dann entfällt das ganze Feld dieser Leiblichkeit. Um uns jetzt ernsthaft glaubhaft zu machen, dass er, der Ventriloquist, tatsächlich tote Holzpuppen zum Sprechen bringt, muss er den höchsten Preis zahlen, den einer, der Stimme hat, nur zahlen kann. Er muss nämlich fortgesetzt bereit sein zuzugeben, dass auch er nur ein Statthalter, ein Platzhalter einer Stimme ist, nicht mehr und nicht weniger, also ebenfalls ein Dummy ist, der nur so tut, als sei er keiner. »The tail was wagging the dog« (Bergen 1984: 35), sagt seine Tochter in ihrer Vaterbiografie, oder, in Lacanschen Metaphern ausgedrückt: Bergen hängt bei seinem eigenen Dummy am Angelhaken. Das genau ist Edgar Bergens Plot, der jetzt erst richtig wirkt, weil wir ihn nicht sehen.

Bergen selbst war von seinem eigenen Plot noch im Privatleben ›besessen‹, wie seine Tochter bekundet. Nach jeder Show legt Bergen hinter der Bühne seinen Dummy liebevoll in eine Truhe, und stets lässt er Charly heftig klagen: »Oh please, Bergen, don't lock me up! Please help me! Ber-gie, not the trunk!« (Ebd., 68) Zuschauer, außer zufällig eben einmal seine Tochter, keine. »Weißt du«, wird später ihre Mutter sagen, »Dein Vater und Charlie, das war ein und dieselbe Person« (ebd., 321).

»Charlie was America's most lovable bad boy« (Dunning 1976: 126) sagt der Radiohistoriker John Dunning. Aber das trifft eben, wenn überhaupt, nur die halbe Wahrheit. Charlies Stimme ist Nichts und Alles zugleich, womit Stimmen sich identifizieren könnten. Wer Charlie, wie Millionen Fans in den dreißiger Jahren, im Radio immer wieder hören will, um immer wieder in das Paradox der Stimme zu laufen, die sich nicht mit sich selbst identifizieren kann, der bekundet, ein Begehren nach Stimme zu haben, die einer neuen Sprachperson gehören soll.

VI.

Halloween, also am 30. Oktober 1938, blieb CBS chancenlos, was die Quoten anging. William Paley hatte Orson Welles auf den Sonntag-Abend platziert, mit dem Anspruch, gegen Bergen/McCarthy das Konzept der literarischen Vokalität einer »First Person Singular« durchzusetzen. Angesichts des 35 Millionen-Publikums von NBC ein schier unmögliches Unterfangen. Die *formula* »First Person Singular« beinhaltete das schlichte Konzept, Klassiker und dramatische Romane der Weltliteratur jeweils aus einer Ich-Perspektive einer ihrer Hauptakteure zu erzählen. Den wahrhaft hybriden Serien-Titel *First Person Singular* aber hatte Welles abgelehnt. Stattdessen taufte er seine wöchentliche Show nach dem schlichten, aber wohlklingenden Namen seiner Theater-Kompanie, nämlich: *The Mercury Theatre on the Air*. Wenn schon nicht Abermillionen Hörer über das Radio zu erreichen waren, so sollte doch wenigstens eine gute Promotion für sein Theaterprojekt dabei herauskommen, welches in der Woche parallel zur Radioshow bis zu vier Broadway-Vorstellungen absolvierte.

Wie setzt Orson Welles das Konzept des Ich-Erzählers, der »First Person Singular«, um? Das Erzähler-Ich wird gleich mehrfach überhöht inszeniert, denn Orson Welles wird sowohl als Bearbeiter vorgestellt[5], dann als Produzent, Leiter, Direktor und Hauptdarsteller annonciert, bis das Mikrophon völlig an ihn übergeht. Welles gibt im Anschluss mit sonorem Erzählton eine Kurzbiografie des betreffenden Autors zum besten und schlüpft dann selbst in eine der handelnden Personen des Stücks, die aus der Ich-Perspektive das Hörspiel erzählerisch in Gang bringt. Alles ist sehr *sketchy* konstruiert, leichtfüßig, intelligent, unorthodox, sehr frei und ohne alle literarische Treueskrupel, immerhin aber mit dem Effekt, dass jeder auktoriale Respekt vor den Stoffen verschwindet. Die Intention ist durchgängig, mit den Techniken des Radios gleichsam die Stimme eines allgegenwärtigen, singenden Sängers der Sage zu aktualisieren, gleichsam Maurice Blanchots Resümee vorwegnehmend, dass »die Sage nicht der Bericht von einer Begebenheit, sondern diese Begebenheit selber ist, das Herankommen dieser Begebenheit, der Ort, an dem sie stattzufinden berufen ist. (Blanchot 1959: 16).« Orson Welles hat seine eigene Programmatik so formuliert:

»Je weniger ein Radiodrama einem Theaterspiel ähnelt umso besser. Das heißt nicht, dass ein Radiodrama etwas geringeres sei. Es muss aber etwas ganz und gar verschiedenes sein. Das ist so, weil die Natur des Radios eine Form verlangt, die auf der Bühne ganz unmöglich ist. Die Bilder, die beim Radio angerufen werden, muss man sich vorstellen, sie sind nicht sichtbar. Und so finden wir, dass ein Radiodrama mehr der Form einer Novelle ähnelt, einem Geschichten-Erzählen, mehr jedenfalls, als irgendetwas anderem, an das man denken könnte. [...] Nirgendwo können Ideen so bloß und klar ausgedrückt werden wie im Radio [...] Es ist viel mehr eine erzählerische als eine dramatische Form.«[6]

Orson Welles hat das amerikanische Radio seiner Zeit gut begriffen. Es ist ein Stimmen-Radio, das in der Überdeterminiertheit der Stimme, die sich in ihm tausendfach dupliziert, differenziert, von allen Stimmnormen abweicht und alle Stimmnormen reduplizierend mit anderen konkurriert, die große Saga der amerikanischen Nation erzählt. Orson Welles seinerseits wäre nicht Orson Welles, wenn er nicht versuchen würde, das alles in einer einzigen, nämlich in seiner eigenen einmaligen Stimme zu versammeln und zu überhöhen.

In Bram Stokers *Dracula* gefällt es Welles deshalb besser, die Geschichte nicht aus der Perspektive des Rechtsanwalts Jonathan Harker, wie der Roman es macht, sondern aus der von Lucy's Verlobtem zu erzählen, weil die Geschichte dadurch emphatischer und dichter wird. In Stevensons *Schatzinsel* spielt er Long

---

5. Obwohl die ersten 10 Skripte von John Houseman stammen.
6. »*The less a radio drama resembles a play the better it is likely to be. This is not to indicate for one moment that radio drama is a lesser thing. It must be, however, drastically different. This is because the nature of the radio demands a form impossible to the stage. The images called up by a broadcast must be imagined, not seen. And so we find that radio drama is more akin to the form of the novel, to story telling, than to anything else of which it is convenient to think. He pursues this theme in his unpublished Lecture Notes on Acting: There is no place where ideas are as purely expressed as on the radio ... it is a narrative rather than a dramatic form.*« (zit. n. Callow 1996: 373)

John Silver und Jim Hawkins zugleich, den er auch die Geschichte erzählen lässt. Diese Verdichtung der Handlung auf die Ich-Erzählperspektive eines als Ich Handelnden ist das Grundprinzip, egal, ob die Vorlagen selbst nach auktorialen oder personalen Erzählperspektiven gebaut sind. Bei Welles ist Alles Ich. Wie Welles sich selbst und das Ensemble seines *Mercury Theatre on the Air* inszeniert, darin ist das Echo, ist die Resonanz des Serial-Radios seiner Zeit unüberhörbar, das längst schon ein Ethnien bindendes Ich-Stimmen-Erzählradio war, bevor Orson Welles vor ein Mikrophon trat. Dass seit 1933 der Präsident selbst, zunächst in unregelmäßiger Folge, dann später (wie noch heute) wöchentlich im Radio spricht, gehört in diesen Kontext einer phono-ethnischen Differenzierungsfunktion des amerikanischen Radios. In der sechsten Folge macht Orson Welles diese Radio-Präsidialität zum Sujet. Er übernimmt die Redegeste, setzt sich wie Roosevelt an den Kamin und inszeniert den Präsidenten aller Präsidenten, Abraham Lincoln.

Orson Welles will im amerikanischen Stimmen-Radio die Hyper-Stimme geben. Das Konzept ist literarisch anspruchsvoll, sprachlich und dialektal auf einem vollkommen artifiziellen Niveau. Orson Welles drapiert sich als Präsidialstimme des literarischen Dramas und taucht in seine verschiedenen Rollen ein wie alle Edgar Bergens und Charlie McCarthies zugleich. Er ist ein literarischer Ventriloquist, wie es nach ihm keinen anderen im Radio mehr gab.

Auch Charlie McCarthy ist kein einfaches phono-ethnisches Identifikationsobjekt, schon deshalb nicht, weil seine stimmliche Präsenz auf der Ambivalenz der Stimme beruht und ihre Identität verlacht. Bergen muss deshalb seine Auftritte in einzelne Nummern aufteilen, wohl auch, weil er nicht wöchentlich für eine ganze Stunde derart anspruchsvoll konstruierte Skripte schreiben kann. Nach dem Halloween-Abend 1938 werden die Medienforscher erstmals mit den Folgen dieser Dramaturgie bekannt, und die NBC-Chefs zumindest teilweise, wenn auch völlig gegensinnig, in ihren Ahnungen bestätigt. Nicht weil der Ventriloquist nicht im Radio ›ankam‹, sondern weil er ›so sehr‹ ankam, dass in seiner Show alles andere verblasste, hatte die Sendung stark wechselnde Einschaltquoten in ihrem Verlauf. Es war genau 20:15 Uhr, am 30.10.1938, und fast jeder fünfte Hörer schaltet weg. Bergen war wieder einmal der Dumme, dann der Musikbreak, Dorothy Lamour singt *Two Sleepy People*. Zur gleichen Zeit spielten Welles und seine Truppe auf dem Nachbarkanal CBS bereits eine Viertelstunde lang *The War of the Worlds*.

Look out there! Stand back!

Ladies and gentlemen, this is the most terrifying thing I have ever witnessed ... Wait a minute! Someone's crawling out of the hollow top. Some one or ... something. I can see peering out of that black hole two luminous disks ... are they eyes ? It might be a face. It might be ... (shout of awe from the crowd)

Good heavens, something's wriggling out of the shadow like a grey snake. Now it's another one, and another. They look like tentacles to me. There, I can see the thing's body. It's large as a bear and it glistens like wet leather. But that face. It ... it's indescribable. I can hardly force myself to keep looking at it. The eyes are black and gleam like a serpent. The mouth is V-shaped with saliva dripping from its rimless lips that seem to quiver and pulsate. The monster or whatever it is can hardly move. It seems weighed down by ... possibly gravity or something. The thing's raising up. The crowd falls back. They've seen enough. This is the most extraordinary experience. I can't find words ... I'm pulling this microphone with me as I talk. I'll have to stop the description until I've taken a new position...

Vor die Tür laufen? Einen Freund anrufen, dass er mal ins Radio reinhören solle, was los sei? Im Park übernachten? – Niemand kam an diesem Abend zu Schaden, es gab keine Verletzten oder Tote. Vor allem aber das immense, über Wochen nachhallende Presseecho machte aus dem »marvelous boy« Orson Welles eine nationale Größe, trug ihm millionenschwere Werbe- und Hollywood-Verträge ein, zerstörte die verschworene Gemeinschaft mit seinen Freunden und ließ ihn in eine jenseitig geniale Selbstüberheblichkeit abheben, wie es ein ebenso jenseitig genialer Film namens CITIZEN KANE dann dokumentieren wird. Präsident Roosevelt, so berichtete Orson Welles später süffisant, habe ihm am nächsten Morgen ein Telegramm geschickt, worin stand, dass die intelligenteren Hörer an diesem Abend offensichtlich Charlie McCarthy gelauscht hätten. Hadley Cantril fand heraus, dass an diesem Abend 6 Millionen Hörerinnen und Hörer *The War of the Worlds* hörten. Davon aber nur ein geringer Prozentsatz von Anfang an. »Mindestens eine Million Menschen geriet in große Furcht oder war zumindest nachhaltig verstört« (Cantril 1940: 47ff.). Wohl zwei Millionen Zuhörer kamen tatsächlich von Charlie McCarthy herüber und der Rest wurde dann noch schnell durch Mund-zu-Mund-Nachrichten in das Radio-Weltenende-Drama hineingeführt, also durch Anrufe von Freunden oder Hinweise von Hausbewohnern und ähnliches.

Hadley Cantrils Buch *The Invasion from Mars. A Study in the Psychology of Panic*, Princeton 1940, das er mit Herta Herzog geschrieben hat und in seiner Sorgfalt vor allem ihre Handschrift trägt, ist eine luzide und vorsichtig abwägende Studie. Mit ihr beginnt, nebenbei bemerkt, die seriöse, wissenschaftliche Umfrageforschung im Bereich der elektronischen Medien. Denn sein Buch war eine der ersten Pilotstudien des »Princeton Radio Research-Projects«, das im gleichen Jahr 1938 (mit Adorno als ›music director‹) ins Feld ging. Cantrils und Herzogs Analysen kreisen im Ergebnis um die Frage der Voraussetzung der Suggestibilität von Massen. Sie entsteht dann, sagt Cantril, wenn »keiner der existierenden Standards in ihrem Urteilsvermögen der Aufgabe gewachsen ist.« (ebd., 193) Zu deutsch heißt das: Was das Radio an Geschichten bringt, kann in Bezug auf seinen Realitätsgehalt nur beurteilt werden an den Standards von Radiogeschichten selbst; eine mediale Falle, die zu den selbstreferentiellen Fundamentalfallen der Massenmedien gehört. Die tatsächliche Panik war ja in Wahrheit nur ein kurzer Aufruhr, der spätestens gegen 22 Uhr wieder vorüber war. Alles ging deshalb so glimpflich ab, weil Orson Welles um 20:22 Uhr mit den eindringlichsten Passagen am Ende war.

In diesem Stück kommt nämlich erst am Ende, untypisch genug, die »First Person Singular« Formel und damit Orson Welles hybride Stimmpolitik zum Zuge. Alle Paniken, die Hysterien, die Gebete vor der Haustür, die Fluchten durch die Straßen kamen zustande, als der Ich-Erzähler Welles, der diesmal erst am Ende erzählt, nicht zu hören war, und stattdessen Stimmengewirr, leicht erregte, um Nüchternheit bemühte Ansager, hier und da Schreie und seltsam schrille Geräusche. Und vor allem immer wieder – Pausen. Nicht die Stimmen, sondern Mikrophone, technische Gerätschaften und deren Ausfall wurden Thema. Das war nicht das amerikanisches Radio, das jedermann kannte, sondern das war ein Radio, das ein Radio simuliert. Und dabei die technisch übersteigerte Signifikanz des totalen Erschauerns produzierte, wie zu nicht-medialen Zeiten bestenfalls heulende Hunde in der Nacht.[7]

Damit hat die »War of the Words«-Panik auf eine kontingente und zugleich ironische Weise die Stimmpolitik des frühen amerikanischen Serienradios aufgedeckt wie kein anderes Ereignis. Ex negativo, durch ihren kompletten Ausfall. Am Ort der Stimmen, an dem keine Stimmen stimmen, also im technischen Radioraum, wenn die Differenz von Medium und Massenmedium aufklafft, entsteht Panik.

---

7. »Falls es etwas gibt, wodurch das Sprechen mit einer absolut a-signifikanten vokalen Funktion, die dennoch alle möglichen Signifikanten enthält, eine Verbindung eingeht, dann ist es wohl das, was uns schaudern läßt, wenn der Hund den Mond anbellt.« (Lacan 1997: 166)

Literatur:

Baldwin, James (1962): *Nobody Knows My Name*, New York
Barnouw, Erik (1968): *History of Broadcasting in the United States*, Bd. 2: The Golden Webb, New York
Barthes, Roland (1979): *Was singt mir, der ich höre in meinen Körper das Lied*, Berlin
Bergen, Candice (1984): *Knock Wood*, New York
Bergen, Edgar (1938): *How to become a ventriloquist*, New York
Bernhard, Thomas (1978): *Der Stimmenimitator*, Frankfurt am Main
Blanchot, Maurice (1962): *Der Gesang der Sirenen*, München
Bühler, Karl (1968): *Ausdruckstheorie: das System an der Geschichte aufgezeigt*, 2. unv. Aufl. Stuttgart
Callow, Simon (1996): *Orson Welles: The Road to Xanadu*, London
Cantril, Hadley (1940): *The Invasion from Mars: A Study in the Psychology of Panic*, With the Assistance of Hazel Gaudet & Herta Herzog. Princeton
Connor, Steven (2000): *Dumbstruck: A Cultural History of Ventriloquism*, Oxford [u.a.]
Douglas, Susan J. (1999): *Listening In: Radio and the American Imagination, from Amos 'n' Andy and Edward R. Murrow to Wolfman Jack and Howard Stern*. New York
Dunning, John (1976): *Tune in Yesterday*, Englewood Cliffs
Edmondson, Madeleine (1973): *The Soaps: Daytime Serials of Radio and TV*, New York
Ely, Melvin Patrick (1991): *The Adventure of Amos 'n' Andy: A Social History of an American Phenomenon*, New York
Hagen, Wolfgang (1999): »Hörzeit-Formatierung: Vom medialen Verschwinden des Programms aus dem Radio«, in: Paech, Joachim: *Strukturwandel medialer Programme: vom Fernsehen zu Multimedia*, Konstanz, S.155-184
Herzog, Herta (1930): »Stimme und Persönlichkeit«. In: *Zeitschrift fuer Psychologie*, 130, S. 300-369.
Hilmes, Michele (1993): »Invisible Men: Amos 'n' Andy and the Roots of Broadcast Discourse«. In: *Critical Studies in Mass Communication*, 10,4, (Dez. 1993), S. 301-321.
Hilmes, Michelle (1997): *Radio Voices, American Broadcasting, 1922-1952*, Minneapolis
Houseman, John (1973): *Run-Through. A Memoir by John Houseman*. London
Kutsch, Arnulf (1985): *Rundfunkwissenschaft im Dritten Reich*, München
Lacan, Jacques (1962): *Die Angst <L'Angoisse, 1962/63>*, Übersetzung von Gerhard Schmitz, Typoskript o.O. o.J.
Lacan, Jacques (1980): *Das Ich in der Theorie Freuds und in der Technik der Psychoanalyse. Seminar II (1954-1955)*, Olten
Lacan, Jacques (1997): *Die Psychosen (1955-1956). Das Seminar*. Weinheim [u.a.]
MacDonald, J. Fred (1982): *Don't touch that Dial! Radio Programming in American Life, 1920-1960*, Chicago
Metzger, Wolfgang (1942): *Das Räumliche in der Hör- und Sehwelt bei der Rundfunkübertragung*, Berlin
Meyer-Kalkus, Reinhart (1995): »Jacques Lacans Lehre von der Stimme als Triebobjekt«, in: Wolfgang Raible (Hg.): *Kulturelle Perspektiven auf Schrift und Schreibprozesse. Elf Aufsätze zum Thema ›Mündlichkeit und Schriftlichkeit‹*, Tübingen, S. 259-307.
Meyer-Kalkus, Reinhart (2001): *Stimme und Sprechkünste im 20. Jahrhundert*. Berlin
Pear, Tom Heatherley (1931): *Voice and Personality*. London
Pfeiffer, Arthur (1942): *Rundfunkdrama und Hörspiel. T. 1: Vorfragen*. Berlin
Pongs, Hermann (1930): *Das Hörspiel*, Stuttgart
Roedemeyer, Friedrichkarl (1940): *Die Sprache des Redners*, München–Berlin
Schrage, Dominik (2001): *Psychotechnik und Radiophonie: Subjektkonstruktionen in artifiziellen Wirklichkeiten 1918 – 1932*, München
Stedman, Raymond William (1971): *The Serials: Suspense and Drama by Installment*, Norman
Wertheim, Arthur Frank (1979): *Radio Comedy*, New York
Wylie, Max (1963): »Amos and Andy-Loving Remembrance«, in: *Television Quarterly* (Summer 1963), S.17-24

Daniel Gethmann

Technologie der Vereinzelung
Das Sprechen am Mikrophon im frühen Rundfunk

Wilhelm Hoffmann,[1] einziger Heidegger-Schüler unter den Radiodramaturgen der Weimarer Zeit, differenziert im Jahre 1932 folgende drei Schwerpunkte einer Auseinandersetzung mit der radiophonen Kommunikationsform: »Der Sprechende, der Hörende, das Sprechen am Mikrophon« (Hoffmann 1932/33: 454) Während ›der Sprechende‹ und ›der Hörende‹ an bekannte Sender-Empfänger Kommunikationsmodelle anschließen, etabliert der dritte Teil dieser Differenzierung die Kategorie eines rundfunkspezifischen Sprechens in bewusster Abgrenzung von anderen überkommenen Sprechformen auf der Bühne oder im privaten Kreis.

Der über einen individuellen stimmlichen Ausdruck ›des Sprechenden‹ hinausgehende Bereich der normierten Sprechweisen als allgemeinen Kriterien des ›Sprechens am Mikrophon‹ entwickelt sich im Radio-Diskurs der Weimarer Republik zunächst zu einer Leerstelle, die als Mangel empfunden wird. Eine Standardisierung der Formen des Sprechens am Mikrophon erscheint als Problemlösung angezeigt, als sich in der Radiopraxis der ersten Jahre immer deutlicher herausstellt, wie unzureichend die überkommenen Sprechweisen in der Lage sind, im neuen Medium Rundfunk zu bestehen. Die solchen frühen Überlegungen zum Rundfunk zugrunde liegende Erkenntnis, dass das Radio und insbesondere die Aufnahmesituation im Studio besondere Sprechweisen produziere, die in der Erfindung einer spezifischen Radiostimme kulminieren sollten, birgt in sich auch das systematische Problem, ob eine Erforschung des Phänomens Rundfunk nicht auch differenziertere Analysemethoden fordere, als sie in den damaligen schematischen Modellen einer Kommunikation zwischen Sendern und Empfängern aufgezeigt wurden. Dem trägt Wilhelm Hoffmann Rechnung, indem er als dritten Faktor ›das Sprechen am Mikrophon‹ zwecks Analyse einer spezifisch radiophonen Kommunikation einführt, deren Entstehung und Formierung im Folgenden untersucht wird.

Um die Unsicherheit einer fehlenden radioeigenen Sprechweise als Anpassung der Stimme an das Medium zu überwinden, gerieten zunächst die spezifischen Eigenschaften des Mikrophons und der gesamten Aufnahmetechnik in den Blick, die mit der Technik des Radios als Frequenzmodulation eines Senders und seiner Abstrahlung elektromagnetischer Wellen in alle Richtungen wenig gemein zu haben schienen. Insofern differenzierte sich ein spezifischer Raum des Radios als Raum der Ausbreitung elektromagnetischer Wellen und ihrer Signale

---

1. Wilhelm Hoffmann promovierte im Jahre 1931 bei Heidegger mit einer Arbeit über Augustinus (vgl. Hoffmann 1931), und war ab dem 1. Juni 1931 bei der Berliner ›Funk-Stunde‹ als Assistent der literarischen Abteilung und Regisseur beschäftigt, wo er am 31. März 1935 ausschied.

gewissermaßen als die andere Welt des leeren und anfänglich wolldeckenbehangenen Studios aus, in dem der Sprecher[2] aufgrund der Atmosphäre zu allerletzt auf den Gedanken kam, ein potenzieller Sender zu sein. Diese zwei Welten miteinander zu verbinden, kam in der Anfangszeit ausschließlich der Stimme und ihrem Sprechen am Mikrophon zu.

»*Wir sahen, dass im gesamten Rundfunk das Mikrophon unerbittlicher Herrscher ist, der die von ihm diktierten Gesetze unnachsichtlich durchdrückt, sich nicht bestechen noch betrügen lässt, und dem alle Menschen im Betriebe untertan sind. Verborgen im Allerheiligsten des Senderaumes, nur den wenigen zuverlässigen Eingeweihten zugänglich, thront das Mikrophon unantastbar, unheimlich still und sachlich, unnahbar in seiner Macht hinter einer harmlos glatten Maske versteckend. Freilich ist diese ganze Machtfülle von einem kleinen Schalter abhängig, den die obersten Götter beherrschen, die Konstrukteure dieser Wunderwelt, die eine unsichtbare Brücke schlägt zwischen dem einsamen Darsteller im Senderraum und dem einsamen Hörer im stillen Heim*« (Jolowicz 1932: 92f.).

Noch aus einem weiteren Grund ist das Sprechen am Mikrophon als entscheidend für das frühe Radio anzusehen, denn die akustische Welt des Rundfunks steht zu allererst unter verbalen Vorzeichen, der Einsatz der Stimme im Radio definiert eine möglicherweise ambivalente akustische Wahrnehmung und dominiert Musik und Geräusche (vgl. Crisell 1986: 56-66). Diese Hierarchisierung wieder aufzubrechen, könnte als das wichtigste Ziel der radiophonen akustischen Kunst gelten. Im Folgenden wird vor allem auf die Zeit zwischen 1923 und 1929 Bezug genommen, da in dieser Zeit die Formen des Sprechens experimentell festgelegt wurden, die sich dann mit den zunehmenden Möglichkeiten der Tonspeicherung und der mit ihr beginnenden Zeit der Rundfunkarchive sowohl besser dokumentieren lassen als auch unter veränderten Bedingungen weiter entwickelten. Das Sprechen unterwarf sich nämlich fortan seiner standardisierten Ausbildung durch Abhören der eigenen Stimme, andererseits waren viele experimentelle Entdeckungen radiophoner Sprechformen zu Beginn der dreißiger Jahre bereits geschehen.[3] Um diese frühe Ausprägung der Radiostimme dennoch unter der Perspektive ihrer medienhistorischen Konstitutionsbedingungen und das heißt auch phänomenologisch aufzuarbeiten, ist es notwendig, auf schriftliche Aussagen der Personen zurückzugreifen, die zwischen 1923 und 1929 regelmäßig im Rundfunk gesprochen haben. Diese Entwicklungsphase führt vor, wie mit dem Sprechen am Mikrophon experimentiert oder häufiger noch Experimente verhindert wurden und wie das Radio sein Sprechen lernte, wie also die Stimme auf das Medium Rundfunk und zunächst auf das Mikrophon reagierte, bis einzelne dieser funkischen Sprechformen in eine allgemeine Radiosprechausbildung integriert wurden. Einen Zugang zu dieser ersten, klanglich schlecht dokumen-

---

2. Die Radiostimme ist »paradigmatisch maskulin« (Dyson 1994: 181), Sprechen im deutschen Rundfunk zunächst eine Angelegenheit ausschließlich männlicher Stimmen. Frauen werden normalerweise in den Anfangsjahren des deutschen Rundfunks nicht zugelassen, sie gelangen erst über Kinderprogramme und eine sich entwickelnde Hörspielkultur mit auch weiblichen Sprechrollen vor das Mikrophon der Sender. Eine Ausnahme bildet die erste Sprecherin Edith Scholz in Hamburg bei der NORAG. Vgl. zur Rezeption: Lacey (1996).
3. Zur Entwicklung des Sprechens im Radio vgl. Gethmann (2005).

tierten Rundfunkzeit bieten die Diskurse, mit denen man sich des Sprechens im Radio versicherte, die Ratschläge, die eine ›Verbesserung‹ des Sprechens erreichen wollten und dazu führten, dass das Sprechen im Radio mit seinen Stimmgebern die bis dato rigoroseste Medienanpassung überhaupt durchführte.

»Die unheimliche Ruhe des Raumes beginnt zu wirken. Der Zauber des Beginns legt sich auf alle« (Heye 1924: 66), sagte der erste Sprecher und Ansager bei der Berliner ›Funk-Stunde‹ ab November 1923, später bei der ›Süddeutschen Rundfunk AG‹ in Stuttgart, Max Heye, über die Sprechsituation im Studio, die einem besonderen Initiationsritual unterlag, um die ungeheure Kluft zwischen der ›unheimlichen Ruhe‹ des Studios und dem allgegenwärtigen dreidimensionalen Radioraum mittels der Stimme ausfüllen zu können: »›Achtung, hier ist die Rundfunkstation...‹ Der Ruf für die Hörer, der den Bann bricht und den Hörer mit der Station in Kontakt bringt« (ebd., 67). Es wurde tatsächlich als ein weiterer magischer Vorgang auf dem Feld des Akustischen empfunden, Stimmen nicht nur von ihren Körpern abgelöst auf Tonaufzeichnungen zu hören, sondern sie auch noch aus dem Äther drahtlos empfangen zu können. Schall mittels eines Phonographen zu speichern, veränderte das Zeitverständnis, in dem wir uns bewegen, von Grund auf; diese aufgenommenen Stimmen auch noch über Rundfunk zu senden, etablierte zudem eine neue Dimension des Raums, der sich zuvor auf einer klanglichen Ebene auch über die Stimme definierte, die ihn schuf. Der Kommunikationswissenschaftler John Durham Peters spricht in diesem technischen Zusammenhang der Entwicklung unserer auditiven Kultur und der Wahrnehmungslenkung unserer Sinnesorgane zu Recht von der »radikalste[n] aller sensorischen Reorganisationen der vergangenen zwei Jahrhunderte« (Peters 2002: 292), war doch die scheinbare Ablösung der Stimme vom Körper zuvor ein Privileg der Bauchredner wie das Vernehmen körperloser Stimmen den inneren Monologen der Dichter vorbehalten blieb. In diesen magischen Radioraum hineinzusprechen, führte anfangs wegen der eigentümlichen Sprechsituation im Studio zu größeren Anpassungsproblemen, von denen der Schauspieler Paul Bildt berichtet:

»*Mein erster Eindruck vor dem Mikrophon: Weißer Schrecken überfiel mich. Kein gewohntes Premierengeräusch, kein Stuhlknacken, kein Tuscheln, kein feindliches Sichräuspern, kein Vollhusten ringsum. Die unheimliche Stille kam über mich. Als säße ich verantwortungsvoll in einer gläsernen Mitte – einsam – allein – ohne Partner; der große Monolog hebt an und die ganze Welt hört gespenstisch unsichtbar mit* (Bildt 1963: 109).«

Der ›weiße Schrecken‹ von Paul Bildt mag gefärbt worden sein vom weißen Rauschen, das in der Frühzeit des Radios aus den Kopfhörern kam, während die einzelnen Hörer beständig versuchten, die Sendefrequenz nachzustellen. Jedoch verdeutlicht die Paradoxie der ›unheimlichen Stille‹ im Herzen des Krach- und Geräuschproduzenten der folgenden Generationen die radikalen Änderungen, die mit der Einführung des Radios auch das Sprechen betrafen. Überhaupt auf den abwegigen Gedanken zu kommen, Kommunikation als eine Handlung einer einzelnen Person zu konzipieren, bedurfte der vollkommen veränderten Kommunikationsbedingungen der technischen Medien. Als deren wesentliches Charakteristikum auf mehreren Ebenen, das auf eine Änderung der Formen von sozialer Machtausübung und Kontrolle hinweist, lässt sich in diesem Zusammenhang ein Effekt der Vereinzelung festhalten. Denn sowohl das Hören per Kopfhörer wie das Sprechen im Aufnahmeraum war zunächst eine Angelegenheit ›zwischen dem einsamen Darsteller im Senderraum und dem einsamen Hörer.‹ Es befand sich in der Anfangszeit nur der jeweilige Sprecher im Studio; sollten anlässlich einer Diskussion doch mehrere zugegen sein, sorgte ein bald entdecktes Grundgesetz des Rundfunks dafür, dass dennoch nur eine Stimme redete. Das Radio bietet nämlich nur Raum für eine einzelne Stimme, sobald zwei gleichzeitig sprechen, ist das Ohr nicht mehr in der Lage, eine herauszufiltern und Stimmen reduzieren sich auf ihren Geräuschfaktor.

Auf diese dreifache Vereinzelung ›des Sprechenden, des Hörenden und des Sprechens am Mikrophon‹ als Bedingung der Radiostimme ästhetisch zu reagieren, fiel zunächst schwer, da zur Anfangszeit ab Oktober 1923 die Experimentalsituation des Sprechens im Radio von einer Verhinderung jedes Experiments gekennzeichnet war, die wenigen Sprecher besaßen nur die Aufgabe, zwischen den einzelnen Programmteilen anfänglich auch frei zu moderieren. Ihr Sprechen entstammte den Bühnen, von denen sie engagiert worden waren, die Ausprägung eigener Formen war nicht geplant. Bei einer rasch entstehenden Vortragskultur des Rundfunks mit einem Programmanteil von fast 25 % im Jahre 1925 zählte die Aussage des Textes, der vorab eingereicht werden musste, der Stimme wurde keine größere Bedeutung beigemessen. Dies begriffen jedoch die Hörer auch nicht unbedingt als Mangel: »Es ging überhaupt nicht um Kommunikation im Sinne einer Mitteilung einer Nachricht, sondern ganz einfach darum, dass etwas zu hören war« (Engell 2001: 57).

Im technischen und sozialen Experiment ›Öffentlicher Rundfunk‹ spielte bereits zu Anfang die Hörerreaktion eine entscheidende Rolle, diese wurden immer wieder aufgefordert, dem Sender mitzuteilen, ob und was sie gehört hatten. Denn »die Darbietungen waren ebenso primitiv wie der Empfang« (Pinthus 1926: 35). Insofern hatten die meisten Hörer der Frühzeit genug damit zu tun, ihren Empfänger auf Sendung zu halten, es überwog zunächst die Freude darüber, überhaupt etwas zu hören. Hierbei entstand eine starke Hörerbindung als innige Beziehung zur Rundfunkstation. So konnte es sich die Ansagerin des gerade ein Jahr alten Frankfurter Senders, Margarete Wolf, im Jahre 1925 leisten, anlässlich eines Radio-Live-Konzerts, bei dem die Noten fehlten, »mit einer direkten Anfrage über das Mikrophon um Zusendung der Noten zu bitten. […] Ein richtiger Ansturm notenbewehrter Enthusiasten über Treppen und Gänge begann« (Laven 1975: 13).

Wenn Sprechen im Radio anfänglich – aus der Sprechsituation wurde dies häufig bedauert – als das Gegenteil des Dialogs galt, und da es zudem allgegenwärtig und öffentlich verbreitet war, mussten neue Formen gefunden werden, um mit den Hörern direkt zu kommunizieren, statt nur zu ihnen zu reden. Zu Beginn überwog noch das monologische Sprechen, das im Radio gezwungen war, mit der reinen Abwesenheit zu kommunizieren. Verschiedene überkommene Formen des Sprechens scheiterten, da nach dem Trägheitsgesetz der Stimme (vgl. Rivière 1984: 107) in neuen Sprechsituationen zunächst nur überkommene

Sprechformen aufgeführt wurden: Der Vortrag, die Predigt und die damalige politische Rede sprachen nämlich bereits zu einer Zuhörerschaft, die als Masse vorausgesetzt wurde (vgl. Schrage 2004, in diesem Band).

Der wesentliche Anstoß für eine Änderung des Sprechens im Radio war jedoch, dass die erste Sensation des Empfangs allmählich verblasste – das Lauschen in den Äther, die Feinabstimmung der Sender – und das Prinzip Rundfunk statt dessen nahe legte, Teil einer unsichtbaren, zunehmenden Hörerschaft zu sein, die ebenfalls an ihren Geräten saß. Die Strategie bestand nun darin, zahlende ›Rundfunkteilnehmer‹ dadurch zu schaffen, dass den Hörern die Illusion einer Partizipation am Programm vermittelt wurde. Damit erst trat das Sprechen im Radio und seine Konstruktion eines spezifischen Radioraums in den Vordergrund, in dem dann auch der Hörer unter dem Kalkül vorkam, aus ihm eine Masse von ›Rundfunkteilnehmern‹ zu bilden und zu lenken. Das Interessante an dieser Massenbildungsstrategie ist nun, dass sie im Kern eine Subjektivierungsstrategie ist, denn sie funktioniert nur, wenn sie den Einzelnen anspricht (vgl. Scannell 1991: 3). Sie muss, wie Hadley Cantrill und Gordon Allport in ihrer grundlegenden *Psychology of Radio* im Jahr 1935 schrieben, dem Einzelnen das Gefühl geben, dass »andere wie er denken und seine Gefühle teilen« (Cantrill/Allport 1935: 8). Im NS-Rundfunk wurde diese virtuelle Sozialbeziehung als Trägerin der ›Gleichschaltung‹ noch weiter zugespitzt: »Der Ansager darf niemals unpersönlich sein. Der Rundfunksprecher muss der beste Freund des Hörers sein« (Mitteilungen der Reichs-Rundfunk-Gesellschaft, Nr. 423 vom 12. Juli 1934:2). Karl Graef, der die Eignungsprüfungen für Ansager und Nachrichtensprecher ab 1938 bei einer ›Rundfunkoberprüfstelle‹ in Berlin zentralisierte, schrieb als Hinweis »auf die Eigentümlichkeiten des Sprechens vor dem Mikrophon [...] a) dass nämlich das Mikrophon stets das Ohr des Hörers ist, b) dass er den Hörer durchaus persönlich ansprechen muß und c) dass bei aller Gepflegtheit die Natürlichkeit des Sprechablaufes die erste Forderung ist« (Graef 1940: 95f.).

Die sich in solchen Versuchen andeutende Ausprägung des Kriteriums einer so genannten Radiostimme markiert einen vorläufigen Endpunkt der frühen Experimente zum Sprechen im Radio, denn sie hat zur Voraussetzung, dass Formen radiophonen Sprechens festgelegt waren, der Hörer und sein Aufmerksamkeitsdefizit dem Radio gegenüber ein Problem darstellte und »dieses schauerliche Schweigen jenseits des Mikrofons« (Döblin 1984: 100), von dem Alfred Döblin aufgrund seiner Rundfunkerfahrungen sprach, als das Kriterium des überall verbreiteten und eine Masse bildenden Live-Radios mittels der Tonaufzeichnung gebannt worden war. In dieser neuen Phase der Radioentwicklung ging das Experiment im Diskurs auf, es begann das unaufhörliche, einförmige, sich dem Vergessen kaum widersetzende Sprechen des modernen Rundfunks.

Die bei der ersten deutschen Rundfunkordnung im Jahre 1926 eingeführten politischen Programm-Überwachungsausschüsse und Kulturbeiräte hingen eng mit der gleichzeitigen Entdeckung und Formierung der stetig zunehmenden Hörerzahl als ›Rundfunkteilnehmer‹ zusammen. Diese Entdeckung markiert einerseits das Ende der ersten Phase der Rundfunkentwicklung bis zum Jahre 1926, die sich durch die Verhinderung jedes Experiments kennzeichnete, und bedeutet andererseits in ihrer deutschen Ausprägung paradoxerweise eine allmähliche Abkehr vom Prinzip der Bevorzugung des Wortes vor der Stimme. Es ist nämlich die Stimme, die aus einem Befehlsmedium ein Unterhaltungsmedium macht. Ohne die Stimme wäre der Rundfunk ›drahtlose Telegraphie mit Telephoniezusatz‹ geblieben und würde uns nur im Kontext der Einbindung der Mediengeschichte in die militärtechnologische Entwicklung interessieren (vgl. Kaufmann 1996: 262-319). Sobald jedoch Stimmen diese Nachrichtentechnik modulieren, wie es seinerzeit so schön hieß, entsteht aus der inhaltlichen Ebene der Nachrichten ihre klangliche. Ab diesem Moment sagt auch im Rundfunk der Klang der Stimme mindestens ebensoviel wie die Worte, die sie formt. Erste Versuche zu einer nicht länger starr festgelegten Programmaufteilung in Unterhaltungsmusik am Nachmittag, danach Vortrag und später am Abend Klassik schienen eine noch genauere Überwachung der Sendungen notwendig zu machen, bei denen nicht nur das Wort, sondern auch die Stimme als Trägerin der Bedeutung und Glaubwürdigkeit einer Nachricht erkannt wurde.

In Pionierarbeit suchte man erstmals im ›BBC Talks Department‹ ab dem Jahre 1927 nach angemessenen Sprechformen, die zu der Hörsituation am Radiogerät passten (vgl. Scannell/Cardiff 1991: 153-179). Bekanntlich nahm die BBC zu Beginn den Begriff des Massenkommunikationsmittels Radio so ernst, dass sie sich weigerte, die Namen ihrer Sprecher zu veröffentlichen. Eine persönliche Kommunikation mit der Masse schien unkalkulierbare Gefahren zu bergen, daher begegnete man den anonymen Radiozuhörern mit anonymen Sprechern. Regulierungsbedarf bestand bereits seit 1924 bei der Einheitlichkeit der Aussprache des Englischen, deren Einhaltung der BBC ein besonderes Anliegen war, wobei ihr ab 1926 das ›Advisory Committee on Spoken English‹ behilflich war. »Since the earliest days of broadcasting, the BBC has recognized a great responsibility towards the problem of spoken English« (Reith 1929: Vorwort). Allerdings beschränkte sich diese große Verantwortung und damit die erste Standardisierung einer Radiosprache auf ausgewählte Programme, nämlich auf die Nachrichten, die Ansagen und auf den Kinderfunk. Die Regulierung der Aussprache betraf insofern ausschließlich verlesene Programme, deren mangelhafte Simulation der Mündlichkeit offensichtlich Regulierungsbedarf offen legte.

Innerhalb der BBC begann mit Hilda Matheson, die 1928 Chefin der Sprechabteilung wurde, ein fundamentaler Wandel in der Sprechweise und damit auch im Verhältnis zu den Hörern. Dieser wurde eingeleitet durch Mathesons erste Experimente in der Radio-Hörerforschung, die nach der Befragung das eindeutige Ergebnis erbrachten, dass die Hörer vom Radiosprecher erwarteten, sie »persönlich, einfach, fast familiär« (Matheson 1933: 76) anzusprechen. Seit dieser Entdeckung des Hörers ist das Sprechen im Radio gehalten, zu simulieren, dass es zu jedem konkreten Hörer spreche, unter denen es ja dem Grad ihrer Unbekanntheit nach keine Abstufungen gibt. Es benötigt die Ausprägung einer persönlichen Gesprächssituation in einer in ihrer Unpersönlichkeit kaum steigerbaren Atmosphäre. Das Für-jeden-als-Einzelnen-Sprechen ohne dessen physische Präsenz ist die größte Hürde des frühen Sprechens, denn wie sollte man sich authentifizieren, wie eine persönliche Hörerbindung herstellen? Diesem Problem begegnete Alfred Döblin, indem er einzelne Zuhörer ins Studio holte, denn er sah »keine andere Rettung als: Hörer, sichtbare, mitfühlende, im Senderaum, – und unsichtbare Rundfunkabonnenten, an die ich nicht denken mag« (Döblin 1984: 99).

Eine erste Lösung der Frage der Authentifizierung und persönlichen Hörerbindung bestand in Experimenten zur Ausprägung einer neuen Form der öffentlichen Konversation als vertraulicher Moderation,[4] die sich durch einen persönlichen Ton der Stimme kennzeichnete. Die Ausdifferenzierung des öffentlichen Rundfunksystems verlief insofern über die Auflösung früherer Grenzen der Privatheit, was diese dann überhaupt erst als Diskursformel und zu schützendes Gut hervorbrachte, das in der juristischen Terminologie bekanntlich die Grenze einer Expansion des Mediensystems bezeichnet (Unverletzlichkeit der Privatsphäre) (vgl. Warren/Brandeis 1890). Insofern hat das Radio nicht so sehr die Privatsphäre kolonisiert, als sie vielmehr durch seine häusliche Rezeption, seine plumpe Vertraulichkeit der Moderation und seine öffentliche Inszenierung des Privaten den Gesetzen seines unendlichen Raums unterworfen und damit entgrenzt (vgl. Lenk 1999). Sobald sich ein mündlicher Konversationsstil im Radio etablierte, konnte dieses Verfahren auch erfolgreich auf politische Reden wie die radiophonen Kamingespräche des amerikanischen Präsidenten Roosevelt übertragen werden, der damit bekanntlich den Stil einer heute so genannten Politikvermittlung privatisierte, da seine für einen Politiker unerhört ruhige und gelassene Stimme die Zuhörer so ansprach, als sitze er mit ihnen gemeinsam in deren Wohnzimmer (vgl. Barnouw 1968: 7ff.). Das Sprechen im Radio schafft insofern auch Nuancen virtueller sozialer Distanz,[5] von denen Theo van Leeuwen zumindest fünf Abstufungen zwischen Vertraulichkeit und öffentlicher Distanz an ihren Sprechweisen unterscheidet (vgl. Van Leeuwen 1999: 27f.).

Wenn ein gewöhnlicher mündlicher Konversationsstil sich als angemessen im Radio herausstellte, bedeutet das weiterhin, dass die Etablierung des Mediums Rundfunk mittels Sprechen im Radio sich nur gegen seine eigenen spezifischen Charakteristika entwickeln konnte, die bereits im Jahre 1935 Cantrill und Allport benannt haben: körperliche Abwesenheit der Zuhörers, Anonymität, Unmöglichkeit des Dialogs, keine direkte Hörer-Rückkopplung (vgl. Cantrill/Allport 1935: 9-14; Peters 1999: 214) und dass die Durchsetzung des Rundfunks davon abhing, diese Charakteristika mittels Sprecherschulung auszublenden. Innerhalb dieses Normierungsverfahrens gilt als erste Regel, dass das Sprechen

---

4. Der Ansager Max Heye, der vor seiner Radiokarriere beim Varieté gearbeitet hatte und Sprecher bei der Schallplattenfabrik *Odeon* gewesen war, scheiterte noch ebenso wie andere vom Varieté gekommene Conferenciers im Rundfunk mit seinem an einem Saalpublikum orientierten Moderationsstil.

5. Das Kriterium der Herstellung einer virtuellen sozialen Verbindung expandiert in einigen medienwissenschaftlichen Arbeiten als Reaktion auf die Ausdifferenzierung der Mediensysteme in eine reale Sozialbeziehung: »The relationship between broadcasters and audiences is a purely social one, that lacks any specific content, aim or purpose.« (Scannell 1996: 23) Dieses Argument stammt ursprünglich von Donald Horton und Richard Wohl, die eine spezifisch mediale, parasoziale Interaktion bereits im Jahre 1956 konstatieren. (Vgl. Horton/Wohl, Richard 2001).

auf keinen Fall wissen darf, was es tut; denn sobald die Sprechsituation zu den von Walter Benjamin in einem Rundfunkvortrag am 15. August 1929 noch so freundlich »Verehrte Unsichtbare« (Benjamin 1989: 250) angesprochenen Hörern bedacht wird, geraten die Sprecher in die oft beschriebene Situation ›Blut und Wasser zu schwitzen‹,[6] es setzt das in zeitgenössischen Diagnosen beschriebene »Mikrophon-Fieber« (vgl. Kapeller 1926: 161f.; Cantrill/Allport 1935: 214) ein. Die zahlreichen Klagen über die Mikrophonerfahrungen in den Anfangsjahren sind sich in einem Punkt einig, der kalte seelenlose Marmorblock des Mikrophons verwandelt die anfängliche Euphorie des Vortrags in ein Gespräch mit den Toten. Dieser vollkommenen Abwesenheit steht im Studio einzig und allein die Radiostimme gegenüber, deren wesentliche Leistung insofern darin besteht, Präsenz zu schaffen, sogar die Toten sind präsent, wenn man nach der Erfindung der Tonspeicherung ihre Stimme hört.[7] Insofern umgibt uns vornehmlich die Stimme mit der virtuellen Umgebung des Radios, für die ausschließlich Klang und nicht das Leben zählt.[8] Innerhalb dieser genuinen Medienrealität wehrte sich der erste deutsche Radiostar Max Heye in einem autobiographischen Werk über seine Tätigkeit als Ansager aus dem Jahre 1924 gegen die Zuschreibung einer rein immateriellen Lebensweise. Obwohl Gerüchte, wie er schrieb, »die Behauptung verbreitet haben, ich existiere gar nicht, ich sei gar kein Lebewesen, sondern nur ein Atom des Tons aus dem All, der zwar sehr deutlich zu hören und auch absolut nicht unsympathisch dem Ohre des Radiohörers vernehmlich sei, aber sonst wie alle Wesen aus der vierten Dimension durchaus unsichtbar bliebe, möchte ich hier an Eidesstatt versichern, dass ich sogar recht kräftig existiere« (Heye 1924: 7).

Sprechen im Radio erscheint wegen seiner komplexen Aufgaben zur Herstellung einer virtuellen Umgebung als der bevorzugte Bereich für Experimente zum Normalismus; es gibt bis heute zahlreiche feuilletonistische Anleitungen zur Produktion einer Radiostimme und eine obligatorische Sprecherschulung, deren paradoxes Ziel seit 1928 darin besteht, größtmögliche ›Natürlichkeit‹ der alltäglichen konversierenden Stimme zu erhalten. Wegen der unmöglichen Rückkopplung des Sprechens im Radio setzt dies eine hohe Bereitschaft der Schulungsteilnehmer voraus, sich auch regulieren zu lassen. Die eigene Stimme an das Medium anzupassen und eine radiospezifische Simulation der Mündlich-

6. »Ich habe große Sänger schwitzen, ja zittern sehn. Sänger, denen die Bühne ihr liebgewordenes Arbeitsfeld ist, wo sie die Ruhe selbst sind, haben vor dem Mikrophon mit den Knien geschlottert. Ein sehr bekannter Kammersänger rief einmal über das andere aus: ›Ich schwitze Blut vor dem Teufelsding.‹ Eine Sängerin spuckte vor jedem Auftreten dreimal aus: ›toi, toi, toi,‹ bekreuzigte sich ebenfalls dreimal und trat dann erst in den Raum ein. [...] Man vergesse nicht, dass unsere Sänger und Rezitatoren vom Blatt singen, aus dem Buch lesen können. Dass ihnen eigentlich nichts passieren kann und doch – es ist der eigenartige Zauber, der in dem Raum liegt« (Heye 1924: 50f.).
7. »Sound, bound to the present time by the fact that it exists only at the instant when it is going out of existence, advertises presentness. [...] It envelops us. Even the voice of the dead, played from a recording, envelops us with his presence as no picture can« (Ong 1981: 101).
8. »Liveness in radio was the effort to break the connection between death and distance« (Peters 1999: 218).

keit zu erreichen, die doch nichts weiter als eine Konformität des Sprechens und speziell des Ausdrucks erzielt, führt zu einer situativen Entäußerung der persönlichen Sprechweise und genießt dennoch eine hohe Akzeptanz. In einem Handbuch für die US-Radios aus dem Jahre 1944 verlegen die Autoren wegen des großen Zulaufs sich berufen fühlender Radiomoderatoren die ersten Schulungen der Rundfunkstimme ins eigene Heim, wo in einer weiteren Entgrenzung des privaten Lebens mittels der eigenen Familie und einer von dieser zu überprüfenden Liste von geforderten Fähigkeiten sowohl die Stimme als auch die Eignung des Kandidaten fürs Radio zu schreiben, ausgebildet wird.[9]

Die dritte Ebene der Vereinzelung neben der Sprechsituation allein vor dem Mikrophon (›der Sprechende‹) und der unmöglichen Unterscheidung mehrerer Stimmen gleichzeitig (›das Sprechen am Mikrophon‹) betrifft auch die Adressaten des Sprechens (›der Hörende‹). Das Radio selbst ermöglicht zum ersten Mal eine »technisch generierte Simultaneität in gesellschaftlicher Reichweite« (Schrage 2001: 10), es bleibt jedoch an die Aufgabe einer Sicherstellung der Partizipation gebunden, weshalb der Hörer zum Problem wurde. Eine Erforschung des stimmlichen Ausdrucksvermögens der Sprecher und Sprecherinnen setzt diese Entdeckung des Hörers voraus, denn »der Rundfunk hat einen völlig neuen Typus geschaffen: den ›Hörer‹. Bislang hat es den Menschen nicht als ›Hörer‹ gegeben, sondern als Zuhörer« (Seeberger 1962: 1364) Stimmliche Kriterien werden erst erarbeitet, nachdem der ›Hörer‹ entdeckt wurde, nachdem also dessen Aufmerksamkeit von der Attraktion des reinen Empfangens ferner Sender auf die Ebene des ›Rundfunks als Hörkunst‹ (Arnheim 1979) übergegangen war.

Nachdem das Sprechen am Mikrophon rasch verschriftet und normiert wurde – konnten zu Beginn die Ansager noch frei improvisieren, so verloren sie bis 1926 die Möglichkeit der freien Rede und verlasen nur mehr vorbereitete Texte – trat die Entwicklung einer Radiostimme unter dem Vorzeichen der Aufmerksamkeitslenkung der Hörer in das Zentrum der Versuche. Denn es gibt nach Walter Benjamin ja »Sprecher, denen man sogar bei den Wettermeldungen zuhört« (Benjamin 1980: 1506f.). Die Radio-Stimme trennt allerdings entlarvend zwischen Klang und Inhalt; in dieser Erkenntnis ist eine weitere Notwendigkeit der Sprecherschulung begründet. Wilhelm Hoffmann erkannte dies bereits 1932: »Im Durchgang durch das Mikrophon wird die Sprache verschärft unter gleichzeitiger Abschwächung der lebendigen Unmittelbarkeit. […] Mit diesem Vorgang ist zugleich bei dem Mikrophon eine Entlarvung verbunden, die das Verhältnis des Klangbildes zu dem ausgesprochenen Inhalt zeigt. Jedes Zuviel an Leben, also das Pathos, wird schonungslos aufgedeckt. Der Schwätzer,

---

9. Folgende Kriterien enthält der umfangreiche Fragebogen: ›1. Voice – Is your tone cheerful, bright, alert? Do you sound as though you were talking with your audience and not just reading a paper? 2. Diction – Do you speak clearly and without effort? 3. News – Does your script play up the most interesting item in your subject? 4. You-attitude – Have you considered why anyone should listen to you talk on this subject? 5. Self-reliance – Does the script sound like you? 6. Vitality – Do you reflect a natural enthusiasm? 7. Drama (Showmanship) – Does your first sentence deliberately strike at the attention of your audience? 8. Style – Did you make a plan or outline before writing the manuscript?‹ vgl. Hoffman/Rogers 1944: 8-11).

der den mangelnden Inhalt durch den Klang seines Ausdrucks übermalen will, wird in der Verlogenheit und Unechtheit seiner Sprache vor allen Hörern enthüllt« (Hoffmann 1932/33: 456). Daher verglich man das Mikrophon gerne in optischer Metaphorik mit einem Mikroskop[10] – nach dem es ja benannt worden war, – einem akustischem Fernglas (vgl. Hoffmann 1932/33: 453) oder der akustischen Großaufnahme (vgl. Meyer-Kalkus 2001: 367), wo ihm doch im zeitgenössischen Diskurs genau im Gegenteil seine besondere Wirkung aus seiner Funktion als »Filter für das Sichtbare« (Kolb 1932: 22) und eines breiten Frequenzspektrums der Stimme zugeschrieben wurde. Diese unmögliche Visualisierung ermöglicht in Verbindung mit der Trennung zwischen Klang und Inhalt des Sprechens im Radio zwei Optionen des Hörens: Die eine verweist gekoppelt mit einem ständigen Aufmerksamkeitsappell auf die Bedeutung des Gesagten, die andere vernimmt den Klang der Stimme als indexikalisch für die Person der Sprecher. Das Sprechen im Radio vermittelte so bereits zu seinen Anfängen den Eindruck, nicht nur Charaktere an ihrer Stimmlage und Sprechweise im Zuge einer allgemeinen Typenlehre erkennen zu können,[11] sondern man schlug auch vor, Sprechrollen des Hörspiels nach Stimmlagen zu besetzen (vgl. Oeser 1927: 40f.). Dies geschah anfänglich aus dem technischen Grund der Einschränkung des Frequenzspektrums der Stimme und »aus der Verlegenheit, dass man die Stimmen gut voneinander unterscheiden musste« (Braun 1963: 65). Vor allem jedoch führten die Sender erstmalig Hörerforschung im großen Stil durch, die sich mit der Frage nach der Verbindung von Charaktereigenschaften und Sprechweisen beschäftigte. Am 14. Januar 1927 wurden die Hörer der BBC in der *Radio Times* aufgefordert, einen beigelegten Fragebogen zu neun Sprecherinnen, drei Frauen und sechs Männern, zu beantworten, die in der gleichen Woche jeweils fünf Minuten im Radio aus den *Pickwick Papers* von Charles Dickens vorlasen. Gefragt wurde nach Geschlecht, Alter, Beruf, Führungsqualitäten, Geburtsort oder Gegend und regionaler Sprachfärbung (vgl. Pear 1931: 178-242). Die Antworten wichen stark voneinander ab, sie zeigten keinen Zusammenhang zwischen Stimme und Charakter, sondern führten die willkürliche indexikalische Qualität des stimmlichen Ausdrucks für die der Stimme zugeschriebene Persönlichkeit vor. Im Zuge der sprachwissenschaftlichen Forschungen von Karl Bühler und seinem Wiener Kreis wurde dieser Zusammenhang zwischen Medienstimmen und Persönlichkeitszuschreibung in der Folge der Untersuchungen von Tom Hatherly Pear für den deutschsprachigen Rundfunk erstmals gründlich untersucht. Bühler nannte diese Forschungen sein »Radio-Experiment. Die Stimmen unbekannter Sprecher wurden von rund 3000 Hörern des Senders Radio Wien physiognomisch gedeutet« (Bühler 1968: 192). Die Bühler-Schülerin Herta Herzog veröffentlichte die Untersuchungsergebnisse des Massenexperiments vom Mai 1931 über Radio Wien detailliert im Jahre 1933 und stellte sich die Ausgangsfrage: »Inwieweit ist die Stimme eines

---

10. »Im öffentlichen Verkehr der Menschheit gibt es nichts Unerbittlicheres, nichts Sachlicheres als das Mikrophon. Es wirkt wie ein Mikroskop« (Hagemann 1932/33: 214).
11. Vgl. bspw. die »Dialekte der Uraffekte« (Müller-Freienfels 1925: 220-224).

Sprechers für den Hörer Ausdruck seiner Persönlichkeit?« (Herzog 1933: 301; vgl. Meyer-Kalkus 2001: 143-173) Erneut lasen neun Sprecher vor, diesmal die Vermisstenmeldung eines Spürhundes,[12] der sich verlaufen haben sollte (!), wonach ein junger Mitarbeiter von Bühler, Paul Lazarsfeld, den Hörern einen Fragekatalog diktierte, den diese zu beantworten hatten. Gefragt wurde erneut nach Geschlecht, Alter, Beruf, Führungsqualität (›Ist der Sprecher gewohnt, Befehle zu geben?‹), Aussehen (›Größe, Dicke‹) und Stimmwirkung (›Ist die Stimme angenehm?‹).[13] Bühler stellte eine höhere Übereinstimmung zwischen den Angaben zum Aussehen und der realen Physiognomie der Sprecher fest, »als es dem Werte einer plausiblen Wahrscheinlichkeitsüberlegung entspricht« (Bühler 1968: 192). Außer einer vollständigen Erkennung des Geschlechts der volljährigen Sprecher und Sprecherinnen zeigten sich allerdings keine weiteren signifikanten Übereinstimmungen, die Größe wurde überraschend häufig richtig angegeben, bei dem Gewicht schwankten die Angaben stark, auch »ist das Alter aus der Stimme nicht ohne weiteres richtig entnehmbar« (Herzog 1933: 315). Zum Charakter der Sprecher meinte die Forschergruppe, eine Bestätigung der Temperamentenlehre des Psychiaters Ernst Kretschmer feststellen zu können (vgl. Kretschmer 1921 und 1922). Die Typenlehre des Menschen war seinerzeit der Hörerschaft derartig gegenwärtig, dass sie zutreffendes von der Stimme immer dann ableitete, solange »Typisches im Sinne der Kretschmer'schen Typen herausgehoben wurde« (Herzog 1933: 321). Aus diesem Grund bedauerten die Versuchsleiter, »keine reinen Typen« (ebd.) verwendet zu haben. Bühler nimmt zur Erklärung dafür, wie eine höhere Übereinstimmung erreicht wurde als statistisch zu erwarten gewesen sei, eine Analogiebildung mit der Persönlichkeit und visuellen Erscheinung von dem Hörer bereits bekannten Sprechern an und hegt die Hoffnung, »es könnte zuguterletzt schon eine gewisse positive Korrelation zwischen Augenfarbe und Stimmcharakteren herauskommen« (Bühler 1968: 193). Dass Bühler die dem einzelnen Hörer bereits bekannten Sprecher als »Mittelsmann oder Medius« (ebd., 192) für diese Supposition bezeichnet, macht auf einen fundamentalen Wandel innerhalb dieser Zuschreibungen aufmerksam, denn es bleibt während und auch nach der Zeit der audiovisuellen Verbreitungsmedien kein individueller Vorgang mehr, zu bestimmen, welche körperlichen Eigenschaften einer bestimmten Stimme zukommen, sondern dies wird von den Medien selbst vorgeschrieben. Nicht so sehr diese Zuschreibungen festzulegen, sondern sich ihnen vielmehr durch Erkenntnis ihrer Standardisierung und Normierung wieder zu entziehen, erscheint in der medialen Realität als Messlatte des Individuellen.

Der Beginn der empirisch-soziologischen Hörer- und Rezeptionsforschung jedoch, die nach der Wiener RAVAG-Studie zur Hörerbefragung[14] aus dem Jahre 1931/32 und nach der Emigration Paul Lazarsfelds in die USA über das

---

12. Text abgedruckt in: Herzog 1933: 306.
13. Fragebogen abgedruckt in: Herzog 1933: 311.
14. Paul Lazarsfeld gründete im Jahre 1927 eine ›Wirtschaftspsychologische Forschungsstelle‹ in Wien unter der Präsidentschaft von Karl Bühler, die Industrieaufträge in der Marktforschung akquirieren sollte und im Oktober 1931 von der ›Radio-Verkehrs-AG‹ (RAVAG) in Wien den

von ihm geleitete ›Radio Research Program‹ zu einer großen Verbreitung gelangte und der es zeitweilig über ihren publizistischen und kommunikationswissenschaftlichen Ansatz gelang, das Feld der Medien als ein soziologisches zu definieren, ist also die Frage nach einem Zusammenhang von Sprecherstimme und ihr zugeschriebener Persönlichkeit. Dies ist für die Geschichte der Medienwissenschaft nicht ganz unbedeutsam, denn dieser Befund verdeutlicht, dass die Verwendung sozialwissenschaftlich-empirischer Methoden zur Hörerforschung aus einer spezifischen wissenschaftlichen Fragestellung während der Untersuchung technischer Medien stammt, die nach einem empirischen Beweis für die stimmphysiognomischen Forschungen, also für die mittelalterliche ›Ausspähungskunst des Inneren‹ (Kant) fragt. Die Physiognomik stellt ein bereits im Mittelalter umstrittenes und »heute wenig geschätztes, ja verrufenes Wissensgebiet« (Meyer-Kalkus 2001: 2) dar, das dennoch eine breite Wirkung entfalten konnte. Bei dieser stimmphysiognomischen Rundfunkforschung nun ist unter methodischen Gesichtspunkten durchaus kein epistemologischer Bruch zu älteren Verfahren zu verzeichnen, denn auch die Physiognomielehre arbeitete bereits ›empirisch‹, sie etablierte zunächst einen abfragbaren Merkmalskatalog visueller Zeichen, die in einer klaren Zuordnung einem zweiten Merkmalskatalog charakterlicher oder ›moralischer‹ Eigenschaften zugeordnet wurden. Vor dem Hintergrund, dieses stagnierende Wissen als normative Regelpoetik in die Sprecherauswahl und Schulung innerhalb der technischen Medien einführen zu können, erhalten die frühen Radio-Experimente von Pear, Bühler und Lazarsfeld ihre grundlegende Bedeutung. Paul Lazarsfeld selbst revidierte den Bezug der empirischen Rezeptionsforschung auf die lange Geschichte physiognomischer Lehre mit seiner im amerikanischen Exil im Jahre 1941 vorgenommenen grundsätzlichen Trennung der medienwissenschaftlichen Fragestellungen in eine kritische und eine administrative Forschung, die er für sich und seine Untersuchungen reklamierte (vgl. Lazarsfeld 1941: 8f.). Administrative Forschung halte sich innerhalb der Parameter etablierter Medien auf und stelle nützliches Material für diese Institutionen bereit.[15] Der in Auseinandersetzung mit Theodor W. Adorno entwickelte Theorierahmen einer administrativen Rundfunkforschung, deren Methodik bis auf die frühen Wiener ›Radio-Experimente‹ zurückgeht, stellt insofern keine Sinnfragen zu Medieninstitutionen mehr, leitet seine Entstehung jedoch von stimmphysiognomischen Sinngebungsverfahren als Assoziation von Stimme und Charakter ab.

Auftrag erhielt, eine Untersuchung über Programmwünsche der Hörer durchzuführen. Als die Befragung ab November 1931 durchgeführt wurde, schickten 110.312 Hörer insgesamt 36.000 Fragebögen zurück. Frühere, methodisch wesentlich weniger ausgearbeitete Hörerbefragungen zum Rundfunkprogramm führten die Zeitschriften *Radiowelt* Heft 41 (1924), S. 7 (Ergebnisse in *Radiowelt*, Heft 19/1925) und die *Radio-Woche* in Heft 4/1928 durch (Ergebnisse in Heft 8/1928). Vgl. Mark (1996: 27-70).
15. »To someone who uses a medium for something, it is the task of research to make the tool better known, and thus to facilitate its use.« (Lazarsfeld 1941: 2f.).

Literatur:

Arnheim, Rudolf (1979): *Rundfunk als Hörkunst*, München
Barnouw, Erik (1968): *The Golden Web. A History of Broadcasting in the United States. Vol. II – 1933 to 1953*, New York
Benjamin, Walter (1980): »Reflexionen zum Rundfunk«, in: ders.: *Gesammelte Schriften, Bd. II.3*, S. 1506-1507
Benjamin, Walter (1989): »Kinderliteratur«, in: ders.: *Gesammelte Schriften, Bd. VII.1 (Nachträge)*, Frankfurt/M, S. 250-257
Bildt, Paul (1963): *Ein Schauspieler in seinen Verwandlungen*, hrsg. von Karl Voss, Starnberg
Braun, Alfred (1963): »Das erste Jahrzehnt im Berliner Voxhaus«, in: *Rundfunk und Fernsehen*, Jg. 7, Heft 1 & 2, S. 61-71
Bühler, Karl (1968) [1933]: *Ausdruckstheorie. Das System an der Geschichte aufgezeigt*. Stuttgart
Cantrill, Hadley & Allport, Gordon W. (1935): *The Psychology of Radio*, New York
Crisell, Andrew (1986): *Understanding Radio*, London / New York
Döblin, Alfred (1984): Auszug aus einem Interview zur Frage nach dem Publikumsverhältnis, in: Paul Herzog: Das Mikrophongesicht, in: *Die Sendung*, 1929, Heft 52, erneut abgedruckt in: *Radio-Kultur in der Weimarer Republik*, hrsg. von Irmela Schneider. Tübingen, S. 98-100
Dyson, Francis (1994): »The Genealogy of the Radio Voice«, in: Diana Augaitis, Dan Lander (Hg.): *Radio Rethink*, Banff, Alberta, S. 167-186
Engell, Lorenz (2001): »Radio als Welt. Über das Vernehmen«, in: *Neue Rundschau*, Jg. 122, Heft 4, S. 55-64
Gethmann, Daniel (2005): *Die Übertragung der Stimme. Vor- und Frühgeschichte des Sprechens im Radio*. Weimar
Graef, Karl (1940): »Sendeplanansager und Nachrichtensprecher im Rundfunk«, in: *Bericht über die Arbeitstagung des deutschen Fachbeirats in Wien vom 3. und 4. April 1940*, hrsg. vom Internationalen Rat für Sing- und Sprechkultur Sitz Deutschland. (Schriften zur Sing- und Sprechkultur Bd. 1) München – Berlin, S. 91-98
Hagemann, Carl (1932/33): »Die Kunst des Rundfunksprechens«, in: *Rufer und Hörer*, Jg. 2, S. 211-217
Herzog, Herta (1933): »Stimme und Persönlichkeit«, in: *Zeitschrift für Psychologie*, Bd. 130, S. 300-369
Heye, Max (1924): *Lustiges aus dem Reiche der Unsichtbaren. Erlebnisse eines Rundfunksprechers*, Berlin
Hoffmann, Wilhelm (1931): *Philosophische Interpretation der Augustinusschrift De arte musica*, Diss. Freiburg
Hoffmann, Wilhelm (1932/33): »Das Mikrophon als akustisches Fernglas«, in: *Rufer und Hörer*, Jg. 2, Stuttgart, S. 453-457
Hoffman, William G./Rogers, Ralph L. (1944): *Effective Radio Speaking*, New York – London
Horton, Donald/ Wohl, Richard (2001) [1956]: »Massenkommunikation und parasoziale Interaktion«, in: Adelmann, Ralf u. a. (Hg.): *Grundlagentexte zur Fernsehwissenschaft. Theorie – Geschichte – Analyse*, Konstanz, S. 74-104
Jolowicz, Ernst (1932): *Der Rundfunk*, Berlin
Kapeller, Ludwig (1926): »Sprecher am Mikrophon. Eindrücke und Betrachtungen«, in: *Funk*, Heft 21, S. 161-162
Kaufmann, Stefan (1996): *Kommunikationstechnik und Kriegführung 1815-1945. Stufen telemedialer Rüstung*, München
Kolb, Richard (1932): *Horoskop des Hörspiels*, Berlin
Kretschmer, Ernst (1921): *Körperbau und Charakter*, Berlin
Kretschmer, Ernst (1922): *Medizinische Psychologie*, Leipzig
Lacey, Kate (1996): *Feminine Frequencies. Gender, German Radio and the Public Sphere, 1923-1945*, Ann Arbor

Laven, Paul (1975): »Aus dem Erinnerungsbrevier eines Rundfunkpioniers«, in: Gerhard Hay (Hg.): *Literatur und Rundfunk*, Hildesheim, S. 5-39

Lazarsfeld, Paul (1941): »Administrative and Critical Communications Research«, in: *Studies in Philosophy and Social Science*, Bd. IX, Nr. 1, S. 2-16

Lenk, Carsten (1999): »Medium der Privatheit? Über Rundfunk, Freizeit und Konsum in der Weimarer Republik«, in: Marßolek, Inge & von Saldern, Adelheid (Hg.): *Radiozeiten. Herrschaft, Alltag, Gesellschaft (1924 – 1960)*, Potsdam, S. 206-217

Mark, Desmond (1996): *Paul Lazarsfelds Wiener RAVAG-Studie 1932. Der Beginn der modernen Rundfunkforschung*, Wien / Mülheim/Ruhr

Matheson, Hilda (1933): *Broadcasting*, London

Meyer-Kalkus, Reinhart (2001): *Stimme und Sprechkünste im 20. Jahrhundert*, Berlin

Oeser, Hans (1927): »An die Hörspieldichter unter den Dramatikern«, in: Roselieb, Hans & Oeser, Hans: *SOS Achtung! Hören Sie?* Berlin, S. 33-43

Ong, Walter (1981): *The Presence of the Word* Minneapolis

Müller-Freienfels, Richard (1925): *Die Seele des Alltags*, Berlin

Pear, Tom Hatherly (1931): *Voice and Personality*, London

Peters, John Durham (1999): *Speaking into the Air. A History of the Idea of Communication*, Chicago

Peters, John Durham (2002): »Helmholtz und Edison. Zur Endlichkeit der Stimme«, in: Friedrich Kittler, Thomas Macho, Sigrid Weigel (Hg.): *Zwischen Rauschen und Offenbarung. Zur Kultur- und Mediengeschichte der Stimme*, Berlin, S. 291-312

Pinthus, Kurt (1926): »Die Dichtung«, in: *Drei Jahre Berliner Rundfunkdarbietungen: ein Rückblick; 1923 – 1926*, hrsg. von der Funk-Stunde-AG, Berlin, S. 34-64.

Reith, John C. W. (1929): »Foreword«, in: *Advisory Committee on Spoken English: Broadcast English I. Words of Doubtful Pronunciation*, London

Rivière, Jean-Loup (1984): »Das Vage der Luft«, in: Kamper, Dietmar & Wulf, Christoph (Hg.): *Das Schwinden der Sinne*, Frankfurt, S. 99-111

Scannell, Paddy (1991): *Broadcast Talk*, London

Scannell, Paddy & Cardiff, David (1991): *A Social History of British Broadcasting. Bd. 1: Serving the Nation, 1922 – 1939*, Oxford

Scannell, Paddy (1996): *Radio, Television & Modern Life*, Oxford

Schrage, Dominik (2001): *Psychotechnik und Radiophonie. Subjektkonstruktionen in artifiziellen Wirklichkeiten 1918 – 1932*, München

Schrage, Dominik (2004): »›Anonymus Publikum‹. Massenkonstruktion und die Politiken des Radios« (in diesem Band)

Seeberger, Kurt (1962): »Der Rundfunk. Entwicklung und Eigenart«, in: *Deutsche Philologie im Aufriss*, hrsg. von Wolfgang Stammler, Bd. III, Berlin, 2. Aufl., S. 1354-1382

Van Leeuwen, Theo (1999): *Speech, Music, Sound,* London

Warren, Samuel D./Brandeis, Louis D. (1890): »The Right to Privacy«, in: *Harvard Law Review*, Bd. 4, S. 193-220

Ralf Gerhard Ehlert

Public-Address-Strategien von 1919 bis 1949

»Die Möglichkeit, Massen von hunderttausenden von Menschen gleichzeitig durch die Sprache zu beeinflussen, ist von einer Bedeutung, die jeder sofort in ihrem vollen Ausmaß sich klarmachen kann, wenn er einmal den Gedanken ausspinnt, wie anders so manche geschichtliche Entwicklung verlaufen wäre, wenn dieses Mittel etwa der Menschheit seit dem klassischen Altertum zur Verfügung gestanden hätte.« (Gerdien 1926: 29)

Die Kunst, versammelte Menschen durch öffentliche Rede zu beeinflussen, stieß und stößt schnell an natürlich gegebene, durch Flächen- oder Raummaße definierbare Grenzen. Diesen eng abgesteckten Wirkungsbereich der *techne rhetorike* zu erweitern, war stets die Aufgabe anderer Künste, beispielsweise der ebenso antiken Baukunst, mit deren Hilfe der natürliche Stimmraum in einen nun auch sichtbaren architektonischen überführt werden konnte. Die Möglichkeiten, diese Wände eines synchron erreichbaren Adressatenkreises vollends zu sprengen, schuf schließlich die moderne Elektrotechnik bzw. die Elektroakustik, die sich der resultierenden Aufgaben annahm, um eine neue Hilfskunst für die immer schon politische Rhetorik zu schaffen: die Kunst der akustischen Beherrschung großer, mit Menschen gefüllter Freiflächen und Räume. Dieses strategische Können soll in den Blick geraten, wenn nachfolgend der technikhistorisch orientierte Versuch unternommen wird, die Entwicklung und den Einsatz von Massenbeschallungsanlagen in der ersten Hälfte des 20. Jahrhunderts in groben Zügen nachzuzeichnen.

Elektrotechnische Voraussetzungen

Für die »Mittler zwischen den beiden Bereichen des Äthers und der Luft« (Mönch 1925: Vorwort), für den apparativen Anfangs- und Endpunkt der medialen Beschallungskette trifft sicherlich zu, was Siegfried Zielinski im Allgemeinen konstatiert hat: »Im 20. Jahrhundert ist in der Medienwelt prinzipiell nichts Neues mehr erfunden worden.«[1] Denn die Prinzipien zum Bau elektroakustischer Wandler in Form von Telefonen, Mikrofonen und Lautsprechern sind bis 1900 allesamt erfunden und patentiert.[2] Der zentrale Bestandteil elektroakustischer Beschallungssysteme jedoch, der elektronische Verstärker bzw. die grundlegende Elektronenröhre, wird erst in der ersten Dekade des 20. Jahrhunderts erfunden und während des Ersten Weltkriegs zur einsatzbereiten und mit den elektroakustischen Wandlern kombinierbaren Röhrenverstärkertechnik weiterentwickelt, so dass zunächst nach anderen Möglichkeiten gesucht wird,

---

1. Zielinski in einem Vortrag am 26.10.1997 im ZKM Karlsruhe, zit. nach Daniels (2002: 92).
2. Siehe z. B. http://www.medienstimmen.de/ela/patente/ [6.8.2004].

um den entstehenden Bedarf nach einer Lautverstärkung mit elektrotechnischen Mitteln zu decken. Überbrückt wird diese Lücke vor allem mit Hilfe elektromechanisch arbeitender Relais-Verstärker, durch leistungssteigernde Maßnahmen auf der Sprecher- bzw. Senderseite, indem beispielsweise das sprechstromerzeugende ›Telefon‹ durch das batteriestromsteuernde (Kohle-)›Mikrofon‹ ersetzt wird, und auf der Hörerseite durch lautstärkesteigernde Erfindungen wie dem Reibungsempfänger, der von Edison prinzipiell erdacht und als Electromotograph prototypisch realisiert wird.³ Wie dieser Electromotograph, so werden die Relais-Verstärker im Bereich der Fernmeldetechnik allerdings vorrangig eingesetzt, nicht um ein versammeltes Publikum gleichzeitig mit Schall zu versorgen, sondern um größere Entfernungen überbrücken zu können, um Signalverluste auf längeren Leitungen im Rahmen der One-to-One-Telekommunikation zu kompensieren.

Ein Bedarf nach Public-Address-Anlagen entsteht in größerem Maß erst zu Beginn des 20. Jahrhunderts, wenn Oskar Messter und andere versuchen, das Medium Film mit dem Medium Sprache und zunächst vor allem Musik technisch zu kombinieren, um das Produkt einem größeren, versammelten Publikum präsentieren und damit kommerziell verwerten zu können. Die Versuche in dieser ersten Tonfilmphase bis 1914, größere Lautstärken zu erzielen – angefangen bei den synchron betriebenen Grammofonen bis zu den mit Pressluft arbeitenden Megafon-Maschinen –, führen insgesamt nicht zum erhofften Erfolg und die technischen Unzulänglichkeiten der Wiedergabeapparaturen tragen sicher mit zum Scheitern des 10jährigen Versuchs bis zum Ausbruch des Ersten Weltkriegs bei, ein neues Medium Tonfilm zu etablieren (vgl. Mühl-Benninghaus 1999: 11-20).

Frühe amerikanische Massen-Adressierungen

Nach dem Ersten Weltkrieg stehen dann die nötigen Bestandteile für elektroakustische Massenbeschallungsanlagen in kompatibler Form auch für nichtmilitärische Forschungs- und schließlich Einsatzzwecke zur Verfügung. Auf Basis dieser modernen Technik entwickelt die Erfindergemeinschaft Tri-Ergon – neben ihrem Lichttonverfahren – funktionierende Aufnahme- und Wiedergabeapparaturen, die schließlich die erfolgreiche Tonfilmpremiere am 17.9.1922 in Berlin ermöglichen.⁴

---

3. 1874 für telegrafische, ab 1877 auch für telefonische Zwecke eingesetzt, sei diesem Gerät 1878 aufgrund der erzielten Lautstärke in *The Times* die Bezeichnung »Loud speaking telephone« gegeben worden, und »dies dürfte demnach das erstemal (1878) sein, daß ein Gerät ›lautsprechendes Telephon‹ genannt wurde; es ist auch anzunehmen, wenn auch nicht ganz sicher, daß man aus dieser Bezeichnung den […] Namen ›Lautsprecher‹ ableitete.« (Mönch 1925: 35f.), vgl. Nesper (1925b: 21ff.).
4. Zu Tri-Ergon siehe Kittler (2002); zu den erschwerten Forschungsbedingungen in Deutschland nach dem 1. Weltkrieg, die die Leistungen bei Tri-Ergon noch aufwerten, siehe exemplarisch Trendelenburg (1975: 47f.).

Bereits drei Jahre zuvor allerdings feiern in den USA gleich zwei unabhängig voneinander entwickelte Beschallungsanlagen ihren Premieren-Einsatz – und nicht auf Tonfilm gespeicherte, im Kino dargebotene Klänge, sondern das live gesprochene Wort, adressiert an ein zigtausendköpfiges, unter freiem Himmel versammeltes Publikum, bildet die medial zu übermittelnde Botschaft dieser Public-Address-Anlagen.

Mitte 1919 ist es zunächst der Elektrokonzern Western Electric, der mit einer »Spectacular Demonstration of Radiotelephony« seine elektrotechnische Kompetenz einer breiten Öffentlichkeit präsentiert und durch eine komplexe Verschränkung von kabelgebundener Fernmeldetechnik, gerade im Kriegseinsatz erprobter Funktechnik und modernster niederfrequenter Röhrenverstärkertechnik neue zivile Nutzungsmöglichkeiten offeriert (Anonym 1919). Für den *Victory Liberty Loan*, ein offenbar tourneeartig organisierter und in New York City dann drei Wochen lang medial inszenierter Spendenaufruf zur Beseitigung wirtschaftlicher Folgeschäden des Weltkriegs, installiert Western Electric eine Großbeschallungsanlage bestehend aus Röhrenverstärkern mit ca. »100 H. P. of energy« und 112 über der Park Avenue aufgehängter »loud-speaking telephones provided with large horns« (Secor 1920). Gespeist wird diese Anlage mit musikalischen Signalen und mit Sprechströmen der vor Ort per Mikrofon abgenommenen Ansprachen sowie einiger telefonisch aus Washington und auch mittels Funktechnik aus einem Flugzeug übertragenen Reden, »and in this way thousands of people could hear the voice at the same time«.[5]

Wenige Monate nach diesem modernen Mirakel Western Electrics gelingt einer erheblich kleineren amerikanischen Firma, der Magnavox Company, ein elektrotechnisch überschaubarerer, in politischer Hinsicht größerer Erfolg. Für den US-amerikanischen Präsidenten Woodrow Wilson, der am 19.9.1919 im Rahmen seiner *League of Nations*-Werbetour nach San Diego kommt, erbauen die Magnavox-Gründer Peter Laurits Jensen und Edwin Stewart Pridham im dortigen Stadion eine Beschallungsanlage, die es einem Präsidenten der USA erstmals ermöglicht, eine knapp einstündige Rede an angeblich ca. 50.000 versammelte Menschen verständlich zu adressieren, sieht man von einigen Beeinträchtigungen der Sprachverständlichkeit für einen Teil des Auditoriums ab.[6] Realisiert wird die *vox magna* des Präsidenten durch zwei Mikrofone mit trichterförmigen Schallfängern, durch einen bei Magnavox entwickelten dreistufigen Röhrenverstärker und durch lediglich zwei Lautsprecher, montiert auf dem Glasbau, der für Wilson zum Schutz seiner angeschlagenen Gesundheit innerhalb des Stadions errichtet worden war.

Zu verdanken ist dieser Achtungserfolg vor allem dem verwendeten Lautsprecherantriebssystem, in das die beiden Erfinder mehrere Jahre Entwicklungsarbeit

---

5. Secor (1920). Eine der über Kabel der AT&T aus Washington übertragenen Stimmen stammte von Franklin D. Roosevelt, der über eine telefonische Rückleitung seinerseits »other speeches, music and applause from the audience in New York« hören konnte (Anonym 1919).
6. Detaillierte Angaben bei Shepherd (1986).

investiert hatten.[7] Während Western Electric 112 elektromagnetisch arbeitende Schalldosen – im Grunde größer dimensionierte Telefonhörer – mit vorgesetzten Trichtern über dem zu beschallenden Victory Way verteilt aufhängen musste, um mit diesen leistungsschwachen Schallwandlern in Addition eine befriedigende Lautstärke zu erreichen, genügt den beiden Magnavox-Gründern die Schallleistung von zwei elektrodynamisch angetriebenen Lautsprechern, um das gesamte Stadion in San Diego von einem Punkt aus zu beschallen.

Trotz dieses Erfolgs wird Magnavox nach 1919 nicht Fuß fassen in dem nun eröffneten Marktsegment Massenbeschallungsanlagen, sondern sich auf den ebenfalls gerade entstehenden Consumer-Bereich der Unterhaltungselektronik konzentrieren, um sich in den zwanziger Jahren dann unter anderem mit ihren Radiolautsprechern auch in Europa einen Namen zu machen. Das medienpolitisch wie elektroakustisch bedeutsame Ereignis von 1919, dem Präsidenten der Vereinigten Staaten erstmals eine seiner Stellung gemäße Stimmgewalt zu verleihen, wird Magnavox vor allem nutzen, um ihre Radiolautsprecher zu bewerben.[8]

Technologie- und Ideentransfer nach Europa

Erwartungsgemäß hingegen reagiert die Western Electric Company. Im März 1920 berichtet die in London herausgegebene Zeitschrift *The Electrician*, »the oldest weekly illustrated journal of electrical engineering, industry, science and finance«, von der Absicht des Konzerns, eine Beschallungsanlage zu vermarkten (Anonym 1920: 300). In Rückgriff auf diesen Artikel informiert ein halbes Jahr später auch die deutsche *Elektrotechnische Zeitschrift* ihre Leserinnen und Leser von Western Electrics Ankündigung, Massenbeschallungsanlagen kommerziell zu verwerten:

»*Für die Mitteilung von Sport- und sonstigen Nachrichten an eine große Zuhörerschaft, für das Abrufen von Zügen usw. beabsichtigt die Western El. Co. einen Lautsprecher auf den Markt zu bringen. Dieser besteht aus einem Mikrophon, das in Verbindung mit Übertragern geeigneter Wicklung und Verstärkerlampen […] auf eine Reihe parallel geschalteter Hörer arbeitet.*«[9]

Offenbar gelingt es Western Electric in wenigen Jahren mit weiteren erfolgreichen Massenbeschallungen in den USA und vermutlich zumindest auch in

---

7. Bereits seit 1911 hatten sich Jensen und Pridham mit der Verbesserung von Schallwandlern beschäftigt. Ergebnisse waren zum Beispiel ein 1912 in Österreich eingereichtes Patent über ein elektrodynamisches Telefon (AT 61706) und ein 1916 in den USA angemeldeter »Sound-Magnifying Phonograph« mit integriertem elektrodynamischem Lautsprecher (US 1329928). Beide Patente werden noch für die Commercial Wireless & Development Co. eingereicht, die Umbenennung in Magnavox Co. erfolgt 1917, mit der die Spezialisierung auf den Bereich Audiotechnik auch namentlich vollzogen wird.
8. Siehe reproduzierte Werbeanzeige in Douglas (1989: 132).
9. Kr. (1920: 758); aufgrund einer sich noch nicht von der Fernmeldetechnik emanzipierten Terminologie wird die projektierte Beschallungsanlage mit »Lautsprecher«, der einzelne Lautsprecher mit »Hörer« bezeichnet.

Großbritannien, sich als hochkompetente Adresse in diesem noch kaum erforschten Spezialbereich einen auch international bekannten Namen zu machen. Die amerikanische Firma wird jedenfalls 1924 beauftragt, in Kooperation mit der englischen Marconi Company die Ansprache des britischen Königs zur Eröffnung der *British Empire Exhibition* im Wembley Stadium elektroakustisch zu verstärken. Obwohl die Marconi Gesellschaft inzwischen einen eigenen Großlautsprecher zur Massenbeschallung entwickelt hat,[10] fällt ihr lediglich die Aufgabe zu, die Rede zu mikrofonieren und dem Londoner Rundfunksender zwecks Ausstrahlung zu übermitteln, während Western Electric mittels eigener Mikrofone die königliche Stimme abnimmt, um sie den Besuchern der Eröffnungsveranstaltung mit dem »Western-Public System« zu Gehör zu bringen, wie es in der Zeitschrift *Der Radio-Amateur* heißt, in der dieses Ereignis als neuartiges Betätigungsfeld der Elektrotechnik gewürdigt wird:

»*Ein ganz neues Gebiet, wenn auch nicht ganz im technischen Sinne, so doch in der Praxis, stellt die anläßlich der Einweihung durch den König eigens erbaute Sende- und Public-Address-System-Anlage in Wembley dar [...]. Das Stadion, das sich mitten in der Ausstellung befindet, ist nämlich größer als unseres im Grunewald und daher erst recht eine Unmöglichkeit der Verständigung eines einzelnen Redners gegeben*«. (Hausdorff 1924a: 270)

Innerhalb des Ausstellungsgeländes greift Western Electric diesem Bericht zufolge auf die Strategie der verteilten Lautsprecheranordnung zurück, wie sie sie 1919 beim *Victory Liberty Loan* erfolgreich erprobt hatte und wie sie auch in der Vermarktungsankündigung von 1920 wiedererkennbar ist. Zusammengefasst zu Gruppen von je neun Lautsprechern und an hohen Gerüsten befestigt,[11] dienen insgesamt 45 »Mammutlautsprecher« zur gleichmäßigen Flächenbeschallung rings um das Stadion. Die sieben noch größeren Trichterlautsprecher im Wembley Stadium jedoch werden nicht im Stadion verteilt, sondern in halbkreis- oder kreisförmiger Weise über dem Kopf des Königs montiert, sehr ähnlich also der 1919 von Magnavox gewählten Anordnung im Stadion von San Diego, damals mit zwei viertel- bis halbkreisförmig angeordneten elektrodynamischen Trichterlautsprechern über dem Staatsoberhaupt der USA.

Dass sich Western Electric zur Schallversorgung eines Stadions für die zentrale bzw. gegen die bereits bewährte dezentrale Beschallung entscheidet, verwundert insofern, als ihre verteilte Lautsprecheraufstellung die Gefahr von Echos und gegebenenfalls Rückkopplungen im Stadion minimiert hätte. Dieser raumakustischen Probleme sind sich die Western-Mitarbeiter 1924 bereits bewusst, wie ein 1922 in den USA angemeldetes und 1923 auch in Großbritannien eingereichtes Patent belegt.[12] Und in diesem Patent findet sich auch eine Erklärung für die Entscheidung, dem britischen König mit einer kronenartigen Lautsprechergruppe eine Stentorstimme zu verleihen. Denn nicht nur raumakustische, auch

---

10. Nesper (1929: 11ff.); http://www.historyofpa.co.uk/pages/amplifiers.htm [2.6.2004].
11. Siehe Abb. 1 bei Hausdorff (1924a: 270).
12. Patentschrift GB 203677, angemeldet 28.8.1923, mit Prioritätsanspruch (»Convention Date«) vom 8.9.1922 durch ein in den USA angemeldetes Patent mit entsprechendem Inhalt.

Zeichnung 1 aus Patentschrift »Loud Speaking Public Address Systems« (GB 203677)
5: tower, 6-10, 40: loud speaking horns or projectors, 11: speaker's platform, 12: [transmitter] stand, 13: control room, 15: phonograph, 16: telephone transmitter, 20: a building

psychoakustische Erkenntnisse fließen in das Patent ein, das »Loud Speaking Public Address Systems« beschreibt und mit beigefügter Zeichnung illustriert. (s. Abb.) Die raumakustischen Aspekte spiegeln sich in dem eingezeichneten Gebäude wieder, das beispielhaft für reflektierende Wände beziehungsweise, auf ein Stadion bezogen, Tribünen steht. Schallreflexionen werden vermieden, indem der auf das Gebäude zielende Lautsprechertrichter (Nr. 10) steil nach unten geneigt ist, direkt auf die Zuschauer strahlend, die den Schall absorbieren sollen. Aufgrund der per Experiment gewonnenen Erkenntnis, dass bei verteilter Lautsprecheraufstellung häufig die unnatürliche Situation eintritt, dass die visuell und die auditiv wahrgenommene Klangquelle nicht übereinstimmen – aufgrund dieser psychoakustischen Erkenntnis also wird der Lautsprecher-Tower entworfen bzw. die zentrale Rundumbeschallung vorgeschlagen. Die ursprüngliche, menschliche Klangquelle steht hierbei auf der Plattform innerhalb des Gerüsts, ihre elektroakustisch verstärkte Stimme wird von der Spitze des Turms abgestrahlt, um beim ringsum in einiger Entfernung stehenden Publikum den Eindruck zu erwecken, das Gehörte stamme direkt vom Redner.

»*It has been found by experiment that the location of the horns in a cluster directly above the speaker and transmitter, gives the audience the same psychological effect as if they were hearing the speaker directly instead of through the intermediary of the address system. It has also been found that, since the speaker is within the acoustical shadow of the horns, there is no objectionable reaction on him due to the enormous volume produced by the loud speaking horns.*« (GB 203677, S. 2 der Complete Specification)

Einzelne der im Wembley Stadium benutzten Riesenlautsprecher gelangen nach der elektrifizierten Massenansprache des Königs auf den europäischen Kontinent, wo sie beispielsweise in Prag auf dem Gebäude der tschechischen Rundfunkgesellschaft »Radiojournal« montiert werden, um ganze Straßenzüge zu beschallen, oder in Deutschland auf der Frankfurter Herbstmesse am Stand der »Radio-Werke Schneider-Opel A.-G.« als Sensation ausgestellt werden.[13] Auch über die Lautsprechertürme werden die elektrotechnisch interessierten deutschen Leser informiert;[14] seit Jahren bereits seien sie »an den belebtesten Punkten der Straßen nordamerikanischer Städte aufgestellt, um über alle aktuellen Nachrichten, insbesondere über Boxmatches, Faustkämpfe usw. der Bevölkerung ständig Mitteilungen zukommen zu lassen« (Nesper 1925a: 537). Das psychoakustische Potential dieser Megafon-Anlagen allerdings, den Redner mittels der Strategie der zentralen Rundumbeschallung weiterhin als Ausgangspunkt seiner Stimme und somit als verantwortliche Klangquelle zu verorten, wird nicht bei der drahtgebundenen oder drahtlosen Nachrichtenübermittlung aus der Ferne wirksam, sondern bei der »Verstärkung des gesprochenen Wortes bei Massenansprachen« (Kollatz 1925: 343), da nur bei anwesendem Sprecher eine (In)Kongruenz zwischen visueller und auditiver Ortung festgestellt werden kann.

Die Idee, die aus Amerika stamme (ebd.), sich zur Adressierung versammelter Menschen elektrotechnischer Mittel zu bedienen, um den natürlichen Wirkungsbereich der Stimme in einen künstlich vergrößerten Stimmraum zu transformieren, stößt auch in Deutschland auf Resonanz.

Großlautsprecher in der Weimarer Republik

Die weiter oben zitierte Meldung in der *Elektrotechnischen Zeitschrift* von 1920 über die Absichten Western Electrics, eine Beschallungsanlage auf den Markt zu bringen, bezeichnet Karl-Heinz Göttert, offenbar bezogen auf deutschsprachige Publikationen, als den »möglicherweise frühesten Beleg für die Konstruktion von Lautsprechern unabhängig vom Rundfunkbetrieb« (Göttert 1998: 423). Vielleicht gibt diese Nachricht tatsächlich eine Anregung für den größten deutschen Elektrokonzern, eigene Forschungen für den Bau von Großlautsprechern zur Massenbeschallung einzuleiten.[15] Wenige Zeit später jedenfalls werden in den Forschungslaboratorien von Siemens & Halske systematische elektroakustische Untersuchungen in dieser Richtung begonnen mit dem hochgesteckten Ziel, Geräte für eine so genannte »klanggetreue« oder »lautgetreue Schallübertragungsanlage« zu entwickeln.[16] Aufgrund dieser Zielsetzung ausgeschlossen sind von vornherein die dann vielfach für den Rundfunkempfang als Kopfhörer

---

13. Siehe Kurzmitteilungen in *Radio-Umschau* 1924, Nr. 29, S. 863 und Nr. 32, S. 965.
14. Nesper (1925a: 536f. und Abb. 543), fast identisch auch bei Nesper (1925b: 101f.). Siehe auch Fig. 1 bei Hausdorff (1924b: 1334) und Kollatz (1925: 343). Vgl. Gustav Klucis' futuristische Entwürfe von Rednertürmen, reproduziert in Göttert (1998: 451).
15. Walter Schottky, einer der maßgeblich an der Großlautsprecherforschung bei Siemens beteiligten Physiker, nennt den Herbst 1920 als Anfangspunkt der Versuche in diesem Bereich (Schottky 1924: 673). Erste bedeutende Ergebnisse werden ab Januar 1923 zum Patent angemeldet (DRP 442661, DRP 421038).
16. Über grundlegende, bis 1924 erzielte Forschungsergebnisse zum Bau einer »lautgetreue[n] Schallübertragungsanlage« im Frequenzbereich von 100-5000 Hz berichtet Riegger (1924).

und Trichterlautsprecher verwendeten elektromagnetischen Wandler, die konstruktionsbedingt stets – und zumal bei größeren Lautstärken – Verzerrungen erzeugen. Außerdem steht man bei Siemens der Verwendung von Schalltrichtern, entgegen dem amerikanischen Trend, skeptisch gegenüber, weil auch sie aufgrund ihrer Resonanzeigenschaften klangverfälschend wirken.

Bis 1924 werden, unter anderem aufgrund einer internen Konkurrenz zwischen mehreren Forschungsstätten bei Siemens, zwei leistungsstarke elektrodynamische Großlautsprecher entwickelt. Und bei einem ersten öffentlichen Einsatz im selben Jahr demonstriert der Bandlautsprecher,[17] das Pendant zu den dann vielfach im Rundfunk eingesetzten Bändchenmikrofonen, seine Fähigkeiten, indem er mehreren tausend vor dem Kölner Dom Versammelten eine Kardinalsrede zu Gehör bringt.[18] 1925 dann beweisen Bandlautsprecher und der zukunftsträchtigere Blatthaller bei der Einweihung des Deutschen Museums in München gemeinsam ihre mathematisch hergeleitete Tauglichkeit im praktischen Einsatz auf offenbar überzeugende Weise:

»Es ist dieses Fest eine Art Markstein in der technischen Entwicklung der elektrischen Übertragung von Musik und Rede an einen großen Kreis von Menschen, in einer Vollkommenheit, wie sie bisher noch nicht erreicht war.« (Schumann 1926: 294)

Ferdinand Trendelenburg, seit 1922 Mitarbeiter im Forschungslaboratorium der Siemenswerke in Berlin, wird die Museums-Beschallung ein Vierteljahrhundert später ebenfalls als Markstein für die Entwicklung von Massenbeschallungstechnik in Deutschland bewerten. Als frisch ernannter Leiter des Forschungslaboratoriums der Siemens-Schuckertwerke in Erlangen greift Trendelenburg dies Initialereignis wieder auf, um im September 1950 einen Vortrag mit dem Titel »25 Jahre klanggetreue Schallübertragung« zu halten. Im Schreibmaschinenmanuskript zu diesem Vortrag schreibt Trendelenburg einleitend:

»*Am 7.5.1925 fand in München die feierliche Eröffnung des Deutschen Museums statt. Der Schöpfer des Deutschen Museums, Oskar v. Miller hatte hierzu der deutschen Technik die Aufgabe gestellt, die bei der Eröffnungsfeier und beim Festmahl gehaltenen Reden in den Räumen selbst durch Lautsprecher zu verstärken und sie auch grösseren Zuhörermassen, welche sich auf dem einige Kilometer entfernten Königsplatz befanden, durch Lautsprecher hörbar zu machen. Weiterhin hatte er gewünscht, dass die Festmusik in die Festräume durch Lautsprecher übertragen werden sollte.*

Die von Oskar v. Miller gestellte, für damalige Verhältnisse als sehr schwierig zu bezeichnende Aufgabe wurde mit vollem Erfolg gelöst. Trotzdem die laboratoriumsmässige Entwicklung der für die Lösung verwendeten Geräte zum Teil in die Jahre 1923/1924 zurückreicht, glaube ich, dass man den 7.5.1925 als das eigentliche Geburtsdatum der klanggetreuen Schallübertragung bezeichnen darf [...].«[19]

---

17. Siehe z. B. Neuburger (1924: 353f.), der »dem großen Kreis der Radio-Amateure« (Vorwort), an den sich dieses Buch richtet, den Bandlautsprecher empfiehlt. In der *Radio-Umschau* 1924 (Nr. 9, S. 223) wird der Bandlautsprecher ebenfalls kurz vorgestellt, sein möglicher Verkaufspreis auf ca. 1100 Goldmark geschätzt und als »außerordentlich hoch« eingestuft.

18. »Der Kölner Glockenweihetag« im Kölner *Stadt-Anzeiger* und »Die Weihe der St. Petersglocke« in der *Kölnischen Volkszeitung*, beide vom 1.12.1924 (Morgenausgabe).

Public-Address-Strategien von 1919 bis 1949

Mit modernster Siemens-Technik ausgestattet – neben Blatthallern und Bandlautsprechern auch Kondensator- und Bändchenmikrofone sowie laut Trendelenburg gerade entwickelte, in einem weiten Frequenzbereich gleichmäßig arbeitende RC-Verstärker – begibt man sich bereits im März von Siemensstadt nach München, um sechs Wochen lang vor allem raumakustische Probleme zu lösen, die sich im Labor so nicht gestellt hatten. Beantwortet wird beispielsweise bereits die im Zusammenhang mit den Senderäumen des Rundfunks vieldiskutierte Frage nach dem aufnahmetechnisch sinnvollsten Absorptionsgrad. Nachdem sich die an den Experimenten teilnehmenden Musiker weigern, weitere Proben in einem stark gedämpften Raum zu machen, aus dem die Übertragung in den Festsaal stattfinden soll, wird letztlich auf den nur mit wenigen Filzvorhängen ausgestatteten Orgelraum des Museums zurückgegriffen, um »recht günstige Übertragungsmöglichkeiten« zu erhalten.[20]

Im Mittelpunkt der elektroakustischen Versuche allerdings stehen die Ansprachen, ihre möglichst rückkopplungsfreie Verstärkung innerhalb des Festsaals und die möglichst gleichmäßige Beschallung der rund 2000 erwarteten Gäste, zudem die Außenübertragung von Reden und Musik bzw. die damit verbundene Massenbeschallung im Freien. Zur Lösung dieser Aufgaben experimentieren die Elektroakustiker mit den beiden Beschallungsstrategien, wie sie bereits bei den frühen amerikanischen Massenbeschallungen zum Einsatz kamen: mit der zentralen Beschallung durch einen Großlautsprecher oder mittels weniger, dicht nebeneinander aufgestellter Schallstrahler sowie mit der dezentralen Beschallung mittels vieler, im gesamten zu beschallenden Bereich verteilt aufgestellter Lautsprecher kleinerer Leistung. Beide Möglichkeiten finden schließlich bei der Einweihung des Deutschen Museums in München ihre Bestimmung: Während der akustisch problematische Festsaal mit sieben gleichmäßig verteilt aufgestellten Blatthallern beschallt wird, werden mehrere tausend auf dem Königsplatz und bis zum Obelisk auf dem Karolinenplatz versammelte Menschen mit Musik und den Reden aus dem Festsaal durch zentrale bzw. durch frontale Beschallung versorgt, wobei die frontale Beschallung, bei der mehrere Großlautsprecher in einer Linie vor dem Versammlungsplatz aufgebaut werden, eine Variante der zentralen Beschallung darstellt.

---

19. Trendelenburg (1950: 1); das Dokument wird aufbewahrt im Siemens-Archiv in München (herzlichen Dank für die Möglichkeit, zahlreiche Materialien im Siemens-Archiv einzusehen). Handschriftlich vermerkt Trendelenburg auf dem ersten Blatt des Manuskripts: »H. J. v. Braunmühl sagte nach dem Vortrag zu mir: Das war alles sehr nett, aber der Titel des Vortrags hätte besser gehießen ›25 Jahre, und immer noch keine klanggetreue Schallübertragung‹ womit er sehr recht hatte. F. T.«
20. Trendelenburg (1950: 6). Schumann kommt in seinem Aufsatz über die in München benutzte Anlage, der sich ansonsten weitgehend mit Trendelenburgs Erinnerungen deckt, zum genau umgekehrten Schluss: »Eine gewisse Beeinträchtigung der Wiedergabe war verursacht, weil es nicht möglich war, die Musikerzeugung in einem Raum mit allseits gedämpften Wänden vorzunehmen, sondern in dem normalen großen Saal für Musikinstrumente.« (Schumann 1926: 295) – Die Diskussion um die raumakustische Ausstattung der Aufnahmeräume ist 1926 noch nicht beendet.

»Dieses erste größere Experiment« (Gerdien 1926: 35) veranlasst den Siemens-Konzern, weitere praktische Versuchsreihen zu initiieren. Um raum- und psychoakustische Erfahrungen zu sammeln, werden in den Jahren 1925 bis 1927 die Siemens-Wissenschaftler bei Massenbeschallungen vor Ort sein, um mit Mikrofon- und Lautsprecheraufstellungen zu experimentieren. Kleinere und große Innenräume, akustisch schwierige wie der Kölner Dom und unproblematischere wie die zu Massenveranstaltungen genutzten Berliner Hallen, unter anderem der Sportpalast, werden mit Bandsprechern und Blatthallern in zentraler, frontaler und verteilter Aufstellung beschallt, um schließlich zu einem differenzierten Urteil zu kommen: Für »Räume mit ausgesprochener Hallwirkung (Überakustik)« empfehle sich »die weitgehende akustische Aufteilung des Saales auf zahlreiche Lautsprecher nicht allzu großer Einzellautstärke«, bei akustisch unproblematischen Bedingungen sei es allerdings meist möglich,

»den Raum mit einem einzigen Lautsprecher sehr großer Leistung zu füllen und dabei in allen Punkten der Halle ausreichende Sprachverständlichkeit zu erzielen. Eine derartige Anlage hat beispielsweise im Berliner Sportpalast in der Potsdamer Straße bei sportlichen, politischen und ähnlichen Veranstaltungen mit vollem Erfolg gearbeitet. 10000 bis 20000 Personen konnten mühelos das ganze gesprochene Wort aufnehmen.« (Trendelenburg 1927: 1691)

Wie bei Western Electric einige Jahre zuvor, wird man auch bei Siemens & Halske die psychoakustische Erfahrung machen,

»daß die Wiedergabe der Sprache des Redners auf allen denjenigen Plätzen als mangelhaft empfunden wird, von denen aus der Redner gesehen werden kann, der Schall aber nicht merklich in der Richtung vom Redner her zum Beobachter kommt. Wir werden also, um einen erträglichen Eindruck und eine ungezwungene Haltung des Hörers auf allen Plätzen zu gewährleisten, die einzelnen zur Wiedergabe benutzten Lautsprecher so anzuordnen haben, daß der von ihnen ausgehende Schall nach Möglichkeit in der Richtung vom Platz des Redners aus fortgeht.« (Gerdien 1926: 33)

Für stark nachhallende Innenräume greift man daher bei Siemens nachfolgend bevorzugt auf Blatthaller in schmaler Ausführung zurück, die aufgrund ihrer besonderen Abstrahleigenschaften den auf den Redner verweisenden Ortungseffekt bei richtiger Aufstellung bewirken. Unterstützt wird diese Absicht, auch bei verteilt aufgestellten Lautsprechern eine möglichst natürlich wirkende Rezeptionssituation zu schaffen, von den Bemühungen um eine »lautgetreue« Schallübertragungsanlage, die den Eigenklang der Geräte und damit das Medium selbst verschwinden lassen könnten (vgl. Ehlert 2003).

Und für Massenbeschallungen im Freien sowie in großen Innenräumen, die als akustisch unproblematisch angesehen und daher bevorzugt zentral oder frontal beschallt werden, steht zudem der leistungsstarke Blatthaller in quadratischer Form zur Verfügung, der bis 1929 noch zum Hochleistungs-Riesenblatthaller weiterentwickelt und bis weit in die 1930er Jahre hinein der mit Abstand schallstärkste Großlautsprecher zumindest in Deutschland bleiben wird.

Bis zum Ausklingen der Weimarer Demokratie wird der Elektrokonzern seinen Vorsprung im Bereich der Großbeschallungstechnik verteidigen können. Prestigeträchtige öffentliche Aufträge wird vorzugsweise Siemens erhalten, darunter

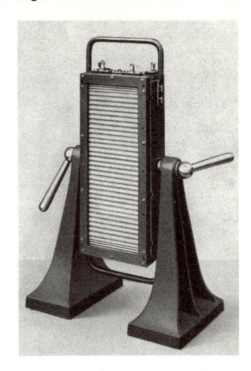

Siemens-Blatthaller in schmaler Ausführung (Fischer/Lichte 1931: Abb. 155)

die bis 1930 ausgeführten Festinstallationen von Beschallungsanlagen im Stadtverordneten-Sitzungssaal des Berliner Rathauses, im Plenarsaal des Preußischen Landtags, im Sitzungssaal des Völkerbundes in Genf – dem die USA trotz der lautstarken Bemühungen Woodrow Wilsons nicht beigetreten waren, dem Deutschland seit 1926 angehörte. Und auch der Deutsche Reichstag wird 1929 elektroakustisch aufgerüstet. Im Plenarsaal werden zwei Blatthaller zur Frontalbeschallung und Protos-Lautsprecher auf der Pressetribüne und am Platz des Reichstagspräsidenten installiert;[21] eine zweite Anlage, bestehend aus 140 verteilten Lautsprechern kleinerer Leistung, dient der Beschallung der Wandelgänge, der Bibliothek, des Restaurants, der Fraktions- und Arbeitszimmer des Reichstagsgebäudes.[22]

Auch bezüglich Massenbeschallungen im Freien kann Siemens & Halske 1930 im Titel einer Firmendruckschrift selbstbewusst verkünden: »Keine Massenversammlung ohne Siemens-Großlautsprecher«, was auf der dritten Seite des Prospekts noch ausführlicher lautet: »Kein Sportfest, keine Ausstellung, keine Massenversammlung ohne Siemens-Großlautsprecher«.

21. Zu den unter dem Markennamen ›Protos‹ verkauften Faltlautsprechern von Siemens, die in einer elektromagnetischen Variante als Radiolautsprecher, in einer elektrodynamischen Variante zur Beschallung beispielsweise von Kirchen angeboten wurden, siehe »Lautsprecher« (1927).
22. Die Angaben entstammen dem vermutlich 1930 gedruckten Siemens-Werbeprospekt »Lautsprecheranlagen in Parlamenten« (Siemens-Archiv: 35-79/Le717 – auch Quelle für den nachfolgend erwähnten Siemens-Prospekt).

Elektroakustisches Engagement für die Nationalsozialisten

»*Die Telefunken-Großlautsprecheranlagen waren Helfer auf dem Siegeszug der nationalsozialistischen Idee. Denn die heutige Einheit unseres Volkes wurde zusammengeschweißt in Tausenden von Versammlungen und schließlich vollendet in den machtvollen Kundgebungen des letzten Jahres.*
In Potsdam und Nürnberg, am Bückeberg und in Siemensstadt, auf dem Tempelhofer Feld und in Tannenberg, auf ungezählten großen und kleinen Veranstaltungen standen Telefunken-Großlautsprecher, und immer halfen sie mit, die Kundgebungen wuchtig und eindringlich, die Feiern würdig zu gestalten.«[23]

Das Foto mit der Unterschrift »Rede des Führers, Stadion, Berlin 1932« unter diesem einleitenden Text eines Leporellos von Telefunken, gedruckt gegen Ende 1934, zeigt einen vollbesetzten Teil der Stadiontribüne und im Vordergrund ein ca. vier Meter hohes Dreibeingestell, das zwei Blatthaller in schmaler Ausführung trägt – typisches Equipment der Beschallungsanlagen nicht von Telefunken, sondern von Siemens & Halske. Die Stammfirmen von Telefunken allerdings, die AEG und Siemens, hatten am 1.10.1931 ihre Forschungseinrichtungen für Elektroakustische Anlagen (ELA) zusammengelegt und in den Verantwortungsbereich von Telefunken übergeben.[24] Insofern darf sich die Telefunken GmbH 1934 tatsächlich des Verdienstes rühmen, elektroakustische Hilfestellung auf der letzten Wegstrecke bis zur so genannten Machtergreifung gegeben zu haben. Und zweifellos zeichnet »die deutsche Weltmarke« dann hauptverantwortlich für die »machtvollen Kundgebungen des letzten Jahres«, von denen der Telefunken-Werbeprospekt einige aus den Jahren 1933 und 1934 fotografisch auflistet – allen voran die Feier des »Tages der nationalen Arbeit« auf dem Tempelhofer Feld in Berlin.

Für diese elektroakustische Herausforderung, bei der sich 1933 angeblich über eine Million, 1934 zwei Millionen Menschen auf dem Tempelhofer Feld versammeln, greift Telefunken nicht mehr auf geerbte Großlautsprechertechnik zurück, obwohl sich der Siemenssche Riesenblatthaller als der bis dato mit Abstand leistungsstärkste Lautsprecher für die Aufgabe aufdrängt, eine Massenkundgebung in bis dato nicht gekannten Dimensionen mit Schall zu versorgen. Eine strategische Entscheidung Telefunkens wird die Hochleistungslautsprecher von den großen Plätzen der Massenkundgebungen verdrängen und für eine weitreichende Umgestaltung des technischen Dispositivs zur öffentlichen Massen-Adressierung sorgen – zunächst mit der Folge der »entscheidenden Verbesserung der akustischen Verhältnisse bei Großveranstaltungen«, wie es der Pro-

---

23. Telefunken-Werbeprospekt, aufbewahrt im historischen Archiv des Deutschen Technikmuseums Berlin (DTMB), Archiv-Nr.: GS 5179 (herzlichen Dank für die Bereitstellung zahlreicher Materialien aus den Firmenarchiven Telefunkens und der AEG).
24. Heinzelmann (2003: 211). Auch die Entwicklungsabteilungen für Rundfunkempfänger wurden an Telefunken abgetreten, außerdem die technische und kaufmännische Leitung der Klangfilm GmbH (ebenfalls ein gemeinsames Tochterunternehmen von Siemens und AEG), siehe Mohr (2003: 27).

tagonist in Marcel Beyers Roman *Flughunde* formuliert, der vermutlich Telefunken-Mitarbeiter war:

»*Ob er sich wohl jemals Gedanken darüber gemacht hat, daß er, der große Redner vor den Massen, von solch unbedeutend wirkenden Helfern wie mir in höchstem Maße abhängig ist? Begreift er, daß die Akustiker einen entscheidenden Beitrag zu seinem Siegeszug geleistet haben? Daß ohne Mikrophone, ohne die riesigen Lautsprecher ihm niemals sein Erfolg beschieden worden wäre? Hat er nicht schon oft über die akustischen Zustände in der Frühzeit der Bewegung ausführlich geklagt? [...] Bis man schließlich dazu überging, die Übertragung auf bis zu hundert Lautsprecher zu verteilen, welche das Publikum von allen Seiten in den Klammergriff nehmen. Ob er es für einen bloßen Zufall hält, daß sein Sieg zusammenfällt mit der entscheidenden Verbesserung der akustischen Verhältnisse bei Großveranstaltungen?*« (Beyer 1996: 147f.)

Zur Maifeier 1933 setzt Telefunken auf die verteilte Aufstellung von gerade entwickelten Kurztrichter-Lautsprechern, die an Masten einzeln oder in Zweiergruppen montiert, in gleichmäßigen Abständen und großer Anzahl auf dem Feld aufgestellt werden. Die Installation der Anlage gestaltet sich höchst aufwendig, da gleich zwei Kabelnetze über das Feld gezogen werden müssen, eines für die Versorgung der Lautsprecher mit den Mikrofonsignalen und ein zweites, hiervon sorgsam getrenntes, für die Stromversorgung der in die elektrodynamischen Lautsprecher eingebauten Feldmagnete.

Trotz des hohen und kostenintensiven Aufwandes kann Telefunken 1933 mit dieser Beschallungsanlage nur einen mäßigen Erfolg erzielen. Die verwendeten Kurztrichter, die einige Jahre später auf Lautsprecherwagen der Propagandakompanien ihren nationalsozialistischen Militärdienst zufrieden stellend verrichten

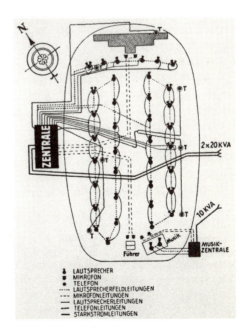

»Der Aufbau einer Großübertragungsanlage für Massenveranstaltungen am 1. Mai 1933« (Wigge 1934: Abb. 33)

werden, erweisen sich für die dezentrale Beschallung des riesigen Freigeländes als ungeeignet – ihre akustischen Reichweiten lassen sich nicht auf den Abstand zweier benachbart aufgestellter Lautsprecher begrenzen, daher wirkt ein Kurztrichter in das Schallfeld eines anderen oder mehrerer in Abstrahlrichtung aufgestellter Lautsprecher hinein, so dass sich kaum berechenbare Interferenzerscheinungen ergeben und, im 1933 eingetretenen, ungünstigsten Fall, die Sprachverständlichkeit stark beeinträchtigende Echoeffekte (das so genannte Doppelsprechen).

Die Konkurrenz, die zeitgleich auf anderen großen Plätzen Anlagen in bewährter zentraler und frontaler Beschallung einsetzt, triumphiert – allen voran der inzwischen größte Konkurrent von Telefunken auf dem Gebiet der Beschallungstechnik, die Firma Dr. Dietz & Ritter (Körting). In einem Werbeprospekt mit dem Titel »Großübertragung auf 1 Million Quadratmeter mit nur 5 Riesenlautsprechern« von 1934 dokumentiert sie ihren elektroakustischen Erfolg, wägt die Vor- und Nachteile von dezentraler und zentraler Massenbeschallung ab und kommt zu dem Ergebnis, dass die Frontalbeschallung mit den gerade entwickelten und am 1.5.1934 auf dem Kreckower Feld bei Stettin eingesetzten Körting-Großlautsprechern ›Maximus-Titan‹ die in aller Regel vorzuziehende Lösung darstelle.

Telefunkens Elektroakustiker aber hatten das Jahr zwischen den Maifeiern 1933 und 34 nicht untätig verstreichen lassen, sondern auf einem großen Versuchsgelände in der Nähe Berlins die Kunst der akustischen Beherrschung großer und größter Freiflächen studiert. Zudem hatte man vermutlich ein technikhistorisches Archiv konsultiert, denn was Telefunken 1934 dann als neue Lautsprecherart präsentiert, findet sich im Prinzip bereits bei den frühen Radiolautsprechern wieder,[25] freilich mit erheblich kleineren Ausmaßen, die für eine spezielle Schallverteilung zuständige Gehäuseform stammt aus den USA,[26] dort allerdings realisiert in größeren Dimensionen, und als Schallwandler dient das 1924 von Rice und Kellogg patentierte, in Deutschland ab 1927 durch die AEG vermarktete elektrodynamische Schwingspulensystem.[27] Die eigentliche Erfinderleistung Telefunkens stellt daher nicht dieser Rundstrahler dar, der den Markennamen ›Pilzlautsprecher‹ erhält, sondern die Kombination des Strahlertyps mit der Strategie der verteilten Lautsprecheraufstellung. Diese Kombination wird erstmals zur Maifeier 1934 eingesetzt. Wieder werden zwei Kabelnetze auf dem Tempelhofer Feld verlegt und erneut eine arbeits- und kostenintensive dezentrale Anlage errichtet – und diesmal, dank der in ihrer akustischen Reichweite begrenzbaren Rundstrahler, mit vollem Erfolg.

25. In der ersten deutschsprachigen Monographie über Lautsprecher von 1925 werden im Kapitel »Indirekt wirkende Lautsprecher« mehrere Beispiele angeführt (Nesper 1925b: 53-60).
26. Die amerikanische Firma Racon Electric Co. Inc. hatte dieses Gehäuse speziell für große Versammlungen entwickelt (Wigand 1934: 724 u. Abb. 2).
27. Patentschriften US 1631646 und US 1795214 (beide 27.3.1924); aufgrund eines Patentaustauschabkommens mit General Electric wurde der Rice-Kellogg-Lautsprecher in Deutschland durch die AEG zum Patent angemeldet (DRP 631724) und 1927 unter der Bezeichnung ›Geaphon‹ angeboten.

Telefunken-Werbung 1936 (*Archiv für Funkrecht* 1936, Nr. 4, S. 127)

In ihre Firmenchronik schreibt sich Telefunken einige Jahre später in Bezug auf den nationalsozialistischen Nationalfeiertag 1934: »Telefunken löst das Problem der echofreien Großlautsprecheranlagen durch Konstruktion des Pilzlautsprechers. – Telefunken errichtet echofreie Großanlagen für den 1. Mai auf dem Tempelhofer Feld und im Lustgarten.«[28] In der 1953 herausgegebenen Chronik heißt es immerhin noch, entlokalisiert und damit von politischem Ballast befreit: »Erste echofreie Großlautsprecheranlage mit Telefunken-Pilzlautsprechern.«[29] Und nachdem Telefunken weitere Großveranstaltungen, u. a. den Reichsparteitag 1934, ebenso erfolgreich beschallt hat, entscheidet sich 1935 die Brockhaus-Redaktion, die elektroakustische Leistung Telefunkens in ihrer nationalen Bedeutung zu würdigen (wobei der erste Pilz-Einsatz auf das Jahr der ›Machtergreifung‹ zurückdatiert wird):

»Bei großen Massenkundgebungen hat sich als Nachteil der bisherigen Lautsprecherkonstruktionen ergeben, daß sich die Schallwellen der einzelnen L. überstrahlen. Dieser

---

28. Undatierte und unpaginierte Werbeschrift »Telefunken. Tradition und Technik«, um 1937. Zur unglücklichen Formulierung sei angemerkt, dass die Echofreiheit der Großlautsprecheranlagen nicht das Problem, sondern die durch die Pilzlautsprecher ermöglichte Lösung darstellte.
29. Telefunken (1953: 151). In der inoffiziellen Jubiläumsschrift zum 100. ist die Chronik reproduziert (S. 379-382); der in dem Sammelband für den Bereich ELA zuständige Aufsatz erwähnt die Pilzlautsprecheranlage gar nicht mehr (Heinzelmann 2003).

Nachteil wird durch den von Telefunken 1933 entwickelten Pilzlautsprecher vermieden. [...] Derartige L. wurden zum erstenmal in großer Anzahl am 1. Mai 1933 auf dem Tempelhofer Feld benutzt.« (»Lautsprecher« 1935)

Der Konkurrenz und speziell dem erwähnten Körting-Prospekt ruft Telefunken entgegen: »Also doch: Pilze!« Was technisch ausgeschrieben bedeutet: Also doch: dezentrale Beschallung großer Freiflächen mittels Rundstrahlern. Denn mit Hilfe dieser auf Masten montierten, nach unten abstrahlenden Pilze lässt sich das Schallfeld eines jeden Lautsprechers auf eine Kreisfläche mit ziemlich genau 25 bis 30 Meter Radius eingrenzen. In entsprechenden Abständen aufgestellt, können hiermit sich gegenseitig nicht störende Schallfelder in einer Art Baukastenprinzip neben und hintereinander gelegt werden, ohne Echoeffekte befürchten zu müssen. Der – neben dem großen Aufwand – einzige, als unwesentlich erachtete Nachteil: Die meisten der Zuhörer auf dem akustisch sehr genau abgegrenzten, gleichmäßig laut beschallten Feld werden den vorne Redenden aus dem nächstgelegenen Pilzlautsprecher von links, rechts oder hinten ›sprechen‹ hören.

Der Triumph der Telefunken-Akustiker, die den Nationalsozialisten ein Instrumentarium übergeben, mit dem sie nun auf beliebige Größen ausdehnbare Flächen besprechen können, hat 1935 allerdings bereits einen marktwirtschaftlich faden Beigeschmack für Telefunken, denn die Konkurrenten – auch Körting – sind inzwischen dazu übergegangen, eigene, teilweise bessere Pilzlautsprechermodelle in ihre Programme aufzunehmen und zudem mit so genannten Ampellautsprechern – Rundstrahlern zum Aufhängen, um auch Innenräume mittels verteilter Lautsprecheranordnung beschallen zu können – neue, lukrative Absatzmöglichkeiten zu erschließen.

Dem großen nationalsozialistischen Bedarf nach elektroakustischer Verstärkung zum Dank kann Telefunkens PR-Abteilung aber auch weiterhin auf eine lange Liste elektroakustischer Großeinsätze zurückgreifen,[30] um dem eigentlichen, dem wirtschaftlichen Interesse werbend nachzugehen. Dieses Interesse der wachsenden Beschallungsbranche liegt sicherlich nicht im Verleih ihrer Beschallungstechnik für nationalsozialistische Großveranstaltungen, sondern im Verkauf und in der Festinstallation elektroakustischer Geräte. So werden denn auch die Rundfunkeinzelhändler über Werbeanzeigen und -prospekte direkt als potentielle Käufer angesprochen, um dann ihrerseits als Verleiher von Beschallungstechnik bei kleineren und mittleren Veranstaltungen zu fungieren. Begleitend werden sie durch Aufsätze in Fach- bzw. Branchen- und Firmenzeitschriften wie *Der Radio-Händler* oder den von Telefunken herausgegebenen *Nachrichten aus der Elektro-Akustik* mit den nötigen elektrotechnischen und -akustischen Grundkenntnissen vertraut gemacht, die sie für die Zusammenstellung der Komponenten und die Montage der Anlagen benötigen, und außerdem, werbetechnisch als Multiplikatoren fungierend, um fachkompetente Beratung leisten zu können in

---

30. Dokumentiert sind namhafte Großbeschallungen in der von der Telefunken GmbH herausgegebenen Zeitschrift *Nachrichten aus der Elektro-Akustik* (DTMB: GS 5177).

Körting-Werbung 1936 (*Archiv für Funkrecht* 1936, Nr. 3, S. 93)

der Funktion als Ansprechpartner für die Endkunden – wenn diese nicht direkt von den produzierenden Firmen angesprochen werden:

»*Sehr geehrter*   *Herr Bürgermeister!*
         Herr Schulleiter!
         Herr Betriebsführer!

Wichtige Funkübertragungen sollen allen Volksgenossen zugute kommen und nach Möglichkeit zu einem Gemeinschaftsempfang gestaltet werden – das ist heute der Wunsch der massgebenden behördlichen Stellen!

Viele Städte und Gemeinden, Schulen und städtische Betriebe haben bereits Lautsprecheranlagen angeschafft und uns mit der Errichtung der Anlage beauftragt. [...] Zahllose Anlagen haben wir zur Zufriedenheit der Auftraggeber ausgeführt, darunter Anlagen, wie sie sonst nirgends in der ganzen Welt errichtet worden sind:

    für die Feiern des 1. Mai auf dem Tempelhofer Feld,
    für die Parteitage in Nürnberg,
    für das Erntedankfest auf dem Bückeberg,
    für die 2000 km-Fahrt usw.

[...] In Anbetracht der Etattermine der städtischen Behörden und Betriebe haben wir ein Zahlungssystem geschaffen, das den Erfordernissen dieser Körperschaften besonders Rechnung trägt. Dieses Zahlungssystem ermöglicht allen, auch kleinen Gemeinden, sich eine hochwertige Uebertragungsanlage anzuschaffen.« (Telefunken-Werbeprospekt DTMB: GS 5179)

Mit diesem vermutlich im Oktober 1934 gedruckten Werbeprospekt adressiert Telefunken direkt die Verantwortlichen von Städten und Gemeinden, Schulen und städtischen Betrieben, um den gerade entstehenden, wirtschaftlich höchst interessanten Absatzmarkt für Gemeinschaftsempfangsanlagen für sich zu erschließen. In Art eines per Schreibmaschine verfassten Anschreibens auf den ersten beiden Seiten des Leporellos werden Bürgermeister, Schul- und städtischer Betriebsleiter auf den staatlich verordneten »Wunsch« nach öffentlich zu errichtenden Gemeinschaftsanlagen hingewiesen, um auf den letzten zwei Seiten die für solche städtischen Anlagen nötigen Qualitätsgeräte vorzustellen: Telefunken-Kraftsprecher, Telefunken-B-Verstärker sowie die »Telefunken-Pilzlautsprecher zur echofreien Schallverteilung«, die auf dem Tempelhofer Feld und dem Reichsparteitagsgelände ihre staatlichen Weihen bereits empfangen haben und sich somit auch für die Verbreitung der nationalsozialistischen Sendung auf städtischen Marktplätzen empfehlen.

Auf den zwei mittleren Seiten des sechsseitigen Leporellos illustriert zudem eine Zeichnung auf anschauliche Weise die Installations- und Verkabelungsmöglichkeiten der einzelnen, über die Stadt verteilten Anlagen für Rathaus und Stadtplatz, für Schule, Betrieb und für den Sportplatz inklusive nahe gelegenem Schwimmbad. Die drei kleineren Empfangsanlagen beziehen dabei ihre Rundfunksignale mittels Antenne aus dem Äther, die komplexere Rathaus- und Marktplatzanlage hingegen ist per Drahtleitung mit dem örtlichen Postamt direkt verbunden, das seinerseits mittels des aus der Zeichnung führenden Telefonkabels am reichsweiten Rundfunkübertragungsnetz angeschlossen ist.

In diesem Bild verbinden sich medienpolitische Wunschvorstellungen der Machtinhaber mit privatwirtschaftlichen Interessen des elektrotechnischen Großkonzerns in idealtypischer Weise. Sämtliche öffentliche Plätze, betriebliche und städtische Einrichtungen werden mit modernen Beschallungsanlagen ausgestattet und sind dann medial jederzeit erreichbar. Dörfer und Städte sind per staatlich kontrollierter und finanzierter, privatwirtschaftlich installierten und zu wartenden Postleitungen mit den ebenfalls unter staatliche Hoheit gebrachten, von den deutschen Elektrokonzernen erbauten Sendeanstalten verbunden. Die medientechnischen und graphischen Lücken im Idealbild, die Privathaushalte, werden durch den staatlich verordneten Volksempfänger seit 1933 und durch die anderen, privatwirtschaftlich interessanteren Rundfunkgeräte geschlossen. Lediglich die Kirche, auf die der Telefunken-Illustrator nicht verzichtet, bildet einen rundfunkpolitisch nicht erreichbaren blinden Fleck in der medialen Landkarte. Wirtschaftlich indes ist sie längst erschlossen, da bereits seit Jahren mit Beschallungs- und Schwerhörigenanlage ausgestattet.

Letztlich jedoch scheinen die Werbemaßnahmen inklusive der Finanzierungsangebote nicht ausgereicht zu haben, um die fiskalischen Hürden zu nehmen und den übergeordneten staatspolitischen Interessen Rechnung zu tragen. So wird man im Reichsministerium für Volksaufklärung und Propaganda den »reichswichtigen Plan« ersinnen, eine reichsweit verteilte Lautsprecheranlage zu installieren, um die raumgreifenden akustischen Allmachtsphantasien eigeninitiativ zu realisieren. Staatlich initiiert und kontrolliert, mittels einer Anfang 1937 gegründeten »Reichs-Lautsprechersäulen-Treuhand-Gesellschaft m.b.H.« organisiert, sollen hierzu insgesamt 6600 rundstrahlende Säulen im Reich aufgestellt werden, um diese über ein bei der Reichspost entwickeltes Drahtfunkkabel miteinander zu vernetzen. 3300 der Säulen sollen, einer architektonischen Formbestimmung der Professoren Speer und Gall folgend, als lautsprechende Litfasssäulen ausgebildet werden, damit das Projekt über Werbeeinnahmen finanziert werden kann; die andere Hälfte: »Lautsprecher-Pilze (ohne Reklame)«. Und das Ziel des Plans, eine Rundstrahler-Anlage wie die auf dem Tempelhofer Feld 1934 gewissermaßen auf das gesamte Reichsgebiet zu übertragen, der letztendlich an den dann weit über die Reichsgrenzen hinaus reichenden Allinklusionsbestrebungen scheitern wird: »jederzeitige zentrale Besprechung und damit die Möglichkeit augenblicklicher, akustischer Erfassung der gesamten Bevölkerung« (Bundesarchiv: NS 10 / 46 Bl. 212-234).

Rekapitulation und demokratische Rückbesinnung

In einem Aufsatz im *Funktechnischen Vorwärts* von 1937 fasst ein Dr. Benecke, Berlin, die Tendenz seit 1933 von Schallgroßanlagen hin zur verteilten Lautsprecheraufstellung knapp zusammen mit den Worten: »Bei den 100 gleichmäßig über das Feld verteilten Lautsprechern blieb es damals und blieb es bis heute« (Benecke 1937: 611). Die hierbei auftretenden psychoakustischen Irritationen der Zuhörer seien von untergeordneter Bedeutung, allein die allseitige Sprachverständlichkeit zähle (ebd.: 647). In einem von Telefunken 1948 angemeldeten bundesdeutschen Patent schreibt ein Dr. Heinrich Benecke, nun Buckingham (Pa.), USA:

»*Die Aufgabe, eine große Fläche durch Lautsprecher mit Musik oder Sprache zu beschallen, wie sie z. B. für Massenversammlungen auf freien Plätzen oder in großen Hallen auftritt, hat man bisher dadurch gelöst, daß entweder auf die Fläche eine Vielzahl von Lautsprechern verteilt wurde oder ein oder mehrere Großlautsprecher an einer Stelle aufgestellt wurden. Die zuerst erwähnte Lösung hat den Nachteil, daß sie eines großen Aufwandes bedarf, da es sich nicht nur um die Aufstellung der vielen Lautsprecher handelt, sondern außerdem um das Stromversorgungsnetz für diese Lautsprecher, das im allgemeinen unterirdisch verlegt werden muß. Dabei tritt dann noch die Schwierigkeit auf, daß dafür gesorgt werden muß, daß jeder Hörer nur von einem einzigen Lautsprecher versorgt wird. Die an zweiter Stelle genannte Lösung erfordert Großlautsprecher, die an sich schon den Nachteil haben, daß sie nur in kleinen Stückzahlen, also unwirtschaftlich, hergestellt werden. Außerdem haben solche Anlagen den erheblichen Nachteil, daß die unmittelbar vor dem Lautsprecher befindlichen Personen zu stark und die am weitesten entfernt befindlichen Personen zu schwach mit Schall versehen werden. [...]
Die Erfindung bezieht sich auf eine zentralisierte Anlage und beseitigt alle Mängel, die derartigen Anlagen bisher anhafteten.«*[31]

Mit dieser patentierten »Anordnung zur zentralen breitbandigen Schallversorgung eines Luftraumes« kehrt Telefunken 1948 zurück zur zentralen bzw. zentralisierenden Beschallung, ermöglicht durch einen in dem Patent beschriebenen neuen Lautsprecher: die so genannte Schallzeile, die mit ihren speziellen Richteigenschaften denen des Siemens-Blatthallers in schmaler Ausführung aus den 1920er Jahren sehr nahe kommt. Der Pilzlautsprecher, der in seiner ersten Ausführungsform von 1934 bis zum Ende des NS-Regimes zahlreiche Werbebroschüren Telefunkens geziert hatte, wird als politisch symbolträchtiges, werbetechnisch nun kontraproduktives Relikt verschrottet und die mit ihm verbundene Strategie der verteilten Flächenbeschallung mit ihrem akustischen Charakteristikum einer omnipräsenten und lokalisationsunscharfen Rednerstimme wird diskreditiert.

1949 reicht auch Siemens & Halske beim bundesdeutschen Patentamt ein Patent zur Schallzeile ein (BDP 812258), das bei seiner Bewilligung 1951 den Adler tragen wird, den schon das Reichspatentamt um 1930 auf seine Patentschriften drucken ließ. Auch Siemens wird damit zurückkehren zur zentralen, das sprechende Individuum akustisch fokussierenden Beschallung, die der Elektrokonzern in der Weimarer Demokratie, 20 Jahre zuvor, bereits einmal favorisiert hatte.

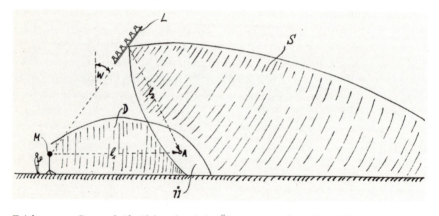

Zeichnung aus Patentschrift »Elektroakustische Übertragungsanlage« (BDP 812258)

31. BDP 934353, S. 1f. (2.10.1948); als Erfinder wird von Telefunken unter anderem H. Benecke genannt.

Literatur

Anonym (1919): »Speeches Through Radiotelephone Inspire New York Crowds«, in: *Electrical Review*, Mai 1919, S. 895-896, zit. nach http://earlyradiohistory.us/1919vic.htm [22.7.2004]

Anonym (1920): »The Western Electric Co.'s Loud Speaking Telephone«, in: *The Electrician*, 84. Jg., 12.3.1920, S. 300

Benecke, Heinrich (1937): »Das Gesetz der Schallausbreitung und die Schallgroßanlagen (XVI)«, in: *Funktechnischer Vorwärts*, 7. Jg., Nr. 21, S. 611-614 und Nr. 22, S. 645-647

Beyer, Marcel (1996): *Flughunde*, Frankfurt am Main

Daniels, Dieter (2002): *Kunst als Sendung. Von der Telegrafie zum Internet*, München

Douglas, Alan (1989): *Radio Manufacturers of the 1920's, Vol. 2*, New York

Ehlert, Ralf Gerhard (2003): »Knistern, Knattern, Rauschen... Von der provozierten zur komponierten Störung«, in: *Signale der Störung*, hg. v. Albert Kümmel und Erhard Schüttpelz München, S. 229-236

Fischer, Fritz und Hugo Lichte (1931): *Tonfilm. Aufnahme und Wiedergabe nach dem Klangfilm-Verfahren (System Klangfilm-Tobis)*, Leipzig

Gerdien, Hans (1926): »Über klanggetreue Schallwiedergabe mittels Lautsprecher«, in: *Telefunken-Zeitung*, 8. Jg., Nr. 43, S. 28-38

Hausdorff, Max M. (1924a): »Die britische Weltausstellung in Wembley« [2. Teil], in: *Der Radio-Amateur. Zeitschrift für Freunde der Drahtlosen Telephonie und Telegraphie*, 2. Jg., Nr. 10, S. 270f.

Hausdorff, Max M. (1924b): »Das Problem des Lautsprechers«, in: *Radio-Umschau. Wochenschrift über die Fortschritte im Rundfunkwesen*, 1. Jg., Nr. 43, S. 1333-1336

Heinzelmann, Albrecht (2003): »Beschallungs-, Tonstudio- und Funkruftechnik – Leistungen der technischen Akustik, die für sich selber sprechen«, in: *Telefunken nach 100 Jahren. Das Erbe einer deutschen Weltmarke*, hg. v. Erdmann Thiele, Berlin, S. 210-219

Kittler, Friedrich (2002): »Das Werk der Drei. Vom Stummfilm zum Tonfilm«, in: *Zwischen Rauschen und Offenbarung. Zur Kultur- und Mediengeschichte der Stimme*, hg. v. Friedrich Kittler, Thomas Macho und Sigrid Weigel, Berlin, 357-370

Kollatz, C. W. (1925): »Sprachverstärkung für Massenansprachen«, in: *Funk-Anzeiger. Zeitschrift für die gesamte drahtlose Fernmeldetechnik*, 3. Jg., Nr. 29, S. 343f.

Kr. (1920): »Lautsprecher der Western Electric Co.«, in: *Elektrotechnische Zeitschrift*, 41. Jg., Nr. 38, 758f.

»Lautsprecher« (1927): in: *Meyers Lexikon*, 7. Auflage in vollständig neuer Bearbeitung, hg. v. Bibliographischen Institut, Band 7, Sp. 683f., Leipzig

»Lautsprecher« (1935): in: *Der große Brockhaus*, Ergänzungsband A-Z, Leipzig

Mainka, A. (1935): »Großlautsprechertechnik auf dem Nürnberger Reichsparteitag 1935«, in: *Funk*, Nr. 18, S. 583f.

Mohr, Ewald (2003): »Das Phänomen der elektromagnetischen Wellen weckt Pioniergeist und Kreativität«, in: *Telefunken nach 100 Jahren. Das Erbe einer deutschen Weltmarke*, hg. v. Erdmann Thiele, Berlin, S. 15-57

Mönch, Werner (1925): *Mikrophon und Telephon einschließlich der Lauthörer (Lautsprecher). Ihre Geschichte, ihr Wesen und ihre Bedeutung im Nachrichtenwesen, besonders im Rundfunk*, Berlin

Mühl-Benninghaus, Wolfgang (1999): *Das Ringen um den Tonfilm. Strategien der Elektro- und der Filmindustrie in den 20er und 30er Jahren*, Düsseldorf

Nesper, Eugen (1925a): *Der Radio-Amateur (Radio-Telephonie). Ein Lehr- und Hilfsbuch für die Radio-Amateure aller Länder*, 6., bedeutend verm. u. verb. Aufl., Berlin

Nesper, Eugen (1925b): *Lautsprecher*, Berlin

Nesper, Eugen (1929): *Dynamische Lautsprecher*, (=Sonderdruck aus *Radio-Handel und -Export. Fach- und Exportzeitschrift für Elektrotechnik*, Nr. 10-12, 1928), Leipzig

Riegger, Hans (1924): »Zur Theorie des Lautsprechers«, in: *Wissenschaftliche Veröffentlichungen aus dem Siemens-Konzern*, Band 3, Nr. 2, Berlin, S. 67-100

Secor, H. Winfield (1920): »The Versatile Audion. Some of the Many Practical Uses to Which the Audion Has Been Adapted«, in: *Electrical Experimenter*, Februar 1920, S. 1000f. und 1080-1083, zit. nach http://earlyradiohistory.us/1920au.htm [22.7.2004]

Shepherd, Gerald A. (1986): »When the President Spoke at Balboa Stadium«, in: *The Journal of San Diego History*, 32. Jg., Nr. 2, S. 92-101, zit. nach http://www.sandiegohistory.org/journal/86spring/president.htm [22.7.2004]

Schottky, Walter (1924): »Vorführung eines neuen Lautsprechers. I«, in: *Physikalische Zeitschrift*, 25. Jg., Nr. 24, S. 672-675

Schumann, W. O. (1926): »Die Musik- und Sprachverteilungsanlage bei der Einweihungsfeier des Deutschen Museums«, in: *Elektrotechnische Zeitschrift*, 47. Jg., Nr. 10, S. 294f.

Telefunken (1953): *Festschrift zum 50jährigen Jubiläum der Telefunken Gesellschaft für drahtlose Telegraphie m. b. H.*, (=*Telefunken-Zeitung*, 26. Jg.; Nr. 100), Berlin

Trendelenburg, Ferdinand (1924): »Objektive Klangaufzeichnung mittels des Kondensatormikrophons«, in: *Wissenschaftliche Veröffentlichungen aus dem Siemens-Konzern*, Band 3, Heft 2, Berlin, S. 43-66

Trendelenburg, Ferdinand (1927): »Über Bau und Anwendung von Großlautsprechern«, in: *Elektrotechnische Zeitschrift*, 48. Jg., Nr. 46, S. 1685-1691

Trendelenburg, Ferdinand (1950): *25 Jahre klanggetreue Schallübertragung. Vortrag anlässlich des 65. Geburtstages von Professor Hermann Backhaus in Karlsruhe*, Schreibmaschinenmanuskript, 16 Seiten, Sept. 1950 (Archiv des SiemensForums München, 35-79/Le717)

Trendelenburg, Ferdinand (1975): *Aus der Geschichte der Forschung im Hause Siemens*, (=*Technikgeschichte in Einzeldarstellungen*, Nr. 31, hg. v. Verein Deutscher Ingenieure), Düsseldorf

Walter, Erich (1925): »Was die Funkausstellung neues brachte«, in: *Funk-Anzeiger. Zeitschrift für die gesamte drahtlose Fernmeldetechnik*, 3. Jg., Nr. 38, S. 433-437

Wigand, Rolf (1934): »Lautsprecher-Uebertragungsanlagen für alle Zwecke. Ihre Planung und Aufstellung (III)«, in: *Elektroton und Schallplatte. Beilage für Kraftverstärker, Nadel- und Lichttonwiederegabe*, (=Beilage von *Der Radio-Händler*), Nr. 16, S. 723ff.

Heinrich Wigge (1934): *Technisches Hilfsbuch für Gemeinschaftsempfang, Hörerberatung und Funkschutz*, Stuttgart

Cornelia Epping-Jäger

Stimmräume
Die phono-zentrische Organisation der Macht im NS

»Ja, so verlief die nationalsozialistische Revolution. Der Atem des Führers ging hin über das Leichenfeld von Weimar und machte die Totengebeine lebendig, hier einen, dort einen, eine lange Reihe, zuletzt das ganze Volk; aus dem Grabe stieg Deutschland, erweckt von der Stimme seines Propheten.« (Kindt 1934: 7ff.)

Dieses enthusiastische Lob des prophetischen Führer-Atems, der Stimme des Nationalsozialismus, das Karl Kindt 1934 verfasste, enthält im wahren ein falsches Moment: Es war nie die »charismatische Mündlichkeit« (vgl. Schmölders 2002: 175f.) der Führer-Stimme oder ihrer Rednersubstitute in ihrer rhetorischen ›Nacktheit‹, die – so formulierte Hugo Ringler, Reichshaupstellenleiter der Reichpropagandaleitung der NSDAP – »aus dem Herzen zu den Herzen der Zuhörer« sprach (vgl. Ringler 1937: 245). Es war auch nie der Atem in seinem »endothymen Grund« (vgl. Gundermann 1998: 4), der das »Volk in seiner Gesamtheit« (vgl. Ringler 1937: 245) zweifelsohne mit beträchtlichem Erfolg adressierte. Gleichwohl war es die Stimme in ihrer körpernahen Rhetorik, wenn auch eine Stimme im Kontext ihrer medialen Inszenierungen, der eine zentrale Rolle in den kommunikativen Szenarien des NS zukam (Epping-Jäger/Linz 2003): Denn nur die Stimme als zentrales Moment eines komplexen medialen Dispositivs vermochte es, die spezifischen Adressierungswirkungen zu erzielen, die der rhetorischen Erfolgsgeschichte des NS häufig gutgeschrieben wurden. Wenn also Hugo Ringler den Redner vor seinen Zuhörern stehen sieht, »durchglüht und bis ins innerste erfüllt von dem herrlichen Ideengut und der Gedankenwelt der nationalsozialistischen Weltanschauung«, bemüht, »diese Begeisterung und diese Hingabe und diesen Glauben, die er in sich trug, auf seine Zuhörer zu übertragen« (vgl. Ringler 1937: 245), so verdankten sich die rhetorischen Effekte – wenn sie denn eintraten – einer differenzierten kommunikativen Choreographie, die durch einen aufwändigen und medial immer ausdifferenzierteren Inszenierungsapparat bereitgestellt werden musste.

Mag die Kommunikationskultur des Nationalsozialismus auch wesentlich in der Form einer stimm-zentrierten Hörgemeinschaft organisiert worden sein, so lässt sich diese Stimm-Zentriertheit doch nur dann angemessen in den Blick nehmen, wird sie im Horizont ihrer dispositiven Kontextualisierungen ins Auge gefasst.

Phono-zentrismus: die NSDAP als Rednerpartei

Ich habe an anderer Stelle vorgeschlagen, die NSDAP in ihrer Genese und in ihrer Struktur als eine »*Rednerpartei*« zu charakterisieren, als eine Partei also, die sich sowohl hinsichtlich ihrer Konsolidierung nach innen, als auch ihrer politischen Wirkung nach außen wesentlich phono-zentrisch, d.h. um den akustischen Wirkungsraum von Stimmen organisierte (vgl. Epping-Jäger 2003a).

Dabei bediente sie sich spätestens seit 1928 – und mit wachsendem Erfolg – einer sich zunehmend ausfaltenden medialen Konfiguration, die man als Dispositiv Laut/Sprecher bezeichnen könnte: In dieses Dispositiv, das sich allmählich als ein kommunikatives Aggregat für die Distribution der ›Führerstimme‹ und ihrer nationalsozialistischen Substitute herausbildete, waren die folgenden Elemente konstitutiv eingebunden: die technische Apparatur Mikrophon/Lautsprecher/Verstärker, die Stimmen der Redner und deren rhetorisch-ideologische Aufrüstungen sowie die kommunikativen Szenarien ihrer performativen Prozessierung in Massenveranstaltungen einschließlich des Rundfunks. Die Funktion des Dispositivs Laut/Sprecher bestand dabei vor allem darin, die Verinnerlichung der Macht als akustische Erlebnisform einer Volksgemeinschaft zu organisieren, die sich in der synchronen Ubiquität der Führerstimme und ihrer Gemeinschaftsresonanz medial konstituierte.

Der Nationalsozialismus entwarf sich – so könnte man sagen – sowohl in seiner Frühphase von 1925 bis 1933, als auch in der Phase seiner Konsolidierung als staatliche Macht nach 1933, medial als rednerzentrierte Hörgemeinschaft, als eine Hörgemeinschaft, in der nicht zufällig insbesondere propagandistische Diskurstypen in Massenkundgebungen eine zentrale Rolle spielten. Propaganda fungierte – so formulierten die NS-Propagandatheoretiker – in der Phase bis 1933 zunächst als »Wille zur Machtwerdung« (Hadamovsky 1933: 10) und nach 1933 als »Werkzeug«, das die »Macht über die Geister« sicherstellen sollte (Hadamovsky 1933: 9). Beide Strategien, sowohl die der Machtgewinnung als auch die der Machtkonsolidierung, stützten sich dabei wesentlich auf ein operatives Zentrum, auf eine medial konfigurierte Stimmgewalt, deren allmähliche Instituierung ihren Ausgang aus jenen frühen Propagandaszenarien der NSDAP nahm, in denen sich die Partei als Rednerpartei konstituierte:

1925, bei der Neugründung der Partei, proklamierte ihr Vorsitzender Adolf Hitler – dies stellte ein Novum in der deutschen Parteiengeschichte dar –, dass ein Ausschuss für Propaganda in die Parteisatzung aufgenommen wurde (Nolte 1965: 393). Bereits in »Mein Kampf« hatte er formuliert: »Die Propaganda mußte der Organisation weit voraneilen und dieser erst das zu bearbeitende Menschenmaterial gewinnen.« (Hitler 1939: 649)

In der Tat organisierte die NSDAP den Prozess der Rekrutierung von Parteigängern über die Institutionalisierung propagandistischer Aktivität, d.h. über Instituierungsformen der NS-Stimme. Was sich in den Jahren zuvor schon angedeutet hatte, wurde nach 1925 verstärkt: Rednerorganisation und Rednereinsatz in einer gesteigerten Versammlungstätigkeit. Im Mai 1926 sprach Hitler auf einer Generalmitgliederversammlung der NSDAP noch von 70 zur Verfügung stehenden Rednern. Für 1927 konstatierte der *Völkische Beobachter* aber bereits 2370 Massenversammlungen und 3500 Sprechabende (Völkischer Beobachter 1926; Grieswelle 1972: 27), 20.000 Versammlungen für 1928 sowie 100 Versammlungen täglich im Jahre 1930. Bei der Vorbereitung der Reichspräsidentenwahl im Frühjahr 1932 organisierte die NSDAP 30.000 Kundgebungen (Hadamovsky 1933: 44). 1928 schließlich, in dem Jahr ihres Durchbruchs zur ›Massenpartei‹ verfügte die NSDAP reichsweit über 300 Redner. Diese Zahl konnte mit Hilfe der ebenfalls seit 1928 aktiven Reinhardtschen Rednerschule bis 1932 mehr als verdreifacht werden: 1000 Redner absolvierten in diesem Jahr insgesamt 34.000 Wahlveranstaltungen (Paul 1990: 125; Grieswelle 1972: 29).

Der Einsatz dieser Redner wurde durch Goebbels innerhalb der Reichspropagandaleitung der NSDAP auf zwei Ebenen organisiert: einmal im Amt I »Aktive Propaganda«, »Hauptstelle Rednerwesen«, dem die Aufgabe »der organisatorischen Durchführung aller anfallenden Propagandaaktionen von der Großveranstaltung riesigsten Ausmaßes [...] bis zur Durchführung der Veranstaltungen der Ortsgruppen« ebenso oblag wie die reichsweite Verteilung der Redner auf diese Veranstaltungen. Zum zweiten im Amt IV »Kultur«, »Hauptstelle Programmgestaltung«: Diese hatte – wie es im »Organisationshandbuch der NSDAP« heißt – die Aufgabe der Konzeptualisierung von »Beispielprogrammen für Feiern der nationalsozialistischen Bewegung und für die Rahmengestaltung nationalsozialistischer Kundgebungen auf der Grundlage der in der Kampfzeit gewonnenen Gestaltungstraditionen.« (vgl. Schmeer 1956: 30) Die Hauptstelle Kultur also wertete die bei den generalstabsmäßig organisierten Veranstaltungen gemachten Erfahrungen – insbesondere auch auftretende »Störungen« – systematisch aus und archivierte sie in einem Organisationsgedächtnis, das Musterchoreographien für spätere Massenveranstaltungen bereithielt.

Die ständigen Versuche der Optimierung des phono-zentrischen Organisationsmodells führten dann 1934 zu einer erneuten Re-Strukturierung des Rednerwesens der Partei, das bis 1945 in dieser Form stabil bleiben sollte: Eine Hierarchie von Reichsrednern, Stoßtruppredern, Gau- und Kreisrednern wurde in der Stelle Rednerorganisation erfasst, von der Stelle Rednervermittlung je nach Anforderung oder Lage eingesetzt, von der Stelle Rednerinformation mit dem »parteiamtlichen Aufklärungs- und Rednerinformationsmaterial der Reichspropagandaleitung und des Propagandaamtes der DAF« versorgt und schließlich durch die Stelle Rednerschulung, die eine eigene Reichsrednerschule unterhielt, ausgerichtet und mit Nachwuchs versehen (vgl. ebd.: 30).

In der hier deutlich werdenden manischen Perfektionierung und Expansion des Stimmeinsatzes spiegelte sich das Selbstverständnis der NSDAP als ›sozial-revolutionäre Bewegung‹, die ihre wachsende zentrifugale Beschleunigung aus ihrem Phono-Zentrum bezog:

Der propagandistische Einsatz von Rednern diente über die erfolgreiche Adressierung des Publikums der Erzeugung einer neuen organisatorischen Struktur, die ihrerseits – nach dem Prinzip des Kettenbriefes – wiederum Propaganda generierte. »Die erste Aufgabe der Propaganda« – formulierte Adolf Hitler in »Mein Kampf« – »ist die Gewinnung von Menschen für die spätere Organisation, die erste Aufgabe der Organisation ist die Gewinnung von Menschen zur Fortführung der Propaganda« (Hitler 1939: 654). Oder wie Eugen Hadamovsky, der spätere Reichsrundfunkleiter 1933 formulierte: Der Propagandist gewinnt Millionen, »nur um diese Millionen wieder zu Aposteln der Idee zu machen.« (Hadamovsky 1933: 43)

Propaganda ist, so könnte man sagen, eine Vervielfältigungsmaschine der Rednerstimme, die niemals verstummen darf, weil ihre Wirkung nicht nachhaltig ist. Denn die Adressaten – hierin sind sich die Parteistrategen einig – vergessen selbst grundsätzliche Parolen, »wenn sie nicht [...] immer und immer wieder ausgegeben werden« (Hadamovsky 1933: 20). Wenn Propaganda – so noch einmal Hadamovsky – »Kunst der Gemeinschaftsbildung« ist, dann gefährdet das Verstummen der Stimme die Existenz der Hörgemeinschaft. Die Bewegung bleibt also nur eine »Bewegung«, wenn sie ständig durch den mobilisierenden Stimmapparat angetrieben wird. Hannah Arendt hat in diesem Zusammenhang von der »Bewegungssüchtigkeit totalitärer Bewegungen« gesprochen, »die sich überhaupt nur halten können, solange sie in Bewegung bleiben und alles um sich herum in Bewegung setzen« (vgl. Arendt 2000: 658).

Dispositiv Laut/Sprecher: Die Organisation der Stimmgewalt

Die Jahre 1932 und 1933 können als der Zeitraum angesehen werden, in dem die NSDAP das Dispositiv Laut/Sprecher in seinen technischen, organisatorischen und medialen Möglichkeiten voll entfaltete. Die NS-Massenveranstaltungen wurden nun im Horizont des phono-zentrischen Organisationsschemas nicht nur choreographisch durchgeformt, sie fanden auch in einer neuen Form der Raumerschließung und der zeitlichen Strukturierung statt.

Aufschlussreich für die Etablierung der neuen medialen Strategie sind die beiden Wahlkampagnen »Hitler über Deutschland« 1932 sowie der Wahlkampf der NSDAP in Lippe von 1933, der unter dem Titel »Hitler geht auf die Dörfer« in die Parteigeschichtsschreibung eingegangen ist (Schröder 1938). An beiden Mobilisierungsprogrammen lässt sich die operative Logik des neuen medialen Dispositivs in großer Klarheit ablesen.

Hitler über Deutschland[1]

1932 absolvierte Hitler von dem zweiten Wahlgang der Reichspräsidentenwahl, über die Landtagswahlkämpfe bis zur Reichstagswahl im Oktober insgesamt vier so genannte Deutschlandflüge und sprach während dieser auf nahezu 200 Kundgebungen (vgl. Schmeer 1956: 21; Paul 1990: 205f.).

Die NSDAP entfaltete ihr neues massenkommunikatives Programm, das sich einmal dem in der Weimarer Republik verfügten Ausschluss nicht regierungsbeteiligter Parteien und Personen von der Nutzung des Rundfunks, zum andern

---

1. So der Titel des von Heinrich Hoffmann fotografierten und herausgegebenen Bandes, der dieses Unternehmen als ein »Volksaufklärungswerk von so ungeheuren Ausmaßen, wie es die Geschichte niemals gesehen hat«, verstanden wissen will (Hoffmann 1932: 3).

Stimmräume 345

aber insbesondere auch der skizzierten phono-zentrischen Bewegungsideologie verdankte, als technisch-mediale Offensive: »Eine entscheidende Neuerung:« – so notierte Joseph Goebbels – »der Führer wird seinen nächsten Wahlkampf mit dem Flugzeug bestreiten und täglich drei- bis viermal nach Möglichkeit auf offenen Plätzen oder in Sportarenen sprechen. Dann kann er trotz der Kürze der noch zur Verfügung stehenden Zeit etwa ein und eine halbe Million Menschen erfassen.« (Goebbels 1934b: 67)

Eine gecharterte D 1720 fliegt den ›Führer‹ in die verschiedensten Teile der Republik. Folgt man den Zahlen des nationalsozialistischen Kommentators, der die Flüge in einem mit zahlreichen Photos ausgestatteten Band hymnisch feierte, dann hörten u.a. 250.000 Kundgebungsteilnehmer in Schlesien, 80.000 in Dresden, 70.000 in Leipzig, 150.000 in Königsberg, 200.000 in Berlin und viele an vielen anderen Orten die Reden Hitlers. Insgesamt errechnete die NSDAP eine Präsenz-Zuhörerschaft von nahezu 10 Millionen Menschen (vgl. Schmeer 1956: 21).

Diese Kampagne ist es, an der sich zum ersten Mal das Dispositiv Laut/Sprecher in seiner operativen Effektivität zeigt: als ein System, das den Lautsprechereinsatz in Massenveranstaltungen mit einem Mobilitätsprogramm verknüpft, durch das räumliche und zeitliche Distanzen zusammengeschmolzen und damit politische Resonanzräume expandiert werden; als ein mediales System mithin, das zu einer

Deutschlanflüge – aus: Hoffmann, Heinrich (Hg.): Hitler über Deutschland. Text von Josef Berchtold, München 1932, o.S.

zeit-räumlichen Rekonfiguration des öffentlichen Raumes führt: Schon Tage vor den eigentlichen Wahlkampfreden bereiten SA- und Propagandatrupps mit Sprechchören und parteieigenen Lautsprecherlastwagen den ›Advent‹ des ›Führers‹ vor. Herkömmliche Wahlveranstaltungen beschränkten sich auf kurz an- und wieder abreisende Redner, die entweder inmitten der Menge oder von markierten Redepositionen aus sprachen. Die NSDAP dagegen legte zunächst einen mehrtägigen Stimm- und Klangteppich über die für die Kampagne ausgewählten Orte und inszenierte einen bis dahin noch nicht erfahrenen, zeitlich und topologisch extrem ausgeweiteten Hörraum, der so als Resonanzraum für den erwarteten Redner vorbereitet werden sollte. Die Zuhörer wurden straff organisiert und auf das akustische Zentrum hin ausgerichtet: Gemietete Lastwagen, Sonderzüge, Bus- und Radkolonnen sowie Sternmärsche führten sie aus allen umliegenden Landesteilen zusammen (Hoffmann 1932).

Die gezielt mit dem Prinzip ›Verspätung‹ kalkulierenden Reden Adolf Hitlers wurden – vor allem wenn es um große Auditorien ging – in die Abend- und Nachtstunden gelegt und mittels Lautsprechern nicht nur in die Hallen und Zelte, sondern auch in den öffentlichen Raum übertragen: »Die Frankenhalle« – so formulierte der Kommentator Heinrich Hoffmann – »war seit Tagen ausverkauft, so mussten 14 Lautsprecher die Rede des Führers zu den Zehntausenden tragen, die sich im Freien zusammenballten. [...] Satz um Satz dröhnte in die kalte Nacht, senkte sich in die Herzen.« (ebd.: 23) Und: »Eine einzige Masse im Dunkel der Nacht, ein einiges Volk, Deutsche, nichts als Deutsche. Im hellen Lichte über ihnen steht der Führer und durch die Stille, die jetzt über allen feierlich liegt, erhebt sich seine klare Stimme zum Appell an seine Schlesier. Er spricht bis das Deutschlandlied hervorquillt aus übervollen Herzen und ein Orkan braust über Görlitz.« (ebd.: 28)

Und weiter: Breslau. Hitler sprach auf der offenen Radrennbahn, »Zehntausende hören ihn und auch noch so viele in den Straßen; wo gestern der Ministerpräsident Braun noch vom Manuskript ablas, predigt Adolf Hitler heute die nationalsozialistische Volksgemeinschaft.« (ebd.: 29)

Die Inszenierung operierte also angesichts der jeweils organisierten Über-Nachfrage mit dem Prinzip der ›Knappheit der Ressource Führerstimme‹, einer Knappheit, die jedoch durch die technisch-organisatorische Ausdehnung des Übertragungsraumes – durch die neue mediale Ubiquität der Stimme – kompensiert wurde.

Hitler geht auf die Dörfer

Während »Hitler über Deutschland« 1932 die Leistungsfähigkeit des Dispositivs bei der *großflächigen* Erschließung kommunikativer Räume demonstrierte, zeigt sich die Effektivität des medialen Systems auch bei der beinahe vollständigen kommunikativen Erfassung einer *überschaubaren* Region im Zuge des Wahlkampfes in Lippe, der Anfang 1933 als Nachwahl zur Reichstagswahl 1932 stattfand und bei dem die Stimmverluste der NSDAP exemplarisch kompensiert

Stimmräume 347

Laut/Sprecher-Übertragungen während des Wahlkampfes, aus: Hoffmann, Heinrich (Hg.): Hitler über Deutschland. Text von Josef Berchtold, München 1932, o.S.

werden sollten (Schröder 1938). Hier trat die gesamte Elite der Partei in Großveranstaltungen auf und allein Hitler bemühte sich im Verlauf von zwei Wochen sechzehn Mal in ausverkauften Massenreden um die Stimmen der 115.000 Wahlberechtigten. In einer flächendeckenden Kampagne – Lippe machte nur 0,26% des Reichsgebietes aus – fand der Wahlkampf, wie Olden formuliert, »in einer systematischen Bearbeitung ganzer Landstriche und kleinster Dörfer durch Redner« (Paul 1990: 126) statt, gab es »kein Dorf, keinen Weiler und Anbau, wohin die Agitatoren nicht« vordrangen (Olden 1935: 208).

2000 in Scheunen kasernierte SA- und SS-Männer ›sicherten‹ die Veranstaltungen, in denen gleichzeitig acht verschiedene Lautsprecheranlagen zum Einsatz kamen.

Lippe war nach dem Flugzeug-Wahlkampf Hitlers der zweite Höhepunkt einer phono-zentrischen Expansion, in deren Verlauf sich das Dispositiv Laut/Sprecher vollständig entfaltete und Kommunikationformen generierte, die zu einer neuen Raum- und Zeitordnung des Politischen führten.

Die Raumordnung
Beide um Redner-Stimmen zentrierte Lautsprecher-Wahlkampagnen veränderten nachhaltig den öffentlichen *Raum*, der in den folgenden Jahren sowohl lokal als auch reichsweit in technischen Großvorhaben phono-zentrisch restrukturiert werden sollte bzw. tatsächlich restrukturiert wurde: Durch die Lautsprecher-Verkabelung von ganzen Städten und Landschaften für die Wahlkampfauftritte von NS-Rednern; durch die akustische Erschließung von Stadtregionen etwa durch Lautsprecherwagen oder lautsprecherbestückte Zeppeline (vgl. Epping-Jäger 2003a); durch die 1935 beginnenden Planungen, den öffentlichen Raum flächendeckend durch ein Netz stationärer »Reichslautsprechersäulen« zu erschließen, das – so der ministerielle Referatsleiter – »die augenblickliche akustische Erfassung der gesamten Bevölkerung« ermöglichen sollte[2]; schließlich

Einer von acht Zügen des Reichsautozugs, aus: Klaus Rabe. Der Zukunft ein Stück voraus. 125 Jahre Magirus, Düsseldorf, Wien, New York, S. 104.

durch eine neue Form der technischen Mobilisierung der politischen Propaganda. Ab 1936 setzte die NSDAP erstmals den so genannten »Reichsautozug Deutschland« ein, der ausschließlich zu Propagandazwecken genutzt wurde und der dem Reichsministerium für Volksaufklärung und Propaganda unterstand. Der »Reichsautozug« bestand aus vier Hauptzügen, d.h. aus vier Konvois mit je 20 Lastkraftwagen. Jeder der vier Züge stellte wiederum ein elektroakustisches und logistisches Ensemble zur Organisation von Massenveranstaltungen dar. In einer Broschüre der Reichspropagandaleitung heißt es: »Durch den zugweisen Einsatz ist es möglich, Einzelkundgebungen mit jeweils 300.000 Mann in verschiedenen Gauen des Deutschen Reiches zur gleichen Zeit durchzuführen.«[3] Das Zentrum jedes Zugs bildete jeweils ein Redner- und Regie-Wagen, der mit einer auf 6 Meter Höhe ausfahrbaren Rednerbühne sowie einer ausgefeilten Lautsprechertechnik ausgestattet war – sowohl mit fest installierten Dachlautsprechern, als auch mit hunderten mobilen Pilzlautsprechern, die mitgeführt wurden. Logistisch eingerahmt war dieser Redner-Wagen durch eine Rundfunk-, Fernmelde- und Übertragungsanlage sowie eine Tonfilmaufnahme- und Wiedergabeeinheit. Weitere Begleitfahrzeuge führten eine Feldküche, einen Tankwagen, eine eigene Wasser- und Stromversorgung, eine Operations- und Lazarettanlage sowie eigene Wachmannschaften mit.

Die Mobilität des politischen Redners wurde so ergänzt durch die Mobilität eines technisch-medialen Aggregats, das an jedem beliebigen Ort in der Lage war, den politischen Raum der Massenversammlung phono-zentrisch zu organisieren und massenmedial zu distribuieren, ein Aggregat, das die akustische ad hoc-Konstitution von redner-zentrierten Hörergemeinschaften erlaubte, die über das in das Dispositiv integrierte Übertragungsensemble reichsweit ausge-

2. Archivalie Bundesarchiv: NS 10/46.
3. Archivalie Bundesarchiv: NS 10/46

dehnt werden konnten. Ein Aggregat darüber hinaus, das den Redner vor möglichem Kontrollverlust schützte, gegen Sabotageakte abschirmte und die Übertragung der Sendung sicherstellte; kurz: Der Reichsautozug lässt sich tatsächlich als Laut/Sprecher-Dispositiv *in nuce* verstehen, als ein mediales Aggregat, das dem jeweils konstituierten akustischen Propaganda-Raum Beweglichkeit, Autarkie und topologische Ubiquität verlieh.

Die Zeitordnung
Über die Reorganisation des politischen Raumes hinaus konstituierte das Dispositiv Laut/Sprecher auch die politische *Zeit* insofern neu, als diese eine grundlegende Beschleunigung, Verdichtung bzw. Verlangsamung und Neurhythmisierung erfuhr: Um die zentralen Propagandaauftritte der Redner gruppieren sich nun ausgedehnte Rahmenprogramme, die von Heimatvereinsauftritten bis zur so genannten »Tatpropaganda« der SA reichten: »Oft« – so heißt es in einer Referentenschrift des Innenministeriums – »setzten sich solche Werbetrupps tagelang in einem bestimmten Ort fest und suchten durch die verschiedenartigsten Veranstaltungen […] die ansässige Bevölkerung für die Bewegung zu begeistern.« (Jaschke/Loiperdinger 1983: 131) Darüber hinaus wurden die Abläufe der Veranstaltungen stereotypisiert, d.h. es wurden zentral Organisations-Partituren und Musterchoreographien ausgearbeitet, die an jedem Ort problemlos performiert werden konnten – etwa bei »Landfahrten« von Propaganda-Trupps, die immer in der gleichen Weise abliefen: Wecken, Appell, Kirchgang, Gefallenenehrung am Kriegerdenkmal, Propagandamarsch durch die Stadt, Vorbeimarsch an örtlichen SA-Führern, Aufmarsch mit örtlichen SA-Führern, anschließend Aufmarsch mit öffentlicher Kundgebung, evtl. begleitende Sportfeste, Standkonzerte der SA-Kapelle, sowie nächtliche Fackelmärsche und Zapfenstreiche. Schließlich erhielten die Propagandaauftritte eine spezifische zeitliche Dynamik, die durch Beschleunigung aber auch durch Verzögerung der Zeit charakterisiert war: Beschleunigung durch die Nutzung neuer technischer Verkehrsmittel, den erstmaligen Gebrauch von Flugzeugen im Wahlkampf, die Motorisierung der SA-Verbände sowie den Reichsautozug für Redner, der den raschen lokalen ad-hoc-Aufbau von Massenresonanzräumen ermöglichte. Goebbels formulierte 1934: »Wir haben diesem Kampf seinen Impuls, seinen heißen Atem, sein wildes Tempo, seine mitreißenden Parolen und seine stürmische Aktivität gegeben – Tempo, Tempo das war die Parole unserer Arbeit.« (Goebbels 1934a: 16) Ebenso prägte aber auch die Verzögerung und Verlangsamung der Zeit die Auftritte der Redner: die Ausdehnung der traditionellen Redezeiten – nicht wenige Reden dauerten mehrere Stunden –, die grundsätzliche Verlagerung der großen Massenveranstaltungen in die Abend- und Nachtstunden, die bewusst eingeplanten – der Spannungserhöhung dienenden – Verspätungen der Redner.

Insgesamt ließe sich mit Canetti der Ertrag dieser zeitlichen und räumlichen Neustrukturierung des Politischen durch das phono-zentrische Dispositiv des Laut/Sprechers so formulieren: »Wer die Zeitstruktur (der Menschen) ordnet, besitzt Macht über sie. Erst durch die zeitliche Abfolge wird die Formierung des

Raumes zur Inszenierung, die den roten Faden für das Geschehen bildet« (Canetti 1976: 313).

Dispositiv Laut/Sprecher: Entdifferenzierende Adressierung

Die nachhaltige Verwobenheit der Rednerpartei NSDAP mit dem Dispositiv Laut/Sprecher, dessen effektivem Einsatz sie in nicht unerheblichem Maße ihren politisch-propagandistischen Erfolg verdankte, zeigt sich nirgendwo eindringlicher als an dem Umstand, dass sie auch ab 1933, nach dem Ende der Weimarer Republik, als nun staatsmächtige Partei, keineswegs die politische Inszenierung der Stimm- und Hörgemeinschaft primär über den nun zugänglichen Rundfunk prozessierte.

Trotz der einsetzenden breiten Nutzung dieses Mediums spielte der Rundfunk doch in einer wesentlichen Hinsicht nur eine subordinierte Rolle als Distributionsmedium im Rahmen des weiter prädominanten Laut/Sprecher-Dispositivs. Eine hierfür nicht unerhebliche Bedeutung dürfte das Scheitern Hitlers als Rundfunkredner, d.h. sein kommunikativ missglückter Versuch gewesen sein, als Reichskanzler in der Nacht des 31. Januar an ein akustisch depräsentes Publikum zu sprechen.(vgl. Epping-Jäger 2003b)

Goebbels und Hitler zogen aus diesem gescheiterten Rundfunkversuch weitreichende Konsequenzen. Die Stimme des ›Führers‹ wurde nie mehr direkt und unmittelbar aus dem Studio an das anonyme Kollektiv der Radiohörer adressiert, sondern indirekt als Exempel einer zuvor gelungenen Adressierung im Rahmen einer Massenveranstaltung an das Rundfunkpublikum gerichtet.[4] Was die Rundfunkhörer hörten, war nicht einfach die Stimme des ›Führers‹, sondern die durch die affirmative Resonanz eines präsenten Massenpublikums imprägnierte Stimme des Redners. Hitlers Stimme wurde nie mehr ›nackt‹ aus dem Studio in den Äther gesprochen[5], sondern durch eine Massenakklamation armiert, deren Teil zu werden das Rundfunkpublikum genötigt war. In diesem Sinne setzten Goebbels und Hitler also nicht auf die gleiche Wirkungsmächtigkeit von Rundfunk- und Massenrede, sondern auf den Rundfunk als globales Distributionsmedium gelungener lokaler Massenkommunikation. Auf diese allein projizierte sich die strategische Hoffnung des wirkungsmächtigen In-Szene-Setzens der ›Führer‹-Stimme. Dem Rundfunk wurde nur noch zugemutet, erfolgreiche und erfolgte Inszenierungen zu verbreiten. Der Rundfunk ist in diesem Sinne kein Inszenierungsmedium der politischen Stimme, sondern ein Verbreitungsmedium der gelungenen Stimminszenierung. Es sind also die in Rundfunk und Massenveranstaltungen jeweils strukturell grundlegend unterschiedenen Performanz- und Einsatzbedingungen des Mikrophon/Lautsprecher-Ensembles, die seine Ver-

---

4. Zum Konzept der ›Adresse‹ als medialem Bezugproblem vgl. Andriopoulos/Schabacher/Schumacher (2001).
5. Zu den hauptsächlich von Rundfunkmitarbeitern gegen Ende der zwanziger Jahre vertretenen Konzepten einer körperlosen ›Seelenstimme‹ vgl. Epping-Jäger (2003b).

Stimmräume 351

Hitler vor dem Rundfunkmikrophon
1.2.33, aus: Diller Ansgar: Rundfunkpolitik im Dritten Reich, München,
1980, 65.

wendung zur Übertragung der Massenrede attraktiver erscheinen lassen als seine rundfunkspezifische Nutzung.

Die für den Nationalsozialismus typischen Großveranstaltungen integrierten die technologische Konfiguration Mikrophon/Lautsprecher in einen Performanzrahmen, der es einerseits erlaubte, sie – wie im Rundfunk – massenkommunikativ einzusetzen, ohne dass andererseits die strukturellen Verluste durch die rundfunkspezifische Engführung der Stimme hingenommen werden müssten. Weder wurde die körperlich-visuelle Koexpressivität des Redners ausgeschaltet, noch entzog die Fernübertragung die Resonanzaktivität der Adressaten der Wiederverarbeitung durch den Redner. Insofern vereinigt das ›Dispositiv Laut/Sprecher‹[6] in Massenveranstaltungen die massenhafte Distribuierung von Information mit den rednerseitigen Steuerungspotentialen hinsichtlich der Adressaten in einer »Kommunikation im Raum wechselseitiger Wahrnehmung« (vgl. Luhmann 1972: 51f.).

---

6. Paech (1997) hat mit Blick auf das Kino ›Dispositiv‹ als eine »Struktur apparativen Erscheinens« charakterisiert, als eine ›Topik‹, eine ›Anordnung des Sehens‹. In dem hier diskutierten Zusammenhang ist ›Dispositiv‹ entsprechend als eine ›Anordnung des Sprechens im diskursiven Gefüge‹ zu verstehen, mithin als ein Begriff, der die Funktion des Abstands und der Distanz zwischen allen an der Produktion eines ›medialen Effekts‹ beteiligten Instanzen akzentuiert, die sich an keiner Stelle des Dispositivs zu ›einer‹ dominierenden Ursache verdichten. Die Schreibweise ›Laut/Sprecher‹ wurde gewählt, um die performative Situierung der Mikrophon/Lautsprecher-Konstellation im Kontext der Massenrede von der Verwendung dieses Ensembles im Kontext des Rundfunks abzugrenzen.

Zudem erlaubt die durch das Laut/Sprecher-Dispositiv distribuierte Massenrede eine entdifferenzierende Adressierung des Publikums, die das Medium Rundfunk mit seinen differenzierten Adressenordnungen nicht in gleicher Weise zulässt: »Der Deutsche vergißt über Radio Beruf und Vaterland! Radio! Das moderne Verspießerungsmittel! Alles zu Hause! Das Ideal des Spießers!« (Tagebuch 1987, S. 47) formulierte Goebbels bereits 1925. Dem NS-Propagandaapparat ging es zunächst nicht um die anonym bleibenden, kollektiv nur schwer zu adressierenden und in ihrem Rundfunkverhalten kaum zu kontrollierenden Rundfunkhörer, sondern vielmehr um die im öffentlichen Raum versammelten massenhaft je Einzelnen, die gleichsam einer Logik direkter Interaktion verfügbar gemacht werden sollten.

Die Mikrophon/Lautsprecher-Konfiguration erwies sich jedenfalls – und dies haben die NS-Theoretiker der Massenkommunikation und Massenpropaganda früh erkannt – als ein technisches Medium mit weitreichenden organisatorischen Potentialen, dessen theoretische und praktische Exploration zunächst weniger im Kontext des Rundfunks, als in dem des Dispositivs Massenrede vorangetrieben wurde. Die ideologische Faszination der neuen Technologie lag dabei insbesondere in dem Umstand, dass die durch die elektro-akustische Wandlung vom Leib des Redners getrennte Stimme in den performativen Szenarien der Massenrede die Aufgabe übernehmen konnte, Massenkommunikation gleichwohl als leibanwesende Kommunikation in Szene zu setzen. In diesem Zusammenhang ermöglichte das Mikrophon/Lautsprecher-Ensemble in zweifacher Hinsicht Leistungen der Entdifferenzierung: Indem es zum einen die Innovativität des neuen technischen Mediums mit dem Wiederaufruf vormoderner Kommunikationsformen verband, inszenierte es die massenhaft je Einzelnen als gleichsam prämodernes Kollektiv[7]; zum anderen aber konstituierte es zugleich einen Wahrnehmungsraum, der die räumliche Zerdehnung zwischen leib-anwesender Stimme und massenhaft Adressierten gleichsam aufhob und so die technischen Leistungen des Massenmediums mit der Form einer ›Kommunikation im Raum wechselseitiger Wahrnehmung‹ verknüpfte.

In rhetorischer Perspektive stützte sich dieses Entdifferenzierungsverfahren auf die oben bereits angesprochenen Konstituenten der Laut/Sprecher-mediatisierten Massenrede: erstens auf die Wiedereinsetzung der im Rundfunk ›suspendierten Koexpressivität‹ des Redners, zweitens auf die Funktionalisierung der Massenresonanz zum Zwecke der Effektivitätssteigerung der Rede.

Was zunächst die koexpressive Präsenz des Redners in der Lautsprecher-Massenrede angeht, so warf allerdings, wie bereits der 1926 vom Telefunken-Chefkonstrukteur Hans Gerdien veröffentlichte Grundlagenartikel »Über die klanggetreue Schallwiedergabe mittels Lautsprecher« (Gerdien 1926: 28-38)

---

7. Das Vormoderne und das Moderne werden hier im Gegensatz zur traditionellen Modernisierungstheorie nicht als zeitlich entgegengesetzte Pole eines Entwicklungskontinuums begriffen, sondern als gleichzeitig existierende, die in der kulturellen Praxis der Menschen gemeinsam reproduzierte. Vgl. dazu Ulrich Beck: »Die Moderne […] ist immer durch ihr Gegenteil begrenzt praktiziert worden. Mit anderen Worten: Modernisierung […] und Gegenmodernisierung sind gleich ursprünglich.« (1993: 94).

deutlich macht, die Divergenz zwischen der technisch expandierten Hörbarkeit und der begrenzten Sichtbarkeit des Redners spezifische Probleme auf, die nur durch eine Inszenierung der – wie man mit Ernst Kantorowicz formulieren könnte – ›zwei Körper des Redners‹ (Kantorowicz 1990) gelöst werden konnten. Die Telefunken-Konstrukteure hatten in einer 16.000 Personen Platz bietenden »riesigen Autohalle am Kaiserdamm in Berlin« eine Lautsprecheranlage aufgebaut, da sie austesten wollten, »wie die riesigen Dimensionen eines Saales vollkommen durch eine einzige menschliche Stimme zu beherrschen« seien (Gerdien 1926: 36). Die Versuchsanordnung, die mit einem »Kondensatormikrophon als Aufnahmeorgan« und mit »acht, in der Höhe der Galerien an Pfeilern befestigten Blatthallern« arbeitete, »gelang« – so Gerdien – »hervorragend gut, auch auf den vom Redner entferntesten Plätzen war die Sprache vollkommen verständlich wiedergegeben, was um so eigenartiger wirkte, als man von den Gesten des Redners und seinem Gesichtsausdruck selbstverständlich auf diese Entfernung nichts mehr erkennen konnte« (Gerdien 1926: 36f.). Nach der Lösung des Problems der akustischen ›Sichtbarkeit‹ des Redners ›in der riesigen Dimension eines Saales‹ erforderte also die Inszenierung auch der visuellen Präsenz des Redners – der nur bis in die Tiefe von ca. 100 Reihen wahrnehmbar blieb – kompensative Strategien der Sichtbarmachung, die einer – hier nicht näher zu schildernden – rituellen Dramaturgie folgten:

Denjenigen, die den Redner von ihren Plätzen aus nicht mehr sehen, sondern ›nur‹ noch hören konnten, wurden differenziert choreographierte, visuelle Substitute zur Verfügung gestellt, die die Sichtbarkeit des ›Körpers des Redners‹ im Gesamtraum garantierten. »Es ist«, so beschrieb Emil Dofivat 1937 diese imaginäre Sichtbarkeit, »als erreiche das ruhige, schweifende Auge« des ›Führers‹ »auch die letzten Hörer in den höchsten und entferntesten Plätzen, zu denen das Wort nur noch durch den Lautsprecher klingt. Die faszinierende Wirkung des Namens und Ansehens und die große, politisch oft entscheidende Stunde, in der er spricht, tut das übrige.« (Dovifat 1937: 144)

Die zweite Konstituente der durch das Mikrophon/Lautsprecher-Ensemble organisierten kommunikativen Entdifferenzierung kann in der Funktionalisierung der Massenresonanz gesehen werden. Anders als der Rundfunk, dessen differenzierte Adressenordnung keine Kommunikationsformen zur Verfügung stellt, die es erlaubten, den Massenbewegungscharakter der NSDAP zum Ausdruck zu bringen, kann die durch die Mikrophon/Lautsprecher-Konfiguration übertragene Massenrede als Erfüllungsform dieser Bewegungsideologie angesehen werden. Die Massenrede transformiert die für die Bewegung charakteristischen Orte der Versammlung in Resonanzräume, in denen der Redner mit der ›Volksgemeinschaft‹ scheinbar unmittelbar interagierte.

Die Performanzmerkmale dieser kommunikativen Inszenierungen sicherten also nicht nur – wie bislang deutlich wurde – die imaginäre Sichtbarkeit des ›Rednerkörpers‹ für ein Massenpublikum, sondern sie stellten zugleich einen technischen Interaktionsrahmen zur Verfügung, in dem sich die Rednerstimme durch die Resonanz der jeweils kollektiv adressierten Masse affizieren und aufbauen kann.

Die zentrale Eigenschaft der stimmlichen Verlautbarung besteht – um mit der distanzierten Stimme Jacques Derridas zu reden – darin, dass bereits die »Operation des Sich-sprechen-Hörens eine singuläre Selbst-Affektion schlechthin« darstellt. Das Subjekt kann sich »hören und aussprechen, sich also vom selbstproduzierten Signifikanten affizieren lassen«, allerdings gerade dadurch, dass es »den Umweg über die Instanz des Außen, der Welt, des Fremden«[8] nimmt. Durch die Mikrophon/Lautsprecher-Konstellation der Massenrede, so könnte man nun sagen, wird dieser Prozess der Selbstinduktion so erweitert, dass der Redner seine Stimme durch ein technisch verzögertes Feedback in eins mit einer Imprägnierung durch die Massenresonanz wieder vernimmt. Da der Lautsprecher die Stimmsignale immer mit einer gewissen zeitlichen Verzögerung überträgt, wird die unmittelbare Selbstwahrnehmung des Redners durch die technisch vermittelte, zeitlich verschobene äußere Resonanz – durch die Stimme, die alle gehört haben – überschrieben. Die durch die Mikrophon/Lautsprecher-Konfiguration medial vom Leib getrennte Stimme schreibt sich als kollektiv ratifizierte erneut in den Körper des Redners ein. Sie wird durch die Mikrophon/Lautsprecher-Konfiguration auratisch inszeniert in einem paradoxen Zugleich von Nähe und Ferne: Die Stimme ist unmittelbar bei sich und doch technisch distanziert, sie ist Massenkommunikation und doch intime ›Kommunikation im Raum wechselseitiger Wahrnehmung‹.

Es ist diese Synthese eines techno-akustischen Formats mit neuen Formen performativer Inszenierung der Stimme, aus der die Wirkungsmächtigkeit des Dispositivs Laut/Sprecher in der Zeit des Nationalsozialismus hervorgeht.

Heiße und kalte Medien

Obgleich die Propaganda-Theorie, mit der sich das NS-System selbst beobachtete, als einheitliche – in ihrer Anwendungsorientiertheit moderne – Theorie auftrat, die sich etwa an zeitgenössischen Strategien des Einsatzes von Markenreklamen (Voigt 1986: 231-260; Behrenbeck 1996: 51-78) bzw. an Konzepte der politischen Propaganda in den USA anlehnte (Hadamovsky 1933), war die in meinen bisherigen Überlegungen skizzierte Propaganda-Praxis – insbesondere nach der Erringung der staatlichen Macht – aufgrund der polykratischen Struktur des NS-Systems weder ihrerseits einheitlich, noch wirklich theoriegeleitet (Frei 1996; Dainat 1997: 103-126). Gleichwohl muss – trotz der hier nicht darzustellenden Konkurrenzkämpfe um die medialen Strategien der NSDAP – davon ausgegangen werden, dass der durch das Dispositiv Lautsprecher generierte *Phono-Zentrismus der politischen Kommunikation des NS* nicht nur eine Kategorie der theoretischen Selbstbeschreibung, sondern tatsächlich auch ein Merkmal der praktischen medialen Performanz darstellte. Die in der neueren Forschung vertretene These einer Diskontinuität zwischen der Propaganda der so genannten

---

8. Derrida (1974: 135), der sich in diesem Kontext kritisch mit der phänomenologischen Rekonstruktion der Stimme durch Husserl auseinandersetzt.

»Kampfzeit«, in der der Sturmangriff auf die Weimarer Republik primär als *visuelle* Attacke geführt worden sei, und der »Staatspropaganda des Dritten Reiches«, während der die Macht der Bildersprache an Bedeutung verloren habe (Paul 1990: 255 ff.), lässt sich angesichts der zentralen Bedeutung der *akustischen* Massenveranstaltungen vor und nach 1933 nicht aufrechterhalten.

Nicht nur die Propagandatheorie des NS unterscheidet zwischen den »kalten« Massenmedien und den »heißen« Massenveranstaltungen, in denen »der Kontakt zwischen Redner und Masse unmittelbar hergestellt« werden konnte (Hadamovsky 1933: 43), sondern auch in der propagandistischen Praxis spielten sowohl »Propagandamittel« wie Broschüren, Flugblätter, Plakate, Zeitungsartikel, als auch Rundfunkübertragungen häufig nur eine Rolle in der medialen Distribuierungs-Peripherie des *akustischen* Dispositivs Lautsprecher (Epping-Jäger 2003a).

Eugen Hadamovsky, der seine 1933 erscheinende Schrift »Propaganda und nationale Macht« Goebbels, »dem Meister der politischen Propaganda« widmete, »unter dessen genialer Führung aus der verfemten Waffe der deutschen Politik eine schöpferische Kunst« geworden sei, charakterisierte das Verhältnis von Distributionsmedien und Massenkundgebungen so:

»Die Massenkundgebung kann den persönlichen Anblick des Redners entbehren, wie die Riesenkundgebungen des Nationalsozialismus bewiesen haben [...]. An einer Stelle jedoch muß der Kontakt zwischen Redner und Masse unmittelbar hergestellt werden. Nur wenn das der Fall ist, liest der Redner in den Gesichtern derer, zu denen er spricht, fühlt den anfänglich kalten Rhythmus der Masse heraus, lebt mit ihm, vermag ihn zu steigern, in Erregung und Begeisterung umzusetzen und zu lösen. Es gibt keine großen politischen Aktionen, die heutzutage ohne den unmittelbaren, persönlichen Einsatz des Redners in den Massen Widerhall finden können. Hierin haben sich unsere Regierenden seit 1918 und unsere große Presse so grundlegend getäuscht, daß sie glaubten, ihr System durch kalte Rundfunkansprachen und langatmige Presseartikel gegen den stürmischen nationalen Angriff, der aus der Masse heraus erfolgte, verteidigen zu können.« (Hadamovsky 1933: 43)

Über die kalten Medien lässt sich – so Hadamovsky – nicht, wie dies in der ›modernen‹ Massenkundgebung über die Stimme des Redners möglich sei, jener unmittelbare Erlebniskontakt herstellen, der die je Einzelnen zur »Massenseele« verschmilzt und es – wie Hadamovsky in der Terminologie des Bühlerschen Organon-Modells formulierte – möglich macht, »eine Handlung auszulösen«.

Die kalten Medien »sublimieren in Wirklichkeit lebendige Vorgänge auf eine bestimmte Ebene, auf die begriffliche, wie die Zeitung, auf die akustische, wie der Rundfunk, auf die optische, wie der Film.« Und selbst der Tonfilm, der in der »Vorspiegelung der Wirklichkeit höchste Vollendung erreicht« habe, erlaube dem Zuschauer »eine innere Reserve« (Hadamovsky 1933: 46). Allein der »unmittelbare Kontakt« von Redner und »Massenseele« vermag – so Hadamovsky – die »eigentliche Auslösung« der Handlung zu bewirken.

Auch wenn die Theoretiker der NS-Propaganda der Suggestivität ihres eigenen Modells einer quasi vor-modernen Volks- und Hörgemeinschaft zum Opfer fielen und die mediale Konstituiertheit der Massen-Auditorien durch das Dispositiv Laut/Sprecher theoretisch nicht zur Kenntnis nahmen – das Medium bleibt der blinde Fleck –, kann doch davon ausgegangen werden, dass sich die Propaganda-Diskurse wesentlich im Medium der elektroakustisch mediatisierten Redner-Stimme und der durch sie konstituierten akustischen Resonanzräume – gleichsam phono-zentrisch – entfalteten.

Literatur

Andriopoulos, Stefan/Schabacher, Gabriele/Schumacher, Eckhard (2001) (Hg.): *Die Adresse des Mediums*, Köln.
Arendt, Hannah (2000): *Elemente und Ursprünge totaler Herrschaft*, München/Zürich.
Beck, Ulrich (1993): *Die Erfindung des Politischen*, München.
Behrenbeck, Sabine (1996): »›Der Führer‹. Die Einführung eines politischen Markenartikels«, in: Diesener, Gerald/Gries, Rainer (Hg.): *Propaganda in Deutschland. Zur Geschichte der politischen Massenbeeinflussung im 20. Jahrhundert*, Darmstadt, S. 51-78.
Canetti, Elias (1976): *Masse und Macht*, Frankfurt/M.
Dainat, Holger (1997): »Anpassungsprobleme einer nationalen Wissenschaft. Die neuere deutsche Literaturwissenschaft in der NS-Zeit«, in: Boden, Petra/Dainat, Holger (Hg.): *Atta Troll tanzt noch. Selbstbesichtigungen der literaturwissenschaftlichen Germanistik im 20. Jahrhundert*, Berlin, S. 103-126.
Derrida, Jacques (1979): *Die Stimme und das Phänomen*, Frankfurt/M.
Dovifat, Emil (1937): *Rede und Redner. Ihr Wesen und ihre politische Macht*, Leipzig.
Epping-Jäger, Cornelia/Linz, Erika (2003) (Hg.): »Einleitung«, in: Dies. (Hg.): *Medien/Stimmen*, Köln.
Epping-Jäger, Cornelia (2003a): »›Eine einzige jubelnde Stimme‹. Zur Etablierung des Dispositivs Laut/Sprecher in der politischen Kommunikation des Nationalsozialismus«, in: dies./Linz, Erika (Hg.): *Medien/Stimmen*, Köln, S. 100-123.
Epping-Jäger, Cornelia (2003b): »Laut/Sprecher Hitler«, in: Kopperschmidt, Josef (Hg.): *Hitler der Redner*, München, S. 143-158.
Frei, Norbert (1996): *Vergangenheitspolitik. Die Anfänge der Bundesrepublik und die NS-Vergangenheit*, München.
Gerdien, H. (1926): »Über klanggetreue Schallwiedergabe mittels Lautsprechern«, in: *Telefunken-Zeitung*, Nr. 43, Jg. 8, S. 28-38.
Goebbels, Joseph (1934a): *Das erwachende Berlin*, Berlin.
Goebbels, Joseph (1934b): *Vom Kaiserhof zur Reichskanzlei. Eine historische Darstellung in Tagebuchblättern*, München.
Grieswelle, Detlef (1972): *Propaganda der Friedlosigkeit. Eine Studie zu Hitlers Rhetorik 1920-1933*, Stuttgart.
Gundermann, Horst (1998) (Hg.): »Das Phänomen Stimme«. In: ders.: *Die Ausdruckswelt der Stimme. 1. Stuttgarter Stimmtage*, Heidelberg, S. 3-7.
Hadamovsky, Eugen (1933): *Propaganda und nationale Macht. Die Organisation der öffentlichen Meinung für die nationale Politik*, Oldenburg.
Hitler, Adolf (1939): *Mein Kampf*. Zwei Bände in einem Band, 417.-418. Auflage, München.
Hoffmann, Heinrich (1932) (Hg.): *Hitler über Deutschland*. Text von Josef Berchtold, München.
Jaschke, Hans-Gerd/Loiperdinger, Martin (1983): »Gewalt und NSDAP vor 1933. Ästhetische Okkupation und physischer Terror«. In: Steinweg, Reiner (Hg.): *Faszination der Gewalt. Politische Strategien und Alltagserfahrung*, Frankfurt, S. 123-156.
Kantorowicz, Ernst (1990): *Die zwei Körper des Königs. Eine Studie zur politischen Theologie des Mittelalters*, München.
Kindt, Karl (1934): *Der Führer als Redner*, Hamburg.
Luhmann, Niklas (1972): »Einfache Sozialsysteme«, in: *Zeitschrift für Soziologie* I, S. 51-65.
Nolte, Emil (1965): *Der Faschismus in seiner Epoche*, München.
Olden, Rudolf (1935): *Hitler. Mit 14 Abbildungen*, Amsterdam.
Paul, Gerhard (1990): *Aufstand der Bilder. Die NS-Propaganda vor 1933*, Bonn.
Ringler, Hugo (1937): »Herz oder Verstand? Was wir vom Redner nicht wollen«, in: *Unser Wille und Weg*, Jg. 7, S. 249-249.
Schmeer, Karlheinz (1956): *Die Regie des öffentlichen Lebens im Dritten Reich*, München.

Schmölders, Claudia (2002): »Stimmen von Führern. Auditorische Szenen 1900-1945«, in: Kittler, Friedrich/Macho, Thomas/Weigel, Sigrid (Hg.): *Zwischen Rauschen und Offenbarung. Zur Kultur- und Mediengeschichte der Stimme*, Berlin, S. 175-195.

Schröder, Arno (1938): »*Hitler geht auf die Dörfer…*«. *Der Auftakt zur nationalen Revolution. Erlebnisse und Bilder von der entscheidenden Januarwahl 1933 in Lippe*, Detmold.

Voigt, Gerhard (1986): »Goebbels als Markentechniker«, in ders.: *Warenästhetik. Beiträge zur iskussion, Weiterentwicklung und Vermittlung ihrer Kritik*, Frankfurt, S. 231-260.

Die Autoren

Alessandro Barberi, Universität Wien & Bauhaus-Universität Weimar, Forschungsgebiete: Diskursanalyse, Wissenschafts- und Mediengeschichte; Publikationen: *Clio verwunde(r)t, Hayden White, Carlo Ginzburg und das Sprachproblem in der Geschichte*, Wien 2000, *Historische Medienwissenschaft*, hg. mit Wolfgang Pircher (= Österreichische Zeitschrift für Geschichtswissenschaft ÖZG 14/2003/3).

Ralf Gerhard Ehlert, Studium der Musikwissenschaften, Phonetik und deutsche Philologie, wissenschaftlicher Mitarbeiter im kulturwissenschaftlichen Forschungskolleg »Medien und kulturelle Kommunikation« der Universität zu Köln (Projekt »Laut/Sprecher: Mediendiskurse und Medienpraxen in der Zeit des Nationalsozialismus«, vgl.: http://www.medienstimmen.de/ela/), Lehrbeauftragter des Kölner Musikwissenschaftlichen Instituts; Dissertationsprojekt zur Vorgeschichte der elektroakustischen Musik; Arbeit als Klangregisseur für Aufführungen elektroakustischer Musik u.a. für das Landesensemble Nordrhein-Westfalen, Karlheinz Stockhausen und Henry Pousseur.

Christoph Engemann, Dipl. Psych., derzeit Promotion zum Thema »Der Citoyen des Electronic Government« an der Graduate School of Social Sciences Universität Bremen, Fellow des Stanford Center for Internet and Society; Arbeitsschwerpunkte: politische Ökonomie des Internet, Medientheorie. Veröffentlichungen u.a.: *Electronic Government: Vom User zum Bürger. Zur kritischen Theorie des Internet*. Transcript Verlag, Bielefeld 2003, ›*Big Brother‹ ein Arbeitshaus im 21. Jahrhundert. Zur Aktualität des panoptischen Modells*. In: Prokla - Zeitschrift für kritische Sozialwissenschaft, Heft 129.

Cornelia Epping-Jäger, Dr. phil., Wissenschaftliche Mitarbeiterin im Projekt »Laut/Sprecher: Mediendiskurse und Medienpraxen in der Zeit des NS« am Forschungskolleg (SFB/FK 427) Medien und Kulturelle Kommunikation an der Universität zu Köln; Arbeitsschwerpunkte: Medientheorie und Mediengeschichte; letzte Veröffentlichungen: *Laut/Sprecher Hitler. Über ein Dispositiv der Massenkommunikation in der Zeit des Nationalsozialismus*, in: Josef Kopperschmidt (Hg.): Hitler der Redner, München 2003; *Der Literalisierungsprozeß und die Ordnung des Wissens: der deutsche Belial*, in: Ludwig Jäger/Erika Linz (Hg.) Medialität und Mentalität. Theoretische und empirische Studien zum Verhältnis von Sprache, Subjektivität und Kognition, München 2004.

Wolfgang Ernst, Professor für Medientheorien am Seminar für Medienwissenschaft der Humboldt-Universität zu Berlin. Aktueller Forschungsschwerpunkt: Zeit als kritischer Parameter elektronischer Medien. Publikationen: *M.edium F.oucault. Weimarer Vorlesungen über Archive, Archäologie, Monumente und Medien*, Weimar 2000; *Das Rumoren der Archive. Ordnung aus Unordnung*, Berlin 2002; *Sammeln – Speichern – Er/zählen. Infrastrukturelle Konfigurationen des deutschen Gedächtnisses*, München 2003.

Die Autoren

Daniel Gethmann, Dr. phil., Universitätsassistent am Institut für Kunst- und Kulturwissenschaften der Technischen Universität Graz; Arbeitsschwerpunkte: Auditive Kultur, Vor- und Frühgeschichte der Bewegtbildmedien, Bildwissenschaft. Neueste Veröffentlichungen: *Die Übertragung der Stimme. Vor- und Frühgeschichte des Sprechens im Radio.* Weimar (im Erscheinen), *Innere Scheinbilder. Von der Ästhetik der Elektrizität zur Bild-Konzeption der Erkenntnis*, in: Nohr, Rolf: »Evidenz - ... das sieht man doch!« Reihe Medienwelten, Bd. 1. Münster: LIT-Verlag 2004.

Wolfgang Hagen, Privatdozent für Medienwissenschaft an der Uni Basel, Leiter der Kultur- und Musikabteilungen im DeutschlandRadio Berlin; zahlreiche Veröffentlichungen zur Theorie und Geschichte der Medien, zuletzt: *Die Entropie der Fotografie. Skizzen zu einer Genealogie der digital-elektronischen Bildaufzeichnung*, in: Wolf, Herta: Paradigma Fotografie, Frankfurt: Suhrkamp 2002, 195-235; *Gegenwartsvergessenheit: Lazarsfeld, Adorno, Innis, Luhmann*, Berlin: Merve 2003.

Ute Holl ist wiss. Mitarbeiterin und lehrt an der Bauhaus-Universität Weimar, forscht zur Kinogeschichte, Kinowahrnehmung und zum Experimentalkino; Publikationen u.a.: *Kino, Trance und Kybernetik*, Berlin, 2002.

Stefan Kaufmann, Lehrbeauftragter für Soziologie an den Universitäten Freiburg und Basel, derzeit DFG-Stipendiat am Lehrstuhl für Technikgeschichte der ETH-Zürich. Neueste Veröffentlichungen: *Vernunft – Entwicklung – Leben. Schlüsselbegriffe der Moderne*, hg mit Ulrich Bröckling und Axel Paul, München 2004, *Landschaft, Geschlecht, Artefakte. Zur Soziologie naturaler Alterität*, hg. mit Wolfgang Eßbach u.a., Würzburg 2004.

Kate Lacey, Dr., Senior Lecturer, Department of Media and Film, University of Sussex, UK; Derzeitige Forschungsgebiete: ›Listening Publics‹ (Radio-Öffentlichkeiten); Publikation u.a.: *Feminine Frequencies: Gender, German Radio and the Public Sphere, 1923-1945*, Ann Arbor, 1996.

Oliver Marchart, Dr.phil, PhD, Assistent am Institut für Medienwissenschaften der Universität Basel; Forschungsgebiete: Kultur- und Medienwissenschaften und politische Theorie; Jüngste Veröffentlichungen: *Techno-Kolonialismus. Theorie und imaginäre Kartographie von Kultur und Medien*, Wien: Löcker 2004; *Laclau. A Critical Reader*, hg. mit Simon Critchley, London und New York: Routledge 2004.

Michaela Ott, Privatdozentin der Filmwissenschaft an der Freien Universität Berlin; wichtigste Publikationen: *Vom Mimen zum Nomaden. Lektüren des Literarischen im Werk von Gilles Deleuze*, Wien: Passagen Verlag 1998, *Phantasma und symbolische Ordnung im zeitgenössischen Hollywood-Film* (in Vorbereitung).

Die Autoren

Claus Pias ist Professor für Kommunikationstheorie und elektronische Medien an der Universität Essen. Arbeitsgebiete: Geschichte und Theorie der Medien, Kybernetik, Bildwissenschaft. Letzte Veröffentlichungen: *Anna Oppermann in der Hamburger Kunsthalle*, Hamburg 2004 (mit M. Warnke und C. Wedemeyer); *Cybernetics/Kybernetik. Die Macy-Konferenzen 1946-1953* (Hg.), 2 Bde., Zürich-Berlin 2003; *ComputerSpielWelten*, München 2002; *Kursbuch Medienkultur* (Hg. mit L. Engell und J. Vogl), Stuttgart 4. Aufl. 2002.

Dominik Schrage, Dr. phil., wissenschaftlicher Mitarbeiter am Institut für Soziologie der TU Dresden; Schwerpunkte: Kultur-, Medien- und Konsumsoziologie, Soziologische Theorie und Diskursanalyse. Ausgewählte Veröffentlichungen: *Psychotechnik und Radiophonie. Subjektkonstruktionen in artifiziellen Wirklichkeiten 1918-1932*, München 2001; *Konsum der Werbung. Zur Produktion und Rezeption von Sinn in der kommerziellen Kultur*, hg. mit Kai-Uwe Hellmann, Wiesbaden 2004; *Integration durch Attraktion. Konsumismus als massenkulturelles Weltverhältnis*, in: Mittelweg 36, 6/2003, S. 57-86 (vgl. auch www.dominik-schrage.de).

Bernhard Siegert, Dr. phil., Gerd Bucerius-Professor für Geschichte und Theorie der Kulturtechniken, Bauhaus-Universität Weimar; derzeitiger Forschungsschwerpunkt: Das Schiff; Letzte Buchveröffentlichungen: *Passage des Digitalen. Zeichenpraktiken der neuzeitlichen Wissenschaften 1500-1900*, Berlin: Brinkmann&Bose 2003; *Electric Laokoon. Zeichen und Medien, von der Lochkarte zur Grammatologie*, hg. zusammen mit Michael Franz u. a., Berlin: Akademie Verlag 2004.

Markus Stauff, Wissenschaftlicher Mitarbeiter am Institut für Medienwissenschaft, Ruhr-Universität Bochum, Arbeitsschwerpunkte: Fernsehwissenschaft, Medientheorie, Cultural Studies; Publikationen: Mit-Herausgeber von *Grundlagentexte zur Fernsehwissenschaft* (Konstanz 2002); *Premiere World – Digitales Fernsehen, Dispositiv, Kulturtechnologie. Anmerkungen zur Analyse gegenwärtiger Medienkonstellationen*, in: Segeberg, Harro (Hg.) Die Medien und ihre Technik. Theorien – Modelle – Geschichte. Marburg: Schüren, S.436–454.

Claus Pias
Computer Spiel Welten

340 Seiten, Broschur
174 Abbildungen
ISBN 3-935300-47-6
Euro 25,00 / CHF 42,50

Warum gibt es Computerspiele?

Computerspiele bestimmen die Lage auf Millionen privater Bildschirme. Seit einem Vierteljahrhundert sind sie keine Angelegenheit von Labors, Militärberatern oder Subkulturen mehr, sondern erzeugen und erhalten populäre Medienverbünde, deren Umsätze diejenigen Hollywoods in den Schatten stellen. Pädagogen zeigen sich allerorts besorgt, die Kulturwissenschaften allmählich interessiert, und es gibt die ersten Computerspiel-Museen.

Doch niemand hat bisher die einfachste aller Fragen gestellt: Warum gibt es Computerspiele? Denn Computerspiele (wie wir sie kennen) kamen unbestellt und sind schon darum alles andere als eine Selbstverständlichkeit. Was jedoch ist das für ein merkwürdiges Datum und wo ist der Ort, an dem völlig heterogene Gerätschaften, Körper und Symboliken (lange vorbereitet und dennoch plötzlich) zu einem Spiel gänzlich neuer Art zusammenfinden? Was für ein Wissen ist es, das Techniken, Institutionen und Maschinen durchquert und sich zu bestimmen anschickt, was die Spiele des Menschen heute sind?

Joseph Vogl
Kalkül und Leidenschaft
Poetik des ökonomischen Menschen

390 Seiten, Broschur
ISBN 3-935300-46-8
Euro 25,00 / CHF 42,50

Unter der Vielzahl ›neuer Menschen‹, die das anthropologische Experimentierfeld der Moderne hervorgebracht hat, hat einzig der ökonomische Mensch überlebt ... Grund genug, diesen Typus, seine Herkunft und seine Konjunktur zum Gegenstand einer historischen Analyse zu machen.

Joseph Vogls Studie untersucht die weitläufigen Austauschverhältnisse zwischen Ökonomie, politischer Theorie, Anthropologie und Literatur bzw. Ästhetik und schlägt einen Bogen vom Barock über die Aufklärung und Romantik bis in die ersten Jahrzehnte des 19. Jahrhunderts.

Es geht dabei um eine Poetologie des Wissens, die die diskursiven Strategien einer ökonomischen Wissenschaft ebenso verfolgt wie die ökonomische Durchdringung literarischer Formen, ein Wechselverhältnis von ökonomischem Text und textueller Ökonomie. Gemeinsam ergeben sie jene Szene, die der ›homo oeconomicus‹ bis auf weiteres beherrscht: als jenes Exemplar, das sich angeschickt hat, nichts Geringeres als der Mensch schlechthin zu werden.

»Ein Buch, das seine Leser dazu verführt, gleich nach der Lektüre noch einmal von vorn zu beginnen.« (Frankfurter Rundschau) »Eine brillante Studie.« (Die ZEIT) »Selten ist die Diskursgeschichte so auf Augenhöhe mit den literarischen Kronzeugen wie hier.« (Süddeutsche Zeitung)

Erich Hörl
Die heiligen Kanäle
Über die archaische Illusion der Kommunikation

304 Seiten, Broschur
ISBN 3-935300-57-3
Euro 29,90 / CHF 51,50

Im letzten Drittel des 19. und in der ersten Hälfte des 20. Jahrhunderts kursierten unzählige Vorstellungen über das Denken der Primitiven. Die Ansicht, daß deren Weltbild auf dem Glauben an ein obskures Übertragungsgeschehen heiliger Kräfte basierte, hatte Konjunktur. Diese Spekulationen bildeten den Kern eines Diskurses über das Heilige und das Primitive und durchdrangen das ethnologische und sozialanthropologische Wissen genauso wie die Philosophie und die Soziologie jener Tage. Sie werden hier als Denkbilder entziffert, in denen sich die ganze Unsicherheit einer Zeit ausschrieb, die gerade die große Transformation vom anschaulichen zum symbolischen Denken und von einer alphabetischen zu einer elektromagnetischen Kultur durchlebte.

George Boole und James George Frazer, Emile Durkheim und Marcel Mauss, Cassirer, Lévy-Bruhl, Bataille, Heidegger und Lévi-Strauss sind bedeutende Protagonisten der Geschichte einer Illusion, die der Autor als Geschichte der archaischen Illusion der Kommunikation aufrollt.

Mit »Die heiligen Kanäle« hat Erich Hörl die bis heute ausstehende Archäologie der Begriffe des Heiligen und des Primitiven geschrieben.

IIquIIIII

Herausgegeben von
Claus Pias und Joseph Vogl

PSYCHOGRAPHIEN
Herausgegeben von Cornelius Borck und Armin Schäfer

272 Seiten, Broschur
ISBN 3-935300-54-9
Euro 29,90 / CHF 51,50

Die Psyche ist zum Inbegriff von Eigentümlichkeit und Identität des Menschen geworden, obwohl sie tief in neuroanatomischen Strukturen, biochemischen Prozessen und genetischen Dispositionen verankert ist und einem ständigen historischen Wandel unterliegt.

Dieser Band schreibt die Geschichte dieser permanent unruhigen Differenz als Teil einer allgemeinen Mediengeschichte: Handschrift und elektrische Schaltungen, Film und Rechenmaschinen, Literatur und Institutionen haben das Verständnis der Psyche maßgeblich geprägt. So erweist sich, daß sich die Psyche nicht von ihrer Erforschung abtrennen läßt, die dasjenige, was sie beschreibt, mit erzeugt: Es sind die Mächte der Medientechnologie, der Verwaltung und der Phantasmen, die den Anschein erwecken, daß der Mensch ein beseeltes Wesen sei.

Mit Beiträgen von Sigrid Weigel, Bernhard Siegert, Hans-Christian von Herrmann, Eric Engström, Philipp Felsch, Stefan Rieger, Armin Schäfer, Cornelius Borck, Tobias Nanz, Hubert Thüring, Rhodri Hayward, Helene Fehr und Eva Meyer.

||qu|||||
Herausgegeben von
Claus Pias und Joseph Vogl

TRANSFUSIONEN
Blut-Bilder und Bio-Politik in der Neuzeit
Herausgegeben von Anja Lauper

272 Seiten, Broschur, 16 farb. Abb.
ISBN 3-935300-53-0
Euro 34,90 / CHF 60,-

Seit der frühen Neuzeit erfuhr die Rede vom Blut wiederholte Umcodierungen: transformiert sich das christliche Blut des Erlösers nach 1600 zum physiologischen Träger des Lebens, so markiert 1800 das historische Datum, an dem es vom sozialen Unterscheidungsmerkmal zum Objekt eines Wissens vom Leben avanciert. Im Dispositiv der Bio-Politik wird das Blut zum Lebenssaft des biologischen wie des politischen Körpers.

Der Diskurs des Blutes wird von den verschiedensten Medien produziert, in Umlauf gebracht und reguliert, oder aber er wird selbst zum Medium. Die Momente des Übergangs, die Transfusionen zwischen verschiedenen Wissenskreisläufen, zwischen Kunst und Literatur, Ökonomie und Lebenswissenschaften sind das Thema des vorliegenden Bandes.

Mit Beiträgen von Joseph Vogl, Gabriele Brandstetter, Georges Didi-Huberman, Gerhard Neumann, Ute Holl, Jörg Wiesel, Margarete Vöhringer, Anne von der Heiden, Claudia Blümle, Anja Lauper, Alessandro Barberi, Myriam Spörri, Lisette Gebhardt, Frank Hiddemann.

IIquIIIII

Herausgegeben von
Claus Pias und Joseph Vogl

CYBERNETICS – KYBERNETIK
The Macy-Confererences 1946-1953

Herausgegeben von / edited by Claus Pias

Volume 1 / Band 1
Transactions / Protokolle
Paperback 736 Seiten
ISBN 3-935300-35-2
Euro 49.90 / CHF 83.30

Volume 2 / Band 2
Essays and Documents / Essays und Dokumente
Paperback 512 Seiten
ISBN 3-935300-36-0
Euro 39.90 / CHF 66.70

Volume 1 & 2 / Band 1 & 2
ISBN 3-935300-37-9
Euro 79.90 / CHF 130,00

Zwischen 1946 und 1951 wurden unter dem Titel »Cybernetics. Circular Causal, and Feedback Mechanisms in Biological and Social Systems« insgesamt zehn Konferenzen unter der Schirmherrschaft der Josiah Macy, Jr. Foundation veranstaltet. Diese sogenannten »Macy-Conferences« markieren das vielleicht folgenreichste wissenschaftshistorische Ereignis der Nachkriegsgeschichte.

Auf den neuen begrifflichen Grundlagen von »Information«, »Feedback« und »analog/digital« sollte eine universale Theorie der Regulation, Steuerung und Kontrolle entwickelt werden, die für Lebewesen wie für Maschinen, für ökonomische wie für psychische Prozesse, für soziologische wie für ästhetische Phänomene zu gelten beanspruchte. Diese Konzepte sollten in den folgenden Jahrzehnten in Biologie, Neurologie, Soziologie, Sprach- und Computerwissenschaften, aber auch in Psychoanalyse, Ökologie, Politik und Ökonomie ausschwärmen und eine epochale Schwellensituation markieren.

Die Macy-Konferenzen sind auch deshalb von herausragendem wissenschaftshistorischen Interesse, weil es sich dabei nicht um abgeschlossene Texte handelt, sondern um interdisziplinäre Unterhandlungen, in denen noch an- und ausgeschlossen, aufgehoben und verworfen wird.